HEYNE BIOGRAPHIEN

In der Reihe »Heyne Biographien« sind bereits erschienen:

Walter Wadepuhl

HEINRICH HEINE

Sein Leben, seine Werke

Wilhelm Heyne Verlag
München

2. Auflage
Genehmigte, erweiterte Taschenbuchausgabe
Copyright © 1974 by Böhlau-Verlag, Köln
Printed in Germany 1981
Bibliographie, Zeittafel und Sachregister wurden erarbeitet
von Dr. Hubert Fritz
Umschlagbild: Archiv für Kunst und Geschichte, Berlin
Bildnachweis: Archiv für Kunst und Geschichte, Berlin
Umschlaggestaltung: Atelier Heinrichs, München
Gesamtherstellung: Presse-Druck Augsburg

ISBN 3-453-55038-2

Wenn Heine erst aufhört ein Gassenjunge zu sein,
Ist er der größte Dichter in Deutschland.

Johann Wolfgang von Goethe
(mündlich überliefert durch Zelter)

INHALTSVERZEICHNIS

VIII

VORWORT

Wenn ich eingangs den Leser hinter die Kulissen meiner Heine-Werkstatt führe und ihn den Entwicklungsgang der einzelnen Akte und Szenen dieses Dramas beobachten lasse, bevor das Stück als Ganzes vor das Publikum tritt, so mag dieses Vorwort zugleich ein Kapitel moderner Kulturgeschichte werden.

Mein Spezialgebiet in der Germanistik war eigentlich Goethe. 1921 promovierte ich an der amerikanischen Universität Wisconsin mit einer Arbeit über „Goethes Stellung zur französischen Romantik"; 1930 schickte mich das American Council of Learned Societies nach Weimar, um dort für die Goethe-Jahrhundertfeier 1932 den amerikanischen Beitrag „Goethe's Interest in the New World" zu liefern. Darauf habe ich bis zum Zweiten Weltkriege jedes Jahr drei Monate in Weimar zugebracht, um Quellenmaterial für ein Werk über den alten Goethe zu sammeln. Das war damals jedenfalls meine Absicht, doch das Schicksal hatte es anders bestimmt.

Im Juli 1935 fuhren meine Mutter, meine Frau und ich zusammen mit einem anderen Ehepaar in einem Abteil des Zuges des Norddeutschen Lloyd von Bremen nach Bremerhaven. Nachdem die für die Ausreise nötigen Formalitäten erledigt waren, überreichte ich den Grenzbeamten meine Diplomatenpapiere. Bei deren Anblick standen die beiden Beamten stramm, grüßten militärisch und baten stammelnd um Verzeihung, daß sie mich einer Kontrolle unterzogen hätten. Nach dieser Grenzabfertigung fragte mich der Herr im Abteil, auf dessen Ausweis ich ein großes ‚J' bemerkte, wie man zu einem solchen Dokument gelange. Meine Mutter übernahm stolz die Antwort: Mein Sohn arbeitet seit verschiedenen Jahren in den Museumsinstituten in Weimar, und da er stets Manuskripte bei sich trägt, hat der deutsche Generalkonsul in New York, Dr. H. Borchers, ihm einen Diplomatenpaß ausgestellt, um bei einer eventuellen Inspektion unbehelligt zu sein. Als wir uns dann gegenseitig vorstellten, war mein Name ihm schon durch Professor Hans Wahl in Weimar und Professor Ernst Beutler in Frankfurt bekannt. Er ergriff meine Hand mit den Worten: Ich bin der Bankier Albert Strauß, besitze die bedeutendste Heine-Sammlung der Welt und suche einen Nachfolger für Professor Ernst Elster in Marburg, der zu alt und krank ist, um seine neue Ausgabe von Heines Werken zu Ende zu führen. Ich kenne Ihren guten Ruf als Germanist, und als Amerikaner sind Sie für mich der Mann, den ich bis jetzt vergebens gesucht habe. Sind Sie bereit, Elsters Heine-Ausgabe zum Abschluß zu bringen ? Sie müßten ihm allerdings eine Abfindungssumme dafür zahlen, daß er seine eigenen Heineana an Sie abgibt und daß er das von mir auf Lebzeiten zugestandene Veröffentlichungsrecht für alle Manuskripte der Sammlung Strauß schon vor seinem Tode an Sie überträgt. Wir trennten uns in Southampton, nachdem Herr Strauß es mir noch einmal ans Herz gelegt hatte, in seinem Auftrage sofort mit Elster zu verhandeln. Doch diese zufällige Begegnung war für mich so grotesk, daß ich nichts weiter in der Sache unternahm. Schließlich rüttelten einige Briefe von Herrn Strauß mich wieder auf; er machte mir Vorwürfe über mein Zögern und erteilte mir dringend den Rat, mich sofort mit Elster in Verbindung zu setzen, ehe es zu spät sei. So entschloß ich mich, zwischen den Semestern aufs Geratewohl nach Deutschland zu reisen. Professor Elster und ich schlossen Anfang Februar 1936 miteinander ab: für eine Abfindungssumme erhielt ich seine sämtlichen Heineana, sowie Photokopien und Abschriften aller Manuskripte aus der Sammlung Strauß und die Veröffentlichungsrechte. Mit fünf Riesenkisten trat ich im Juli 1936 die Heimreise an, glücklicherweise wieder mit Diplomatenpapieren, sonst wären die Kisten in Bremen geöffnet, der Inhalt verdammt und konfisziert worden. Unvergeßlich sind mir die Worte geblieben, mit denen Professor Elster und Herr Strauß sich von mir verabschiedeten. Jener, als erfahrener Publizist gab mir den professoralen Rat: Nun setzen Sie sich einmal ein Jahr hin und arbeiten Sie das ganze Material durch, dann nehmen Sie sich ein zweites Jahr frei und schreiben Sie Ihre eigene Heine-Biographie. Sie werden allerdings bald feststellen, daß Heine ein völlig charakterloser Mensch war, doch das müssen Sie in Ihrer Biographie unterdrücken, sonst wird Ihr Buch keinen großen Absatz finden. — Dieser, im Gegensatz dazu, äußerte mit Bedacht: Es ist furchtbar viel Schund und Unwahres über Heine geschrieben worden, das beste vorhandene Heine-Material ist Ihnen jetzt zugänglich, Ihnen allein ist die Möglichkeit gegeben, bringen Sie endlich einmal die Wahrheit über Heine, ganz gleich wie sie ausfällt. Ich versprach dem Bankier, nichts als die Wahrheit zu bringen.

Ich ging nun mit der größten Begeisterung und ohne jede Voreingenommenheit an die Sichtung dieses gewaltigen Buch- und Manuskriptenmaterials. Es wurde mir sehr bald klar, daß Elster das alles, was er schon Jahrzehnte in Händen gehabt, überhaupt nicht ausgewertet hatte. Es lagen Dokumente vor, die Elster nie gelesen, in ihrem Zusammenhang nie erfaßt oder unterdrückt hatte, obwohl sie die Antworten auf wichtige Fragen enthielten. Eine Biographie in zwei Jahren zu schreiben war einfach undenkbar, vielleicht in zwei Jahrzehnten ! Ich machte mich nun zuerst einmal mit fast zweitausend Büchern und Abhandlungen über den Dichter vertraut; las jedes Buch, das Heine nachweisbar in Händen gehabt hatte; beschäftigte mich mit dem Leben der Personen, zu denen Heine Beziehungen hatte; und schrieb schließlich noch meinen eigenen Kommentar zu Heines Werken und zu den Briefen von und an Heine.

War es unter Hitler in Deutschland unmöglich, sich mit Heine zu beschäftigen, so sollte ich bald am eigenen Leibe erfahren, daß die Verhältnisse in den Vereinigten Staaten nicht viel besser waren. Als Arier verkehrte ich nach Ansicht vieler Amerikaner viel zu viel in jüdischen Kreisen; und als ich mich darüber hinaus sogar noch mit dem jüdisch-deutschen Dichter Heinrich Heine befaßte, dauerte es nicht lange, bis der Sturm losbrach. Ich erhielt von dem Ordinarius der Germanistik an der West Virginia Universität die Verwarnung, entweder meine Heine-Studien aufzugeben oder die Universität zu verlassen. Als ich dann 1938, Anfang der Sommerferien, in New York den Dampfer betrat, um meine jährliche Reise nach Weimar anzutreten, erwartete mich in meiner Kabine ein Telegramm von einem Freunde: er habe soeben in der Zeitung gelesen, daß ich von der Universität entlassen worden sei.

Durch blinden Zufall sollte ich etwas später aus denkbar bester und zuverlässiger Quelle Genaueres über den weiteren Verlauf meiner Entlassung erfahren. Während ich in meiner achtjährigen Stellungslosigkeit im Hause meiner Eltern ununterbrochen an Heine arbeitete, hatte meine Frau, um ihr eigenes Leben zu fristen, während der Kriegsjahre eine Anstellung am Pentagon in Washington angenommen. Wenn ich sie dort gelegentlich besuchte, unterließ ich es nie, meinen Freund und Kollegen, den Staatswissenschaftler Götz Briefs, an der Georgetown Universität aufzusuchen. Er teilte sein Sprechzimmer mit dem Nationalökonomen und Politiker William Boyd Carpenter. Als ich einmal zu ungelegener Zeit eintraf, da mein Freund gerade ein Kolleg hatte, verwies er mich an seinen Zimmergenossen mit den Worten: Unterhalten Sie sich doch die Stunde mit Professor Carpenter, er ist der Ghost-Writer für den Kongreß und kann Ihnen viel Interessantes erzählen. Als dieser dann im Laufe der Unterhaltung erfuhr, daß ich einmal an der West Virginia Universität doziert hatte, erzählte er mir dort von einem interessanten Fall, den er vor nicht allzu langer Zeit für den Kongreß hatte bearbeiten sollen. Doch, so fuhr er fort, wurde diese Angelegenheit noch einmal friedlich beigelegt, indem der entlassene Professor wieder in allen Ehren rehabilitiert und der Ordinarius entlassen wurde. Professor Carpenter war nicht wenig betroffen, als ich mich als den entlassenen Professor zu erkennen gab — und immer noch als stellungslos. So wäre der ‚Jude' Heine beinahe vor den amerikanischen Kongreß gekommen.

Als ich dann meine ersten Heine-Studien veröffentlichte, die z. T. ganz neue Anschauungen vertraten, bemerkte ich sogleich ein sonderbares Mißtrauen in den Augen meiner jüdischen Kollegen, und als ich dann einmal auf die voreheliche Geburt des Dichters hinwies, da war es um mich geschehen: man stempelte mich zum Nazi. Immerhin blieben mir einige jüdische Freunde treu: Eric Banjamin, der bekannte Sammler von Heine-Manuskripten, Dr. Platschek, der vormalige Psychiater der Stadt Berlin, und Dr. Richard Salomon, der ehemalige Professor der Kirchengeschichte an der Universität Hamburg. In meiner mißlichen Lage erschien mir sogar ein Retter in der Not: Dr. Max Osborn, der ehemalige Kunstkritiker der „Vossischen Zeitung" und damalige Mitredakteur des New Yorker „Aufbau", der internationalen Zeitung der deutsch-jüdischen Emigranten. Er erkannte die Sachlichkeit und den Wert meiner Heine-Studien, rehabilitierte mich in Amerika und machte durch diese internationale Zeitschrift das literarisch-gebildete Judentum der ganzen Welt mit meinen Heine-Studien bekannt.

Auch im Europa der Vorkriegszeit fanden sonderbare Dinge statt. Im Frühjahr 1937 erhielt ich von Friedrich Hirth, dem Herausgeber der dreibändigen Ausgabe von „Heinrich Heines Briefwechsel" ein für mich unverständliches Angebot, nämlich das Veröffentlichungsrecht von achthundert unbekannten Heinebriefen für $ 15.000. Ich setzte mich sofort mit Herrn Strauß in Verbindung, denn die 800 Briefe waren ja abschriftlich in meinem Besitz, und ich besaß das Veröffentlichungsrecht. Hirth wollte mir also etwas verkaufen, was er überhaupt nicht besaß und mir anvertraut worden war. Ich erfuhr dann bald, was sich in Deutschland abgespielt hatte. Strauß hatte einem Herrn in Marburg, der enge Beziehungen zu Hirth hatte, den Auftrag erteilt, seine Heineana für ihn zu verkaufen. Der Preis sollte $ 60.000 sein und die Kommission 20 % betragen. Dieser Herr in Marburg vermittelte für den Bankier einen Käufer, der ihm 250.000 deutsche Sperrmark für die Sammlung bot, und der Vermittler bestand nun auf seiner Kommission. Strauß war natürlich nicht an Sperrmark interessiert, und da er als Jude damals in Deutschland keine Rechte hatte, fand er den Vermittler mit 25.000 Sperrmark ab. Hirth, der seine Hand im Spiel hatte, muß so sicher über den Ausgang der Verhandlungen gewesen sein, daß er mir sein $ 15.000-Angebot schon vor dem Abschluß der Verhandlungen machte, ohne zu wissen, daß ich die Abschriften der 800 Briefe besaß, sowie das Veröffentlichungsrecht. Aus meiner internationalen Heine-Korrespondenz erfuhr ich dann bald darauf durch Dr. Ernst Feder in Rio de Janeiro, daß große Betrügereien gegen Strauß im Gange seien. Die Lage wurde schließlich so bedenklich, daß ich Herrn Strauß telegraphisch warnte, und er seine Heineana über Nacht in der Schweiz in Sicherheit brachte.

Im selben Sommer erhielt ich von Dr. Schneider, dem Geschäftsleiter des Schocken-Verlags in Berlin, die Einladung, mich an einer neugeplanten Heine-Ausgabe zu beteiligen. Dieser jüdische Verlag wollte in der Schweiz ein neues Geschäftshaus gründen, und als erstes großes Unternehmen war eine wissenschaftliche Ausgabe von Heines Werken und Briefwechsel geplant. Drei Personen sollten als Herausgeber fungieren: als Leiter Dr. Erich Löwenthal, der sich als tüchtiger Heinekenner einen guten Namen erworben hatte; dann Friedrich Hirth, den man als Menschen und Gelehrten wenig schätzte, der aber nicht entbehrt werden konnte, da er vorgab, hunderte von unveröffentlichten Heine-Briefen zu besitzen; und schließlich ich, der damals noch recht wenig von Heine verstand, dem aber das ganze Straußsche Heine-Material zur Verfügung stand. Hirth war bei keiner Sitzung zugegen. Als ich einmal Hirths $ 15.000-Angebot erwähnte, teilte Dr. Schneider mir mit, daß Hirth bis vor kurzem allmonatlich hundert Dollar vom Schocken-Verlag bezogen habe für seine Unkosten und Bemühungen, in Paris noch unbekannte Heine-Briefe aufzutreiben; daß er sich aber von Heine losgesagt habe, um seine ganze Zeit einer Hitler-Biographie zu widmen. Der Schweizer Schocken-Verlag kam damals nicht zustande, ebenso wenig die Heine-Ausgabe und Hirths Hitler-Biographie.

Doch durch diese Verhandlungen wurde ich besser mit Dr. Löwenthal bekannt. Wir waren oft bis Mitternacht zusammen und schmiedeten Heine-Pläne. Bei einem solchen Zusammensein in seiner Wohnung, Küstriner Straße 14, zeigte er mir einmal ein dickes Konvolut. Das, sagte er zu mir, ist Hirths Kommentar zu seinem Briefwechsel, den ich vor kurzem durch den Schocken-Verlag erhalten habe; es ist eine wertlose, unbrauchbare Arbeit, und ich werde jetzt eine völlig neue Bearbeitung vornehmen müssen. Mit diesen Worten warf er das Manuskript in meiner Gegenwart in den offenen Kamin. Nach dem Zusammenbruch des Nazi-Regimes wurde Hirth von der französischen Regierung als Professor der vergleichenden Literaturgeschichte an die neugegründete Universität Mainz berufen. Die jüdische Intelligentsia der ganzen Welt war darüber empört, protestierte bei der französischen Regierung und legte ihr belastende Dokumente vor, und es wäre damals zu einem internationalen Skandal gekommen, wenn Hirth nicht zur rechten Zeit gestorben wäre. Dr. Erich Löwenthal wurde von den Nazis ermordet.

Durch solche häßlichen Erfahrungen entmutigt, wollte ich zuerst meine weitere Beschäftigung mit Heine, die mir mein Leben lang nur Enttäuschungen und Entbehrungen gebracht, seelische Leiden auferlegt, schwere finanzielle Sorgen verursacht und die besten Jahre meines Lebens gekostet hatte, aufgeben, um die wenigen Tage, die mir als Achtundsiebzigjährigem noch beschieden sind, in Ruhe zu genießen. Doch dann wurde noch einmal der innere Drang in mir wach, meine seit 37 Jahren mühsam erworbenen Kenntnisse über Heine, den Menschen sowie den Dichter, nicht mit ins Grab zu nehmen, sondern der Mit- und Nachwelt zugänglich zu machen. So habe ich meine seit Jahrzehnten gesammelten Notizen, Abschriften, Auszüge, Aufsätze und sonstigen Arbeiten wieder vorgenommen und zu einer Heine-Biographie zusammengestellt. Hier ist nun m e i n Heine, wie ich ihn nach lebenslangem Studium auf Grund der bekannten und noch unbekannten, aber mir zugänglichen Quellen sehe und dem Leser ehrlich und sachlich vorführe, genau so wie es der Bankier Strauß von mir gefordert und ich es ihm versprochen hatte. Schließlich konnte ich zu meiner eigenen Beruhigung und Genugtuung feststellen, daß in meiner Heine-Biographie die bisher obwaltenden Widersprüche fast alle verschwunden sind und keine größeren Probleme mehr bieten: wohl der beste Beweis, daß ich auf der richtigen Fährte bin.

Last but not least — möchte ich erwähnen, daß es keine leichte Aufgabe war, in einer völlig undeutschen Umwelt deutsch zu denken und einen deutschen Dichter in deutscher Sprache zu würdigen. Es war nicht zu vermeiden, daß dem deutschen Text dabei Amerikanismen unterliefen. Hier hat sich nun Dr. Wolfgang Vulpius erboten, alles Undeutsche aus dem Manuskript zu entfernen und es stilistisch zu glätten, und der Böhlau-Verlag hat nicht die Mühe gescheut, das Manuskript vor dem Druck noch einer letzten sprachlichen Durchsicht zu unterziehen: beiden meinen innigsten Dank für dieses bereitwillige und verständnisvolle Entgegenkommen.

Walter Wadepuhl
Palm Beach Gardens
Florida 33403
im Herbst 1973

EINLEITUNG

Die wissenschaftliche Beschäftigung mit Heinrich Heines Leben und Schaffen ist insofern keine ganz angenehme Aufgabe, als die Verständigung auf Schritt und Tritt durch vorgefaßte Meinungen und unausrottbare Vorurteile behindert wird. Seine Weltanschauung, seine Gedanken über Gott und Vaterland, über Sittlichkeit und Anstand sind vielen ein Dorn im Auge, sein Leben erscheint manchem im innersten Kern leichtfertig und anstößig, seine Dichtung befleckt und wurmstichig, und als der Angehörige einer Rasse, die immer mehr Feinde als Freunde gehabt hat, ist er vielen doppelt verhaßt: sie möchten seine Erscheinung am liebsten aus der Geschichte des deutschen Geisteslebens gestrichen sehen; jedenfalls bedauern sie den Einfluß, den er gewonnen hat, und sehen darin eine Schädigung der besten Güter deutscher Kultur. Wenn die recht hätten, die so sprechen, und wenn vor allem der Standpunkt, den sie einnahmen, angemessen wäre für die Beurteilung eines Dichters, so würden wir in der Tat gut tun zu schweigen und uns einen besseren Gegenstand für unsere Arbeit suchen. Aber so weit verbreitet diese Urteile sind, und so nachdrücklich sie z. B. durch das gehässige Buch von Adolf Bartels „Heinrich Heine. Auch ein Denkmal", Dresden und Leipzig 1906, aufgetischt worden sind, so sind sie doch gerechter und vorurteilsfreier Menschen unwürdig und zeugen von großer Engherzigkeit, die vielleicht ebenso schlimme Schädigung über uns bringen kann wie die angebliche Unsittlichkeit, gegen die sich Bartels wendet. Vor allem aber wäre es verkehrt, Leistungen, die in erster Linie einem künstlerischen Urteil unterliegen, ausschließlich vom sittlichen Standpunkt abzuurteilen. Es ist die erste und grundlegende Frage, die wir gegenüber dem Schaffen des Dichters geltend machen, ob es von Kraft und Eigenart zeuge, ob es hierdurch Leben erweckend wirke und unser Gefühl in Bewegung setze; wir fragen weiter, ob diese Kraft sich in der Deutung und Darstellung der treibenden Gedanken des Lebens und ihrer Werte betätige. Dieses Maß und diese wirkende Kraft ist der eigentliche Gegenstand der künstlerischen Beurteilung und Betrachtung, und von diesem freien Standpunkt aus erscheint Heine als eine ungemein fesselnde Erscheinung. Die Richtung der Kraft und die Frage, ob sie den sittlichen Normen entspricht, ist der Gegenstand des moralischen Urteils. Dieser Abgrenzung von ästhetischer und moralischer Betrachtung müssen wir uns, wie bei zahlreichen anderen Untersuchungen in der Literatur, insbesondere bei der Erörterung von Heines Leben und Dichten bewußt bleiben; und indem wir dies tun, treten wir auf einen Boden, wo uns jene geistlähmende moralisierende Anschauungsweise ein für allemal fern bleiben muß. Gewiß werden wir auch von Zeit zu Zeit in die Lage kommen, ein Urteil zu fällen, das sich mit dem unserer Sittenprediger weitgehend deckt; aber der Ausgangspunkt dieses Urteils wird ein anderer sein als bei jenen: wir werden mit den Maßstäben des Schönen und Häßlichen, des Erhabenen und Niedrigen an das dichterische Denken und Fühlen Heines herantreten, also mit rein künstlerischen Maßstäben, und diese werden uns in der Tat nicht ganz selten veranlassen, Betätigungen und Äußerungen abzulehnen und zu tadeln, gegen die sich jene vom rein sittlichen Standpunkt auflehnen. Und dies sei hier von vornherein gesagt: ich denke nicht daran, die augenfälligen Fehler des großen Dichters zu beschönigen, wie es die blinde Begeisterung mancher Heine-Verehrer nur allzu oft getan hat. Solche persönlichen und vielleicht unbewußten Beschönigungen gewisser peinlicher Lebensumstände und unerfreulicher Charakterschwächen des Dichters haben in vielen Fällen zu einer unausbleiblichen Verdrehung der Tatsachen und zu unerklärlichen Widersprüchen in der Darstellung seines Lebens und seiner Werke geführt. Solche irrigen Urteile, denen man leider überall begegnet, sollen hier ans Licht gebracht, sachlich untersucht und wahrheitsgetreu berichtigt werden. Heine darf nicht in eine Linie gerückt werden mit den bahnbrechenden, ganz im Schönen waltenden Dichtern unserer klassischen Literatur. Wir können uns nicht mit freudiger Hingebung zu allem, was er geleistet hat, wie zu einem Ideal bekennen. Der Zwiespalt haftet fast an allem, was er geschaffen hat, der innere Widerstreit ist das Kennzeichen seiner Seele. Diesen Tatsachen entsprechend kann das Urteil über ihn nicht auf eine einfache Bejahung oder Verneinung hinauslaufen; wir werden oft genötigt sein, das Für und Wider nebeneinander zu stellen und der frohen Anerkennung ein bedenkliches Aber folgen zu lassen. Eins wollen wir aber nie aus dem Auge verlieren: daß wir es mit einem Dichter zu tun haben, der in seinen guten Stunden Lieder geschrieben hat, die zu den vollkommensten in deutscher Sprache gehören, daß wir in ihm einen Meister des Stils besitzen, der die Ausdrucksfähigkeit der dichterischen wie der prosaischen Rede wesentlich bereichert hat; daß er seine Weltanschauung mit hinreißendem Gefühl und oft mit wahrhaft befreiendem, durchschlagendem Witz dargestellt hat; daß er vielem Häßlichen und Niedrigen mit rücksichtslosem Spott die Larve vom Antlitz gerissen hat; und daß er trotz der oft grausamen und abstoßenden Heftigkeit seiner Angriffe, trotz seines Leichtsinns und seiner sonstigen Schwächen im Grunde doch ein gütiges Herz besaß. Durch den prickelnden Übermut seines Geistes hat er auf das deutsche Geistesleben einen Einfluß geübt, den wir uns nicht wieder ausgelöscht denken können, ohne wesentliche Züge des Denkens und Fühlens der gebildeten Welt aufzulösen; keines Dichters Lieder haben im deutschen Gesang eine so weite

Verbreitung gefunden wie diejenigen Heines; selbst Goethes stehen in dieser Hinsicht zurück. Und zu alledem kommt, daß alle Kulturvölker der Erde keinen deutschen Dichter so viel übersetzt, bewundert und nachgeahmt haben wie Heine. Wenn man diese Zeugnisse einer Geisteskraft ersten Ranges beachtet, ist es unwürdig und töricht, über ihn mit Haß und Gepolter hinwegzueilen. Man lerne ihn verstehen und lasse die Kraft seines Geistes anregend auf sich wirken, auch wo man die Richtung, die er einschlägt, mißbilligt. Wer die Größe des Mannes fühlt, wird auch den Tadel mit maßvoller Zurückhaltung äußern.

Wollen wir auf diese Weise durch die Wahl unseres Standpunktes versuchen, den größten Hindernissen, die der sachlichen Erkenntnis Heines entgegenstehen, aus dem Wege zu gehen, so bleiben gleichwohl noch sehr erhebliche Schwierigkeiten zu überwinden, solche allgemeinen wie auch solche ganz besonderen Charakters. Heines Denken ist mit den Zeitverhältnissen auf das engste verflochten: die leitenden Gedanken dieser Zeit sind uns nur noch zum Teil verständlich, sie haben sich gewandelt; das Maß ihrer Berechtigung damals und jetzt ist nicht dasselbe; die Übereinstimmungen und Unterschiede richtig abzugrenzen und einzuschätzen, ist nicht immer leicht. Dazu kommt, daß Heines Äußerungen von der Stimmung des Augenblicks stark abhängig und zumeist ganz persönlich gefärbt sind. Hiermit berühren wir schon die zweite Hauptschwierigkeit, die besondere, die zu der allgemeinen zeitlich bedingten hinzukommt: das seelische Rätsel, das uns Heine zu lösen gibt, ist ungemein verwickelt. Er ist als Jude in die hochentwickelte deutsche Geisteskultur hineinversetzt; er hat, ausgestattet mit den ausgeprägten Eigenschaften seiner Rasse, den Wunsch, in dem Denken und Fühlen dieser deutschen Geisteskultur ganz aufzugehen, und er erfaßt sie zum Teil mit einem wunderbar feinen Verständnis. Aber auf der andern Seite treten ihm bedeutende innere wie äußere Hindernisse entgegen: vieles bleibt ihm fremd oder halb fremd, vieles tritt ihm feindlich, ja roh gegenüber. Der innere Widerspruch und Zwiespalt macht sich in ihm auf das entschiedenste geltend, und er glaubt, manches als Bruch und Widerspruch des ganzen Zeitlebens auffassen zu müssen, was doch überwiegend persönliche Bedeutung besaß. Die Aufgabe, sich als Sohn einer fremden Gemeinschaft in dem hoch entwickelten, ja in mancher Hinsicht überfeinerten deutschen Leben zurechtzufinden, war einem Manne gestellt worden, der mit den zartesten Anlagen des Dichters ausgestattet war, ja der nicht frei war von krankhaft gesteigerter Empfindlichkeit. Begreiflich, daß diese inneren Widersprüche Heines bitterste Schmerzen, seine Zerrissenheit, seinen beißenden Witz, seinen unerbittlichen Spott gezeitigt haben. Man sieht aus diesen Andeutungen bereits, welch große Schwierigkeiten der zergliedernden Erkenntnis seines Seelenlebens und seines Schaffens entgegenstehen. Es kommt hinzu, daß Heine mit einer Rücksichtslosigkeit sondergleichen seine oft schnell dahinschwindenden Seelenzustände entschleiert hat, und daß daher die Kenntnis seiner zufälligen Erlebnisse unerläßlich ist, um seine Dichtung zu verstehen; denn nichts ist törichter als die früher weit verbreitete Ansicht, daß es seiner Dichtung an innerer Wahrheit fehle und daß er meist rein erlogene Gefühle in seinen Versen festgehalten habe.

Zur Aufklärung dieser verwickelten Tatbestände hat die Forschung, namentlich seit Ende der neunziger Jahre, außerordentlich viel geleistet. Das Bild Heines, wie wir es jetzt zu zeichnen vermögen, weicht nicht unwesentlich von demjenigen ab, das bald nach seinem Tode entworfen wurde. Schon füllt die Literatur über den Dichter eine ganze Bibliothek. Noch immer ist der ersten größeren Lebensgeschichte des Dichters von Adolf Strodtmann in Ehren zu gedenken. Von Strodtmanns Buch sind fast alle seitdem erschienenen Biographien des Dichters im wesentlichen abhängig. Eine Besprechung der Ausgaben von Heines Werken, besonders deren von Ernst Elster und Oskar Walzel, von Heines Briefwechsel, besonders dessen von Friedrich Hirth, sowie zahlreicher Einzelschriften über Heines Leben und Schaffen wird an geeigneter Stelle erfolgen. Leider ist 1956 die lobenswerte und schon weit gediehene Absicht des Hoffmann und Campe Verlages und der Nationalen Forschungs- und Gedenkstätten der klassischen deutschen Literatur in Weimar, zusammen eine abschließende Ausgabe von Heines Werken und Briefwechsel zu veröffentlichen, am Ende gescheitert, so daß heute zwei große Heine-Ausgaben in Vorbereitung sind, die eine in Düsseldorf-Hamburg, die andere in Weimar-Berlin.

ERSTES BUCH

HEINRICH HEINE
IN DEUTSCHLAND
(1797—1831)

ERSTES KAPITEL

FAMILIE UND JUGEND

Düsseldorf, Frankfurt, Hamburg (1797—1819)

Heinrich Heine hat selbst über seine Familie und über die Erlebnisse seiner Jugend ziemlich ausführlich und bei verschiedenen Gelegenheiten berichtet; am wichtigsten sind in dieser Hinsicht seine leider nur sehr fragmentarischen „Memoiren" und daneben sein „Buch Legrand" aus dem zweiten Teil der „Reisebilder". Aber seine Angaben sind in neuerer Zeit wesentlich erweitert und in manchen Punkten auch berichtigt worden. Unleugbar zeigt sich bei seinen Ahnen väterlicher- und mütterlicherseits starke Lebenskraft und tüchtiges Streben. Auffallend ist es, daß Heines Vorfahren väterlicherseits sich bereits eines Familiennamens bedienten zu einer Zeit, als dies bei den Juden noch nicht Regel war; früher führten die Juden nur einen Namen: sie nannten sich schlechthin Moses oder Lazarus oder Simon und fügten zur Unterscheidung von andern, die ebenso hießen, entweder noch eine Angabe hinzu, die besagte, wessen Sohn der Betroffene sei, so z. B. nannte sich Lessings edler Freund Moses als Sohn des Mendel Mendelssohn; oder, was noch häufiger vorkam: sie bezeichneten sich nach dem Ort, aus dem sie zu der Gemeinde zugewandert waren; daher noch heute die zahlreichen Städtenamen bei Juden, wie Halle, Bückeburg, Geldern, oder noch häufiger die Ableitungen von solchen Städtenamen, wie Warschauer, Wiener, Breslauer. Der Familienname Heine findet sich aber bereits bei Vorfahren des Dichters, als der Zwang, einen solchen Familiennamen zu führen, für die Juden nicht bestand; erst zu Ende des 18. Jahrhunderts wurde dieser Zwang von den deutschen Regierungen ausgeübt, und er führte oft zu sehr schnurrigen Benennungen. Der Name Heine oder Heyne findet sich ebenso oft bei christlichen Deutschen, und hier ist er zweifellos eine Koseform für Heinrich, wie etwa Kunz für Konrad; daß er für die jüdischen Träger ebenso zu deuten sei, erscheint fraglich; vermutlich hat er eine doppelte Etymologie wie der Name Meyer. Genug, schon ein Isaak geheißener Ahnherr des Dichters, der in der Mitte des 17. Jahrhunderts lebte, nannte sich Heine — ja, es mag bemerkt werden, daß schon im Jahre 1334 ein Straßburger Jude den Namen Heyne trug. Indessen dieser Name Heine hatte sozusagen eine mehr exoterische, und keine esoterische Bedeutung; im Ghetto nannte man die Leute nur nach ihrem Vornamen, aber im Verkehr mit der

Außenwelt bedienten sie sich des die Familie bezeichnenden Beinamens. Der Sohn dieses Isaak, David Simon, der Urgroßvater des Dichters, siedelte von Bückeburg nach Hannover über, wo er im Jahre 1744 starb. In dem jüdischen Memoirbuch, d. h. einem Gedenkbuch, in dem Leben und Taten der Gemeindemitglieder kurz beschrieben sind, wird seiner als eines durch Wohltätigkeit, Menschenliebe und reinste Frömmigkeit ausgezeichneten Mannes gedacht. Mit ihm war sein Sohn Heymann nach Hannover gezogen, der in den jüdischen Gedenkbüchern den Namen C h a j j i m führt, und da er in Bückeburg geboren war, dort C h a j j i m B ü c k e b u r g genannt wird. Dieses seines Großvaters gedenkt Heine in seinen „Memoiren" wenigstens flüchtig; doch war er längst vor Heines Geburt, bereits im Jahre 1780 gestorben. Im 19. Kapitel seines Wintermärchens „Deutschland" erwähnt der Dichter des Großvaters Geburtshaus in Bückeburg; er schreibt:

> Zu Bückeburg stieg ich ab in der Stadt,
> Um dort zu betrachten die Stammburg,
> Wo mein Großvater geboren ward;
> Die Großmutter war aus Hamburg.

Diese Stammburg steht noch heute; aber es ist kein stattliches Schloß, sondern ein sehr bescheidenes einstöckiges Häuschen in der Langenstraße und beherbergt eine kleine Kneipe mit dem schönen Namen „Zur Falle". Dieser aus Bückeburg stammende Großvater des Dichters, Heymann Heine oder Chajjim Bückeburg, kam in Hannover zeitweilig zu behaglichem Wohlstand: er war Hausbesitzer, hielt sich zwei Dienstboten, und spielte in der Gemeinde eine angesehene Rolle. Das geht unter anderm aus der Tatsache hervor, daß er Mitbegründer eines „Vereins zum Studium der göttlichen Lehre, zum Krankenbesuch und zur Wohltätigkeit" war, der 1762 von der Gemeinde ins Leben gerufen wurde. Auch in dem Memoirbuch wird seiner als eines durch Frömmigkeit und Wohltätigkeit ausgezeichneten Mannes gedacht. Er war in zweiter Ehe mit Marthe Eva Popert, der zweiten Tochter des Altonaer Kaufmanns Meyer Samson Popert, verheiratet, und dieser Ehe entsprossen zwei früh verstorbene Töchter und sechs Söhne. Von seinen sechs Söhnen zog der älteste, Isaak, nach Bordeaux und wurde der Ahnherr einer reichen und angesehenen Bankiersfamilie; der zweite, Samson, war der Vater des Dichters; der dritte, Salomon, gelangte in Hamburg zu außerordentlichen Reichtümern und starb 1844 als vielfacher Millionär, er spielt im Leben des Dichters eine große Rolle, und wir werden seiner noch oft zu gedenken haben; der vierte, Henry, besorgte in Hamburg die häuslichen Finanzangelegenheiten seines reichen Bruders Salomon. Seine Frau war eine geborene Hanna Embden; ihr jüngerer Bruder Moritz heiratete später Heines einzige Schwester Charlotte. Onkel Henry war seinem Neffen Harry sehr liebevoll zugetan und der einzige in dieser Generation von Heines, der mit Stolz den dichterischen Ruhm seines

Neffen verfolgte. Es ist ergreifend zu lesen, wie er den ehrlichen Versuch machte, dessen Werke zu würdigen, was aber trotz der größten Anstrengungen nicht gelang, da sie seinen geistigen Horizont überschritten. Von den noch übrigen zwei Söhnen Heymanns starb Meyer schon 1813 und Samuel 1819. Die Witwe Heymanns heiratete später noch einmal, und zwar einen Bendix Schiff in Hamburg, und hier starb sie auch verhältnismäßig früh, im Jahre 1799, anderthalb Jahre nach der Geburt Heines, so daß dieser also auch an sie keine Erinnerung bewahrte. Die Verhältnisse Heymanns, der zeitweilig wohlhabend gewesen war, hatten sich zuletzt sehr verschlechtert: den Söhnen mangelte jedes Erbteil, und sie waren ganz auf den eigenen Verdienst angewiesen. Indessen nicht ist Heinrich Heine, wie man früher annehmen konnte, aus einer kleinen Schnorrerfamilie hervorgegangen, aus einer solchen, der alle Mittel höherer Bildung unbekannt gewesen wären, sondern aus einer solchen, die nur zu gut den Wandel des Geschicks kennen gelernt hatte.

Heine selbst erzählt in seinen „Memoiren", man habe es ihm zum Vorwurf gemacht, daß er ebenso wie sein „seliger Kollege Wolfgang Goethe" immer nur von seiner mütterlichen Familie, niemals aber von der väterlichen zu berichten gewußt habe, und er fährt dann fort:

Es ist freilich wahr, daß in diesen Memoiren sehr oft von dem Großvater von väterlicher Seite, welcher als gestrenger Schultheiß auf dem Römer zu Frankfurt präsidierte, mit besonderm Behagen die Rede ist, während der Großvater von mütterlicher Seite, der als ehrsames Flickschneiderlein auf der Bockenheimer Gasse auf dem Werktische hockte und die alten Hosen der Republik ausbesserte, mit keinem Wort erwähnt wird.

Heine irrt sich hier insofern, als Goethe gerade umgekehrt den Großvater mütterlicherseits nennt, und über den andern, den er nicht gekannt hatte, schweigt. Es mag hier auch beifällig erwähnt werden, daß der Großvater Goethes sich nicht als Flickschneider mit dem Ausbessern alter Hosen beschäftigte, sondern, wie wir jetzt wissen, ein sehr einträgliches Damenschneidergeschäft betrieb, das er freilich später aufgab, um eine Gastwirtschaft zu übernehmen. Dann wieder von den Seinen sprechend, fährt Heine fort:

. . . einst als kleines Bübchen, zur Zeit, wo ich die Werkeltage in der öden Franziskaner-Klosterschule, jedoch die Sonntage zu Hause zubrachte, nahm ich hier eine Gelegenheit wahr, meinen Vater zu befragen, wer mein Großvater gewesen sei. Auf diese Frage antwortete er halb lachend, halb unwirsch: ‚Dein Großvater war ein kleiner Jude und hatte einen großen Bart.'

Den andern Tag, als ich in den Schulsaal trat, wo ich bereits meine kleinen Kameraden versammelt fand, beeilte ich mich sogleich ihnen die wichtige Neuigkeit zu erzählen: daß mein Großvater ein kleiner Jude war, welcher einen langen Bart hatte.

Kaum hatte ich diese Mitteilung gemacht, als sie von Mund zu Mund flog, in allen Tonarten wiederholt ward, mit Begleitung von nachgeäfften Tierstimmen. Die Kleinen sprangen über Tische und Bänke, rissen von den Wänden die Rechentafeln, welche auf den Boden purzelten nebst den Tintenfässern, und dabei wurde gelacht, gemeckert, gegrunzt, gekräht — ein Höllenspektakel, dessen Refrain immer der Großvater war, der ein kleiner Jude gewesen und einen großen Bart hatte.

Der Lehrer, welchem die Klasse gehörte, vernahm den Lärm und trat mit zorn-glühendem Gesichte in den Saal und fragte gleich nach dem Urheber dieses Unfugs. Wie immer in solchen Fällen geschieht: ein jeder suchte kleinlaut sich zu diskul-pieren, und am Ende der Untersuchung ergab es sich, daß ich Ärmster überwiesen ward, durch meine Mitteilung über meinen Großvater den ganzen Lärm veranlaßt zu haben, und ich büßte meine Schuld durch eine bedeutende Anzahl Prügel.

Es waren die ersten Prügel, die ich auf dieser Erde empfing, und ich machte bei dieser Gelegenheit schon die philosophische Betrachtung, daß der liebe Gott, der die Prügel erschaffen, in seiner guten Weisheit auch dafür sorgte, daß derjenige, welcher sie erteilt, am Ende müde wird, indem sonst am Ende die Prügel unerträglich würden.

Heine fährt dann fort:

,Gesottene Katze scheut den kochenden Kessel', sagt das Sprichwort, und jeder wird leicht begreifen, daß ich seitdem keine große Neigung empfand, nähere Aus-kunft über jenen bedenklichen Großvater und seinen Stammbaum zu erhalten oder gar dem großen Publikum, wie einst dem kleinen, dahin bezügliche Mitteilungen zu machen.

Von der Großmutter rühmt der Dichter die große Schönheit, wovon ein Bild, das er einst im Hause des Oheims sah, sprechendes Zeugnis ablegte. Diese Schönheit habe sich auf mehrere ihrer Kinder, namentlich auf ihre Söhne Samson, den Vater des Dichters, und auf Salomon vererbt.

Reicher sind, wie gesagt, die Berichte über die mütterliche Familie. Sie stammte aus dem Städtchen Geldern, das zwischen Kleve und Goch, nicht weit von Kevelaer, gelegen ist, und nannte sich daher van Geldern, was einige Mitglieder der Familie, gelegentlich auch Heine selbst, in ein adliges v o n Geldern verwandelten. Ansässig war die Familie schon seit über hun-dert Jahren in Düsseldorf; schon Heines Urgroßvater Juspa und sein Urgroß-vater Lazarus lebten hier als Hofagenten. Dieser Mann, Joseph mit Namen, doch in der Regel Juspa genannt, war unter dem Kurfürsten Johann Wilhelm von der Pfalz, der damals in Düsseldorf residierte, Hofagent; der Fürst be-diente sich, wie vorher und nachher so viele andere, eines Juden für seine Geldgeschäfte und fand in Juspa einen geschickten Mann. So kam denn auch Juspa zu gutem Vermögen, aber auch er verlor es wieder und starb als unbemittelter Mann; ein Prozeß, der nach dem Tode des Kurfürsten gegen ihn wegen Proviantlieferungen, die um Jahrzehnte zurücklagen, angestrengt wurde, endete mit Juspas Freispruch. Sein Andenken wird noch jetzt in der Gemeinde zu Mannheim, wo er 74-jährig im Jahre 1727 starb, in

Ehren gehalten. Auch sein Sohn, Lazarus van Geldern, war fürstlicher Agent und Hoffaktor in Düsseldorf, und auch er lebte zeitweilig in glänzenden Umständen; man erzählte Wunderdinge von ihm, die dem Knaben Heine wie ein Märchen aus „Tausend und einer Nacht" erklangen. Aber auch dieser Ahnherr des Dichters mußte erfahren, daß mit des Geschickes Mächten kein ewiger Bund zu flechten ist: infolge eines Erbschaftsprozesses mit einer verheirateten Schwester verlor er all sein Hab und Gut und starb als armer Teufel. Lazarus war übrigens auch ein geachtetes Mitglied der Gemeinde gewesen: er bekleidete, wie schon sein Vater, das Amt eines Ober-Vorsängers, d. h. eines Vorstehers der Gemeinde; doch es wirft ein grelles Licht auf die damaligen Zustände, daß er trotz solchen Ansehens bei den Juden und trotz seiner Stellung zu dem Kurfürsten von der Pfalz nicht die Erlaubnis erhielt, sich länger als drei Tage im benachbarten Köln aufzuhalten. Sicherlich war aber die Familie van Geldern schon in mancher Hinsicht über die beschränkte Bildung der damaligen Ghettobewohner hinausgekommen. Ein entschieden aufwärts strebender Geist macht sich in ihr geltend.

Das zeigte sich besonders bei dem zweiten Sohn des Lazarus, Gottschalk van Geldern, dem Großvater Heines, der sich der Wissenschaft widmete, und zwar derjenigen, in der sich bereits die Juden des Mittelalters oft ausgezeichnet haben, und die allein ihnen noch im 18. Jahrhundert einige Aussicht auf Erfolg eröffnete: der Medizin. Gottschalk van Geldern wurde ein geschätzter Arzt in Düsseldorf und hinterließ, als er im Jahre 1795, zwei Jahre vor Heinrichs Geburt, starb, ein ehrenvolles Andenken. Seine Gattin, die Tochter des David Pinchas Bock aus Siegburg, schenkte ihm zwei Söhne und drei Töchter, von denen die jüngste, Peira, meist Peierche, später Betty genannt, die Mutter des Dichters wurde. Auch einer seiner Söhne, Joseph, wurde Arzt, und Kurfürst Karl Theodor machte ihn zu seinem Leibmedikus; er war der Stolz der Familie, aber schon in jungen Jahren, 1796, ein Jahr nach seinem Vater, sank er ins Grab. Ein anderer Bruder der Mutter, Simon van Geldern, ein sehr ehrbarer Mann, aber im ganzen ein beschränkter Kopf, lebte als Privatgelehrter in Düsseldorf, ergab sich einer leidenschaftlichen Tagesschriftstellerei und wirkte auf diese Weise auf den jungen Dichter, dessen er sich liebevoll annahm.

So zeigt auch der Überblick über die Vorfahren des Dichters, welcher starke Lebenstrieb in ihnen waltete. Es ist eine Familie von unbedingt empordrängender Kraft; sobald die Schranken, die diese Lebenskraft hemmten, gefallen waren, erhob sich die Familie zu bedeutendem Ansehen; die höchste Blüte ihrer geistigen Regsamkeit keimte jedoch in dem Mann, der dem Namen Heine die Unsterblichkeit gesichert hat. Unverkennbar ist aber zweierlei: Einmal, daß sich der in dieser Familie herrschende Geist noch sehr von dem der eigentlichen deutschen Kreise unterschied; in der Abgeschlossenheit, zu der das Judentum damals gezwungen war, bildet es eine

Welt für sich und hob sich durch innere wie äußere Eigentümlichkeiten scharf von der christlichen Umgebung ab; zum andern, daß sich mit diesen Wesenszügen ein gewisser unsteter Wagemut zu vereinigen scheint, der den jähen Wechsel des Glücks, von dem wir so manches Zeugnis kennengelernt haben, erklärt; der Drang, vorwärts zu kommen, bestimmte wohl manchen zu Handlungen, deren Beweggründe nicht vor dem Richterstuhl der sittlichen Vernunft bestanden haben würden. Das ist die Kehrseite der stark sich geltend machenden Lebenskraft in dieser Familie, und von diesem Grundzug, von diesem Drang, das Ich rücksichtslos zu betätigen, finden wir auch deutliche Spuren bei Heinrich Heine. Bei einem seiner Ahnen, dem Bruder seines Großvaters, mit Namen Simon van Geldern, über den Heine in seinen „Memoiren" ausführlich berichtet, entartete dieser Zug zu regelrechter Abenteuerlust: Nachdem er, wie so viele seiner Glaubensgenossen, eine Wallfahrt nach Jerusalem gemacht hatte — in der Verzückung hatte er auf dem heiligen Berge Moria eine Vision — begab er sich nach Nord-Afrika und wurde hier Häuptling eines Beduinenstammes. Er lebte zeitweilig in Pracht und Herrlichkeit, fand aber schließlich in dem abenteuerlichen Treiben weder dauerndes äußeres Glück, noch innere Befriedigung, kehrte nach Europa zurück, lebte einige Zeit in London und starb 1774 zu Forbach im Elsaß. Heine selbst urteilt über diesen Großoheim recht ungünstig. Er schreibt: „Europäisch zu reden: mein seliger Großoheim, der fromme Visionär vom Berge Moria, ward Räuberhauptmann". Demgegenüber ist aber zunächst zu bemerken, daß Simon van Geldern auf seinen abenteuerlichen Reisen nur durch sehr nachdrückliche Empfehlungsschreiben der Rabbiner vorwärts kam; er muß doch also recht achtbare Eigenschaften gehabt haben. Aber hierauf kommt es weniger an: die Hauptsache ist der rücksichtslose Lebensdrang des Mannes; dieser Zug ist psychologisch bemerkenswert und für die Lebensgeschichte unseres Dichters nicht außer acht zu lassen: der kabbalistische Wunderglaube und die Abenteuerlust hängt mit dem Drang, der so vielen Mitgliedern der Heineschen Familie eigen ist, zusammen, die Schranken der Wirklichkeit mit kühnem Tun zu durchbrechen, um nachher dann doch wieder der Wirklichkeit zu erliegen. Auch in Heines Schriftstellerei ist Ähnliches zu beobachten: der Kampf mit der Wirklichkeit und das Schwelgen in kühnen Träumen wechselt mit einer nicht immer schönen Unterwerfung unter die Tatsachen dieser Wirklichkeit ab. Es ist bemerkenswert, daß Heine von den Aufzeichnungen dieses Großoheims Simon van Geldern, die er zu lesen bekam, und die sich bis heute erhalten haben, einen sehr starken Eindruck gewann: er vertiefte sich derart in sie, daß sein Ich mit dem des Ahnen ganz verschmolz, und daß er ein Traumleben führte, indem er ganz in jenem aufging, in orientalischer Kleidung auf stolzem Araberroß durch die Wüsten Nord-Afrikas sprengte und sich in den Höfen der Scheikhs huldigen ließ von stolzen Helden und märchenhaft schönen Frauen. Doch ist es wohl möglich, daß die Darstellung dieses Doppellebens, das Heine als Kind geführt haben will, viel dichterische Ausschmückung enthält, wobei E. T. A. Hoffmanns „Elixire des Teufels" im einzelnen ihn beeinflußt haben mögen.

Die stärkste Erbschaft des Blutes empfing der Dichter aber natürlich von denen, die ihm das Leben geschenkt hatten, und so scheint es mir sehr einseitig, immer nur auf die Mutter hinzuweisen als diejenige, von der der Dichter am meisten beeinflußt worden sei; während Goethe die reichsten Gaben von mütterlicher Seite empfing, scheint mir umgekehrt bei Heine das väterliche Erbteil stärker ins Gewicht zu fallen. Das geht vielen gegen den Strich, weil wir zweifellos in Heines Vater einen wenig bedeutenden Mann zu erkennen haben; aber wenn sich auch die Geisteskräfte des Sohnes von denen des Vaters sehr deutlich abheben, so offenbart sich doch im Gefühls- und Triebleben eine unverkennbare Abhängigkeit. Heine selbst schildert in den „Memoiren" seinen Vater als einen Mann von etwas weichlicher und weiblicher Schönheit, zugleich als einen Mann von unbedingter Lebenslust, in dessen Gemüt immer Kirmes war. Er war eitel und hatte große Freude am Putz. Nach Heines Bericht soll er als Beauftragter des Prinzen Ernst August von Cumberland, des späteren Königs von Hannover, zur Zeit der französischen Revolution den Feldzug in Flandern und Brabant mitgemacht haben. Ein Bildnis Samsons, das damals gemalt wurde und ihn in roter Uniform zeigte, wird von Heine in den „Memoiren" ausführlich besprochen. Aus jener Zeit soll Samson Heine die Vorliebe für Spiel und Weiber sowie für Pferde und Hunde beibehalten haben, die ihm seine spätere Gattin nur schwer habe abgewöhnen können. Er habe nach Düsseldorf einen kleinen Marstall mitgebracht, und Peira soll über dieses vierfüßige Kapital, das so viel fresse, bittere Klage erhoben haben. Wenn wir bedenken, daß Samson die Lieferungen für das vom Prinzen Ernst August geführte Regiment auszufahren hatte, so ist es nicht unwahrscheinlich, daß er nach der Erledigung des Feldzuges noch Pferde aufgekauft und mit nach Düsseldorf gebracht hatte, um sich ihrer hier in vorteilhafter Weise wieder zu entäußern. Der Händler, der sich auf so mancherlei Geschäfte geworfen hatte, wird es auch auf diese Weise eine Zeit lang versucht haben, und er wird, nach seiner ganzen Charakteranlage zu schließen, seine Freude daran gehabt haben, während Peira anderen Sinnes war: das dürfte der wahre Kern an der von Heine übertrieben ritterlich ausgeschmückten Erzählung sein. Doch das ist bloße Vermutung. Heine selbst erzählt:

Nachdem meine Mutter den Taugenichts [von Stallmeister] los war, gab sie auch den Jagdhunden meines Vaters ihre Entlassung, mit Ausnahme eines einzigen, welcher Joly hieß, aber erzhäßlich war. Er fand Gnade in ihren Augen, weil er eben garnichts von einem Jagdhunde an sich hatte und ihm bürgerlich treuer und tugendhafter Haushund werden konnte. Er bewohnte im leeren Stalle die kalte Kalesche meines Vaters, und wenn dieser hier mit ihm zusammentraf, warfen sie sich wechselseitig bedeutende Blicke zu. ,Ja, Joly', seufzte dann mein Vater, und Joly wedelte wehmütig mit dem Schwanze.

Diese Erzählung ist jedenfalls bezeichnend, indem sie das Maß von Charakterselbständigkeit Samsons erkennen läßt: sein Wille ist lenkbar und unsicher; die Mutter bestimmt, was zu geschehen habe. Für diese Schwächen des Mannes spricht auch die Tatsache, daß die Düsseldorfer Judengemeinde nichts von ihm wissen wollte, als er beabsichtigte, sich dort niederzulassen! Sie verweigerte ihm die Aufnahme. Es war nicht seinen, sondern den energischen Bemühungen seiner Braut zuzuschreiben, die sich an die Behörden mit der Bitte um ihr Eingreifen wandte, daß er wenigstens das Niederlassungsrecht für Düsseldorf erhielt. Seine Willenskraft erweckte in der Gemeinde offenbar kein Vertrauen. Wir werden später noch einmal darauf zurückgreifen müssen.

Längere Zeit betrieb Samson einen Handel mit englischen Kleiderstoffen, namentlich mit Velveten. Der Erfolg war aber nur zeitweilig befriedigend und blieb schließlich ganz aus. Im Jahre 1820 machte Samson Heine bankrott, er verließ Düsseldorf und konnte aus den Schwierigkeiten, in denen er sich befand, nur durch die Dazwischenkunft seines reichen Bruders Salomon gerettet werden: dieser kam nach Düsseldorf, um die Schulden zu tilgen. Samson zog nach Oldesloe in Holstein, später nach Lüneburg, zuletzt nach Hamburg, wo er am 2. Dezember 1828 starb. In seinen besseren Jahren verlor er durch kleines oder großes Mißgeschick so leicht nicht den Mut; „da müssen wir ein anderes Fäßchen anstechen", war sein Grundsatz, wenn etwas schief gegangen war. Während der französischen Herrschaft in Jülich und Berg, als die Juden Bürgerrechte erhielten, gehörte er als Unterleutnant zu der Stadtgarde, auch war er nach 1806 als Armenpfleger tätig, also in einem Amt, das früher den Juden ebenfalls verschlossen gewesen war. Und im Jahre 1813 wurde ihm bei Errichtung der Bergischen Klassenlotterie die Hauptgeschäftsstelle für den Bezirk Düsseldorf übertragen. In religiösen Dingen war er anfangs strenggläubig; später wurde er mehr und mehr freisinnig, er ließ sich in Frankfurt in die Freimaurerloge „Zur Morgenröthe" aufnehmen; er schmückte bei katholischen Prozessionen, die an seinem Hause auf der Bolkergasse vorbeizogen, seine Fenster. Schließlich brach er, als die Frische der guten Jahre geschwunden war, ganz zusammen; er war zuletzt ein etwas geistesschwacher kümmerlicher Mann. Aber er war doch eine liebenswürdige Natur gewesen: hinter der etwas gespreizten Vornehmheit, die er sich in seinen guten Jahren anquälte, barg er ein gutes Herz. Die kindliche Heiterkeit des hübschen beweglichen Mannes, dessen Kopf niemals von schweren Lasten bedrückt war, hatte etwas Anziehendes. Er war kein Mann, auf den man sich hätte verlassen können; aber in guten Stunden konnte er durch sein reges Gefühl und durch seine Freude an den Reizen des Lebens wohl gefallen. Heine sagte von ihm: „Er war von den

Menschen derjenige, den ich am meisten auf dieser Erde geliebt." Und zweifellos hat er von ihm das ritterliche Wesen, die unbegrenzte Lebenslust und den heiteren Leichtsinn geerbt, dem sich freilich andere Eigenschaften zugesellten, die diese Anlagen bei dem Sohn in einem ganz anderen Lichte erscheinen lassen.

Alles in allem war Heines Mutter eine viel bedeutendere Natur als der Vater; namentlich besaß sie größere Charakterstärke. Während Heine des Vaters nur selten in seinen Werken gedenkt – abgesehen von den „Memoiren", wo er eine große Rolle spielt – hat er der Mutter mehrere Gedichte gewidmet, darunter außerordentlich schöne, und hat in anderen Erwähnungen ihrer Person gedacht, die für sie sehr schmeichelhaft sind. Aber er hat doch auch ihre Schwächen und Fehler für solche, die lesen können, in seinen Lebenserinnerungen recht deutlich hervorgekehrt. Sie besaß starke Gaben des Verstandes und hatte eine gediegene Bildung genossen; ihrer zähen Willenskraft gelang es, den Widerstand der Gemeinde zu überwinden und die Aufnahme ihres Verlobten in Düsseldorf zu erzwingen. Dies geschah als sie 25 Jahre alt war, und sie fand, so viel wir sehen können, bei keiner Seite Unterstützung; ihr Vater war im Jahre zuvor, 1795, ihr Bruder Joseph, der Mediziner, im selben Jahre 1796 gestorben. Und diese ihre Willenskraft verschaffte ihr die unbedingte Herrschaft im Hause. Ihr Gatte Samson hing an ihrem Gängelbande, und auch die Erziehung der Kinder lag in allem Wesentlichen in ihrer Hand. Erziehungsfragen beschäftigten sie ganz besonders; sie hatte Rousseaus „Emile" gelesen und mit Verständnis beherzigt; der Deismus dieses Denkers befestigte sie in dem ihr durch ihre jüdische Religion anerzogenen Glauben. Daß sie trotz ihrer gediegenen Bildung nicht ganz mit dem Leben der deutschen Kultur vertraut geworden war, zeigen ihre Jugendbriefe an eine Freundin. Wie so viele Juden früherer Zeit, bediente sie sich in diesen deutsch geschriebenen Briefen der hebräischen Buchstaben, und ihre Sprache wimmelt von den Fehlern und zeigt jene bekannten Eigenheiten, die früher das Judendeutsch kennzeichneten; auch unser Dichter hat namentlich in seiner Jugend noch manche Unsicherheiten dieser Art nicht überwinden können: er verwechselt manchmal den Dativ und den Akkusativ, wie es auch von seinem Oheim Salomon, dem reichen Hamburger Bankier heißt, er habe zwei Diener gehabt, von denen ihn der eine an den Dativ, der andere an den Akkusativ habe erinnern müssen, wenn ihm etwas Menschliches begegnete. Bei aller Verstandesbegabung, die Peira Heine besaß, fehlte ihr offenbar die schöne Sicherheit des Gefühls und des Herzenstaktes, der sie vor verkehrter Betätigung ihrer Wissenskraft bewahrt hätte. Sie strebte immer nach nahen und schnell erreichbaren Zielen, wenn nur ein baldiger Vorteil zu erwarten war. Auf diese Weise gab sie dem sich entwickelnden Geiste ihres großen Sohnes wiederholt eine verhängnisvoll falsche Richtung. Zuerst war sie in der Zeit des Napoleonischen Ruhmes darauf aus, daß Harry sich den mathematischen Wissenschaften mit Eifer hingebe, da sie hoffte, er werde im Dienste des Kaisers diese einmal glänzend betätigen können; er werde so die Kenntnisse erwerben, die ihn zu einem Strategen machten. Nach dem Scheitern des Kaiserreichs begrub sie derartige Hoffnungen, wollte nun den Sohn zu einem zweiten Rothschild erziehen, ließ ihn Handelswissenschaften lernen und hielt ihn für Jahre in der kaufmännischen Laufbahn fest; als er sich auch zu dieser unfähig zeigte, bestand sie darauf, daß er Jurist werde, obwohl ihn auch dazu durchaus kein innerer Trieb hinzog; nur vor einem warnte sie immer und beständig: vor der Betätigung als Dichter. Dieses Verhalten, über das sich Heine selbst mit großer Klarheit verbreitet hat, zeugt von keinem tieferen Gefühlsverständnis; und wenn diese Seite des Seelenlebens, des Gefühls, bei dem Vater Heines allzu stark entwickelt war und der Berichtigung durch ein klares Verstandesleben entbehrte, so läßt die Mutter einen gewissen Mangel erkennen, der uns bei einer Frau stärker auffällt als bei einem Manne. Später kommt etwas Starres und Ängstliches in ihrem Wesen zur Geltung: des Lebens Bitternis hatte starke Spuren in ihren Geist eingedrückt, und groß ist der Mangel an Humor, der sich in ihren Briefen geltend macht. Jedoch über allen Zweifel erhaben ist die Ehrenhaftigkeit ihres Charakters, die Güte und Herzlichkeit ihrer Absichten. Daher wurde ihr in der Familie von allen Seiten eine oft geradezu rührende Liebe entgegengebracht, und wenn wir bei unseren jüdischen Mitmenschen einen hochentwickelten Familiensinn häufig beobachten können, so gibt uns Heine in seiner Liebe zur Mutter und Schwester hiervon ein besonders schönes Zeugnis. Namentlich ist die Zartheit, mit der er in seinen späteren Jahren vor der alten Frau die Wahrheit über seinen eigenen elenden Gesundheitszustand zu verbergen sucht, oft in hohem Grade ergreifend.

Schon bei der ersten Berührung mit Heine, mit seiner Geburt, stoßen wir auf einen bemerkenswerten Widerspruch. Während er in den ersten Jahren seines Lebens als Geburtsjahr 1797 nannte, gibt er später stets 1799 an. Befragt, welches Datum das richtige sei, hüllt er sich meistens in ein geheimnisvolles Stillschweigen. Das Versteckspiel, wie Heinrich Laube diese Mystifikation nannte, geht auf das Jahr 1825 zurück, als Harry Heine sich als Heinrich Heine von dem Pfarrer Grimm in Heiligenstadt in den Schoß der christlichen Kirche aufnehmen ließ. Heine mußte vor der Taufe zehn Fragen schriftlich beantworten, wovon die vierte lautete, „ob er ehelich oder unehelich sei". Hier wurde Heine sich zum ersten Mal der Tatsache bewußt, daß er am 13. Dezember 1797 geboren, die Eltern aber erst drei Wochen nach seiner Geburt, am 6. Januar 1798, getraut worden waren, was ihn zum außerehelichen Kind seines gesetzlichen Vaters machte. Heine umging diese peinliche Auskunft, indem er sich zwei Jahre jünger machte, sich als ehelich eintrug und Fragen über die Mutter unbeantwortet ließ. Diese falschen Angaben konnte er ohne Bedenken wagen, da er wußte, daß die Geburts- und Beschneidungsregister in Düsseldorf einer Feuersbrunst zum Opfer gefallen waren. Von nun an verweist Heine auch stets auf seinen Taufschein, laut dessen er am 13. Dezember 1799 in Düsseldorf am Rhein geboren sei. Wie wir heute bestimmt wissen, wurde Heine am 13. Dezember 1797 in Düsseldorf geboren; sein Vater war Samson Heine, seine Mutter Peira van Geldern.

Doch weshalb die verspätete Eheschließung? Samson Heine war schon 1795 als junger Mann nach Düsseldorf gekommen und hatte um die Hand Peiras geworben, war aber, weil seine Persönlichkeit wenig Zutrauen erweckte und seine Vermögensverhältnisse außerdem bedenklich und ungeregelt waren, dabei auf den Widerstand des wohlhabenden und in der jüdischen Gemeinde angesehenen und einflußreichen Vaters seiner Braut gestoßen. Als dieser dann plötzlich am 12. Oktober 1795 starb, beschäftigte sich das Paar bald mit neuen Heiratsplänen. Doch der Tod von Peiras Bruder Joseph am 25. April 1796 brachte eine weitere Verzögerung, da eine konventionelle Trauerzeit eingehalten werden mußte. Als Samson Heine dann im September 1796 wieder in Düsseldorf weilte, um die endgültige Vorbereitung zur Hochzeit zu treffen, stieß man auf den unerwarteten Widerstand der Rabbiner. Diese hatten es sich offenbar zur Pflicht gemacht, die von dem Vater nicht gern gesehene Heirat zu verhindern, und verweigerten dem Bräutigam das Niederlassungsrecht in Düsseldorf. Es war nun bezeichnenderweise nicht der willenlose Samson, sondern die energische Peira, die ihr Recht gegen die Einsprüche der Rabbiner geltend machte. Sie wandte sich an die staatlichen Behörden, denn nach den neuen französischen Gesetzen konnten Juden in Privatfällen gegen das Urteil der Rabbiner an die französischen Behörden appellieren. Auf diesem Wege erreichte sie ihr Ziel und konnte schon am 8. November 1796 einer Freundin berichten: „Ich habe völlig über meine Feinde gesiegt." Samson Heine ließ sich darauf um die Wende 1796—1797 in Düsseldorf nieder mit der ehrbaren Absicht, sich mit Peira van Geldern zu verehelichen. Doch die Rabbiner setzten ihre Schikanen fort und verweigerten dem Paar den amtlichen Segen, um auf diesem Wege die Heirat zu verhindern und Samsons Entfernung aus Düsseldorf zu veranlassen: denn in Zeremonialangelegenheiten enthielt sich die französische Regierung jeder Einmischung. Doch auch dieser Plan scheiterte, denn ganz gegen Erwarten der Rabbiner beschloß nun das Paar, wie es nach der französischen Revolution nicht ungewöhnlich war, ohne formalen Segen in bloßer Ehegemeinschaft zusammenzuleben. Als dann am 13. Dezember 1797 das erste Kind Harry geboren wurde, mußten die Rabbiner, da das jüdische Gesetz es für den Schutz des Kindes verlangte, dem Paar den Segen dennoch erteilen, was auch, sobald es Peiras Zustand erlaubte, am 6. Januar 1798 geschah. So war Harry Heine, ein

Opfer orthodoxer rabbinischer Engherzigkeit, nach jüdischem Gesetz als außereheliches Kind zur Welt gekommen.

Dieser Geburtsmakel in der orthodox-jüdischen Familie Heines mußte selbstredend vertuscht werden. Sein ganzes Leben lang litt der Dichter unter Verdächtigungen und Schmähungen derer, die diesen Umstand gegen ihn ausnutzten oder auszunutzen drohten; und er, sowie besonders sein jüngster Bruder Maximilian, scheuten keine noch so fragwürdigen Mittel, um der Mit- und Nachwelt dieses Ärgernis durch Unterdrückungen und Fälschungen von Briefen und sonstigen Mitteilungen vorzuenthalten, so daß viele Dinge in Heines Leben nur sehr mangelhaft, sogar bewußt verdreht und falsch auf uns gekommen sind. Im Familienkreise Salomons, des steinreichen Onkels des Dichters, wurde diese Familienmisere als besonders anstößig empfunden. Dazu kam noch, daß einflußreiche Freunde und Rechtsberater des Onkels, die ausgesprochene Feinde des Dichters waren, diesen „aufs gemeinste angriffen, nämlich von Seiten der Geburt" und man sogar so weit ging, die Vaterschaft Samson Heines in Frage zu stellen; man meinte, ein Jude namens Hertz habe ihn gezeugt. Wir werden noch oft auf die unglücklichen Auswirkungen dieser Behauptung zurückkommen müssen. Kurz zu erwähnen wäre, daß die Annahme Elsters, Heine habe sich als jünger ausgegeben, um sich dem preußischen Militärdienst zu entziehen, und die Vermutung Hüffners, er habe Auswanderungserlaubnis aus Preußen vor vollendetem siebzehnten Lebensjahre erlangen wollen, jeder nachweisbaren Grundlage entbehren.

Um die Wende 1796—97 bezogen Samson Heine und Peira van Geldern eine bescheidene Wohnung im Seiten- und Hinterhaus eines noch jetzt fast unverändert erhaltenen Gebäudes in der Bolkerstraße 275, jetzt 53. Später, 1809, zur Zeit seines relativ günstigen Geschäftsganges, zog Samson mit seiner Familie in das gegenüberliegende Haus Nummer 43, das er käuflich erwarb. Die in den meisten Biographien zu lesende Bemerkung, Heines Geburtshaus sei abgerissen und durch einen Neubau ersetzt worden, ist falsch. Aber auch die schlichte Erinnerungstafel an dem Haus Nr. 53 „Geburtshaus von Heinrich Heine" steht an falscher Stelle, da Heine zweifellos nicht in dem Vorderhaus geboren worden ist. Noch jetzt ist der von dem Dichter in einem berühmten Gedicht erwähnte Hühnerwinkel zu sehen, und die braune Tür, auf der ihn die Mutter mit Kreide die ersten Buchstaben zu schreiben lehrte. In diesem Hause wurde Harry Heine, — dieses war der eigentliche Name des Dichters —, als das erste Kind des Paares am 13. Dezember 1797 geboren.

Harry, der seinen Vornamen nach einem englischen Geschäftsfreund des Vaters erhielt, war das älteste von vier Geschwistern. Seine einzige Schwester Charlotte, deren wir noch öfters zu gedenken haben werden, wurde am 18. Oktober 1800 in Düsseldorf geboren, wo sie mit Harry eine sorgenfreie Jugend verlebte. 1823 heiratete sie den Hamburger Kaufmann Moritz Embden und verbrachte dann ihr ganzes Leben in dieser Stadt, wo sie 1899 im 99. Lebensjahre starb. Sie war eine begabte und anziehende Persönlichkeit, die dem Dichter eine treue und verständnisvolle Schwester blieb, von ihm mit großer Zärtlichkeit geliebt. Ihrer Ehe sind fünf Kinder entsprossen: Ludwig (1826—1905), der spätere Baron Ludwig von Embden; Maria (1824—?), in erster Ehe de Vos, in zweiter die Principessa della Rocca; Helene, verehelichte Hirsch; Anna, verehelichte Italiener; und Lieschen, die schon in zarter Kindheit starb. Charlotte war des Dichters lebenslängliche innige Vertraute; sie standen miteinander in regem Briefwechsel und sie besuchte ihn in Paris noch kurz vor seinem Tode. Heines Briefe an seine Schwester reichen von 1819 bis zu seinem Tode; doch leider sind alle Briefe mit verfänglichem Inhalt, besonders solche, die die Erbschafts- und Pensionsangelegenheiten mit seinem Onkel Salomon betrafen, der Öffentlichkeit vorenthalten und vernichtet worden. Von den Briefen Charlottes, sowie der Mutter, an Heine haben sich nur diejenigen nach Dezember 1851 erhalten. Die in Deutschland bei der Mutter in Verwahrung gebliebenen Briefe sind im Jahre 1833 einer Feuersbrunst zum Opfer gefallen. Die an den Dichter nach Frankreich gerichteten Briefe hat Heine auf Verlangen seines Vetters Karl, ehe dieser die Jahresrente weiterzahlte, vernichten müssen, was 1846 und 1851 geschah. Über Charlotte schrieb Heine das charmante Gedicht „Mein Kind, wir waren Kinder" und er widmete ihr den „Neuen Frühling" in der zweiten Auflage der „Reisebilder".

Gustav, Heines jüngerer Bruder, wurde 1805 in Düsseldorf geboren und besuchte dort das Gymnasium, ohne die Reifeprüfung abzulegen. Anschließend ließ er sich zum Landwirt ausbilden, konnte aber als Jude keine Anstellung finden. Endlich richtete ihm der reiche Onkel Salomon 1827 in Hamburg ein Speditions- und Produktengeschäft ein, das aber schon 1829 zugrundeging. Hierauf schlug Gustav in Österreich die Militärkarriere ein und brachte es bis zum Dragoneroffizier. Im Jahre 1846 heiratete er die wohlhabende Fabrikantentochter Emma Kahn d'Albest; er übernahm und leitete die Zeitung „Wiener Fremdenblatt", ließ sich vom Kaiser von Österreich adeln, wurde zum Baron von Heine-Geldern erhoben und starb als Millionär. Harry stand erst seit 1846 mit ihm in regelmäßigem Briefverkehr und hatte sogar die Absicht, Gustav zu seinem literarischen Testamentvollstrecker zu machen, was aber schließlich wegen der konservativ politischen Einstellung, der Zanksucht und der Protzenhaftigkeit dieses aufgeblasenen Emporkömmlings, der in seiner Prunksucht sogar seinen reichen Onkel in Hamburg zu überbieten suchte, unterblieb. Gustav besuchte den Dichter 1851 und 1855 in Paris.

Maximilian, Heines jüngster Bruder, wurde 1807 in Düsseldorf geboren und studierte in Berlin, Göttingen und Heidelberg auf Kosten des reichen

Onkels Salomon Medizin. Nach beendigtem Studium trat er in den russischen Staatsdienst ein und nahm als Arzt 1828 am Balkankrieg teil. Hier schrieb er verschiedene medizinische Abhandlungen und ließ sich bald darauf als praktischer Arzt in Petersburg nieder, wo er später die Witwe des Leibarztes des Zaren, Henriette von Arendt, ehelichte. Maximilian versuchte sich auch in der Literatur, doch ohne Erfolg. Er war des Dichters Lieblingsbruder und stand mit ihm, einige kurze Unterbrechungen ausgenommen, in ständigem Briefverkehr. Doch auch er war ein Mann von unzuverlässiger Gesinnung und namentlich von sehr geringer Wahrheitsliebe. Beide Brüder veröffentlichten nach des Dichters Tode ihren erhaltenen Briefwechsel sowie kürzere Biographien. Jedoch sind sie alles andere als zuverlässig: Es wimmelt von Ungenauigkeiten, Streichungen, Auslassungen, Verdrehungen und Fälschungen.

Harry Heine wuchs in einer im ganzen anregenden Umwelt heran; namentlich wurde er mit der niederen Bevölkerung Düsseldorfs sehr gut bekannt. Wenige Minuten von der Bolkerstraße entfernt fließt der Rhein, dessen stolze Pracht auch des Heranwachsenden Herz bewegte; hier sah er die Schiffe vieler Länder einen bedeutenden Güteraustausch vermitteln, und frühzeitig schweifte des klugen Knaben feurige Einbildungskraft in weite Fernen. Dazu kam, daß die Zeitumstände den jugendlichen Geist auf das lebhafteste anregen mußten. Schon in Jahren, an die er keine Erinnerung haben konnte, 1795 bis 1801, war die Stadt, die damals nur einen kleinen Bruchteil der jetzigen Bewohnerzahl aufwies, von französischen Revolutionstruppen besetzt gewesen. Nach dem Tode des bisherigen Herrn des vielumstrittenen Ländchens, des Kurfürsten Karl Theodor von der Pfalz, war die Herrschaft an den Kurfürsten Maximilian Josef von Pfalz-Zweibrücken übergegangen, der die Verwaltung durch einen Herrn von Hompesch und später durch seinen Schwager, den Herzog Wilhelm von Bayern, besorgen ließ. 1806 legte Napoleon seine Hand auf das Herzogtum Berg, und von dieser Zeit an bis zum November 1813 blieb Düsseldorf unter französischer Herrschaft. Von 1806 war Napoleons Schwager Murat Herzog von Jülich-Berg, im Jahre 1808 jedoch nahm Napoleon die Herrschaft selbst an sich, wenngleich er das Land angeblich für seinen noch unmündigen Neffen Louis Napoleon, den nachmaligen Kaiser Napoleon III., verwaltete. In diesen besonders eindrucksvollen Jugendjahren gewann also Heine die allernächste Verbindung mit französischem Wesen und französischen Zuständen, und wenn bekannt ist, daß die Bewohner des Rheinlandes den aus dem Westen vordringenden Eroberern willig und freudig entgegenkamen, so gilt dies ganz besonders von den Juden. Das ist zu verstehen: die Juden wurden unter der französischen Herrschaft mit allen Rechten gewöhnlicher Staatsbürger ausgestattet. Von einem jahrhundertelangen Druck befreit, jubelten sie dem Befreier dankbaren Herzens zu. Ihm, dessen Heldentaten alle Welt mit steigender Bewunderung verfolgte, verdankten sie das höchste Gut, das sie mit leidenschaftlicher Seele erstrebten: die bürgerliche Gleichstellung, Luft und Licht zu freier Betätigung ihrer reichen Kräfte. So ist es leicht zu verstehen, daß die Liebe und Verehrung für den Kaiser unausrottbar in Heines Seele fortlebte und daß er der begeisterte Verkünder der Napoleonischen Herrlichkeit in Deutschland wurde. Wirkten doch Verehrung für Napoleon und Vorliebe für französische Wesen noch etliche Jahrzehnte lang auch bei den christlichen Bewohnern des Rheinlandes fort, die sich ebenso wenig wie die Juden mit der bald eindringenden scharfen Zucht des preußischen Beamten- und Militärstaates befreunden konnten. Ein Ruhm der französischen Herrschaft bleibt die Verbesserung der Rechtszustände. Schon 1808 wurde die Leibeigenschaft beseitigt, im nächsten Jahre das mittelalterliche Lehnsrecht, das Verbot der Heirat Adliger mit Bürgerlichen und Bauern aufgehoben, 1812 eine vollständige Umbildung des Gerichtswesens durchgeführt, es wurden die Schwurgerichte eröffnet, und im Code Napoléon wurde dem Lande ein Gesetzbuch gegeben, dessen hohe Bedeutung noch heute von allen Kennern gepriesen wird. Gewiß standen solchen Vorteilen der hohe Steuerdruck und die unerträglichen Aushebungen gegenüber; aber alles in allem waren die Bewohner des Landes den neuen Zuständen nicht abhold; fast alle jubelten 1811 dem Kaiser Napoleon bei seinem Besuch in Düsseldorf begeistert zu. So blieb es bis November 1813; am 10. dieses Monats rückten zunächst russische Dragoner in die Stadt ein, und während der nächsten anderthalb Jahre hausten hier Schweden, Dänen, Preußen, Sachsen und Hanseaten, bis endlich Stadt und Land im Wiener Frieden 1815 zu Preußen und somit zu geordneten, doch, wie gesagt, anfangs keineswegs beliebten Zuständen kam. Man bedenke, wie derlei Jugendeindrücke auf den sich entwickelnden Geist Heines wirken mußten! Außer dem inneren Widerstreit von Judentum und Christentum, unter dem er so oft und lange litt, nun auch noch von Deutschtum und Franzosentum, von heiterem Rheinländertum und strammem und rauhem Preußentum. Das alles hatte er in sich zu verarbeiten. So ist nur zu begreiflich, daß er niemals ganz über den inneren Zwiespalt hinauskam.

Doch die Jugend nimmt manches mit Leichtigkeit und Gleichmut hin, was späteren Jahren unerträglich scheinen würde. So ist es auch zu verstehen, daß Heine mit den Eindrücken einer alles in allem nicht sehr zweckmäßigen Erziehung und einem nicht sehr förderlichen Unterricht innerlich fertig geworden ist. Zuerst besuchte er die ABC-Schule einer Frau Hindermans, worüber er in dem launigen Gedicht „Citronia" berichtet. Alsdann kam er auf die israelitische Privatschule eines Herrn Rintelsohn aus Hamburg; aber bald nachdem die Franzosen den jüdischen Bewohnern der Stadt die bürgerliche Freiheit gebracht hatten, machten sich Heines Eltern auch die Vorteile zunutze, die ihrem Sohn durch den Besuch des Lyzeums zuteil werden konnten. Über diese Schule haben sich genug Akten erhalten, die uns über ihren Betrieb und Heines Besuch aufklären. Heine selbst gedenkt der auf der Schule gewonnenen Eindrücke oft in seinen Schriften, so im „Buch Legrand", ferner in den „Memoiren" und flüchtiger in den „Geständnissen". Er hat sich im ganzen dankbar und anerkennend über die Lehrer geäußert, und es besteht kein Zweifel, daß sie ihm viel Gutes boten. Die Anstalt wies eine Reihe tüchtiger Lehrkräfte auf, unter denen besonders der Rektor Schallmeyer sowie die Lehrer Benzenberg, Schramm, Brewer und Scheins zu nennen sind; aber der Lehrplan ließ viel zu wünschen übrig. Während auf dem früheren Jesuitengymnasium, aus dem das Lyzeum hervorgegangen war, der Unterricht einseitig gewesen war, legte man jetzt auf Vielseitigkeit den größten Wert, mutete aber auf diese Weise den Schülern manches zu, was ihre Fassungskraft weit überstieg. So z. B. wurde in der obersten, der philosophischen Klasse die Geschichte der Philosophie gelehrt; dabei heißt es im Programm: „Diese historische Methode sollte in den zarten Gemütern den allgemeinen Geist der Wahrheit wecken, um den letzten, alles bestimmenden Grund zu finden, sich selbst und den bestimmten Weltzusammenhang zu verstehen." Das geht weit über den Gesichtskreis eines derartigen zarten Gemütes hinaus! Und im Unterricht über die Philosophie der Religion, den derselbe Rektor Schallmeyer erteilte, wurde sogar folgendes Ziel erstrebt: „Der historische Ursprung des Glaubens an Gott wurde von dem philosophischen unterschieden und der wahre Erkenntnisgrund des Seins der Gottheit aufgestellt. Die Behauptungen der Supranaturalisten, Naturalisten, Deisten und Pantheisten, Skeptiker und Kritiker wurden vorgetragen und beleuchtet." Freilich, gerade auf diesen Unterricht bezieht sich Heine des öfteren in seinen Erinnerungen an die Schulzeit, jedoch immer, um zu beweisen, daß ihm freigeistige Anschauungen von früher Jugend an vertraut gewesen seien, nicht aber, um den erzieherischen Wert dieses Unterrichts zu behaupten. Und in der Tat, die frühe Bekanntschaft mit allen freigeistigen religiösen Gedanken, die ihm aus dem Munde eines sehr verehrten katholischen Geistlichen, was Schallmeyer bestimmt war, zuteil wurde, ist für die geistige Entwicklungsgeschichte Heines von sehr großer Bedeutung gewesen. Es kam noch hinzu, daß Schallmeyer, mit der Familie Heine gut bekannt, bei der Mutter des Dichters anregte, den Knaben zur katholischen Kirche übertreten und Geistlicher werden zu lassen. Ein solcher Bekehrungsversuch ist nicht nur denkbar, sondern sogar wahrscheinlich, da die trüben Erfahrungen mit dem Rabbinat in Düsseldorf zu einer Verbitterung der Mutter gegen das Judentum, oder wie der Dichter es einmal später selbst formulierte, zu einer inneren „Abneigung gegen die Juden" geführt hatte. Man stelle sich nun vor, wie dieses Gewirr von Anschauungen, jüdischen, katholischen und freigeistigen, auf das Gemüt des Knaben wirken mußte. Somit ist der so ergötzlich scheinende Gedanke Heines, den er in den „Geständnissen" weiter verfolgt, daß er einmal in der katholischen Kirche zu den größten Ehrenstellen hätte aufrücken können, nicht ohne weiteres von der Hand zu weisen. Bei der erwähnten Überbürdung der Schüler mit Gedanken, die sie nicht verdauen konnten, sah man die Notwendigkeit ein, ihnen Erleichterungen zu gewähren, die auch wieder das Gegenteil von erzieherischer Einsicht verraten: man ließ sie nämlich bei den Übungen in den klassischen Sprachen Übersetzungen zu Rate ziehen und beraubte sie auf diese Weise des wichtigsten Antriebes zu selbständigem Nachdenken. Die größte Gefahr aller Erziehung, den jugendlichen Geist mit Stoffen zu belasten, die nicht fruchtbringend werden können oder die gar verwirren, wurde hier auf dem Düsseldorfer Lyzeum nicht vermieden; und so müssen wir sagen: Auch in dieser Hinsicht waltete kein günstiger Stern über dem Leben des Dichters. Richten wir weiterhin unser Augenmerk auf die religiösen und nationalen Zwiespältigkeiten, mit denen der junge Geist zu ringen hatte, und bedenken wir ferner, daß die ehrgeizige Mutter erst einen Geistlichen, dann einen General des Kaiserreichs, hierauf einen Rothschild und endlich einen Rechtsanwalt aus ihm machen wollte, und dies alles, ohne nach den besonderen Anlagen, die ihm die Natur verliehen hatte, zu fragen: so werden uns all die Widersprüche und Unebenheiten, die Heines Geist später verriet, psychologisch nur allzu begreiflich, ja wir müssen uns wundern, daß er nicht erdrückt wurde von all diesen einander entgegenwirkenden Eindrücken seiner Jugend. Das hindert uns nicht, der einzelnen Männer, die ihm geistige Nahrung geboten hatten, ihrer Persönlichkeit nach mit Achtung zu gedenken. Schallmeyer war nach dem übereinstimmenden Urteil aller, die ihn gekannt haben, ein Mann von milder und edler Gesinnung; daß er aber ein guter Schulmann gewesen sei, wird uns kein Verständiger einreden wollen. Kam doch auch die Schule erst unter seinem Nachfolger, dem vortrefflichen Rektor Kortüm, zu höherer Bedeutung. Dieser trat am 6. Mai 1813 sein neues Amt an, und Schallmeyer, der damals zu kränkeln anfing, blieb unter seiner Leitung noch einige Zeit als Lehrer in der philosophischen Klasse tätig.

Heine hat während seiner Schulzeit für die eigentlichen Gymnasialfächer niemals außergewöhnliche Begabung gezeigt. Die noch erhaltenen Programmschriften, wonach fast zwei Drittel der Schüler in den verschiedenen Unterrichtsfächern prämiiert wurden, erwähnen nirgends den Namen Harry Heine; das Zeugnis des Rektors Kortüm betont den Fleiß und das gute Betragen Heines, läßt die Leistungen aber gänzlich unerwähnt; und die Aufnahmeprüfung für die Universität Bonn hat Heine nur mit dem Prädikat III bestanden. Somit ist anzunehmen, daß Heine nur ein Durchschnittsschüler war und seine Schulzeit keinen ungewöhnlichen Verlauf genommen hat. Wie wir wissen, hat Heine von Herbst 1807 bis Herbst 1809 bei Professor Asthöver die beiden Vorbereitungsklassen besucht. Als er dann ins Lyzeum übergehen wollte, war das unmöglich, da er noch nicht, wie vorgeschrieben, das zwölfte Lebensjahr erreicht hatte. Als aber Heine am 13. Dezember 1809 seinen zwölften Geburtstag erreicht hatte, genügte er der Vorschrift, und Schallmeyer schob ihn als vollberechtigt noch nachträglich in die obere Stufe der untersten Klasse. Das versäumte Pensum hatte der Zögling durch Extraunterricht auf der Franziskanerschule ergänzt, die von 1805 an auch Privatunterricht in allen Fächern des Lyzeums erteilte. Von Herbst 1810 bis Herbst 1811 war Heine dann Schüler der mittleren Klasse. Im Herbst 1811 wurde auf dem Lyzeum ein verbesserter Lehrplan eingeführt und zwischen der bisherigen mittleren und oberen Klasse eine neue Klasse eingeschoben. Die Aufteilung der Schüler wurde dem Rektor und den Professoren überlassen. Bei Heines jugendlichem Alter hätte man annehmen sollen, er wäre nicht in die höhere sondern in die untere Abteilung gekommen; doch war das nicht der Fall. Heines eigene Angaben in den „Memoiren" sprechen eindeutig dagegen, und seine eingehende Behandlung des Unterrichts im Lyzeum deckt sich völlig mit dem Pensum und den Lehrern der höheren, nicht aber der unteren Abteilung der oberen Klasse. Da jedes Schuljahr am Lyzeum einen abgeschlossenen Kursus darstellte und für das Abiturium keine alle Fächer umfassende Endprüfung vorgesehen war, war das Überspringen einer Klasse in allen Fächern sehr leicht möglich, nur nicht in der Mathematik, wo der niedere Kursus Vorbedingung des höheren war. Nur hier waren Schwierigkeiten zu erwarten, und so berichtet Heine auch, daß er, obgleich er „bei dem liebenswürdigen Professor Brewer vollauf mit Geometrie, Statik, Hydrostatik und so weiter gefüttert ward und in Logarithmen und Algebra schwamm", — alles Dinge, die ausschließlich in der höheren Abteilung der oberen Klasse gelehrt wurden — dennoch Privatunterricht in diesem Fache nehmen mußte, allerdings nicht, wie er humoristisch angab, um „ein großer Stratege oder nötigenfalls der Administrator von eroberten Provinzen zu werden," sondern vielmehr, um die durch das Überspringen eingetretene Lücke in dieser Wissenschaft zum Verständnis des vorgerückten Kursus auszufüllen. Die erste philosophische Klasse ist erst 1813 zustande gekommen; sie wurde von Schallmeyer selbst geleitet, und kein Mindestalter war vorgesehen. Wenn Heine später von „allerlei kleinen Kunstgriffen" spricht, die Schallmeyer angewandt habe, um ihn in die philosophische Klasse zuzulassen, so ist das nur im gewissen Sinne richtig. Diese Kunstgriffe wurden schon 1812 angewandt; allerdings ist dann ein Jahr später dadurch Heines Aufnahme in die philosophische Klasse automatisch ermöglicht worden. Daß es besondere Kunstgriffe erforderte, geht am klarsten daraus hervor, daß die meisten Mitschüler Heines, obgleich sie 1809 bis 1810 in der ersten Klasse prämiiert wurden, diese Klasse zwei Jahre lang besuchen mußten, während Heine ohne Auszeichnung nur ein Jahr Schüler der oberen Klasse war. Heines Eltern mit ihren bescheidenen Mitteln hegten wohl auch den stillen Wunsch, daß der Sohn im Herbst 1813 nach Vollendung der philosophischen Klasse vom Lyzeum das Reifezeugnis erhalten würde. Doch Schallmeyer erkrankte im Frühjahr 1813 und K. W. Kortüm wurde noch während des Schuljahres zu dessen Nachfolger ernannt. Kortüm verweigerte Heine nun wohl wegen seines jugendlichen Alters und wegen seiner schwachen Kenntnisse das Abiturium und verlangte, daß er die Schule noch ein weiteres Jahr besuche. Wirklich setzte Heine von 1813 bis 1814 seine Studien auf dem Lyzeum fort, sicherlich als Schüler der neueingeführten höchsten Klasse. Doch schon am 18. Januar 1814, als die Anstalt Namen und Form eines Gymnasiums annahm, ließ Kortüm bekannt machen, daß Prima und Sekunda fortan zweijährig sein würden. Also mußten die Primaner zur Erlangung des Abiturs noch ein weiteres Jahr auf dem Gymnasium zubringen, und 1814 ist niemand zum Abiturium zugelassen worden. Doch Heine zeigte nur wenig Neigung für die strenge Zucht des neu organisierten Gymnasiums, und die finanziell schlecht gestellten Eltern zögerten außerdem wohl, die Mittel für ein weiteres Studienjahr zu opfern, da der Sohn ja ohnehin nicht auf der Universität studieren, sondern sich dem Kaufmannsstande widmen sollte. So verließ Heine im Herbst 1814 das Gymnasium, ohne die Reifeprüfung abgelegt zu haben, die er vor seiner Aufnahme in die Universität noch 1819 nachholen mußte.

Diese Klassenverteilung erklärt nun ohne den geringsten Widerspruch Heines Angabe im Gesuch um die Zulassung zur juristischen Doktorpromotion: „omnes deinceps classes percurrebam", sie deckt sich völlig mit Heines Geburtsjahr 1797 und bringt eine stichhaltige Erklärung für die „Kunstgriffe", die Schallmeyer anwenden mußte, um Heine die Aufnahme in die philosophische Klasse zu ermöglichen. Heines sonderbares Stillschweigen in den „Memoiren" über Professor Daulnoys deutschen Geschichtsunterricht wird jetzt begreiflich, da Heine durch das Überspringen einer Klasse an einem solchen nie teilgenommen hatte, und außerdem erscheint Heines humoristische Angabe über seinen Privatunterricht in der Mathematik in ihrem wahren Licht.

Die Angabe Heines im Promotionsgesuch, daß er sich 1815 mit seinen Mitschülern in der Prima als Freiwilliger im zweiten französischen Krieg gestellt, die preußische Regierung dieses Angebot aber wegen des bald darauf eingetretenen Pariser Friedens nicht genutzt habe, erscheint hier als bloße Erfindung, die lediglich darauf berechnet war, auf die prüfenden Professoren beim juristischen Doktorexamen einen günstigen Eindruck zu machen. Es ist allerdings wahr, daß zwischen 1814 und 1815 die kombinierte Schülerzahl in den beiden ersten Klassen des Gymnasiums auf elf zusammengeschrumpft war. Wahrscheinlich hatten sich die übrigen, seine ehemaligen Mitschüler auf der Prima von 1813 bis 1814, im Jahre 1815 wirklich als Freiwillige gestellt und waren auch ins Feld gerückt. Heine gehörte jedenfalls nicht mehr zu dieser Gruppe. Er hatte das Gymnasium im Herbst 1814 verlassen und befand sich außerdem im kritischen Frühjahr 1815 bei seinem Onkel Salomon in Hamburg, wie Ort und Datum im Stammbucheintrag für seine Kusine Friederike bezeugen.

Heine hatte auf dem Lyzeum mehrere gute Freunde gewonnen, mit denen ihn noch lange Zeit hindurch die herzlichsten Bande verknüpften; in erster Linie ist hier der treffliche Christian Sethe zu nennen, dem er später auf der Universität die im „Buch der Lieder" abgedruckten „Freskosonette" widmete. Sethe, aus einer alten preußischen Beamtenfamile stammend — sein Großvater war der Göttinger Ägyptologe Kurt Sethe — bildete mit seiner ruhigen Klarheit den stärksten Gegensatz zu der unsicheren Beweglichkeit des jungen Dichters; aber solche entgegengesetzten Naturen schließen sich oft fest aneinander, und es ist ein gutes Zeichen für Heine, daß er des öfteren im Leben mit solchen Charakteren, die uns durch ihre geschlossene Sicherheit besonders wohltuend berühren, in engste Berührung kam. Außer ihm sind die israelitischen Freunde Joseph Neunzig und Samuel Prag auch später noch in Heines Leben wiederholt hervorgetreten.

Neben der Schule wirkte mannigfaltiger Lesestoff frühzeitig bildend auf seinen regen Geist, und es ist bemerkenswert, daß dem großen künftigen Satiriker Cervantes' „Don Quixote" und Swifts „Gullivers Reisen" schon in jungen Jahren vertraut wurden, daß der Verfasser der abenteuerlichen „Traumbilder" mit den Räuberromanen von Vulpius, Arnold und Spieß Freundschaft schloß, daß er sich an Schillers „Räubern" begeisterte und, wie es scheint, auch schon in jener Düsseldorfer Zeit mit den grausigen Erzählungen E. T. A. Hoffmanns bekannt wurde. Erinnerungen an diese Bücher finden sich in den älteren Gedichten Heines in großer Anzahl. Diese Richtung seines Geistes wurde aber nach Heines Bericht auch durch die Eindrücke des Lebens wesentlich gesteigert. In den „Memoiren" erzählt er ausführlich von seiner ersten Liebe zu Josepha, der Tochter des Scharfrichters, und wenn auch diese Liebe nur ein kleines Scharmützel war, das den großen Schlachten seiner späteren Zeit voranging, so ist sie doch bemerkenswert, da sie deutliche Spuren in seinen ältesten Dichtungen hinterlassen hat. Josepha weckte aber in Heine auch den Sinn für das Volkslied, der immer lebendig geblieben ist und ihn zu seinen schönsten Leistungen befähigte. In eben dieser Richtung machte sich obendrein bald der Einfluß Ludwig Uhlands geltend, dessen „Gedichte" 1815 erschienen, von denen namentlich die blaß empfindsamen wie „Der Schäfer" einen sehr starken Eindruck in der Seele des werdenden Dichters hinterließen.

So war also auch unter den Eindrücken seiner nächsten Umgebung und seiner Lektüre manches, was den jungen Dichter heftig aufregen und in leidenschaftliche Gärung versetzen mußte, so wie die damaligen staatlichen, gesellschaftlichen und religiösen Zustände seinen Geist verwirren, quälen und beunruhigen mußten. Nur zu begreiflich, daß seine von Haus aus zarten und reizbaren Nerven unter der Last allzu großer Gemütsbewegungen frühzeitig litten, und daß er, wie das in entsprechenden Fällen oft geschieht, manches unbedacht tat, wodurch die Beruhigung seines Innern noch mehr beeinträchtigt wurde. Aber eben diese nervöse Erregung seines Gemüts drängte den Jüngling frühzeitig zu dichterischer Betätigung, die anfangs zwar von greller Übertreibung nicht frei blieb, aber doch schon früh eine Schärfe und Anschaulichkeit der Vorstellungen erkennen ließ, durch die sich Heine von seinen romantischen Mitstrebenden so vorteilhaft unterschied. Wir werden darauf noch zurückkommen.

Die Monate, die Heine zu Ende des Jahres 1815 und zu Anfang 1816 in Frankfurt am Main verbrachte, waren für seine innere Entwicklung ohne größere Bedeutung. Zunächst war er als Lehrling oder Anwärter in dem Bankgeschäft eines Herrn Rindskopf, dann in einer Spezereiwarenhandlung tätig, und er befriedigte weder in dem einen noch in dem andern. Fühlte er doch nicht den geringsten Beruf in sich, als Jünger Merkurs sein Glück zu machen! Offenbar führte er, zum ersten Male sich selbst überlassen, keinen einwandfreien Lebenswandel. Bedrückend war ihm der Anblick des jüdischen Ghettos in der freien und doch wieder so unfrei gewordenen Reichsstadt, und wer weiß, ob es ihm nicht auch begegnet ist, daß ihn irgend ein frecher Spaziergänger zum Hutabnehmen veranlaßt hat mit den Worten: „Jud', mach' mores". Aber er sah doch, daß man auch als geborener Jude zu Ansehen gelangen konnte: denn hier trat ihm zum ersten Male der Dr. Löb Baruch oder Ludwig Börne entgegen, der durch seine gewandte und scharfe Feder wenigstens auf die Zeitgenossen in Frankfurt einen gewaltigen Eindruck machte.

Aber der Mißerfolg in dem aufgedrängten Beruf war den Eltern des Dichters wohl bald zu Ohren gekommen. Sie beriefen Harry nach Düsseldorf zurück, und hier wurde beschlossen, daß er sich zwar weiter zum tüchtigen Geschäftsmann bilden sollte, jedoch unter besserer Leitung. Im Frühjahr 1816 ging er nach Hamburg, wo er unter der Aufsicht des reichen und außerordentlich tüchtigen Oheims Salomon Heine, wie man hoffte, sein Glück machen würde.

Nach Hamburg zog ihn, wie er in einem Gedichte selbst angibt, ein goldener Stern; dies war aber nicht der Stern Merkurs, dem er kein besonderes Vertrauen schenkte, sondern der Stern der Liebe. Schon in Düsseldorf war er zwei Jahre früher der jungen Schönen begegnet, die in seinem Leben und seiner Dichtung bald eine ungemein wichtige Rolle spielen sollte, und die er nun in Hamburg dauernd zu sehen hoffen durfte, seine Kusine Amalie Heine, die Tochter seines Oheims Salomon. Sie, 1800 geboren, also drei Jahre jünger als der Dichter, war, wie Elster sie darstellt, in ihrer Jugendfrische ein Mädchen von anziehender, vielleicht von sinnverwirrender Schönheit; aber ihr fehlten die Gaben des Gemüts und, in äußerlichem Weltleben aufgehend, ermangelte sie allen Verständnisses für das geistvoll unruhige Seelenleben und die dichterischen Huldigungen des sie stürmisch umwerbenden Vetters. Heine hat sie leidenschaftlich geliebt, wie vor allem sein zweiter aus Hamburg an Sethe gerichteter Brief vom 27. Oktober 1816 beweist; es ist ein Schriftstück von ungebärdiger Haltung, das stark an Goethes Briefe aus Leipzig über Kätchen Schönkopf erinnert. Die ganze Jugenddichtung Heines bis zum Jahre 1823 ist ein langer Nachhall der ersten tiefen Liebe. Dieses Verhältnis zu Amalie hat Heine zum klassischen Dichter der unglücklichen Liebe gemacht.

Zugleich trat in Heines Leben der beherrschende Einfluß Salomon Heines hervor, des Vaters von Amalie Heine, eines Mannes, den man alles in allem achten und schätzen muß, der aber trotzdem für den Dichter in der Hauptsache verhängnisvoll gewirkt hat. Salomon Heine war ohne Frage ein sehr begabter Mann, ein Mann von rastlos vorwärtsdrängender Lebenskraft, wie wir sie in der Familie Heine des öfteren beobachten; aber in seiner selbstsicheren urwüchsigen Derbheit schaltete er wie ein Pascha im Kreise der ihn verehrenden und umschmeichelnden Verwandten und Anhänger. Für Heines inneres Leben besaß er nicht das geringste Verständnis; oft wiederholt ist sein Ausspruch über den Neffen: „Hätte der dumme Junge was gelernt, so brauchte er nicht zu schreiben Bücher." Sein Gesichtskreis war von dem des Dichters so verschieden wie nur möglich. Der Neffe war wohl der einzige im Hause, der Salomon nicht umschmeichelte; er trat besonders auch in späteren Jahren so auf, als habe die Großmacht des Geistes ein Anrecht darauf, von der Großmacht des Geldes unterstützt zu werden; und in der Tat hat Salomon große, sehr große Summen für Heine hergegeben; aber an diesem Gelde haftete kein Segen: die dauernde Abhängigkeit von den Hamburger Geldsäcken brachte etwas Unwürdiges in Heines Leben: er hat ihr reiches Almosen oft auf sehr fragwürdigem, entwürdigendem Wege erkaufen müssen. Bei dem engen Zusammenhalt der Familie ging Heine natürlich in Salomons Hause ein und aus; er hat hier, so lange er sich noch Hoffnungen auf Amaliens Hand machen konnte (obgleich diese von ihr wahrscheinlich nie genährt wurden), gewiß manche Stunden in innigster seelischer Erregung verbracht, und sein sprudelnder Witz wird ihm immer wieder Gunst erworben haben, wenn er sie durch seine Dreistigkeiten einmal eingebüßt hatte. Salomon besaß in Ottensen bei Hamburg in der Nähe von Klopstocks Grabstätte ein prachtvolles Landhaus an der Elbe, das mit seinen Statuen, seinen Springbrunnen, seinen

Rosen und Nachtigallen oft den Hintergrund der zumeist leidvoll bewegten poetischen Liebesbekenntnisse des Dichters werden sollte.

Durch Salomons Vermittlung sollte Harry ja nun auch zu einem tüchtigen Kaufmann herangebildet werden; zunächst trat Heine ins Geschäft des Oheims ein, dann begründete er 1818 mit dessen Gelde ein Manufakturwarengeschäft unter der Firma „Harry Heine & Co.". Es war ein Zweiggeschäft der Firma seines Vaters, und hinter dem „Co." steckte bestimmt der Onkel. Aber schon nach einem Jahr mußte sich die Firma auflösen; die kaufmännische Seifenblase zerplatzte, wie vorher die kaiserliche zerplatzt war, die vor den Augen der Mutter so bunt schillernd geleuchtet hatte. Im Frühjahr 1819 verließ Heine Hamburg, er trat aus der kaufmännischen Laufbahn aus und bereitete sich für das Studium der Rechte vor.

Schon während dieses ersten fast dreijährigen Aufenthaltes hatte Heine Hamburg sehr genau kennengelernt, und schon damals war ihm der in der schönen Stadt herrschende Geist zuwider. Der ‚rheinische Jung' konnte sich mit den steifen Hamburger Sitten nicht befreunden. Aber er verstand es schon damals, auch in Hamburg sein Vergnügen zu finden, wo immer es sich ihm bot; mit Vorliebe bummelte er auf dem Jungfernstieg einher, er weilte, schon damals ein Leckermaul, gern im Alsterpavillon, und trieb sich gewiß mit Behagen in anständigen und weniger anständigen Tanzsälen herum, obgleich er selbst nicht tanzte. Kein Wunder, daß manche ihn für einen geistreich aufgeblasenen Taugenichts hielten; er war das Gegenteil eines gediegenen und strebsamen jungen Kaufmanns. Und wie schüttelte man gar den Kopf darüber, daß dieser Jünger Merkurs sogar als Dichter aufzutreten wagte. In Hamburg veröffentlichte Heine die ersten Verse, in einer lange vergessenen Zeitschrift „Hamburger Wächter", aber nicht unter seinem eigenen Namen, sondern unter dem schrecklichen Anagram „Sy Freudhold Riesenharf", das er aus den Wörtern „Harry Heine, Düsseldorf" durch Buchstabenversetzung gebildet hatte. Daß er mit dem Herausgeber der Zeitschrift, einem Dr. Trummer, in nähere Berührung gekommen sei, ist nicht wahrscheinlich, da dieser Mann in der Zeitschrift eine ziemlich stark judenfeindliche Gesinnung an den Tag legte, und dies gerade zu der Zeit, als Heine in Hamburg lebte. Auch sonst wird er kaum Gelegenheit gehabt haben, Bekanntschaften zu machen, die seine geistige Entwicklung hätten fördern können. Aber wir müssen freilich auch eingestehen, daß wir über diese Hamburger Jahre nicht so gründlich aufgeklärt sind, wie wir es wünschen müssen. Soviel aber ist gewiß, daß sich auch jetzt dem Dichter ein Hindernis nach dem andern in den Weg warf, und so erklärt es sich leicht, daß er sich innerlich verlassen fühlte und sich oft in stockendem Mißmut verzehrte. „Mein inneres Leben", so schrieb er später über diese Jahre, „war ein brütendes Versinken in dem düstern, nur von phantastischen Lichtern durchblitzten Schacht der Traumwelt; mein äußeres

Leben war toll, wüst, cynisch, abstoßend; mit einem Worte, ich machte es zum schneidenden Gegensatz meines inneren Lebens, damit mich dieses nicht durch sein Übergewicht zerstöre." Immerhin befestigte sich in diesen wilden Träumen, in die gelegentlich auch der Gedanke hineinspielte, zur katholischen Kirche überzutreten, doch auch das Bewußtsein, zum Dichter geboren zu sein: Hamburg, die schöne Wiege seiner Leiden, das schöne Grabmal seiner Ruh, war nicht nur die Stätte, wo er die ersten, sein Gemüt tief erschütternden Herzenserfahrungen machte, sondern wo er auch die Kraft in sich reifen fühlte, diese Erlebnisse in dichterischer Beichte künstlerisch zu gestalten. Diese Jugendversuche werden bei der Besprechung der ersten Ausgabe seiner Gedichte im Zusammenhang ihre Würdigung finden.

ZWEITES KAPITEL

LEHRJAHRE (1819–1825)

1. Leben: Sommer 1819 bis Februar 1821

Im Sommer 1819 kehrte Heine nach Düsseldorf zurück, um sich hier für den Besuch der Universität vorzubereiten. Da er das Lyzeum ohne Abgangszeugnis verlassen hatte, mußte er zunächst eine Prüfung bestehen, um als Student immatrikuliert werden zu können. In gleicher Lage wie er befanden sich aber damals ziemlich viele junge Männer, da die Kriegsjahre so manchen am regelrechten Schulbesuch gehindert hatten. Daher war in Bonn ein besonderes Prüfungsamt eingesetzt worden, vor dem die Bewerber ohne Reifezeugnis zunächst ihre Prüfung abzulegen hatten; dabei war diesem Prüfungsamt mit Rücksicht auf die besonderen Verhältnisse der letzten Jahre möglichste Milde anempfohlen worden. Heine ließ sich in Düsseldorf gemeinschaftlich mit seinem Freunde Joseph Neunzig auf die Prüfung vorbereiten, und er bestand sie am 2. und 4. Dezember mit der Note III. Zum Besuch der Vorlesungen hatte er aber offenbar schon vordem eine provisorische Erlaubnis erhalten; seine Immatrikulation erfolgte erst am 11. Dezember 1819.

Alles in allem verbrachte Heine in Bonn ein glückliches Jahr; es war eine Zeit, in der er innerlich wuchs und reifte, eine Zeit, die ihn weit mehr vorwärts brachte als die drei Jahre zuvor in Hamburg zusammen. Indeß ward ihm auch jetzt kein reines Glück zuteil. Im Elternhause sah es traurig aus; mit den Geschäften des Vaters stand es schlecht, im Jahre 1820 war der Bankrott unvermeidlich geworden, und das schöne Haus auf der Bolkerstraße Nr. 43, das er 1809 in besseren Tagen erworben hatte, mußte er schon im Frühjahr 1820 verlassen; am 17. August 1820 wurde es versteigert. Wohl hatte sich der reiche Hamburger Onkel, wie stets in solchen Fällen, bereit gefunden, eine Unterstützung für das Studium des Neffen herzugeben, aber das Gegebene — so berichtet Heine jedenfalls — reichte nicht aus, und Harrys Mutter verkaufte ihren Schmuck, Halsband und Ohrringe von großem Wert, um das Studium des Sohnes für die ersten Semester zu ermöglichen.

Sein ganzes Leben lang, wie auch hier, erweckte Heine bewußt den Eindruck, sein reicher Onkel Salomon in Hamburg sei immer ein großer Knikker gewesen. Diese Klage ist völlig unberechtigt, hat aber leider in allen

Biographien des Dichters festen Fuß gefaßt. Man faselt ständig von dem armen mittellosen Dichter, dessen tägliche Sorgen der steinreiche Onkel doch so leicht hätte beheben können. Doch vergißt man dabei ganz, daß die gesamte Familie Samson Heine fast ihr ganzes Leben lang die finanzielle Unterstützung Salomons in Anspruch genommen hat. Als Samson 1820 bankrott machte, war es Salomon, der die finanzielle Verantwortung und Regelung übernahm; als Samson dann 1824 körperlich und geistig zusammenbrach, übernahm Salomon die finanzielle Verantwortung für die ganze Familie, und als Samson 1828 schließlich starb, bereitete er der Witwe ein sorgenfreies Alter, indem er ihr eine lebenslange Rente aussetzte, die sie 31 Jahre lang in Anspruch nahm. Von den drei Söhnen Samsons richtete er für Harry und Gustav ein Geschäft ein; beide Neffen machten bankrott und Salomon beglich die Schulden. Alle drei Söhne studierten auf Kosten des Onkels, Harry Jura, Gustav Landwirtschaft, und Maximilian Medizin. Gustav brachte es durch reiche Heirat zum Millionär, wetteiferte in seiner Prunksucht mit dem Onkel und betrachtete sich finanziell als dem Onkel ebenbürtig, dachte allerdings nie daran, seinen Bruder Harry oder seine verwitwete Mutter auch nur mit einem Heller zu unterstützen. Maximilian war ein tüchtiger Arzt, stand auf eigenen Füßen und erregte daher die besondere Hochachtung des Onkels. Harry war der einzige, von dem er leider sagen konnte und mußte, trotz des Geldes, das er in ihn hineingesteckt hatte: „Wenn der dumme Junge was gelernt hätte, brauchte er nicht zu schreiben Bücher." Für Salomon Heine, wie für jeden praktisch und vernünftig denkenden Menschen, bedeutete Erfolg im Leben, einen Beruf erlernt zu haben, der zu finanzieller Unabhängigkeit führte. Mit seiner Äußerung hatte Salomon unbedingt recht in dem Sinne, daß Heine als Jurist unfähig war, seinen Lebensunterhalt zu verdienen, was Heine später selbst zugab und bewiesen hat. Hätte Heine als Schriftsteller sich eine Existenz gegründet, so wäre der Onkel bestimmt damit zufrieden gewesen; doch Harry Heine, der stets über seine Verhältnisse lebte, pochte ständig beim Onkel um Unterstützung an und bediente sich zur Erlangung des Geldes nicht immer der anständigsten Mittel. Daß Salomon von dem Wert der Schriften seines Neffen nichts verstand, liegt klar auf der Hand. Onkel Salomon war zweifellos ein Finanzgenie, und ihn beschäftigte nur die krasse Wirklichkeit; doch sonst war er ein ungebildeter Mann, dessen geistiger Horizont für das Verständnis der romantischen Dichtungen seines Neffen viel zu beschränkt war. Und doch — und das hat man nie anerkannt — war er immer sehr stolz auf seinen Neffen, wenn er durch andere von dessen dichterischem Erfolg hörte. Bezeichnend ist es, daß es Meyerbeer war, der als Künstler und Geschäftsmann zugleich den alten Salomon 1838 in Paris von der Größe und dem Werte des Neffen als deutschem Dichter so völlig überzeugt hatte, daß Salomon die begeisterte Äußerung tat „Was für ein Talent!" und dem Dichter ein festes Jahrgeld von jährlich 4000 Franken gewährte, das bei seiner Heirat auf 4800 Franken erhöht wurde. Auch als Student hat Heine bestimmt keinen Mangel gelitten. Wie wir heute wissen, erhielt Heine im ersten Studienjahr 400 Thaler und in jedem der weiteren fünf Studienjahre 500 Thaler, was nach der Kaufkraft von 1970 umgerechnet ein Jahrgeld von zuerst 14400 Mark und dann von 18000 Mark bedeutet. Das war eine Summe, die nur den reichsten Studenten aus der Aristokratie zur Verfügung stand. Wenn die Mutter Schmuck, Halsband und Ohrringe von großem Wert zu Beginn der Studienzeit des Dichters, also im Jahre 1819, verkaufte, so tat sie das bestimmt nicht, um das Studium für den Sohn zu ermöglichen, sondern vielmehr, um den drohenden Bankrott Samsons, der bald darauf 1820 eintrat, zu vermeiden. Es ist wirklich an der Zeit, diesen guten alten, wenn auch rauhen und ungeschliffenen Salomon, wie er es verdient, als einen hochherzigen, hilfsbereiten und freigebigen Menschen darzustellen.

Aber abgesehen von diesem Geldmangel und von dem Kummer, der dem Dichter aus der Erinnerung an die Hamburger Liebeserlebnisse erwuchs, hatte er Ursache, zufrieden zu sein. Jetzt endlich wurde seinem regen Geiste die gewünschte Nahrung geboten; er durfte lernen, was sein Herz ersehnte, er war von dem geistlosen Treiben des kaufmännischen Geschäfts befreit, sein Geist durfte zum ersten Male frei seine Schwingen regen. Die Universität Bonn, erst im Jahre 1818 gegründet, verfügte über ausgezeichnete Lehrkräfte; die preußische Regierung tat alles, um der neuen Provinz die reichsten Bildungsschätze zuzuführen. Hier wirkten Männer wie Friedrich Mackeldey und Karl Theodor Welker in der juristischen, August Wilhelm Schlegel, Hüllmann und Ernst Moritz Arndt in der philosophischen Fakultät; und mit regstem Eifer machte sich Heine zunutze, was ihm geboten wurde; ausgezeichneter Fleiß und aufmerksame Teilnahme wird ihm von allen seinen Lehrern bezeugt. Außer den juristischen Fachvorlesungen besuchte Heine solche bei Radlof, Arndt, Hüllmann und namentlich bei Schlegel; bei diesem hörte er im ersten Semester „Geschichte der deutschen Sprache und Poesie", im zweiten „Historisch-kritische Erklärung des Nibelungenliedes" und „Metrik, Prosodie und Deklamation". Diese Vorlesungen über Metrik, wobei Schlegel recht aus dem Vollen schöpfte, machten auf Heine einen großen Eindruck und hinterließen deutliche Spuren auch in seinen Dichtungen. Schlegel, zu dem Heine persönliche Beziehungen gewann, ermunterte ihn in seinem dichterischen Streben, und dankbar widmete der Jüngling dem gefeierten Lehrer mehrere Sonette voll begeisterter Huldigung. Auch zu dem Privatdozenten der Kunstgeschichte Dr. Hundeshagen gewann er nähere persönliche Beziehungen.

Unter den Lernenden der Universität befanden sich mehrere, deren Namen später zu hohem Ansehen gelangen sollten; darunter gerade auch solche, mit denen Heine in Beziehung trat. Es seien nur genannt Hoffmann von Fallersleben und Karl Simrock. Auch Justus Liebig, Dieffenbach, Johannes Müller, Hengstenberg, Jarcke studierten damals in Bonn und sind Heine, der sich zu dem Kreise der Burschenschaft hielt, wohl auch begegnet. Seine nächsten Freunde waren aber Sethe und der Westfale Fritz von Beughem. Dazu kamen noch Jean Baptist Rousseau, der freilich damals noch die Prima des Gymnasiums besuchte, und Friedrich Steinmann. Rousseau und Steinmann haben später als Schriftsteller keine glänzende Rolle gespielt, und Steinmann, der auch bald nach Heines Tode ein Buch über ihn verfaßte, in dem sich Wahrheit und Dichtung in unerfreulicher Weise mischen, hat sein Ansehen außerdem durch mehrere Bände gefälschter Gedichte Heines für immer besudelt. Damals aber in Bonn bereiteten sie Heine manche angenehme Stunde, denn lebhaft rege wie bei ihm selbst waren ihre dichterischen Bestrebungen, und man konnte noch nicht absehen, wie sie sich entwickeln würden. Auch Fritz von Beughem, der bald ganz zu seinen juristischen Studien abschwenkte, erging sich damals in poetischen Versuchen.

Heine hielt sich, wie gesagt, zum Kreise der Burschenschaft, und ein starkes vaterländisches Gefühl, Begeisterung für Gott, Freiheit und Tugend, wie sie dort gepflegt wurden, hat damals auch seine Seele erfüllt, denn rege war zu aller Zeit Heines Gabe der Anempfindung. Aber die ersten Frühlingsblüten des burschenschaftlichen Geistes waren in jener Zeit bereits geknickt. Am 23. März 1819 war Kotzebue von dem Studenten Sand, der in ihm einen Führer des rückschrittlichen Geistes erblickte, ermordet worden, und den Regierungen, die seit dem Wartburgfest des Jahres 1817 überall Regungen verwerflicher Volksverführung witterten, war dieses Vorkommnis Anlaß zu üblen Verfolgungen des freiheitlichen Geistes an den Universitäten geworden, Verfolgungen, unter denen ausgezeichnete Männer wie Ernst Moritz Arndt zu leiden hatten. Auf Grund der von Metternich angeregten Karlsbader Beschlüsse vom August 1819 wurde diese Verfolgung der angeblichen Volksverführer planmäßig durchgeführt, und auch in Bonn erlebte man, bald nachdem Heine dort eingetroffen war, ein hübsches Pröbchen solchen Vorgehens. Bei einer Feier zur Erinnerung an die Völkerschlacht bei Leipzig waren auf dem Kreuzberg bei Bonn, wo ein Holzstoß am 18. Oktober 1819 abgebrannt wurde, Reden gehalten worden, in denen außer auf den seligen Blücher auch auf die deutsche Freiheit ein Hoch ausgebracht worden war. Dieses Verbrechen wurde ruchbar, mehrere Teilnehmer an dem Fest, darunter Harry Heine, wurden vor das Universitätsgericht geladen und einem strengen Verhör unterworfen, bei dem jedoch nichts Rechtes herauskam. Turnlieder Rousseaus, der damals übrigens noch gar nicht Student, sondern noch Primaner war — erst im Sommer 1820 wurde er in Bonn immatrikuliert — wurden beschlagnahmt, denn das Turnen war damals als eine Kundgebung demagogischen Geistes streng verboten; außerdem wurde dem Rektor der Universität eingeschärft, den Geist des Gehorsams gegenüber den Vorschriften der Staatsgewalt in der studentischen Jugend zu erhalten, da das Gegenteil für die Universität die schlimmsten Folgen haben könnte. Man kann sich denken, welchen Eindruck derlei Vorkommnisse auf die Jugend machten, und es ist natürlich auch nicht ohne Bedeutung, daß Heine, der später durch seine politische Spottsucht Aufsehen erregte, so früh Beobachtungen machen mußte, die diesen Geist des Spottes geradezu herausforderten. Damals jedoch wurden dessen Regungen noch von den hohen Leitgedanken des burschenschaftlichen Kreises niedergehalten. Dankbar für den reichen Gewinn, den ihm Bonn geboten hatte, ließ Heine die Geister der Spottlust noch nicht in sich aufkommen. Die Sommerferien des Jahres 1820 verlebte er in dem Dorf Beuel, gegenüber von Bonn auf dem rechten Rheinufer, in stiller Zurückgezogenheit am „Almansor" arbeitend. Vielleicht machte er, ehe er aufbrach, um nach Göttingen überzusiedeln, erst noch einen Abstecher nach seiner Geburtsstadt, wo er die Seinen nicht mehr antraf, und begab sich dann zu Fuß durch Westfalen nach der gelehrten Georgia Augustana. Unterwegs hielt er sich in Hamm auf, wo er mehrere Tage in dem Hause seines Freundes Fritz von Beughem herzliche Aufnahme fand und zu den Herausgebern des „Rheinisch-westfälischen Anzeigers", den Herren Wundermann und Dr. Schulz, persönliche Beziehungen anknüpfte; er übergab ihnen ein Gedicht zum Abdruck in ihrer Zeitschrift. Tags darauf hatte er eine Zusammenkunft mit seinem Freunde Christian Sethe in Soest, und dann ging es, wieder auf Schusters Rappen, nach der hannoverschen Alma mater, deren Reize ihn wenig begeistern sollten.

„Steifer, patenter, schnöder Ton", so äußert sich Heine bald nach seiner am 4. Oktober erfolgten Immatrikulation über das, was er in Göttingen beobachtete. Dem heiteren Rheinländer schnürte sich das Herz zu bei dem Anblick des vornehmen Treibens auf der Prinzen- und Grafen-Unversität. Der Hannoversche Adel gefiel ihm gar nicht. „Man schickte sie nach Göttingen, doch da hocken sie zusammen und sprechen nur von ihren Hunden, Pferden und Ahnen und hören wenig neuere Geschichte, und wenn sie auch wirklich einmal dergleichen hören, so sind doch unterdessen ihre Sinne befangen durch den Anblick des Grafentisches, der, ein Wahrzeichen Göttingens, nur für hochgeborene Studenten bestimmt ist." Aber auch in den nichtadligen Kreisen gefiel es ihm zumeist gar nicht. „Patente Pomadenhengste, Prachtausgaben wäßriger Prosaiker, plastische ennuyante Gesichter — da hast du das hiesige Burschenpersonal."

Heine schreibt in mehreren Briefen aus dieser Zeit, ihm sei in Beuel, auf seinen abendlichen Spaziergängen unter den Trauerweiden, der Genius des Ochsen erschienen, in der rechten Hand Mackeldeys „Institutiones" emporhaltend und mit der linken hinweisend auf die Türme der Georgia Augusta.

Des Ochsens wegen sei er nach Göttingen gekommen, und um seine „Schwänze nachzureiten". Aber er kam bald zu der Überzeugung, daß die Professoren in Göttingen noch weit lederner waren als die in Bonn, und nur einige von ihnen boten seinem Geiste anregende Nahrung. Merkwürdigerweise belegte Heine, der hier vor allem die Institutiones loskriegen wollte, überhaupt keine juristische Vorlesung, sondern nur solche in der philosophischen Fakultät. Er besuchte die Vorlesungen des bekannten Germanisten Benecke. „Ich höre Beneckes Kollegium über altdeutsche Sprache mit großem Vergnügen. Denk' Dir, Fritz," so schreibt er darüber an Beughem, „nur 9 (sage neun) Studenten hören dieses Kollegium. Unter 1300 Studenten, worunter doch gewiß 1000 Deutsche, sind nur 9, die für die Sprache, für das innere Leben und für die geistigen Reliquien ihrer Väter Interesse haben. O Deutschland! Land der Eichen und des Stumpfsinnes!" Die Anregungen, die Heine bei Benecke gewann, haben noch lange fruchtbringend in ihm nachgewirkt. Außerdem hörte Heine wahrscheinlich Vorlesungen bei dem Ästhetiker Bouterweck und sicher bei dem Geschichtsforscher Georg Sartorius, über den er sich in Worten liebevoller Verehrung aussprach. Eingeführt durch eine Empfehlung von Dr. Helfrich Bernard Hundeshagen, trat Heine zu diesem ausgezeichneten Gelehrten, einem Freunde Goethes, auch in persönliche Beziehung, und dankbar schrieb er noch nach einer Reihe von Jahren, daß Sartorius es gewesen, der ihm „eine innige Liebe für das Studium der Geschichte einflößte, ihn späterhin in dem Eifer für dasselbe bestärkte und dadurch seinen Geist auf ruhigere Bahnen führte, seinem Lebensmute heilsamere Richtungen anwies und ihm überhaupt jene historischen Tröstungen bereitete, ohne welche er die qualvollen Erscheinungen des Tages nimmermehr ertragen würde." Auch wurde Sartorius der Vertraute von Heines poetischen Bestrebungen, deren Bedeutung er sogleich erkannte. Mit diesen Männern sind aber auch alle Größen der Göttinger Alma mater genannt, die auf Heine Eindruck machten. Die Universität, während des 18. Jahrhunderts ohne Frage lange die erste in Deutschland, war einer gewissen Altersschwäche verfallen, sie war von andern überholt worden; die Tage, da Schlözer hier seine feurige Beredsamkeit entwickelte, waren längst vorüber. Zugleich aber machte sich hier ein gelehrtes Protzentum geltend wie kaum anderswo; dünkelhaft nannte man es gern das deutsche Bologna, doch meinte Heine witzig, beide Städte seien schon durch den einfachen Umstand unterschieden, daß in Bologna die kleinsten Hunde und die größten Gelehrten, in Göttingen dagegen die größten Hunde und die kleinsten Gelehrten anzutreffen seien.

Unter solchen Verhältnissen lag es für Heine nahe, sich mehr und mehr zurückzuziehen und zu arbeiten. Er war sicherlich auch hier sehr fleißig, aber nicht im Corpus juris, sondern in der Dichtung fand er sein Heil. Sein Trauerspiel „Almansor" wurde in diesen Göttinger Monaten dem Abschluß nahe gebracht. Auch hier fand Heine einen kleinen Kreis näherer Freunde, von denen er wertvolle Anregungen erhielt. Zu nennen sind außer dem kernhaft tüchtigen August Meyer, der 1889 als Oberjustizrat in Hannover starb, Benedikt Waldeck, der bekannte spätere Politiker, von dem Heine damals erwartete, daß er ein namhafter Dichter werden würde, und vor allem Heinrich Straube, ein wackerer Hesse, der Heines Talent erkannte und durch seine Beteiligung an der Schriftleitung der romantischen Zeitschrift „Die Wünschelruthe" sich in literarischen Kreisen bereits einen gewissen Namen gemacht hatte. Straube ist dem Literaturforscher aber auch deshalb wichtig, weil er zu Annette von Droste-Hülshoff in nahen Herzensbeziehungen gestanden hat; wahrscheinlich haben sich beide, Heine und Straube, die Schmerzen ihrer Liebe eingestanden, und bedeutend war ohne Frage der Gewinn, den Heine durch Straubes literarische Darlegungen und Gespräche erfuhr. Voller Dankbarkeit widmete er dem um drei Jahre älteren Freunde mehrere Gedichte. Mit derart ernsten Bestrebungen vereinigte Heine eine derb übermütige Laune, von der seine Briefe überall Zeugnis ablegen; so nannte er den vortrefflichen Straube nur mit dem Kosenamen Lausangel, oder auch, in Hinblick auf die hohe Stimme des jungen Mannes, Wimmer, was Heines Biographen Strodtmann veranlaßt hat anzunehmen, Heine habe in dieser Zeit außer Straube noch einen Freund Wimmer zu seinen Nächsten gezählt.

Heines Tage in Göttingen waren gezählt; am 23. Januar 1821 erhielt er das Consilium abeundi. Über die Ursachen dieser Maßnahme sind wir uns heute noch nicht im Klaren, doch werden uns zwei verschiedene Gründe vorgelegt, die wohl beide möglich, aber nach genauerer Prüfung recht unwahrscheinlich sind.

In dem einen Falle wird behauptet, Heine habe sich eines Mittags im Englischen Hofe, wo er zu essen pflegte, über die damals häufigen Verrufserklärungen von Verbindungen heftig und laut geäußert und dabei auf ein derartiges Vorkommnis in Heidelberg Bezug genommen; daraufhin sei ihm ein Student namens Wiebel schroff entgegengetreten mit der Bemerkung, er habe kein Recht, über solche Dinge, bei denen er nicht zugegen gewesen sei, überhaupt mitzureden. Heine ließ den Gegner darauf hin am 2. Dezember auf Pistolen fordern. Die Sache kam jedoch bereits am nächsten Tage den Universitätsbehörden zu Ohren, beiden Streitern wurde Zimmerarrest verordnet und Wiebel die Pflicht auferlegt, seine Worte zurückzunehmen. Da er dies jedoch in ungenügender Weise tat und die Worte, die er in der Hitze gesprochen hatte, nicht zurücknahm, wurde beiden unter Androhung der Entfernung von der Universität anbefohlen, Ruhe zu halten. Als dies nicht befolgt wurde, erhielt Heine das Consilium abeundi. So verließ er am 6. Februar unfreiwillig die Stadt an der Leine, nachdem er noch ungefähr vierzehn Tage lang auf das Eintreffen der nötigen „Spieße", deren er für die Reise bedurfte, gewartet hatte. Die Erlaubnis zum Aufschub seiner Reise verschaffte er sich unter dem Vorwand, eine Krankheit mache ihm das Reisen unmöglich. Am letzten Abend weilten seine Freunde August Meyer und Straube noch bei ihm auf seinem Zimmer, und ihnen las er den nunmehr vollendeten „Almansor" vor.

Der andere Grund wurde von keinem Geringeren als Karl Goedeke vertreten, wenn er behauptet: „In dieser Angelegenheit war es, als ihn die Burschenschaft ausstieß; und die Krankheit, die er vorgeschützt haben soll, um noch einen Aufenthalt von wenigen Wochen in Göttingen zu erwirken, war keineswegs fingiert, vielmehr der Grund jener Ausstoßung". Man möchte nun zunächst glauben, daß ihn die Burschenschaft wegen der Pistolenforderung ausgestoßen habe; das will er aber allem Anschein nach nicht sagen, sondern das Schwergewicht liegt auf dem Schlusse des Satzes: „Heines Krankheit ergab, daß er das burschenschaftliche Keuschheitsgelübde gebrochen hatte, und deshalb wurde er ausgestoßen." Ob diese Behauptung den Tatsachen entspricht, ist zweifelhaft, ja unwahrscheinlich. Aus Heines Briefen geht mit Sicherheit hervor, daß Krankheit als Grund der Reisebehinderung nur ein Vorwand war; kaum hatte er Geld von Hause erhalten, brach er auf, und auch sonst spricht nichts in seinen Briefen für Goedekes Annahme; er erwähnt wohl „allerlei Mißhelligkeiten" und „manches fatale Pech", aber zur Erklärung dieser Worte genügen die uns bekannten Tatsachen vollkommen.

Die beiden Berichte hängen, wie mir scheint, eng miteinander zusammen; doch ist der erste von einem Bewunderer des Dichters zu dessen Gunsten, der letzte aber von Goedeke, der in Sachen Heine immer eine parteiische Unzuverlässigkeit verrät, zu dessen Ungunsten ausgelegt worden. Auffallend ist dabei die heldenhafte Rolle Heines, der seinem Gegner unverzagt den Fehdehandschuh hinwirft. Wie wir allerdings später in Heines Leben werden feststellen müssen, ließ Heine die fragwürdigsten Mittel nicht unversucht und scheute vor keiner noch so herabwürdigenden Demütigung zurück, um einem Duell aus dem Wege zu gehen; und wenn ihm das nicht gelang und er das Duell austragen mußte, hat Heine sich stets als alles andere als ein Held erwiesen. Sobald wir nun die Rollen von Heine und Wiebel vertauschen und Heine der Herausgeforderte ist, entwickelt sich folgende interessante und völlig dem Charakter Heines entsprechende Situation: Von Wiebel zum Duell gefordert, verweigert Heine den Kampf, nimmt aber auch nicht seine beleidigenden Worte zurück, was zur Folge hat einerseits, daß er wegen Feigheit, unter dem Vorwande, daß er die burschenschaftlichen Keuschheitsgesetze verletzt habe, aus der Burschenschaft ausgestoßen wurde; und andererseits, daß er, durch das Dazwischentreten der Universitätsbehörden vor der Gefahr eines Duells geschützt, sich nun in den gehässigsten Schmähungen gegen seinen Gegner erging, was, da er die anempfohlene Ruhe nicht bewahrt hatte, ihm das Consilium abeundi einbrachte.

Von Göttingen zog Heine durch den Harz nach Oldesloe, wo er die Seinen in einem höchst traurigen Zustand antraf. „Mein Vater", so schrieb er an Straube, „leidet noch immer an seiner Gemütskrankheit"; der Zusammenbruch des Geschäfts hatte ihn offenbar in einen Zustand tiefster Niedergeschlagenheit versetzt, „meine Mutter laboriert an Migräne, meine Schwester hat den Katarrh und meine beiden Brüder machen schlechte Verse. Dieses letztere zerreißt mir das Herz." Auch der Familie des Oheims in Hamburg stattete er einen Besuch ab, und fürchterlich regte ihn, wie ein sehr eigenartiger Brief an Straube erkennen läßt, das Wiedersehen mit der Geliebten auf, er versank in dumpf brütende Schmerzen. Im April 1821 begab sich der Dichter dann zur Fortsetzung seiner Studien nach Berlin. Ehe wir ihm dorthin folgen, wollen wir uns einen Überblick über die bisherige Entwicklung seiner Lyrik zu verschaffen suchen.

2. „Gedichte"

Schon in Bonn hatte Heine der Weberschen Buchhandlung seine Gedichte zum Verlag angeboten, jedoch ohne Erfolg. Am 7. November 1820 wandte er sich von Göttingen aus an Brockhaus in Leipzig, der aber ebenfalls ablehnte; indessen einige Monate nach seiner Übersiedlung nach Berlin gelang es ihm, dort die Maurersche Buchhandlung zur Übernahme des Verlags seiner „Gedichte" zu bestimmen, und dieses kleine Buch, jetzt eine große Seltenheit für Bücherfreunde, soll uns zunächst beschäftigen: es ging mit geringen Änderungen später in die Abteilung „Junge Leiden" des „Buchs der Lieder" über.

In seinem Brief an die Firma Brockhaus vom 7. November 1820 schreibt Heine: „Ich wünschte recht sehr, daß Sie selbst mein Manuskript durchlesen möchten, und bei Ihrem bekannten richtigen Sinn für Poesie bin ich überzeugt, daß Sie wenigstens der ersten Hälfte dieser Gedichte die strengste Originalität nicht absprechen werden." Dieses Selbstlob des Dichters ist von der Nachwelt bestätigt worden. Trotzdem hat die Forschung die Abhängigkeit Heines von seinen Vorgängern eindeutig festgestellt. Er tritt im Zeitalter der Romantik, einer Zeit seelischer Überfeinerung, als Dichter hervor, und weiß die bedeutenden Anregungen, die ihm von vielen Seiten zuteil werden, mit staunenswertem Geschick zu nutzen; nicht als entlehne er einfach einzelne Züge und Wendungen von andern: immer macht er sich das Fremde innerlich zu eigen, bildet es fort und verschmilzt es mit seinem eigenen Lebensgehalt. So hat Heine außer vom Volkslied, von Goethe, Lord

Byron, Uhland, Wilhelm Müller, Eichendorff, Bürger, Brentano, Arnim, E. T. A. Hoffmann, aber auch von Vulpius, Spieß, Arnold und ähnlichen belanglosen Verfassern von Räuber- und Gespenstergeschichten vieles geborgt und ins Gold der Dichtung umgemünzt. Nichtsdestoweniger ist er ein Gelegenheitsdichter im Goetheschen Sinne des Wortes: er gestaltet das eigene Erlebnis. Freilich sind diese Erlebnisse einförmig und nur durch die große Kunst der Behandlung ist er imstande gewesen, diese Schwäche zu verbergen. Abgesehen von den wenigen Jugendgedichten, die sich auf Heines Liebe zu Josepha, der Tochter des Düsseldorfer Scharfrichters, beziehen, ist es immer wieder das Verhältnis zu seiner schönen Kusine Amalia, was ihn zu dichterischer Gestaltung drängt.

Dem Jüngling, dem durch Josepha, durch E. T. A. Hoffmann und durch manche Schauerballaden und Gespensterromane die Vorstellungen von Grab und Todesgrauen besonders reizvoll geworden waren, konnten solche Gesichte zu dichterischem Leben erwachen, wie sie das zweite Traumbild festhält: „Ein Traum, gar seltsam schauerlich, / Ergötzte und erschreckte mich." Unheimlich gespenstisch und zugleich sehr anschaulich, schildert er, wie er die Geliebte sein Totenhemd weben, seinen Sarg zimmern und sein Grab schaufeln sieht. Angeregt durch Hoffmanns „Elexiere des Teufels" beschreibt er im 6. Traumbild („Im süßen Traum, bei stiller Nacht") den Kampf der Engel und Teufel um seine Seele; aber daß die Geliebte sich ihm hingeben will, wenn er ihr seine Seligkeit verschreibt, das ist ein von den Beziehungen zu Josepha angeregter Zug; wie ihre ganze Familie, so erscheint die Tochter des Scharfrichters als verrufen und ehrlos; wer Gemeinschaft mit ihr sucht, nimmt an ihrem Los teil: diesem Gedanken gibt die grelle Darstellung des tollen Gedichtes packenden Ausdruck. Und in dem nächsten („Nun hast du das Kaufgeld, nun zögerst du doch?") wird unter enger Anlehnung an Züge und Wendungen bei E. T. A. Hoffmann die Hochzeit mit der Schönen gefeiert. Das Beste dieser Stücke ist Nummer 8, („Ich kam von meiner Herrin Haus"), das in großartigen und abenteuerlichen Bildern den Fluch der Liebe darstellt; es enthält Anklänge an Bürgers „Lenardo und Blandine", Goethes „Hochzeitslied", „Hollins Liebesleben" von Arnim, Schillers „Räuber", an die Romane von Vulpius und Arnold und vielleicht auch an Robert Burns' „Jolly Beggars", verrät aber doch in der Verwertung dieser Züge die Kraft, die Eigenart und die Selbständigkeit des Verfassers. Andere, wie z. B. Nummer 3 („Im nächt'gen Traum hab' ich mich selbst geschaut"), bringen bereits deutliche Anspielungen auf die Liebe zu Amalie, stärker aber treten diese erst in den Gedichten der nächsten Abteilung der Sammlung hervor. So unfertig die Traumbilder den Dichter noch zeigen, so vieles er auch von andern übernimmt, so lallend ungeschickt auch die gesucht volkstümliche Sprache an vielen Stellen noch ist: die starke Begabung verrät sich in der bildhaften Deutlichkeit der Vorstellungen, den scharfgezogenen Linien, den kühnen Gegensätzen, der klaren Gliederung; und die grellen Farbtöne, die Heine auch in den Dichtungen seiner späteren Zeit oft bevorzugt, verraten sowohl die nervöse Erregtheit wie das orientalische Blut des Dichters.

Etwas gekünstelte Nachahmung des Volksliedes zeigen noch mehrere Gedichte der nächsten Abteilung des Buches, überschrieben „Lieder". Aber hier schenkte ihm die heiße Leidenschaft zu seiner angebeteten Schönen doch auch bereits so herrliche Töne, wie sie angeschlagen sind in dem Gedicht Nummer 9:

> Mit Rosen, Zypressen und Flittergold
> Möcht' ich verzieren lieblich und hold
> Dies Buch wie einen Totenschrein
> Und sargen meine Lieder hinein.

Robert Schumann hat sie in einem unvergleichlichen Liede vertont. Hier auch vermag der zielsichere Dichter bereits eine schmerzliche Leidenschaft in glänzend zugespitzter Form festzuhalten:

> Anfangs wollt' ich fast verzagen,
> Und ich glaubt', ich trüg es nie;
> Und ich hab' es doch getragen —
> Aber frag mich nur nicht: Wie?

Jedoch am herrlichsten gestaltete er den Schmerz seines Scheidens aus der Nähe seiner Angebeteten in dem gleichfalls von Schumann so wunderbar ausgedeuteten Liede: „Schöne Wiege meiner Leiden, Schönes Grabmal meiner Ruh'". Was verschlägt es, daß in dem Gedicht ein deutlicher Nachhall von Lord Byrons berühmten Gedicht „Fare thee well" zu erkennen ist, daß auch Stellen von Schillers „Jungfrau von Orleans" wiederklingen, so wenn Heine schreibt:

> Hätt' ich dich doch nie gesehen,
> Schöne Herzenskönigin . . .

was an die Worte der Jungfrau in dem Monolog des 4. Aktes erinnert:

> Wärst du nimmer mir erschienen,
> Hohe Himmelskönigin!

Was verschlägt es, daß die Strophe:

> Lebe wohl, du heil'ge Schwelle,
> Wo du wandelst Liebchen traut,
> Lebe wohl, du heil'ge Stelle,
> Wo ich dich zuerst geschaut . . .

nicht minder deutlich an Johannas berühmte Abschiedsworte, „Lebt wohl, ihr Berge" gemahnt: das Verdienst des Dichters bleibt doch groß, denn die Wahrheit seiner Worte spricht uns zu Herzen, sie sind mit seinem eigenen Herzblut getränkt.

Äußerst glücklich war Heine in der Balladendichtung, die er ja auch in späteren Tagen durch Meisterwerke bereicherte. Sein „Belsazar", ein Gedicht, in dem er die bekannte Geschichte aus dem 5. Kapitel des Buches Daniel mit einigen kleinen Abweichungen gestaltet, ist durch den sehr frühen Eindruck einer hebräischen Hymne angeregt worden, aber erst 1820 in Bonn gedichtet. Es verrät den Anteil des Dichters an der jüdischen Überlieferung. Die hebräische Hymne, die einen Bestandteil der Hagada bildet, wurde beim Passahfest gesungen. Die Darstellung des verbrecherischen Königs in dem Gedicht erinnert an „Des Sängers Fluch", der Stil im ganzen und einzelnen ans Volkslied. Die gespenstische Schrift an der Wand kommt auch in Hoffmanns „Kampf der Sänger" vor, einem Hauptvorbilde von Wagners „Tannhäuser". In knapper Form ist es ein höchst gelungenes Gedicht. Durch eben diesen Zug des Grauenhaften und Wunderbaren ist auch Heines Ballade „Don Ramiro", ursprünglich „Don Rodrigo" betitelt, mit dem Grundzug der Traumbilder verbunden: der Donna Clara erscheint an ihrem Hochzeitstage während der Tafel das Gespenst des von ihr so heiß geliebten Don Ramiro, und als sie stotternd seinen Namen ausspricht, erfährt sie, daß der eifersüchtige Gatte ihn am heutigen Mittage hat hinrichten lassen. Es ist eine gespenstische Störung einer Hochzeit wie in der bekannten Geschichte vom Ritter Staufenberg, die Heine durch das Volkslied kennengelernt hatte. Aber der knapp vorwärtsdrängenden Darstellung des „Belsazar" stellt er hier eine trotz vorzüglicher Einzelheiten gar zu breite Form gegenüber. Ausgezeichnet traf er dagegen den gedrängten Ton des Volksliedes in seiner ergreifenden lyrischen Ballade „Der arme Peter", in der er sein eigenes Herzenserlebnis mit Amalie in den Bezirk des volkstümlichen Lebens übertrug, auch hier vom Volkliede lernend und seine geheimsten Wirkungen fast überbietend. Sein Bedeutendstes in dieser Art aber leistete er in der berühmten Ballade „Die Grenadiere", dem hohen Liede der hingebenden Soldatentreue, und zugleich der ersten Kundgebung von Heines Napoleonverehrung. Wie in dem „Armen Peter" drei Lebensbilder dichterisch tief erfaßt sind, das jubelnde Brautpaar, Peter zur Bergeshöhe entfliehend und Peter klagend, dem Grabe zuwankend, so hier nur ein großer Augenblick, dieser aber in seiner ganzen Bedeutung ausgeschöpft und dichterisch gemeistert. Hier knüpft Heine an ein Erlebnis an, wie französische Soldaten, die in Sibirien gefangen gehalten worden waren, zerlumpt und elend auf dem Wege nach Frankreich in Düsseldorf einkehrten. Er verwendet Züge aus dem bekannten Volksliede „Revelge", das ihm aus dem „Wunderhorn" bekannt war und entlehnt Einzelheiten aus der berühmten Ballade von Edward, „Was ist dein Schwert von Blut so rot, Edward?" Damit schuf er ein Lied, in dem heldenhafte Größe und rührende Hingabe unser Herz bewegen. Als mächtiger Gehalt, in einem Augenblick höchster Steigerung seiner Kräfte vom Dichter lebendig erfaßt und in unübertrefflicher Form gemeistert, wird das Lied ein ewiger Ruhmestitel Heines bleiben. Diese Ballade, wie der „Arme Peter" ist mit engster, geistiger Wahlverwandschaft von Schumann, aber auch von Richard Wagner in Musik gesetzt.

Noch ungleich sind des Dichters lyrische Gesänge aus dieser seiner Frühzeit, oft kann uns die etwas stümperhafte Nachbildung des Volkstons noch stören, oft möge uns das grausig Abenteuerliche seiner dichterischen Träume etwas jugendlich übertrieben und allzu grell erscheinen, und die starke Anlehnung an Vorbilder aller Art mag als Unfertigkeit gedeutet werden; aber in vielen Gedichten tritt uns nicht nur eine große Selbständigkeit und Eigenart entgegen, sondern überall beobachten wir bereits eine bedeutende Klarheit und Schärfe der Vorstellungen, eine oft geradezu erstaunliche Treffsicherheit des Ausdrucks und eine Stärke und Innigkeit des Gefühls, die dem Einsichtigen sofort die überragende Bedeutung dieses Dichters erweisen mußte. In der Tat machten sich sogleich gewichtige Stimmen zugunsten des Neulings auf dem deutschen Parnaß geltend, darunter diejenigen Varnhagen von Enses, Karl Immermanns und eines Ungenannten, hinter dem sich, wie es den Anschein hat, Friedrich Schleiermacher verbarg.

3. Berlin (Frühjahr 1821 — Frühjahr 1823)

Im Frühjahr 1821 übersiedelte Heine nach Berlin, und die Zeit von zwei Jahren, die er hier verbringen sollte, hat auf seine geistige Entwicklung einen bedeutenden Einfluß ausgeübt. Das lebendige Treiben in der Hauptstadt, die Anregungen, die er von mehreren bedeutenden Professoren der Universität erhielt, der Verkehr mit einer Anzahl literarisch angeregter und anregender Personen, der Eintritt in die Häuser der vornehmen Gesellschaft, der Besuch von Schauspiel, Oper, Konzerten und Kunstsammlungen, und auch hier wieder der Umgang mit Freunden, die ihn hoben und förderten, dies alles hinterließ in Heines Geiste Spuren, die wir bis in die letzten Jahre seines Lebens verfolgen können. Leider besitzen wir nicht mehr, wie aus der Bonner Zeit des Dichters, die Verzeichnisse der von ihm besuchten Vorlesungen. Zweifellos hat aber der strebsame Jüngling, wie wir aus späteren Äußerungen erkennen, bei allen Größen der juristischen und philosophischen Fakultät gehört. Unter den Juristen fand er den ersten Lehrer des römischen Rechts, Karl Friedrich von Savigny, nicht anziehend; er, der große Vertreter der geschichtlich begründeten Rechtswissenschaft, entwickelte Gedanken, die den aufklärerischen Neigungen Heines — diese Seite seines Denkens tritt jetzt immer stärker hervor — nicht behagte; der „süßliche Troubadour der Pandekten", wie er ihn später nannte, brachte ihm keine Gedanken, die fruchtbar in ihm hätten nachwirken können. Noch verhaßter war ihm, wegen seiner rückschrittlichen Gesinnung, der Professor Schmalz, der einst den Tugendbund und die vaterländischen Bestrebungen der Jugend als revolutionär verdächtigt hatte; noch nach Jahren verspottete ihn Heine in den „Reisebildern". Auch der bekannte Geschichtsforscher Friedrich von Raumer wird ihm zu zahm erschienen sein; dieser war seit 1819 Professor der Staatswissenschaften in Berlin. Ob Heine Vorlesungen bei Schleiermacher und bei dem jungen, damals noch sehr wenig geschätzten Privatdozenten Arthur Schopenhauer gehört hat, steht dahin. Eindruck machten auf ihn wahrscheinlich die Philologen Bopp und Friedrich August Wolf, während ihm die schale germanistische Weisheit des von Lachmann bald so gründlich abgefertigten Professors der Erdkunde, Johann August Zeune, schwerlich sehr gefallen haben dürfte; erwähnt allerdings wird Zeune von ihm des öfteren. Nähere Beziehungen gewann er vermutlich zu dem berühmtesten Manne der Universität, dem Philosophen Georg Wilhem Friedrich Hegel; die Spuren seiner Lehren sind noch lange bei Heine anzutreffen. Hegel las während der Jahre, die Heine in Berlin verbrachte, fast über alle Abschnitte der Philosophie; wahrscheinlich hat Heine auch an Übungen bei ihm teilgenommen. Hier wurde er in die Geheimnisse seines wissenschaftlichen Verfahrens eingeführt und der Inhalt dieser gleichsam die Welt neu schaffenden Philosophie trug dazu bei, das Selbstgefühl des denkenden Jüngers bedeutsam zu stärken; er schöpfte aus der Philosophie Hegels die Berechtigung, sich, wie er selbst sagt, „als das lebendige Gesetz der Moral, als den Quell alles Rechtes und aller Befugnis" zu fühlen. Der kühne Aufbau eines durch die schöpferische Vernunft entstehenden Weltplans machte auf den Dichter wie auf so viele seiner Zeitgenossen gewaltigen Eindruck.

Nicht minder bedeutende Anregungen schöpfte Heine aus dem Verkehr mit verschiedenen Dichtern und Schriftstellern, denen er in Berlin begegnete. Die Mittelpunkte dieser Kreise waren das Haus von Rahel Varnhagen und ihres Gatten, sowie dasjenige der Freifrau Elise von Hohenhausen. Varnhagen und Rahel zeichneten sich aus durch ihr verständnisvolles Eindringen in die Dichtung Goethes; nirgends in Deutschland wurde mit gleich großer Entschiedenheit auf die höchste Entwicklung des deutschen Geisteslebens, wie wir sie in Goethe besitzen, hingewiesen. Und dieses Verdienst erscheint umso beachtenswerter, wenn wir bedenken, daß es damals doch noch manche gab, denen Goethes Schaffen ein Buch mit sieben Siegeln war: konnten doch noch wenige Jahre später Ludwig Börne und Wolfgang Menzel ihre beschränkten Äußerungen über Goethe in die Welt setzen, ohne auf wirklich durchschlagenden Widerspruch zu stoßen. Rahel nahm sich des jungen Dichters, dessen Bedeutung sie ebenso wie ihr Gatte frühzeitig zu würdigen wußte, freundlich an; „da er fein und absonderlich ist", so schrieb sie über ihn, „verstand ich ihn oft und er mich, wo ihn andere nicht vernahmen; das gewann ihn mir, und er nahm mich als Patronin." Im Hause von Elise von Hohenhausen wurde Heines Aufmerksamkeit in erster Linie auf einen anderen großen Dichter hingelenkt, der auf seine Schriften ebenso bestimmend einwirken sollte und bereits, ehe Heine nach Berlin kam, eingewirkt hatte, auf Lord Byron. Noch für mehrere Jahre fühlte sich Heine dessen Dichtung innerlich ganz besonders verwandt, und er nannte den Lord wohl mit Vorliebe seinen Vetter. Auch das Haus von Ludwig Robert und seiner schönen Gemahlin Friederike, zu der Heine in schwärmerischer Verehrung aufschaute, brachte ihn in Beziehung zu manchen Größen des literarischen Berlin: außer andern wird er Chamisso, Helmine von Chezy, Michael Beer, dem Bruder von Meyerbeer, Fouqué, Willibald Alexis in diesen Sammelplätzen des literarischen Lebens begegnet sein. Nicht weniger anregend gewiß, wenngleich wesentlich anderer Art, war das Treiben in den Kreisen geistvoll ungebundener Künstler, die sich in der berühmten Weinstube von Lutter und Wegener zu treffen pflegten. Einst hatte hier E. T. A. Hoffmann seine glänzende Redegabe entwickelt; vielleicht hat ihn Heine auch noch das eine oder das andere Mal zu sehen bekommen, doch schon im Juli 1822 erlag der ihn so besonders fesselnde Schriftsteller einem qualvollen Rückenmarksleiden. Auch Ludwig Devrient, vielleicht der größte aller deutschen Schauspieler, aber auch ein großer Trinker, ließ sich gern hier sehen, und von den Jüngeren war es besonders Dietrich Grabbe, Friedrich von Uechtritz, Karl Köchy und L. Gustorf, mit denen Heine zusammentraf. Da erging man sich gern in boshafter Laune über die schwachen Geister des deutschen und besonders des Berliner Parnasses. Dietrich Grabbe sprang wohl in vorgerückter Stunde auf den Tisch und hielt eine Rede auf Mamsell Franz Horn, den bekannten Literaturforscher, der besonders über Shakespeare geschrieben hatte, und den Heine dann später in seinem „Atta Troll" verspottete, oder man hielt spöttische Lobreden auf den betriebsamen, aber etwas beschränkten Herausgeber des „Gesellschafters", Friedrich Wilhelm Gubitz, zu dem auch Heine oft in persönliche Beziehung trat, und auf andere bekannte, aber nicht sonderlich beliebte Persönlichkeiten. Doch Heine mißbilligte dieses tolle Treiben; er saß gewöhnlich still und beobachtend in einer Ecke und provozierte die Genossen sogar mit sarkastischen Bemerkungen. Die jungen trinkfrohen Kraftmeyer bei Lutter und Wegener waren ihm übrigens, wie es scheint, nicht besonders hold. Er freilich hat über den begabtesten unter ihnen, über Dietrich Grabbe, sich immer, auch noch kurz vor seinem Tode in seinen „Memoiren", in Worten höchster Anerkennung geäußert; doch können wir nicht verhehlen, daß solche Anerkennung nicht auf Gegenseitigkeit beruhte: Grabbe hat sich in einer Reihe von Briefstellen sehr hart über Heine ausgelassen. Über die Gesinnungen, die ihm Friedrich von Uechtritz, Karl Köchy und Ludwig Gustorf entgegentrugen, war sich Heine weniger im Unklaren, und vergalt ihnen ihre zweifelhafte Liebe auch ohne Hehl. Die immer wieder aufgestellte Behauptung, Heine sei bei Lutter und Wegener täglicher Stammgast gewesen, wird durch seine Absage an diese Gruppe in seinem Brief an C. Borch vom 19. Januar 1823 einwandfrei widerlegt. Mit den älteren Herren, wie Ludwig Devrient, ist er wohl überhaupt nicht in nähere Berührung gekommen, und die zweifelhafte Freundschaft der Jüngeren hat er nicht täglich zu genießen Verlangen getragen. Dazu kommt, daß Heine am Trinken, ohne das man hier doch nicht seinen Mann stehen konnte, niemals Freude gehabt hat. Viel lieber hielt er sich in Konditoreien auf, besonders gern in der von Josty; dort gab es Süßigkeiten, die seine Seele in Begeisterung versetzten. „Ihr Götter des Olymps", so schrieb er, „o kenntet ihr den Inhalt dieser Baisers! O Aphrodite, wärest du solchem Schaum entstiegen, du wärest noch viel süßer!"

Heines Beziehungen zum „Verein für Kultur und Wissenschaft der Juden" nehmen in seinem Leben einen weit wichtigeren Platz ein, als man ihnen gewöhnlich eingeräumt hat. Um zu einem besseren Verständnis dieses Vereins und seiner Mitglieder zu gelangen, müssen wir ein Jahrzehnt zurückgreifen. Das in der Napoleonischen Zeit erlassene Edikt vom 11. März 1812 hatte den Juden in Preußen die bürgerlichen Rechte gewährt; doch schon drei Jahre später verteidigte Friedrich Wilhelm III., der treue Schirmherr der Heiligen Allianz von 1815, als Selbstherrscher die Interessen der Monarchie gegen das Volk, und als Oberhaupt eines „christlichen Staates" die Interessen des Christentums gegen das Judentum; die Juden bekamen denn auch bald den Druck der Reaktion doppelt zu spüren: als preußische Bürger und als Juden. Die Geburtsstätte dieser Ideologie des christlich-deutschen Staates war die neugegründete Berliner Universität, wo der reaktionäre Schöpfer der „historischen Rechtsschule" Friedrich Karl von Savigny seine Stimme laut erschallen ließ und von wo aus der Geschichtsprofessor Christian Friedrich Rühs seine Parole des Judenhasses über ganz Deutschland ausposaunte. Dieses christlich-deutsche Dogma erstrebte zunächst die Ausmerzung aller Wesenszüge, durch welche sich die jüdische Individualität von dem Durchschnittstypus des Deutschen unterschied, ferner einen vollständigen Bruch der Juden mit ihrer Vergangenheit. Schon bald allerdings legte die preußische Regierung keinen Wert mehr auf diese ehedem systematisch geförderte Assimimilation, die deutsche Bürger jüdischer Konfession züchten sollte. Man legte den Juden ständig neue Beschränkungen auf und stellte jüdische Bewerber um ein Staatsamt verschiedentlich vor die Wahl, zum Christentum überzutreten oder in ihrer Absonderung weiter zu verkümmern. Dieser politisch-ökonomische Druck hatte zur Folge, daß die jüdischen Gemeinden manche der besten Vertreter ihrer Intelligenz durch die Taufe verloren; und die literarisch-politische Hetze in den Zeitungen entfachte unter dem Pöbel bald antisemitische Krawalle, die noch heute als der berüchtigte „Hep-Hep-Sturm" von 1819 nicht ganz vergessen sind.

Die Ereignisse dieses schwarzen Jahres konnten am jüdischen Selbstbewußtsein nicht spurlos vorübergehen; die Feinfühligeren wurden nachdenklich. Gar viele, die dem Zauber der deutschen Kultur verfallen und dem Judentum halb entfremdet, im Begriff waren, ihr Volk zu verlassen, zögerten vor diesem Schritt. Unter solchen mißlichen Verhältnissen kamen im November 1819 drei junge Männer zusammen: der eben erst mit dem juristischen Doktorgrad ausgezeichnete Jünger der Hegelschen Philosophie, Eduard Gans, der gleichfalls für Hegel schwärmende Privatgelehrte Moses Moser und der später als jüdischer Geschichtsforscher berühmt gewordene Schullehrer Leopold Zunz. Nach der Beratung darüber, mit welchen Mitteln die Reaktion, die die Juden ins Mittelalter zurückzuwerfen drohte, bekämpft werden könne, gingen die drei Freunde zum Problem der inneren Wiedergeburt der deutschen Judenheit über. Zwei Dinge schienen der Gefahr des Unterganges ausgesetzt zu sein: einmal die verknöcherte Orthodoxie und dann die dem Renegatentum zuneigende Gebildetenschicht. Man beschloß, einen Verein für Kultur und Wissenschaft der Juden zu gründen. So hieß es in den Vereinssatzungen: „Das Mißverhältnis des ganzen inneren Zustandes der Juden zu ihrer äußeren Stellung unter den Nationen fordert dringend eine gänzliche Umarbeitung der bis jetzt unter den Juden bestandenen eigentümlichen Bildung und Lebensbestimmung . . . Diese Umarbeitung muß die geistesverwandten Gebildeteren zu Urhebern haben. Für diese Zwecke wirksam zu sein, beabsichtigt ein Verein, welcher sonach vorstellt: eine Verbindung derjenigen Männer, welche in sich Kraft und Beruf zu diesem Unternehmen fühlen, um die Juden durch einen von innen heraus sich entwickelnden Bildungsgang mit dem Zeitalter und den Staaten, in denen sie leben, in Harmonie zu setzen." Diesen Gründern schloß sich eine Reihe zukunftsfroher, aus den deutschen Universitäten hervorgegangener Gesinnungsgenossen an: der Schullehrer und Orientalist Ludwig Markus, der Pädagoge und Prediger Immanuel Wohlwill, der Journalist Ludwig Lehmann und die weniger bekannten Dr. Julius Rubo, Dr. Schöneberg und Dr. Hilmar; mit diesen Namen ist die Zahl der tätigen Mitglieder wahrscheinlich erschöpft. Die praktischen Ziele des Vereins waren ursprünglich recht weit gesteckt: man wollte ein „wissenschaftliches Institut" gründen, an dem systematische Vorträge über jüdische Geschichte gehalten werden sollten, man wollte Schulen und Seminare eröffnen und die Literatur fördern, man wollte selbst Handwerk und Ackerbau unter Juden verbreiten. Bei der Verwirklichung dieses hochgespannten Vorhabens ist man allerdings über die Gründung einiger Elementarschulen für arme Kinder, die Veranstaltung vereinzelter wissenschaftlicher Vorlesungen und die Veröffentlichung weniger Hefte einer wissenschaftlichen Zeitschrift nicht hinausgekommen. In dieser 1822 bis 1823 von Zunz herausgegebenen „Zeitschrift für Wissenschaft des Judentums" gelangten die öffentlichen Vorträge und sonstigen Artikel der Mitglieder des Vereins zum Abdruck. Gans, der Vorsitzende des Vereins, publizierte darin die von ihm gehaltenen Vorlesungen über die Geschichte der römischen Gesetzgebung in bezug auf die Juden; Zunz breitete in seinen Artikeln die Schätze der jüdischen Literatur im mittelalterlichen Spanien und Frankreich aus; und Moser stellte die Prinzipien der jüdischen Geschichte im Lichte der Hegelschen Philosophie dar. Der ehrliche Versuch, nach Hegelscher Weltanschauung die Synthese von Judentum und Christentum herbeizuführen, wurde schon dadurch besonders erschwert, daß, mit Ausnahme von Zunz, alle übrigen Leiter des Vereins durch ihre deutsche Erziehung der Judenschaft entfremdet waren, so daß mit den Weltanschauungen und den Lebensverhältnissen ihres Volkes keine innerliche Wesensverwandtschaft mehr bestand. Sooft sie aus ihrer idealistischen Höhe der deutschen Philosophie in die verödete Tiefe der deutschen Judenschaft hinabschauten und dabei die völlige Gleichgültigkeit wahrnahmen, mit welcher die Öffentlichkeit ihren Bestrebungen zusah, mußten sie bald die Hoffnungslosigkeit ihrer Tätigkeit erkennen. Im Jahre der Krise ließ sich Zunz zu folgenden Worten hinreißen: „Die Juden und das Judentum, das wir rekonstruieren wollten, ist zerrissen und die Beute der Barbaren, Narren, Geldwechsler, Idioten und Parnassim [Gemeindeältesten]. Noch manche Sonnenwende wird über dieses Geschlecht hinwegrollen und es finden wie heut: zerrissen, überfließend in die christliche Notreligion, ohne Halt und Prinzip, zum Teil im alten Schmutz, von Europa beseite geschoben, fortvegetierend, mit dem trockenen Auge nach dem Esel des Messias oder einem anderen Langohr hinschauend, zum Teil blätternd in Staatspapieren . . . Dahin bin ich gekommen, an eine Judenreformation nimmermehr zu glauben; der Stein muß auf dieses Gespenst geworfen und dasselbe verscheucht werden." Doch dann fügt er ahnungsvoll, gleich einem Propheten, hinzu: „was allein aus diesem Mabbul [Sintflut] unvergänglich auftaucht, das ist die Wissenschaft des Judentums." Die Zeitschrift des Vereins brachte es nur auf einige Hefte, und der Verein selbst löste sich 1824 auf. Trotz dieser bitteren Enttäuschungen hat Zunz unverzagt bis an sein Lebensende 1886 seine Forschungsarbeiten in der Geschichte der Juden fortgesetzt. Doch die grundlegenden Gedanken für seine monumentalen Werke sind schon in seinen 1822—1823 veröffentlichten Aufsätzen in der „Zeitschrift für die Wissenschaft des Judentums" enthalten. Die Nachwelt hat ihm mit dem Namen „Vater der Renaissance der jüdischen Wissenschaft" ein schönes Denkmal gesetzt.

Was war nun Heines religiöser Hintergrund und seine Stellung zur Religion überhaupt, als er nach Berlin kam? Seine Jugend war, bis auf einige Monate in Frankfurt am Main, nie durch Ghettoeindrücke getrübt

Heinrich Heine
(Radierung von Ludwig Emil Grimm)

Salomon Heine, Bankier in Hamburg
(Stahlstich von Kühner)

worden. Er konnte die frische Luft der Freiheit atmen, die zusammen mit den Franzosen durch die Napoleonische Emanzipation in die Rheinlande eingezogen war. Doch in der engeren Familie selbst walteten sonderbar zwiespältige Zustände. Der willenlose Vater, der sich stets dem Diktum der Rabbiner gefügt zu haben schien, brachte einerseits eine orthodox-jüdische Atmosphäre in den Haushalt; die energische Mutter andererseits, die vor ihrer Eheschließung so unersprießliche Erfahrungen mit dem Düsseldorfer Rabbinat gemacht hatte, hielt ihren Sohn Harry zwar möglichst weit von der Synagoge fern, ließ ihm aber den nötigen Religionsunterricht in der israelitischen Privatschule eines Herrn Rintelsohn zuteil werden. Heine selbst äußert sich, sogar etwas ungehalten, später einmal darüber, daß seine Mutter eine tiefe, lebenslange „Abneigung gegen die Juden" gehegt habe. Wenn Heine irgendwo in seiner Kindheit oder Jugend un-jüdischen Einflüssen ausgesetzt war, so war das innerhalb seiner eigenen Familie von Seiten seiner Mutter. Da sie die bestimmende Person in Heines Erziehung war, überließ sie diese auch ohne Zögern den katholischen Geistlichen, die das Düsseldorfer Lyzeum leiteten. Ihre negative Stellungnahme zum Judentum muß ganz offensichtliche Formen angenommen haben, sonst hätte der Rektor der Anstalt, Professor Schallmeyer, welcher der Familie nahe stand — der Großvater Heines hatte ihm bei einer schweren Krankheit einmal als Arzt das Leben gerettet — es schwerlich gewagt, der jüdischen Mutter gegenüber für den Sohn eine priesterliche Laufbahn vorzuschlagen. Hier finden wir auch den Keim zu den ersten Gedichten Heines, die einen stark katholischen Einschlag verraten. Unter dem Einfluß der Mutter vollzog sich hier innerhalb der Familie eine Assimilation an das christliche Deutschtum, das durch den Rektor des katholisch geleiteten Lyzeums noch bedeutend gefördert wurde. Der junge Heine hatte damals wohl einige jüdische Freunde, was wegen seiner jüdischen Herkunft nicht zu verhindern war, doch sein Umgang war meist mit christlichen Freunden oder in getauften jüdischen Kreisen, wie es noch in Berlin in den Salons der Rahel Varnhagen oder Elise von Hohenhausen der Fall war. Im ersten Jahre seines Berliner Aufenthalts fand Heine auch keine neuen jüdischen Freunde. Warum sollte er auch? Er betrachtete sich nicht als „Jude" sondern als „Deutscher" unter Deutschen, und ihm fehlten alle inneren Beziehungen zum Judentum und seinen Problemen; schließlich hatte er solche niemals gekannt. Eher war er in Berlin noch dem Katholizismus zugetan; jedenfalls ist es beachtenswert, daß er noch am 10. Juni 1822 in der Berliner Zeitschrift „Gesellschafter" sein katholisch-religiöses Gedicht „Die Wallfahrt nach Kevlaar" veröffentlichte. Erst nach einjährigem Aufenthalt in der preußischen Hauptstadt schloß er sich plötzlich dem „Verein für Kultur und Wissenschaft der Juden" an. Was war die Veranlassung zu diesem ganz unerwarteten Bekenntnis zum Judentum?

Im Sommer 1822 weckte ein zerschmetternder Donnerschlag ihn plötzlich aus seiner religiösen Traumwelt. Die preußische Regierung hatte die Rücknahme des Emanzipationsgesetzes von 1812 bekannt gegeben. Es heißt da, daß „die Paragraphen 7 und 8 des Ediktes von 1812, wonach die für Einländer zu achtenden Juden zu akademischen Lehr- und Schulämtern zugelassen werden sollen, wegen der bei der Ausführung sich zeigenden Mißverhältnisse aufgehoben werden." Was unter diesen Mißverhältnissen zu verstehen war, ist aus anderen Regierungsverfügungen zu ersehen, in denen unverblümt darauf hingewiesen wird, daß kein Kandidat mehr zu einem akademischen Lehramt zugelassen werden könne, solange er sich zum Judentum bekenne. Heines so innigst gehegter Wunsch, an einer preußischen Universität eine Professur für deutsche Literaturgeschichte zu erlangen, war über Nacht zunichte geworden — nur weil er geborener Jude war.

Hier erkannte Heine zum ersten Male in seinem Leben in tiefster Seele die ganze Tragik seines Volkes; es war ein Schlag, den er für den Rest seines Lebens nicht überwinden sollte und der unmittelbare Rückwirkungen hervorrief. In dieser Stunde erwachte sein lebenslanger Haß gegen Preußen, den er sogar soweit trieb, daß er seinem besten Freunde Christian Sethe, nur weil dessen Vater ein preußisches Staatsamt bekleidete, vorübergehend die Freundschaft aufkündigte; auf diese Stunde geht Heines lebenslanger unerbitterlicher Haß gegen das Christentum zurück; zu dieser Stunde faßte er den Plan, ins freie Frankreich auszuwandern; und in dieser Stunde der inneren Empörung kam der Jude in Heine zum Durchbruch, und er empfand den natürlichen Drang, sich seinen Glaubens- und Leidensgenossen anzuschließen. Der Verein für die Kultur und Wissenschaft der Juden bot ihm die gesuchte Gelegenheit zu einem solchen Anschluß.

Heines Zutritt zum Verein wurde ihm schon dadurch geebnet, daß er den Vorsitzenden, Dr. Eduard Gans, gerade einige Tage vordem im Salon Rahel Varnhagens kennengelernt hatte. Er wurde mit offenen Armen empfangen und stellte dem Verein seine eigenen Kräfte und Kenntnisse zur Verfügung, indem er in drei Fächern Unterricht erteilte. Erstens Deutsch: in diesem Fache wollte er den ungebildeten Ostjuden ein gutes Hochdeutsch beibringen, ein Problem, mit dem er selbst in seiner Jugend so schwer gekämpft hatte; zweitens Französisch: in diesem Fach wollte er den Juden die Auswanderung ins freie Frankreich durch französische Sprachkenntnisse erleichtern, wozu er als Rheinländer, der während der Napoleonischen Besatzung mit der französischen Sprache und dem französischen Wesen in enge Berührung gekommen war, gut befähigt war. In beiden Fällen war Heine der richtige Mann am Platz, und dankbare Schüler haben überliefert, daß er sich ihrer mit außerordentlicher Liebe angenommen habe. Doch Heines eigentliches, persönliches Interesse galt dem dritten Fach: der jüdischen Geschichte und Literatur; hier allerdings waren seine Kenntnisse sehr schwach. Einer Aufforderung, einen Aufsatz für die Zeitschrift des Vereins zu liefern, versuchte er nachzukommen, doch nur um feststellen zu müssen, daß seine Kenntnisse dazu nicht ausreichten, was ihn dann allerdings zu ernsten Studien der jüdischen Geschichte und Literatur anspornte. Was Heine persönlich betraf und ihn besonders interessierte, war das Märtyrertum der Juden, denn er betrachtete sich jetzt wie auch oftmals später im Leben als Märtyrer. Er konnte sich dabei ganz der Anleitung Zunzens anvertrauen, dessen wissenschaftliche Tätigkeit sich in zwei von ihm vorgeschriebenen Bahnen bewegte, der Geschichte der Literatur und der Geschichte des Märtyrertums, die beide von ihm stets im Rahmen der Entwicklung der jüdischen Religion behandelt wurden. Heine vertiefte sich dabei mehr und mehr in die historische Romantik der jüdischen Vergangenheit und vergaß dabei immer mehr die jüdischen Probleme der Gegenwart. So sollte die erste Begeisterung für die Reform des Judentums auch nicht lange anhalten; Heine durchschaute bald die Schwächen des Vereins. Als er im Herbst 1822 bei seinem Freunde Eugen von Breza in Posen verweilte und dort mit den orthodoxen und rückständigen Ostjuden in Berührung kam, konnte er nicht umhin, einen Vergleich zwischen diesen und den reformierten Juden Berlins anzustellen, bei welchem die letzteren den Kürzeren zogen. So berichtet Heine: „Trotz der barbarischen Pelzmütze, die seinen Kopf bedeckt, und der noch barbarischeren Ideen, die denselben füllen, schätze ich den polnischen Juden weit höher, als so manchen deutschen Juden, der seinen Bolivar auf dem Kopfe und seinen Jean Paul im Kopfe trägt." Bald darauf weist er mit Bedenken die realistischen Reformversuche in Deutschland zurück mit den Worten: „Einige Hühneraugenoperateure [David Friedländer und Isaak Lewin Auerbach] haben den Körper des Judentums [durch die Einführung deutscher christlicher Gebräuche in der Synagoge] von seinem fatalen Hauptgeschwür durch Aderlaß zu heilen gesucht und durch ihre Ungeschicklichkeit und ihre spinnwebige Vernunftsbandagen muß Israel verbluten . . . wir haben nicht mehr die Kraft, einen Bart zu tragen, zu fasten, zu hassen und aus Haß zu dulden. Das ist das Motiv zu unserer Reformation. Die einen, die durch Komödianten ihre Bildung und ihre Aufklärung empfangen, wollen dem Judentum seine Dekoration und Kulissen geben. Andere wollen ein evangelisches Christentümchen unter jüdischer Firma . . . Zu allem Glück wird sich dieses Haus nicht lange halten, seine Tratten auf die Philosophie kommen mit Protest zurück, und es macht Bankrott." Heine ahnte die innere Unzulänglichkeit der in die Wege geleiteten religiösen Reform. Er wandte sich mehr und mehr von ihr ab, und durch das Studium der jüdischen Geschichte in seiner Anschauung bestärkt, kam er bald dahin, das Christentum wie das Judentum mit gleicher Apathie zu betrachten, was auch bald zu einem Bruch mit den befreundeten Leitern des Vereins führte. In einer schriftlichen Auseinandersetzung mit Moses Moser macht er seine neue Stellung zum Judentum klar: „Daß ich für die Rechte der Juden und ihre bürgerliche Gleichstellung enthusiastisch sein werde, das gestehe ich, und in schlimmen Zeiten, die unausbleiblich sind, wird der germanische Pöbel meine Stimme hören. Doch der geborene Feind aller positiven Religionen wird nie für diejenige Religion sich zum Champion aufwerfen, die zuerst jene Menschenmäkelei aufgebracht, die uns jetzt so viele Schmerzen verursacht."

Solche Spannungen unter den Mitgliedern hemmten den Erfolg der Bestrebungen des Vereins, die eifrigsten Förderer wurden bald in alle Winde zerstreut, und einige unter ihnen, darunter Eduard Gans an der Spitze, ließen sich taufen und verloren auf diese Weise nicht nur den Trieb, sondern auch das Anrecht, sich für die Pflege einer jüdischen Sondersekte zu bemühen — und so war das Schicksal des Vereins besiegelt.

Unter den Mitgliedern ist Moses Moser hervorzuheben, Handelsgehilfe in der Friedländerschen Bank, der sich niemals einen Namen durch wissenschaftliche Leistungen gemacht hatte, aber eine ausgezeichnete Bildung und sehr gediegene Kenntnisse besaß und durch Gaben des Kopfes nicht minder wie durch solche des Herzens hervorragte. Heine bezeichnete ihn gern als „den lebendigen Epilog zu Nathan dem Weisen". Moser wurde Heines nächster Freund und blieb es, bis sich Heine in späteren Jahren in schroffer Weise von ihm lossagte. Eduard Gans wurde von Heine stets hochgeschätzt wegen seiner Verdienste um die Wissenschaft und besonders wegen seines Kampfes gegen „die Lakaien des altrömischen Rechts" und gegen die von Savigny und anderen Ideologen des „christlich-deutschen" Staates gegründete historische Rechtsschule. „Wie wimmert unter seinen Fußtritten die arme Seele des Herrn von Savigny!" rief er einmal aus. Doch nie verzieh er seinem Jugendfreunde die Apostasie: „Es ist hergebrachte Pflicht, daß der Kapitän immer der letzte sei, der das Schiff verläßt, wenn dasselbe scheitert — Gans aber rettet sich selbst zuerst." Joseph Lehmann in Glogau und Ludwig Markus in Dijon traten nach Jahren noch einmal in einen kurzen Briefwechsel mit Heine. Jener versuchte, allerdings ohne Erfolg, den alten Freund und inzwischen anerkannten Dichter zu einem Beitrag in seiner „Zeitschrift für die Literatur des Auslandes" zu gewinnen; dieser, der kleine Markus, wie Heine ihn nannte, bat Heine um eine Besprechung eines seiner Werke, wozu Heine nicht befähigt war. Dafür widmete er ihm allerdings 1844 seinen Nekrolog „Ludwig Markus", vielleicht das Liebevollste, was Heine je in seinem Leben geschrieben hat.

Es ist auffallend, daß Heine nach der Wiedereröffnung dieses Briefwechsels, dessen Anknüpfungspunkt immer der Verein bildete, in seiner Antwort mit keinem Wort auf diesen eingeht; und 1840 richtete Heine an Varnhagen von Ense die absonderliche Bitte, „Wenn Sie wissen, wer die

Briefschaften von Gans und Moser, namentlich die letzteren, besitzt, so schützen Sie mich doch gefälligst vor Indiskretionen; verlangen Sie für mich die Briefe von mir, die sich bei Moser finden könnten." Man kann da nur den Eindruck gewinnen, daß Heine seine Beziehungen zum Verein für Kultur und Wissenschaft der Juden und den damit verknüpften Verlauf seiner religiösen Wandlung der Mit- und Nachwelt hat vorenthalten wollen. Die Briefe an Moser sind auf uns gekommen, doch die von Gans sind bis auf einen als verschollen zu betrachten.

Zwei wichtige Dinge hat der Verein in Heine reifen lassen, die ihn bis an sein Lebensende begleiten sollten: einen eingefleischt persönlichen Haß gegen jede positive Religion und eine tief angelegte Begeisterung für die Geschichte und Literatur der Juden. In religiösen Dingen müssen wir von nun an stets sorgfältig unterscheiden, ob wir es mit den Anschauungen des Rationalisten Heine von einer positiven Religion der Gegenwart, oder mit denen des Romantikers Heine von einer geschichtlich-künstlerischen Religion der Vergangenheit zu tun haben. Sobald wir uns über diesen Unterschied im Klaren sind, verschwinden alle Widersprüche in Heines religiösen Anschauungen.

Der Verein nahm während der Berliner Zeit nicht Heines ganze Zeit in Anspruch. Zunächst bildeten die alten Freunde Steinmann und Sethe seinen häufigen Umgang, doch kam es mit letzterem zu vorübergehenden Mißhelligkeiten, an denen Heines grillenhafte Empfindlichkeit die Hauptschuld trug. Unter den neuen Bekannten, zu denen Heine erst damals in Beziehung trat, ist Ernst Christian August Keller zu nennen, der damals unter dem Namen Hartmann vom Rhein sich als Schriftsteller betätigte, und der später als hoher Beamter des preußischen Kulturministeriums segensreich wirkte, eine kernhafte, geschlossene Natur, Christian Sethe vergleichbar; ferner der polnische Graf Eugen von Breza, der durch seine überschäumende Lebenslust Heine ein besonders lieber Gefährte wurde. Einer Einladung Brezas folgend, machte er im Spätsommer 1822 eine Reise in die Provinz Posen; von ihr entwarf er in seinem Aufsatz „Über Polen" eine Schilderung, die ebenso wie die aus demselben Jahre stammenden „Briefe aus Berlin" als Vorstudien der „Reisebilder" angesehen werden können, ohne aber bereits so keck wie diese den spöttischen Übermut des Verfassers zu offenbaren.

Heine war fleißig in diesen Berliner Jahren; ob er seine juristischen Fachstudien mit Eifer gefördert hat, ist freilich zu bezweifeln; der Umstand, daß er die Prüfung noch lange hinausschob, läßt jedenfalls nicht darauf schließen. Aber er hat seine allgemeine Bildung, seine Kenntnisse in Philosophie, Literatur und Geschichte bedeutend erweitert, er hat gerade in Berlin vieles von dem Wissen sich angeeignet, mit dem er später in seiner geistreichen Prosaschriftstellerei so geschickt zu glänzen vermochte. Er hat aber auch insbesondere in diesem Jahr als Dichter unleugbare Fortschritte gemacht: außer den erwähnten Reiseschilderungen und einigen kleinen Aufsätzen und Besprechungen hat er das Trauerspiel „Ratcliff" und die Lieder des „Lyrischen Intermezzo" geschrieben, die als ganzes genommen einen großen Fortschritt gegenüber seinen bisherigen Arbeiten erkennen lassen und überhaupt zu dem allerbesten gehören, was er geleistet hat. Überblicken wir aber die Fülle dessen, was er geleistet, was er sich geistig angeeignet und was er erlebt hat, so werden wir es begreiflich finden, daß ihm das, was ihm besonders nottat, eine Beruhigung seines Gemüts, nicht zuteil wurde: im Gegenteil, diese Berliner Jahre sind überreich an heftigen Erregungen, und in vielen seiner Briefe aus dieser Zeit macht sich eine Leidenschaftlichkeit und eine Gedankenflucht geltend, die dem Erforscher der sogenannten Grenzzustände des Seelenlebens vielleicht ebenso auffällig erscheinen könnten wie dem Literaturforscher. Daß ihm die Erinnerung an den Verlust der Geliebten noch manche Stunde trübte und ihn niederdrückte, ist gewiß, sonst würde nicht seine Dichtung immer wieder den Nachhall dieser Ereignisse vernehmen lassen. Aber wir sind doch keineswegs über alles aufgeklärt, was Heines Gemüt in dieser Zeit bewegte; daß sich seine überfeinerte Empfindlichkeit durch viele Kleinigkeiten heftig erregen ließ, die einen andern kaum berührt haben würden, ist gewiß; aber daß er auch selbst durch seine scharfen Worte manche Verwirrung heraufbeschwor, die sich hätte vermeiden lassen, ist ebenso wenig zu bezweifeln. Indessen eben diese spöttische Laune half ihm sicherlich über viele gedrückte Stunden hinweg, und die gütige Natur, die einem jeden Waffen gibt, um sich der Leiden dieses Lebens zu erwehren, hatte ihn durchaus tüchtig ausgestattet. Wenn wir auch die unablässigen Klagen über schlechte Gesundheit, Geldnot und Feinde in seinen Briefen nicht eben angenehm empfinden, so ist er doch niemals schwachseliger Natur, sondern in seinen literarischen Fehden zeitlebens ein beherzter Kämpfer, und solange der Kampf sich auf einen Federkrieg beschränkte, ein rücksichtsloser Draufgänger gewesen.

Heine war am 4. April 1821 in Berlin eingeschrieben worden, und seine Entlassungsurkunde trägt das Datum des 24. Dezember 1823. Indessen nicht bis zu diesem Tage verweilte er in der preußischen Hauptstadt, sondern verließ sie bereits dreiviertel Jahre früher, am 12. Mai 1823, und begab sich in das Haus seiner Eltern, die jetzt in Lüneburg lebten. Heine ließ sich das Abmeldezeugnis durch seinen Freund Moser in Berlin besorgen, und in der zweiten Hälfte des Januar 1824 zog er dann zur Fortsetzung seiner Studien abermals nach Göttingen. Diese merkwürdige Unterbrechung seines Universitätsbesuchs und die Rückkehr nach Göttingen mitten im Semester erklärt sich durch die besonderen Lebenspläne, die Heine damals verfolgte: Er dachte daran, Deutschland zu verlassen, da er sich als Jude von der Bekleidung öffentlicher Ämter ausgeschlossen und überhaupt in seiner Betätigung allzu sehr gehemmt glaubte. Er erwog nach Frankreich zu übersiedeln, und hoffte, in die diplomatische Laufbahn eintreten zu können. Ein solcher Plan mußte aber mit den Eltern, und insbesondere mit Onkel Salomon, von dessen Unterstützung er lebte, besprochen werden.

Heine traf mit seinen Verwandten zuerst Ende Juni 1823 zusammen, auf der Hochzeit seiner Schwester, die in der Nähe von Hamburg gefeiert wurde: Charlotte heiratete den Kaufmann Ludwig Embden. Anfang Juli weilte er dann einige Zeit in Hamburg, ohne sich aber mit dem Onkel Salomon, der im Begriff war, eine Reise anzutreten, ausführlicher besprechen zu können. Aber im September war er mehrere Wochen als Gast auf dem Landgute Salomons in Ottensen; hier wurde ihm sein Plan ausgeredet und ihm nahegelegt, zunächst einmal seine Studien zu beenden. Dem leidenden jungen Dichter hatte Salomon eine namhafte Unterstützung zum Besuch des Seebades Cuxhaven gewährt, und er fand sich auch bereit, ihm die Mittel für ein weiteres Studienjahr zur Verfügung zu stellen; aber davon, daß er jetzt, ehe er sein Ziel erreicht hatte, die Flinte ins Korn werfe, wollte er mit Recht nichts wissen. Zweifellos spielten sich aber damals in Heines Seele wichtige Vorgänge ab, die es ihm erleichterten, sich dem Vorschlag und Wunsche des Oheims zu fügen: er, der beim Betreten des Hamburger Bodens zunächst von den Schmerzen der Erinnerung gemartert worden war, fand sich bald darauf von Hoffnungen erfüllt, die seine Seele aufs Neue beflügelten: er wurde von Liebe zu Amaliens jüngerer Schwester Therese Heine im Innersten ergriffen. Für Heine waren diese Herzenserfahrungen von eingreifender Bedeutung: denn wie auf die Wendungen seines Lebens, so auch auf seine Dichtung übten sie den größten Einfluß aus. Das Jahr 1823, in dem er die Heimkehr ins Elternhaus erlebte und in dem er viele bedeutende Lieder schrieb, die er eben in Hinblick auf diesen Besuch im Elternhause mit dem für Fernerstehende schwer verständlichen Titel „Heimkehr" versah, dieses Jahr 1823 bildete einen tiefen Einschnitt in seinem Denken, Fühlen und Schaffen.

Daher müssen wir auch aller seiner Dichtungen, die noch in den trüben Erlebnissen des früheren Zeitabschnittes wurzeln, gedenken, ehe wir die neue Wendung genauer besprechen. Er hatte im April 1823 ein neues Buch in die Welt gesandt unter dem Titel „Tragödien nebst einem lyrischen Intermezzo", das in Berlin bei Dümmler erschien. An erster Stelle gab er hier das Trauerspiel „Almansor", an dritter und letzter das Trauerspiel „Ratcliff"; die dazwischen eingestreuten Lieder konnte er mit Fug als „Intermezzo" bezeichnen, aber schwer verständlich wurde dieser Titel dieser Gedichtreihe, als er ihn später in das „Buch der Lieder" aufnahm, wo er ja keineswegs mehr ein Intermezzo bildet, sondern unter seinesgleichen steht.

Heines Tragödie „Almansor" entstand in den Jahren 1820 und 1821: nach Schluß des Sommersemesters 1820 schrieb der Dichter in Beuel bei Bonn die ersten beiden Akte nieder — später wurde die Akteinteilung beseitigt — in Göttingen war er besonders im Monat November 1820 sehr fleißig mit der Fortsetzung beschäftigt, und als er im Februar 1821 aus Göttingen schied, war die Arbeit in der Hauptsache abgeschlossen. Im November 1821 wurden Bruchstücke in Gubitz' „Gesellschafter" veröffentlicht. Das Stück spielt kurz nach der Vertreibung der Mauren aus Spanien, also bald nach dem Jahre 1492. Die Hauptpersonen sind: der seinem Glauben treu gebliebene Maure Almansor und die ihm in der Jugend anverlobte, zum Christentum übergetretene Zuleima, jetzt Donna Clara genannt; ferner deren angeblicher Vater Aly, der sich jetzt als Christ Don Gonzalvo nennen läßt, sodann der schurkische Bräutigam der Zuleima, Don Enrique, und endlich Almansors treuer Diener Hassan, der wie sein Herr Moslem geblieben. Die miteinander befreundeten Mauren Aly und Abdullah hatten einst ihre Kinder Almansor und Zuleima einander verlobt, und damit der eine sich ein Schwiegertöchterchen recht nach seinem Herzen, der andere sich einen ihm ebenso zusagenden Schwiegersohn erziehen möchte, hatte man die Kinder ausgetauscht: Almansor war unter Abdullahs, Zuleima unter Alys Obhut aufgewachsen, und sie galten als Kinder ihrer Pflegeeltern. Da trat das furchtbare Ereignis der Eroberung Granadas ein, und erschreckt durch die von den Christen verübten Greuel, hatten sich manche dem neuen Glauben anbequemt, während andere, ihrer Überzeugung treu, das Heil der Auswanderung gesucht hatten. Aly war Christ geworden, nachdem sein Pflegetöchterchen Zuleima schon vorher durch ihre Amme dem neuen Glauben gewonnen worden war; Abdullah aber war in die Ferne gezogen und dort wie seine Frau Fatima gestorben; auch Almansor, ihr Pflegesohn (tatsächlich Alys Sohn) galt für tot. Aber er war gerettet, und in der Kleidung eines Christen kehrt er jetzt in das Schloß seiner Väter zurück, wo er von dem treuen Hüter seines Hauses, Hassan, erkannt wird. Zu nächtlicher Stunde geht er vor das Fenster seiner Geliebten Zuleima, bringt ihr ein Ständchen, sie erscheint am Fenster, und tags darauf besucht er sie in ihrem Schloß; den Kuß, den seine Mutter Fatima, in Wahrheit aber Zuleimas Mutter, in der Sterbestunde ihr zu überbringen gebeten hatte, den Todeskuß drückt er ihr auf die Lippen; sie aber, die ihm begeistert die Seligkeit ihrer neuen christlichen Religion beschreibt, erwidert diesen Kuß durch den Lebenskuß der christlichen Liebe; ergriffen will auch er sich dem neuen Glauben zuwenden, aber als er Zuleima feurig umschlingen will, erklärt sie ihm, daß sie die Braut des Don Enrique sei und daß die Hochzeit bevorstehe. Er, im tiefsten verletzt, will sich das

Leben nehmen, wird aber von Hassan umgestimmt, sich zu rächen. Er will das Leben eines Seeräubers beginnen, Zuleima rauben und sie als Sklavin seiner wollüstigen Gier dienstbar machen. Mit etlichen Bewaffneten überfällt er die Hochzeitsgäste, entführt Zuleima und entflieht mit ihr auf den Gipfel eines nahe gelegenen Felsens. Als Aly durch Hassan erfahren hat, daß Almansor, also sein eigener Sohn, der Räuber gewesen, eilt er mit vielen Rittern den Fliehenden nach, um ihnen die Hand der Versöhnung zu reichen; indeß, als sie ihn nahen sehen, stürzen sie sich von der Höhe des Felsens in die Tiefe. Ähnlich wie es in Goethes „Braut von Korinth" heißt:

> Keimt ein Glaube neu,
> Wird oft Lieb' und Treu'
> Wie ein böses Unkraut ausgerauft . . .

so schließt Heines Stück mit den bitteren Worten:

> Doch Ahnung sagt mir: ausgerottet wird
> Die Lilie und die Myrte auf dem Weg,
> Worüber Gottes goldner Siegeswagen
> Hinrollen soll in stolzer Majestät.

Welche Geschichtsquelle Heine für sein Werk unmittelbar benutzt hat, ist bis jetzt nicht bestimmt ermittelt worden. Wedekind berichtet, die Quelle sei eine spanische Romanze. Zweifellos war es aber ein Buch, das auf die „Historia de las guerras civiles en Granada", des namhaften Chronisten Gines Perez de Rita zurückgeht, oder vielleicht auch auf eine Übersetzung dieses Buches selbst. Die Schlußwendung seines Dramas hat Heine vermutlich aus einer Erzählung entnommen, die sich wohl zuerst in der „Historia general de España" des Jesuiten Mariana findet. Unmittelbar hat er sich vermutlich an das Werk „Der Curieuse Antiquarius" gehalten. Hiernach hatte ein christlicher Sklave, der sich in seine maurische Herrin verliebt hatte, mit ihr das Weite gesucht, war aber von den Angehörigen der Schönen verfolgt worden und hatte sich mit ihr auf den Gipfel eines Berges geflüchtet; als sie in Gefahr gerieten, auch hier ereilt zu werden, stürzten sie sich von der schwindelnden Höhe herunter und fanden gemeinsam den Tod. Die Stätte erhielt nachher den Namen Pena de los Enamorados, d. h. „Leid der Liebenden". Ferner beruft sich Heine selbst auf eine Romanze von Fouqué, die sich in dessen „Zauberring" findet; mit ihr ist übereinstimmend der Zug, daß der Maurenkönig Don Gayferas die ohnmächtige Geliebte Donna Clara entführt und von deren Angehörigen verfolgt und getötet wird. Insbesondere aber kommen auch einige Erlebnisse Heines für die Entstehung des Werkes in Betracht. Der Mann, den Amalie heiratete, hieß John Friedländer und war wohl schwerlich getauft; aber sie hatte vorher einen anderen begehrt, der sie aber nicht wiederliebte; Heines Verse

> Ein Jüngling liebt ein Mädchen,
> Die hat einen andern erwählt;
> Der andre liebt eine andre
> Und hat sich mit dieser vermählt . . .

sollen nach Versicherung Strodtmanns den wirklichen Verlauf dieser Herzenswirrnisse darstellen; er behauptet, es von der Witwe jenes Mannes, den Amalie Heine ohne Erwiderung liebte, erfahren zu haben; leider aber nennt er keinen Namen. An diese Sachlage, die vermutlich in der Familie bekannt war und besprochen wurde, müssen wir denken, wenn wir den Einfluß der Lebensumstände auf die Entstehung von Heines Stück ermitteln wollen; aber da genaue Kenntnis mangelt, tappen wir einigermaßen im Dunkeln. Eine gewisse Wahrscheinlichkeit spricht dafür, daß jener andere Christ gewesen sei, denn Amalie war schön und reich, und es ist nicht anzunehmen, daß sie bei einem ihrer Glaubensgenossen keine Erwiderung ihrer Liebe gefunden habe, während die Dinge bei einem Christen anders gelegen haben könnten. Daß Amaliens späterer Gatte Friedländer, als Heine sein Drama konzipierte, schon eine Rolle im Hause Heine spielte, ist nicht wahrscheinlich. Legen wir uns aber die Dinge so zurecht, wie es hier geschieht, so würde Heines Drama nahezu als ein Spiegelbild der Wirklichkeit angesehen werden können, denn die Mauren des Stückes entsprechen natürlich den Juden der Wirklichkeit. Amaliens Herz war wie dasjenige Zuleimas an einen Christen gebunden, als der auf ältere Ansprüche pochende Liebhaber (Heine-Almansor) zurückkehrt; der Ausgang war dann freilich in dem Drama ganz anders als in der Wirklichkeit. All dies wird schließlich von Heine selbst bestätigt; in einem Briefe an Steinmann vom 29. Oktober 1820 schreibt er: „In dieses Stück habe ich mein eigenes Selbst hineingeworfen, mitsamt meinen Paradoxen, meiner Weisheit, meiner Liebe, meinem Hasse und meiner ganzen Verrücktheit." In demselben Brief heißt es, er fände, eine gute Tragödie zu schreiben, sei doch schwerer als eine gute Klinge zu schlagen; „obzwar man in der Paukerei auf den Schläger zwölf Gänge und in einer Tragödie nur fünf Gänge zu machen braucht. — Ich habe mich ganz an den Komment des Aristoteles gehalten, und habe seine Mensur in Hinsicht des Ortes, der Zeit und der Handlung gewissenhaft angenommen." Was den Ort anbetrifft, so kann man nicht sagen, daß Heine den Komment des Aristoteles, so wie er ihn verstand, genau befolgt habe; sein Stück spielt teils in Abdullas Schloß, teils in und vor dem Schloß des Aly, teils in einer Waldgegend, teils auf dem Gipfel eines Berges. Wie da selbst der sehr frei bemessene lieu théatral des Corneille noch herausgerechnet werden könnte, will nicht recht einleuchten. Die Einheit der Zeit ist gewahrt: das Stück spielt vor, während und kurz nach Zuleimas Hochzeit. Der Gedankengang des Werkes, das Unglück der Glaubensgegensätze zwischen Juden und Mohren, das tief und schmerzlich erlebt ist, beherrscht das ganze Stück; dabei gebraucht der Dichter keine schroffen Worte gegen das Christentum, im Gegenteil feiert er Zuleimas innigen Christenglauben: allerdings ist ihr christlicher Bräutigam ein elender Dummkopf, und das Unfertige in dem neuen Christentum des Don Gonzalvo hat eine ergötzliche Wirkung. Die Handlung weist große Unwahrscheinlichkeiten auf: Zuleimas Verbindung mit diesem blöden Henrique; Almansors Überfall bei der Hochzeit, ein abenteuerlicher Streich, der aber plötzlich, kaum vorbereitet zustande kommt; ebenso aller Begründung entbehrend ist Almansors Absicht, Seeräuber zu werden sowie seine Wollust, brüllend wie ein Tiger, Zuleima als Sklavin zu mißbrauchen. Warum? die Arme! Nachdem Aly die Liebenden eingeholt hat, stürzen sie sich in den Abgrund. Warum? Die Handlung ist ohne alle Lebensechtheit und einleuchtende Begründung; sie ist nicht innerlich durch folgerichtig wirkenden Willen gefördert, sondern launenhaft brüchig. Da alle Tiefe der Wahrhaftigkeit mangelt, wirkt auch das Leiden der Welt sowie die Wucht des Menschenschicksals nicht enthüllend oder erschütternd, sondern befremdend. Hie und da macht sich zwar in der Handlung eine gewisse geschickte Berechnung der Bühnenwirkung bemerkbar, allerdings nur in kleinen Einzelheiten. Der Aufbau ist verfehlt; die Voraussetzung der Verlobung ist unwahrscheinlich, ebenso die für eine tiefere Liebe zu Zuleima. Dagegen ist die Zustandsschilderung wirksam, besonders das angequälte Christentum von Aly und den Seinen. Auch ist die Charakterzeichnung äußerst schwach: Zuleima erscheint als ein empfindsames Püppchen, das nicht weiß, was es will; Almansor ist ein überhitzter Träumer, von geschwollenen Reden strotzend, ekelhaft in seiner tigerhaften Brunst, als er den Plan faßt, sich Zuleima gewaltsam zuzueignen; Aly ist erträglich; doch Don Henrique eine liederliche Fratze; und Hassan wohl wirksam, aber doch nur eine leere Bühnenmaske. Am beachtlichsten ist Heines Gesamt- und Sprachstil. Betrachtungen und Gefühlsergüsse sind in überreicher Fülle eingestreut und erdrücken manches andere; daneben aber steht sehr viel Gediegenes, dichterisch Wertvolles. Zu breite Erzählungen sind dramaturgisch störend: so die von Almansors und Zuleimas früherer Verlobung, Alys Glaubenswechsel, Abdullahs und Fatimas Schicksal und der Fall Granadas. Ganz besonders breit sind die Geschichtserklärungen des Chors. Heine spricht von seinem Anschluß ans französische Trauerspiel, nennt Racines „Phaedra" und Voltaires „Zaire"; doch für den Chor empfing er noch besondere Anregung durch eine Abhandlung von Kreuser in Straubes „Wünschelruthe". Dort wird unter anderem betont, daß der Chor der „ewige epische Hintergrund der Geschichte" sein solle, und jeder junge Dichter wird ermahnt, dieses Prinzip durchzuführen. Heine hat die Ermahnung nur zu gut befolgt mit dem Resultat einer trockenen Geschichtsdarstellung; hinzu kommen stilwidrige Anspielungen auf Quiroga und Riego. Durch all diese Fehler wird die Kraft bühnenmäßiger Wirkung beeinträchtigt. Am auffallendsten ist der oft sehr schöne aber auch überladene Schmuck der Rede; im Gegensatz zu seinen Liedern finden wir hier breite Fülle. Die Bilder und Vergleiche sind oft von üppiger Kraft; er hat eine Vorliebe für sinnliche Wendungen; Gegenüberstellungen sind reichlich, doch oft gesucht; die Beiwörter wie auch die Zusammensetzungen sind klangvoll und eigenartig, dabei aber Worthäufungen, steigernde Wiederholungen und eine Wortwahl grellster Färbung. Der Dichter zeigt eine ungewöhnliche Beherrschung aller Mittel des gehobenen und gesteigerten Ausdrucks; doch empfinden wir statt schlichter Natur, durchweg den aufgeregten Schwulst eines überhitzten Gefühlslebens. Der Versbau ist glatt, aber charakterlos; gelegentlich stören rheinische Wortkürzungen. So werden wir alles in allem diese Leistung nicht hoch einschätzen dürfen: der Liederdichter verrät gleich in seinem Erstling, daß er der Begabung des Bühnendichters ermangelt; allein für Heines Lebensgeschichte mag das Werk wichtig erscheinen; in der Geschichte des deutschen Schauspiels spielt es keine Rolle, nicht einmal insofern, als es als bezeichnendes Muster einer bestimmten Gattung eingereiht werden könnte: es steht ziemlich vereinzelt da in der deutschen Literatur. Bei einer Aufführung, die das Stück am 20. August 1823 in Braunschweig erlebte, wurde es abgelehnt; spätere vereinzelte Wiederbelebungsversuche verliefen nicht günstiger. Am bemerkenswertesten ist Paul Lindaus Theaterbearbeitung, in der das Stück 1899 zur hundertjährigen Geburtstagsfeier des Dichters im „Berliner Theater" aufgeführt wurde.

5. „William Ratcliff"

Weit wichtiger ist Heines zweites Bühnenwerk, der „William Ratcliff", den er in der kurzen Zeit von drei Tagen, den letzten drei Tagen des Monats Januar 1822 verfaßte. Zwar ist auch in diesem Falle unser psychologisch-biographisches Interesse in höherem Grade angeregt und befriedigt als das ästhetische; jedoch bietet das Werk auch in dieser Hinsicht sehr bemerkenswerte Seiten dar. Der Stoff weist mystisch befremdliche Züge auf. Der Vater des Helden William Ratcliff, Edward Ratcliff, hat Schön-Betty geliebt; er hat sie gelehrt, das schaurige Lied zu singen: „Was ist dein Schwert von Blut so rot, Edward", und als er einst auf die beängstigende Frage dieses Liedes antwortete: „Ich habe geschlagen mein Liebchen tot", hat sie sich, obgleich sie ihn liebte wie ein Kätzchen, voller Entsetzen von ihm abgewendet. Sie hat MacGregor geheiratet, und auch Edward Ratcliff suchte Vergessen an der Seite einer andern, der Jenny Campbell. Aber Edward vermochte doch seine erste Liebe nicht aus dem Herzen zu reißen;

sehnsüchtig schlich er noch immer um das Schloß MacGregors herum, und als dort beide, Edward und Betty die Arme nach einander ausstreckten, trat MacGregor hinzu und erschlug Edward: Schön-Betty aber erlag dem Schrecken, den sie bei dieser Gelegenheit erduldet hatte. Aus der Ehe Edwards mit Jenny war William Ratcliff hervorgegangen, aus derjenigen MacGregors mit Betty Maria. Die unbefriedigte Liebe ihrer Eltern lastete wie ein mystischer Zug auf den Herzen dieser beiden jungen Leute und führte sie schließlich zusammen. Als Student der Universität Edinburgh war William Ratcliff vor nunmehr sechs Jahren in das Haus MacGregors gekommen, und hier entschleierte sich ihm ein dunkles Geheimnis seiner Seele. Schon als Knabe hatte er oft zwei Nebelgestalten erblickt, die sich in Liebe vereinigen wollten, aber getrennt blieben und sich in Sehnsuchtsschmerzen ansahen. Jetzt erkannte er, daß die Züge jener Nebelfrau Maria, die des Nebelmannes aber ihm selbst glichen.

> Das dunkle Urgeheimnis meines Lebens
> War plötzlich mir erschlossen, und verständlich
> War mir der Sang der Vögel, und die Sprache
> Der Blumen, und der Liebesgruß der Sterne,
> Der Hauch des Zephirs und des Baches Murmeln,
> Und meiner eignen Brust geheimes Seufzen!
> Wie Kinder jauchzten wir und spielten wir.
> Wir suchten uns und fanden uns im Garten.
> Sie gab mir Blumen, Myrten, Locken, Küsse;
> Die Küsse gab ich doppelt ihr zurück.
> Und endlich sank ich hin vor ihr aufs Knie,
> Und bat: „O sprich, Maria, liebst du mich?"

Aber wie von einem bösen Geist getrieben, antwortet sie knixend, lachend und seufzend mit wiederholtem Nein. Verzweifelt eilt William Ratcliff von dannen und sucht in London Zerstreuung in wüsten Vergnügungen. Aber bald treibt es ihn wieder zurück in Marias Nähe, und er tut einen Schwur, jeden zu töten, der Maria bräutlich zu umarmen wagte. Er ist aus unglücklicher Liebe ein Räuber und Wegelagerer geworden, und am Schwarzenstein im Walde von Invernes hat er bereits zwei Freier der Schönen getötet, Philipp MacDonald und den Lord Duncan. Glücklicher scheint ein dritter zu sein: Graf Douglas. So weit reicht die umfangreiche Vorgeschichte des knapp gefaßten, einaktigen Werkes. Aus der Zeit, in der die fürchterlichen Geschehnisse, deren Mittelpunkt Williams Vater, Edward, war, sich abgespielt haben, leben noch Marias Vater MacGregor und ferner die alte Margaret, Marias Amme, eine unheimliche Gestalt, die in Erinnerung an die Vergangenheit unter starren Wahnvorstellungen leidet. Vor allem aber erscheinen noch, dem Zuschauer sichtbar, die Nebelgestalten von Edward und Schön-Betty, die in entscheidenden Augenblicken des Lebens wieder in unverminderter Sehnsucht hervortreten. Die in der Gegenwart spielende

Handlung geht nun darauf hinaus, daß William Ratcliff auch dem neuen Freier der Maria, dem Grafen Douglas am Schwarzenstein, auflauert, aber von ihm besiegt wird; er selbst kommt mit einer leichten Verwundung davon. Dann aber eilt er in das Schloß MacGregors, erschlägt Maria und ihren an all den endlosen Wirren Schuld tragenden Vater, um sich hierauf selbst das Leben zu nehmen. Gleich darauf aber erscheinen die Nebelgestalten von Edward und Schön-Betty, halten sich liebend umschlungen und verschwinden. In dem letzten Auftritt, in dem die Bluttaten geschehen, singt die alte Margaret das unheimliche Schicksalslied: „Was ist von Blut dein Schwert so rot, Edward?" So endet also das gespenstische Werk damit, daß Maria und William, die unter dem Zwange einer ererbten Liebe stehen, noch im Tode vereinigt werden, und daß dadurch auch die Eltern, die sich nicht hatten finden können und sich im Jenseits noch sehnsuchtsvoll suchen, erlöst werden. Hinweisend auf die Toten sagt die alte Margaret:

> Sie sehn fast aus wie Edward und Schön-Betty.

Die innere Entstehungsgeschichte dieses Werkes läßt sich auch in den wesentlichen Zügen erschließen. Die Handlung spielt in Schottland, und die Darstellung der Örtlichkeiten ermangelt nicht der charakteristischen Färbung; die Namen MacGregor, Douglas, MacDonald, Duncan, Ratcliff, Lesley etc. sind in England und namentlich in Schottland sehr gebräuchlich; auch die Ortsnamen sind gut gewählt, so wie sie der aus freier Erfindung Schöpfende wohl kaum getroffen hätte; aber eine Quelle, in der die wesentlichen Züge der Handlung dieses Werkes anzutreffen wären, ist nicht bekannt. Zweifellos hat der Dichter auch in diesem Werk wieder die eigenen Erlebnisse mit Amalia vor Augen gehabt. Heine ist William Ratcliff, Amalia ist Maria; das fratzenhafte „Nein" auf seine Liebesanträge hat er wohl selbst erlebt; er versenkt sich in Abgründe des Lebens wie Ratcliff, der Räuber wird: und in der wilden Ideenflucht, die ihn peitschte, nachdem die Schöne einem andern, einem ungeliebten Manne im August 1821 die Hand zum Ehebunde gereicht hatte, mochte die Wut ihn wohl gelegentlich bis zu dem Gedanken fortreißen, dem Räuber seines Glückes das Leben zu nehmen. Seine heißblütige Liebe mochte ihm gelegentlich wie ein vom Schicksal vorherbestimmtes unentrinnbares Ereignis erscheinen. Dies führte ihn vielleicht zu der Vorstellung von der sonderbaren Schattenliebe der Eltern, die der Handlung zugrunde liegt. Der Gedanke, schon einmal gelebt und im früheren Leben Ähnliches wie im gegenwärtigen erfahren zu haben, ist Naturen von lebhafter Einbildungskraft bekanntlich nicht fremd.

Sehr wichtig sind Heines literarische Vorbilder, vor allem Schicksalsdramen. Als er Ende 1821 einer Aufführung von Grillparzers „Ahnfrau" beiwohnte, bemerkten seine Freunde eine innere Aufregung, wie sie sie noch nie bei ihm beobachtet hatten. Kurz darauf wurde der „Ratcliff" geschrieben. Aber wenn auch die grausige Stimmung ähnlich, (Jaromir wie William sind Räuber), so sind doch die Hauptzüge der Handlung sehr verschieden: dort vererbter Fluch, hier vererbte Liebe, die spukhaft in das Bewußtsein von William und Marie eingreift. Auch andere Lieblingsmotive der damaligen Literatur sind dem Dichter besonders nahe gerückt: die Spaltung des Ichs und die wunderbarsten Mischungen von Traum und Wirklichkeit hatte E. T. A. Hoffmann, dem Heine so viel verdankt, des öftern dargestellt. Besonders stark haben ihn aber die Ideen des Schicksalsdramas beeinflußt; ja, man kann sagen, daß sein Werk zu dieser Gattung gehört. Es ist für die Schicksalsstücke am meisten bezeichnend, daß die den Menschen treffenden Verhängnisse vorherbestimmt und unabwendbar sind; auch im „Ratcliff" erscheint das vererbte Liebesgefühl unabwendbar zu wirken; die freie Entschlußfähigkeit der Hauptpersonen ist aufgehoben, ebenso etwa in Müllners „Schuld", wo Graf Örindur die berühmten Worte spricht:

> Tun ? Was nennst du eine Tat ?
> Tun ? Der Mensch tut nichts, es waltet
> Über ihm verborgner Rat
> Und er muß, wie dieser schaltet . . .

Freilich ist dieser Schicksalszwang bei Heine durch den Gedanken der Vererbung des Gefühls sowohl verständlicher als auch eigenartiger gemacht worden. Aber auch in Einzelheiten ist Heine von den Dichtern des Schicksalsdramas beeinflußt; so auch bei ihm fehlt nicht der „locus fatalis", nämlich der Schwarzenstein; und wie in Werners „Vierundzwanzigstem Februar", so wird auch bei Heine die schottische Ballade von Edward für die gespenstische Handlung verwertet, nachdem Heine sie an einer wichtigen Stelle seiner „Grenadiere" bereits herangezogen hatte. Dazu kommen noch manche besondere Anlehnungen an den Stil dieser Stücke, zu denen sich übrigens auch einige Anklänge an Shakespeare gesellen. Wie in manchen andern Dichtungen hat sich Heine aber auch hier an Lord Byron angeschlossen: der durch Liebesschmerz verbittert gewordene William Ratcliff erinnert an den schmerzverzerrten Titanen, den Byron so glänzend zu zeichnen versteht; auch Ratcliff ist der gefallene Seraph, der von Haus aus edle, gefühlvolle Mann, der aber durch des Lebens Bitterkeit zum Teufel verkehrt wird; wie Karl Mohr ist er zum Führer einer Räuberbande geworden. Das Stück ist als Ganzes gewiß interessant, aber nicht ohne Mängel. Die mystisch-phantastische Grundstimmung, die stark an die der „Traumbilder" gemahnt, ist zu ungewöhnlich, als daß sie lebendigen Wiederklang auf der Bühne finden könnte. Bei den fratzenhaften Nebelgestalten, die bestimmend in die Handlung eingreifen, schüttelt auch wohl der wohlwollende Zuschauer den Kopf, die halb wahnsinnige Margaret erscheint als ein altes Theaterrequisit. Der Charakter Ratcliffs mit seiner phantastischen Liebe, seinem weltverhöhnenden Stolz und seiner blutigen

Rachgier wird keiner Sympathie und keinem Verständnis begegnen: Maria bleibt ein Schatten. Gleichwohl liegt Kraft und Poesie in dem Stück: der Stil, im ganzen gedrängt und treffsicher, ist vielfach ausgezeichnet durch lyrische Fülle und Wärme; der Gang der Handlung ist flott und bewegt, nirgends sind entbehrliche Ausführungen unterlaufen. Besonders mag aber noch auf Darlegungen hingewiesen werden, denen Heine in seinen späteren Jahren große Bedeutung beimaß, während sie zu der Zeit, als das Werk erschien, überhaupt nicht beachtet wurden. Heine schreibt in der für eine neue Auflage des Werkes bestimmten Vorrede: „Am Herde des ehrlichen Tom im ‚Ratcliff' brodelt schon die große Suppenfrage, worin jetzt tausend verdorbene Köche herumlöffeln, und die täglich schäumender überkocht." Er meint damit die Hinweise auf die Gegensätze zwischen Satten und Hungernden, die sich im Auftritt „Diebesherberge" finden. Tom beschaut die hier schlafenden Gauner und sagt von Robin, der im ruhigsten Schlafe daliegt:

> Der hat schon zehn Mordtaten auf der Seele.
> Ja, wenn er noch katholisch wär', wie wir,
> Und absolvieren könnt'! Er ist ein Ketzer,
> Und nach dem Hängen muß er dort noch brennen.

Hierauf antwortet Ratcliff:

> Glaubt's nicht, der alte Robin wird nicht brennen.
> Dort oben gibt es eine andre Jury
> Als hier in Großbritanien. Robin ist
> Ein Mann; und einen Mann ergreift der Zorn,
> Wenn er betrachtet, wie die Pfennigseelen,
> Die Buben, oft im Überflusse schwelgen,
> In Samt und Seide schimmern, Austern schlürfen,
> Sich in Champagner baden, in dem Bette
> Des Doktor Graham ihre Kurzweil treiben,
> In goldnen Wagen durch die Straßen rasseln,
> Und stolz herabsehn auf den Hungerleider,
> Der, mit dem letzten Hemde unterm Arm,
> Langsam und seufzend nach dem Leihhaus wandert.

> (bitter lachend)

> O seht mir doch die klugen, satten Leute,
> Wie sie mit einem Walle von Gesetzen
> Sich wohl verwahret gegen allen Andrang
> Der schreiend überläst'gen Hungerleider!
> Weh dem, der diesen Wall durchbricht!
> Bereit sind Richter, Henker, Stricke, Galgen —
> Je nun! manchmal gibt's Leut', die das nicht scheun.

Wir begreifen, daß sich die zeitgenössischen Beurteiler bei diesen anarchistischen Prahlereien nicht lange aufgehalten haben; man hielt sie doch wohl für eitel „Literatur". Und doch ist es wahr, daß ähnliche Gedanken hie und da, etwas verbrämt und gemildert, oft aber noch wesentlich erweitert, in das Glaubensbekenntnis neuester Staatsverbesserer aufgenommen worden sind, und daß der Dichter diesem Wahnsinn Worte verlieh, als man auf offenem Markt noch nichts davon vernahm. Nimmermehr aber werden wir in diesem Nebenbei den Kern des Werkes erblicken; doch sind wir gern bereit, den „Ratcliff", wenn auch im anderen Sinne als Heine es wünschte, als eine bedeutsame Urkunde zu den Prozeßakten seines Dichterlebens zu betrachten. Das Werk wurde zuerst 1888 in Frankfurt am Main auf die Bühne gebracht und dort im Jahre 1899 wiederholt; auch erlebte es im selben Jahre eine Aufführung in Posen und kam noch mehrmals auf die Bühne. Eine Komposition des „Ratcliff" von dem ungarischen Tonsetzer Mauritius Vavrinecz ging am 28. Februar 1895 über die Bühne des „Neuen Theaters" in Prag. Eine sehr viel interessantere Aufführung verdanken wir dem Verfasser der „Cavalleria rusticana", Pietro Mascagni. Seine Komposition wurde zuerst am 27. Oktober 1895 am Stuttgarter Hoftheater, dann im Juni 1897 am Leipziger Stadttheater aufgeführt. Die Musik steht freilich an Wert weit hinter der der „Cavalleria" zurück; Mascagni hat Heines Text mit Haut und Haar herunterkomponiert, obwohl doch manches der Vertonung kaum zugänglich erscheint; solche Stellen werden in schnurriger Hast heruntergehaspelt. Auch verfehlten die Nebelgestalten von Marias Mutter und Williams Vater bei der Aufführung alle Wirkung; selbst für die Oper, die in dieser Hinsicht doch weit größere Zumutungen duldet als das rezitierende Drama, sind diese Gestalten unannehmbar. Eine dritte Vertonung von Cornelis van Dopper wurde 1909 in Weimar aufgeführt.

Heine hatte eine sehr hohe Meinung von seinem Drama „Ratcliff". Am 10. April 1823 schickte er ein Exemplar seines Werkes an Karl Immermann und begleitet es mit den begeisterten Worten: „Ich bin von dem Werte dieses Gedichtes überzeugt, denn es ist wahr, oder ich selbst bin eine Lüge, alles andere was ich geschrieben und noch schreibe, mag untergehen und wird untergehen . . ." Und ähnlich berichtet er in Versen an seinen Freund Friedrich Steinmann:

> Ich und mein Name werden untergehen,
> Doch dieses Lied wird ewiglich bestehen.

Auch 1827, nachdem er England besucht hatte, hält er immer noch an dieser hohen Meinung fest, und noch 1838 denkt Heine an einen Neudruck im Campeschen Verlag. Doch Dümmler in Berlin besaß die Verlagsrechte dieser „Tragödien nebst einem lyrischen Intermezzo". Campe erwarb sie von ihm, indem er die noch vorrätigen Exemplare zu sehr hohem Preise ankaufte. Durch diesen Vertrag wissen wir, daß Dümmler im Jahre 1823 nur 750

Exemplare drucken ließ; von diesen empfing Heine 50 Exemplare als Honorar. Im Jahre 1848 waren noch 300 Exemplare übrig, so daß innerhalb 25 Jahren nur 400 Exemplare abgesetzt wurden — ein schlagender Beweis für die Unbeliebtheit seiner jugendlichen Dramen !

6. Das „Lyrische Intermezzo"

Ungleich bedeutender als in den dramatischen Versuchen erscheint Heine in den Liedern, die er zwischen den „Almansor" und den „Ratcliff" stellte und sie daher als „Lyrisches Intermezzo" bezeichnen konnte. Sie gehören zu dem allerbesten, was er geschaffen hat. Freilich bieten sie keinen neuen Gehalt: sie wiederholen nur mit einigen Abwandlungen den alten Schmerz der Liebe, den wir kennen; Heine war sich der Einförmigkeit des Gehaltes seiner Dichtung selbst vollauf bewußt. Aber die Behandlung ist neu und überaus glücklich. Das „Lyrische Intermezzo" bildet eine geschlossene Abteilung von Gedichten: einen ganzen Roman, ähnlich wie die „Schöne Müllerin" oder die „Winterreise" von Wilhelm Müller; während die früheren Gedichte, mit denen Heine die einzelnen Wendungen seines Lebensromans begleitete, fast nur von Leiden berichten, schickt er hier im „Intermezzo" eine Anzahl von Liedern voraus, in denen er, frei ausschmückend, das erste Glück der Erwiderung findenden Liebe besingt. Außerdem gibt er der Darstellung einen Schluß, indem er in feinsinnigen dichterischen Sinnbildern andeutet, daß der Sänger seinem Liebesleid freiwillig ein Ende setzt und die Last des Lebens selbst abschüttelt, ja daß ihm schließlich noch im Grabe die Geliebte erscheint und sich bemüht, den Blutstrom seines Herzens zu trocknen. So schildert das „Lyrische Intermezzo" die ganze Fülle der Liebeserlebnisse von ihrem heiteren Anfang bis zu ihrem düsteren Ausgange.

Von den ursprünglich 66 Liedern künden die ersten elf von der seligsten Beglückung der Liebe. Im Mai ist sie erblüht, sie wandelt die Lieder des Dichters in Nachtigallenchöre, die vor dem Fenster der Geliebten erschallen, und alles Schöne, Reine und Leben Schaffende, welches er darstellt, vereinigen sich in der Rose, dem Sinnbild der Anmut, in der Lilie und der Taube, den Sinnbildern der Reinheit, und in der Sonne, der Urschöpferin alles Lebens, zum Bilde der Geliebten. Das Geständnis ihrer Liebe läßt ihn in Tränen der Wonne vergehen; er glaubt zu sterben vor Liebessehnsucht; er möchte seine Seele in den Kelch der Lilie tauchen, d. h. zu höchster Reinheit emporstimmen, um sein elfenzartes Glück würdig zu besingen; er versteht jetzt die Sehnsuchtssprache der Sterne, und er trägt auf Flügeln des Gesanges die Schöne in das Märchenland der Dichtung, nach Indien, wo ihm die Lotusblume als Sinnbild der liebenden Hingabe des Mädchens erscheint, dessen Lippen, Augen und Wängelein ihn auch an das Madonnenbild im heiligen Dom der rheinischen Heimat erinnert. So feiern die elf Eingangsgedichte in märchenhafter Bilderpracht, in Tönen, erfüllt von orientalischer Glut und deutscher Mondscheinstimmung, träumerisch weich, in Molltönen schwelgend, das erste Entzücken der Liebe. Aber auf diese Ergüsse der überschwenglich schwülen Seligkeit folgen Gesänge von fast satanischer Herbheit in den Zeilen 12 bis 16:

> Du liebst mich nicht, du liebst mich nicht,
> Das kümmert mich gar wenig . . .

Der Dichter will nur den Küssen, nicht den Schwüren der Geliebten trauen, sie hat kein Herz, sie hat keinen Charakter; ihre Verbindung von Lieblichkeit und Falschheit erfindet keines Dichters Phantasie, nur das Leben erschafft solch herzverwirrenden Zauber. Von aufschreiendem Weh künden die nächsten drei Lieder, vor allem das Gedicht, „Ich grolle nicht, und wenn das Herz auch bricht" — sie waren alle drei schon unmittelbar nach Amaliens Vermählung geschrieben und wurden erst nachträglich in das „Lyrische Intermezzo" eingeschoben — und von hier an ist das Glück des Dichters gebrochen; er singt nur immer wieder das schwüle Lied seiner Schmerzen. Die Engel schluchzen und stöhnen bei dem Hochzeitsreigen der Treulosen, die Blumen, Nachtigallen und Sterne würden mit dem Dichter trauern, kennten sie seinen Schmerz, die ganze Natur scheint verändert, wie in Goethes „Werther": als die Linde blühte, da blühte auch des Dichters Liebe, als die Blätter abfielen, da verwelkte sie. Weit getrennt ist er von der Geliebten wie der Fichtenbaum, der im Norden auf kalter Höh' von der fernen Palme auf brennender Felsenwand träumt, oder er sieht sich mit der Geliebten auf weiter Wasserbahn trostlos an der Geisterinsel vorüberfahren. Neben solchen Herzensergüssen, die das herbe Erlebnis in dichterischen Duft hüllen, finden wir andere Lieder, die durch das nackte Bekenntnis der Wirklichkeit nicht minder ergreifend wirken und vor allem willkommene Abwechslung des Tones bringen. So etwa Nr. 24: „Sie haben dir viel erzählet," Nr. 29: „Und als ich so lange, so lange gesäumt," Nr. 47: „Sie haben mich gequälet, Geärgert blau und blaß" und vor allem das berühmte Gedicht Nr. 39: „Ein Jüngling liebt' ein Mädchen, Die hat einen andern erwählt," das, wie wir wissen, den ganzen Liebesroman mit Amalie in dürren Worten zusammenfaßt. Doch weiß der Dichter allzu lebenstreue Züge stets hinter sinnbildlichen Andeutungen zu verschleiern; es konnte nicht ausbleiben, daß die Echtheit seiner Liebesgefühle durch den Hinweis auf den großen Reichtum seiner Schönen verdächtigt werden würde: auch diesen Umstand hat Heine in dem bekannten Gedicht Nr. 41: „Mir träumte von einem Königskind" dichterisch gemeistert, wenn er singt:

> Ich will nicht deines Vaters Thron
> Und nicht sein Szepter von Golde,
> Ich will nicht seine demantene Kron',
> Ich will dich selber, du Holde!

Dies war seine poetische Antwort auf die Unterstellung, daß die Reichtümer des Onkels Salomon seine Liebesgefühle beflügelt hätten. Es zeugt immer von der Begabung des echten Dichters, wenn er derart die krasse Prosa des Lebens dichterisch umzudeuten versteht.

Heines Verzweiflung am Leben verkünden die letzten elf Lieder des „Intermezzos". In Nr. 56: „Allnächtlich im Traume", schwelgt er noch in dem Gedanken, daß die Geliebte ihn doch wiederliebe, obwohl sie ihm den Zypressenstrauß reicht, das Sinnbild dafür, daß ihre Liebe sterben müsse; in Nr. 57: „Das ist ein Brausen und Heulen", sieht er sie weinend hinausstarren in die Nacht; in Nr. 58: „Der Herbstwind rüttelt die Bäume," das gleichsam das Moment der letzten Spannung darstellt, um mit Gustav Freytag zu reden, wagt er noch einmal auf einen seligen Empfang zu hoffen. Aber Nr. 59 bis 64 schildern dann den gänzlichen Untergang des Dichters. Wieder kleidet er seine Bekenntnisse in höchst wirksame Sinnbilder: der Stern der Liebe fällt herab aus der Höh', die Blüten fallen vom Baume, der Schwan taucht singend ins Flutengrab. In Nr. 61 heißt es:

> Die Mitternacht war kalt und stumm,
> Ich irrte klagend im Wald herum.
> Ich habe die Bäum' aus dem Schlaf gerüttelt;
> Sie haben mitleidig die Köpfe geschüttelt.

Auch hier verbindet sich mit der Naturbeseelung der sinnbildliche Zug: es ist ein alter Aberglaube, daß man die Menschen in einem Hause wecken müsse, wenn einer im Sterben liegt; wenn der Dichter hier die Bäume aus dem Schlafe rüttelt, so will er damit andeuten, daß seine eigene letzte Stunde geschlagen hat. Und am Kreuzweg, wo er sinnend steht, bewegt die Armesünderblume ihr Haupt: die Armesünderblume ist das Sinnbild der unglücklichen Liebe, und am Kreuzweg finden die Selbstmörder die letzte Ruhestätte. In dem nächsten Gedicht, Nr. 63, ruft der von solchen selbstmörderischen Gedanken bewegte Dichter aus: „Nimm mich auf, uralte Nacht", und das 64. Lied schildert, wie der im Grabesgrund Schlummernde am Tage des Jüngsten Gerichts von der Geliebten erweckt wird, die sich bemüht, die Wunde seines Herzens zu trocknen. So tritt die geschlossene Abrundung dieser Liedersammlung namentlich am Anfang und Ende deutlich hervor, doch werden die letzten Nummern in ihrer nicht leicht verständlichen sinnbildlichen Verhüllung nicht eben häufig richtig verstanden.

Auch im „Lyrischen Intermezzo" hat Heine einzelne Züge von andern entlehnt; manches verdankt er dem Volksliede, manches den Liedern Wilhelm Müllers, des Verfassers der „Griechenlieder". Aber er ist doch jetzt viel selbständiger geworden als in früherer Zeit. Und auch dort, wo er sich an andere anlehnt, überbietet er durchweg seine Vorbilder. Es ist nicht zu leugnen, daß manche dieser Lieder des „Lyrischen Intermezzos" nicht frei sind von empfindsamer Überschwenglichkeit; aber sie erfahren eine willkommene Berichtigung durch diejenigen Gedichte, in denen sich ein starker nüchterner Wirklichkeitssinn geltend macht, und aus dem Ganzen klingt ein so wahrer und ergreifender Ton, daß der Gedanke, es äußere sich hier kopflos weiche Mattherzigkeit, gar nicht aufkommen kann. Heine hebt viele seiner Lieder durch seine Anspielungen auf die Herrlichkeit Indiens, der er zuerst die Pforten der deutschen Dichtung eröffnet hat; er hebt sie weiterhin durch die unvergleichliche Innigkeit des Naturgefühls, die er zuvor in diesem Maße nicht zu äußern verstand. Während bei andern Dichtern die Natureindrücke immer das Erste gewesen waren, das ihr Gefühl in Bewegung setzte, läßt Heine umgekehrt die Stimmung seines Herzens auf die Natur hinübergleiten: die Stimmung seines Herzens ist das Erste, und die Natur paßt sich dieser an. Vor allem geht aber eine so packende Wirkung von dem „Lyrischen Intermezzo" aus, weil alles, was der Dichter vorbringt, sinnbildlichen Tiefsinn atmet: die Gedanken und Gefühle strahlen gleichsam ins Unendliche aus, und eben hierdurch wird unser Gefühl in eine Bewegung versetzt, deren letzten Sinn wir kaum zu deuten vermögen. Die gelegentlich auch über diese Sammlung Heines geäußerten törichten Urteile stimmen fast alle darin überein, daß der symbolische Tiefsinn des Zyklus nicht begriffen wird. Hinzu kommt die wunderbare Einfachheit und unvergleichliche Knappheit des Stils der Gedichte. Da ist kein Wort zuviel gesagt, häufig aber sind die Ausdrücke so gewählt, daß sie unsere Vorstellungskraft zum Weitersinnen anspornen, was als ein besonders großer Vorzug angesehen werden muß; dieser Zug hängt natürlich mit der symbolischen Weite der Gedanken auf das engste zusammen. Heine hat in dieser Hinsicht alle seine Vorgänger und Mitstrebenden in den Schatten gestellt. Und nicht minder vorzüglich ist die Versform des „Lyrischen Intermezzos"; allerdings hat Heine, wie er in einem Briefe ausdrücklich bekennt, in dieser Hinsicht viel von Wilhelm Müller gelernt und übernommen. Aber er hat es verstanden, durch gefälligen Wechsel starker und schwacher Hebungen und durch den Wechsel einsilbiger und zweisilbiger Senkungen dem Vers einen unvergleichlich klangvollen Reiz zu verleihen, der den erwähnten Mustern nicht in gleichem Maße eigen ist. Auch die Lieder des „Intermezzos" sind durch große Musiker ausgedeutet worden; sie gehören mit der nächsten Abteilung des „Buchs der Lieder", den Liedern der „Heimkehr", zu denen, die Heines Ruhm am festesten gegründet haben.

7. Lüneburg und Göttingen (Mai 1823 – Juli 1825)

In seinen „Memoiren" schreibt Heine einmal: „Das Prinzip der Homöopathie, wo das Weib uns heilet vom Weibe, ist vielleicht das Probateste"; es mag sein, daß er damit recht hat. Gewiß aber ist die Fortsetzung, die er diesem Gedanken gibt, nicht minder wahr: daß nämlich die Medizin nicht selten noch gefährlicher sei als die Krankheit. Heine sprach aus Erfahrung. Indessen gibt es Fälle, wo der Mensch nicht imstande ist, sich diese gefährliche Arznei gegen das gefährliche Leiden selbst zu verschaffen, denn wahr ist Bürgers tiefes Wort:

> Drum Lieb' ist wohl wie Wind im Meer;
> Sein Sausen ihr wohl hört,
> Allein ihr wisset nicht woher
> Wißt nicht, wohin er fährt.

So geht es mit jeder tieferen Liebe: wir können sie uns nicht geben; das Schicksal allein bringt sie uns oder raubt sie unsrem Herzen. Derart war die erste Liebe Heines ein schweres Schicksal seines Lebens. Das Jahr 1823 sollte ihm neue trügerische Hoffnungen erwecken: der Dichter verliebte sich in Therese Heine, die sieben Jahre jüngere Schwester der Amalie. Die erste Äußerung Heines findet sich in dem Brief an Moser vom 23. August 1823: „doch ich sehne mich darnach, Dir in vertrauter Stunde meinen Herzensvorgang aufzudecken, und Dir zu zeigen, wie die neue Torheit auf der alten gepfropft ist . . ." Zahlreich sind weiter die Anspielungen in den Gedichten. Zuerst erinnert ihn die Schöne an die ältere Schwester:

> Die Kleine gleicht der Geliebten,
> Besonders wenn sie lacht;
> Sie hat dieselben Augen,
> Die mich so elend gemacht . . .

Die Pläne, die Heimat zu meiden, gibt der Dichter auf:

> Jetzt bleib' ich, wo deine Augen leuchten,
> In ihrer süßen, klugen Pracht —
> Daß ich noch einmal würde lieben,
> Ich hätt' es nimmermehr gedacht.

Und ungemein zahlreich sind weiterhin die Liebesbekenntnisse in den Gedichten, die alle auf das neue Herzensverhältnis Bezug haben. An Therese sind eine Reihe der berühmtesten Lieder Heines gerichtet; ich erinnere nur an: „Du bist wie eine Blume", „Du hast Diamanten und Perlen", „Sie liebten sich beide, doch keiner wollt' es dem andern gestehn" u. a. m.

Es ist sehr zu bedauern, daß eine authentische Darstellung, die Heine vermutlich in seinen „Memoiren" gegeben hatte, von seinem nächsten Verwandten, dem Bruder Maximilian, vernichtet worden ist; in den „Memoiren" spricht Heine an einer Stelle von Therese, aber hier ist ein großes Stück des Manuskripts mit der Schere ausgeschnitten worden, offenbar um das Gesagte nicht weiter bekannt werden zu lassen. Daß dies Verfahren sehr verdächtig ist, bedarf keiner Begründung. In Heines Nachlaß findet sich nur ein einziger Brief von Therese, er stammt vom 10. August 1853 und kann trotz seiner großen Herzlichkeit nicht eigentlich als Beweisstück angesehen werden; doch ist es bemerkenswert, daß Heine unmittelbar nachher das ergreifende Gedicht schrieb: „Ein Wetterstrahl, beleuchtend plötzlich / Des Abgrunds Nacht war mir dein Brief." Am deutlichsten ist eine Äußerung Heines, die sich in einem Brief an Salomon Heine findet, den der Dichter bald nach der Verlobung der Schönen geschrieben hat; es heißt darin: „Nächst mir selber hätte ich sie keinem lieber gegönnt wie dem Dr. Halle". Doch ein Zeugnis hat sich erhalten, das ausschlaggebend ist und die Fülle der Anspielungen in Briefen und Gedichten als richtig erweist: Am 23. Juni 1855 schreibt Gustav Heine seinem Bruder Harry die folgende garstige Äußerung über den Gatten Thereses, der seit vielen Jahren an einem schweren Blasenleiden litt: „Halle ist sehr krank, der arme Millionär **kann** nicht pi—en, und sein Werkzeug dazu, der Pi—er, ist so schlecht, daß, wenn man ihn einem Hund vorwirft, er ihn nicht fressen würde. Arme Therese! Unser Rächer ist ein Pi—er. Schone Dich nur und lebe noch recht lange. Das soll Deine Rache und unsere größte Freude sein." Also auf diese Weise ist Therese dafür bestraft worden, daß sie nicht den Dichter, sondern Adolf Halle geheiratet hat.

Damals, im Jahre 1823, als die ersten Hoffnungen in Heines Seele keimten, war Therese noch sehr jung, noch nicht ganz 16 Jahre alt. Geboren am 17. Dezember 1807, war sie gerade zehn Jahre jünger als ihr Vetter. Die ersten Huldigungen, die dieser ihr darbrachte, wird sie wohl noch mit halb kindlichen Gefühlen aufgenommen haben; sie kam ihm, allem Anschein nach, ebenso wenig entgegen, wie es ihre sieben Jahre ältere Schwester Amalie getan hatte. Und so können wir die Verse Heines verstehen, die darauf Bezug nehmen:

> Wer zum ersten Male liebt,
> Sei's auch glücklos, ist ein Gott;
> Aber wer zum zweiten Male
> Glücklos liebt, der ist ein Narr.
>
> Ich ein solcher Narr, ich liebe
> Wieder ohne Gegenliebe . . .

Indessen hat es den Anschein, daß einige Jahre später, als Heine als junger Doktor in Hamburg lebte, und als Therese zur Jungfrau herangereift und ihre Gefühle erwacht waren, sich das Blatt doch gewendet hat, und daß

Heine, so weit das Mädchen selbst in Betracht kam, sich Hoffnungen machen durfte. Aber der Widerstand der Familie, namentlich der des Oheims Salomon, hätte erst überwunden werden müssen, und hierzu besaß die niedliche Therese nicht die Kraft. Denn sie war, soweit wir urteilen können, ihrer älteren Schwester sehr ungleich. Sie ermangelte der Selbständigkeit, besaß aber einen weichen und liebenswürdigen Charakter, während die ältere Tochter des Hauses eine anziehende und sinnverwirrende Schönheit, aber doch eine oberflächliche Weltdame war. Therese hat sich in späteren Jahren durch ihre große Wohltätigkeit viel Dank und Liebe erworben; auch in dem Brief, der von ihr erhalten ist, zeigt sie ihren zarten Takt und ihr tiefes Mitgefühl mit dem leidenden Vetter. Dennoch ließ sie sich von den maßgebenden Persönlichkeiten ihrer Familie, vor allem vom Vater bestimmen, und zu einem beherzten Schritt, durch den sie sich für Harry erklärt hätte, vermochte sie sich nicht aufzuraffen, obgleich die beiden sich besonders in den Jahren 1825 bis 1827 sehr nahe traten.

Die Bedeutung dieser Herzenserfahrungen für das Leben und Dichten Heines muß sehr hoch veranschlagt werden. Therese mit ihrem milden feinfühligen Wesen würde wie ein guter Engel in das Leben Heines eingegriffen haben; eine solche Frau war es, die er bei der Schärfe und Leidenschaftlichkeit seines Charakters gebraucht hätte; sie hätte mildernd und sänftigend auf ihn eingewirkt, hätte Frieden in die Brust des ewig Friedlosen geträufelt. In dem einzigen Brief, den wir von ihr kennen, schreibt sie an Heine: „und würde es mir eine Freude sein, wenn Du für mich und alle die Meinen Raum Deinen sanfteren und guten Empfindungen gibst, da ich mich immer gefreut habe, wenn ich solche bei Dir zu finden glaubte." Das Schicksal, das Heine von Jugend auf neben den höchsten Gütern, den unvergleichlichen Gaben des Geistes und Gefühls, die bittersten Leiden darbot, hat ihn wohl niemals schwerer getroffen als damals, als es ihm auch diese Herzensenttäuschung bereitete; es war ein Schlag, von dem er sich niemals wieder erholen sollte, sein Leben wie seine Dichtung wurde durch diese Erfahrungen im Innersten getroffen, und wenn wir an sein Leben später an der Seite der ungebildeten Grisette, die er zu seiner Frau machte, denken, so können wir das große Leid seines Lebens, das Leid dieser unglücklichen Liebe zu Therese nachfühlen und begreifen.

Auch im übrigen fehlte es Heine in diesen Jahren nicht an großen Wirrnissen und Erregungen. Einen Lichtblick in all der Herzensnot bedeuten wiederum wertvolle Beziehungen zu Freunden: auch jetzt sollten sich ihm solche neu knüpfen, und es ist keine Frage, daß sie auf Heines Charakter ein vorteilhaftes Licht werfen. Daheim in der Familie fand er trotz aller Liebe und Ehrfurcht, die er bezeugte, wenig Verständnis; über seine „Tragödien nebst einem lyrischen Intermezzo" schreibt er am 13. Mai 1823 an seinen Freund Moser: „Was die Aufnahme derselben bei meiner Familie betrifft, so hat meine Mutter die Tragödien und Lieder zwar gelesen, aber nicht ordentlich goutiert, meine Schwester toleriert sie bloß, meine Brüder verstehen sie nicht, und mein Vater hat sie garnicht gelesen." So mußte er sich also im Verkehr mit den Allernächsten vereinsamt fühlen, und auch sonst fühlte er sich in Lüneburg, wo er als Jude mancher Nichtachtung ausgesetzt war, recht unglücklich und verlassen. Nur ein herrlicher Lichtblick tat sich ihm auf, als er, wahrscheinlich durch eine Empfehlung seines alten Freundes Heinrich Straube, mit dem Dr. jur. Rudolf Christiani, dem Sohne des Lüneburger Superintendenten, bekannt und bald befreundet wurde. Dessen Mutter, Karoline Auguste geb. Venturius, die Tochter eines Kammermusikers aus Braunschweig, wurde jedoch bald von ihrem Gatten geschieden und veröffentlichte nach einer zweiten geschiedenen Ehe eine Reihe von Romanen unter dem Pseudonym Auguste. Rudolf Christiani, am 27. Januar 1797 in Kopenhagen geboren, wo sein Vater deutscher Hofprediger war, hatte in Göttingen die Rechte studiert und lebte als Anwalt und Staatssekretär in Lüneburg. Er besaß lebhaften Sinn für alle literarischen Fragen, war 1818 Mitherausgeber der früher schon erwähnten Zeitschrift „Die Wünschelruthe" gewesen und hatte sich als Dichter und Übersetzer einen gewissen Namen gemacht. Christiani war ein leidenschaftlicher Verehrer Goethes, und ähnlich wie Rahel und Varnhagen suchte er auf Heine im Sinne dieser seiner Überzeugung einzuwirken. Er war ein Mann von gediegener Bildung und vielseitigen Bestrebungen; dabei huldigte er freisinnigen Anschauungen, die er später im hannöverschen Landtage mit Stüve und andern entschieden verfocht. Später heiratete er eine Kusine Heines, die Tochter Charlotte von Heines Onkel Isaak Heine in Bordeaux.

Auch in Göttingen, wo Heine am 30. Januar 1824 aufs neue sich immatrikulieren ließ, gewann er im Kreise guter Freunde anregenden Verkehr: so waren ihm Otto von Raumer, Donndorf, Knille, Grüter willkommene Genossen; besonders aber ist Eduard Wedekind zu nennen, der uns dadurch wichtiger als alle andern ist, daß er in seinen Tagebüchern über die Gespräche mit Heine sehr ausführlich berichtet hat. Der erste Eindruck, den Wedekind von Heine gewann, war allerdings nicht günstig: „Sein Äußeres verspricht sehr wenig," schrieb Wedekind, „es ist eine kleine zwerghafte Figur mit blassem, langweiligem Gesicht." Doch schon bald fügte er hinzu: „Wenn er spricht, ist sein Gesicht recht interessant." Und dann heißt es: „Ich glaube seine Bekanntschaft wird für mich von großem Nutzen sein . . . Er ist ein ungeheures Genie, dabei durchaus nicht von sich eingenommen, so daß sein Umgang mir außerordentlich interessant ist." Wedekind, der damals ein junger Mann von neunzehn Jahren war, schlug später die Richterlaufbahn ein, mußte aber 1859 wegen seiner freisinnigen Anschauungen ausscheiden und lebte als Anwalt in Uslar; er war kein hervorragend begabter Mann, aber ein fester und treuer Charakter.

Heine hielt sich damals zu dem Kreise der Westfalen; diese bildeten zwar keine eigentliche Verbindung wie später, aber doch einen Mittelpunkt des Verkehrs. An den Kneipereien nahm er teil, soweit es seine schwankende Gesundheit erlaubte; „die Bibliothek und der Ratskeller ruinieren mich", schrieb Heine an seinen Berliner Freund Moser. Auffallend ist es, wie scharf sich jetzt seine spöttische Laune geltend machte; er hatte eine unglaubliche Freude daran, die Freunde anzuführen und zu foppen, und selbst die nächststehenden verschonte er nicht und an den oft glänzenden Witzen und Einfällen Heines mißfiel Wedekind nur, daß er selbst immer zuerst darüber lachte.

Heine hatte sich vorgenommen, über seine dichterischen Arbeiten und Pläne nicht viel zu sprechen; „wer mir vom Ratcliff spricht, dem stürze ich einen dummen Jungen", schrieb er am 26. Januar 1824 an Christiani. Aber es kam bald anders. Wedekind berichtet sehr ausführlich von den Gesprächen über Literatur und über Heines eigene Dichtungen, die er mit ihm führte, und dabei kommt Heine immer wieder auf die Fragen der dichterischen Form zurück, die ihm besonders am Herzen lagen. „Ich habe nichts los als die Metrik", und in vielen Einzelheiten, die er über diese Dinge vorbrachte, zeigt sich in der Tat, daß sich sein durch Schlegels geschärftes Ohr in dieser Hinsicht bereits außerordentlich verfeinert hatte. Ferner ist es bezeichnend für ihn, daß er die größte Knappheit der Form immer wieder als erstrebenswertes Ziel hinstellt, und daß er diejenigen Lyriker tadelt, die den Betrachtungen in ihren Gedichten einen großen Spielraum gewähren. Er gibt einsichtige Urteile ab über die Werke Goethes und Schillers, rühmt Bürgers Gedichte in nachdrücklichster Weise, und macht die wichtige Bemerkung, seine Übersetzungen aus Lord Byrons Werken seien ihm wohl deshalb so gut gelungen, weil er, wie ihm schon Schlegel zugestanden habe, „einige Ähnlichkeit im Charakter mit Lord Byron habe." Als er im Juni von Lord Byrons Tode erfuhr, war er sehr erschüttert; „ich ging mit ihm um wie mit einem Spießgesellen," sagte er, „Shakespeare kommt mir vor, wie ein Staatsminister, der mich, etwa wie einen Hofrat, jede Minute absetzen könnte."

Alles in allem kräftigte sich Heines Selbstgefühl in dieser Zeit in bedeutsamer Weise; je heftiger die Widerstände wurden, die er in der Welt fand, umso mehr raffte er sich in spöttischer Verachtung der Menschen empor, trotzig sich auflehnend wie Lord Byron. Und sein schnell steigender Dichterruhm war ihm umso wertvoller, als er sonst nichts auf der Welt hatte, worauf er sich stützen oder verlassen konnte. Im Frühjahr 1824 unternahm er eine Reise nach Berlin, wo er sich erneut davon überzeugen konnte, was er in der literarischen Welt bedeutete. Ehe er hinging, hatte er dem Herausgeber des „Gesellschafters", dem Professor Gubitz, 33 neue Gedichte, solche, die denn bald in die Abteilung „Heimkehr" seines „Buchs der Lieder" aufgenommen werden sollten, zum Abdruck in seiner Zeitschrift übersandt. Es befanden sich darunter wertvolle Stücke: die „Lorelei", „Du schönes Fischermädchen", „Still ist die Nacht", „Was will die einsame Träne", die dem Kenner zeigen mußten, daß hier ein Dichter allerersten Ranges sich zu immer größerer Vollkommenheit entwickelt habe. Auf der Reise nach Berlin machte Heine Station in Magdeburg, um Karl Immermann persönlich kennen zu lernen, und in einem der Briefe an Christiani äußert er sich in anregender Weise über diese Begegnung und die inneren Beziehungen zu diesem Dichter.

Seinen juristischen Studien widmete Heine jetzt den größten Fleiß; aber sie blieben ihm innerlich fremd. „O heiliger Justinian," so schrieb er am 7. März 1825 an Christiani, „erbarme dich meiner! So mancher Schöps hat dich kapiert, und ich muß verzagen! O all ihr römischen Imperatoren, erbarmt euch meiner! O Gajus, Paulus, Papinianus, ihr verfluchten Heiden, ihr müßt in der Hölle dafür brennen, daß ihr das Jus so weitläufig gemacht! Und welches Jean Paulische, d. h. schwere Latein! Täglich verwünsche ich den Arminius und die Schlacht im Teutoburger Walde. Wäre diese nicht vorgefallen, so wären wir jetzt alle Römer und sprächen Latein, und das Corpus juris wäre uns so geläufig und leicht wie Claurens Mimili." Aber Heine arbeitet fleißig bei den Professoren Meister, Bauer und vor allem bei Hugo; alle drei hat er in der „Harzreise" wundervoll geschildert. Und schließlich bewältigte er auch diesen schwierigen Stoff: Am 20. Juli 1825 bestand er seine juristische Doktorprüfung, wenn auch nur mit dem Zeugnis III; doch er war nach siebenjährigem Studium zum Abschluß gekommen und hatte die Qual dieses ihm innerlich widerwärtigen Studiums erfolgreich beendet. Der Dekan der juristischen Fakultät, Professor Hugo, hielt am Schluß der Prüfung sogar eine Ansprache an ihn, in der er den jungen Doktor mit Anerkennung seiner Dichtungen überhäufte und mit Goethe verglich, indem er hervorhob, daß auch dieser ein größerer Dichter als Jurist gewesen sei.

Kurz vorher hatte Heine nach Rücksprache mit seiner Familie, besonders seinem reichen Onkel Salomon, einen anderen Gang getan, den er dann oft später im Leben bereute. Am 28. Juni ließ er sich in dem kleinen preußischen Städtchen Heiligenstadt in den Schoß der christlichen, und zwar der protestantischen Kirche aufnehmen. Die Aufzeichnungen des Pfarrers Gottlob Christian Grimm bezeugen, daß der Proselyt mit der christlichen Heilslehre wohl vertraut gewesen und aus innerstem Bedürfnis übergetreten sei, und daß er tiefste religiöse Ergriffenheit an den Tag gelegt habe. Heine, der sich in Berlin eingehend mit dem Studium der Bibel beschäftigt hatte, hat sich zweifellos in die Romantik der christlichen Gedanken hineinzuleben versucht und die Großartigkeit des protestantischen Bekenntnisses hat sicher einen tiefen Eindruck auf ihn gemacht; als unumstößlichen Beweiß dafür dürfen seine wundervollen Worte, die er später über Luther geschrieben hat, gelten; auch hat er das Stimmungsvolle des protestantischen Pfarrhauses wie ein echter Dichter freisinnig nachgefühlt. Dennoch können wir kaum an etwas anderes als eine prédilection d'artiste glauben, die ihn in diesen Stunden, wo er den entscheidenden Schritt tat, beherrschte: Als echter Dichter hat er gefühlt, was diese Welt des protestantischen Glaubens bedeutet, jedoch hat ihm kaum eine dauernde Überzeugung, sondern nur eine schnell verflogene Stimmung diesen Schritt erleichtert; entscheidend waren für ihn zweifellos die äußeren Gründe. Er gehörte dem jüdischen Glauben innerlich nicht mehr an und konnte sich, ohne Opfer zu bringen, von ihm lösen; zu dem neuen Glauben aber bekannte er sich in erster Linie deshalb, weil er ihm äußere Vorteile bringen sollte, wie so vielen seiner Stammesgenossen auch. Er nannte später einmal die Taufe das „Entréebillet zur modernen Kultur". Als er später feststellte, daß dieses Entréebillet allein doch keinen so großen Nutzen brachte, hat er den Schritt in manchen Stunden bereut. Gewiß wäre es verkehrt, das Bedenkliche seiner Handlungsweise zu bemänteln; aber wir wollen nicht verkennen, daß die Lage, in der er sich hier wie mancher seinesgleichen befand, äußerst peinvoll ist. Heine besaß eben nicht die Charakterklarheit und -stärke, die sich mutig und beherzt durch schwierige Lagen hindurchkämpft und zu einer reinlichen Lösung hindrängt; er beging vielmehr viele Handlungen, durch die er die Zwiespältigkeiten und Unerträglichkeiten seiner Lebensumstände nur noch vermehrte.

Nach dem Abschluß seiner Studien hoffte Heine, sich als Rechtsanwalt in Hamburg niederlassen zu können; welche Enttäuschungen ihm auch hier wieder zuteil wurden, werden wir später sehen, nachdem wir die neuesten Erträgnisse seines Geistes, die Lieder der „Heimkehr" und die „Harzreise" näher betrachtet haben.

8. Die Lieder der „Heimkehr"

Die Lieder der „Heimkehr" werden so genannt, weil der Dichter sie verfaßte, als er von der Universität in das Elternhaus, diesmal nach Lüneburg heimkehrte; sie sind jedoch nicht samt und sonders, sondern nur in der Hauptmasse, 1823 entstanden. Zusammen veröffentlicht wurden sie zuerst im Mai 1826 im ersten Teil der „Reisebilder", 88 Lieder, ferner „Götterdämmerung", „Ratcliff", „Donna Clara", „Almansor" und „Wallfahrt" enthaltend; dann 1827 im „Buch der Lieder", auch 88 Lieder, doch manches frühere ausgeschieden und anderes eingesetzt, dazu „Götterdämmerung usw." wie zuvor. Sie bilden ein merkwürdiges Seitenstück zu den Liedern des „Intermezzo"; auch hier in der „Heimkehr" finden sich

Meisterstücke wie die „Lorelei", „Du bist wie eine Blume", „Du hast Diamanten und Perlen" u. a. In der äußeren Form sind sie denen des „Intermezzos" ähnlich. Aber Grundanschauung und Stil haben sich doch nicht wenig verändert. Wie wir sahen, lieferte der Dichter im „Intermezzo" einen in sich geschlossenen Zyklus von Gedichten: vom ersten Aufkeimen der Liebe im Monat Mai bis zu ihrem leidvollen Ende, ja bis zum Jüngsten Tage, wo die Geliebte den Liebenden an die allgemeine Auferstehung der Leiber erinnert, liegt eine lange Folge von schmerzvollen Liebeserfahrungen. Diese Abrundung der „Intermezzo"-Gedichte zu einem in sich geschlossenen Roman erklärt sich dadurch, daß der Dichter noch einmal seine trüben Herzenserlebnisse zu einem Ganzen verarbeiten wollte; er vereinigte nicht, wie es in der Regel bei lyrischen Erzeugnissen der Fall ist, die mannigfaltigsten Bekenntnisse, die in den verschiedensten Stunden ohne Rücksicht auf ein Ganzes verfaßt waren, sondern er hatte von Anfang an die Zusammenfassung der einzelnen Gesänge im Auge. Anders liegt es bei den Liedern der „Heimkehr". Hier sind die verschiedenartigsten Ergüsse des Herzens dargeboten, sie deuten nicht auf eine Einheit, sondern auf eine recht große Mannigfaltigkeit der Ereignisse, die jedoch in der Hauptsache ein und demselben Jahre angehören. Immerhin lassen sich gewisse Gruppen der Lieder umgrenzen. Auch ist die Einheitlichkeit der Stimmung im wesentlichen gewahrt.

Im „Lyrischen Intermezzo" bewundern wir die tiefe, hier und da nicht ganz leicht verständliche sinnbildliche Erhöhung der Lieder; sie ist nicht entfernt in demselben Maße in der neuen Abteilung anzutreffen. Auch die Naturbeseelung, die dort sehr bedeutsam in Erscheinung trat, ist hier geringer. Dafür ist ein anderer Zug, der allerdings auch dort bereits zu beobachten war, in der neuen Abteilung viel stärker zum Ausdruck gelangt: die große Lebenswahrheit der Bekenntnisse. Durch sie wurde die überschwengliche Gefühlsfülle, die manchen Liedern des „Intermezzos" anhaftete, gemildert. Jetzt gewinnt dieser Zug der Lebenswahrheit die Überhand. Damit hängt es innerlich zusammen, daß der Verfasser gegen die Fassungslosigkeit seines leidgeprüften Herzens entschieden ankämpft; er tut dies durch Anfeuerung seines Selbstgefühls. Stolz gebärdet er sich als gefeierter Dichter: nennt man die besten Namen, so wird auch der seine genannt. Er tut es aber noch mehr dadurch, daß er sich über das, was ihn quält, mit den Mitteln des Spottes und der Verstellung hinwegsetzt. Schon in den „Intermezzo"-Liedern findet sich derartiges; aber jetzt häuft es sich bedeutend. Auch im Leben zeigt sich Heine, wie wir besonders aus den Tagebüchern Wedekinds wissen, jetzt mit Vorliebe von dieser Seite. Das war nicht etwa, wie Oberflächliche oft behauptet haben, bloße Mache und Absicht; es war vielmehr nur eine gewisse Notwehr seines überempfindlichen Gemüts. Ohne diese Waffe wäre die sensible, zartnervige Natur des Dichters zu Grunde gegangen. Er bediente sich ihrer in der verschiedensten Weise: er stellte neben die Ergüsse der innigsten Hingabe solche der niedrigen Minne, von der sich seine sinnliche Natur nicht frei hielt; er ließ auch wohl das überschwengliche Gefühl unmittelbar in eine spöttische Schlußwendung übergehen, so wie die schönsten Nixen, deren Gesicht und Busen uns entzückt, in einen garstigen Fischschwanz endigen. Zu alledem mag hinzukommen, daß Heine sich durch die berühmte Lehre von der romantischen Ironie beeinflussen ließ: Sie besagte, daß sich der Dichter über seinen Stoff erheben, daß er alle Kunst als ein zweckfreies Spiel betrachten solle, das man nach Belieben aufheben und unterbrechen dürfe. Aber die Hauptsache bleibt die Begründung aus Heines seelischer Eigenart; vielleicht glaubte er, sein entschiedenes Streben nach Neuheit und Selbständigkeit auf diese Weise am besten befriedigen zu können. Sollen wir diese Eigentümlichkeiten tadeln oder loben? Gewiß ist, daß durch sie der reine Einklang des Schönen oft verloren geht, und daß sie das Anzeichen einer krankhaften Überspannung des Seelenlebens ist; auf der anderen Seite steigert sie die Lebenswahrheit der Gefühlsbekenntnisse, und wenn wir bedenken, wie leicht uns das schwächliche Sehnen gezierter Schönheitshimmelei ermüdet, so müssen wir diese Wahrheit der Verse Heines als einen ihrer wesentlichen Vorzüge betrachten.

Noch ein anderer Zug ist für die Lieder der „Heimkehr", wie auch bereits für die des „Intermezzos", bezeichnend. Wir können zwei Arten von Liederdichtung unterscheiden: die reine und die mittelbare. Von der ersten sprechen wir dann, wenn die dichterische Grundform des unmittelbaren Gefühlsergusses vorliegt; dies geschieht in Sätzen, die einen Ausruf, einen Wunsch, einen Befehl, eine Anrede oder eine Frage enthalten. So z. B. der Ausruf in Goethes Lied: „Wie herrlich leuchtet mir die Natur!"; der Wunsch z. B. in Schillers Gedicht „Sehnsucht": „Ach, aus dieses Tales Gründen, Die der kalte Nebel drückt, Könnt' ich doch den Ausgang finden, Ach, wie fühlt' ich mich beglückt!"; die Anrede etwa in Goethes Gedicht: „Der du vom Himmel bist" oder „Füllest wieder Busch und Tal"; die Frage etwa in Goethes Gedicht: „Wie kommt's daß du so traurig bist, Wo alles froh erscheint?" Die mittelbare Liederdichtung liegt dagegen dann vor, wenn nicht die unmittelbare Äußerung des Gefühls gegeben ist, sondern vielmehr Züge der Beschreibung oder der Erzählung als herrschende Bestandteile der Rede hervortreten, die aber mit einem mehr und minder lebhaften Gefühl getränkt sind. So ist z. B. in Goethes Gedicht „Meeresstille" die Beschreibung das herrliche Element; „Tiefe Stille herrscht im Wasser, Ohne Regung ruht das Meer" u. s. w. Eine unmittelbare Äußerung des Gefühls ist nicht gegeben, vielmehr erscheint das Gefühl als mittelbarer Bestandteil der seelischen Kundgebung, und daher kann man diese Art der Liederdichtung als die mittelbare ansehen.

Es ist nun für Heine bezeichnend, daß er diese mittelbare Liederdichtung bevorzugt, und besonders in den Liedern der „Heimkehr" können wir diese Eigentümlichkeit vielfach beobachten. Es finden sich eine Anzahl von Gedichten, die bloße Beschreibung darbieten, allerdings Beschreibungen solchen Inhalts, daß sie ein starkes Gefühl auslösen. So z. B. schildert das fünfte Gedicht, „Die Nacht ist feucht und stürmisch" ein einsames Jägerhaus, in dem eine blinde Großmutter starr wie ein Steinbild sitzt, der rotköpfige Sohn des Försters hin und her geht, und die schöne Spinnerin mit Tränen den Flachs feuchtet, während sich zu ihren Füßen des Vaters Dachs schmiegt. Oder im 28. Gedicht ist ein ähnliches trauriges Zustandsbild gegeben: in dem Pfarrhause, dessen Herr vor kurzem gestorben ist, liest die Mutter in der Bibel, die jüngere Tochter klagt über die Langeweile, die nur hier und da durch ein Begräbnis unterbrochen werde, die ältere Tochter will sich dem verliebten reichen Grafen hingeben, der Sohn sich teuflischem Zauber widmen: Da pocht die warnende Hand des toten Vaters ans Fenster. Derart tritt auch in den Gedichten Nr. 3, 7, 29 die Zustandsbeschreibung durchaus als der beherrschende Bestandteil hervor. Dies aber ist, wenngleich minder ausgeprägt, für Heines gesamte Liederdichtung bezeichnend: statt der Gefühlsäußerungen treten die Bilder und Vorgänge des Lebens, die solche Gefühlsäußerungen anregen können, in den Vordergrund. Darin gerade liegt eine Hauptursache der großen Wirkung dieser Gedichte: Heine verkörpert in ausführlicher und eindrucksvoller Weise die äußeren Umstände, die seine Gefühlserregung veranlassen, und läßt den Gefühlsanteil selbst nur blitzartig aufleuchten, während schwächere Dichter gerade umgekehrt verfahren: sie ergehen sich in aufgeregter Darstellung ihrer Gefühle und veranschaulichen deren Ursachen nur in unzulänglicher Form. Auch dieses Vorwalten der mittelbaren Liederdichtung, der sachlichen Züge dichterischer Darstellung, trägt dazu bei, den Eindruck der Lebenswahrheit bei den Gedichten der „Heimkehr" zu steigern. In eben derselben Richtung wirken auch die vielen persönlichen Bekenntnisse, die der Dichter in seine Verse einstreut. Er knüpft an viele Örtlichkeiten an, die er erschaut hat: an den Lurleifelsen am Rhein, an Göttingen und Halle, wobei er die dortigen Landsmannschaften und Burschenschaften erwähnt; an Berlin, wo er bestimmte Häuser, die Hedwigskirche und die Meyersche Konditorei nennt, und wo er die Leutnants und Fähnderiche verspottet, oder an Cuxhaven und Hamburg u. s. w.

Mit alledem hängt es zusammen, daß die Selbständigkeit und Eigenart von Heines Versen immer größer wird; freilich hat er auch jetzt noch einzelne Züge des Volksliedes, Wilhelm Müllers, Hoffmanns u. a. verwertet oder wenigstens in Nebendingen benutzt; alles in allem aber ist er jetzt weit selbständiger geworden als früher, wenn wir auch unbedingt festhalten wollen, daß er auch in seiner früheren Zeit das Überlieferte stets glücklich umzubilden und sich innerlich anzueignen verstanden hat.

Von den Gruppen der Lieder dieser Abteilung gilt eine der Erinnerung der Liebe an Amalie: es sind die Lieder Nr. 16 bis 27, die entstanden, als Heine im Jahre 1823 wieder in Hamburg weilte; zwei andere Gruppen gelten der neuen Liebe zu Therese: die Lieder Nr. 30 bis 33 und Nr. 44 bis 63; daneben finden sich Lieder der niederen Minne: solche, die an ein Fischermädchen in Cuxhaven gerichtet sind, und andere, die jungen Schönen gewidmet sind, deren der Dichter auf seinen Reisen nach dem Harz, Thüringen und Berlin, die in das Jahr 1824 fallen, begegnet sein mag. Ferner findet sich in den Liedern 82 bis 87 die Schilderung von Wanderbildern, und andere Gedichte dienen als Übergänge von einer dieser Gruppen zur andern, namentlich die erwähnten Zustandsschilderungen.

Die „Heimkehr" beginnt und endet mit mächtig ergreifenden Molltönen. Dem Dichter, der im „Intermezzo" sein düstres Leid angestimmt hat, ist es bang zumute wie den Kindern im Dunkeln; wie sie, will er sich durch Gesang die Furcht vertreiben. Aber das Lied, das er anstimmt, kündet wieder von seinem alten Liebesweh: er denkt an den Rhein zurück, wo er die Geliebte zuerst erschaut hatte, sie, durch die er sich innerlich vernichtet fühlt, ganz so wie die Rheinschiffer zugrunde gehen, wenn sie starr hinaufschauen zum Lurleifelsen, auf dessen Höhe die dämonische Frau haust, bei deren Anblick die Schiffer, ihrer Pflicht vergessend, in den Strudel gezogen werden. Und dazu gibt er ein Seitenstück in der Schilderung der Lüneburger Bastei, des Stadtgrabens und des Schilderhäuschens, dessen öder Anblick ihn in der neuen Heimat langweilt. Im vierten Gedicht zieht er klagend durch den Wald, das fünfte gibt das trübe Zustandsbild von dem Jägerhaus mit seinen zweifelhaften Bewohnern. Das ist alles grau in grau gemalt; erst in dem sechsten Gedicht entwirft der Dichter heitere Bilder von seiner Reise nach Cuxhaven.

Uns beschäftigt von diesen Gedichten weitaus am meisten das zweite, die „Lurlei". Wir sehen, wie es in die Erlebnisse des Dichters hineingreift und aus diesen heraus zu verstehen ist. Unzählige Male hat man behauptet. Heine habe nur eine Ballade von Brentano umgedichtet; von der Erfindung dieses Dichters habe er nur durch geschickte Mache den Vorteil gezogen. Diese Behauptung ist falsch. Brentano hat in seinem Roman „Godwi, oder das steinerne Bild der Mutter", der zuerst 1802 erschien, eine Ballade von der Lore Ley mitgeteilt, deren Inhalt folgender ist: die schöne Lore, die zu Bacherach am Rhein wohnte, wurde, weil alle Männer in Liebe zu ihr entbrannten, als angebliche Zauberin vor den Bischof geführt, der sie aber, da die Anklage nichts Greifbares enthielt, freisprach; sie jedoch wünschte selber den Tod: denn der, den sie liebte, der schenkte ihr keine Gegenliebe. Indeß, der Spruch des Bischofs ging dahin, sie solle zur Tröstung ihres kranken Herzens ins Kloster gehen. Als man sie dorthin führte, bat sie die drei Ritter, die ihr das Geleit gaben, sie noch einmal von dem hohen Felsen am Rhein nach dem Schloß des Geliebten schauen zu lassen. Man gewährte ihr die Bitte, doch als sie die Höhe erreicht hatte, stürzte sie sich in die Fluten des Rheins hinab. Der Kern dieses Gedichts ist also, daß eine fast alle bezaubernde schöne Frau wegen unglücklicher Liebe selber den Tod in den Fluten sucht. Heines Gedicht hat einen ganz anderen Inhalt. Er singt von einer dämonischen Oreade, die den Schiffern Verderben bringt, nicht von einer unglücklich liebenden sterblichen Frau. Die Sage, die er gestaltet hat, ist jetzt am Rhein nur noch durch ein Lied lebendig, eben durch Heines Lied, so weit die deutsche Zunge klingt. Dennoch hat Heine sie nicht erfunden, sondern er hat nur eine lange getrübte und verdunkelte Überlieferung wieder zu ihrem Ursprung zurückgedichtet. Der Rhein am Loreleifelsen zwischen St. Goar und Oberwesel war von jeher eine den Schiffern besonders bemerkenswerte und als gefährlich verrufene Stelle: Der Strom hat hier eine Tiefe von 30 Metern und den gefährlichsten Vorsprung, den der Fluß passiert, und nirgends hallt das Echo so wie hier. „Lei", ein am Rhein häufig vorkommendes Wort, bedeutet Fels, und „Lur" bedeutet tönen; Lurlei ist also der tönende Fels, der Fels, der ein besonders prächtiges Echo gibt. Dieses Echo aber dachte man sich in alten Zeiten als eine aus dem Innern des Felsens hervortönende Stimme, und natürlich als die Stimme von Geistern. Der erste Bericht hierüber findet sich in Distichen des Humanisten Konrad Celtes, der im Jahre 1502 berichtet, dort wohnten dei sylviculae, Waldgeister. Ihm folgte im Jahre 1602 der Chronist Freher, der erzählt, man habe früher geglaubt, daß dort Pane, Waldgötter und Bergfrauen wohnten. Endlich hat Niklas Vogt in seinem 1811 erschienenen „Bildern vom Rhein", in denen er zunächst die Ballade von Brentano nacherzählt, auch die alten Überlieferungen erwähnt, der Berg sei hohl, und man meine, das Echo rühre von der Stimme eines Weibes her. Aus alledem ersieht man, daß die Sage schon lange vor Brentano umging, ja noch mehr: daß die Ballade von Brentano diese Sage überhaupt nicht wiedergebe und mit dieser nur den Namen der Heldin gemein habe. Schon vor Heine verfaßt ein anderer Dichter, der Graf Otto Heinrich von Loeben, ein Gedicht „Der Lurleyfels", das in den wesentlichen Zügen mit dem Heineschen übereinstimmt und ihm als Vorlage gedient haben dürfte. Auch bei Loeben sitzt das Zauberfräulein hoch oben auf dem Felsen, im Mondschein, singend und durch ihre Blicke die Schiffer betörend; er scheint die Zauberfrau als eine Nixe aufgefaßt zu haben, wenigstens sagt er: „Doch wogt in ihrem Blicke / Nur blauer Wellen Spiel", und das wäre für eine Wasserfrau, nicht aber für eine Bergfee passend. Er wird sich wohl an Vogts Darstellung angeschlossen haben. Die Ausführung seines Gedichts läßt sehr viel zu wünschen übrig. Auch Eichendorff, ein Freund Loebens, hat die Sage von der Lorelei behandelt: er aber nimmt die Lorelei als Waldfee oder Hexe. Heine hat die Sage in ihrer Urgestalt wiederhergestellt: er hält die rheinische Lokalität fest, faßt die dämonische Frau als das auf, was sie ursprünglich gewesen sein muß, als die Fee des Berges, und gestaltet den Stoff zu einem Symbol hinreißender dämonischer Frauenliebe um, indem er durch sie seine eigenen trüben Erfahrungen verkörpert. Dank des Gefühlsverständnisses, das nur die eigene Erfahrung verleiht, hat er den Stoff wundervoll gemeistert. Auch er hatte in seinem Leben durch die Liebe Schiffbruch erlitten, wie der Schiffer im Nachen auf dem Rhein. Als Kenner des Schauplatzes der Sage wählt er die Stunde der Dämmerung, wenn die Flut bereits in tiefstem Schatten versinkt, während der letzte Strahl der Sonne oben den Gipfel des Berges noch beleuchtet. Als echter Dichter gibt er eine anschaulich-greifbare Schilderung. Die in einem solchen Lichte erscheinende Wasserfee sitzt traumverloren da, mit goldenem Kamme ihr goldenes Haar kämmend und eine wundersame, gewaltige Melodie anstimmend; als tiefbegreifender Freund des Volksliedes wählt Heine eine Sprachform, deren entzückend einfache Treffkraft sich dem Gemüte wunderbar leicht und innig einprägt: Es ist nicht Mache, wie noch Wilhelm Scherer in seiner Literaturgeschichte behauptet, sondern die aus dem Innersten dringende Kunst des schöpferischen Geistes, was dieses Gedicht zu einem der volkstümlichsten in deutscher Zunge gemacht hat.

Die zweite Gruppe der Lieder, Nr. 6 bis 14, enthält Gesänge, die vom Aufenthalt des Dichters in Cuxhaven, im Sommer 1823, angeregt worden sind. Zuerst die Schilderung einer Begegnung mit der Familie Salomon Heines, darin die erste Anspielung auf Therese in den Versen:

> Die Kleine gleicht der Geliebten,
> Besonders wenn sie lacht;
> Sie hat dieselben Augen.
> Die mich so elend gemacht.

Hierauf folgen Schilderungen der Erlebnisse im Seebad; in Nr. 7 das prachtvoll berichtete Gespräch vor dem Fischerhause über fremde Länder und Menschen; in Nr. 8 das entzückende Bekenntnis gegenüber dem Fischermädchen:

> Mein Herz gleicht ganz dem Meere,
> Hat Sturm und Ebb' und Flut,
> Und manche schöne Perle
> In seiner Tiefe ruht.

— ein Vergleich, der durch Wahrheit und Schönheit in gleichem Maße anspricht. Dann, an alte Überlieferungen anklingend, Bilder des Volksaberglaubens: in dem Rauschen des Windes kann man den Gesang der Seejungfern vernehmen, und sie sind die Schwestern der Fischerin, die der Dichter umfangen hält (Nr. 9), oder es steigt auch eine der Nixen aus den Fluten hervor, um dem Dichter ihre Liebe zu bekennen — allerdings eine Schilderung, in der spöttische Nebentöne deutlich anklingen (Nr. 12). Dazu kommen ausgezeichnete Naturbilder: in Nr. 10 die Schilderung der Windhose und des Unwetters, in Nr. 11 die des Sturmes auf der See und vor allem des Ungemachs der auf leichtem Schiff von ihm bedrängten Menschen. Etwas gekünstelt ist dagegen das durch Schuberts eindrucksvolle Melodie beliebt gewordene Gedicht Nr. 14: „Das Meer erglänzte weit hinaus"; die Vergiftung durch die Tränen der Geliebten ist ein ausgeklügelter Zug. Wie aus Heines Brief an Christiani vom 7. März 1824 hervorgeht, hatte er damals eine Anzahl weiterer Seebilder verfaßt, darunter eins, das auf eine Örtlichkeit in Cuxhaven, die „alte Liebe" genannt, Bezug nahm. Es beginnt mit den Worten:

> Am Werfte zu Cuxhaven,
> Da ist ein schöner Ort
> Der heißt „die alte Liebe",
> Die meinige ließ ich dort.

Dies ist natürlich eine Anspielung auf die Liebe zu Amalie Heine; indessen enthält die Abteilung „Heimkehr" noch eine Anzahl weiterer Gedichte, in denen die Schmerzen der Erinnerung an Amalie deutlich hervordringen. Es sind die Lieder Nr. 16 bis 27, darunter einige von eindrucksvoller Kraft; so das Gedicht Nr. 20: „Still ist die Nacht, es ruhen die Gassen", in dem Heine das alte Bild vom Doppelgänger wieder aufnimmt, das namentlich von E. T. A. Hoffmann, so in den „Elexieren des Teufels", mit Vorliebe verwertet worden war. Ergreifend ist auch das Gedicht Nr. 23: „Ich stand in dunklen Träumen", das merkwürdig an eine Stelle im „Julius von Tarent" von Leisewitz erinnert, schließend mit den tiefgefühlten Worten:

> Und ach, ich kann es nicht glauben,
> Daß ich dich verloren hab!

Und schließlich das Gedicht Nr. 27: „Was will die einsame Träne?" mit den Schlußworten:

> Ach meine Liebe selber
> Zerfloß wie eitel Hauch!
> Du alte, einsame Träne
> Zerfließe jetzunder auch!

Und so geschah es: Die erste Liebe schwand dahin, und die Tränen, die sie ihm geweckt hatte, trockneten und wurden vergessen. Goethe schreibt einmal in „Dichtung und Wahrheit", Buch 13, „Es ist eine sehr angenehme Empfindung, wenn sich eine neue Leidenschaft in uns zu regen anfängt, ehe die alte noch ganz verschwunden ist. So sieht man bei untergehender Sonne gern auf der entgegengesetzten Seite den Mond aufgehen und erfreut sich an dem Doppelglanze der beiden Himmelslichter". In dieser angenehmen Empfindung befand sich auch Heine, und zwei Gruppen der Lieder der „Heimkehr" beziehen sich auf die Liebe zu Therese: die Nr. 30 bis 33 und

44 bis 63. In den ersten vier Gedichten wagt der Dichter sich der Schönen gegenüber noch nicht zu eröffnen, und er kleidet sein verzagtes Gefühl in die prachtvollen Worte (Nr. 33):

> Sie liebten sich beide, doch keiner
> Wollt' es dem andern gestehn;
> Sie sahen sich an so feindlich,
> Und wollten vor Liebe vergehn.
>
> Sie trennten sich endlich und sahn sich
> Nur noch zuweilen im Traum;
> Sie waren längst gestorben,
> Und wußten es selber kaum.

Das ist wieder ein Gedicht von wunderbarer sinnbildlicher Tiefe: der durch schmerzliche Erfahrung gewitzigte Dichter wagt seine Gefühle nicht zu offenbaren, und auch das Mädchen äußert sich nicht; nun vergegenwärtigt er sich, was dieses Schweigen für beide bedeutet: Ihre Herzen scheinen einander wie tot, da das Gefühl der Liebe, das allein ihnen Leben geben konnte, zerstört ist; aber wie groß der Verlust war, den beide erlitten haben, das wissen sie selber nicht, sie täuschen sich darüber hinweg. Derselbe Gedanke ist von Heine noch in einem andern Gedicht verwertet worden: in dem Gedicht, das überschrieben ist „Altes Lied" und später in dem „Romanzero" aufgenommen worden ist. Und noch ein andrer großer Dichter hat ihn wieder aufgenommen, ebenfalls ein Meister des sinnbildlich vertieften Wortes: Ibsen in seinem letzten Werk „Wenn wir Toten erwachen": auch dort sind die Toten diejenigen, denen das Gefühl der Liebe erstorben ist.

In der zweiten Abteilung dieser Lieder an Therese, Nr. 44 bis 63, stehen spöttisch-ablenkende Äußerungen neben solchen, die ein unendlich tiefes Gefühl verraten. In Nr. 44 sagt der Dichter, er habe mit der Schönen Komödie gespielt, bis ihm der Scherz zum Ernst geworden. Mitten zwischen die leidenschaftlichen Bekenntnisse setzt er die freche Selbstverhöhnung, die das Gedicht vom König Wiswamitra enthält (Nr. 45). Eine gleiche Verhöhnung enthält das Gedicht „Teurer Freund, du bist verliebt" (Nr. 54), und das nächste Gedicht, worin er bekennt, daß er mit einem andeutenden Geständnis abgeblitzt sei, schließt mit den spöttischen Worten:

> Glaub nicht, daß ich mich erschieße,
> Wie schlimm auch die Sachen stehn!
> Das alles, meine Süße,
> Ist mir schon einmal geschehn.

Viele Leute sind geneigt, einem Manne, der in solcher Lage solchen Spott äußern kann, jedes echte und tiefe Gefühl abzusprechen. Indeß darf man nicht erwarten, daß allen Bäumen eine Rinde wachse, und sicher ist es, daß solcher Spott oft nur eine Schutzwaffe des überstark fühlenden Herzens ist.

So sicherlich im Falle Heines; er sagt es selber, z. B. in Nr. 53: „Ich spräche vielleicht ein höhnisches Wort, während ich sterbe vor Schmerzen", oder in Nr. 57:

Wenn du dich mit vollem Rechte
Scherzend nun von mir entfernst,
Nah'n sich mir die Höllenmächte
Und ich schieß' mich tot im Ernst.

Nein, diese Verstellung und dieser Spott, die so manches stören, dürfen nicht als Gefühlsroheit, sondern sie müssen als Heilmittel für die Schmerzen eines überempfindlichen, zitternden Herzens aufgefaßt werden. Tut man dies, und ich glaube, es ist das allein Richtige, so werden auch die ersten Liebesbekenntnisse in eine ganz andere Beleuchtung gerückt. Jene, die Spott für das Wesentliche in Heines Seele halten, können nicht umhin, die tief-gefühlten andern Gedichte, die sich in unmittelbarer Nähe der ironischen befinden, als bloße Erdichtung zu betrachten, während wir umgekehrt sagen müssen, daß die scherzhaften auf Verstellung zurückgehen. Und diese Art Scherz ist leicht zu verstehen, wenn wir uns vergegenwärtigen, wie unend-lich peinlich die Lage des Dichters war, der in derselben Familie aufs Neue als Werber auftreten wollte, wo er so Schmerzliches erfahren hatte. Wie unbegreiflich aber ist die Auffassung jener, die annehmen, die tiefgefühlten Äußerungen, wie sie in den Liedern Nr. 46 bis 52 und Nr. 59 bis 63 ent-halten sind, könnten aus einem im Grunde kalten nur spielenden Herzen hervorgegangen sein. Das ist einfach undenkbar. Welcher Art die Beseligung war, die Heine in Thereses Nähe empfand, kündet das berühmte Lied „Du bist wie eine Blume" (Nr. 47). Das war nicht die gefallsüchtige Schöne, der früher seine Huldigungen gegolten hatten, sondern ein stilles und reines Gemüt, das ihn weich und edel stimmte. Der Vergleich der Geliebten mit einer Blume war eine altbeliebte Wendung des Volksliedes und mancher Kunstdichtungen: Wie versteht es Heine durch innerlichstes Erfassen, diese abgenutzte Wendung zu beleben, indem er sagt, daß uns in der schlichten Schönheit einer reinen Mädchenseele die Mutter der Schöpfung herrlicher als irgendwo anders entgegentritt, und daß uns ein solcher Anblick zu religiöser Andacht erhebt. Noch in einem andern Gedicht, Nr. 52, „Andre beten zur Madonne", hat Heine die Verbindung des religiösen Gefühls mit dem Liebesgefühl zum Ausdruck gebracht, wie schon in dem Intermezzo-Liede „Im Rhein, im schönen Strome", — eine Verbindung der Gefühle, durch die unter den großen Dichtern der früheren Zeit sich besonders Gott-fried August Bürger auszeichnete. Zu den lieblichsten Gedichten, die durch Heines Liebe zu Therese geweckt wurden, gehören weiterhin Nr. 49, „Wenn ich auf dem Lager liege"; Nr. 50, „Mädchen mit dem roten Münd-chen", Nr. 56, „Saphire sind die Augen dein"; ferner das berühmte Lied Nr. 61: „Ich wollt' meine Schmerzen ergössen", dessen Text Mendelssohn in seinem bekannten Quartett so schauderhaft verballhornt hat. Wie kann man überhaupt, so müssen wir uns fragen, ein Gedicht, in dem ein Liebender seine Geliebte anredet, in der also ein Einzelner spricht, als Quartett setzen? Ferner aber ist es eine Dreistigkeit sondergleichen, den Text „Ich wollt' meine Schmerzen ergössen sich" umzumodeln in „Ich wollt' meine Liebe ergösse sich"; damit hängt es dann aber zusammen, daß Mendelssohn die Gegenüberstellung von den Schmerzen und den lustigen Winden nicht mehr gebrauchen konnte und aus den lustigen Winden luftige Winde machte, als könnten Winde überhaupt n i c h t luftig sein. Eins der berühmtesten der an Therese gerichteten Gedichte ist endlich das Lied Nr. 62, „Du hast Diamanten und Perlen", ein Lied, das zu der Gattung der reinen oder unmittelbaren Liederdichtung gehört, eins der wenigen von Heine, in denen er sich, hier unter Anlehnung an ein bekanntes Gedicht Goethes, des Kehrreims bedient, ein Lied, dessen bitterspöttische Schlußwendung „Und hast mich zu Grunde gerichtet, Mein Liebchen, was willst du mehr" wir nach allem Gesagten leicht verstehen und würdigen werden. Es braucht nicht hervorgehoben zu werden, wie deutlich die Schöne der Wirklichkeit in dieser mit Diamanten und Perlen geschmückten Geliebten wiederzuerkennen ist. Endlich aber schaut das wirkliche Leben aus einem Gedicht noch klarer hervor, aus Nr. 59. Wir wissen, daß sich Heine bereits im Jahre 1823 mit dem Gedanken trug, nach Frankreich auszuwandern, daß ihm aber der Oheim diesen Gedanken ausredete. Die Liebe zu Therese erleichterte es ihm, dem Ratschlage zu folgen. Das verkündet er ziemlich unzweideutig in den Versen:

> Jetzt bleib' ich, wo deine Augen leuchten,
> In ihrer süßen, klugen Pracht —
> Daß ich noch einmal würde lieben,
> Ich hätt' es nimmermehr gedacht.

Wir haben früher gesehen, daß Heine die nackte Wirklichkeit seines Liebesverhältnisses zu Amalie in dem Gedicht „Ein Jüngling liebt ein Mädchen" dargestellt hat. In ähnlicher Weise faßte er die Tatsachen seiner zweiten, zunächst ebenfalls unerwiderten Liebe zusammen in dem Gedicht Nr. 63, dem letzten dieser Abteilung „Heimkehr", das sich auf Therese bezieht:

> Wer zum ersten Male liebt,
> Sei's auch glücklos, ist ein Gott;
> Aber wer zum zweiten Male
> Glücklos liebt, der ist ein Narr.

> Ich ein solcher Narr, ich liebe
> Wieder ohne Gegenliebe!
> Sonne, Mond und Sterne lachen,
> Und ich lache mit — und sterbe.

Die übrigen Lieder der „Heimkehr", namentlich die Lieder der niederen Minne und die Wanderlieder, sind größtenteils von geringerem Wert als die genannten und dürfen nach kurzer Erwähnung übergangen werden; höchst gelungen ist nur noch das vorletzte Stück der Sammlung, Nr. 87, das die schwülen Töne des Anfangs wieder aufnimmt:

> Der Tod, das ist die kühle Nacht,
> Das Leben ist der schwüle Tag.
> Es dunkelt schon, mich schläfert,
> Der Tag hat mich müde gemacht.
>
> Über mein Bett erhebt sich ein Baum,
> Drin singt die junge Nachtigall;
> Sie singt von lauter Liebe,
> Ich hört' es sogar im Traum.

Wir begreifen, wie der Dichter, ermattet von den Bitternissen des Lebens und den Enttäuschungen der Liebe, die kühle Nacht des Todes herbeisehnt; auch dieses Lied ist aus den Tiefen seines Gemüts hervorgegangen; es enthält keine geistlose Nachahmung Byronschen Weltschmerzes. Neben der oft hinreißenden Schönheit der Verse dieser Abteilung des „Buchs der Lieder" haben wir vor allem die große Wahrheit der lyrischen Bekenntnisse hervorzuheben gehabt; überall schaut das wirkliche Leben deutlich hervor, und die Lieder verlangen förmlich nach einer Erläuterung, die diese Erfahrungen des Lebens berücksichtigt.

Als Anhang zu den Liedern der „Heimkehr" hat Heine außer zwei grotesken Traumbildern „Götterdämmerung" und „Ratcliff" noch drei Balladen, „Donna Clara", „Almansor" und „Die Wallfahrt nach Kevlaar" mitgeteilt, von denen die letztere eins seiner beliebtesten Gedichte geworden ist. In der „Donna Clara" äußert die Schöne gegenüber dem Manne, den sie innig liebt, die härtesten Worte über die Juden und muß schließlich erfahren, daß er selbst Jude sei, der Sohn des Rabbi Israel von Saragossa; das Gedicht enthält wahrscheinlich eine freie Ausschmückung eigener Erlebnisse Heines. Aus dem Gedicht „Almansor" ertönt der Haß des neugetauften Mauren gegen das Christentum, zu dem er sich nur äußerlich bekennt; auch in diesem Gedicht sind die Anregungen des Lebens leicht zu erkennen. Umso auffälliger ist die wundergläubige innig christliche Stimmung, die das letzte Gedicht, „Die Wallfahrt nach Kevlaar" atmet. Man sieht daraus, wie sich der im katholischen Rheinland herangewachsene Dichter in die religiösen Stimmungen seiner Landsleute hineinzudenken verstanden hat; aber mehr als dies: er hatte sich früher, besonders im Jahre 1816 mit dem Gedanken getragen, zur katholischen Kirche überzutreten; mit fühlender Seele hat er sich in die süßen Geheimnisse des Madonnenkults vertieft. Andernfalls wäre es ihm wohl nicht so gut gelungen, die religiöse Stimmung der Wallfahrer so wahr und ansprechend wiederzugeben. Dabei schloß er sich an ein wirkliches Ereignis an, an den Bericht eines Schulfreundes. Kevelaer liegt nicht weit von Düsseldorf entfernt, und

Ähnliches, wie hier geschildert, hat sich des öfteren beobachten lassen. Dabei ist hinter den Wundererscheinungen die klare Wirkung der natürlichen Vorgänge deutlich zu erkennen: der Tod bringt dem Liebeskranken die erwünschte Erlösung. So ansprechend die innige und in einfachste Form gegossene Darstellung ist, werden wir doch nicht leugnen können, daß ihre schwüle Empfindsamkeit auf den Leser oder Hörer leicht ein wenig bedrückend wirkt.

9. Die „Harzreise"

Endlich gelang Heine in dieser Zeit auch die erste bedeutende Prosadarstellung, die brühmte „Harzreise". Es handelt sich um eine Beschreibung seiner Reise in den Harz, die er im September 1824 unternahm, und mit einem Ausflug nach Thüringen, dabei auch nach Weimar, wo er Goethe besuchte, abschloß. Es war nicht das erste Mal, daß er in den Harz zog: schon im Februar 1821, als er die Eltern in Oldesloe aufsuchte, lernte er Teile dieser Landschaft kennen, und ebenfalls im Frühjahr 1824 auf der Reise nach Berlin, wie sein Brief an die Schwester Charlotte vom 8. Mai 1824 zeigt. Diesmal, im September 1824, führte ihn sein Weg von Göttingen über Nörten, Nordheim, Osterode, Clausthal, Goslar, Harzburg zum Brocken, und den Rückweg machte er über Ilsenburg, Wernigerode, Elbingerode, Rübeland u.s.w. Das Werk umfaßt aber nur die Schilderung der Reise durch den sogenannten Oberharz und schließt mit dem sehr ausführlich gegebenen Auftritt auf dem Brocken; geschrieben hatte er allerdings noch etwas mehr; ein größeres Bruchstück seiner Darstellung des Besuches von Ilsenburg, Wernigerode und namentlich der Bielshöhle sind aus Heines Nachlaßpapieren als „Anhang zur Harzreise" veröffentlicht worden. Heine schrieb sein Werk in den Monaten Oktober und November 1824, also bald nach der Rückkehr von der Reise; die Veröffentlichung verzögerte sich aber durch allerlei unvorhergesehene Umstände und erfolgte erst im Januar und Februar in der Berliner Zeitschrift „Der Gesellschafter", wobei überdies der Text durch Eigenmächtigkeiten des Herausgebers Gubitz und der Zensur verstümmelt war; der uns geläufige Text wurde im Mai 1826 im ersten Band der „Reisebilder" der Leserwelt übermittelt.

Die „Harzreise" eröffnet dem Literaturforscher ziemlich weite Ausblicke. Im 18. Jahrhundert war die Form der gefühlvollen, unsachlichen Reisebeschreibung durch das Vorbild von Lawrence Sternes „Sentimental Journey through France and Italy" zu großer Beliebtheit gelangt. Männer wie Hermes, Wieland, Karl Philipp Moritz u. a. schlossen sich dieser Form der Darstellung an, indem sie in erster Linie ihre Gefühle, die ihnen durch die Eindrücke der Reisen erweckt worden waren, schilderten; solche Betrachtungen herrschten unbedingt vor. Auch Goethe hat die Form in seiner Jugend in den „Briefen aus der Schweiz", die ganz im Stil des „Werther" gehalten sind, beibehalten. Aber bald wählte er eine andere Art der Darstellung, indem er die sachlichen Eindrücke der Reise mehr in den Vordergrund rückte; so schon in seiner zweiten Reisebeschreibung der Schweiz vom Jahre 1779 und namentlich in seiner „Italienischen Reise". Indeß kommt es ihm nicht etwa darauf an, im Stile eines Baedeker nur Tatsachen zu berichten; vielmehr läßt er noch immer das Persönliche zur Geltung kommen, hebt er den Einfluß der betreffenden Reiseerfahrungen auf seine innere Entwicklung hervor. Die Anregungen für Innenleben und Tätigkeitsdrang werden ihm die Hauptsache; es sind nicht mehr Einflüsse auf sein untätiges, nur empfangendes Gemüt und dessen unfreiwillige Rückwirkungen. Seine „Italienische Reise" ist als ein Abschnitt seiner Lebensgeschichte aufgefaßt, war ja auch anfangs als zweiter Teil von „Dichtung und Wahrheit" bezeichnet worden; in dieser seiner Lebensgeschichte kam es ihm vor allem darauf an, die innere Entwicklung seines Ich zu schildern; und so will er auch in seiner Darstellung der Erlebnisse in Italien den dauernden Einfluß auf sein Seelenleben, nicht aber die flüchtigen Gemütsbewegungen und allgemeines Gerede zur Hauptsache machen.

Bei Heine können wir eine Rückkehr zur Form der vor-goetheschen Reisebeschreibung beobachten, ohne daß er selbst sich wohl dessen bewußt war. Vielmehr dichtete er genau im Geiste Sternes, Jean Pauls und der Romantiker, wie er ja in seiner Jugend unbedingt der Romantik zuzuordnen ist, und sah deshalb eben im Gefühlseindruck der Erlebnisse wieder die Hauptsache. Es ist dieselbe Grundanschauung wie in den Werken Brentanos, Eichendorffs — man denke nur an dessen Erzählung „Aus dem Leben eines Taugenichts" — und E. T. A. Hoffmanns, die uns bei ihm entgegentritt; aber er verbindet sie mit einem Zusatz übermütiger, überlegener und spöttischer Laune, dessengleichen wir bei keinem dieser andern Dichter antreffen, obwohl auch sie solcher Regung nicht ganz ermangeln.

Der romantische Zug macht sich geltend in der Darstellung aller Dinge, die in den Gesichtskreis des Dichters treten, und in den kühnen Traumgesichten, wie wir sie bereits in Heines Liederdichtung so mannigfaltig kennengelernt haben. Die beseelende Erfassung ist zweifellos von Heine mit bewußter Kunst angewendet worden, was aber sicherlich auch viele Dichter dieser wie anderer Zeiten getan haben; von ihm aber gilt in besonders bezeichnendem Sinne das Wort aus dem „Tasso": „Das weit Zerstreute sammelt sein Gemüt, Und sein Gefühl belebt das Unbelebte". Und er tut es nicht äußerlich, sondern er durchdringt das Werk wirklich mit tieffühlender Seele. Er weiß, in dieser Art der Anschauung der Dinge liegt das Wesen der Märchendichtung, in der die Romantik die tiefste Innigkeit des

Herzens erschlossen sah. Das zeigt sehr schön eine Stelle in der Beschreibung seiner Klaustaler Erlebnisse:

So stillstehend ruhig auch das Leben dieser Leute erscheint, so ist es dennoch ein wahrhaftes, lebendiges Leben. Die steinalte, zitternde Frau, die, dem großen Schranke gegenüber, hintern Ofen saß, mag dort schon ein Vierteljahrhundert lang gesessen haben, und ihr Denken und Fühlen ist gewiß innig verwachsen mit allen Ecken dieses Ofens und allen Schnitzeleien dieses Schrankes. Und Schrank und Ofen leben, denn ein Mensch hat ihnen einen Teil seiner Seele eingeflößt.

Nur durch solch tiefes Anschauungsleben, durch die „Unmittelbarkeit" entstand die deutsche Märchenfabel, deren Eigentümlichkeit darin besteht, daß nicht nur die Tiere und Pflanzen, sondern auch ganz leblos scheinende Gegenstände sprechen und handeln. Sinnigem, harmlosem Volke, in der stillen, umfriedeten Heimlichkeit seiner niedern Berg- und Waldhütten offenbarte sich das innere Leben solcher Gegenstände, diese gewannen einen notwendigen, konsequenten Charakter, eine süße Mischung von phantastischer Laune und rein menschlicher Gesinnung; und so sehen wir im Märchen, wunderbar und doch als wenn es sich von selbst verstände: Nähnadel und Stecknadel kommen von der Schneiderherberge, und verirren sich im Dunkeln; Strohhalm und Kohle wollen über den Bach setzen und verunglücken; Schippe und Besen stehen auf der Treppe und zanken und schmeißen sich; der befragte Spiegel zeigt das Bild der schönsten Frau; sogar die Blutstropfen fangen an zu sprechen, bange, dunkle Worte des besorglichsten Mitleids.

Von solch innig belebender Auffassung ist das ganze Werk durchdrungen, und darin liegt die große Zauberkraft der Erzählung; die Menschen geistigen Adels wissen, nach der Darstellung des Dichters, alle Dinge in ihrem Gesichtskreis mit menschlichem Seelenleben zu begaben, während die stumpfe Masse des Alltags von dieser Auffassungsweise nichts ahnt. Von Menschen solch beschränkten Geistes führt uns Heine manches Prachtstück vor; so z. B. den wohlgenährten Bürger aus Goslar, der ihm in der Nähe von Harzburg begegnete: „ein glänzend vampirisches dummkluges Gesicht; er sah aus, als habe er die Viehseuche erfunden ... Nur wenn der Mensch krank ist", so läßt er diesen Mann sich äußern, „glaubt er Gespenster zu sehen; was aber seine Wenigkeit anbelange, so sei er selten krank, nur zuweilen leide er an Hautübeln, und dann heile er sich jedesmal mit nüchternem Speichel" ... „Solange er neben mir ging", fährt Heine fort, „war gleichsam die ganze Natur entzaubert, sobald er aber fort war, fingen die Bäume wieder an zu sprechen, und die Sonnenstrahlen erklangen und die Wiesenblümchen tanzten, und der blaue Himmel umarmte die Erde." Einen andern Vertreter der Prosa des Lebens führt uns Heine in dem Herrn vor, der beim Anblick einer wunderschönen und seltenen Blume nur zu sagen weiß: „sie gehört zur achten Klasse". Und wiederum eine andere Spielart der prosaischen Nüchternheit vergegenwärtigt der Dr. Saul Ascher, über den uns der Dichter seinen sehr geistvollen Traum erzählt. Dieser Mann „mit seinen abstrakten Beinen, mit seinem engen, transzendentalgrauen Leibrock und mit seinem schroffen, frierend kalten Gesichte", wie ihn Heine bezeichnet, dieser eifrige Anhänger der Kantischen Philosophie, „hatte sich alles Herrliche aus dem Leben herausphilosophiert, alle Sonnenstrahlen, allen Glauben und alle Blumen". Diesen dritten und schlimmsten Vertreter der dürrsten Verstandsprosa verspottet Heine nun in sehr wirksamer Weise dadurch, daß er ihn selber als Gespenst erscheinen und dabei sagen läßt:

Fürchten Sie sich nicht, und glauben Sie nicht, daß ich ein Gespenst sei. Es ist Täuschung Ihrer Phantasie, wenn Sie mich als Gespenst zu sehen glauben. Was ist ein Gespenst? Geben Sie mir eine Definition. Deduzieren Sie mir die Bedingungen der Möglichkeit eines Gespenstes. In welchem vernünftigen Zusammenhange stände eine solche Erscheinung mit der Vernunft? Die Vernunft, ich sage, die Vernunft —". Und nun schritt das Gespenst zu einer Analyse der Vernunft, zitierte Kants „Kritik der reinen Vernunft", 2. Teil, 1. Abschnitt, 2. Buch, 3. Hauptstück, die Unterscheidung der Phänomena und Noumena, konstruierte alsdann den problematischen Gespensterglauben u.s.w.

Kurz, auch hier derselbe Gegensatz der Auffassung: auf der einen Seite die natürlich-lebendige, gefühlsvoll-anschauliche, auf der andern Seite die verstandesmäßig leblose Betrachtung, unter deren Einfluß unser Gemüt verkümmert. So ist alles in der „Harzreise" auf den einen großen Gegensatz zugespitzt: hier prosaische, dort dichterische Auffassung; hier dürre Öde, dort blühend-saftiges Leben! Schon das Einleitungsgedicht läßt diesen Leitgedanken anklingen:

Schwarze Röcke, seidne Strümpfe,
Weiße höfliche Manschetten,
Sanfte Reden, Embrassieren —
Ach, wenn sie nur Herzen hätten!

Herzen in der Brust, und Liebe,
Warme Liebe in dem Herzen . . .

Und er selbst strömt diese poetische Auffassung aus an unzählbaren Stellen seines Werkes: in blühender Jugendlust jubelt sein Herz — am schönsten in den Liedern, deren er, romantischem Brauche folgend, eine größere Anzahl in seine „Harzreise" eingestreut hat. Das beste dieser Gedichte ist dasjenige, das die Begegnung mit der Bergmannstochter in der Nähe von Klaustal schildert:

Auf dem Berge steht die Hütte,
Wo der alte Bergmann wohnt . . .

Auch die Schönheiten dieses Gedichtes erklären sich zum größten Teil durch die geschickt angewendete beseelende Auffassungsform. Es ist nicht zu leugnen, man kann dem schaffenden Dichter ein wenig in die Karten sehen. Aber das Gedicht enthält doch auch Gedanken von tieferem Wert, so vor allem in der zweiten Abteilung, in der der Dichter, ähnlich wie Dr. Faust von Gretchen, von seiner Liebsten katechisiert wird und sein freisinniges Bekenntnis ablegt, das er doch der Ausdrucksweise des Mädchens annähert.

In dem spöttischen Zucken um den Mund, das er sich selbst zuschreibt, verrät sich das weltschmerzliche Selbstgefühl, das er in Nachahmung Byrons so gern zur Schau trug. Müssen wir diese sinnige Beseelung aller Erscheinungen als den alles beherrschenden Hauptzug der „Harzreise" herausheben, so wollen wir doch nicht verschweigen, daß sie gelegentlich etwas süßlich wird und in tote Form ausartet.

Daneben stehen die Traumschilderungen, deren sich Heine auch hier, namentlich in Nachahmung Hoffmanns, sehr häufig bedient; die eine, in der von Dr. Saul Ascher die Rede war, haben wir bereits kennengelernt. Doch sie durchziehen das gesamte Werk wie ein roter Faden; ja man möchte sagen, sobald die Erzählung des Wirklichen etwas zu erlahmen droht, bringt der Dichter einen Traum vor, um seine Darstellung wieder in Gang zu bringen. Zumeist aber sind die Träume — und vor allem dadurch werden sie so wirksam — mit dem dritten Hauptzuge der „Harzreise", mit ausgelassenem Scherz und spöttischer Laune, unmittelbar verbunden. So gleich zu Anfang, wo Heine von dem Professor Friedrich Blumenbach, dem berühmten Naturforscher und Mediziner, erzählt: er träume, wie gewöhnlich, daß er in einem Garten wandle, auf dessen Beeten lauter weiße, mit Zitaten beschriebene Papierchen wachsen, von denen er hier und da einige mühsam pflückt, um sie in ein anderes Beet zu verpflanzen. Besonders glänzend sind aber die juristischen Träume des von Prüfungssorgen bedrückten jungen Dichters. So erscheint ihm in Osterode die Göttin Themis selbst; und nun müssen wieder seine Professoren herhalten:

An ihrer rechten Seite sprang windig hin und her der dünne Hofrat Rusticus, der Lykurg Hannovers [er hieß Bauer] und deklamierte aus seinem neuen Gesetzentwurf; an ihrer Linken humpelte, gar galant und wohlgelaunt, ihr cavaliere servente, der Geheime Justizrat Cujacius [das war der Professor Hugo, der damalige Dekan] und riß lauter juristische Witze und lachte selbst darüber so herzlich, daß sogar die ernste Göttin sich mehrmals zu ihm herabbeugte, mit der großen Pergamentrolle auf die Schulter klopfte und freundlich flüsterte: „Kleiner, loser Schalk, der die Bäume von oben herab beschneidet" [das bezieht sich auf die Erklärung einer Corpus-juris-Stelle De arboribus caedendis", über die sich der Professor Hugo lange Zeit wissenschaftlich herumgestritten hatte].

Noch toller sind die witzigen Träume über eine juristische Oper „Falcidia", erbrechtlicher Text von Gans, einem bekannten Juristen, der über Erbrecht geschrieben hatte, ein Freund Heines, und Musik von Spontini, dem damals am meisten genannten Opernkomponisten.

Aber der Witz und die Laune Heines machen sich keineswegs nur in solchen Träumen Luft; das zeigt sich in glänzendster Form bei der Betrachtung der Erscheinungen des wirklichen Lebens, so schon in der Beschreibung einzelner Personen, z. B. derer, denen Heine im Wirtshaus zu Nörten begegnete:

Dieser Herr war ganz grün gekleidet, trug sogar eine grüne Brille, die auf seine rote Kupfernase einen Schein wie Grünspan warf, und sah aus, wie der Nebukadnezar in seinen späteren Jahren ausgesehen hat, als er, der Sage nach, gleich einem Tiere des Waldes nichts als Salat aß ... Die eine Dame war die Frau Gemahlin, eine große, weitläufige Dame, ein rotes Quadratmeilengesicht mit Grübchen in den Wangen, die wie Spucknäpfe für Liebesgötter aussahen ... Die andere Dame, die Frau Schwester, bildete ganz den Gegensatz der eben Beschriebenen. Stammte jene von Pharaos fetten Kühen, so stammte diese von den magern. Das Gesicht nur ein Mund zwischen zwei Ohren, die Brust trostlos öde, wie die Lüneburger Heide; die ganze ausgekochte Gestalt glich einem Freitisch für arme Theologen ...

Allgemein bekannt sind die spöttischen Bemerkungen über Göttingen, die Göttinger und sogar über die Göttingerinnen. Von der Stadt Göttingen, „berühmt durch ihre Würste und ihre Universität", heißt es, daß die Bewohner eingeteilt seien in „Studenten, Professoren, Philister und Vieh, welche vier Stände jedoch nichts weniger als streng geschieden sind", und hierauf folgen die unehrerbietigen Späße über die Füße der Göttinger Damen, die von denen der Elefanten angeblich gar schwer zu unterscheiden seien. Sehr ergötzlich ist auch die Erzählung vom Schneiderlein und die Behauptung, sie sei der Wirklichkeit genau nachgebildet. Am allerergötzlichsten ist jedoch der tolle Scherz und die ausgelassene Laune in der Darstellung der Erlebnisse auf dem Brocken, die allerdings in Einzelheiten der Darstellung in Hoffmanns „Goldenem Topf" nachgebildet, gleichwohl in wesentlichen Zügen selbständig ist und das Treiben der studentischen Kreise jener Zeit in einer auch sittengeschichtlich bemerkenswerten Form wiedergibt. Ja, dieser studentische Übermut macht die „Harzreise" für jeden, der das studentische Treiben liebt und kennt, zu einer Quelle heiteren Genusses; Heine knüpft dabei an alte Überlieferungen an, die um Jahrhunderte zurückreichen. Gewiß ist es richtig, daß die studentische Ungebundenheit der „Harzreise" hie und da etwas weit geht, und manche zimperliche Gemüter, namentlich früherer Zeiten, haben sich daran gestoßen. Wir Heutigen sind nun freilich an ganz andere Kost gewöhnt worden, und verglichen mit dem, was uns die neueste Zeit bietet, erscheint uns die „Harzreise" recht zahm. Vor allem ist sie für den Geschmack unserer Zeit im Gesamtstil zu gekünstelt, und für die romantische Auffassungsweise, die über das Ganze ausgegossen ist, haben viele kein rechtes Verständnis mehr. Bei den Zeitgenossen aber schlug das Werk wie eine Bombe ein; in jener Zeit der Restauration und der sanften ästhetischen Thees wirkte es befreiend, und wenn Heine in späteren Schriften einen größeren Reichtum der Gedanken entwickeln sollte, so hat er doch vielleicht in keiner eine lebendigere Frische an den Tag gelegt als in dieser.

DRITTES KAPITEL

WANDERJAHRE (1825—1831)

1. Juli 1825 bis November 1827

Ende Juli verließ Heine die Musenstadt an der Leine und unternahm zunächst eine Badereise nach Norderney, für die ihm der durch Göttingen reisende Onkel Salomon die Mittel zur Verfügung gestellt hatte. Hier verweilte er in den Monaten August und September, kräftigte seine Gesundheit, begeisterte sich für das Meer, schrieb eine Anzahl seiner prachtvollen Nordseebilder, badete, machte Segelfahrten, ergötzte sich im Gespräch mit schönen und geistreichen Frauen und widerstand auch nicht den Versuchungen des Glücksspiels. Seine Pläne für die Zukunft waren noch ungeklärt. Anfangs hoffte er, sich in Berlin als Privatdozent in der philosophischen Fakultät niederlassen zu können; doch begreiflicherweise erhielt er auf seine Anfrage die Antwort, daß dies für einen Doctor juris ausgeschlossen sei. Dann wollte er in Hamburg Anwalt werden, und darauf hätte er nach den Bestimmungen seiner Zeit als Doktor der Rechte ohne weiteres Anspruch gehabt. Doch Heines legale Kenntnisse waren, wie er selbst wußte, sehr schwach; er fühlte sich in seinem Beruf zu unsicher, um sich ohne praktische Erfahrung sofort in Hamburg als Rechtsanwalt zu betätigen. So verbrachte er erst einmal den September und Oktober 1825 in Lüneburg, um unter der Anleitung seines Freundes Christiani praktisch in den neuen Beruf eingeführt zu werden. Zuerst war er mit der Bearbeitung von Gerichtsfällen befaßt. So lesen wir denn die kurze Notiz an Christiani: „Mit der Arnemannschen Konkurssache bin ich fast zu Ende"; doch Heines Herz ist nicht dabei, wie die Fortsetzung desselben Satzes zeigt: „und bitte Sie deshalb, mir Molières reimlose Lustspiele zu schicken. Ich bin ganz trocken." Als Christiani dann einen Fall vor Gericht vertreten sollte, der so klar war, daß er einfach nicht verloren werden konnte, überließ er ihn seinem Freund Heine, und — dieser verlor ihn glatt! Das war der erste und auch der letzte Fall, den Heine je vor Gericht vertreten hat. Er mußte einsehen, daß ihm jede Begabung zum Advokaten abging; er verließ Lüneburg und verzog Mitte November nach Hamburg, doch nicht als Rechtsanwalt, sondern als freier Schriftsteller. Hier hatte er anregenden Verkehr mit Varnhagens Schwager Dr. David Assing; mit dem tüchtigen Literaturkenner Friedrich Gottlob Zimmermann, Professor am Johannäum und Herausgeber der von Campe verlegten „Dramaturgischen Blätter"; mit dem Hamburger Musikdirektor Albert Methfessel, dessen er schon in der „Harzreise" rühmend gedacht hatte und der für Heine die Gedichte des „Neuen Frühlings" vertonte; mit dem tauben Schriftsteller und Dekorationsmaler Johann Peter Lyser, der eine gutgetroffene Zeichnung von Heine fertigte; und schließlich mit dem zweisprachigen geistreichen Musikkritiker August Gathy, der seit 1830 in Paris lebte und dort das „Buch Le Grand" und die „Vorrede" zu den „Französischen Zuständen" ins Französische übersetzte — immerhin eine stattliche Reihe von Persönlichkeiten. Es berührt jedoch sonderbar, daß man den bewährtesten und wichtigsten Freund der Hamburger Zeit in fast allen Heine-Biographien völlig unbeachtet gelassen hat: Friedrich Merckel. Er soll hier endlich einmal voll gewürdigt werden.

Friedrich Merckel, der mit Campe in gleichem Alter stand, in Lüneburg geboren, ließ sich später in Hamburg nieder, wo er wohlhabender Geschäftsmann wurde. Doch betrieb er sein Geschäft mit einem starken Gefühl des Zwiespalts und nur als Erwerbsquelle; sein wirkliches Leben galt der Literatur. Er schrieb Artikel und Gedichte für die Hamburger Lokalzeitungen, wahrscheinlich unter einem Decknamen. Die Gedichte „Himmlisch war's, wenn ich bezwang . . ." und „O wie ist es doch erfreulich . . ." die Elster fälschlich Christiani zuschreibt, sind seine einzigen erhaltenen poetischen Leistungen. In der Politik Liberaler, nahm er Anteil an der revolutionären Bewegung von 1830, doch mit unerfreulichem Ergebnis! Angewidert von der Plebs, gab er seine politische Tätigkeit ganz auf und führte bis zu seinem Tode 1846 ein zurückgezogenes, ereignisloses Leben. Heine wurde mit ihm durch die Vermittlung Christianis bekannt. Merckel war ein gutmütiger und selbstloser Mensch, der gern um Heines willen beiseitetrat, und außerdem ein guter Freund Campes. Von 1826 bis 1831 bildeten Heine, Merckel und Campe ein Triumvirat: Heine war der Autor, Campe der Verleger, und Merckel Kritiker, Korrekturleser und geschäftlicher Berater des Dichters. Er war Heines absoluter Vertrauter, er durfte seine Geschäftsbriefe öffnen, wurde in seine Liebesangelegenheiten eingeweiht, wußte von Heines Beziehungen zu seiner Kusine Therese und gehörte sogar zu den wenigen Auserwählten, denen Heine etwas von Cottas Angebot, nach München zu kommen, erzählte. Merckel andererseits hielt Heine auf dem laufenden über die literarische Entwicklung der Zeit; er schickte ihm Besprechungen seiner Werke, verschaffte ihm die Bücher, die er zu lesen wünschte, unterstützte ihn großzügig mit Geld und suchte Salomon Heine zugunsten seines Neffen zu beeinflussen; schließlich sammelte er alle Urteile über Heine in den Zeitschriften für dessen künftige Biographie. Campe nannte die Sammlung scherzweise „Merckels Museum". Auch für Campe wurde Merckel unentbehrlich; er schrieb fast keine Briefe mehr an Heine, sondern übergab Merckel alle Aufträge an Heine, welche dieser mündlich erledigte. In den geschäftlichen Verhandlungen mit Campe vertrat Merckel stets Heines Interessen; er verhandelte mit Campe über eine Ausgabe von Heines Lyrik, und nur ihm, Merckel, verdanken wir es, daß damals die Herausgabe von Heines klassischem Werk „Das Buch der Lieder" zustande kam. Merckel war auch behilflich, den ersten Vertrag zwischen Heine und Campe aus dem Jahre 1827 abzuschließen. Die Beziehungen des Triumvirats waren jedoch nicht immer harmonisch, Merckel war oft überängstlich und anmaßend in der Vertretung von Heines Interessen, was mitunter zur Verärgerung Campes führte. Merckel handelte oft undiplomatisch. Von größter Bedeutung aber ist Merckels künstlerische und kritische Behandlung poetischer Fragen, und der Wert, den Heine Merckels Vorschlägen beimaß; wir wissen, daß Merckel oft „grausam" in seiner Kritik Heinescher Verse war und daß Merckels Strenge den Dichter vor manchen Unbesonnenheiten bewahrte. So wurden das ganze „Buch der Lieder" und der lyrische Teil der „Reisebilder" Merckels kritischen Kommentaren angepaßt. Es ist deshalb auch nicht überraschend, daß ein Teil des „Buchs der Lieder" mit dem Untertitel „Die Nordsee", dem Merckel seine ganz besondere Aufmerksamkeit zugewandt hatte, ihm gewidmet ist. Heines noch unbekannte Widmung in Merckels Exemplar des ersten Bandes der „Reisebilder" aus dem Jahre 1826, erklärt sich von selbst:

Giebelrede des Verfassers

Die schönsten Blumen — Leiden und Lieben —
Sind längst aus der Seele herausgeschrieben,
Die wenigen Blümchen die darin geblieben,
Hat der Lenz nun wieder hervorgetrieben.

Du, Merckel, hast treulich die Kleinen gehegt,
Hast manche selbst in die Wiege gelegt,
Die Wiege, das ist dies kleine Buch,
Es machte uns Müh' und Plage genug —
Gott, der so gut und gnadenreich,
Er schenke uns allen das Himmelreich,
Er schütze auf Erden die Blinden und Lahmen
Und dies lahm' und blinde Büchlein — Amen!

Eine weitere Widmung, diesmal in Prosa, in Merckels Exemplar des zweiten Bandes der „Reisebilder", welches Werk Heine als „Unser Buch" bezeichnete, wird man ohne weiteres verstehen, wenn man sich vergegenwärtigt, daß Merckel gegen Ende des Jahres 1826 an Heine ein Buch über einen „närrischen Klabautermann" gesandt hatte, das von dem Hamburger Stadtrat Martin Hieronymus Hudtwalker unter dem Decknamen Oswald verfaßt war mit dem Titel: „Bruchstücke aus Karl Bartholds Tagebuch". Es war soeben erschienen und erzählte die Geschichte des fliegenden Holländers:

Dir dem Klabautermann des Buches brauche ich es nicht besonders zu empfehlen, hast ihm deinen Schutz angedeihen lassen, hast die guten Gedanken nachgestaut, hast oft warnend an die Planken gehämmert, und jetzt sitzt du auf dem Bramsegel und erwartest das Aufheulen der Hexen, die diesem Buch einen ordentlichen Sturm erregen werden.

Als Heine den dritten Band der „Reisebilder" schrieb, half Merckel vor allem durch intensives Korrekturlesen. Merckel hatte Heine gedrängt, seine Zeit nicht polemischer Prosa zu widmen, sondern all seine Kraft für die reine Poesie zu verwenden. Überdies konnte ein Mensch, der in Heines poetischen Werken das Wort „Flöhe" beanstandet hatte, sich wohl kaum mit Heines scharfen Angriffen auf Platen einverstanden erklären. Diese Lage machte auch Campes nachdrücklichen Ausruf verständlich: „Merckel soll lesen, daß ihm die Augen übergehen, und durchaus nichts verbessern wollen", ebenso wie die Anspielung auf „Kastalia" in der folgenden Widmung in Merckels Exemplar des dritten Bandes der „Reisebilder" im Januar 1830:

> Schau' hinein ins Buch, da drinnen
> Siehst du Nebelmenschen schwanken,
> Siehst, wie blutende Gedanken
> Durch die weißen Herzen rinnen.
>
> Aber auch lebend'ge Rosen
> Lachen blühend dir entgegen,
> Und auf süßverschwiegnen Wegen
> Hörst du Nachtigallen kosen.
> Und sie kosen von Italia;
> Und geschieht es auch in Prose,
> Murmelt doch durch das Gekose
> Fern melodisch die Kastalia.

Als Heine in Paris war, entstand eine neue Situation im Triumvirat; während früher Merckel an Heine über Campe berichtete, ist es jetzt Campe, der Heine über Merckel schreibt. Obwohl Merckel Heines lyrisches Schaffen vollauf zu schätzen wußte, entfernen sie sich jetzt in politischer Hinsicht immer mehr voneinander. Das kam zum Durchbruch, als Merckel die „Vorrede" zu den „Französischen Zuständen" in Händen hatte, und Campe schreibt; „Merckel trägt mir auf, Ihnen zu sagen: wozu diese Sie begeistern." Heine fühlte sich persönlich verletzt und warf Merckel „Schadenfreude" vor. Da Merckel, der sich ganz von der Politik zurückgezogen hatte, Heines Bitte nicht erfüllen konnte, ihn über die politische Entwicklung in Deutschland auf dem laufenden zu halten, wendete Heine seinem jahrelangen selbstlosen Freund rücksichtslos den Rücken zu. Nie wieder schrieb er ihm und erwähnte seinen Namen nur noch ein einziges Mal, als er an Campe die Anweisung gab, bei der zweiten Auflage des dritten Bandes der „Reisebilder" in die leere Stelle wieder das Wort „Flöhe" einzusetzen. „Ich habe mich nämlich, als das Buch gedruckt wurde, durch Merckels Prüderie verleiten lassen, die armen Flöhe auszulassen;

jetzt aber sollen sie wieder hineingesetzt werden." Seit diesen Tagen taucht der Name Merckel in Heines Briefen nicht mehr auf. Auch bei seinen Besuchen in Hamburg 1843 und 1844 finden wir nirgends eine Erwähnung seines alten Freundes. Dieses Schweigen wurde schließlich am 4. September 1846 unterbrochen durch Campes lakonische Bemerkung: „Gestern ist Merckel nach eintägigem Unwohlsein gestorben."

So sollte diese innige und wichtige Freundschaft in Heines Leben ein so unschönes Ende nehmen. Doch das war bei Heine durchaus kein vereinzelter Fall. Eigentlich hatte er überhaupt keine lebenslangen Freunde aufzuweisen, wie wir immer wieder sehen werden. Das lag an zwei Charakterschwächen des Dichters: an seiner Unduldsamkeit und an seiner Selbstsucht. Heine stellte den Verkehr mit seinen besten Freunden ein, sobald sie eine andere Meinung als die seinige vertraten, sobald sie dem Dichter von keinem persönlichen Interesse und Nutzen mehr waren, und sobald sie als Schriftsteller seine Konkurrenten wurden. Diese unschönen Charakterzüge werden wir in Heines ganzem Leben immer wieder beobachten müssen.

Lebhafte Eindrücke gewann Heine auf einer Reise nach England, besonders nach London, die er im April 1827 antrat und von der er erst im September nach Hamburg zurückkehrte. Das öffentliche Leben der englischen Hauptstadt begeisterte ihn; er fühlte mit Schmerzen den Gegensatz zu den allzu stillen und stockenden Zuständen des damaligen Deutschland. „Oft, wenn ich im ‚Morning Chronicle' lese," so schrieb er, „und in jeder Zeile das englische Volk mit seiner Nationalität erblicke, mit seinen Pferderennen, Boxen, Hahnenkämpfen, Assisen, Parlamentsdebatten etc, da nehme ich wieder betrübten Herzens ein deutsches Blatt zur Hand und suche darin die Momente des Volkslebens, und finde nichts als literarische Fraubasereien und Theatergeklätsche". Der Besuch der Parlamentssitzungen in London machte den stärksten Eindruck auf Heine, und besonders die Reden des freisinnigen Politikers Canning erfüllten ihn mit Begeisterung. Viel erzählt er von der damaligen Finanznot des Staates. Aber auch die geschichtlich denkwürdigen Stätten der Weltstadt, den Tower, die Westminster-Abbey u.s.w. bewundert er wie jeder Besucher Londons. Er vertiefte sich in die Geschichte des Landes und erging sich in langen Schilderungen über Old Baily, eine Straße der City, besonders bekannt durch das dort befindliche Gefängnis. Desgleichen verkannte er nicht die Wichtigkeit des gewaltigen Verkehrs der Stadt, wenn auch die tosende Unruhe, dergleichen er nie zuvor erlebt hatte, keinen angenehmen Eindruck auf ihn machte. Aber so sehr er die politische Reife der Engländer anerkannte, so unerfreulich erschien ihm ihr kirchliches Leben, ihre Sonntagsfeierlichkeit und ihr oberflächliches Denken in religiösen Fragen. Nicht minder wurde sein Gefühl für Schönheit und rechtes Maß auf Schritt und Tritt beleidigt, sei es durch die eckigen Umgangsformen der Engländer, sei es durch ihre langweiligen Tischreden, sei es durch ihre einförmige Unterhaltung; auch konnte er sich, wie so viele, die vom Festland herüberkommen, nicht mit der englischen Küche befreunden, und auch die prosaische Unverfrorenheit und Selbstsucht trafen ihn oft geradezu beleidigend. Viel Achtung hatte er aber vor der Schönheit der englischen Frauen. Alles in allem fiel sein Urteil über die Engländer in dieser Zeit weit günstiger aus als später: namentlich in seinen „Florentinischen Nächten" hat er ihnen später, offenbar beeinflußt von erheblichen französischen Vorurteilen, sehr bittere Wahrheiten gesagt. Auch diesmal ließ sich Heine nicht die Gelegenheit entgehen, die See zu besuchen: wie er in den Jahren 1825 und 1826 in Norderney gewesen war, so verbrachte er auch jetzt einige Zeit in einem Seebad, in Ramsgate; auf der Rückreise verweilte er vorübergehend in Holland, wo er viele der Beobachtungen machte, die er dann später in seinen „Memoiren des Herrn von Schnabelewopski" verwertete.

Heines Beziehungen zur Familie seines Onkels scheinen bis zur Zeit seiner Reise nach England recht erfreulich gewesen zu sein, und es hat den Anschein, daß ihm Therese, der er damals noch manch großartige dichterische Huldigung darbrachte, innerlich näherrückte, und daß er sich mit Recht Hoffnung machen durfte, sie bald die Seine zu nennen. Doch diese Hoffnung sollte er sich durch eine unaufrichtige Handlung seinem Onkel gegenüber selbst verscherzen: Vor seiner Reise nach England bat er den Oheim, ihm zur „Repräsentation" einen Kreditbrief von 400 Pfund Sterling oder 10,000 Franken, sowie eine Empfehlung an den Baron von Rothschild in London mitzugeben. Es war ausdrücklich vereinbart, daß der Kreditbrief nur zur formellen Unterstützung der Empfehlung dienen sollte. Doch Heine mißbrauchte das Vertrauen seines Onkels und ließ sich den Kreditbrief sofort nach seiner Ankunft in England auszahlen. Man mag hier einwenden, wie in so manchen andern Fällen handele es sich um eine frei erfundene Anekdote seines Bruders Maximilian, doch widerspricht dieser Möglichkeit der am 2. April 1827 von Salomon Heine ausgestellte und noch erhaltene Kreditbrief „für Herren Doctor juris Henry Heine". Als der eingelöste Scheck dann Ende des Monats in Hamburg einlief, schrieb der Onkel am 1. Mai 1827 sofort einen Brief an seinen Neffen in London. Seinen Inhalt kennen wir nicht, doch wissen wir, daß Onkel Salomon nur in äußerst wichtigen Angelegenheiten sich zu einer persönlichen Korrespondenz herbeiließ, und so sind wir zu der Annahme berechtigt, daß Onkel Salomon seinem Neffen tüchtig die Meinung gesagt hat. Nach Heines Rückkehr nach Hamburg machte ihm der Oheim weitere Vorwürfe wegen seiner grenzenlosen Verschwendung und drohte, sich nie wieder mit ihm zu versöhnen. Heine soll dieser Gardinenpredigt bis zu Ende ruhig zugehört und darauf stolz das Zimmer verlassen haben mit den Worten: „Weißt Du, Onkel, das beste an dir ist, daß du meinen Namen trägst." Dieses herausfordernde Auftreten und der Mißbrauch des Kreditbriefes hat den Oheim tief verletzt, und er hat diese bittere Erfahrung nie im Leben vergessen können. Noch 1839 zeichnete er einen Brief an den Dichter, „Salomon Heine, der Mann der Deinen Namen trägt" und 1843, „Onkel, der auch heißt Heine". Man kann es Salomon nicht verdenken, daß er zögerte, die Hand seiner Tochter einem Manne zu geben, dem er in Geldangelegenheiten nicht trauen konnte. Hatte sein Neffe seine Gelder schon vor der Ehe vergeudet, wie würde er da erst als Schwiegersohn wirtschaften?! Zweifellos hat Salomon Heine auch seiner Tochter die Augen über diesen nichtswürdigen Taugenichts geöffnet, so daß sie den Gedanken, den Heine ihr nahe legte, von sich wies: ihm auch ohne die Einwilligung der Eltern die Hand zu reichen. Immerhin glaubte Heine, als er im Herbst 1827 Hamburg verließ, er werde als Bräutigam in das Haus des Oheims zurückkehren. Und Ende Januar 1828 muß Heine noch einmal einen Annäherungsversuch an den Onkel zwecks Heirat gemacht haben. Der Oheim aber scheute nicht die drastischsten Mittel, um den Heiratsplänen ein Ende zu bereiten und sich den Neffen vom Halse zu schaffen. So lesen wir in einem Brief an Varnhagen von Ense die herben Worte: „Nach Hamburg werde ich nie in diesem Leben zurückkehren; mein Onkel dort, der Millionär, hat wie der gemeinste Schurke gegen mich gehandelt. Es sind mir Dinge von der äußersten Bitterkeit dort passiert, sie wären auch nicht zu ertragen gewesen ohne den Umstand, daß nur ich sie weiß". Harry Heine, der für den Onkel das schwarze Schaf der Familie war, dessen Handlungen so niederträchtiger Art waren, daß sie ganz und gar nicht in die Lebensanschauung der Familie Heine hineinpaßten, hat wahrscheinlich vom Onkel manches Heftige über seine außereheliche Geburt zu hören bekommen, wie es in seinem späteren Leben noch mehrmals geschehen sollte. Salomons starke Abneigung gegen seinen Neffen Harry schwand erst, nachdem er seine Tochter Therese sicher als die Gattin des Dr. jur. Adolf Halle versorgt wußte. Heine indeß hat nichts unterlassen, um die Gunst seines reichen Onkels zurückzugewinnen; er wollte sich wenigstens dessen finanzieller Unterstützung, von der er bisher gelebt hatte, auch weiterhin vergewissern. Beruflich als Rechtsanwalt konnte er ihn nicht beeindrucken, also mußte er ihn künstlerisch als Dichter von seinem Wert überzeugen. Es ist wirklich eine köstliche Komödie zu sehen, wie er das mit Hilfe von Freunden und durch seinen Hamburger Verleger Campe zustande brachte. Campe berichtet von dem Erfolg: „Salomon ist Ihnen ganz gewogen. In München haben die Diplomaten ihn für Sie bearbeitet und haben ihm Glück zu seinem großen Neffen gewünscht; ja, der König ginge mit den Reisebildern zu Bett und stünde wieder damit auf, und er glaubt es. Es ist mir lieb, daß er freundlich gegen Sie umgestimmt und bei ihm die Erkenntnis eingezogen ist, daß eine Stellung wie die Ihrige, doch nicht ganz ohne sei."

Im Oktober 1827 übernahm Heine in München die Stelle eines Schriftleiters der „Allgemeinen politischen Annalen", die im Cottaschen Verlag erschienen. Ende des Monats November traf er in der bayrischen Hauptstadt ein, ohne zu wissen, daß er einer langen Reihe bitterer Leiden und schmerzlichster Enttäuschungen entgegenging.

2. „Die Nordsee", 1. und 2. Abteilung

Zu den bedeutendsten Gedichten, die Heine geschrieben hat, in denen er seine Kraft und Selbständigkeit mit am glänzendsten offenbart, gehören die beiden Abteilungen der „Nordsee", die im „Buch der Lieder", der „Heimkehr" und den Liedern aus der „Harzreise" folgen und das ganze Buch beschließen. Sie zeigen den Dichter wieder von einer ganz neuen Seite. Die Lebensbekenntnisse, die sich in den früheren Abteilungen so deutlich offenbaren, treten zurück, und es ist nicht möglich, wie im „Lyrischen Intermezzo" einen zusammenhängenden Roman aus den Gedichten herauszulesen. Manches bezieht sich zweifellos auf Therese, so namentlich das Gedicht „Nachts in der Kajütte" (Nr. 7 der ersten Abteilung); in anderen Gedichten ist ihre Gestalt zum mindesten in einen dichten Schleier gehüllt; in einem Gedicht, „Seegespenst", könnte man geradezu an ein Aufleben der Erinnerung an Amalie glauben. Indessen tritt in diesen Gedichten das Leben überhaupt wenig hervor; das Besondere schwindet hinter dem Allgemeinen; und das ist durchaus kein Fehler. Damit aber ist zugleich auf eine andere Eigentümlichkeit der Nordseebilder hingewiesen: Die bewußte Kunst des jetzt alle Darstellungsmittel sicher beherrschenden Dichters läßt sich hier nirgends verkennen; der Drang des Herzens, das nur in poetischer Beichte Befreiung findet, kommt uns seltener zum Bewußtsein, und damit hängt es zusammen, daß diese Gedichte, so wundervolle Schönheit sie aufweisen, uns nicht so wie manche der früheren, durch überraschende Lebenswahrheit fesseln und befriedigen. Das jedoch, worauf der Titel hinweist, bieten sie in reicher Fülle anschauliche Schilderungen vom Treiben an der See. Heine besaß ein inniges Verständnis für die Reize des Lebens an der See und vor allem des Meeres selbst; es ist zwar falsch zu sagen, daß er der einzige deutsche Dichter des Meeres sei, denn Goethe (Meeres-Stille, und Glückliche Fahrt, Nausikaa), der Graf Stolberg, Varnhagen, Wilhelm Müller u. a. sind seine Vorgänger; aber es ist sicher, daß ihm kein anderer auf diesem Gebiet gleichkommt. Außerdem ist es für die beiden Abteilungen bezeichnend, daß Heine sich hier reichlicher als sonst philosophischen und religiösen Gedanken hingibt, so wie jeder tiefer veranlagte Mensch von den großen Eindrücken der Natur auch zu ernsteren

Gedanken über die letzten Zusammenhänge dieser Welt angeregt wird. Und endlich fehlt es den Gedichten auch nicht an weiten kulturgeschichtlichen Ausblicken: wiederholt wird an vergangene Zeiten erinnert, so an die im Meer versunkene Stadt Vineta, an den Rückzug der zehntausend Griechen, von dem Xenophon in seiner „Anabasis" berichtet, und insbesondere schauen die Gestalten der griechischen Götterwelt oft wehmütig aus den gewaltigen Traumgesichten dieser wundervollen Verse hervor.

Am bezeichnendsten aber ist die Darstellung. Ich meine damit nicht allein die glückliche Wahl der Worte und den Wohllaut der Verse, sondern zahlreiche weitere z. T. einzig dastehende Schönheiten des innern Stils. Alle jene Feinheiten der Darstellung, die in der Lehre von den dichterischen Auffassungsformen, von den erhöhenden und steigernden Ausdrucksmitteln behandelt werden, hat Heine hier mit sicherer Kunst gemeistert. Die beseelende, die bildlich vergleichende, die gegenüberstehende, die umschreibende, die sinnbildliche Auffassungsweise, die prachtvollsten Beiwörter und Wortzusammensetzungen lassen hier eine so vollkommene Kunst erkennen, wie sie vorher und nachher in deutscher Sprache nur selten erreicht worden ist. Dazu kommt die Freude an der Ausmalung höchst glücklicher Zustandsbilder, derengleichen wir bereits bei Besprechung der Gedichte der „Heimkehr" kennengelernt haben; und die Beherrschung aller dieser Stilmittel vereint sich mit einer Fülle glücklicher Einfälle, wie sie sogar bei Heine nicht eben häufig anzutreffen sind.

Zu alledem gesellt sich die große Wirkung des Versmaßes. Heine bedient sich hier der sogenannten freien Rhythmen, die zuerst durch Klopstock in die deutsche Dichtung eingeführt worden sind, und deren sich auch Goethe, Novalis, Stolberg, Schiller (Chöre der „Braut von Messina"), Tieck, Robert u. a. bedient hatten. Klopstock, der das Metrum zuerst in seiner Ode „Genesung" im Jahre 1754 verwendete, glaubte in ihm den Vers der alten Barden zu erneuern, angeblich deutscher Sänger der Urzeit, die es jedoch in Wirklichkeit niemals gegeben hat; mit dem sicheren Gefühl aber, das Klopstock zuweilen an den Tag legte, schuf er eine Ausdrucksform, deren hoher Wert sich im Verlauf von mehr als zweihundert Jahren glänzend bewähren sollte. Die Eigentümlichkeit dieses Versmaßes besteht in der weitgehenden Loslösung von den strengen Forderungen des geregelten Versbaus. Während in den freien Versen, die nicht mit den freien Rhythmen verwechselt werden dürfen, während in den Vers libres der französischen Dichtung die Freiheit darauf hinausgeht, daß die Anzahl der Füße oder Takte des Verses nicht vorgeschrieben ist, also insbesondere vierhebige Verse mit fünfhebigen und sechshebigen abwechseln können, ist es die Eigentümlichkeit der freien Rhythmen, daß in ihnen auch die Taktcharaktere nicht festgelegt sind, daß also Verse, die mit fallenden Takten beginnen, in steigende übergehen können, daß doppelt steigende und doppelt fallende Takte nach Belieben eingestreut werden und daß die Senkungen des Verses auch ganz unausgefüllt bleiben dürfen. Wie die Taktcharaktere oder Versfüße freigegeben sind, so gibt es auch keine Vorschriften über die Anzahl der Takte, die zu einem Verse vereinigt werden; die grundlegende Eigentümlichkeit der freien Rhythmen ist vielmehr in den Pausen zu suchen, die in annähernd gleichen Abständen auftreten müssen. Sie bewirken die Abtrennung von Sprachtakten begrenzten Umfangs, also von Silbengruppen, die durch starke Hemmung zu Einheiten zusammengefaßt werden; je gedrängter und knapper diese gleich langen Sprachtakte der freien Rhythmen sind, je wuchtiger die Pausen zur Geltung kommen, desto getragener wird der Stil; daher sind die freien Rhythmen nur für feierlich-gehaltvolle und nachdrückliche Inhalte das geeignete Ausdrucksmittel. Wenn Heine in den früheren Abteilungen des „Buchs der Lieder" in erster Linie durch die schöne Einfalt der liederartigen Gesänge erfreute, so geht er hier zu einer durch und durch abweichend gehaltenen metrischen Gestaltung über. Innerhalb dieser Grenzen können sich aber die freien Rhythmen dem jeweils wechselnden Inhalt aufs beste anpassen; sie können ebenso gut Ruhe wie Erregung, Spannung ebenso gut wie befriedigende Lösung oder Entsagung wiedergeben. Meisterhaft versteht es Heine, das Versmaß entsprechend abzuwandeln. Vor allem aber ist es ihm gelungen, die Wogen des Meeres durch die Versbewegung anzudeuten. Und um die Einfachheit der fast allzu geschmeidig sich anschmiegenden Form durch Schmuck zu erhöhen, bedient er sich in reichem Maße des Stabreims, während der Endreim hier ausgeschlossen ist und an den wenigen Stellen, wo er dennoch erscheint, sich durch Zufall und ohne die Absicht des Dichters eingeschlichen zu haben scheint.

Die erste Abteilung eröffnet mit dem Gedicht „Krönung", das der neuen Herzenskönigin des Dichters gewidmet ist, scheinbar eine neue Reihe von Liebesbekenntnissen; aber bald folgen, wie wir bereits gesehen haben, Gesänge ganz andern Charakters. Das Gedicht ist aufgebaut auf kühner und genialer Verwendung der beseelenden, vergleichenden und vor allem der verwandelnden Auffassungsweise. Diese besteht darin, daß die schaffende Einbildungskraft des Dichters die Dinge der äußern Welt kühne und der Lebenswirklichkeit widersprechende Veränderungen erfahren läßt, so wie Heine bereits im „Lyrischen Intermezzo" gesagt hatte:

> Aus meinen Tränen sprießen
> Viel blühende Blumen hervor,
> Und meine Seufzer werden
> Ein Nachtigallenchor . . .

So macht er aus dem Gold der Sonne ein Diadem für die Geliebte, aus der Himmelsdecke einen Krönungsmantel, als Hofstaat gibt er ihr Sonette, Terzinen und Stanzen, die er kraft der beseelenden Auffassung als menschliche Wesen sieht. Und die vergleichende Auffassung liefert die Grundlage der ganzen seltsam gesteigerten Darstellung; die Geliebte wird verglichen mit einer Königin, und, so fährt er scherzend fort, sie hat auch eine Vorgängerin im Reiche besessen, die dem Dichter nur wenig Verstand gelassen hat, und diesen überbringt er der neuen Herrscherin auf einem Sammetkissen, so wie man etwa das Szepter überreicht. So entsteht aus sprudelnder Geistesfülle eine lange Reihe abenteuerlich-witziger Umbildungen des prosaischen Lebensstoffes. Ganz anders das 2. Gedicht, „Abenddämmerung", das zuerst ein höchst stimmungsvolles Bild von der Dämmerstunde am Meer entwirft und hieran entzückende Kindheitserinnerungen knüpft: ein Situationsbild in hoher Vollendung. Im Gegensatz zu den lieblichen Tönen dieses Gedichts ergeht sich das wildbewegte 3. Gedicht „Sonnenuntergang" in schrillen Mißtönen; sein eigenes Liebesleid, zu dem der Dichter zurückkehrt, erscheint ihm milder und erträglicher, wenn er an die ewigen Schmerzen von Luna und Sol denkt, die einst ehelich vereint waren und nun für immer getrennt am Himmel wandeln; Heine lehnt sich in Inhalt und Form ziemlich eng an ein Gedicht von Christian Schlosser, einem Neffen von Goethes Schwager Johann Georg Schlosser, an; aber die Vorlage ist prächtig überboten, und es ist Persönliches hineingelegt. Im nächsten Gedicht, „Die Nacht am Strande", läßt Heine wieder leichtere und freudigere Töne erklingen, und er verbindet sinnliche Lieblichkeit mit spöttischer Heiterkeit und empfindsame Schmerzen. Zunächst freilich schildert er sich selbst ganz im Stile des Lord Byron:

> Über den flutbefeuchteten Sand
> Schreitet ein Fremdling, mit einem Herzen,
> Das wilder noch als Wind und Wellen . . .

Man glaubt den Lord zu sehen. Doch diese Stimmung wird nicht festgehalten; der Wanderer tritt in die Fischerhütte ein, und in dem, was er hier darstellt, erweist sich Heine wieder als der große Meister der Zustandsmalerei.

> Vater und Bruder sind auf der See,
> Und mutterseelallein blieb dort
> In der Hütte die Fischerstochter,
> Die wunderschöne Fischerstochter.
> Am Herde sitzt sie
> Und horcht auf des Wasserkessels
> Ahnungssüßes, heimliches Summen
> Und schüttet knisterndes Reisig ins Feuer,
> Und bläst hinein,
> Daß die flackernd roten Lichter
> Zauberlieblich widerstrahlen
> Auf das blühende Antlitz,
> Auf die zarte, weiße Schulter,
> Die rührend hervorlauscht
> Aus dem groben grauen Hemde,

> Und auf die kleine sorgsame Hand,
> Die das Unterröckchen fester bindet
> Um die feine Hüfte . . .

Man beachte auch hier die reiche Fülle schmückender und bezeichnender Beiwörter. Wie dieses Gedicht mit der spöttischen Bemerkung über den göttlichen Schnupfen und den unsterblichen Husten schließt, so geht das nächste, das fünfte, „Poseidon", in dem die Gestalten der griechischen Götter- und Heldensage zum ersten Mal erscheinen, durchweg in scherzhafter Laune auf, die umso ergötzlicher wirkt, als der Dichter die groben Späße des Wassergottes gegen sich selbst gerichtet sein läßt. Wir empfinden einen gewaltigen Abstand gegenüber der ernsthaften Griechenverehrung Goethes und Schillers; bei Heine sind die Götter etwas heruntergekommen und werden nicht mehr in Ehrfurcht angestaunt. Mit ernster Leidenschaft überstürzen sich in kühnem Fluge die Gedanken des 6. Gedichts, „Erklärung", in dem sich der kühne Einfall findet, daß der Dichter sein Liebesbekenntnis mit der aus Norwegens Wäldern gerissenen Riesenfeder an den Himmel schreibt:

> Jedwede Nacht lodert alsdann
> Dort oben die ewige Flammenschrift,
> Und alle nachwachsende Enkelgeschlechter
> Lesen jauchzend die Himmelsworte:
> „Agnes, ich liebe dich".

Aus dem Rahmen der Nordseebilder fällt das 7. Gedicht, das eigentlich aus sechs einzelnen, aber miteinander verbundenen Liedern besteht, stark heraus; es ist vermutlich älter als die umgebenden, und nicht in freien Rhythmen, sondern in verschiedenen einfachen steigenden und fallenden Versmaßen abgefaßt. Dieses Gedicht, überschrieben „Nachts in der Kajüte", enthält ohne Frage an Therese gerichtete Liebesbekenntnisse, die sich durch Innigkeit und Wahrhaftigkeit besonders hervortun. Das Gedicht beginnt mit den Worten:

> Das Meer hat seine Perlen,
> Der Himmel hat seine Sterne,
> Aber mein Herz, mein Herz,
> Mein Herz hat seine Liebe.

Und nun kreist die Seele des Dichters immer um den einen Gedanken, daß die Sterne dort am Himmel, die er vom Bett in der Kajütte aus sieht, die Augen der Geliebten seien, die auch noch, wenn er in schneebedecktem Grabe den letzten Schlaf hält, ruhig und voller Liebe zu ihm herabsehen werden. Auch das nächste, das 8. Gedicht, „Sturm", das uns zuerst ein prächtiges Bild eines im Sturm mit den Wellen kämpfenden Schiffes gibt, gilt der vielgenannten Schönen, der in diesen Jahren sein Herz ganz zugetan war. Er träumt, sie schaue an ferner schottischer Küste sehnsuchtsvoll aufs Meer hinaus und gedenke seiner. Noch einmal verwendet der Dichter in dem nächsten, dem neunten Gedicht, „Meeresstille", die feierlich ausdrucksvolle Form der freien Rhythmen, um im ernsten Ton der fallenden Viertakter anschauliche Bilder vom in Mittagsglut reglos daliegenden Schiff zu geben. Zu den schönsten und bekanntesten Stücken der Nordseebilder gehört das zehnte, „Seegespenst", in dem Heine im Anschluß an ein Gedicht Wilhelm Müllers die Sage von Vineta, der im Meere versunkenen Stadt, erneuert — jener Sage, mit der er außer durch die an der Nordsee weit verbreitete Überlieferung auch durch ein von ihm selbst im 2. Bande der „Reisebilder" zitiertes Gedicht Wilhelm Müllers bekannt geworden sein mag. Mit der meisterhaften Kunst der Zustandsschilderung, die wir des öftern bei Heine bewundert haben, zeichnet er das stimmungsvolle Bild der unterirdischen Stadt, und er weiß die Darstellung mit der von seiner eigenen Schönen geschickt zu verbinden: dort unten erblickt er das süße Gesicht mit den klugen treuen Augen und dem lieben Lächeln; aber mit einem gewissen Erstaunen lesen wir die Worte:

> Du Immergeliebte,
> Du Längstverlorene,
> Du Endlichgefundene . .

Worte, die eher der Erinnerung an Amalie als der an Therese zu gelten scheinen, denn sie war zumindest noch keine „Längstverlorene". Allerdings dürfen wir nicht erwarten, daß sich in dieser phantastischen Darstellung die Beziehungen des Lebens genau wiedererkennen lassen. Der spöttische Schluß mit den bekannten Worten „Doktor, sind Sie des Teufels" ist genau einer Stelle in Hoffmanns Erzählung „Der goldene Topf" nachgebildet. Ganz byronisch gebärdet sich der Dichter im nächsten, dem 11. Gedicht, „Reinigung", wo er das eben geschaute Seegespenst als seine Torheit, seine Sünden, seine Heuchelei in die See zu versenken wünscht, und wo er seine kranke Seele, die gottverleugnende, engelverleugnende, unselige Seele mit jenem prahlerischen Satanismus darstellt, den wir auch bei Lord Byron kennen. Im stärksten Gegensatz hierzu steht das letzte Gedicht der ersten Abteilung, das Gedicht „Frieden", in dem er, wie es scheint unter Anlehnung an die Darstellung in einer Rede seines jüdischen Freundes Moses Moser, den über das Weltmeer schreitenden Heiland schildert, der Frieden und Seligkeit über die Menschheit bringt. Auch dieses Gedicht zeigt, was wir schon an manchen andern Stellen erkannt haben, daß sich Heine in die beseligenden Stimmungen christlicher Andacht sinnig hineinzudenken vermochte; da er aber befürchten mußte, daß ihm, der erst vor kurzem die Taufe genommen hatte, solch ein Bekenntnis falsch ausgelegt werden könnte, als ein Versuch nämlich, sich bei den maßgebenden christlichen Kreisen einzuschmeicheln, schrieb er noch ein spöttisches Nachwort hinzu, in dem er die Mucker und Heuchler durchhechelt, die, wenn sie ein Gedicht wie dieses verfassen könnten, es zu solchen Zwecken mißbrauchen würden. Durch diesen Zusatz wollte er sich selbst von derartigem Verdacht reinigen. Kein Zweifel: Dieser letzte Teil hebt die Stimmung des ersten in unerfreulicher Weise auf, und als Heine das Gedicht in sein „Buch der Lieder" aufnahm, bewies er Geschmack genug, den häßlichen Zusatz zu beseitigen.

Die heiße Liebe zu den Schönheiten des Meeres verkörpert Heine in glücklicher Form im ersten Gedicht der zweiten Abteilung, dem „Meeresgruß", dessen kräftiger Anfang

> Thalatta! Thalatta!
> Sei mir gegrüßt, du ewiges Meer!

so vielen aus der Seele gesprochen ist. Die Sehnsucht, wieder an die Seeküste zu gelangen, die ihm so manche genußreichen und kraftfördernden Tage geschenkt hatte, findet hier prachtvoll tönenden Ausdruck, wenn auch der Hinweis auf des Nordens Barbarinnen und die spielende Durchführung des Vergleichs mit den zehntausend Griechen Xenophons nicht eben dazu dienen, diese Anfangsstimmung festzuhalten. In dem Zustandsbild, das das zweite Gedicht „Gewitter" entwirft, finden wir die Gestalten der griechischen Götterwelt reichlicher als in früheren vorgeführt: Boreas, Erichthon, Charon, Aeolus, Kastor und Polydeukes werden genannt, doch sind sie so natürlich in die Schilderung des Schauspiels auf der See verwoben, daß sie uns nicht als leerer Schmuck erscheinen. Und auf dieses abenteuerliche Naturbild folgt ein nicht minder aufregendes im dritten Gedicht, „Der Schiffbrüchige", in dem der so oft in heiterer Stimmung Scherzende sich selbst als einen Schiffbrüchigen des Lebens hinstellt, der schließlich sein glühendes Antlitz voller Verzweiflung in den feuchten Sand drückt. Demgegenüber kommt im vierten Gedicht, „Untergang der Sonne", worin die Sonne als eine schöne Frau geschildert wird, die den Meergott aus Konvenienz geheiratet habe, wieder der etwas müde Spott des gesättigten Weltkindes zur Geltung, das mit seinen eigenen abenteuerlichen Gedanken ein kühnes Spiel treibt. Tiefer angelegt ist das fünfte Gedicht, „Der Gesang der Okeaniden", in dem wilder Schmerz, der Schmerz der Verzweiflung, sich in bitter spöttischen Worten äußert. Vergeblich treten die trostreichen Wasserfrauen, die Okeaniden, heran, zu dem Dichter, dessen Herz, Niobe gleich, zu versteinern droht, und der Leiden erduldet, die denen des Prometheus gleichen. Noch großartiger zeigt uns das sechste Gedicht, „Die Götter Griechenlands", die ermatteten Gestalten der alten Götterwelt: Es ist ein Gedicht, das so recht deutlich den Gegensatz zur Anschauung der deutschen Klassiker verrät, denn die Götter Griechenlands, die Heine heraufbeschwört, sind nicht mehr die vollendeten Gestalten, nach denen sich ein von der Herrlichkeit der Antike überzeugter Künstler wie Schiller zurücksehnt, sondern es sind bereits die Götter im Exil, wie sie Heine noch in seinen späteren Tagen geschildert hat; es sind die ihrer Herrschaft beraubten Götter, ähnlich denen, die uns Meister Klinger gemalt hat, der bei seinem Riesengemälde „Christus im Olymp", wenn auch nicht von diesem Gedichte Heines, so doch von einigen seiner Prosadarstellungen zweifellos beeinflußt gewesen ist. Heine benutzte die Schilderung in unserem Gedicht zu einem für das Christentum ungünstigen Vergleich des Wertes der neuen und der alten Weltanschauung, und der Dichter, der das Bild des Heilands in all seiner die Welt beglückenden Herrlichkeit gezeichnet hatte, ist in dieser Darstellung der Götter der alten Welt nicht wiederzuerkennen. Doch müssen wir bedenken, daß seine Worte gegen die neuen tristen Götter, die er in diesem Zusammenhang anspricht, nicht den vollkommenen Gestalten des christlichen Himmels, sondern ihren Entartungen gelten, gegen die er sich auch im Nachwort zu dem Gedicht „Frieden" gewandt hat. Das nächste, das siebente Gedicht, „Fragen", läßt erkennen, wie sehr ihn das ernsthaft stimmende Meer und seine Umgebung zum Nachdenken über die größten Welträtsel anregte, was sich auch in der prosaischen, dritten Abteilung der „Nordsee" zeigt. In dem hierauf folgenden achten Gedicht, „Der Phoenix", gesteht Heine in einer Bildersprache von wunderbarem Reiz, daß er aufs neue zu hoffen wage: und auch im vorletzten Gedicht, „Im Hafen", läßt er die Gedanken zur gefeierten Schönen schweifen. Doch nicht die Schilderung ihrer Vorzüge bildet die Hauptsache, sondern die köstliche Darstellung der Trunkenheit im Ratskeller zu Bremen, die darauf schließen läßt, daß der semitische Dichter gelegentlich doch, trotz Treitschke, wie ein Germane zu zechen verstand. Wenigstens hat er die in abenteuerlichen Gedankensprüngen sich ergehende Trunkenheit hier, wie schon in der Brockenschilderung der „Harzreise", mit unanfechtbarer Sachkenntnis dargestellt. Mit wohlklingend lieblichen Worten schließt der „Epilog" die Geschichte der „Nordsee" wie auch das ganze „Buch der Lieder": die Gedanken der Liebe gleichen den roten und blauen Blumen, die sich das Landmädchen in die Locken steckt, wenn es zum Tanze geht, wo es den Geliebten erwartet. Wer aber glaubte, daß dieser Epilog den Inhalt der vorausgehenden Gedichte des ganzen Buches richtig kennzeichne, der wäre in einem Irrtum befangen. Das „Buch der Lieder" spiegelt vielmehr die widerspruchsvollen Stimmungen, die Heines Seele beherrschten, in unverkennbarer Weise wieder; nicht der Einklang der Worte und Gedanken, sondern zwiespältige Zerrissenheit waltet in ihm vor, nicht die Freude des Herzens, sondern bitterstes Leid. Überall aber macht sich eine unendlich süße verfeinerte Art des Gefühls geltend, wie sie dem äußerst empfindlichen Gemüt des Dichters entspricht: er ist der Erbe jener romantischen Gefühlsverfeinerung, in der wir eine mächtige Woge der deutschen Kultur erkennen. Aber das Große, wodurch er sich über die Mehrzahl seiner Zeitgenossen erhebt, liegt darin, daß Heine mit diesen bald zuerst innigen, bald gewaltig emporrauschenden, bald spöttisch abbrechenden Gefühlswallungen die vollste Klarheit und Anschaulichkeit der Vorstellungen vereint. Diese Verbindung von Anschaulichkeit und Stimmung ist selten anzutreffen: nur zu leicht leidet eines unter dem andern. Hinzu kommt, daß Heine die Mittel der dichterischen Darstellung wie kein zweiter in deutscher Sprache beherrscht. So kann z. B. die vielgerühmte Sprachgewalt Rückerts auch nicht entfernt mit der seinen verglichen werden. Mit der unbedingt sicheren Anwendung aller Formen dichterischer Auffassung der Beseelung mit Bildern, Vergleichen und Gegenüberstellungen verbindet er eine Treffsicherheit des Ausdrucks und zugleich eine Knappheit und Einfachheit, die nur als letzte Folge einer langen Entwicklung der Liederdichtung begreiflich erscheint. Dazu kommt die höchste Vollendung der Verse, die alles andere darstellt als geistlos äußere Glätte. Es gibt wohl wenige Gedichtsbücher, in denen sich eine so große Anzahl von Treffern findet wie das „Buch der Lieder". Dabei soll andererseits nicht verkannt werden, daß hohe Kunst und Bewußtheit des Schaffens bereits auf eine gewisse Überfeinerung deuten, und daß das Abreißen der Gefühle das Anzeichen eines von krankhafter Überreizung nicht freien Geistes ist. Doch das sind Einwände, die vor der berechtigten Bewunderung der hohen Vollendung des Buches schweigen müssen. Vor allem aber lerne man, das Werk nicht in Bausch und Bogen zu beurteilen, sondern die staunenswerte Entwicklung des dichterischen Vermögens, die sich darin von der ältesten bis zu der jüngsten Abteilung geltend macht, zu würdigen: der Dichter der „Traumbilder" und jener der „Nordsee" stehen in der Tat auf ganz anderem Boden. Heine selbst hegte merkwürdigerweise keine große Meinung von der Sammlung, die er im Jahre 1827 in die Welt sandte. Die Gedichte waren ausnahmslos schon in andern Werken abgedruckt worden; die „Jungen Leiden" in den „Gedichten" von 1822, das „Lyrische Intermezzo" in den „Tragödien" des Jahres 1823, die „Heimkehr" im ersten, und die beiden Abteilungen der „Nordsee" im ersten und zweiten Band der „Reisebilder". Heine glaubte, in der neuen Sammlung nur eine tugendhafte Wiederholung der früheren gegeben zu haben, und er vermutete, daß das Werk bald in den Hafen der Vegessenheit segeln werde. In der Tat vergingen zehn Jahre, bis Campe, Heines Verleger, die Auflage von zweitausend Exemplaren verkauft hatte; aber auf die zweite Auflage vom Jahre 1837 folgten bald weitere, bis zu Heines Tode wurden im ganzen 14 Auflagen, keine über dreitausend Exemplare, gedruckt. Seitdem ist das Buch noch oft neu aufgelegt worden, und man darf sagen, es sei das am meisten verbreitete Gedichtbuch in deutscher Sprache. Da aber sein Gehalt widerspruchsvoll ist und der Interpretation manche Schwierigkeiten darbietet, kann man leider noch immer nicht behaupten, das Urteil darüber sei bereits zu voller Klärung gelangt; das erklärt sich zum Teil daraus, daß sich manche, die besserer Einsicht fähig waren, sich durch Parteileidenschaft absichtlich verblenden lassen.

3. Der zweite Band der „Reisebilder"

Der zweite Band der „Reisebilder" enthielt außer der zweiten Abteilung „Nordsee", die wir bei Betrachtung des „Buchs der Lieder" bereits besprochen haben, noch die dritte, die prosaische Abteilung „Nordsee" und die Schrift „Ideen. Das Buch Legrand". Beide gehören zu Heines wichtigsten Arbeiten, namentlich das zweite Werk; und beide zeigen uns den Dichter wieder von einer neuen Seite.

In der „Harzreise" erschienen uns besonders drei Eigenschaften in bezeichnender Weise hervorzutreten: die allseitige Beseelung des Unbeseelten, die Traumschilderungen sowie die jugendlich ausgelassene Laune und der glänzende Witz. Von diesen Eigenschaften tritt in der dritten Abteilung der „Nordsee" kaum eine besonders stark hervor. Vielmehr ist hier bezeichnend, wie der Dichter zu gewissen Erscheinungen des wirklichen Lebens Stellung nimmt. Als Ganzes genommen haben Heines „Reisebilder", vor allem durch ihren kecken, z. T. vernichtenden Spott einerseits, und durch ihre schwungvolle Feierlichkeit andererseits, in der Geschichte der deutschen Prosaschilderung durchschlagend gewirkt. Die beiden Züge, die in der „Harzreise" gleichsam noch im romantischen Duft verschweben, machen sich erst jetzt in kraftvoller Weise geltend. In der „Nordsee" bildet die Schilderung von Land und Leuten nur einen gefälligen Hintergrund; bemerkenswerter ist der kräftige Spott über den hannöverschen Adel, über dessen Vorurteile und geringe Bildung. Und daß er nicht in gehässiger Voreingenommenheit spricht, beweist Heine, indem er ein wesentlich günstigeres Urteil über Angehörige jener gesellschaftlichen Schicht fällt, die in der deutschen Legion gedient hatten und weit in der Welt herumgekommen waren. Weit bedeutender aber und insbesondere für uns weit wichtiger sind Heines Betrachtungen über Goethe, die von einer Einsicht und Tiefe zeugen, wie sie keineswegs alle seine Zeitgenossen besaßen. Er spottet über den Tugendpöbel, der in Goethe nur den großen Heiden sah, und lacht über die Ungeschicklichkeit der Frage, wer größer sei, Goethe oder Schiller? Er berichtet von einem diesbezüglichen Gespräch, dem er beigewohnt hatte, und fährt dann fort:

Die Dame war so gütig, auch mich in dieses ästhetische Gespräch zu ziehen, fragte mich: „Doktor, was halten Sie von Goethe?" Ich aber legte meine Arme kreuzweise über die Brust, beugte gläubig das Haupt und sprach: „La illah ill allah, wamohammed rasul allah!"

Die Dame hatte, ohne es selbst zu wissen, die allerschlaueste Frage getan! Man kann ja einen Mann nicht geradezu fragen: was denkst du von Himmel und Erde? Was sind deine Ansichten über Menschen und Menschenleben? Bist du ein vernünftiges Geschöpf oder ein dummer Teufel? Diese delikaten Fragen liegen aber alle in den unverfänglichen Worten: Was halten Sie von Goethe?

Namentlich weist Heine auf das unbeirrbare Wirklichkeitsurteil Goethes

hin, wie es sich in der „Italienischen Reise" kundgebe, und er sagt, Goethe
sehe mit seinen klaren Griechenaugen alles, das Dunkle und das Helle; nirgends fühle er die Dinge mit seiner Gemütsstimmung, sondern schildere uns
Land und Menschen in den wahren Umrissen und den wahren Farben,
womit sie Gott umkleidet. Die rühmende Erwähnung der „Italienischen
Reise" zeigt, daß Heine inzwischen Goethes Art der Reisebeschreibung
schätzen gelernt hat, doch hält er selbst sich auch fernerhin noch vielfach
an Sternes völlig abweichendes Vorbild. Gegenüber der romantischen Zerrissenheit besitzt Goethe die ungebrochene Gesundheit des Gefühls. Und
namentlich greift Heine die Bemerkung des Dr. Heinroth auf, der Goethes
gegenständliches Denken gerühmt hatte, um diesem prachtvollen Ausspruch
seine entschiedene Zustimmung zu schenken. Aber er ist überzeugt, daß
damit doch nur eine Seite des unergründlichen Dichters gekennzeichnet
werde, und meint: „Spätere Zeiten werden, außer jenem Vermögen des
plastischen Anschauens, Fühlens und Denkens, noch vieles in Goethe ent-
decken, wovon wir jetzt keine Ahnung haben."

Noch weit wichtiger jedoch als diese einsichtigen und erfreulichen Äußerungen über Goethe sind diejenigen, die Heine in dieser Schrift, und hier
zum erstenmal, über Napoleon vorbringt. Am 5. Mai 1821 war der Kaiser
auf der fernen Insel im Atlantischen Ozean gestorben; die Leiche des Mannes, der die Welt bewegt hatte, ruhte in märchenhafter Ferne unter den
wehenden Trauerweiden von Longwood. Inzwischen waren mehrere Werke
über Napoleon erschienen: die Schrift des Sir Frederick Lewis Maitland,
des Kommandanten der ‚Bellerophon', jenes englischen Kriegsschiffes, auf
dem Napoleon nach Helena überführt worden war; ferner das achtbändige
Werk des Marquis de las Cases, der dem Kaiser freiwillig in die Verbannung
gefolgt war und dem dieser das berühmte „Mémorial de Ste. Hélène" diktierte; ferner das Werk von Barry Edward O'Meara, der sein Buch, „Napoleon in Exile, or A Voice from St. Helena", veröffentlichte, und endlich
die Schrift „Les derniers moments de Napoléon" von Francesco Antom-
marchi. In Anschluß an diese Darstellungen gibt Heine seiner Begeisterung
für den Helden ungemein lebhaften, fast hinreißenden Ausdruck:

> Wir sehen, wie das verschüttete Götterbild langsam ausgegraben wird, und mit
> jeder Schaufel Erdschlamm, die man von ihm abnimmt, wächst unser freudiges Er-
> staunen über das Ebenmaß und die Pracht der edlen Formen, die da hervortreten ...

> Ein solcher Geist ist es, worauf Kant hindeutet, wenn er sagt: daß wir uns einen
> Verstand denken können, der, weil er nicht wie der unsrige diskursiv, sondern in-
> tuitiv ist, vom synthetisch Allgemeinen, der Anschauung eines Ganzen als eines
> solchen, zum Besonderen geht, das ist, von dem Ganzen zu den Teilen. Ja, was wir
> durch langsames analytisches Nachdenken und lange Schlußfolgerungen erkennen, das
> hatte jener Geist im selben Momente angeschaut und tief begriffen.

Schließlich geht Heine des genauern auf das Werk von Ségur über den russischen Feldzug vom Jahre 1812 ein und stellt einen Vergleich an zwischen dieser Erzählung von den entsetzlichen Leiden der „großen Armee" und den Helden der „Ilias", wobei er nur den einen Unterschied betont, daß der Held des neuen Werkes, daß Napoleon in der Schilderung Homers nicht seinesgleichen finde: in seinem Haupte ist „der Olymp des Gedichtes" . . .

Durch diese Darstellung und ähnliche, die ihr folgten, ist Heine der tonangebende Anreger der Napoleon-Bewunderung in Deutschland geworden. Gewiß ist diese Begeisterung eines Deutschen für einen Franzosen, der seinem Vaterlande unsagbar große Leiden zugefügt hatte, das Anzeichen eines höchst unsicheren und unzuverlässigen vaterländischen Gefühls. Undenkbar, daß damals in einem politisch reifen Land wie England derartiges über den Feind des Vaterlandes hätte geschrieben werden können. Aber es ist bekannt, daß solcher Napoleonkult bei vielen Deutschen jener Zeit, besonders unter den Rheinländern, anzutreffen war. Und wir dürfen auch nicht übersehen, daß er bei den Juden, die dem Kaiser so viel verdankten, am ehesten zu verstehen ist. Zweifellos aber ist es geboten, bei dieser ganzen Betrachtung über Napoleon nicht ausschließlich den vaterländischen Gedanken ins Auge zu fassen. Heines Bewunderung gilt, wie auch die angeführten Stellen deutlich erkennen lassen, dem großen Geist als solchem, und sobald wir diesen Standpunkt einnehmen, werden wir wenigstens Heine begreifen können: sein Entzücken über die Größe des Mannes setzte ihn über alle Bedenken hinweg. Dennoch war es nicht etwa der unüberlegte Streich eines Mannes, der sich von seinen Gefühlen hinreißen läßt, den wir hier beobachten: Vielmehr war es ein bewußter Schlag gegen diejenigen, die im Sinne des alten Staatsgedankens den Völkern Europas eine törichte Rückwärtsbewegung empfehlen wollten. Indem Heine Napoleon in den Himmel erhob, wollte er diejenigen treffen, die mit schwächlichen Mitteln und nach Maßgabe von Grundsätzen regieren wollten, die denen Napoleons stracks zuwiderliefen. Also ist doch ein politischer und zugleich antinationaler Zug für diese Schrift wie auch bald für manche ähnliche bezeichnend, und eine solche Betrachtungsweise erschien in jener Zeit fast aufrührerisch und im höchsten Grade ungewöhnlich. Im kühnen Trotz gegenüber den herrschenden Gewalten liegt die geschichtliche Bedeutung des Buches. In seiner „Harzreise" war Heine noch ganz Romantiker, hier im zweiten Bande der „Reisebilder" ergeht er sich in den für die neue Richtung des Jungen Deutschland bald allein maßgebenden Gedanken.

Wiederum von einer andern Seite zeigt Heine sich in der weiteren Prosaschrift des Bandes, den „Ideen. Das Buch Legrand", eine der am allerschwersten zu beurteilenden Arbeiten Heines. Beim ersten Lesen macht das Buch Legrand einen fast verwirrenden Eindruck; es bietet ein solch tolles Durcheinander seltsamer Einfälle, daß man auf den Gedanken kommen könnte, der Verfasser habe nur die ungeläuterten Einfälle einer fahrigen Gedankenflucht zusammengestellt. Ja, Heine hat solchen Eindruck wohl absichtlich hervorrufen wollen. Aber eben darin liegt ausgesprochen, daß hinter den kühnen Bocksprüngen einer übermütigen Laune doch ein ernster Leitgedanke steht. Heine glaubte in jener Form des Scherzes, der tieferen Lebensfragen dienstbar gemacht wird, das Wesen des Humors zu erblicken, und er war der Meinung, sich im „Buch Legrand" wirklich zu dieser höheren Stufe des Humors erhoben zu haben. In der Tat läßt das Buch die ernste Grundlage nicht vermissen. Folgende Hauptlinien lassen sich ohne Schwierigkeit erkennen: 1) Anfang und Schluß der Erzählung beziehen sich auf Heines Liebe zu seinen beiden Kusinen Amalie und Therese; in Kapitel 1—4 und 18—20 klagt der Dichter sein zwiefaches Mißgeschick in der Liebe; der Schmerz über die ungeweinte Träne bezieht sich auf Amalie, die niemals des Dichters Gefühle erwidert hatte; die Erzählung von dem traurigen Erlebnis mit Signora Laura in Kapitel 18 weist auf die neue halbe Ablehnung durch Therese hin. Die „Blumen der Brenta", von denen Heine hier so liebevolle Träume erzählt, sind die beiden Schönen im Hause des Oheims; die Brenta ist die Elbe, an deren Ufer das Landhaus Salomons liegt, das so oft den Hintergrund für die Liebesschilderungen Heines bildet. 2) Die Kapitel 5—9 der Schrift bringen Jugenderinnerungen des Dichters, erzählen namentlich von den kleinen Gespielinnen und Gespielen Heines in Düsseldorf und genauer die Erlebnisse auf dem Lyzeum. Mitten hineingestellt sind die Erinnerungen an den Besuch Napoleons in Düsseldorf, und wie in der vorausgehenden Schrift macht der Dichter seiner begeisterten Verehrung für den Kaiser Luft. In diesem Zusammenhang wird nun auch Monsieur Legrand vorgeführt, der gar wunderbar zu trommeln versteht und, des Deutschen unkundig, dem Knaben sein ganzes Seelenleben, vor allem seine Begeisterung für den Kaiser und seine Heldentaten durch Trommelstücke offenbart. Unmittelbar hieran schließt sich 3) die Schilderung eines Besuches, den Heine im Herbst 1820 Düsseldorf abstattete. Er fand alles ungemein verändert: die Eltern hatten die Stadt verlassen, ein kleiner preußischer Hof des Prinzen Friedrich hatte sich hier niedergelassen, und überall war ein kleines Hoftreiben zu beobachten. Da erscheinen plötzlich zwei zerlumpte französische Grenadiere, die nach jahrelanger Gefangenschaft in Rußland der Heimat zustrebten; schnell erkennt der Jüngling in dem einen den Tambour Legrand, der in geisterhafter Erregung sein letztes Trommellied anstimmt, und damit die Erinnerung an die Schlacht an der Moskwa beschwört — und dann tot neben seiner Trommel zusammenbricht. Tief ergriffen nimmt der Dichter den Degen und durchsticht die Trommel, damit sie, wie er sich ausdrückt, keinem Feinde der Freiheit mehr zu einem servilen Zapfenstreich dienen könne. Diese in der Darstellung besonders gelungene Erzählung füllt das 10. Kapitel des Buches. Hierauf folgt 4) eine

Reihe spöttischer Ausfälle in den Kapiteln 11 bis 15, so z. B. gegen den geistlichen Liederdichter Philipp Spitta, mit dem Heine in Lüneburg des öfteren zusammengetroffen war und über den er sich in manchen Briefstellen sehr viel günstiger äußert als in dieser Schrift. Daneben bringt der Verfasser die tollsten Einfälle voll erstaunlicher und doch ganz verworrener Gelehrsamkeit vor, so z. B. über die Bedeutung des Wortes Esel, das man in früheren Zeiten für einen Ehrennamen gehalten habe, und über die Liebe zum Tabakrauchen, wobei er ausführt, wie es verschiedene große Männer damit gehalten hätten. In diesem Zusammenhang kommt er auf den Titel seiner Schrift „Ideen" zu sprechen und fragt die Madame, die in dem ganzen Werk angeredet wird: „Madame, haben Sie überhaupt eine Idee von einer Idee?". Dennoch bringt er seinerseits durchaus keine genügende Erklärung dieses Titels vor. Am übermütigsten aber wird seine Laune, als er auseinandersetzt, wie er die verschiedenen Narren, die ihm im Leben begegnet seien, in seinen Schriften zu verwerten beabsichtigt: Dabei denkt er besonders an Hamburg, und in dem einen Hauptnarren, den er schildert, scheint bereits der Bankier Christian Gumpel gezeichnet zu sein, den er später in den „Bädern von Lucca" als Gumpelino so ergötzlich verspottet hat. Da er aus jedem Narren Dukaten zu schlagen verstehe, so könne es ihm im Leben niemals fehlen. Ja, er führt im einzelnen aus, wie er das Geld, das er mit dieser oder jener Person verdienen werde, zu verwerten gedenke. Nach diesen überaus tollen Auseinandersetzungen kehrt der Dichter im 5. Kapitel 16—17, zu den Erinnerungen seiner Kindheit zurück und schreibt besonders von der kleinen Veronika in Godesberg, von der wir sonst nichts wissen, um endlich in den drei Schlußkapiteln des Werkes, wie schon erwähnt, von seinen trüben Erfahrungen mit Therese, die er als Signora Laura einführt, zu erzählen. So kehrt die Schrift im 20. Kapitel zu dem Leitspruch zurück: „Sie war liebenswürdig, und Er liebte sie; Er aber war nicht liebenswürdig, und Sie liebte ihn nicht."

So lassen sich also Hauptpunkte der Darstellung ohne allzu große Mühe herausschälen und der Gang des Ganzen sich verständlich machen. Indeß bleiben dennoch mehrere Rätsel ungelöst. Zunächst: was soll der Titel bedeuten? Der zweite Teil ist klar: das Werk wird das „Buch Legrand" genannt, weil der Tambour Legrand darin eine so bevorzugte Rolle spielt. Aber was soll mit dem ersten Titel „Ideen" gemeint sein? Offenbar, daß der Dichter sich seiner grell eigentümlichen Auffassungsweise bewußt war, daß er zeigen wollte, wie er über alle wichtigen Dinge des Lebens seine eigenen Anschauungen hege, so besonders auch über Napoleon, und daß ihm diese Eigenart seiner Lebensbetrachtungen, diese Ideen, als das Wesentliche seiner Schriftstellerei erschienen; zugleich wollte er darauf hinweisen, daß sich hinter den Späßen, die er vorbringe, ein tieferer Ernst berge, so wie er es vom wahren Humor verlangte.

Schwieriger ist die zweite Frage, wer mit der Evelina gemeint sei, der die Schrift gewidmet ist. Elster ist der Meinung, die Widmung gälte Therese. Es ist unter den nicht spärlichen Widmungen Heinescher Schriften die einzige, die sich nicht auf den ersten Blick von selbst erklärt. Das kann nicht wundernehmen, wenn wir bedenken, daß Heine in der Familie seines Oheims mit seiner Werbung um Theresens Hand auf Widerstand stieß. Er durfte hier sein Herz nicht völlig aufdecken. Ist denn aber auch der Inhalt der Schrift derart, daß wir annehmen dürfen, er könne einem jungen Mädchen von 19 Jahren zugeeignet sein? Auch diese Frage erfordert ein unbedingtes Ja. Heine entwirft höchst anziehende Bilder aus seiner Kindheit, und er gibt eine Darstellung von den Überzeugungen, die seines Lebens Inhalt und Kern bildeten. Wie konnte er sich besser bei seiner Schönen einschmeicheln? Aber noch mehr: in den tollen Schilderungen über die Hamburger Narren, die ihm begegnet, brachte er Dinge vor, über die in der Familie des Oheims auch des öfteren gelacht worden war; und wenn eben dieser Oheim die herben Worte über den Dichter geäußert hatte: „Hätte der dumme Junge was gelernt, so brauchte er nicht zu schreiben Bücher", so konnte Heine in der staunenswerten, wenn auch krausverworrenen Gelehrsamkeit, die er im „Buch Legrand" an den Tag legte, ihm zeigen, daß der dumme Junge allerlei gelernt hatte. Es steht also gar nichts der Annahme entgegen, daß unter Evelina seine Kusine Therese Heine zu verstehen sei. Diese Darlegung steht in entschiedenem Widerspruch zu Hessel, der glaubte, bei Evelina an Friederike Robert, die Gattin von Ludwig Robert, dem Bruder der Rahel Varnhagen, denken zu dürfen. Der Ausgangspunkt von Hessels Darlegung liegt freilich auf anderer Seite: er behauptet, die Madame, die Heine in der ganzen Schrift anredet, sei Friederike Robert, und kommt schließlich zu der Überzeugung, Madame und Evelina seien ein und dieselbe Person. Für diese Annahme spricht, daß sich in den scherzhaften Darstellungen über indische Altertümer, die sich im „Buch Legrand" finden, manches wiedererkennen läßt, was Heine in Briefen an Friederike Robert und auch in Gedichten an sie, die freilich in viel frühere Zeit fallen, geschrieben hat. Gegen die Annahme Hessels spricht vor allem der Umstand, daß Heine Friederike Robert das Buch überhaupt nicht zugeschickt hat; er hatte sich nämlich damals mit ihr und namentlich mit ihrem Gatten bereits überworfen, und es dauerte nur noch kurze Zeit, bis Ludwig Robert, dem die Napoleon-Verehrung Heines zuwider war, die heftigsten Angriffe gegen seinen einstigen Bekannten richtete. Jedenfalls werden wir das „Buch Legrand" als eine der eigenartigsten und geistreichsten Schriften Heines betrachten müssen, als ein Werk, hinter dessen übermütiger Laune, so wie es Heine in seiner Lehre vom Humor forderte, der tiefe Ernst der Überzeugung hervorblickt.

Vielfachen und neuen Enttäuschungen ging Heine in München entgegen, wo er Ende November 1827 eintraf. Seine Tätigkeit als Schriftleiter der „Neuen politischen Annalen", die im Cottaschen Verlag erschienen, war im ganzen für ihn befriedigend; sie brachte ihm ein leidliches Einkommen und war dabei nicht allzu zeitraubend, zumal Heine in Dr. Friedrich Ludwig Lindner einen tüchtigen Mitarbeiter hatte. Doch war es eine Tätigkeit, die ihm geringe innere Befriedigung bot. Seine Beziehung zu Johann Friedrich Freiherr von Cotta, mit dem einst Goethe und Schiller so erfreuliche geschäftliche Beziehungen gehabt hatten, waren durchaus angenehm. Cotta ließ seinen Schriftleitern ziemlich freie Hand, und Heine verehrte ihn als einen Mann von ungewöhnlicher Tatkraft, als liebenswürdigen, vornehmen Herrn und als Verfechter freisinniger Anschauungen. Aber fast in jeder andern Beziehung brachten ihm die Monate in München nur Unannehmlichkeiten und Leiden. Heine litt unter den ungünstigen Witterungsverhältnissen und der damals unzulänglichen öffentlichen Gesundheitsförderung. Wenige Wochen nach seiner Übersiedlung erhielt er aus Hamburg die Nachricht, daß sich Therese mit einem andern, mit Dr. jur. Adolf Halle, verlobt habe, und davon war er so erschüttert, daß er nie wieder nach Hamburg zurückkehren wollte.

Zu dieser bitteren Enttäuschung kam im Laufe der nächsten Monate eine neue. Im Jahre 1826 hatte die bayrische Universität, die bisher in Landshut gewesen war, ihren Sitz nach München verlegt. König Ludwig I., der seit 1825 regierte, war bemüht, sie auf alle Weise zu fördern, und ihm lag daran, viele richtungweisende geistige Führer an die Hochschule zu fesseln. Heine machte sich Hoffnung, sein alter Plan, die akademische Laufbahn einzuschlagen, könne in München in Erfüllung gehen; und er suchte durch den Baron Cotta, der am Hofe sehr beliebt war, auf den König einzuwirken. Leider unterließ es Heine dabei nicht darauf hinzuweisen, daß er von der Schroffheit seiner politischen Anschauungen ablassen wolle, und er bat, der König möge die Klinge nicht nach dem vielleicht schlimmen Gebrauch, den Heine vielleicht davon gemacht habe, sondern vielmehr nach ihrer Schärfe beurteilen. Ja, im Bestreben, sich mit den Herrschenden auszusöhnen, ging Heine so weit, einen anrüchigen Tagesschriftsteller, einen von der braunschweigischen Regierung bezahlten Spion namens Wit von Dörring, zu bitten, ihm einen braunschweigischen Orden zu verschaffen. Da auch der Minister Eduard von Schenk, zu dem Heine freundliche Beziehungen gewann, für ihn eintrat, schien die Aussicht auf die Professur in München anfangs nicht ganz gering zu sein. Doch fand Heine, der so viele Leute vor den Kopf gestoßen und angegriffen hatte und durch seine grundstürzenden Anschauungen vielen ein Dorn im Auge war, hier in München bald die entschiedensten Gegner; namentlich die ultramontane Partei richtete heftige Angriffe gegen ihn, darunter die heftigsten des später durch seine verhältnismäßig freiheitlichen Regungen berühmt gewordenen Ignaz von Döllinger. Döllinger, fleißiger Mitarbeiter an der von Görres und seinem Kreis herausgegebenen Zeitschrift „Eos" bezichtigte Heine der Frechheit und Unverschämtheit. Die Bemühungen des Kreises hatten den Erfolg, daß Heines Anstellung, auf die er noch nach seinem Scheiden von München entschieden hoffte, nicht zustande kam. Gewiß wäre er, sofern er nicht seine ganze Anschauungsweise geändert hätte, niemals in dem Münchener Kreis heimisch geworden; doch er konnte den Verdruß, der ihm angetan war, niemals verschmerzen, und noch nach Jahrzehnten, auf seinem Krankenbett, nannte er den „erzinfamen Dollingerius" die dunkelste unter all den dunklen Personen in der bayrischen Hauptstadt. Auch die Freunde des Grafen Platen wühlten in München gegen Heine, weil er im zweiten Band seiner „Reisebilder" am Schluß eine Anzahl von Epigrammen seines Freundes Immermann aufgenommen hatte, in denen sich einige Angriffe gegen Platen fanden, die dieser bei seinem empfindlichen Selbstgefühl niemals vergeben konnte. Bald sollte diese Angelegenheit noch ein ganz anderes Nachspiel finden.

So wurde es Heine nicht schwer, am 1. Juli 1828 seine Stelle bei Cotta wieder aufzugeben und den Münchener Staub von den Füßen zu schütteln. Gewiß hatte er hier auch manche gute Stunde verbracht: In dem Baron Tutchef hatte er einen liebenswürdigen und geistvollen Adligen kennengelernt, und er widmete der schönen Schwägerin dieses Mannes, der Gräfin Bothmer, reiche und sinnige dichterische Huldigungen. Ferner verbrachte er außer mit dem Minister von Schenk, der auch als Dichter sich einen gewissen Namen gemacht hatte, mit Michael Beer, dem Verfasser des „Paria", manche anregende Stunde; er wurde bekannt mit dem jungen Robert Schumann und zeigte sich ihm sehr gefällig; leider ist die damalige Bekanntschaft nie zu innerer Freundschaft gereift. Schumann machte allerdings nach zwölf Jahren einen neuen Annäherungsversuch, der jedoch im Keim erstickte, als Heine auf die übersandten Kompositionen einiger seiner Lieder nicht antwortete. Hier nun hatte das Schicksal die Hand im Spiel. Auf dem Briefumschlag stand „durch gütige Besorgung des Herrn Konsul List"; die Auslegung, daß der damalige amerikanische Konsul List dieses Päckchen auf Ersuchen Schumanns von Leipzig nach Paris persönlich mitgenommen habe, um es an Heine abzuliefern, ist falsch. Tatsache ist, daß Schumann Heines Pariser Adresse nicht kannte und das Päckchen an den amerikanischen Konsul List in Paris adressierte, damit er es bei Heine abgäbe. Sonderbarerweise war dieses Päckchen zu genau derselben Zeit mit der Post von Leipzig nach Paris unterwegs, als List umgekehrt von Paris nach

Leipzig reiste; Brief und geplanter Empfänger hatten sich also gekreuzt. Das Päckchen ist nie in die Hände Heines gelangt. Auch unter den Künstlern Münchens traten ihm einige näher, so namentlich der Maler und Zeichner Theophil Gassen, von dem wir auch eine gute Bleistiftzeichnung des Dichters besitzen.

Alles in allem aber war Heine der Boden in München doch sehr heiß geworden. So zog er im Juli 1828 nach Italien, und zwar führte ihn sein Weg über Innsbruck, Verona, Mailand, das Schlachtfeld von Marengo nach Genua, und von dort über Livorno zu den Bädern von Lucca, wo er einige Wochen in heiterster Laune und in leichtsinnigstem Lebensgenuß verbrachte. Von dort zog er nach Florenz, wo er aber die reichen Kunstschätze nicht recht zu genießen vermochte, da er mit seinen Gedanken abwesend war und noch immer hoffte, daß ihm eine Anstellung in der bayrischen Hauptstadt zuteil werden würde. Erst hier erfuhr er, daß er sich alle Hoffnungen endgültig aus dem Kopfe schlagen müsse. Und noch anderes machte ihm die Rückreise leidvoll: die Nachrichten über das Befinden seines Vaters lauteten schon seit längerer Zeit ungünstig; plötzlich ergriff ihn eine leidenschaftliche Sehnsucht, ihn wiederzusehen, aber schon unterwegs, in Würzburg ereilte ihn die Nachricht von dessen Tode. Aufs tiefste erschüttert, eilte Heine nach Hamburg, wo die Eltern in letzter Zeit gelebt hatten, um das Grab des teuren Mannes aufzusuchen und der geliebten Mutter in so schwerer Zeit nahe zu sein. Doch ist es begreiflich, daß es ihn nicht lange in Hamburg duldete, wo er kürzlich so Schlimmes, Theresens Verlobung, mitgemacht hatte. Zu Anfang des Jahres 1829 verließ Heine die Stadt an der Elbe, um sich zunächst in Berlin niederzulassen, wo er noch immer gute Freunde hatte und wo er wohl auch am ehesten noch immer hoffen durfte, zu einer Anstellung, die seiner würdig gewesen wäre, zu gelangen. Er traf in Berlin wieder mit den alten Bekannten zusammen, namentlich mit Varnhagen und seiner Frau; er verkehrte im Mendelssohnschen Hause und hatte Gelegenheit, das Spiel des zwanzigjährigen Felix Mendelssohn zu bewundern; er machte die Bekanntschaft von Achim von Arnim und seiner Gattin Bettina, ferner die von Franz Kugler, und er begrüßte auch den alten Baron Cotta wieder, der zu Besuch in Berlin weilte. Doch Heines Gesundheitszustand und seine Stimmung ließen auch hier viel zu wünschen übrig; dazu kam, daß ihn die Angriffe Platens in seinem „Romantischen Oedipus" aufs tiefste verletzten: Heine holte zu einem wuchtigen und vernichtenden Gegenschlag aus.

Im April 1829 zog er nach Potsdam, wo er eine für den dritten Band der „Reisebilder" bestimmte Entgegnung niederschrieb und im ganzen recht zurückgezogen lebte. Nur mit Heinrich und Charlotte Stieglitz traf er ohne großen Gewinn ein paar Mal zusammen. Bekanntlich machte sie einige Jahre später freiwillig ihrem Leben ein Ende, um die stockende Schaffenskraft ihres Gatten durch den Eindruck eines großen Schmerzes zu wecken und anzuregen. Aber das Mittel half nicht.

Im August und September besuchte Heine wieder ein Seebad, und zwar diesmal Helgoland; gegen Ende des Monats September begab er sich nach Hamburg, um der geliebten Mutter nahe zu sein und um den Druck des dritten Bandes der „Reisebilder" persönlich zu überwachen. Hier traf er nun auch mit der verheirateten Therese vielfach wieder zusammen, und es hat den Anschein, daß sie durch Freundlichkeit und liebevolles Entgegenkommen das früher an ihm begangene Unrecht gutzumachen bestrebt war. In Hamburg verkehrte Heine wieder mit seinem alten Freund Friedrich Merckel, der dem Dichter — wie früher beim „Buch der Lieder" — wieder fleißig bei Durchsicht und Herausgabe der „Reisebilder" behilflich war. Zu dem alten Bekanntenkreis gesellten sich noch Dr. Achilles Matthias Runkel, der Schriftleiter des „Hamburgischen Korrespondenten", sowie Gotthelf August Freiherr von Maltitz, der Redakteur des „Norddeutschen Couriers", der sich auch als Dichter einen gewissen Namen gemacht hatte. Auch hatte Heine hier in Hamburg Gelegenheit, das Spiel des berühmten Paganini zu bewundern, über das er einige Jahre später in den „Florentinischen Nächten" in geistvoller Weise berichtete.

Auch jetzt ließ die Gesundheit des Dichters viel zu wünschen übrig: im Februar 1830 litt er an einem heftigen Bluthusten, und um sich in völliger Zurückgezogenheit erholen zu können, zog er ins nahegelegene Wandsbeck, wo er sich in Thiers „Geschichte der französischen Revolution" und namentlich in die Bibel vertiefte. Heines Schriften legen vielfach Zeugnis davon ab, daß er ein ausgezeichneter Kenner des Buchs der Bücher war.

Im Sommer 1830 reiste Heine abermals zum roten Felsen von Helgoland, und hier erreichte ihn die Nachricht vom Ausbruch der Juli-Revolution, die ihn, wie fast alle Liberalen in Deutschland, in größte Aufregung versetzte; er hat darüber im zweiten Buch seines Werkes über Börne ausführlich berichtet. Heine, der damals mit der Abfassung des vierten Bandes der „Reisebilder" beschäftigt war, dachte jetzt aufs neue daran, nach dem Mekka der Freiheit, als welches die Freisinnigen jener Zeit Paris ansahen, auszuwandern, und den Plan neu aufzunehmen, den er bereits vor sieben Jahren gehegt hatte. Zunächst machte er freilich noch einmal den Versuch, zu einer Anstellung in der Heimat zu gelangen. Er setzte sich mit Varnhagen in Verbindung, ob es nicht möglich sei, in Österreich oder in Preußen ein Amt zu finden. Doch die Aussichten dazu hatte sich Heine durch seine bittere und revolutionäre Schriftstellerei selbst weitgehend verbaut. Als bald darauf die Stelle eines Ratssyndikus in Hamburg frei wurde, machte Heine auch hier entschiedene, jedoch wiederum vergebliche Anstrengungen, zum Ziel zu gelangen. Schließlich von allen erduldeten Enttäuschungen und Leiden müde geworden und zermürbt, führte er den alten Plan der Übersiedlung nach Paris aus; im Mai 1831 brach er auf und traf Ende des Monats in der französischen Hauptstadt ein, wo er sich in der ersten Zeit wie von einem Alp befreit und außerordentlich glücklich fühlen sollte.

5. Der dritte und vierte Band der „Reisebilder"

Der dritte Band der „Reisebilder", der im Dezember 1829 erschien, brachte nur zwei prosaische Werke Heines: „Die Reise von München nach Genua" und „Die Bäder von Lucca". Während der zweite Band der „Reisebilder" seinen Namen eigentlich nicht mehr verdiente — in der prosaischen, der dritten Abteilung der „Nordsee" trat die Reiseschilderung zurück gegenüber Betrachtungen mannigfaltiger Art, und in dem „Buch Legrand" fehlte sie ganz — so suchte der Dichter im dritten Bande des Werkes zur Beschreibung von Land und Leuten zurückzukehren, wenigstens in der ersten Abteilung des Buches, der „Reise von München nach Genua". Dennoch lag ihm eine sachliche Beschreibung fern; er selbst nannte am 1. Oktober 1828 diesen Teil „eine Art sentimentaler Reise", und am 22. April 1829, als er in Potsdam mit der weiteren Ausführung des Werkes beschäftigt war, erbat er sich von seinem Freunde Moser Sternes Werk „Sentimental Journey", das ihm also wohl unmittelbar als Vorbild diente. Heine war mehr und mehr zu der Überzeugung gekommen, daß es seiner Begabung am besten entspräche, die Erlebnisse des Tages in frei angelegter Darstellung zu besprechen und derartige Darstellungen mit dem Schmuck eigenartiger, gelegentlich befremdender Anschauungen und geistreicher Witze zu verbrämen; ein straffer Plan in wohlüberlegter Ordnung war seiner Begabung weniger gemäß. So kann man begreifen, daß ihm die Art Sternes besonders willkommen war. So fing er denn in der Tat schon zu schreiben an, als ihm erst wenige Einzelheiten vor Augen schweben konnten. Die Schilderung von München und dessen Gegensatz zu Berlin, die den ergötzlichen Anfang der „Reise von München nach Genua" bildet, verfaßte er bereits in München; vieles weitere gelang ihm während der italienischen Reise, besonders in Lucca, wo er trotz allen Vergnügungen, in denen er schwelgte, fleißig schrieb; Ende des Jahres 1828 ließ er größere Abschnitte dieser seiner Darstellung über München und die Reise in Italien bereits im „Morgenblatt" abdrucken. Auch von den „Bädern von Lucca" waren um die Wende der Jahre 1828 und 1829 bereits große Abschnitte vollendet; die Angriffe gegen Platen wurden dagegen erst im Herbst 1829, als die Drucklegung des Buchs schon begonnen hatte, zu Papier gebracht; geplant und im einzelnen erwogen waren sie aber bereits einige Monate zuvor, und es wäre unrichtig anzunehmen, diese Abschnitte, die so besonders großes und unliebsames

Aufsehen erregten, seien unbedacht und in der Aufregung des Augenblicks niedergeschrieben worden.

Der Anfang der „Reise von München nach Genua" ist mit seiner spöttischen Schilderung des neuen Bier-Athen an der Isar überaus glücklich, entbehrt freilich nicht sehr bitterer Bemerkungen: Platen wird bereits als der After-Poet, der in Parabasen auf Berlin schimpfte, flüchtig erwähnt, und Maßmann, der fortan von Heine so viel aushalten mußte, tritt in Lebensgröße auf: „Auf der Vorderseite des Kopfes, die sich für ein Gesicht ausgab, hatte die Göttin der Gemeinheit ihren Stempel aufgedrückt, und zwar so stark, daß die dort sich befindliche Nase fast zerquetscht worden;... ein übelriechendes Lächeln spielte um den Mund, der überaus liebreizend war und durch eine gewisse frappante Ähnlichkeit unseren griechischen Afterdichter zu den zartesten Ghaselen begeistern konnte." Auf diese und ähnliche häßliche Ausfälle, derengleichen man in Deutschland zuvor schwerlich vernommen hatte, folgt die im ganzen dichterisch ansprechende Beschreibung der Reise nach Tirol und Oberitalien. In Tirol erinnert sich der Dichter mit Begeisterung der wackeren Kämpfer für Freiheit und Recht, die hier 1809 geblutet hatten, und dem Sänger des Andreas Hofer, dem immer gleich lebhaft anerkannten Freunde Karl Immermann, wird in Worten wärmster Anerkennung der Lorbeer gereicht. In Oberitalien verweilt Heine besonders lange bei der Schilderung des mächtigen Amphitheaters von Verona und ruft die Schatten einer großen Vergangenheit in kunstvoller Darstellung herauf. Besonders fesselnd ist aber seine Beschreibung des Schlachtfeldes von Marengo und die Betrachtungen über Napoleon, die er dort anstellt. Heine zeigt sich hier weit maßvoller als im zweiten Band der „Reisebilder"; jedoch nicht etwa vaterländische Bedenken veranlassen ihn zu größerer Abtönung seiner Begeisterung; vielmehr bestimmen ihn die Zweifel, ob der Kaiser in Wahrheit ein Anhänger freisinniger Gedanken gewesen sei, zur Mäßigung seiner Worte. „Ich bitte dich, lieber Leser," schreibt er, „halte mich nicht für einen unbedingten Bonapartisten; meine Huldigung gilt nicht den Handlungen, sondern nur dem Genius des Mannes. Unbedingt liebe ich ihn nur bis zum 18. Brumaire — da verriet er die Freiheit. Und er tat es nicht aus Notwendigkeit, sondern aus geheimer Vorliebe für Aristokratismus." Gerade aber der Kampf gegen die Adelsherrschaft erscheint Heine fortan als die Hauptaufgabe seiner Schriftstellerei. Es ist also wichtig festzustellen, von welchem Standpunkt aus er jetzt Einwendungen gegen seinen Lieblingshelden vorbringt; doch die Begeisterung über die Größe des Mannes wirft bald alle diese Bedenken über den Haufen. Bemerkenswert ist, wie sich die Betrachtungen über Kunst, die Heine bei der Beschreibung von Genua vorbringt, von denen Goethes in dessen „Italienischer Reise" unterscheiden. Während Goethe wallfahrtet nach den großen Kunstwerken des herrlichen Landes und sich erst die Gedanken Palladios, dann diejenigen Raffaels, und zuletzt diejenigen Michelangelos innerlich anzueignen strebt, offenbart Heine nur oberflächliches Kunstverständnis, und sein Anteil ist vorwiegend der politischen Kannegießerei gewidmet; namentlich der Druck, den Italien damals unter der Herrschaft Österreichs duldete, wird immer und immer wieder in empfindsamen Worten beklagt. Allerdings ist nicht zu leugnen, daß auch hier die stilistische Kunst Heines sich oft glänzend bewährt, und die in verschwimmenden Linien dargestellten Erinnerungen an die tote Maria — ein Zug, den wir aus dem Leben des Dichters noch nicht zu erklären vermögen — geben den bunten Bildern, die der Dichter entwirft, oft einen eigenartig stimmungsvollen Ton.

Das zweite Stück dieses Bandes, die berühmten und auch etwas berüchtigten „Bäder von Lucca" sind kaum als Reiseschilderung, sondern vielmehr als Bruchstück einer Novelle anzusehen. Die geschichtlichen Erinnerungen und die Beschreibungen von Land und Leuten treten zurück. Die Hauptsache bilden die Charakterschilderungen; weniger gelungen sind die recht zweideutigen Gestalten der Lady Maxfield und der Signora Francesca, ungemein glücklich ausgeführt hingegen die des Marchese Gumpelino und des Hirsch Hyacinth, zweier Hamburger Juden, die der kecke Satiriker ungemein lebensnah abbildet. Der Marchese Gumpelino, in Wirklichkeit der Bankier Christian Gumpel aus Hamburg, der typische Vertreter eines ungebildeten reichgewordenen Juden, ist von einer äußeren Erscheinung, die an die bekannten Darstellungen der „Fliegenden Blätter" erinnert. Schlapp und charakterlos im ganzen Gebaren, fließt er über von schwachköpfig angekünstelter Empfindsamkeit, macht innerlich und äußerlich alle Moden des Tages mit, denn seine Mittel erlauben es ihm, und so ist er denn auch in der Religion dem Wechsel zugetan: hier in Italien ist er zum Katholizismus übergetreten und hält sich seinen eigenen Kaplan, als welcher ihm Hirsch Hyacinth, ein armer Hamburger Lotteriebote, den er sich mitgebracht hat, dienen muß. Als vornehmer Herr möchte sich Gumpelino auch in Liebesabenteuer einlassen; aber er hat dabei bedauerliches Mißgeschick: Zwar möchte ihm Lady Maxfield Erhörung schenken, jedoch kommen an dem Abend, da ihm Gott Armor höchstes Glück zu verheißen scheint, die Wirkungen einer Medizin zur Geltung, die den Marchese zwingen, auf die Freuden der Liebe zu verzichten. In weit günstigerem Licht erscheint der arme Teufel, der dem Marchese zu Diensten sein muß: Hirsch Hyacinth, ebenfalls nach lebendem Vorbild geschaffen, dem Lotterieboten Isaak Rocamora. Allein den Namen des Mannes empfand Heine als ungemein lustig. „Rocamora", so rief er nach Strodtmanns Bericht, „reizender Buchtitel! Eh' ich sterbe, schreibe ich ein Gedicht Rocamora". Während seines Aufenthalts in Hamburg, so fährt Strodtmann fort, „pflegte der junge Dichter den intelligenten Mann zu mancherlei kleinen Vertrauensdiensten zu verwenden. Rocamora war eine lebendige Zahlenmaschine; er wußte genau, wie oft jede Lotterienummer im Laufe von Dezennien mit einer Niete herausgekommen. Die Verbesserung der sogenannten Nachschlagebücher war sein Werk, und auf die von ihm verzeichneten Nieten konnte ein Schwur wie auf das Evangelium geleistet werden. Wie er länger als 30 Jahre die Nieten der Hamburger Stadtlotterie verzeichnete, so glich das ganze Leben des Mannes einer Niete. Arm, wie er gelebt hatte, starb er am 22. Juli 1865, mit Hinterlassung einer Gattin und vieler Kinder, aber auch jenes ehrlichen Namens, dem Heine in der Geschichte von dem heimlich gespielten Lotterielose ein so rührendes Denkmal gesetzt hat. Wenngleich Heine diesen Hirsch Hyacinth mit satirischer Laune zeichnet und die Beschränktheit seines Wesens stark hervorhebt, schenkt er ihm gleichwohl eine Sympathie, wie besonders die Geschichte von dem heimlich gespielten Lotterielos zeigt. Die Geschichte berichtet, wie Hyacinth auf Rechnung eines andern ein Los spielte, das herauskam, ehe dieser die Nummer kannte und ehe er das Los bezahlt hatte. Während Hyacinth nun, ohne daß es jemand gemerkt hätte, das Geld selbst hätte einstreichen können, überbrachte er es dem, für den er es in Gedanken bestimmt hatte. In der Tat ist Hyacinth eine ehrliche Haut, die allerdings von ihrer Ehrlichkeit allerlei Aufsehens macht; zugleich ist er im Denken und Fühlen sowie im äußeren Gebaren mit manchen Sonderbarkeiten der ungebildeten Juden ausgestattet, und es ist bewundernswert, mit welcher Kunst Heine diese Sonderbarkeiten in zahlreichen Einzelheiten hervorkehrt. Wieviel liegt z. B. in der Art, wie Hyacinth in das Religionsgespräch eingreift. „Herr Doktor", sagt er, „bleiben Sie mir weg mit der alten jüdischen Religion, die wünsche ich nicht meinem ärgsten Feind. Man hat nichts als Schimpf und Schande davon. Ich sage Ihnen, es ist gar keine Religion, sondern ein Unglück." Beide Gestalten sind mit der freien Laune des Humoristen gezeichnet, auch Gumpelino ohne allzu große satirische Bitterkeit. „Mein Hyacinth ist die erste ausgeborene Gestalt, die ich jemals in Lebensgröße geschaffen habe", so sagte Heine selbst, und wir dürfen bedauern, daß ihm ähnlich guter Gestalten nur wenig andere gelungen sind.

Aber nicht die tolle Laune dieser Schilderungen, sondern der grausame Spott über den Grafen Platen, den das Buch enthält, erregten bei seinem Erscheinen das meiste Aufsehen. Wir dürfen sagen: aristophanischer hat sich keiner der deutschen Satiriker gezeigt als Heine in dieser Darstellung, aber die Schärfe der Schwertschläge war so fürchterlich, und die Unverfrorenheit, mit der die bedauerlichsten krankhaften Verirrungen Platens ans Tageslicht gezerrt wurden, waren so ungeheuerlich, daß Heine mit dieser Hinrichtung des Grafen sich selbst viel mehr schadete als dem Gegner. Die Sache lag so: Heine hatte im zweiten Band der „Reisebilder" einige Epigramme Immermanns abgedruckt, in denen dieser sich gegen die Nachahmer der orienta-

123

lischen Dichtung, insbesondere gegen die Ghaselendichter wendete. Während Rückert, der sich ebenfalls hätte getroffen fühlen können, einfach mit Schweigen über diese Anzapfung hinwegging, zog der Graf Platen sofort vom Leder. Er schrieb ein aristophanisch gemeintes, aber alles aristophanischen Geistes entbehrendes Stück, den „Romantischen Oedipus", worin er namentlich Immermann, den er höchst witzig Nimmermann nennt, und daneben Heine, mit seinem wirklichen Namen genannt, zu verspotten trachtet. Der ganze Witz Platens geht darauf hinaus, daß er Heine den „Pindarus vom kleinen Stamme Benjamins", den „Samen Abrahams", den Petrark des „Laubhüttenfestes", den „Synagogenstolz" nennt, daß er sagt: „Seine Küsse sondern ab Knoblauchgeruch", und daß er ihn als „des sterblichen Geschlechts der Menschen Allerunverschämtesten" hinstellt. Platen wußte also nichts weiter als eine witzlose, unedle und gemeine Verspottung von Heines Judentum vorzubringen und sich daneben in Schimpfworten auszulassen. Gegen nichts war Heine empfindlicher als gegen solchen Hohn über seine Abstammung; und das, was ihm hier der hochgestellte Herr Graf angetan hatte, betrachtete er als Handlung von allgemeiner Bedeutung; er sah in ihm den Vertreter einer ganzen Partei, er sah in ihm, wie er sich selbst ausdrückt, „den frechen Freudenjungen der Aristokraten und Pfaffen," was Platen tatsächlich gar nicht war, und er wollte, indem er den einzelnen Mann schlug, die ganze Schar antisemitischer Gegner treffen. „Robert, Gans, Michel Beer und andere", so schrieb Heine, „haben immer, wenn sie wie ich angegriffen wurden, christlich geduldet, klug geschwiegen — ich bin ein anderer, und das ist gut. Es ist gut, wenn die Schlechten den rechten Mann einmal finden, der rücksichtslos und schonungslos für sich und für andere Vergeltung übt." So war die Schärfe des Gegenschlages von Heine wohl überlegt, und in dieser maßlosen Rücksichtslosigkeit tritt, daran besteht kein Zweifel, eine Eigenschaft Heines zum ersten Mal scharf hervor, die für ihn als einen der bittersten Satiriker immer charakteristischer werden sollte. Nun faßte er den Gegner an seiner sehr verwundbaren Stelle: mit bitterstem Spott wies er auf die krankhaften Entartungen seiner Liebesgefühle hin, deren Andeutung vielen bereits ein Greuel war und die doch heute, nachdem wir Einsicht in Platens Tagebücher gewonnen haben, nicht mehr geleugnet werden können. Nicht als habe er sich in Handlungen ergangen, die dem Strafrichter Anlaß zum Eingreifen hätten geben müssen; nein, nur das krankhafte Sehnen des Dichters ging in diese Richtung, und eigentlich verdiente er deswegen eher Mitleid als moralische Verurteilung. Furchtbar war der Druck, den ihm das Bewußtsein seiner Krankhaftigkeit verursachte. Auch war Platen im Grunde ein edler Mensch, der ehrlich nach Vervollkommnung strebt, in diesem Streben aber oft von seiner ebenfalls ans Krankhafte streifenden Eitelkeit gehindert wurde. So dürfen wir vielleicht annehmen, daß er, in seiner Eitelkeit verletzt, gar kein klares Bewußtsein von der geistlosen Gemeinheit seiner Angriffe auf Heine hatte. Heine hatte unrecht, wenn er glaubte, in ihm den Vertreter der Adels- und Pfaffenpartei strafen zu müssen. Die überlegene Geistesschärfe, mit der er Platen vorhält, wie er bei der Richtung seines Gefühlslebens die Geschichte von Oedipus eigentlich hätte umdichten müssen, das zeugt von geradezu durchschlagendem aristophanischem Witz, aber es ist auch im höchsten Grade anstößig. Eines hatte Heine mit dieser Darstellung erreicht: man fürchtete ihn als einen der gefährlichsten und rücksichtslosesten Schriftsteller. Und die Schar seiner Feinde, die ohnehin von Jahr zu Jahr zugenommen hatte, wuchs ins Unermeßliche; die Philister zogen ihre Schlafmützen über die Ohren und schüttelten die Köpfe: so etwas war ihnen noch nicht vorgekommen; und die vielen, die insgeheim ihren köstlichen Spaß an der Sache hatten, wagten es nicht, öffentlich ihre Stimme zugunsten des Dichters zu erheben.

Viel zahmer war der vierte Band der „Reisebilder", der die „Stadt Lucca" und die „Englischen Fragmente" enthielt und in den ersten Tagen des Jahres 1831 in Hamburg erschien. In der „Stadt Lucca" tritt die Reiseschilderung ebenso wie die der Novelle oder der Erzählung sich annähernde Darstellung zurück, und die Betrachtung reißt die volle Herrschaft an sich. Es sind Betrachtungen über religiöse Fragen, die der Dichter in breitem Flusse hier vorträgt, und Freidenkende werden eine Fülle von feinen Beobachtungen und scharfen Gedanken darin willkommen heißen. Andererseits werden Anhänger kirchlich strenger Lehren durch einzelne Äußerungen in ihren Gefühlen bitter verletzt. Heine erklärt sich gegen alle herrschenden Religionen, und er beginnt mit der jüdischen, die das Volk aus Ägypten, dem Vaterland der Krokodile und des Priestertums, mitgebracht habe; seitdem seien jene Menschenmäkelei (der Ausdruck ist einer bekannten Stelle in Lessings „Nathan" entlehnt), der Bekehrungseifer, der Glaubenszwang, und alle jene heiligen Greuel aufgekommen, die das Menschengeschlecht so viel Blut und Tränen gekostet hätten. Des weiteren behandelt Heine die christlichen Bekenntnisse und findet in den Gesichtern der katholischen und protestantischen Geistlichen unverkennbar gemeinsame Züge; wie jeder Beruf, so präge sich auch der des Geistlichen deutlich in den Mienen aus, worüber er sodann allerlei sehr unehrerbietige Betrachtungen anstellt. Wichtiger, weil auf Späteres in Heines Entwicklung hindeutend, sind seine Bemerkungen über den sinnenfeindlichen Grundzug der christlichen Kirche überhaupt: der Gegensatz zwischen der heiteren sinnenfrohen griechischen Götterwelt und der düsteren, blutrünstigen neuen Religion wird von ihm nicht ohne Einseitigkeit geltend gemacht, und er rückt damit Gedanken in den Vordergrund, die er später unter dem Einfluß der Saint-Simonistischen Lehre noch stärker betonen sollte. Noch auf dem letzten Krankenlager beschäftigte ihn dieser Gegensatz zwischen der Griechen Lustsinn und dem

Götterbild Judäas. Im Sinne vieler Freisinniger der folgenden Zeit glaubt Heine, eine Besserung der religiösen Zustände von der Aufhebung der Staatskirchen erwarten zu dürfen — ob mit Recht oder nicht, mag dahingestellt bleiben. Vor allem aber äußert er den Gedanken, daß für Deutschland eine gewisse Gleichgültigkeit in religiösen Dingen, ein Schwächerwerden im Glauben zu politischer Erstarkung führen könne, ein Gedanke, der in dieser Form gewiß unrichtig ist, der aber durch eine kleine Verschiebung große Wahrheit gewinnen könnte, wenn statt ‚Gleichgültigkeit' von ‚unbedingter Duldsamkeit' gesprochen würde. Wie sehr sich der Dichter bemüht, auch beim Gegner die ehrliche Überzeugung anzuerkennen, beweist er mit der Schilderung eines alten kranken katholischen Priesters, der sich in frommem Glauben bei einer Bittfahrt, die Heine genau beschreibt, mühsam aufrecht hält und dessen Wesen Heine mit unverkennbarer Neigung beschreibt: „Gegen d e n Mann werde ich nicht schreiben."

Im letzten Stück dieses Bandes der „Reisebilder", den „Englischen Fragmenten", gibt Heine die Eindrücke seiner Reise nach London aus dem Jahre 1827 wieder. Politische Erörterungen stehen hier ebenso im Vordergrunde wie im vorausgehenden die religiösen. Heine behandelt den Gegensatz der Tories und Whigs in England, feiert die Helden der liberalen Partei, besonders George Canning, ergeht sich in langen Betrachtungen über die damals ins Ungeheure angeschwollene englische Staatsschuld, und schildert im Abschnitt „Old Bailey" das Unerträgliche der veralteten englischen Rechtspflege. Wichtiger sind seine Betrachtungen des Buchs von Sir Walter Scott über Napoleon, das der große Schotte etwas eilig zusammengeschrieben hatte und das Anschauungen kundgibt, die denen Heines völlig entgegenstanden: sie werden daher auch von ihm sehr nachdrücklich befehdet. Seiner Verehrung für den Kaiser läßt er hier ganz und gar die Zügel schießen, doch sagt er uns nichts Neues: Schon in der dritten Abteilung der „Nordsee" und im „Buch Legrand" hatte er sich in derselben Weise geäußert. Wenn die Darstellung der „Englischen Fragmente" heute als veraltet gelten muß, so sind doch einige Einzelheiten bemerkenswert und geistreich. So schreibt Heine z. B. einmal vom unterschiedlichen Verhalten der Franzosen, Engländer und Deutschen gegenüber der Freiheit: Der Franzose lege vor allem Wert auf bürgerliche Freiheit, denn die Franzosen seien das Volk des geselligen Lebens, und nichts empfänden sie schmerzlicher als Ungleichheit der bürgerlichen Stellung. Der Engländer strebe vor allem nach persönlicher Unabhängigkeit; alles, was ihn hierin schützen könne, hüte er mit großer Eifersucht. Der Deutsche aber liebe die Freiheit wie seine Großmutter. Zunächst glaubt man, es hier mit einem bloßen Witz zu tun zu haben, hinter dem nicht viel steckte; aber das Wort enthält für jene Zeiten eine große Wahrheit. Erstens pflegte sich die Liebe zur Großmutter nicht durch große Leidenschaftlichkeit auszuzeichnen, und in der Tat ließen es die Deutschen jener Zeit an nachdrücklicher Verfechtung ihres Freiheitsdranges oft genug fehlen. Zweitens aber soll durch jenen Ausdruck die Einseitigkeit der deutschtümelnden Freiheitsfechter gekennzeichnet sein, die den Fortschritt durch Wiederherstellung der Zustände einer fernen Vergangenheit gesichert zu sehen glaubten, die ihre Blicke zu sehr nach rückwärts richteten. Heine war in der Politik ohne Verständnis für die geschichtliche Entwicklung und ein unbedingter Anhänger der bloßen Vernunftlehren. Wie sehr er von solch kahlem, begrifflichem Denken, dem Erbübel der Männer des grundstürzenden Fortschritts angekränkelt war, zeigt sich auch darin, daß er der englischen Politik den Vorwurf machte, sie lasse sich zu wenig leiten von allgemeinen Grundsätzen, an denen sie unbedingt festhalte. Wir haben inzwischen gelernt, daß man mit allgemeinen Grundsätzen in der Politik nicht weit kommt, und daß die Kunst des Politikers darin besteht, mit klarem Verständnis der jeweiligen Lage seine Entscheidungen den Verhältnissen anzupassen.

Überblicken wir die „Reisebilder" als Ganzes, so erkennen wir leicht, daß wir versuchen müssen, ihre Wirkung durchaus vom geschichtlichen Standpunkt aus zu begreifen. Sie hängen mit den Tagesbestrebungen und den Tagesstimmungen aufs engste zusammen und dürfen nicht als Kunstwerke von reinem Werte angesehen werden. Geschichtlich wichtig ist gerade das, was uns jetzt in vieler Hinsicht veraltet erscheint: der Geist der freiheitlichen Auflehnung in politischer und religiöser Hinsicht. Hier wirkten die „Reisebilder" wie ein starker Weckruf und leiteten die neue literarische Zeit des Jungen Deutschland ein, die denn auch auf dieses Werk wie auf ihr Haupt- und Grundbuch immer wieder zurückkommt. Fesselnd ist auch jetzt noch, trotz allen Widerspruches, den wir erheben mögen, der Geist des zündenden, höchst rücksichtslosen Spottes und der durchschlagende Witz, der in reicher Fülle über das Werk verstreut ist. Dieser Witz und der durchschlagende Spott fesseln auch den Leser unserer Zeit noch immer an ein Werk, das sonst wohl nur noch den Literaturforscher beschäftigen würde. Indessen weist es noch andere Eigenschaften auf, durch die es noch heute die Gunst der Leser gewinnt: die dichterische Lieblichkeit einerseits und die pathetische Leidenschaft andererseits, die immer von neuem den großen Lyriker verraten. Und hiermit hängt zusammen der auch heute noch in vielen Partien hinreißend wirkende Stil der Darstellung. Gerade in dieser Beziehung haben die „Reisebilder" eine ungeheure Wirkung ausgeübt, denn man kann sagen: so bestrickend wie Heine wußte in jener Zeit kaum ein anderer zu schreiben. Die Treffsicherheit seiner Ausdrücke, der Wohllaut seines Satzbaus, die glänzende Verwertung der verschiedenen dichterischen Auffassungsformen fesseln und bezaubern uns an vielen Stellen. Die Vermischung des prosaischen und dichterischen Stils, die Heine anstrebt und durchführt, wurde vorbildlich für den leicht plaudernden Unterhaltungsstil der Zeitungen, der gewiß bei manchen Gelegenheiten unwillkommen ist, aber an rechter Stelle verwertet, doch unverkennbaren Reiz ausübt und unbedingt seine Berechtigung hat. Jedenfalls ist die Ausdrucksfähigkeit der deutschen Sprache durch diese Schriften bedeutend bereichert worden — und wie gering ist die Zahl der Werke, denen wir solches Lob sagen können! Doch all diese Anerkennung, die gegenüber bequemer Aburteilung nachdrücklich geltend zu machen ist, kann nicht über die Tatsache hinwegtäuschen, daß den Prosaschriften Heines dennoch nicht derselbe Wert beigemessen werden kann wie seinen Gedichten, die, den Schwankungen des Zeitgeschmacks trozend, wenigstens zu einem beträchtlichen Teil, unbedingten Wert beanspruchen dürfen.

Das Heine-Gedenkzimmer
im Haus Bolkerstraße in Düsseldorf

Heinrich Heine und seine Frau
(zeitgenössisches Gemälde)

ZWEITES BUCH

HEINRICH HEINE
IN PARIS
(1831—1856)

ERSTES KAPITEL

DER RADIKALE HEINE

1. 1831 bis 1833

Als Heine im Mai 1831 nach Paris zog, hegte er noch nicht die Absicht, dauernd hier zu bleiben; er wußte selbst noch nicht, wie sich sein Schicksal weiter gestalten könne. Zunächst stürzte er sich in den Strudel des Lebens, das ihn hier umbrauste, und er war entzückt von den Eindrücken, die ihm das politische und gesellschaftliche Leben gewährten, entzückt von der Schönheit und den bedeutenden Erinnerungen, von den wertvollen Sammlungen und Kunstschätzen der Stadt; bald nahm er Beziehungen auf zu bedeutenden Persönlichkeiten wie Hiller, Rossini, Chopin, Meyerbeer, Alexander von Humboldt, Pückler-Muskau und Koreff, vorwiegend also mit deutschen Landsleuten. Manche dieser Bekanntschaften verdankte er der Einführung beim Baron Rothschild, andere machte er während häufiger Besuche in der deutschen Buchhandlung von Heideloff und Campe. Auch mit Ludwig Börne traf er wieder zusammen, aber die früheren guten Beziehungen erkalteten bald, denn beide Männer wichen in Charakter und Lebensanschauung, namentlich aber in ihren politischen Überzeugungen gar zu sehr voneinander ab. Anfangs nahm Heine zwar an den Versammlungen der revolutionären deutschen Flüchtlinge teil, fühlte sich aber in diesen proletarischen Kreisen nicht wohl und zog sich bald zurück. Das wurde ihm sehr verübelt, Börne ließ es an geheimen und öffentlichen Verdächtigungen seines einstigen Kampfgenossen nicht fehlen, und so wuchs in Heine allmählich jene Abneigung gegen den freisinnigen Volksbeglücker, die später in seiner Schrift über Börne so entschiedenen und Aufsehen erregenden Ausdruck fand.

Dennoch war seine Anteilnahme an sozialen und politischen Fragen des Tages keineswegs erlahmt; vielmehr war er in hohem Grade für die Saint-Simonistische Lehre begeistert, denn sie enthielt vieles, was sich mit seinen eigenen Gedanken berührte. Die Betrachtung des Einflusses der Lehre Saint-Simons auf Heine eröffnet uns weite Ausblicke, die das ganze Lebenswerk des Dichters in eigenartige Beleuchtung rücken. Dabei handelt es sich letztlich um die Frage, welche Stellung der Mensch zu den ihm angeborenen Trieben nehmen solle und dürfe. Kants strenge Pflichtenlehre hatte die ausschließliche Geltung des angeborenen Sittengesetzes betont. Nach ihm soll der Mensch der triebhaften Neigung widerstehen und allein den Forderungen der sittlichen Vernunft gehorchen. Schon Schiller hatte hiergegen Widerspruch erhoben, insofern er in gefälligem Ausgleich von Pflicht und Neigung den vollkommensten Zustand des Menschen erblickte; auch Goethe verlangte in seinem Alter die Zügelung der angeborenen Triebe, indem er die Entsagung mehr und mehr in den Mittelpunkt seiner Sittenlehre stellte. Anders waren dagegen die Romantiker verfahren: sie erblickten das Heil in freier Entfesselung des Trieblebens, und Heine schloß sich ihnen mit einer Folgerichtigkeit an, wie sie kaum bei einem zweiten Zeitgenossen anzutreffen war. Die unbedingte Hingabe an die Eingebungen seines leidenschaftlichen Ich, an Trieb und Neigung, ist bezeichnend für sein ganzes Lebenswerk; niemals vermochte er den Regungen des Augenblicks Widerstand zu leisten; in Liebe und Haß folgt er rücksichtslos dem Drange seiner Natur. Alle Unterordnung unter die Gebote der Vernunft ist ihm fremd. Darin liegt der Grund, daß so viel Zwiespältiges und Verworrenes in seinem Leben und Denken hervortritt und daß sich schließlich sein Gemüt in immer haltlosere Verbitterung verliert, daß elendes Gezänk seine Tage dauernd verdüstert, und daß er nach trostlosem Zusammenbruch seiner sittlichen Anschauungen in Not und Elend verkümmert. Das geschah einem Manne, der von Haus aus den edelsten Regungen lebhaftes Verständnis entgegenbrachte und dessen Herz viel Güte und Wohlwollen besaß, die immer wieder einmal zum Durchbruch kommen. Doch wenngleich wir die üblen Folgen dieses haltlosen Sich-Auslebens nicht verkennen wollen, ist dies doch andrerseits die Wurzel vieler Eigenschaften, die Heines eigentliche Größe ausmachen. Indem Heine sich niemals von Rücksichten und Zugeständnissen hemmen und einschränken ließ, vielmehr immer nur seinem Gefühl folgte, gewann sein Denken und Handeln gewaltige Stoßkraft, gewannen seine Worte einen Schwung sondergleichen, der viele aufrüttelte und begeisterte. Vor allem aber begründet eben diese Hingabe an Stimmung, Neigung und Trieb, die ihn jeweils beherrschten, die zündende Wirkung seiner Dichtung. Wo sich andere, bestimmt von Einflüssen der Erziehung und der Sittlichkeit, oder aus Rücksicht auf die möglichen Folgen ihres Vorgehens für sich und andere Zwang auferlegen, geht Heine schroff und unbesonnen vor und ohne je nach den Folgen zu fragen. So oft er in solchen Augenblicken zu Worten und Handlungen getrieben wird, die wir bedauern, müssen wir doch sagen, daß er gerade hierdurch erst die Eigenart gewinnt, die ihn von allen andern unterscheidet. In dieser Hinsicht hat er manche Ähnlichkeit mit den Menschen des Cinquecento oder auch mit J. J. Rousseau, der ebenfalls immer seine geheimsten Gedanken heraussagt und sich auf diese Weise mit vielen verfeindet. Einen Erfolg hat eine solche Verhaltungsweise ganz bestimmt: Sie drängt zu höchster Entfaltung der Tatkraft und bringt alle Kräfte zum Vorschein, die die Natur verliehen hat, während der durch Rücksichten gelähmte Alltagsmensch leicht innerlich verkrüppelt und in einem Zustand halber Entwicklung seines Ich stehen bleibt. Ohne diesen Grundzug, der gewiß auch viele unerfreuliche Eigenschaften zeitigt, wäre Heine nicht Heine; dies launische Spiel seiner Seele bildet die Grundlage seines beißenden Witzes und überhaupt eine seiner wesentlichsten Eigenschaften. Der erwünschte Zustand wäre freilich in einer ganz andern Haltung zu suchen: in der großen Lebenskunst nämlich, seine Kräfte vollkommen und frei zu betätigen und sie dennoch im entscheidenden Augenblick zähmen und lenken zu können; darin also, bei aller Freiheit des Ich sich doch von den Geboten der Vernunft leiten zu lassen, wie etwa Goethe es zu erreichen vermochte.

Von diesem Standpunkt aus läßt sich Heines Verhältnis zum Saint-Simonismus leicht verstehen. Der Graf Claude Henri de Saint-Simon, der von 1760 bis 1825 lebte, hatte in einer Reihe von Schriften Gedanken entwickelt, in denen er dem neuzeitlichen Sozialismus vorarbeitete. Sich abwendend von den herrschenden Anschauungen der Staats- wie der Religionslehre, wollte er ein sogenanntes „industrielles Christentum" begründen, in dem auch die Sinnenfeindlichkeit der christlichen Lehre bekämpft werden sollte; die Arbeit, vielfach als ein Fluch angesehen, sollte als die den Menschen heiligende Betätigung erkannt werden. Leider aber, so stellte Saint-Simon fest, habe die geschichtliche Entwicklung zur Ausbeutung des Menschen durch den Menschen geführt: der eine genieße die Früchte der Arbeit des andern; hier müsse ein Ausgleich geschaffen werden. Auf der andern Seite sei die Freude am Sinnengenuß durch die christliche Lehre abgewertet und entwürdigt worden; es gelte, auch in der Sinnenfreude die Wirkung des göttlichen Geistes wiederzuerkennen, auch in der „Materie" mache sich Gott geltend, sie sei ebenso gut sein Werk wie unser geistiges Streben. So gelangte Saint-Simon zu der bekannten Forderung der Rehabilitierung des Fleisches, die bald als ein besonders beliebtes Schlagwort nicht nur von Heine, sondern auch von andern Vertretern des Jungen Deutschland mit Begeisterung aufgenommen wurde. Die wirtschaftlichen Forderungen Saint-Simons wurden namentlich von Saint-Amand Bazard mit Lebhaftigkeit vertreten; die sittlichen und religiösen, besonders auch diejenigen von der Rehabilitierung des Fleisches von Enfentin. Mit ihm kam Heine sogar persönlich in Berührung. Und diese Seite der Lehren Saint-Simons, das Verlangen, die Sinnenlust wieder in ihre Rechte einzusetzen, wirkte bei ihm zunächst am stärksten nach: seine ganze Prosaschriftstellerei der nächsten Zeit, namentlich seine Schriften über die „Religion und Philosophie in Deutschland" und die „Romantische Schule" sind ganz von den Gedanken Saint-Simons getragen. Heine bildete die Lehre von der Göttlichkeit der „Materie" zu einem folgerichtigen sinnenfreudigen Pantheismus aus, den zu feiern er sich nicht genug bemühen kann. Und er meint, weil die Materie unter jahrtausendelanger Mißachtung, die ihm von verschiedenen Religionen zuteil wurde, gelitten habe, sei es notwendig, ihr zunächst wieder recht viele heitere Opfer zu bringen. So schwelgt Heine, der in seiner Jugend oft einen verbitterten, satanischen Weltschmerz an den Tag gelegt hatte, in einer Philosophie der unbedingten Weltfreude. Je nach ihrer Stellung zu dieser ordnet er die Menschen zwei Klassen zu: die Hellenen und die Nazarener. Die ersten erkennen die Gleichberechtigung der „Materie" mit dem Geiste, sie bejahen das Leben und kosten es aus; die anderen hingegen sehen in bußfertiger Abwendung von den Freuden der Welt die Abtötung des Fleisches als letztes Ziel der ethisch-metaphysischen Entwicklung. Namentlich in seiner Schrift über Börne hat Heine diesen Gegensatz von Hellenen und Nazarenern breiter ausgeführt, wobei er betont, daß dieser Gegensatz nicht in ethnologischem Sinne für die Angehörigen des griechischen und jüdischen Volkes zu verstehen sei, sondern daß mit ihm nur der erwähnte Gegensatz zweier Grundformen menschlichen Wesens geistvoll, wenn auch mit einem gewissen herausfordernden Übermut gekennzeichnet sei; aber gewiß bietet er damit etwas, was im deutschen Schrifttum nicht schon von anderer Seite in ganz ähnlicher Weise geltend gemacht worden wäre: man braucht nur an die sinnenfreudige Grazienphilosophie Wielands zu erinnern oder an seinen Schüler Wilhelm Heinse, der denn auch von den Jungdeutschen sehr hoch geschätzt und von Heinrich Laube neu herausgegeben wurde. Und gewiß soll nicht geleugnet werden, daß der gesunden Sinnenfreude gern das Wohlgefallen der Künstler gilt; doch wird diese künstlerische Zustimmung gar leicht verschwinden, wenn sich die Sinnenfreude, wie bei Wieland und auch bei Heine, lehrhaft gebährden. Ungleich höher steht, wer diesen Gegenstand überhaupt nicht kennt und, aufstrebend zur Schönheit der Seele, von den Übertreibungen der einen wie der andern Sinnesweise gleich weit entfernt bleibt. Zu solcher Höhe hat sich Goethe emporgeschwungen: bei ihm suchen wir vergeblich nach den unfruchtbaren Betrachtungen über Dinge, bei denen es dem Menschen verfeinerten Gefühlslebens nicht wohl wird; Goethe erblickt den Kern alles Lebens und das Wunschbild sittlichen Verhaltens in der rastlosen Bewegung, und abgewandt jenen Fragen nach dem Zwiespalt zwischen Sinnenglück und Seelenfrieden, war er nur darauf bedacht, diesen göttlichen Kern unseres Ich, die schaffende Kraft, zu schützen, zu beleben und zu fördern. Heine hingegen vertiefte sich erneut in die alten abgestandenen Fragen und beantwortete sie nicht ohne schroffe Einseitigkeit.

In geringerem Grade war Heine zunächst von der wirtschaftlichen Seite des Saint-Simonismus ergriffen; aber seine Zustimmung gab er auch hier: Hoch und Niedrig soll durch die neue Religion der Sinnenfreude beglückt werden:

> Es wächst hienieden Brot genug
> Für alle Menschenkinder,
> Auch Rosen und Myrten, Schönheit und Lust,
> Und Zuckererbsen nicht minder.

So singt er in der Einleitung seines Wintermärchens „Deutschland" und ähnlich lauten manche Stellen seiner Prosaschriften.

Heine selbst brachte seine persönliche Lebensführung in vollkommene Übereinstimmung mit dieser zweifelhaften Lehre. Er, der niemals Anlage zum Joseph verraten hatte, ging in Paris bald ganz auf in den seichtesten Vergnügungen der Halbwelt. Dies leichtfertige Genußleben wurde 1832 durch die Cholera unterbrochen, die Heine in Paris miterlebte und deren Wüten er sich nicht wie so mancher Bewohner der Stadt durch die Flucht entzog; vielmehr widmete er sich mit Hingabe der Pflege seines von dem Übel ergriffenen Vetters Karl Heine, dem Bruder von Amalie und Therese.

Es ist leicht zu verstehen, daß Heine während der ersten drei Jahre in Paris nicht die nötige Muße zu neuen literarischen Schöpfungen fand. Er veröffentlichte allerdings 1833 bei Heideloff und Campe in Paris zwei kleine Bändchen, betitelt „Geschichte der neueren schönen Literatur in Deutschland", die einige Jahre später als „Romantische Schule" erweitert wurden. Sonst erschienen im Oktober und November in Cottas „Morgenblatt" Heines Berichte über die Pariser Gemäldeausstellung von 1831, sowie Dezember 1831 bis Juni 1832 in der „Augsburger Allgemeinen Zeitung" in ungefähr dreiwöchentlichen Abschnitten eine Reihe von Aufsätzen über die Tagespolitik in Frankreich; und diese wurden schon mit dem neunten Artikel von der deutschen Regierung unterdrückt. Noch im selben Jahr erschienen die politischen Zeitungsartikel bei Hoffmann und Campe in Buchform unter dem Titel „Französische Zustände" und im darauffolgenden Frühjahr auch in Paris in französischer Übersetzung als „De la France". Diese Zeitungsberichte sollten einen entscheidenden Wendepunkt in Heines Leben und Schaffen herbeiführen.

2. „Französische Zustände"

Heines „Französische Zustände" gehören zu seinen weniger bekannten Werken; man glaubt oft, sie als eine bloße Sammlung von Zeitungsberichten abtun zu können, und begnügt sich mit einem Hinweis auf die leidenschaftliche „Vorrede", über die man, je nach eigenem Standpunkt, seiner Entrüstung oder Freude Ausdruck gibt. Solches Urteil aber ist ganz verkehrt; das Buch ist sehr ernst zu nehmen, und es steht an Bedeutung nicht zurück hinter manchen anderen, für die man nicht genug Worte des Lobes finden kann. Allerdings ist es kein Werk von kunstgerechtem Bau, wie etwa das „Buch Legrand", der „Atta Troll" oder das Wintermärchen „Deutschland". Nur gelegentlich findet Heine hier auf begrenztem Raum eine wirksame oder gar überraschende Anordnung seiner Gebilde und Gedanken. Aber bei

Zeitungsberichten, und aus ihnen sind die „Französischen Zustände" nun einmal zusammengestellt, konnte eine solche Gliederung des Ganzen gar nicht in Betracht kommen. Genug, wenn die Einzelheiten die ordnende Kraft des Dichters verraten. Und als Dichter erweist sich Heine auch in diesem Buche überall: Die Gestalten, die er uns vorführt, sind in großen Zügen scharf und lebendig erfaßt; die Begebenheiten, von denen er uns erzählt — und es sind darunter höchst erschütternde! — prägen sich unvergeßlich ein; die blitzende Pracht seines Stils bewährt sich auch hier, und gleich Leuchttürmen schauen uns jene eindringlichen Leitgedanken entgegen, die seines Lebens Fahrt bestimmen. Dabei will Heine auf die Zeit wirken. Er fühlt sich zu einer neuen Aufgabe berufen. Er weist hin auf die „große Veränderung, die jetzt mit den deutschen Schriftstellern vorgeht. „In früheren Zeiten", so sagt er, „waren sie entweder Fakultätsgelehrte oder Poeten, sie kümmerten sich wenig um das Volk, für dieses schrieb keiner von beiden, und in dem philosophischen, poetischen Deutschland blieb das Volk von der plumpsten Denkweise befangen". Er erinnert daran, daß er selbst schon vor Jahren, als Dichter der „Reisebilder", im Sinne der neuen Zeitforderungen geschrieben habe, um seine lieben Landsleute aus dem Schlaf zu erwecken. — Übrigens nahm er seine Arbeit sehr ernst; er machte sorgfältige Studien, um die Dinge, über die er schrieb, in ihren tieferen Zusammenhängen zu erkennen. Heine war sehr belesen, und wer ihm nachforscht, wird nicht selten erstaunt sein, auf welchen entlegenen Wegen er diesen spürenden Beobachter wiederfindet. Offenbar trieb ihn ein heißes Verlangen, die große Welt, in die er nun versetzt worden war, in ihrem innersten Gefüge zu erschließen. Und er ließ sich nicht beirren in seinem Urteil, weder durch Vorliebe, noch durch Groll: mit unerbittlicher Hand weist er auf die Schwächen und die Vorzüge der neuen französischen Königsherrschaft hin; das beginnende Juste milieu hat hier einen einsichtsvollen Geschichtsschreiber gefunden. Immerhin steht über dem Ganzen mit fast zu großer Berechtigung das bezeichnende Wort: „Vive la France! Quand même!" Die Liebe zu den Franzosen klingt überall durch.

Heine schrieb seine Berichte für die „Augsburger Allgemeine Zeitung" in der Hauptsache während der Monate Januar bis Juni 1832; dann mußte er abbrechen, da die deutsche Regierung durch Gentz bei Cotta, dem Verleger der Zeitung, Einspruch erhob; nun folgten nur noch ein paar Beiträge von geringem Belang. Abgesehen von kleineren Tagesberichten wurden acht größere Aufsätze Heines abgedruckt; ein neunter durfte nicht mehr erscheinen. Acht Aufsätze von mannigfach wechselndem Gehalt! In dem ersten steht das Bild Ludwig Phillipps durchaus im Vordergrund, und es wird nicht eben vorteilhaft beleuchtet. Der König bleibe dem Grundsatz der Volksherrschaft nicht treu, und daher komme es, daß die Geister der Revolution ihm grollen und ihn unter allen Gestalten befehden. Noch ein paar Monate später, im März, schrieb Heine: „Was Ludwig Philipp betrifft, so spielt er noch immer seinen Roicitoyen und trägt noch immer das dazu gehörige Bürgerkostüm; unter seinem bescheidenen Filzhute trägt er jedoch, wie männiglich weiß, eine ganz unmaßgebliche Krone, von gewöhnlichem Zuschnitte, und in seinem Regenschirm verbirgt er das absoluteste Szepter". Heine traut ihm nicht recht, er bringt sogar eine persönliche Verdächtigung gegen ihn vor, die er später, in der Buchausgabe, wieder gestrichen hat. Im zweiten Aufsatz wird die Haltung der Pariser Zeitungen gegenüber der neuen Regierung besprochen, und dabei ließen sich ernste und bedenkliche Anzeichen nicht übersehen. Mit viel Liebe und aufrichtiger Bewunderung spricht Heine von dem „Helden der beiden Welten", dem alten Lafayette. „Freilich!" so schreibt er, „er ist kein Genie, wie Napoleon war, in dessen Haupte die Adler der Begeisterung horsteten, während in seinem Herzen die Schlangen des Kalküls sich ringelten; aber er hat sich doch nie von den Adlern einschüchtern oder von den Schlangen verführen lassen. Als Jüngling weise wie ein Greis, als Greis feurig wie ein Jüngling, ein Schützer des Volkes gegen die List der Großen, ein Schützer der Großen gegen die Wut des Volkes, mitleidend und mitkämpfend, nie übermütig und nie verzagend, ebenmäßig streng und milde, so blieb Lafayette sich immer gleich". Allerdings werde der tote Napoleon von den Franzosen noch mehr geliebt als der lebende Lafayette; ihm aber, dem Dichter, und wir staunen darüber, sei es das Liebste an Napoleon, daß er tot sei. Der dritte Aufsatz erzählt von bedenklichen Anschlägen gegen die neue Regierung, im Januar und Februar, und von dem unnatürlichen, aber doch recht gefährlichen Bündnis der Republikaner und der Karlisten, d. h. der Anhänger Karls X., des letzten Bourbonen. Zu beachtenswerter Höhe erhebt sich im vierten Aufsatz die Vergleichung des Freiheitsbegriffes der Franzosen und der Engländer, wobei man sich an ähnliche Darlegungen in den „Englischen Fragmenten" der „Reisebilder" erinnert fühlt. Auch Canning, der dort eine große Rolle spielte, wird wieder heraufbeschworen, und Casimir Périer, der damals mit sicherer Hand und unter Heines lebhafter Anerkennung das französische Ministerium leitete, kann ihm gegenüber doch nicht ganz bestehen. Von der Politik Talleyrands, die auf ein Einvernehmen Englands und Frankreichs hinausging, wollte Heine nicht viel wissen, und von der Persönlichkeit dieses unheimlichen Staatsmannes entwirft er ein sehr unvorteilhaftes Bild. — Der fünfte Aufsatz bringt Wiederholungen; Spöttereien über den König, der wegen seiner ungewöhnlichen Kopfform allgemein „die Birne" genannt wurde, werden mit Behagen weitergegeben. „Die Birne ist . . . ein stehender Witz geworden, und hunderte von Karikaturen, worauf man sie erblickt, sind überall ausgehängt. Hier sieht man Périer auf der Rednertribüne, in der Hand die Birne, die er den Umsitzenden anpreist und den Meistbietenden für achtzehn Millionen losschlägt," eine Anspielung auf die Zivilliste, die allerdings nur zwölf Millionen betrug.

Sehr viel höher erhebt sich der sechste Aufsatz, der sicherlich als der gelungenste des ganzen Werkes anzusehen ist. Da werden zunächst die mattherzigen Politiker abgelehnt, die dem Parteiwesen ganz den Rücken zuwenden, die Unbeteiligten und Gleichgültigen, die vielleicht die Schwächen der Personen leicht herausfinden, aber doch niemals in das Wesen der Dinge einen tiefen Einblick gewinnen. Wer nicht das Herz auf dem rechten Flecke hat, wird niemals den letzten Sinn des großen Weltgeschehens begreifen. Wenn sich zwischen den Leitgedanken der Zeit und den Menschen dieser Zeit ein Mißverhältnis herausbildet, so muß es zu einer großen Auseinandersetzung kommen; und dazu muß man Stellung nehmen. „Solange die Revolution nicht vollendet ist . . . so lange ist gleichsam das Staatssiechtum nicht völlig geheilt". Warum haben die Franzosen ihre Řevolution gemacht? Ist das Ziel erreicht worden? Die Antwort auf diese Frage erfordert eine genaue Erörterung, und Heine will weit ausholen, er will sein letztes Wort sagen über das große Rätsel der Zeit — doch da wird ihm der Mund verschlossen durch den entsetzlichen Schrecken, der plötzlich durch alle Gassen zieht und alle Häuser belagert: die Cholera herrscht in Paris! In einem Nachtrag hat Heine seine Gedanken über die französische Revolution später noch niedergelegt, weitschauende Gedanken, Gedanken großen Stils, die zugleich von großer Belesenheit und scharfem Urteil zeugen. Aber weit packender beschreibt er die Schauer der Seuche, die mit vergiftendem Hauch die schöne, lebenslustige Stadt bedroht. Wo ist ein Schriftsteller jener Tage, der in der Schilderung dieser furchtbaren Erlebnisse Ähnliches geleistet hätte? Heine hat sie alle in den Schatten gestellt. Am Faschings-Dienstag bricht das Unheil aus. Jäh greift der Tod unmittelbar hinein in die Scharen der ausgelassenen Narrheit. Menschen, die eben noch mit der Pritsche um sich schlugen, werden von plötzlichem Unwohlsein befallen und stürzen tot zu Boden. Da man Ansteckung befürchtet, begräbt man sie in ihrer Narrentracht. Die Maßnahmen der Regierung, mit denen man dem Fortschreiten der Krankheit begegnen will, werden bekrittelt; die Lumpensammler und die Trödelweiber fühlen sich in ihrem Gewerbe gestört; man führt das Übel auf böswillige Vergiftung zurück und vergreift sich an den angeblichen Missetätern; die Leichen, nach vielen Tausenden zählend, werden in großen Säcken zusammengepackt und in Omnibussen zu den Friedhöfen befördert; die Kutscher drängen sich, einer will vor dem andern sein schauerliches Werk erledigen; es entsteht wildes Schreien und Fluchen. Er aber, der Dichter, der sich überall umgeschaut und gleichsam mitten auf dem Schlachtfeld verweilt hat, zieht sich schließlich zurück auf eine Anhöhe, und unter Tränen blickt er hinab auf das Elend der mächtigen tieftrauernden Stadt. Hier, auf engem Raume, hat Heine in künstlerischem Aufbau, wirksamer Steigerung und überraschender Fülle der Einzelheiten seine viel erprobte Darstellungsgabe aufs neue glänzend bewährt, und die grellen Farben und krassen Gegensätze sind dem aufregenden Gegenstand gemäß.

Von dieser Höhe steigt die Darstellung im siebenten Aufsatz merklich herab. Hatte der sechste unser Gemüt erschüttert, so wenden sich die ruhigen Erwägungen des siebenten an Einsicht und Verstand: Wesen und Bedeutung des konstitutionellen Königtums werden genau abgewogen und erläutert. Im achten dagegen gewinnt das Wort des Dichters wiederum mächtigeren Klang. Auch Casimir Périer war der Cholera erlegen, und dem Geist und den Charakteranlagen des Mannes, der als der eigentliche Führer des Justemilieu anzusehen war, wird nun eine höchst reizvolle, in Gegensätzen schwelgende und durch Vergleiche gehobene Würdigung zuteil. Hier lebt in jedem Wort der echte Heine. Und zu diesem Spiel der Gedanken in Heines bekannter Tonart tritt die Ergänzung durch das Bild, die Anschauung, das Leben; die Trauerfeier wird eindrucksvoll beschrieben, man sieht den schier endlosen Zug in seiner militärischen Pracht, die so schlecht zu Périer paßt, man sieht die hinter dem Sarg schreitenden Söhne des Toten, man sieht die gewaltige Schar der teilnahmslosen Gaffer, und man fühlt vor allem die Leere in der gesuchten Fülle des Schaustückes. Besonders gleichgültig zeigt sich die Börse — die Börse, für die doch Périer mehr getan hat als irgend ein Staatsmann früherer Zeit. Glänzend ist diese Schilderung; prachtvoll wird das Äußere des staatlichen Gebäudes in Paris gemalt, jenes eigenartigen Seitenstückes zur Madeleine-Kirche, die Napoleon einst zu einem Tempel des Ruhmes umgebildet hatte. Wer fragt jetzt nach dem Tempel des Ruhmes? Jetzt ist die Börse das Ziel aller Wünsche; hier erblickt man „ein Meer des Eigennutzes, wo aus den wüsten Menschenwellen die großen Bankiers gleich Haifischen hervorschnappen". Dieses Frankreich des Justemilieu, dieses Frankreich der Börse war jedoch in all seinem Glanze durchaus nicht so glücklich, wie man annehmen konnte: es litt unter seiner Abhängigkeit vom Ausland, namentlich von England. Solche Gedanken führen den Berichterstatter abermals, wie schon in dem vierten Aufsatze, zu dem großen Inselvolke hinüber, bei dem sich damals so bedeutsame Neuerungen wie die Umgestaltung des Wahlrechtes vollzogen. Hier nimmt die Darstellung eine unerwartete Wendung: aus den „Französischen Zuständen" werden „Englische Zustände". So gering auch die Zuneigung war, die Heine für die Engländer aufbringen konnte: ihr Freiheitswille gefiel ihm. Und wiederum begnügte er sich nicht mit einer bloß gedankenmäßigen Auseinandersetzung, sondern er zaubert uns abermals lebendige Bilder vor Augen, führt uns in die City, zeigt uns die versunkene Herrlichkeit des Lordmayors und seines Anhanges, macht uns mit dem knickerigen und doch so achtbaren Joseph Hume, dem Steuerverweigerer, bekannt. Bei solchen Gedanken und Bildern verweilt er noch zu Beginn des nächsten, des neunten Abschnittes, der nicht mehr in die „Augsburger Allgemeine Zeitung" aufgenommen werden durfte, obwohl er garkeine allzu staatsgefährlichen Gedanken enthielt. Er ist nach dem Hambacher Fest, das am 27. Mai stattgefunden hatte, geschrieben, und ohne Zweifel von den Stimmungen dieses neuesten Ereignisses beeinflußt. Heine setzt sich eingehend mit dem Wesen von Republik und Königsherrschaft auseinander; er meint, daß die Franzosen, bei denen die religiösen und sittlichen Begriffe einer gefährlichen Auflösung erlägen und die alle geltenden Werte in Frage stellten, „zur Republik verdammt seien", während Deutschland „seinem Wesen nach royalistisch" sei. „Ich glaube nicht so bald an eine deutsche Revolution und noch viel weniger an eine deutsche Republik; letztere erlebe ich auf keinen Fall; aber ich bin überzeugt, wenn wir längst ruhig in unseren Gräbern vermodert sind, kämpft man in Deutschland mit Wort und Schwert für die Republik. Denn die Republik ist eine Idee, und noch nie haben die Deutschen eine Idee aufgegeben, ohne sie bis in allen ihren Konsequenzen durchgefochten zu haben." Die deutschen Republikaner jener Tage, die Helden des Hambacher Festes, erwecken sein Vertrauen nicht, wenngleich er ihrer mit Achtung gedenkt.

Nach diesen Betrachtungen, die vielfach über begriffliche Allgemeinheiten nicht hinauskommen, folgt dann noch einmal ein Glanzstück anschaulicher Darstellung: der Bericht über die Trauerfeier für den General Lamarque. Lamarque, der sich namentlich unter Napoleon als Heerführer bewährt hatte, war ein erklärter Freund der Volksrechte, der republikanischen Staatsform gewesen, und seine Leichenfeier lockte ganz Paris auf die Straßen und wurde zu einer mächtigen Kundgebung für die Gedanken der unbedingten Freiheit. Es kam zu schweren Straßengefechten, in denen aber das Militär am 5. und 6. Juni schnell die Oberhand gewann. Wieder erlebte Heine alles aus nächster Nähe, und seine äußerst ergiebige Schilderung hat den Wert einer geschichtlichen Quelle. Kleine Darstellungen, die dem zusammenfassenden Bericht vorausgegangen waren, bieten eine wertvolle Ergänzung. Auch dieser Teil des Werkes verrät Größe und Kraft, wenngleich er nicht an die Schilderung der Cholera heranreicht.

Den weitaus stärksten Eindruck hinterließen die „Französischen Zustände" jedoch wegen der „Vorrede", die freilich nichts mit dem, worauf der Titel des Buches hinweist, zu tun hat sondern sich ausschließlich mit Deutschland beschäftigt. Sie wurde zuletzt geschrieben und erst im Oktober von Heine an seinen Verleger gesandt. Die reichlich verwickelten Umstände ihrer Entstehung und Veröffentlichung können jetzt wohl abschließend aufgeklärt werden. Gleich nach dem ersten Lesen, am 2. November 1832, schrieb Campe an Heine, das Vorwort würde ihn „in des Teufels Küche" führen. Deshalb wolle er sie der Zensur übergeben, obwohl er voraussah, daß sie dort arge Verstümmelung erfahren werde. Dies traf auch zu. Um aber Heines Wunsch nach unveränderter Wiedergabe des Schriftstücks zu erfüllen, machte Campe in demselben Briefe den Vorschlag, außerdem einen Sonderdruck zu veranstalten, der den Käufern des Buches unentgeltlich nachgeliefert werden solle; dieser Sonderdruck, natürlich ebenfalls von Campe ausgeführt, solle zur Irreführung der Regierungen als Verlagsort Paris nennen und außerdem noch ein Vorwort zum Vorwort enthalten, in dem der ganze Sachverhalt aufgeklärt würde. Heine ging auf diesen Vorschlag ein; er schrieb die „Vorrede zur Vorrede" und unterzeichnete sie „Ende November 1832". Zunächst erschien nun das vollständige Werk mit der von der Zensur arg verstümmelten Vorrede. Gegen sie erließ Heine eine öffentliche Erklärung: mehr als die Hälfte seiner Ausführungen sei gestrichen worden, und durch die Verkürzungen sei manches, was er gesagt habe, „mitunter ins Servile verkehrt worden." Aber auch dieses stark gemilderte Vorwort erregte den Unwillen der Regierungen, und in Preußen veranlaßte sogar der König selbst baldiges Einschreiten gegen das Buch.

Diese Umstände erweckten bei dem Verleger nun doch ernstliche Sorgen wegen des Schicksals der vollständigen Vorrede als Sonderdruck. Immerhin ließ er sie drucken. Mitte März 1833 lag sie fix und fertig vor; nur das Titelblatt fehlte noch, und der Verlagsort war noch nicht angegeben. Campe aber zögerte noch immer: „Es steht die Existenz auf dem Spiele". So ließ er die ausgedruckten Vorräte einstweilen liegen, schickte kein Stück davon in die Welt. Heine kam diesem Zögern des Verlegers insofern entgegen, als er gewisse Änderungen der vollständigen Vorrede anmeldete, die auf sogenannte Cartons gedruckt werden sollten, um so wohl einige der allerkräftigsten Stellen abzuschwächen. Aber der Zufall wollte es, daß die Änderungen auf dem Wege von Paris nach Hamburg verloren gingen; Campe hat sie nie erhalten. Er ließ das Schriftchen weiterhin liegen und wartete die weitere Entwicklung ab, offenbar in der Hoffnung, daß ihm der Zufall helfen und ihm die nachträgliche Vernichtung der ganzen Auflage ermöglichen würde. Dieser Zufall trat ein: Am 3. April 1833 erfolgte jener bekannte Angriff auf die Konstablerwache in Frankfurt am Main, der schnell unterdrückt wurde und neue scharfe Maßnahmen der Regierung zur Folge hatte. Offenbar hierdurch gelangte Campes Entschluß zur Reife: die ganze Auflage der Schrift vernichten zu lassen. Im Monat Mai schrieb er wiederholt an Heine: er könne nicht zur Veröffentlichung raten, und er sei bereit, den Verlust zu tragen. Heine erklärte sich einverstanden. Vermutlich schon im Mai wurde die Schrift eingestampft, und Campe atmete auf. Nur ein paar Abzüge waren vergeben worden, darunter einer an einen Buchhändler Millikowsky aus Lemberg, der sie mit nach Paris nahm; und einen zweiten hatte Campe selber zurückbehalten. In diesem Druck war auch die „Vorrede zur Vorrede" mit enthalten gewesen.

Damit aber war die Angelegenheit noch nicht erledigt. Heine ließ nämlich die Vorrede doch noch in einer Pariser Buchhandlung, Heideloff und Campe, als Sonderdruck in Paris erscheinen. Der eine Inhaber dieser Firma, Friedrich Napoleon Campe, war ein Neffe von Julius Campe, wurde aber von diesem wenig geschätzt und stand mit ihm in keiner Geschäftsverbindung. Beachtlich ist übrigens, daß Heine diese Pariser Ausgabe seines bedenklichen Schriftstückes nicht selbst besorgte; vielmehr ließ er sie unter dem Decknamen Paul Gauger, einem etwas anrüchigen jungen Manne, der damals als Handelsgehilfe bei Heideloff und Campe tätig war, erscheinen. Der Grund für diesen Decknamen wird im nächsten Kapitel „Heines französische Staatspension" seine Erklärung finden.

So war denn das Werkchen doch noch ans Licht des Tages getreten. Aber es erlebte nicht viel freundliche Aufnahme. Heine leugnete wiederholt ab, es selbst veröffentlicht zu haben, und das war streng genommen auch richtig. Auch der Pariser Verleger fand kein Wohlgefallen an der Schrift. Er bot sie dem Hamburger Oheim an, gegen Erstattung der Herstellungskosten; daß dieser schroff ablehnte, versteht sich von selbst. Fernerhin bot er es dem Verlag Philipp Reclam in Leipzig an, wurde aber auch dort nicht einig. So blieb es denn an ihm hängen. In Preußen aber wurden infolge dieser Schrift alle Werke des Verlages Heideloff und Campe in Paris verboten, was dieser deutlich spüren sollte.

Die Sache hatte noch ein seltsames Nachspiel. Die deutschen Regierungen wurden beim Senat der freien Stadt Hamburg vorstellig, man möge den Buchhändler Julius Campe in Hamburg wegen der Vorrede zur Rechenschaft ziehen; man zweifelte nicht daran, daß er tatsächlich der Verleger sei. Am 22. Juli 1834 fand ein Polizeiverhör in Hamburg statt, in dem Campe beschwören konnte, er sei es nicht! Als man ihm den Druck von Heideloff und Campe vorlegte, konnte er sagen, er sähe ihn zum ersten Male. Dies entsprach zweifellos der Wahrheit, und ebenso konnte er einen Nachdruck bestreiten, mit dem er wirklich nichts zu tun hatte. Im stillen aber mochte er seinem Schöpfer danken, daß er klug genug gewesen war, s e i n e n Sonderdruck der Vorrede rechtzeitig, ehe er ihm großen Schaden gebracht hatte, zu vernichten.

Wie aber war Heine dazu gekommen, in seiner Vorrede einen so heftigen und leidenschaftlichen Ton anzuschlagen, daß er alle Welt, Freund und Feind, vor den Kopf stieß? Es sind wohl drei Gründe, die ihn bestimmten. Erstens sah er das Leben in der deutschen Heimat aufs schwerste durch die Maßnahmen bedroht, zu denen sich die Regierungen nach dem Scheitern des Hambacher Festes hatten hinreißen lassen. Er war empört über das, was dort geschah, und selber weit vom Schuß; er durfte es wagen. Zweitens aber wollte er öffentlich davon Zeugnis ablegen, wie ernst er es mit dem Gedanken der Freiheit meine. In den Kreisen der deutschen Flüchtlinge in Paris hatte man ihn, besonders wegen der von Börne ausgestreuten Verleumdungen, als einen Abtrünnigen hingestellt, weil er ihnen vielfach entgegengetreten war, ihre kopflose politische Schwärmerei abgelehnt und sie verspottet hatte. Jetzt wollte er durch den entschiedenen Ton der „Vorrede" zeigen, daß er kein „bezahlter Schuft" sei; und dies mußte er mit seinen Worten unfehlbar erreichen. Entscheidend für ihn aber war wohl der dritte Grund: Man hatte ihn, obwohl er doch recht gemäßigt aufgetreten war, die Mitarbeit in der angesehensten deutschen Zeitung versagen, man hatte ihn mundtot machen wollen. Schon der neunte seiner gedankenreichen Aufsätze durfte nicht mehr gedruckt werden. Es verletzte ihn tief, daß man ihn seiner dringlichsten Erwerbsmittel berauben wollte! Ein Abgrund tat sich auf zwischen ihm und den Männern, die an der Macht waren.

Es ist nicht zu bestreiten, daß Heine sich an nicht wenigen Stellen im Tone vergriff und daß er grobe Angriffe richtete gegen hochverdiente Männer: man denke nur an Ranke und an Schleiermacher. Aber ebenso zweifellos ist es, daß fast alle seine Zeitgenossen ihn und seine ganze Gedankenwelt verkannten und daß kaum einer Einblick hatte in die Not seiner ringenden Seele, die, den ewigen Gedanken von Freiheit und Brüderlichkeit zugewandt, fast überall dem Geist von Knechtschaft und Verhetzung begegnete. So kam es zu dem wilden und rücksichtslosen Ausbruch eines Mannes, der seinerseits nicht mehr an eine Verständigung mit den herrschenden Gewalten und mit den herrschenden Anschauungen glaubte. Die „Französischen Zustände" führen uns nun unmittelbar zu Heines französischer Staatspension.

3. Heines französische Staatspension

Eine der anfechtbarsten Handlungen in Heines Leben war die Erlangung einer französischen Staatspension. Doch alles, wirklich alles, was man darüber geschrieben hat, beruht auf völlig falschen Voraussetzungen. Deshalb müssen wir sehr weit ausholen, um zunächst Heines eigene Angaben sowie die Behauptungen verschiedener Heineforscher zu widerlegen, um dann logisch und rein sachlich den wahren Stand der Dinge zu erörtern.

Nachdem die Februar-Revolution beendet und Ludwig Philipp nach England geflohen war, übernahm Lamartine die Führung der Provisorischen Regierung. Noch im März 1848 veröffentlichten die Republikaner die in den Tuilerien vorgefundenen Geheimdokumente des Ministeriums Guizot vom 26. Oktober 1840 bis 1847; unter den Personen, die vom Außenministerium mit Geld unterstützt wurden, erwähnt die „Revue Rétrospective" auch Heinrich Heine mit einer jährlichen Pension von 4800 Franken.

Heine, der sich immer gern für einen Verfechter der Freiheit ausgab, war durch diese Veröffentlichung in sehr zweideutiges Licht geraten; und seine Gegner, die seine politische Integrität schon oft und entschieden in Frage gestellt hatten, bekamen eine vernichtende Waffe in die Hand. Ein nicht unterzeichneter Artikel der „Augsburger Allgemeinen Zeitung" vom 28. April 1848 erhob auch sofort die Anklage, das französische Ministerium habe für bestimmte Summen Heines Feder erkauft, damit dieser Guizots Regierungsakte verteidige; und eine Anmerkung der Redaktion fügte hinzu, vermutlich habe Heine nicht für das, was er schrieb, sondern für das, was er nicht schrieb, Unterstützung empfangen.

Heine sah sich somit gezwungen, zu diesen Anklagen öffentlich Stellung zu nehmen; und so erschien am 23. Mai 1848 in der „Augsburger Allgemeinen Zeitung" seine Erklärung, in der er betonte,

1 daß er seine „Erklärung" nur der Redaktionsnote und nicht dem Korrespondenzartikel widme, da seine Sache nie und nimmer von einem gewöhnlichen Zeitungskorrespondenten, sondern nur von den Assisen der Literaturgeschichte gerichtet werden könne,

2 daß die Unterstützung nicht ein „Tribut" darstelle, sondern nur das „große Almosen", welches das französische Volk an Tausende von Freunden spende, die sich durch ihren Eifer für die Sache der Revolution in ihrer Heimat kompromittiert hätten und an dem gastlichen Herde Frankreichs eine Freistätte suchten,

3 daß er diese Pension kurz nach dem Erlaß der Bundestagsdekrete in Anspruch nahm, die ihm als Chorführer des Jungen Deutschland seine Werke mit Interdikt belegten und ihn seiner Erwerbsmittel beraubten,

4 daß die Pension aus der Kasse des Ministeriums für Äußere Angelegenheiten kam, da die anderen Kassen zu sehr belastet waren und die französische Regierung den Staat Preußen nicht wegen eines Mannes herausfordern wollte, um dessen Auslieferung Preußen wiederholt ersucht hätte, und

5 daß er Guizot nie gesprochen hätte, außer im November 1840, als er diesem, nach dem Sturze Thiers, für die Weiterbezahlung der Pension seinen persönlichen Dank ausdrückte, und daß Guizot für die Pension nie den geringsten Gegendienst beansprucht habe.

Eine genauere Betrachtung dieser fünf Punkte läßt eine äußerst raffinierte Beweismethode erkennen. Heine sagt in Wirklichkeit nur herablassend, daß er nicht auf die Anklage des Zeitungskorrespondenten eingehe, denn er müsse es der Nachwelt überlassen, seine Sache zu entscheiden; er wolle nur die Note der Redaktion widerlegen. Heine leugnet also nicht, daß er für Geld die Interessen Frankreichs vertreten habe. Dieses stille Eingeständnis wurde dann später ganz offen in einem Brief vom 23. Juni 1848 an den Marquis de Lagrange ausgesprochen:

... Es hat meinen Stolz etwas gekostet, in der „Augsburger Zeitung" öffentlich und vor ganz Deutschland auszusprechen, daß ich die Franzosen um ein Almosen gebeten habe, wie all die übrigen Flüchtlinge und Bettler; ich habe dieses demütigende Geständnis abgelegt, ohne die Bemerkung hinzuzufügen, daß bei der Gewährung dieser Unterstützung durch die französische Regierung der Klang meines Namens von Bedeutung war, und Frankreich einem Autor wohl einige Dankbarkeit schuldete, der jederzeit so tapfer für Frankreich gegen die Ihnen wohlbekannten Franzosenfresser gekämpft hat. Diese Pension, welche mir so viele gemeine Vorwürfe von meinen Feinden jenseits des Rheins eingebracht hat, stand mir hier in Frankreich wohl zu. Ich werde mit Ihnen darüber sprechen und Sie werden sich sehr wundern. Was Sie aber am meisten erstaunen wird, ist, daß diese unglückliche Pension von jemandem gestrichen worden ist, von dem ich das am wenigsten erwartet hatte — von Herrn de Lamartine.

Hier gibt Heine offen zu, daß der Klang seines Namens für die französische Regierung von Bedeutung war, d. h. politisch gesprochen — denn es handelt sich nicht um Literatur, sondern um Politik — daß die französische Regierung daran interessiert war, seine scharfe Feder nicht gegen, sondern für sich zu gewinnen. Außerdem erklärt Heine ganz offen, daß Frankreich einem Autor wohl einige Dankbarkeit schuldete, der jederzeit so tapfer für Frankreich gegen die deutschen Franzosenfresser gekämpft habe. Wir sehen also, daß Heine sich völlig widerspricht, indem er die Gründe für die Annahme der Pension sowohl den Deutschen wie auch den Franzosen mundgerecht machen will. Jenen erklärt er, daß er die Pension für seinen Eifer für die Sache der Revolution empfangen habe und daß Guizot nicht den geringsten Gegendienst beansprucht habe; diesen gegenüber hebt er hervor, daß er die Pension für seinen Kampf für Frankreich gegen die deutschen Franzosenfresser redlich verdient habe. Für die Deutschen sollte die Pension also ein „großes Almosen", für die Franzosen einen angemessenen „Tribut" darstellen. Heines Äußerungen über Lamartine erwecken hier den beabsichtigten Eindruck, daß dieser ihm die langjährige Pension entzogen habe; das ist eine bewußte Verdrehung der Tatsachen. An passender Stelle wird der wahre Stand der Dinge erörtert werden, ebenso die Frage, warum Heine die Pension nicht vom Innen-, sondern vom Außenministerium erhielt.

Heines Behauptung, das „große Almosen" habe man ihm nach dem Erlaß der Bundesakte gewährt, da er durch sie erwerbslos geworden, entbehrt jeder logischen Voraussetzung. Deutsche politische Réfugiés erhielten vom französischen I n n e n ministerium zuweilen eine einmalige Unterstützung von fünfzig bis zweihundert Franken, um sie vor dem Hungertode zu bewahren; es liegt aber kein Fall vor, wo vom A u ß e n ministerium ein politischer Réfugié weit über ein Jahrzehnt lang eine jährliche Rente von 4800 Franken empfing. Die korrupte französische Regierung Ludwig Philipps, die nie etwas ohne Gegendienst leistete, hatte im Jahre 1836 für Heine überhaupt kein politisches Interesse, denn die deutschen Bundesbeschlüsse hatten ihn ja mundtot gemacht: Da Heine in Deutschland seine Schriften nicht mehr veröffentlichen durfte, hatte er auch für die französische Regierung jede politische Bedeutung verloren, denn als Freund konnte er nicht für und als Feind nicht gegen Frankreich die Feder führen. Und hätte man in Paris selbst seine politischen Umtriebe als staatsgefährdend erachtet, so hätte man ihn nur, wie so manche seiner Zeitgenossen, aus Frankreich auszuweisen oder in die Provinz zu verbannen brauchen, um ihn gefügig zu machen. Diese Zeitangabe wurde von Heine nur erfunden, um für die Annahme seiner Pension mildernde Voraussetzungen zu schaffen. Er wollte, indem er auf die zerschmetternden Folgen der Bundesakte hinwies, für sich Sympathie erwecken und, indem er die französische Regierung als die Vertreterin der Freiheit und die Retterin in seiner eigenen Not darstellte, seine zweideutige Handlung rechtfertigen.

Heines Behauptung, er habe Guizot bis November 1840 nie gesprochen, wird durch die folgende Note vom 27. März 1834 einwandfrei widerlegt. Guizot war von 1832 bis 1837 Minister des Erziehungswesens; die familiäre Anrede „mein lieber Heine" und der ungebundene Ton dieses Schriftstücks lassen im Gegenteil auf ein sehr freundschaftliches Verhältnis zwischen Heine und Guizot schließen.

Mein lieber Heine, es ist mir unmöglich, morgen um 4 Uhr mit Ihnen zur Prinzessin [Belgiojoso] zu gehen. Eine dringende Arbeit wird mich bis sehr spät hier festhalten. — Am Mittwoch, wenn Sie wollen. Lassen Sie mir ein Wort durch die Post zukommen.   Ihr ganz ergebener   Guizot

Die Zeitfrage der Pensionsgewährung wurde zum ersten Male im Jahre 1894 von Jules Legras erörtert, als er einige unbekannte Heinebriefe veröffentlichte. Er behauptet, die Pension sei im April 1835 von Thiers bewilligt worden, und gründet seine Behauptung auf den damals von ihm aufgefundenen Brief Heines an die Prinzessin Belgiojoso vom 11. April 1835:

Ihre Zeilen, verehrte Prinzessin, sind sehr klar und ich habe sie gut verstanden, ganz genau, obgleich darin der Hauch eines Duftes von Liebenswürdigkeit weht, der mir die Sinne betäubt und meine Pläne etwas verwirrt. Ich habe gut verstanden und werde morgen um halb elf bei Herrn Mignet vorsprechen, um mich mit ihm zu Herrn Thiers zu begeben. Ich bin entzückt, daß Herr Mignet sich meinetwegen so viele Umstände macht; ich bin entzückt: wenn man sich bei jemandem beliebt machen will, muß man ihm Gelegenheit bieten, uns Gefälligkeiten zu erweisen.

Legras betrachtet diesen Brief als Schlüssel zur Pensionsfrage: die Fürstin Belgiojoso habe durch Mignet den Dichter mit Thiers bekannt gemacht und auf diesem Wege sei die Staatspension zustande gekommen. Als ergänzendes Beweismaterial zitiert er im Jahre 1894 gemachte Aussagen, welche dieselben Anschauungen vertreten: Aussagen von Emile Montégut, dem französischen Kritiker, und von Professor Guillaume Guizot, dem Sohn des Ministers. Die Nichtigkeit dieser beiden Aussagen wird sofort offenbar, wenn man beachtet, daß in dem in Frage kommenden Jahr 1835 Montégut erst zehn und Guizot sogar erst zwei Jahre alt war. Ein F. D. unterzeichnetes Referat stellt auch die Auslegung Montéguts und die Auslegung Guizots in Frage und weist auf den chronologischen Widerspruch zwischen Heines „Erklärung" hin, daß er die Pension kurz nach dem Erlaß der Bundesbeschlüsse vom 10. Dezember 1835 in Anspruch nahm, und Legras Schlußfolgerung, wonach die Pension im April 1835, also acht Monate vor dem Erlaß der Bundesbeschlüsse, zustande gekommen sei. Doch F. D.s Einwendungen fanden keine Beachtung; alle Heinebiographien haben Legras Begründung stillschweigend als endgültig hingenommen und die delikate Pensionsfrage nie wieder erörtert.

Heines Brief vom 11. April 1835 an die Fürstin Belgiojoso hat in der Tat nichts mit Heines Pension zu tun. Die einleitenden schmeichelnden Worte beziehen sich, wie auch andere Briefe aus dieser Zeit, auf das soeben eingegangene leidenschaftliche Verhältnis des Dichters zu Mathilde. Die Fürstin hatte Heine, der seine Geliebte ständig in seinen Haushalt aufnehmen wollte, vor einem solchen Schritt gewarnt und ihn zu längerem Aufenthalt auf ihr Schloß, das Chateau de Jonclière, eingeladen, damit er die Pariser Grisette vergesse — was aber ganz der Absicht Heines widersprach. Die Einführung Heines bei Thiers geschah aus rein politischen Gründen in Verbindung mit Jakob Venedey.

Jakob Venedey, ein deutscher politischer Flüchtling und damaliger Freund des Dichters, war als republikanischer Jungdeutscher in Paris tätig gewesen. Er wurde, wie auch andere seiner Zeitgenossen, durch eine Bestimmung des Innenministers Thiers, als gefährlicher Republikaner aus Frankreich ausgewiesen. Da Venedey von Heines Beziehungen zur Fürstin Belgiojoso und zu Mignet, dem intimen Freund Thiers, wußte, ersuchte er den Dichter am 10. April 1835, sich bei Thiers für die Rücknahme der Verordnung zu verwenden.

Würden Sie sich, geehrter Herr, meiner Verteidigung bei seiner Exzellenz, dem Herrn Innenminister, annehmen. Ich sage meine Verteidigung, denn die Entscheidung des Herrn Ministers, der meine Ausweisung vorschreibt, beruht auf den Umstand, daß meine Gegenwart solcher Natur sei, daß ich die öffentliche Ordnung verletze. Man beschuldigt mich also strafbarer Umtriebe. Aber Sie wissen ganz genau, mein Herr, daß ich immer als friedlicher Bürger in Paris gelebt habe, daß ich nie etwas getan habe, und daß ich nie etwas tun werde, das eine solche Anklage und seine Folgen rechtfertigen kann: die Ausweisung eines Menschen, der von Frankreich nichts weiter verlangt, als frei atmen zu dürfen, und der, wenn der Herr Minister seine Entscheidung nicht zurücknimmt, sich der Früchte seiner Arbeit und seiner Existenz beraubt sieht, die er sich in Paris hat schaffen können . . .

Ich hoffe, daß es Ihnen gelingen wird, Gerechtigkeit und Menschlichkeit zu erlangen und von dem Herrn Minister die Rücknahme seiner Ausweisung und ich bitte Sie schon jetzt den innigsten Dank zu empfangen für all die Mühe, die Sie sich meinetwegen geben wollen.

Da die Angelegenheit innerhalb 48 Stunden erledigt werden mußte, traf Heine sofort die nötigen Vorbereitungen, so daß er der Fürstin Belgiojoso schon am folgenden Tage melden konnte, daß er Mignet, wie verabredet, treffen würde, um beim Innenminister eingeführt zu werden. Venedey berichtet später über den teilweisen Erfolg von Heines Fürsprache:

> ... als ich 1835 zum ersten Male aus Paris und damals zugleich aus Frankreich ausgewiesen werden sollte, [hat] Heine, mit dem ich wenig persönliche Berührung gehabt hatte, [sich] dennoch sehr dringend für mich verwendet und bei Thiers es durchgesetzt ... daß ich wenigstens nicht aus Frankreich, sondern nur aus Paris ausgewiesen wurde ...

Am 26. Mai 1835 in einem Brief aus Le Havre, wohin Venedey verbannt worden war, bittet er Heine, sich „auf die frühere Weise" für ihn beim Minister zu verwenden, damit er nach Paris zurückkehren könne. Der formelle Anfang eines Briefes Heines an die Fürstin Belgiojoso vom 4. Juni 1835, „Herr Mignet, der mir soeben die größten Dienste geleistet hat, hat nicht unterlassen ...", bezieht sich auf Heines neue Bemühungen durch Mignet bei Thiers und läßt außerdem erkennen, daß die Fürstin überhaupt nichts Näheres über die Dienste Mignets wußte, bei der sie doch die Hand im Spiel gehabt haben soll. Legras' Behauptung, Heine habe die Pension im April 1835 von Thiers durch die Vermittlung Mignets und der Fürstin Belgiojoso empfangen, wird somit hinfällig.

Um festzustellen, zu welcher Zeit, aus welcher Veranlassung, und durch wessen Vermittlung die französische Regierung dem deutschen Dichter eine Pension gewährte, müssen wir bis Juni 1832 zurückgreifen, als die Fortsetzung der politischen Berichte über französische Zustände in der „Augsburger Allgemeinen Zeitung" durch die Vorstellungen von Gentz bei Cotta unterdrückt wurden.

Strodtmann zitiert in seiner Heine-Biographie Stellen aus dem Brief von Gentz an Cotta und macht die reaktionäre Politik Metternichs für die Unterdrückung von Heines politischen Aufsätzen verantwortlich. In Wirklichkeit ist aber Metternich keineswegs die direkte Veranlassung zu diesen illiberalen Maßnahmen gewesen; vielmehr handelte er nur aufgrund dringender Vorstellungen des allmächtigen internationalen Bankhauses Rothschild. Es waren Heines Angriffe auf das französische Justemilieu, auf den „Staatspapierschacher" an der Börse, wo die skrupellosen Bankiers, allem Nationalstolz zum Trotz, nur ihre eigenen internationalen Bankinteressen im Auge hatten und „über Krieg und Frieden entschieden". Diese Interessen veranlaßten die Rothschilds, in ihrer Integrität tief verletzt, alle weiteren Artikel Heines unterdrücken zu lassen. Hatte doch Heines Bericht vom 27. Mai 1832 mit den Worten begonnen: „Casimir Périer hat Frankreich erniedrigt, um die Börsenkurse zu heben. Er wollte die Freiheit von

Europa verkaufen um den Preis eines kurzen schmälichen Friedens für Frankreich."

So war es Salomon Rothschild, der, nach der Niederwerfung eines republikanischen Aufstandes in Paris, soeben von dort nach Frankfurt zurückgekehrt, am 12. Juni 1832 folgenden Brief an seinen Wiener Vertreter Leopold von Wertheimstein richtete:

... Überhaupt sagen Sie dem Fürsten von Metternich in meinem Namen, daß das hiesige Gouvernement alles Mögliche anwendet, um den Frieden zu erhalten und die Propaganda auszurotten. Durch die jetzigen Vorfallenheiten hat das [französische] Gouvernement mehr Kraft erhalten; nur müssen die europäischen Mächte suchen, ihm diese Kraft zu verstärken ... Was tun nun die Oppositionszeitungen; durch die wenigen Truppen, welche wegen der Unruhen in der Schweiz nach Tyrol geschickt wurden, predigen sie täglich in ihren Blättern den Krieg zwischen Österreich und Frankreich, woran auch die Allgemeine und Augsburger Zeitung viel Schuld haben. Der Fürst Metternich muß wieder einmal die Augsburger Zeitung ein bißchen elektrisieren und einen Gegenartikel im Beobachter setzen lassen ... Die hiesige österreichische Ambassade wird Bericht geben von der gestrigen Revue, die Einigkeit der Nationalgarde mit den Linientruppen, der gute Empfang, den der König von der Population gehabt, ist unbeschreiblich, und wir wären heute ordentlich [an der Börse] gestiegen, wenn nicht mehrere Zeitungen über den Krieg mit uns Österreichern so positiv schrieben.

Jetzt erst werden Gentz' Zeilen an Cotta verständlich:

Ein Artikel in der Beilage vom 13. April fängt mit der Erklärung an: „Noch nie, selbst nicht in den Zeiten der Pompadour und Dubarry, hat Frankreich in den Augen des Auslandes so tief gestanden, und es zeige sich jetzt, daß in einer Mätressenwirtschaft immer noch mehr Seele zu finden sei, als in dem Comptoir eines Bankiers." Wie muß einem aufgeklärten Kaufmann [natürlich ist Salomon Rothschild gemeint] hierbei zu Mute sein?

Also nicht Metternich gab, wie man bisher angenommen hatte, Veranlassung zur Unterdrückung der politischen Aufsätze Heines, weil er, wie Strodtmann sich ausdrückt, den „französischen Umsturzideen jeden Eingang in das Heilige Römische Reich ... versperren wollte", sondern Salomon Rothschild, weil Heine den guten Ruf des internationalen Bankhauses angegriffen hatte und weil wegen der Kritik an der Bourgeois-Regierung Ludwig Philipps die Aktien an der Börse nicht steigen wollten. Doch das war nicht die erste derartige Erfahrung der „Augsburger Allgemeinen Zeitung" mit den Rothschilds. Schon am 4. Dezember 1821 hatte das Bankhaus den Kanzler Metternich veranlaßt, wegen der „Ausfälle gegen das Haus Rothschild" die „Augsburger Allgemeine Zeitung" auf dem ganzen Gebiete der österreichischen Monarchie zu verbieten. Der Chefredakteur Stegemann versprach darauf dem Verleger Cotta „gern und förmlich in Zukunft gar nichts mehr in Bezug auf den Kurs der österreichischen Staatspapiere und gar nichts mehr in Bezug auf das Haus Rothschild aufzunehmen."

Hatte Salomon gehofft, Heine durch diese Maßnahmen zum Schweigen gebracht zu haben, so hatte er sich schwer getäuscht. Schon sechs Monate nach der Unterdrückung der Zeitungsartikel bei Cotta ließ Heine dieselben Berichte in Buchform bei seinem Verleger Hoffmann und Campe in Hamburg als „Französische Zustände" erscheinen. Man stelle sich nun den Verdruß der Rothschilds vor, als derselbe Heine weitere sechs Monate später in Paris obendrein mit einer französischen Übersetzung derselben „Französischen Zustände", zusammen mit der gegen Preußen gerichteten geharnischten „Vorrede" nach dem unzensierten Originaltext unter dem Titel „De la France" vor das französische Publikum trat. Doch in Frankreich konnten die Rothschilds nicht wie in Deutschland mit Zensur und Unterdrückung operieren, und so taten sie den nächsten logischen Schritt: sie erkauften das politische Schweigen und das persönliche Wohlwollen des Dichters mit einer französischen Staatspension. Eine ähnliche Methode hatte Salomon Rothschild schon zwei Jahre vordem erfolgreich angewandt, indem er Metternich veranlaßte, dem gefürchteten Wiener Witzbold, Kritiker und Journalisten Moritz Saphir eine nur nominelle, aber einträgliche österreichische Staatsstellung zu verschaffen; Saphir verpflichtete sich dafür, nicht nur alle boshaften Zoten gegen die Rothschilds einzustellen, sondern noch darüber hinaus, die Metternichsche Politik vorbehaltlos zu vertreten. Für Heine konnte Metternich eine solche nominelle, aber einträgliche österreichische Staatsstellung nicht besorgen, denn Heine lebte als preußischer Staatsangehöriger in Paris, und die preußische Regierung hätte eine solche Handlungsweise bestimmt als Herausforderung betrachtet.

Einer Pensionsgewährung französischerseits aber standen fast unüberwindliche Schwierigkeiten im Wege. Heine war preußischer Staatsbürger, lebte als Ausländer in Paris und schrieb seine Werke in deutscher Sprache; ihr Einfluß blieb also auf Deutschland beschränkt, denn später erscheinende französische Übersetzungen waren inzwischen ‚Geschichte' geworden und somit ohne aktuellen Belang für die französische Regierung. Salomon und James Rothschild waren österreichische Untertanen und letzterer sogar österreichischer Generalkonsul in Paris. Daher vermied er geflissentlich jede Einmischung in die innerpolitischen Angelegenheiten Frankreichs: eine Pension vom französischen Innenministerium für einen preußischen Staatsbürger, vermittelt von einem österreichischen Untertan, kam daher nicht in Frage. Doch die Brüder Rothschild hatten enge Beziehungen zum französischen Außenministerium und dieses ließ sich ohne Schwierigkeit unter Hinweis auf den ultra-radikalen Charakter von „De la France", welches Werk gerade in Paris erschienen war, davon überzeugen, daß man Heines gefährliche republikanische Umtriebe unterbinden müsse. Doch das war nur Mittel zum Zweck wie im Falle Saphirs; Salomon Rothschild war einzig und allein daran interessiert, Heines herabwürdigenden Angriffen auf das internationale Bankhaus ein Ende zu bereiten. So kam 1833 ein Abkommen zustande, bei dem der österreichische General-Konsul in Paris, James Rothschild, die Rolle des Vermittlers spielte. Heine stellte seine Angriffe gegen die französische Tagespolitik sowie seine persönliche Polemik gegen das Bankhaus Rothschild ein; als Gegenleistung erhielt er vom französischen Außenministerium eine Staatspension, wofür die Mittel wahrscheinlich aus den Privatfonds der Rothschilds flossen, die für solche Zwecke immer die nötigen Reservegelder bereit hielten, und, was von großer Wichtigkeit war, Preußen konnte, da die Pension nicht von Österreich sondern von Frankreich gewährt wurde, eine solche Beilegung nicht als Herausforderung auslegen.

Nach Rumpfs Geheimbericht vom 12. April 1834 ist Heines aktive politische Tätigkeit — und dabei ist wohl besonders an die proletarische Gruppe um Börne zu denken — Ende 1833 eingestellt worden, doch sind die Gründe dafür unbekannt:

> Aus guter Quelle weiß ich, daß der bekannte Schriftsteller Heine . . . sich von diesen unsauberen jakobinischen Gesellen losgesagt und seinen Freunden, die sein Talent einer besseren Anwendung würdig halten, feierlich versprochen hat, sich von der Politik fern zu halten. Wahrscheinlich findet er nicht mehr seinen Vorteil dabei! Das Motif seiner Bekehrung mag nun sein, welches es wolle, so ist doch nicht unwichtig, daß er sich zurückzieht, da er wohl der allertalentvollste Schriftsteller in jener Gattung ist.

D r e i T a g e vor 1844 erwähnt Heine selbst seinem Verleger Campe gegenüber „die schönen, liebreichen Dienste, die mir Rothschild seit zwölf Jahren erwiesen hat." Das wäre 1832, das Jahr der Unterdrückung der Berichte über französische Zustände, aber gleichzeitig auch der erste Anlaß zur Vermittlung einer französischen Pension durch die Rothschilds.

Sogar den Monat der Pensionsgewährung glaube ich festlegen zu können. Als Heine im Juni 1833 bei Eugène Renduel in Paris die französische Übersetzung der „Französischen Zustände" zusammen mit der unzensierten geharnischten „Vorrede" unter dem Titel „De la France" erscheinen ließ, erklärte er, diese französische Fassung der „Vorrede" „versperrt mir vielleicht auf immer die Rückkehr nach Deutschland"; er ist sich also völlig bewußt, daß er alle Brücken hinter sich verbrannt hat. Trotzdem begeht er einige Wochen später die scheinbar widersinnige Handlung, die ursprüngliche deutsche Fassung der „Vorrede", die ebenfalls in Paris gedruckt wurde, nicht in seinem Namen sondern unter dem Decknamen Paul Gauger zu veröffentlichen. Warum wohl, nachdem im Juni 1833 das Unheil angerichtet war, einen Monat später die scheinbar sinnlose Vorsicht eines Decknamens? Diese verblüffende Handlungsweise, die unaufgeklärt geblieben ist, läßt sich nur dahin erklären, daß Heine im Juni 1833 seine politischen Schriften noch als freier Autor in seinem eigenen Namen erscheinen lassen konnte, daß es aber vier Wochen später nicht mehr möglich war, da er sich inzwischen zu politischem Stillschweigen verpflichtet hatte. So konnte er es nicht mehr wagen, die schon im Druck befindliche und bereits honorierte deutsche Fassung der „Vorrede" unter seinem eigenen Namen zu veröffentlichen, ohne das Risiko einzugehen, seine soeben erst erworbene französische Pension aufs Spiel zu setzen. So wies er die Verantwortung für diese verspätete Veröffentlichung zurück, indem er sie einem Strohmann in die Schuhe schob. Die französische Pension muß danach im Juli 1833 bewilligt worden sein. Von 1833 bis 1840 enthielt Heine sich tatsächlich aller politischen Schriftstellerei, und so hat für diese sieben Jahre die Redaktion der „Augsburger Allgemeinen Zeitung" zweifellos recht: Heine erhielt die Pension für das, was er nicht schrieb. Auf den weiteren Verlauf der Entwicklung der französischen Staatspension sowie der Abhängigkeit Heines von den Rothschilds werden wir immer wieder zurückkommen müssen.

ZWEITES KAPITEL

DER UNPOLITISCHE HEINE (1833—1840)

1. 1833 bis 1840

Die französische Staatspension sollte bis zu Heines Tode verhängnisvollen Einfluß auf sein weiteres Leben und Schaffen ausüben, denn der Dichter hatte, indem er die Rente annahm, seine politische Denkfreiheit an die Rothschilds verkauft; zuerst verpflichtete er sich zu jahrelangem politischem Schweigen und dann ließ er sich durch Rothschilds Subventionen bestechen, gegen seine eigene Überzeugung die „moralischen Interessen" des Bankhauses zu vertreten. Er durfte keine Ansicht mehr äußern, die den Rothschilds zuwiderlief, und wenn er dennoch der Versuchung erlag, wurden seine Schriften — wie wir bald sehen werden — unterdrückt und die Auszahlung der französischen Pension eingestellt.

Die französische Rente hatte Heines Einkommen beträchtlich erhöht. Konnte er während der ersten Jahre seines Aufenthalts in Paris sich dem Weltstrudel nur in bescheidenem Maße hingeben, so erlaubten die neuen Mittel ihm jetzt eine ausschweifende Lebensweise. Der Grisettenkult, in dem er nun völlig aufging und dem er später einen Teil seiner „Neuen Gedichte" widmete, fällt in die Zeit von 1834 bis 1837; seit Oktober 1834 hielt Heine sich außerdem eine ständige Mätresse. Eine so verschwenderische Lebensart überstieg denn auch bald die finanzielle Kraft des Dichters, und um zur Bestreitung des ausschweifenden Lebenswandels schnell zu weiteren und größeren Geldsummen zu gelangen, spekulierte Heine nun regelmäßig an der Börse, oft mit großen Verlusten. Unter diesen Verhältnissen mußten die Weltanschauungen des Hellenen Heine und des Nazareners Börne natürlich aufeinanderprallen.

Heine betrachtete sich nun als den größten deutschen Schriftsteller, dessen gewandte und scharfe Feder von den reichsten Bankiers der Welt anerkannt und gefürchtet wurde. Seine aus dieser Situation heraus sich entwickelnde Überhebung und Dünkelhaftigkeit nahm in der Tat bald so bedenkliche Ausmaße an, daß sein Verleger Campe schon im August 1834 seinen Verdruß darüber kundgibt: „Aufrichtig gestanden, lieber Heine, begreife ich Sie seit einigen Monaten nicht mehr und kann das Mißbehagen dieses Gefühls nicht unterdrücken . . . Wozu machen Sie es sich zum Geschäft, jeden Ihrer Briefe in neuerer Zeit mit den unwürdigsten und unerhörtesten, herabwürdigendsten und verächtlichsten Gemeinheiten gegen mich zu spicken." Im nächsten Jahr versucht Heine ihn, um ein höheres Honorar zu erlangen, mit seiner Größe zu beeindrucken, die sein Verleger doch am besten sollte beurteilen können; er schreibt: „Ich lasse mich nicht wie ein Junge, der schweigen muß, behandeln. Ich war vielleicht ein kleiner Junge, als Sie mich zuerst sahen, aber das sind jetzt zehn Jahre, und ich bin seitdem ganz erschrecklich gewachsen. Und gar in den letzten vier Jahren; Sie haben keinen Begriff davon, wie ich groß geworden bin." Hier kommt klar zum Ausdruck, daß Heine seine Größe nicht wie Campe nach dem Absatz seiner Werke beurteilte, sondern nach der Wichtigkeit, welche die Finanzwelt und die Regierungen seit vier Jahren seinen Werken als Propaganda beigemessen hatten. Heine verehrte jetzt nur noch den Gott Mammon, und obgleich er mit seinem Verleger vertraglich einen festen Honorarsatz für neue Werke vereinbart hatte, scheute er sich nicht, unter Anwendung fragwürdigster Mittel, um höhere Honorare zu ringen.

Doch diese äußerlichen und bedauernswerten Auswirkungen erscheinen belanglos, im Vergleich mit den psychologischen Folgen. Heine durchschaute das seelische Dilemma der fünf konservativen jüdischen Vertreter des internationalen Bankhauses Rothschild, die ihre Jugend noch im Frankfurter Ghetto zugebracht hatten, über Nacht die reichsten Leute der Welt geworden waren und die sich als Juden in ihrer neuerrungenen Weltstellung nicht ganz sicher fühlten. Sie waren ihren christlichen Konkurrenten ein Dorn im Auge, und die geringste Veranlassung zur Unzufriedenheit konnte, wie die geschichtliche Vergangenheit es gelehrt hatte, zu antisemitischen Ausschreitungen und über Nacht zu ihrem Fall führen. So scheuten sie keine Opfer und keine Mittel, um jede öffentliche Kritik an ihrer Person oder ihrer Bankinstitute zu verhindern. Die Macht ihres Geldes zog die Regierungen auf ihre Seite, und sie bewegten sie nun, solche Angriffe auf sie und ihre Institute zuerst durch die Zensur, dann durch Unterdrückung und schließlich, wenn notwendig, durch Bestechung im Keim zu ersticken. Heine hatte alle drei Klassen dieser Schule durchgemacht und war in der letzten sogar mit den höchsten Ehren promoviert worden. Damit wurde ihm klar, daß er die jüdischen Finanzleute mit seiner Feder völlig in der Gewalt hatte. Heine drohte nun auch häufig damit, die ihm nicht freundlich gesonnenen Zeitgenossen aus Politik und Finanz in seinen demnächst erscheinenden Memoiren bloßzustellen. Diese jetzt ständig erwähnten Memoiren werden für Heine die Henne, die goldene Eier legt. Er braucht nur das magische Wort „Memoiren" zu erwähnen, und umgehend flossen Tausende von Franken in seine Tasche. Diese heikle Methode, sich Geld zu verschaffen, war allerdings nur in jüdischen Kreisen möglich, und dann auch nur in solchen, die noch zur alten Schule gehörten und der Öffentlichkeit schmeichelten, wie die Rothschilds, die Pereires, Friedländer, Meyerbeer und sein alter Onkel Salomon Heine; die jüngere jüdische Generation, wozu schon Karl Heine und die jungen Foulds in Paris gehörten, scherten sich den Teufel um die Öffentlichkeit, wie Heine bald zu seinem Leidwesen erfahren sollte. Hierher gehört nun auch der Haß der ‚Frankfurter Judenclique’, die dem Dichter die im Judentum hervorgerufene Spaltung stets zur Last gelegt und nie verziehen hat.

Doch wäre es durchaus unrichtig zu behaupten, Heine habe sich in jenen Jahren ausschließlich in der Demi-monde von Paris bewegt und sich mit finanziellen Halsabschneidereien beschäftigt. Im März 1833 erhielt er seine erste formelle Einladung zu einer philosophischen Erörterung im Salon der Christine Principessa Beliojoso di Trivulzio. Die Fürstin, die damals erst 26 Jahre zählte, war eine italienische Schriftstellerin und Patriotin, die sich für die Freiheit Italiens begeisterte, an der Politik leidenschaftlichen Anteil nahm und nach der Unterdrückung der Erhebung in der Romagna nach Paris gekommen war, wo sie verschiedene Zeitungen gründete und ihr Haus zum Sammelplatz vieler Berühmtheiten machte; auch Heine verkehrte hier als häufiger Gast. In diesem aristokratischen Salon, der zuerst royalistische und später bonapartistische Sympathien hegte, machte Heine die persönliche Bekanntschaft der Politiker Thiers und Guizot, der Geschichtsforscher Mignet und Thierry und der großen literarischen Geister Frankreichs Alfred de Vigny, Theophil Gautier, Alfred de Musset, Victor Hugo, Victor Cousin, Alex. Dumas, Pierre Jean Béranger und vieler anderer; auch die Komponisten Bellini, Rossini, Chopin und Liszt traf er hier. Wenn die Geheimberichte des Vormärz 1834 berichten, daß Heine sich von den „unsauberen jakobinischen Gesellen losgesagt und seinen Freunden, die sein Talent einer besseren Anwendung würdig halten, feierlich versprochen hat, sich von der Politik fern zu halten“, unterliegt es keinem Zweifel, daß einerseits die Gruppe um Börne und andererseits die Freunde im Salon der Fürstin Belgiojoso gemeint sind. Der in seiner Lebensweise stets aristokratisch veranlagte Heine kam jetzt nach seiner Umstellung auch zu der Überzeugung, daß die revolutionäre Gefahr eher von links als von rechts drohte; wußte er doch nur zu gut, von welcher Seite er Vorteile erwarten konnte!

Im Jahre 1835 machte Heine auf einem Ball auch die Bekanntschaft von Caroline Jaubert, der geborenen Comtesse O'Shee de Ligniares. Sie hatte den Rechtsanwalt Maxime Jaubert geheiratet, der das Amt eines Rats am Kassationsgerichtshof in Paris bekleidete und den Heine später zu seinem Testamentsvollstrecker erkor. Madame Jaubert war Republikanerin und hatte später enge Beziehungen zur Provisorischen Regierung; sie war die Vertraute Alfred de Mussets und die intime Freundin der Fürstin Belgiojoso. Beide Frauen wurden Heines lebenslängliche Freunde und Berater, und beide versuchten Ende 1835, eine wenn auch nur unoffizielle Liaison des Dichters mit seiner Liebsten Mathilde zu verhüten; die Fürstin lud ihn sogar zu längerem Aufenthalt auf ihr Schloß Jonclière ein, damit er die Pariser Grisette vergesse. Doch Heine hatte nicht die moralische Kraft, diese verderblichen und erniedrigenden Bande zu lösen.

Wie sah es nun in Heines Häuslichkeit in Paris aus? Von 1831 bis 1832 wohnte er zusammen mit seinem Freund Dr. Donndorf im Hotel d'Hollande, von 1833 bis 1835 dann allein im Hotel d'Espagne; doch verbrachte er das Jahr 1835 mehr im Hause seiner „Kleinen" in der rue de Cadet 18. Erst im Januar 1836 gründete er einen eigenen Hausstand in der rue de Bergère 3, wo er nun mit seiner Liebsten zusammen lebte. Franz Grillparzer, der Heine im Frühjahr 1836 besuchte, gibt uns einen Einblick in Heines häusliche Verhältnisse. Er berichtet: „Tolle Wirtschaft, denn er wohnt da in ein paar der kleinstmöglichen Stuben mit einer oder zwei Grisetten, denn zwei waren eben da, die in den Betten herumstöberten, und von denen er mir eine, aber nicht zu hübsche als seine petite bezeichnete... Das zweite noch kleinere, Heines Arbeitszimmer, bekam durch die Spärlichkeit der Möbel fast das Ansehen des Geräumigen oder das des Geräumten. Seine ganze ostensible Bibliothek bestand, wie er selber sagte, aus einem entlehnten Buche." Heine hat seine Wohnung in Paris oft gewechselt; später kam noch eine dritte Stube dazu, und es hingen zwei Gemälde, eins von ihm selbst und eins von Mathilde an der Wand; sonst herrschte dieselbe Trostlosigkeit. Auch hören wir, als Heine noch rüstig war, niemals von französischen Besuchern, und die wenigen Deutschen, die trotz der Deckadresse von Mathildes alter Wohnung dennoch den Weg zur Cité Bergère fanden, waren höchst verwundert über die Ärmlichkeit und Geschmacklosigkeit seines Heims. Man muß staunen, daß Heine unter solchen primitiven Verhältnissen schriftstellerisch überhaupt hat tätig sein können. Und Heine war nicht der gottbegnadete Dichter, der wie Goethe seine Inspiration direkt zu Papier bringen konnte. Er bedurfte großer Konzentration, und er feilte ständig, um seinen Werken die endgültige Form zu geben. Hier liegt wahrscheinlich auch der Grund, warum der Dichter so viel Zeit in der deutschen Leseanstalt von Heideloff und Campe zubrachte. Besuche aus der besseren Gesellschaft waren in diesem Milieu natürlich ausgeschlossen. Heine hat solche auch fast nie empfangen, und er ist niemals mit den berühmten Persönlichkeiten Frankreichs in engere Berührung gekommen. Das war nur möglich in den Salons der Fürstin Belgiojoso, der Madame Jaubert und der George Sand, sowie auf Bällen, bei Konzerten und Theatervorstellungen, oder wenn Heine einmal persönlich eingeladen wurde und er seine „Kleine" auf Eis stellen konnte. Heine hatte zuerst auch an keine ständige Liaison mit Mathilde gedacht; schon 1837 hatte er das Verhältnis mit ihr so satt, daß er sich von ihr trennen wollte, doch dies Vorhaben kam nicht zur Ausführung, und so dauerte diese tolle Wirtschaft bis an sein Lebensende. Wer Heines Wohlstand nach seiner Häuslichkeit einschätzte, konnte nur zu dem Entschluß kommen, daß er einen recht ärmlichen Haushalt führe, und in den Biographien wird auch ständig von dem „armen Heine" gefaselt, „arm" im doppelten Sinne von „mittellos" und „bedauernswert". Heines selbst auferlegtes Los war wohl bedauernswert, doch war er bestimmt nicht mittellos, wie die Heine-Mythe uns glauben lassen will. Wir wissen heute, welche Haupteinnahmen Heine hatte; sie kamen aus folgenden Quellen: 1) von Onkel Salomon und Vetter Karl, 2) von seinem Verleger Campe, 3) von der französischen Regierung, 4) von deutschen Zeitschriften, 5) von französischen und nicht-deutschen Verlegern und Zeitschriften, 6) von Subventionen der Rothschilds und Pereires. Die folgenden Angaben beschränken sich also auf solche Gelder, die Heine nachweislich empfangen hat. Heine bezog noch andere Beträge, über die wir aber keine Belege besitzen; in Wirklichkeit waren seine Einkünfte also höher. Eine deutsche Mark hatte damals einen Kurswert von 1.85 französischen Franken; und ein französischer Frank hatte zu Heines Lebzeiten den zwölffachen Kaufwert des heutigen (1970), so daß man damals für einen französischen Franken ungefähr so viel kaufen konnte wie heute (1970) für 5 Deutsche Mark.

Jahr	Französische Franken	Kaufkraft in DM nach offiziellem Stand von 1970
1831	4500	22.000
1832	7400	37.000
1833	8800	44.000
1834	17000	85.000
1835	11800	59.000
1836	11300	56.000
1837	32400	162.000
1838	13300	66.000
1839	9800	49.000
1840	24600	123.000
1841	14600	73.000
1842	14700	73.000
1843	15100	75.000
1844	7300	36.000
1845	20000	100.000
1846	18600	93.000
1847	20000	100.000
1848	15200	76.000
1849	10200	51.000
1850	10200	51.000
1851	27200	136.000
1852	14700	73.000
1853	14300	71.000
1854	26300	131.000
1855	34700	174.000

Doch Heine vermochte mit diesen Geldern nicht auszukommen. Der Haupt-
grund dafür war, daß er, sobald er größere Summen in Händen hielt,
sofort an der Börse spekulierte, und sehr oft mit großen Verlusten. Außerdem war Mathilde, der er den Namen „Verbrengerin" beilegte, uner-
sättlich in ihren Ansprüchen, besonders in Putz und Prunksucht; sie warf
das Geld buchstäblich zum Fenster hinaus. Mathilde war der größte Fluch
in Heines Leben. Sie verkehrte nur in den untersten Kreisen und brachte

sich wegen ihres niedrigen gesellschaftlichen Umgangs in der Nachbarschaft in Verruf.

Langersehnte und geschätzte Lichtblicke in diesem Lebenswandel stellten die alljährlichen Badereisen an den Strand von Boulogne, Dieppe oder Granville dar, wo er die schwüle und lästige Häuslichkeit vergessen und wieder frei aufatmen konnte. Hier am Meer, das Heine über alles liebte, lernte er neue Menschen kennen, und hier konnte er neue Freunde gewinnen, ohne sich seines Haushalts schämen zu müssen.

Unter den deutschen Besuchern zwischen 1833 und 1840 sind besonders August Lewald, Johann H. Detmold und Heinrich Laube zu nennen. Lewald kannte Heine schon von Hamburg her; er besuchte Heine einige Male in Paris und war immer ein gern gesehener Gast. Heine veröffentlichte seine Schrift „Über die französische Bühne" zuerst 1837 in Lewalds „Allgemeine Theater-Revue", und außerdem schrieb er eine Einleitung zu Lewalds Übersetzung des „Don Quixote"; dieser wiederum gab verschiedene biographische Skizzen über Heine und eine Art Gespräche mit Heine heraus. Detmold, Heines intimer Freund, der ein halbes Jahr in Paris verweilte und dort sehr viel mit Heine verkehrte, war einer der wenigen Deutschen, die Mathilde wirklich gefielen, wahrscheinlich weil er eine Freundin Mathildens zur täglichen Unterhaltung gewählt hatte. Später wurde er Heines Rechtsbeistand in deutschen Rechtsangelegenheiten. 1839 kam auch Laube nach Paris, und Heine wurde mit ihm eng befreundet. 1843 veröffentlichte der Dichter die erste Fassung seines „Atta Troll" in dessen „Zeitschrift für die elegante Welt". Besondere Erwähnung verdient jedoch das innige Verhältnis zwischen Giacomo Meyerbeer und Heine. Der Maestro, wie besonders dessen Mutter, hatten ein warmes Herz für Heine, wahrscheinlich in Anerkennung für die Gefälligkeiten, die dieser dem früh verstorbenen Dichter Michael Beer in Berlin erwiesen hatte. Heine und Meyerbeer haben jahrelang in Paris als intime Freunde gelebt und waren einander in gegenseitiger Bewunderung ihrer Kunst treu ergeben. Es geschah auch durch Meyerbeers Vermittlung, daß Salomon Heine seinem Neffen 1839 eine feste jährliche Rente zusicherte. Später aber überwarf sich Heine mit dem Maestro, angeblich weil dieser eine versprochene Vertonung von Liedern Heines verabsäumt und der Mathilde eine zweitklassige Opernloge zugewiesen hatte, in Wirklichkeit aber wegen finanzieller Zwistigkeiten, weil Heine ein unverschämt hohes Honorar für die Besprechungen seiner Opern in der französischen Presse aus ihm herausquetschte und außerdem auch weiterhin ganz unberechtigte Geldforderungen stellte. Meyerbeer hat sich in dem Zwist als ein Ehrenmann gezeigt, für Heine war die unglückliche Episode eine der dunkelsten seines Lebens. Andere Komponisten, mit denen Heine damals bekannt wurde, waren Ferdinand Hiller, Franz Liszt und Richard Wagner.

Trotz aller häuslichen Beschränkungen waren die Jahre von 1834 bis 1840 in literarischer Hinsicht recht ergiebig. In dieser Zeit veröffentlichte Heine seine vier Bände des „Salons", die ein eigenartiges Seitenstück zu den vier Bänden der „Reisebilder" bildeten, sowie die „Romantische Schule", „Shakespeares Mädchen und Frauen" und sein Buch über „Börne".

Die erste Schrift des ersten Bandes, „Französische Maler", 1831 bereits in Cottas „Morgenblatt" veröffentlicht, erschien hier als die freisinnigen Besprechungen der neusten Werke von Horace Vernet, Delacroix, Ary Scheffer, Delaroche u. a., die in der vortrefflichen Gemäldeausstellung vom Jahre 1831 Aufsehen erregt hatten; aber, wie in so vielen andern Fällen, geht Heine auch hier von der Betrachtung der Einzelheiten bald zu allgemeineren Erörterungen über. Dabei sind die politischen Ausführungen, die auch hier nicht fehlen, ohne Belang. Fesselnd sind dagegen Heines Gedanken über das Ende der sogenannten Kunstperiode, die er hier ausführlicher als an anderen Stellen darlegt.

Das zweite Werk dieses ersten Bandes des „Salons", die „Memoiren des Herrn von Schnabelewopski", hatte Heine schon in Deutschland niedergeschrieben, der Rahel Varnhagen aber versprochen, es nicht zu Goethes Lebzeiten zu veröffentlichen. Wie die „Reisebilder" enthält die Schrift Erinnerungen an allerlei Lebenseindrücke Heines, namentlich Schilderungen von Hamburg und von Holland, wo er sich auf der Rückreise von England einige Zeit aufgehalten hatte. Einzelheiten zeigen, daß er mit den niederen und etwas anrüchigen Schichten Hamburgs recht genau vertraut war; auch aus dem holländischen Bereich werden uns nicht gerade die anziehendsten Muster vorgeführt. Die Verbindung von Betrachtungen über Atheismus und Deismus mit Schilderungen rohen Studententreibens wird von vielen als peinlich empfunden, doch ist sie bezeichnend für den immer in Gegensätzen denkenden Dichter. Besonders anziehend ist die Erzählung vom Fliegenden Holländer, die in wesentlichen Punkten durch Heines freie Erfindung bereichert worden ist. Überhaupt ist die Erzählung im „Schnabelewopski" oft allzu frei und unsauber: „viele Zoten", so schreibt der Dichter selbst, „dieses war politische Absicht. Ich wollte der öffentlichen Meinung eine gewisse Wendung geben. Besser man sagt, ich sei ein Gassenjunge als daß man mich für einen allzu ernsthaften Vaterlandsretter hält."

Bedeutend ist Heines zweiter Band des „Salons", betitelt „Zur Geschichte der Religion und Philosophie in Deutschland", der zu Anfang des Jahres 1835 erschien. Er war, wenn auch in deutscher Sprache niedergeschrieben, doch zunächst für die französische Leserwelt bestimmt. Ohne Frage ist es ein sehr geistreiches, glänzend geschriebenes Werk, wenngleich nicht frei von weitgehender Einseitigkeit. Dabei ist es durchaus abhängig von Saint-Simonistischen Gedanken und übt Kritik an den herrschenden religiösen Anschauungen indem es darlegt, daß nicht nur die Lehre der christlichen Kirche, sondern auch der Deismus in Deutschland abgetan sei, jene Religion, der alle großen Geister der jüngsten Vergangenheit gehuldigt hatten. Heine verlangt „Nektar und Ambrosia, Purpurmäntel, kostbare Wohlgerüche, Wollust und Pracht, lachenden Nymphentanz, Musik und Komödien“. Von diesem höchst einseitigen Standpunkt aus bespricht Heine die einzelnen Erscheinungen der religiösen und philosophischen Entwicklung in Deutschland, und es ist bemerkenswert, daß er trotzdem zu einer Reihe vortrefflicher Einzelurteile gelangt. Zum Schluß weist Heine darauf hin, daß die Revolution des religiösen und sittlichen Lebens, die sich in Deutschland längst vollziehe, auch zu einer politischen Revolution führen müsse. Diese Stellungnahme macht es erklärlich, daß die heutigen Sozialrevolutionäre in Heine einen der ihrigen sehen.

Die nächste Schrift Heines, die „Romantische Schule“, ist, obgleich sie ein Seitenstück zur „Geschichte der Religion und Philosophie in Deutschland“ bildet, nicht in den „Salon“ eingereiht, bleibt also ein unabhängiges Werk. Es war ebenfalls für das französische Publikum bestimmt und erschien 1833 zuerst in französischer Übersetzung in der Zeitschrift „L'Europe littéraire“; unmittelbar danach wurde der größte Teil des Buches auch in deutscher Sprache in zwei kleinen Bändchen bei Heideloff und Campe in Paris mit dem Titel „Zur Geschichte der neueren schönen Literatur in Deutschland“ verlegt. Anfang Januar 1836 kam dann das um einen bedeutenden Abschnitt erweiterte Werk unter dem jetzigen Titel „Romantische Schule“ bei Hoffmann und Campe in Hamburg heraus. Es gehört zu Heines besten Prosaschriften und bietet eine Darstellung der Literatur der ersten Jahrzehnte des 19. Jahrhunderts, die noch heute wegen ihrer geistvollen Beobachtungen und Urteile eine Fundgrube der Erkenntnis bildet. Heine sagt in einem seiner Briefe, es sei notwendig gewesen, dem deutschen Volke nach Goethes Tode eine literarische Abrechnung vorzulegen; doch in diesem Bestreben lag nicht die Absicht der Schrift, vielmehr war sie in erster Linie für das französische Publikum bestimmt und bequemte sich diesem in manchen Punkten ausdrücklich an.

Anfang 1836 jedoch wurde Heines schriftstellerische Tätigkeit jäh unterbrochen, und groß waren die Bedrängnisse, in die er sich von den verhängnisvollen Bundestagsbeschlüssen gegen das Junge Deutschland vom 10. Dezember 1835 versetzt sah. Hierdurch wurden nicht nur die bereits erschienenen Schriften der Schriftstellergruppe, sondern auch alle Werke verboten, die sie künftig noch schreiben würden, eine Bestimmung von so widersinniger Härte, daß sie sogar unter den verschiedenen unbegreiflichen Maßnahmen der vormärzlichen Zensur vereinzelt dasteht. Angeregt waren die Regierungen zu diesem Schritt von den Angriffen, die Wolfgang Menzel in seinem „Literaturblatt“ gegen die Jungdeutschen gerichtet hatte. Und wie verschiedene andere der von den Bestimmungen betroffenen Schriftsteller, so schleuderte auch Heine gegen ihren eigentlichen Urheber, gegen Menzel, eine Streitschrift, die zu dem Schärfsten gehört, was er je geschrieben hat: die Schrift „Über den Denunzianten", die 1837 dem dritten Band des „Salons" als Vorrede dienen sollte. Eine Eingabe Heines an den Bundestag in Frankfurt blieb unbeantwortet und ohne Erfolg. Auffallend ist, daß Metternich nur Gutzkow, Laube, Wienbarg und Mundt als Vertreter des Jungen Deutschland nennt, während Heine, der Führer dieser Gruppe, unerwähnt bleibt. Doch ist das durchaus verständlich, wenn wir uns daran erinnern, daß der österreichische General-Konsul in Paris, James Rothschild, ihm unter Vermittlung einer französischen Pension zum politischen Stillschweigen verpflichtet hatte: man hatte Heine also schon außer Betrieb gesetzt. Diese Situation änderte sich allerdings in dem Augenblick, als Metternich, da es sich durchweg um norddeutsche Schriftsteller handelte, die Angelegenheit zur wirksameren Erledigung, dem Staate Preußen überließ, welcher den Namen Heine wegen der heftigen Angriffe auf Preußen in der „Vorrede zu den Französischen Zuständen" noch nachträglich auf die Liste setzte. Da mehrere der jungdeutschen Schriftsteller bald Erklärungen abgaben, die den Regierungen die Gewähr der Mäßigung boten, wurden die empfindlichen Schärfen der überstrengen Verfügung bald beseitigt. Überdies wußten findige Buchhändler, namentlich Heines Verleger Campe, die Vorschriften der Regierungen zum Teil zu umgehen. Gleichwohl waren die Verfolgten in ihren Verdienstmöglichkeiten geschädigt. Doch hier zeigte sich Heines Verleger sehr entgegenkommend: er verpflichtete sich, dem Dichter jedes fertige Manuskript, ganz gleich, ob es gedruckt werde oder nicht, nach dem letzten vereinbarten Satz abzunehmen.

Die Aufgabe des Jungen Deutschland bestand für Heine darin, einen Rückschlag gegen die Kunstperiode, als deren Haupt er Goethe betrachtete, herbeizuführen. Unter Kunstperiode versteht er diejenige Zeit der Dichtung und bildenden Kunst, die sich von den Aufgaben des wirklichen Lebens abwendet, die davon absieht, die Rätsel des Tages zu lösen, und vielmehr darauf ausgeht, in willkürlicher Selbstherrlichkeit mehr oder minder weltfremde Lebensinhalte und Gedanken zu verkörpern. Mit dieser Weltabwendung, die besonders Goethe recht weit geführt haben sollte, wünscht Heine ein Ende gemacht zu sehen: die Kunst sollte wieder enge Verbindung mit den großen Antrieben und Bestrebungen der Wirklichkeit erkennen lassen; beide, Kunst und Leben, sollten in lebendiger Wechselwirkung stehen. In der Tat ist dieser Gedanke für das ganze Zeitalter des Jungen Deutschland von großem Einfluß geworden. Alle die anderen Stimmführer der Schule: Gutzkow, Laube, Wienbarg, Mundt u. a. nahmen ihn von Heine auf, um ihn höchst mannigfaltig abzuwandeln. Es war in der Tat eine Forderung des Tages, sich wieder auf die notwendige Verbindung von Kunst und Leben zu besinnen. Allerdings muß hervorgehoben werden, daß

Heine nicht als der erste auf diese fruchtbringenden Gedanken hingewiesen hat; vielmehr verdankt er sie Wolfgang Menzel, der sich in dem 1828 erschienenen Werk „Die deutsche Literatur" schon in ähnlichen Bahnen bewegte. Heine hat jedoch die von dort entlehnten Gedanken mit besonderem Nachdruck und in freisinniger Ausführung vorgetragen, so daß dann die Nachfolger, wie vor allem Wienbarg in seinen „Aesthetischen Feldzügen" immer an ihn und nicht an Menzel anknüpfen. Campe, der den Namen „Junges Deutschland" im Gegensatz zum „Alten Deutschland" der Kunstperiode geprägt hatte, strebte danach, der Verleger dieser fortschrittlichen Bewegung zu werden. Doch zwei harte Köpfe standen sich als Konkurrenten für die geistige Führerschaft gegenüber: Heine, der niemand neben oder über sich duldete, und Gutzkow, einer der eitelsten und neidischsten deutschen Schriftsteller, der wenig Verständnis für die bei allen Schwächen überragende Geistesgröße Heines besaß. So kamen Campes ständige Bemühungen, eine neue literarische Bewegung zu schaffen, nie zur vollen Wirkung.

Im ersten nach den Bundesbeschlüssen erschienenen Werk mußte Heine sich wohl oder übel den beschränkenden Bestimmungen anpassen, und so bot er im dritten Band des „Salons", der die „Florentinischen Nächte" und die „Elementargeister" enthält und im Frühjahr 1837 erschien, nur Novellen und Darstellungen, die dem Volksglauben gelten, mit Politik und Religion jedoch nichts zu tun hatten. In diesen harmlosen Werken zeigt Heine nicht seine eigentliche Kraft. Die „Florentinischen Nächte" sind als Erzählung unbedeutend und in manchen Zügen romanhaft. Die gegen Menzel gerichtete geharnischte Vorrede wurde von der Zensur verworfen, erschien aber in einem Sonderdruck unter dem Titel „Über den Denunzianten".

Die zweite Schrift dieses dritten Bandes des „Salons", die „Elementargeister", ist beherrscht von dem Grundgedanken, daß die Götter der alten Welt in der christlichen Zeit zu Teufeln und Gespenstern umgeformt worden seien und nun, ihrer alten Herrlichkeit beraubt, ein kümmerliches Leben in der Verbannung führen. Nur zu bestimmten Zeiten erwachen sie zum Leben, und die Menschenkinder, die dann mit ihnen in Berührung kommen, erfahren allerlei Schlimmes. So schreibt der Dichter vom Weiterleben der Göttin Diana unter christlicher Herrschaft, besonders aber von Frau Venus; doch auch andere Geister und Götter des Altertums werden genauer beschrieben und ihre Erlebnisse in fesselnder Darstellung berichtet. Ferner bringt der Dichter sehr grelle, dabei recht belustigende Schilderungen der Engländer, auf die er jetzt, unter dem Einfluß französischer Freunde, noch schlechter zu sprechen ist als im Jahre 1827.

Im Jahre 1837 war Heine in große finanzielle Schwierigkeiten geraten; allerdings nicht unschuldig, wie man in allen Heine-Biographien lesen kann, weil er für die Schulden eines Freundes gut gesagt hätte. Das war nur eine Finte, die man dem reichen Onkel Salomon hatte aufbinden wollen, damit er die edle Handlung seines Neffen anerkenne und ihm aus der Patsche helfe. Doch die Beziehungen zwischen Onkel und Neffen waren damals so gespannt, daß Salomon nicht für den Neffen einsprang. Tatsache war, daß Heine bei einer mißlungenen Spekulation in französischen Eisenbahnaktien unter eine Schuldenlast von 20.000 Franken geraten war und seine Gläubiger diese Summe unverzüglich zurückverlangten. Heine brauchte also 20.000 Franken, und zwar sofort. Niemand half ihm — nur sein Verleger Campe: er zahlte die geforderten 20.000 Franken für die Verlagsrechte an allen Werken der kommenden elf Jahre, obgleich er genau wußte, daß wegen der Zensurverhältnisse eine Gesamtausgabe von Heines Werken auf Jahre hinaus unmöglich war. Man hat Campe stets als einen Knicker, oft sogar als einen Gauner hingestellt in seinen geschäftlichen Beziehungen zu Heine. So schreibt Elster, der es hätte besser wissen müssen: „Daß Campe bei dieser Gesamtausgabe ein sehr gutes Geschäft gemacht hat, steht außer allem Zweifel. Überhaupt war der Christ Campe dem Juden Heine als Geschäftsmann ganz bedeutend überlegen." Sogar der sachliche Heine-Biograph Max Wolff schreibt: „Es war eine selbst für die damalige Zeit lächerlich geringe Summe, aber Heine mußte sie annehmen und konnte auf die besseren Angebote, die zwei Stuttgarter Firmen ihm für eine Gesamtausgabe seiner Werke machten, nicht eingehen, da das Verlagsrecht der meisten noch für Jahre in Campes Händen war." Solche schiefen Urteile sind dadurch entstanden, daß man nur Heines Briefe an Campe hat zu Rate ziehen können, denn Campes Briefe an Heine waren damals noch nicht zugänglich. Es ist wirklich an der Zeit, auch den Verleger zu Worte kommen zu lassen und den wahren Stand der Dinge zu erörtern.

Heine hatte 1837 eine große Schuldenlast auf sich gehäuft und schaute sich nach einem Verleger um, der ihm eine hohe Summe für die Verlagsrechte einer „Gesamtausgabe" seiner Werke zahlte. Durch August Lewalds Vermittlung knüpfte er Verhandlungen mit drei Stuttgarter Verlegern an, und eine Zeitlang waren die Aussichten auf ein reichliches Autorenhonorar sehr vielversprechend. Bald aber wurde alles ganz anders. Cotta lehnte es ab, Heines Werke zu veröffentlichen aus Angst, ein solches Unternhemen könne die Regierung veranlassen, alle Bücher seines Verlages zu verbieten. Frank Jr., Mitinhaber des Brodhag-Verlags, war, wie Heine zufällig erfuhr, auf dem Hohen Asperg gefangen gesetzt, was eine Geschäftsverbindung mit seiner Firma nicht ratsam erscheinen ließ. Die einzige Firma, von der Heine ein Angebot erhielt, war der Scheible-Verlag, und Lewald versicherte dem Dichter, dessen Angebot sei das bei weitem entgegenkommenste. Scheible machte zur unumgänglichen Voraussetzung, daß Heine alle seine Werke durchsehen und abändern müsse, so daß kein Zensor pro-

voziert werde. Als erster Band sollte seine Biographie, jene „Memoiren"
also erscheinen, die Heine in der letzten Zeit so oft erwähnt hatte. Weiterhin würde Scheible für zehn Jahre das ausschließliche Publikationsrecht für
alle Werke von Heine erhalten, einschließlich der Zeitungsartikel, die noch
nicht in Buchform erschienen waren, und er behielt sich die Option auf
alle künftigen Veröffentlichungen vor. Falls Heine auf alle diese Bedingungen eingehe, bot Scheible ihm sofort 10.000 Franken, weitere 5.000 im
September 1838 und schließlich noch 5.000 im April 1839, letztere aber nur,
wenn bis dahin Heines „Gesamtausgabe" wieder zu freiem Verkauf in
Preußen zugelassen sei. Die Zahlung dieser letzten 5.000 Franken war mehr
als problematisch, denn tatsächlich lagen keinerlei Anzeichen dafür vor,
daß die Regierung in naher Zukunft ihre Haltung gegen Heine ändern
würde. Auch besaß Campe immer noch das Verlagsrecht der meisten von
Heines Werken, die „Tragödien" waren immer noch das Eigentum von
Dümmler, und Heine brauchte die 20.000 Franken sofort. So erwiesen sich
diese Verhandlungen sowohl vom praktischen wie vom finanziellen Standpunkt aus als äußerst enttäuschend. Nun wurde Heine klar, daß Campe der
einzige war, der ihm die ganze Summe sofort zahlen würde. Obgleich der
Verkauf von Heines Büchern einen neuen Tiefpunkt erreichte und Campe
seine Lager voll unverkaufter Exemplare hatte, unternahm Heine einen
kühnen Vorstoß: er bot Campe aus heiterem Himmel die Verlagsrechte
für eine „Gesamtausgabe" auf die Dauer von elf Jahren gegen eine einmalige Zahlung von 20.000 Franken an. Dabei betonte er, daß er dieses
Angebot aus reiner Freundschaft für ihn mache: andere Verleger seien bereit, ihm diese Summe und noch mehr zu zahlen. Campe antwortete:

Gestern ließ Ihre Mutter mich ersuchen, heute um 11 Uhr zu ihr zu kommen,
sie habe mir Mitteilungen zu machen. Ich bin dagewesen und habe mit Erstaunen
vernommen, daß die Hindeutungen im Schwäbischen Merkur und im Fränkischen
Merkur keine leeren Gerüchte sind, wie ich es betrachtete, sondern daß Scheible
ankündigt und Brodhag mich vertreten läßt.

Dieses von der Zeit und dem Bedürfnis keineswegs geförderte Unternehmen
kommt mir ganz ungelegen. Ich begreife nicht, wie Sie mit Leuten unterhandeln
über eine Sache, die zur Hälfte mir gehört, ohne mir es zu sagen, ja indem Sie
mich Ihrer fortdauernden Freundschaft usw. versichern und doch Feindliches gegen
mich im Schilde führten. Runde, ehrliche und offene Sprache allein, kann hier zum
gewünschten Ziele führen, nie der von Ihnen zuerst betretene Weg!

Was heißt Verlagsrecht? Ich habe gegen das Unternehmen zunächst einzuwenden,
daß ich der Verleger Ihrer Werke bin, folglich nach den bestehenden Gesetzen im
vollkommenen Besitze der Verlagsrechte mich befinde, aus denen mich unfreiwillig
keiner drängen soll und kann. Was wären denn die Verlagsrechte, oder überhaupt
das Recht über literarisches Eigentum, wenn der Autor ohne den Verleger, oder
der Verleger ohne den Autor tun könnte, was jeder will?! Ich beziehe mich hier
auf das preußische Landrecht, das Sie sonder Zweifel dort finden. Indes was hilft

Hader und Streit? Damit ist Ihnen nichts geholfen und mir nichts gedient! Versuchen wir daher auf eine andere Weise dem Dinge eine Richtung zu geben, die beiden Teilen konveniert. Ich sehe zur Genüge, Sie wollen sich dem Könige Salomon nicht unterwerfen. Sie brauchen Geld und ich soll es geben, wofür Sie mir auf 10 Jahre den Debit einer Gesamtausgabe, uneingeschränkt, von Ihren Schriften anbieten. Eine solche Idee hat mir allerdings vorgeschwebt, aber ich dachte, daß für einen Autor, dessen Haupttätigkeit erst recht beginnen muß, die Zeit dafür noch nicht gekommen sei, daß es verständiger wäre, diese Absicht auf spätere Zeit zu verschieben. Blicken Sie auf die Zeit, auf die Beschränkung der Presse, blicken Sie auf Ihre Bücher und wie Sie schreiben und geschrieben haben, dann mag ich die Lücken nicht sehen, welche der Zensor veranlassen wird. Ihr Glaube: die Regierungen würden milde und gnädig gegen ihren lieben Sohn Heinrich Heine verfahren, den kann ich nicht teilen.

Dennoch will Campe Heine in seinen finanziellen Nöten helfen und so fügt er hinzu:

Fertigen Sie die Präliminarien zu einem solchen Kontrakte an und senden mir solche. Über den Zeitpunkt der Erscheinung müssen wir uns verständigen, den ich aus Gründen zurücklege, bis ich etwas Luft bekomme. Dagegen stelle ich Ihnen die Zahlungen zu den Terminen zu, wie Sie genannt haben, gleichwohl ob das Werk gedruckt würde oder nicht.

Da Heine in drückender Geldnot war, wies ihm Campe 5.000 Franken an, den Rest würde er später anweisen. Erst als Heine Campes Großmut für Schwäche hielt und verlangte, er solle ohne weitere Einwände unterzeichnen, zeigte ihm Campe die Zähne:

In Ihrem Brief vom 1. d. wundern Sie sich, daß ich nicht poltere. Warum soll ich poltern? Darum stände es mir zu, daß Sie nicht offen, sondern listig zu Werke gingen. Das ist mir erst jetzt klar geworden; während ich den Freund in Bedrängnis glaubte und zur Hilfe zu eilen mich gespornt fühlte, und wirklich meine Hilfe bot.

Sie wollen mir bedeuten, ich besäße kein Verlagsrecht Ihrer Schriften? das finde ich in der Tat wunderbar. Sie glauben dafür schalten und walten zu können, wie es Ihnen beliebt, ohne mich zu fragen? Sie irren in doppelter Beziehung: daher meine Ruhe. Womit können Sie Ihre Anmaßung als ehrlicher Mann stützen; haben Sie einen Buchstaben, der Sie dazu befähigt? Nein! Dagegen kann ich Ihnen mit der Praxis und allen möglichen Rechten entgegentreten, die meine Ansprüche daran sicher stellen, wäre ich dazu gezwungen, diese zu verteidigen. Hätte ich an Ihren Schriften kein ausgemachtes, sondern nur ein übliches Recht, so würde ich sie als Nachdruck anklagen und würde ich Autor und Verleger zu finden wissen; ich würde meine Sache schon so gewinnen.

Zwischen uns aber bestehen außerdem ganz spezielle kontraktliche Verhältnisse, die allen solchen poetischen Versuchen den Paß abschneiden und rein unmöglich machen: ich verweise auf unsern Kontrakt vom 16. Oktober 1827, den wir wirklich nicht zum Possenspiel gemacht haben wollen! Genügt Ihnen das natürliche Recht nicht, wollen Sie alle Erinnerungen mit Füßen treten, die Sie binden sollten und müßten, wenn Sie ein Gedächtnis besitzen, so wird Sie dieses Dokument in Ihre Grenzen verweisen, die Sie leichtfertig überschreiten wollen! Heine, was ist verheißene und hundertmal beteuerte Freundschaft etc. für ein Ding? Wenn solches mir bei Ihnen begegnet — wem, welchem Autor soll ich künftig vertrauen? Ich gestehe Ihnen, daß ich von Ihnen eine bessere Meinung hegte, als Mensch und Dichter habe ich Sie gleich hoch geachtet und diese Achtung möchte ich so gerne ungeschmälert erhalten! . . . Ich weise auf jenen Kontrakt hin, welcher Unterschied ist in Ton und Abfassung gegen diesen weit ausführlicheren und für Sie wichtigeren, wo i c h einzig und allein Opfer bringe, nicht Sie. Sie geben nichts Neues, sondern nur das, was mein Eigentum ist, wird noch einmal abgedruckt.

Warum wandten Sie sich nicht ehrlich und offen gleich, wie der Gedanke aufstieg, eine Sammlung zu veranstalten, an mich? Sie zogen es vor gen Stuttgart zu pilgern, um mir einige Briefe vorlegen zu können! Es wäre würdiger gewesen, wenn Sie direkt zu mir gekommen wären, dann hätte ich bei Zeiten meine Dispositionen für das Geld und den Druck nehmen können. Jetzt wird mir die Geschichte wie ein Stein an den Kopf geworfen und ich kann nichts tun, als die Wunden die das verursacht zu heilen.

Bis jetzt habe ich mit keinem Autor Streit gehabt, und so denke ich, soll zwischen uns auch alles friedlich abgehen. Sollten Sie jedoch müllnern wollen, dann streite ich lieber jetzt mit Ihnen, wo ich rüstig und kampfgeübt bin, als nach zehn Jahren, wo ich im 56sten Jahre stehen werde, wo ich nicht so schlagfertig stehen möchte. Nach Ihren Rechten streckte ich nie die Hand aus, aber auch Sie sollten das nicht tun, Sie müssen sie respektieren, nicht usurpieren wollen. Wir sind einmal Compagnons und der Eine darf ohne den Andern nicht darüber nach Belieben, ohne den andern zu Rate zu ziehen, schalten und walten wollen.

Den Absatz Ihrer Bücher überschätzen Sie, 10 Jahre lang arbeiten wir zusammen und nur allein die Reisebilder sind zweimal gedruckt. Ihr Hauptbuch, das Buch der Lieder, ist erst einmal gedruckt. Von den französischen Zuständen ist die halbe Auflage noch da, von Salon sind 1313 abgegangen. Was ist denn da, daß Sie zu so gewaltigen Ansprüchen auffordert? In diesem Jahre kann ich an die Herausgabe Ihrer Schriften nicht denken . . . gerne möchte ich es drei Jahre bis 1840 aufschieben, wenn es Ihnen genehm wäre. Krieg oder fortwährende Ruhe kommen der Presse zustatten. Diese ist es zunächst, die mich bei Ihren Schriften in große Besorgnis bringt und wo ich das Ende nicht absehe, was geschehen soll.

Zum Schluß unterstreicht Campe noch einmal, daß das Gesetz ganz auf seiner Seite ist: „Für die Richtigkeit meiner Sätze muß Ihr Kontrakt vom 16. Oktober 1827 sprechen. ‚Geschrieben ist geschrieben und steht fest, weil es Dinte ist'."

Obgleich Campe Heine vollkommen in der Hand hatte, half er ihm in seiner finanziellen Not und zahlte die Summe von 20.000 Franken als Gegenleistung für das Verlagsrecht an allen veröffentlichten Werken auf elf Jahre. Daß die „Gesamtausgabe" unter den bestehenden Verhältnissen auf Jahre hinaus nicht erscheinen konnte, geht klar aus Campes nächstem Briefe hervor:

Lust zum Druck habe ich wohl; aber eine Gesamtausgabe ist kein einzelnes Bändchen, wo es gleichgültig ist, ob es so oder so geht. Eine Gesamtausgabe muß durch eine Anzeige poussiert werden, muß die höchst mögliche Publizität erhalten! Bin ich da gehemmt bei 13 Millionen Preußen, wozu Hannover, Sachsen, Holstein,

Braunschweig und Gott weiß wie sie alle heißen, die noch kommen: da macht das wohl einen erklecklichen und wohl zu achtenden Unterschied, den Sie, so gut als ich, begreifen. Reden Sie daher nicht so von mir, ich wollte nicht! Die Verhältnisse des Buchhandels sind nicht die alten! Man hat auch das Netz enger gezogen. Bedenken Sie die Menge von Bücherverboten in Preußen. Daneben das Gesetz, wer ein verbotenes Buch verkauft, zahlt 50 M, das zweite Mal 200, das dritte Mal wird ihm die Bude geschlossen. Glauben Sie, daß solche Gesetze gegeben werden, daß nur der Kleister an den Straßenecken sie halte? Nein, es ist bitterlich ernst damit.

Auch darf man nicht vergessen, daß Campe noch einen großen Vorrat von Heines Büchern auf Lager hatte, die durch das Erscheinen einer Gesamtausgabe beträchtlich entwertet worden wären. Campe glaubte überdies, daß Heine als Schriftsteller an Boden verloren hätte und machte ihm dies nachdrücklich klar: „Überhaupt Sie sind in Deutschland nicht mehr zu Hause. Sie müssen Besseres als Salon III geben, sonst sind Sie unten durch!"

Wir sehen also, daß Campe durchaus nicht der elende Knicker war, als den man ihn immer hingestellt hat, daß er im Vergleich zu andern Verlegern sehr gut honorierte und daß er Heine als Freundschaftsdienst 20.000 Franken zahlte für einen Vertrag, von dem er wußte, daß er ihn niemals ausnützen könnte und würde. Tatsächlich ist zu Heines Lebzeiten in Deutschland nie eine Gesamtausgabe zustande gekommen. Noch viele andere bedauerliche und unberechtigte Anklagen gegen Campe haben sich erhalten, von denen ich wenigstens zwei richtigstellen möchte. Obgleich Campe vorgeworfen wird, er habe immer enorm große Auflagen gedruckt, beweisen seine Briefe und Geschäftsbücher, daß keine der Auflagen von Heines Werken je dreitausend Exemplare überschritt. Geradezu phantastisch ist außerdem die Behauptung, die in fast allen Heine-Biographien zu finden ist, der Reingewinn der ersten Auflage des „Buchs der Lieder" sei so riesig groß gewesen, daß Campe sich davon habe ein neues Geschäftshaus bauen lassen können. Campe druckte 1827 eine Auflage von zweitausend Exemplaren, achthundert davon auf Velin- und weitere zwölfhundert auf gewöhnlichem Papier. Diese hielten zehn Jahre lang vor. Obgleich Heine zuerst auf ein Honorar verzichtet hatte, gewährte Campe ihm etwas später 75 Louisd'or dafür, damit der Dichter seine Schulden in Hamburg bezahlen konnte. Auffallend ist andererseits, daß kein einziger Heine-Biograph jemals Campes berechtigte Klage erwähnt, Heine habe ihn zum Nachdrucker entwürdigt. Fast ohne Ausnahme hat Heine seine Werke immer zunächst in Zeitschriften drucken lassen und sie seinem Verleger erst angeboten, nachdem die interessierten Leser schon die Sahne von der Milch abgeschöpft hatten. Überhaupt war Heines Beliebtheit als Schriftsteller durchaus nicht so, wie wir sie uns heute vorstellen. Nur seine poetischen Werke und die „Reisebilder" sind zu seinen Lebzeiten neu aufgelegt worden; die übrigen Prosawerke kamen nicht über die erste Auflage von dreitausend Exemplaren hinaus. Wie wir heute nachrechnen können, ist Campe zu des

Dichters Lebzeiten knapp auf seine Kosten gekommen, und er äußert sich selbst darüber an Heine: „Ich wäre zu beklagen, wenn ich keinen gangbareren Artikel hätte." Heines Popularität beginnt erst einige Jahre nach seinem Tode, als Strodtmann 1861—63 für Hoffmann und Campe in Hamburg eine Auflage von 30.000 Exemplaren der ersten rechtmäßigen Originalausgabe von Heines sämtlichen Werken in 20 Bänden veranstaltete.

Auch sonst ziehen sich elende Zänkereien wie ein roter Faden durch das weitere Leben des Dichters. 1837 kam es zu einer schroffen Begegnung mit den Dichtern der Schwäbischen Schule: als in dem von Chamisso und Schwab herausgegebenen Musenalmanach auf Verlangen des Verlegers Heines Bild aufgenommen werden sollte, legte Schwab, der wie die andern seiner Gesinnungsgenossen über die Besprechung Uhlands in der „Romantischen Schule" ungehalten war, die Schriftleitung nieder; Gustav Pfizer, ein anderes Mitglied des schwäbischen Dichterkreises, veröffentlichte zu Anfang des Jahres 1838 einen herausfordernden Aufsatz in der „Deutschen Vierteljahrschrift" unter dem Titel „Heines Schriften und Tendenz", auf den Heine mit seinem scharfen und witzigen „Schwabenspiegel" antwortete. Der Kampf, in dem auch vieles zu Heines Gunsten spricht, nahm bitterste Formen an; noch vom Totenbette schleuderte Heine seine witzigen Bosheiten gegen die mattherzigen Gegner.

In diesem Jahre fand auch der Bruch zwischen Heine und Gutzkow statt. Doch den Höhepunkt erreichten die Zänkereien, die schließlich in öffentliche Verleumdungen ausarteten, in dem Buch über Ludwig Börne zwischen Heine und der „Frankfurter Judenclique". Unerfreulich ist weiterhin Heines Verhalten bei einer anderen Gelegenheit: um seiner ständigen Geldnot abzuhelfen, plante er im Jahre 1837 die Gründung einer großen politischen Zeitung, die in deutscher Sprache in Paris erscheinen sollte. Die Beschaffung der Mittel für das Unternehmen war bereits gesichert, doch unter der Voraussetzung, wie es zum Gelingen erforderlich war, daß die Zeitung in Deutschland, und namentlich in Preußen, ungehindert Eingang finden könne. Bei dieser Gelegenheit nahm Heine erneut, wie so oft in früheren Jahren, Beziehungen zu seinem alten Freunde Varnhagen von Ense in Berlin auf und machte ihm gegenüber so weitgehend günstige Bemerkungen über und Konzessionen an Preußen, also an denselben Staat, den er erst vor wenigen Jahren mit Schmähungen überhäuft hatte, daß wir abermals, wie im Jahre 1828 in München, den für die Gedanken der Revolution begeisterten Schriftsteller in einem recht bedenklichen Lichte erblicken. Das Unternehmen kam ebenso wenig zur Ausführung wie eine große weltbürgerliche Monatsschrift unter dem Titel „Paris und London".

1839 schrieb Heine auf Bestellung des Verlegers Delloye in Paris ein Buch, betitelt „Shakespeares Mädchen und Frauen". Der Verleger hatte eine Anzahl interessanter Bilder der weiblichen Charaktere in Shakespeares Dramen gesammelt und Heine beauftragt, dazu einen erklärenden Text zu liefern. Heine bringt darin nicht viel mehr über den Dramatiker, als was er in den Vorlesungen bei Schlegel in Bonn gehört und in den damals bekannten Kommentaren hat nachlesen können. Es ist eine Gelegenheitsarbeit und eins der schwächsten Werke Heines.

Wie der dritte, so brachte auch der vierte Band des „Salons“ Darstellungen, gegen welche die staatliche Bücherüberwachung keine berechtigten Einwände erheben konnte. Der Band enthält einerseits die unvollständige Erzählung „Der Rabbi von Bacherach“ und andererseits die an August Lewald gerichteten vertrauten Briefe „Über die französische Bühne“. „Der Rabbi von Bacherach“ war schon vor vielen Jahren von Heine niedergeschrieben worden, und nur das letzte von den drei Kapiteln fügte er jetzt, als er den vierten Band des „Salons“ herausgab, zu notdürftiger Abrundung hinzu. Die Handlung beruht auf der von den Christen gegen die Juden erhobenen Beschuldigung des Ritualmordes: Der Rabbi bemerkt, daß man ihm bei einer religiösen Feier den Leichnam eines Christenkindes unter den Tisch gelegt hat, um es später dort aufzufinden und den Juden die Untat des Kindermordes zuschieben zu können. Sogleich flieht er mit den Seinen, um dem sonst unvermeidlichen Blutbad zu entgehen. Wie die Handlung weitergeführt werden sollte, und ob die nicht eben mutige Flucht des Rabbi später in ein etwas vorteilhafteres Licht gerückt worden wäre, können wir, da die Fortsetzung und jeder Bericht über sie fehlt, nicht sagen.

Ganz anderen Charakters sind die Briefe „Über die französische Bühne“, die, 1837 verfaßt, eine Reihe sehr bemerkenswerter scharfsinniger Auseinandersetzungen über das französische Schauspiel und die französische Oper enthalten; namentlich Victor Hugo, Alexandre Dumas und Meyerbeer sind glänzend gewürdigt. Daneben stehen Betrachtungen über den französischen Volkscharakter und die leichtfertigen Pariser Sitten, Betrachtungen über die Folgen, die unausbleiblich schienen. Wir finden Gedanken, die wir bei ihm eigentlich nicht erwarten und die eine fast überraschend klare sittliche Einsicht verraten. Auffallend ist auch, daß er, Heine, jetzt über Napoleon und die Kaiserzeit sehr viel nüchterner urteilt, als wir es an irgendwelchen andern Stellen seiner Schriften finden; es fehlt nicht an sehr scharfen Worten über den sonst mit so einseitiger Bewunderung gepriesenen Helden.

Heine veröffentlichte den vierten Band des „Salons“ gleichzeitig mit der Schrift über „Börne“, und er hoffte, dieses Werk, das Skandalbuch, der brüllende Löwe würde das unschuldige Lamm, das der vierte Band des „Salons“ tatsächlich war, mit fortreißen. Doch die Erwartung traf nicht ein: der Löwe überbrüllte das Lamm so vollständig, daß von ‚fortzureißen‘ nicht die Rede war. In der Tat macht man sich kaum einen Begriff, wie die Aufregung des Publikums über das Börne-Buch sich Luft machte. Allerdings enthält es leider tatsächlich manche sehr bedauerliche Stellen; namentlich sind Heines Angriffe gegen die einstige Freundin Börnes, Frau Wohl, sehr unedel; andererseits ist vieles, was er hier vorbringt, wohl berechtigt, und die maßlose Wut seiner Gegner ist nur zu verstehen, wenn man bedenkt, daß Heine damit rücksichtslos wie kein anderer seine bisherigen Parteigenossen und insbesondere das Judentum herausforderte. Börne galt den damaligen Männern des Fortschritts als der Bannerträger der Freiheit, und gegen ihn vorzugehen — obendrein zu einer Zeit, da er sich selbst nicht mehr verteidigen konnte — galt als Staatsverbrechen. Jedoch enthält das von Heine gezeichnete Charakterbild Börnes viele sehr richtig erkannte Züge; die unverkennbaren Schwächen des Mannes werden treffend hervorgehoben, und Heine mag heute für vieles Zustimmung finden, was in jener vormärzlichen Zeit von den Anhängern der Fortschrittspartei als unerhört gescholten wurde.

2. Salon I: „Französische Maler"

Unter „Salon" versteht man in Paris die regelmäßig wiederholten Ausstellungen von Werken lebender Künstler, die ehemals im großen Saal des Louvre stattfanden und daher schlechthin „Le Salon" genannt wurden. Schon Jahrzehnte bevor Heine nach Paris kam, zur Zeit der alten französischen Königsherrschaft, waren sie zur Berühmtheit gelangt, und besonderes Ansehen genossen die Berichte über die Ausstellung, die einst der große Diderot, angeregt von seinem Freund Grimm, unter dem Titel „Le Salon" herausgegeben hatte. Diderots Beschreibungen der einzelnen Kunstwerke waren glänzend, und die künstlerischen Grundsätze, für die er eintrat, standen in vollkommener Übereinstimmung mit denen, die er in seinen Beurteilungen der französischen Bühnendichtungen geltend gemacht hatte.

Heine übernahm den Titel „Salon" für eine Sammlung seiner Schriften, die allmählich in vier Bänden erschien und als ein genau entsprechendes Seitenstück zu den „Reisebildern" anzusehen ist. In der Tat war der Titel für seine Prosawerke besonders glücklich gewählt, denn es war schon früher seine Art gewesen, kleine herauslösbare Teile und Bruchstücke, vergleichbar den Gemälden einer Ausstellung, in seinen Schriften darzubieten. So eröffnet er einen Salon, in den er uns eintreten läßt, um uns eine Anzahl sorgfältig gemalter Bilder zu zeigen. Es wäre ein Leichtes, dieses Verfahren schon in vielen Abschnitten seiner „Reisebilder" nachzuweisen: oft genug kommt es dem Dichter weniger darauf an, ein zusammenhängendes Ganzes zu entwerfen, vielmehr stellt er reizvolle Einzelheiten dar, die in die Augen stechen; in gewissem Sinne hält er es mit dem Theaterdirektor im „Faust": „Gebt ihr ein Stück, so gebt es gleich in Stücken." Er legt Wert auf den geschickten Vortrag einzelner „Arien", ähnlich den Schlagern in der alten Nummern-Oper, oder gar noch besser; er führt uns einzelne dichterisch wiedergegebene Gemälde vor Augen, die uns gefangen nehmen sollen. Wenn er nun, auf solche Eigenart hindeutend, den Titel „Salon" wählte, so bestimmte ihn doch wohl noch mehr der Umstand, daß er, wie Diderot, dem er innerlich sehr nahe stand, gleich im ersten Band der neuen Sammlung die Besprechung einer Pariser Gemäldesammlung, eines Salons, zu geben hatte. Man sieht, wie unrecht es war, wenn Strodtmann und, ihm folgend, andere Herausgeber von Heines Werken den treffenden und geistreichen Titel der Sammlung beseitigen und den in ihr enthaltenen Schriften eine ganz abweichende Anordnung geben.

Schon die „Vorrede" des ersten Bandes läßt die angedeutete schriftstellerische Eigenart Heines klar erkennen. Die Gedanken, die er darin entwickelt, sind nicht eben neu: er will, so sagt er, auch in der vorliegenden Schriftensammlung mit der Verkündigung der alten freisinnigen Anschauungen fortfahren. Aber schon das äußert er nicht, wie wir es hier tun, mit nackten und farblosen Worten, sondern lebhaft und derb, sinnbildlich und frisch: „Ich rate Euch, Gevatter, laßt mich auf Eu'r Schild keinen goldenen Engel, sondern einen roten Löwen malen; ich bin mal dran gewöhnt, und Ihr werdet sehen, wenn ich Euch einen goldenen Engel male, so wird er doch wie ein roter Löwe aussehen." Solche Rede sitzt; sie ist gleichsam auf den rechten Ton gestimmt; die begriffliche Langeweile kann nicht aufkommen. Und in diesem Stile ist das ganze kleine Schriftchen geschrieben. Der Dichter will eine Auseinandersetzung um echte und unechte Vaterlandsliebe bieten, er will seine Einstellung gegenüber dieser großen Lebensfrage verteidigen, wie er es später noch einmal getan hat in längeren Ausführungen seines Wintermärchens „Deutschland". „Es ist eine eigene Sache mit dem Patriotismus, mit der wirklichen Vaterlandsliebe. Man kann sein Vaterland lieben, und achtzig Jahre dabei alt werden, und es nie gewußt haben; aber man muß dann auch zu Hause geblieben sein. Das Wesen des Frühlings erkennt man erst im Winter, und hinter dem Ofen dichtet man die besten Mailieder."

So treffend diese Gedankenführung ist: Heine verweilt doch nicht lange bei ihr. Ebenso wie er im „Wintermärchen" seine Gedanken in Bilder und Anschauungen umsetzt, oder wie er sie im „Börne" an einen Bummel durch die Straßen Frankfurts, besonders die Judengasse, anknüpft, oder wie er uns, ganz ähnlich, in den „Französischen Zuständen" durch die Straßen der Hauptstadt geleitet, um bald da, bald dort, auf das Geschehene näher einzugehen und seinem Herzen Luft zu machen — so löst er auch hier, als echter Dichter, die Auseinandersetzung über die wahre und falsche Vaterlandsliebe schnell in ein Bild auf: er schildert uns die Begegnung mit deutschen Auswanderern, die auf den Straßen Frankreichs dahinziehen, um überzusetzen nach der neuen französischen Kolonie Algerien, wo man ihnen eine zweite Heimat versprochen hat. Gewiß soll nicht bezweifelt werden, daß Heine ein solches Erlebnis wirklich gehabt hat; aber es ist bezeichnend für ihn, daß er es mit dichterischem Auge festhält und zur Verkörperung der ihn ganz beherrschenden Leitgedanken benutzt. Das Zusammentreffen mit den Landsleuten ergreift ihn im innersten Herzen; riesenhaft reckt sich das Rätsel der Vaterlandsliebe vor seinen staunenden Augen empor, das eigene Heimweh überwältigt ihn, und er schämt sich nicht der Tränen, die ihm über die Wangen fließen.

> Ich hatte einst ein schönes Vaterland.
> Der Eichenbaum
> Wuchs dort so hoch, die Veilchen nickten sanft ...

In dieses rührende Erlebnis mit den Landsleuten sind fast all die ernsthaften Gedanken des Dichters eingebettet und versunken; die kahlen Begriffe sind ferngehalten, und statt ihrer deuten sinnvolle Bilder in unendliche Ferne. — So hat er sich aufs neue, wie bereits so oft in den „Reisebildern" in der Kunst des eindrucksvollen Einzelbildes bewährt; schon das erste Gemälde in diesem „Salon" fesselt die Aufmerksamkeit des Betrachters.

Die starke Wirkung, die auch das zweite Stück der Sammlung, der Aufsatz „Französische Maler", auf den Leser ausübt, beruht ebenfalls nicht allein auf dem Gehalt, sondern auch in hohem Grade auf der Kunst der Darstellung; doch ist sie von anderer Art als die „Vorrede". Während diese schnell zu einem Höhepunkt hinanführt, der uns eine weite Aussicht eröffnet, lädt uns die neue Schrift, wie es der Gegenstand mit sich brachte, zu einer weiteren Wanderung ein, bei der wir bald hier, bald dort etwas länger verweilen, ohne ein bestimmtes Ziel vor Augen zu haben; dennoch gelangt die Auseinandersetzung zu eindrucksvollen Steigerungen: der erste Hauptteil endet mit einem bedeutsamen Hinweis auf neue künstlerische Aufgaben einer von neuem Leben ergriffenen Welt, der zweite, der „Nachtrag", fordert am Schluß auf zu einem Ausblick auf die Zukunft: die neuen Befestigungswerke, die Ludwig Philipp vor Paris erbauen läßt, könnten der Stadt auch einmal gefährlich werden! Und wer denkt dabei nicht an die Entwicklung der Jahre 1870–71? Ob Absicht oder nicht: Heine packt uns dadurch, daß er einen Abschnitt seiner Erörterungen in Gedanken ausklingen läßt, die wie ein mächtiges Finale wirken. Ähnliches war auch in den fast gleichzeitig geschriebenen „Französischen Zuständen" zu beobachten. Dazu kommt, daß Heine gewisse steigernde und bereichernde Ausdrucksmittel des Stils, die er wie kaum ein zweiter beherrscht, z. B. Beseelungen, Bilder und Vergleiche, sinnbildliche Erhöhungen, kühne Wortzusammensetzungen und Neubildungen, vor allem aber überraschende Beiwörter, mit überlegener Laune zum Besten gibt; man denke etwa an die vielsagende Unterhaltung des nach Paris überführten Obelisken von Luksor mit einem Laternenpfahl auf der Place de la Concorde:

Wieviel tausendjährige Erfahrungen uns dieser hieroglyphenbedeckte Bote aus dem Wunderland Ägypten mitbringen mag, so hat doch der junge Laternenpfahl, der auf der Place de la Concorde seit fünfzig Jahren steht, noch viel merkwürdigere Dinge erlebt, und der alte rote urheilige Riesenstein wird vor Entsetzen erblassen und zittern, wenn mal in einer stillen Winternacht jener frivol französische Laternenpfahl zu schwatzen beginnt und die Geschichte des Platzes erzählt, worauf sie beide stehen.

Solche dichterische Schau belebt viele Einzelheiten der Schrift. Doch in letzter Linie ist ihr Reiz noch durch eine ganz andere Eigentümlichkeit begründet: durch den schwebenden und schweifenden Plauderton, der das Ganze bestimmt. Hier spricht kein Gelehrter zu uns, der seine Gedanken hübsch planmäßig ordnet und schließlich überzeugend und folgerichtig zu einer Gesamtanschauung hinanleitet; nein, hier redet ein kluger Beobachter, der absichtlich den strengen Ernst wissenschaftlicher Beweisführung beiseite läßt, der sich vielmehr sehr harmlos gebärdet, sich scheinbar in nachlässigen Abschweifungen gefällt, und der dennoch, wenn man genauer zusieht, sein Ziel stets im Auge behält. Dieser kunstvoll erwogene Plauderton verrät sich nicht zuletzt auch in der Mischung ganz verschiedener Gedankenfolgen: da gibt es ein Stückchen Beschreibung der Gemälde, da gibt es geschichtliche Ausblicke und Rückblicke, da wird auf die letzten treibenden Kräfte der bewegten Zeit verwiesen, auf den Beginn einer neuen Kunst, die sich vom Kunstzeitalter Goethes wesentlich unterscheiden werde, und es werden die mannigfaltigsten Erscheinungen in dem Leben des damaligen Paris erwähnt. Diese spielende Leichtigkeit der Gedankenbewegung durchzieht und belebt das Ganze.

Es war aber auch ein bedeutender Gegenstand, über den er sich vernehmen ließ. Der Pariser Salon von 1831 war einer der besten, den man je gesehen hat. Ein frischer hoffnungsfroher Geist fuhr durch Volk und Welt, und die große Woche des Juli schien auch die Künstler zu neuen Taten beflügeln zu wollen. Vielleicht griff Heine ein wenig hoch, wenn er sagte: „Die Gemälde, die ich einer Beschreibung würdigte, werden sich Jahrhunderte erhalten, und mein Wort ist vielleicht ein nützlicher Beitrag zur Geschichte der Malerei." Immerhin trifft zu, daß er viel Gutes zu besprechen hatte, und daß er vieles gut besprach. Gewiß ist er ein Sohn seiner Zeit; er beurteilt und sieht manches anders, als wir es heute sehen und beurteilen können. Bescheiden sagt er: „Ich darf mich darauf beschränken, die öffentliche Meinung zu referieren. Sie ist von der meinigen nicht abweichend." So bringt er denn, besonders über seine Lieblinge Leopold Robert und Delaroche, Urteile vor, denen wir uns in verschiedener Hinsicht nicht anschließen mögen; wir verstehen Heine nicht, wenn er bei Robert Erinnerungen an

Raffael auftauchen läßt oder wenn er Ingres in Beziehung bringt mit Michelangelo, oder wenn er ein unzulängliches Wort eines Zeitgenossen über Watteau zustimmend erwähnt. Andererseits unterschätzt er sein Vermögen, wenn er von technischen Vorzügen der Bilder nicht glaubt sprechen zu können: tatsächlich hat er sein Augenmerk auch hierauf gerichtet, und vielleicht wird mancher staunen, wieviel Heine über Zeichnung, Farbgebung, Raumbehandlung, Gliederung und Anordung zu sagen weiß. Auch dürfte es als ein Vorzug seiner Beschreibungen anzusehen sein, daß er jedes Werk mit dem Kulturleben der Zeit in engster Verbindung erschaut. Die genaue Berücksichtigung des Inhalts der Bilder ist kein Fehler, sondern das Gegenteil, und die Schilderungen vieler Einzelheiten des Dargestellten wirken anregend und nicht ermüdend. So etwa, wenn er über Ary Scheffer das schlimme Wort verbreitet, er male nur mit Schnupftabak und grüner Seife, oder wenn er, sehr treffend, von dem Gretchen desselben Malers sagt: „Sie ist zwar Wolfgang Goethes Gretchen, aber sie hat den ganzen Schiller gelesen." Besonders willkommen sind seine Erörterungen über den Wert der Ähnlichkeit in der Bildnismalerei: nicht diejenigen Maler verdienen Anerkennung, die eine Anzahl einzelner Züge lebenswahr wiederzugeben verstehen, sondern jene, die gleichsam die „Idee" des betreffenden Gesichts herausfinden, wie etwa Holbein, Tizian und van Dyck, und die ihre Porträts läutern im Fegefeuer der Kunst. Die Unterscheidung von „Historie" und „Genre", auf welche die gelehrten Kunstkenner so großen Wert legten, weist Heine als belanglos zurück. Ganz vorzügliche Worte findet er über die seelischen Kräfte, die im künstlerischen Schaffen zur Geltung kommen. Da hatte sich ein Kunstrichter namens Jal sehr hart über das Bild „Die Patrouille" von Descamps ausgelassen (ein Bild, das Heine ein wenig überschätzte), und er hatte demütig hinzugefügt, er sei nur ein Mensch, der nach Verstandesbegriffen urteile, und sein armer Verstand könne in dem Werke nicht das Meisterstück erkennen, das die überschwenglichen Lober darin erblickten. Dem tritt Heine sehr entschieden entgegen:

Der arme Schelm, mit seinem armen Verstande! er weiß nicht, wie richtig er sich selbst gerichtet! Dem armen Verstande gebührt wirklich niemals die erste Stimme, wenn über Kunstwerke gerichtet wird, ebenso wenig als er bei der Schöpfung derselben jemals die erste Rolle gespielt hat. Die Idee des Kunstwerkes steigt aus dem Gemüte, und dieses verlangt bei der Phantasie die verwirklichende Hilfe. Die Phantasie wirft ihm dann alle ihre Blumen entgegen, verschüttet fast die Idee und würde sie eher töten als beleben, wenn nicht der Verstand heranhinkte und die überflüssigen Blumen beiseite schöbe oder mit seiner blanken Gartenschere abmähte . . .

Der große Irrtum besteht immer darin, daß der Kritiker die Frage aufwirft: was soll der Künstler? Viel richtiger wäre die Frage: was will der Künstler? oder gar, was muß der Künstler?

„In der Kunst bin ich Supranaturalist", fügt Heine hinzu, und er wendet sich gegen Karl Rumohrs Versuch, die alte abgestandene Lehre von der Naturnachahmung wieder aufzuwärmen.

Ebenso bestimmt weist er aber auch die Anschauung derer zurück, welche die Brücke zwischen Kunst und Leben ganz abbrechen wollen, die Lehre, daß die Kunst nur für die Kunst da sei und sich um nichts, was außerhalb ihr liege, zu kümmern habe. Heine äußert die Ansicht, daß die Kunst die treibenden Kräfte des Lebens in sich aufnehmen, läutern und zu erhöhter Geltung bringen solle, jedoch immer vom Leben abhängig und auf das Leben zurückwirkend. Das sei zu wenig geschehen im Zeitalter Goethes. Die „Kunstperiode", als deren größter Vertreter Goethe hervorragte (diese Worte sind wenige Monate nach Goethes Tode geschrieben) sei zu Ende gelangt; das neue Geschlecht würde von neuen Gedanken geleitet sein, es würden Männer hervortreten, die mitten im Kampfe des Lebens stünden und zugleich die letzten Geheimnisse der Kunst entschleierten, wie es einst der Fall gewesen bei Phidias, bei Äschylus, bei Dante und Michelangelo. Und er fährt fort:

Indessen, die neue Zeit wird auch eine neue Kunst gebären, die mit ihr selbst in begeistertem Einklang sein wird, die nicht aus der verblichenen Vergangenheit ihre Symbolik zu borgen braucht, und die sogar eine neue Technik, die von der jetzigen verschieden, hervorbringen muß. Bis dahin möge, mit Farben und Klängen, die selbsttrunkenste Subjektivität, die weltentzügelte Lebenslust sich geltend machen, was doch immer ersprießlicher ist als das tote Scheinwesen der alten Kunst.

Das sind Worte tiefer Bedeutung. Hier, wie auch in der Besprechung von Menzels Werk „Die deutsche Literatur" hat Heine die großen Leitgedanken der neuen literarischen Bewegung des Jungen Deutschland entwickelt, Gedanken, die noch im selben Jahre von Ludlof Wienbarg übernommen und mit ebenso viel Geschick wie begeisternder Kraft in seinen berühmten „Aesthetischen Feldzügen" weiter ausgeführt wurden. Jene Worte eröffnen aber auch einen tiefen Einblick in Heines ganzes künstlerisches Denken, sie dienen zur Erläuterung seines eigenen Schaffens, sie deuten nebenbei auf seine Annäherung an die neuen Saint-Simonistischen Gedanken hin, und lassen uns in gewissem Sinne auch das ganze Verfahren begreifen, das er in der vorliegenden Besprechung des Pariser Salons verfolgt.

Diese seine Einstellung führt ihn dann aber auch zu mancherlei Darlegungen über Dinge, die mit Kunst gar nichts zu tun haben. Die „Französischen Maler" treten an manchen Stellen in unmittelbare Nachbarschaft der rein politischen „Französischen Zustände". Hier wie dort finden sich ausführliche Betrachtungen über die Juli-Revolution und das neue Königtum; das Bild Ludwig Philipps wird hier wie dort in ganz ähnlichen Farben gemalt; hier wie dort führt uns der Dichter zu den Hauptgestalten der französischen Revolution zurück, und für Robespierre findet er jetzt besonders beachtenswerte Worte. Die Frage, ob Republik oder Königtum die bessere Staatsform sei, wird hier wie dort mit dem gleichen Bekenntnis zum Königtum beantwortet:

> Gott ist vernünftig und sieht ein, daß die republikanische Regierungsform sehr unpassend, unersprießlich und unerquicklich ist für das alte Europa. Und auch ich habe diese Einsicht. Aber wir können vielleicht beide nichts ausrichten gegen die Verblendung der Fürsten und Demagogen. Gegen die Dummheit kämpfen die Götter selbst vergebens.

Gern sagt Heine auch in dieser Schrift den Franzosen ein freundliches Wort:

> Ich glaube, daß Frankreich aus der Herzenstiefe seines Lebens auch eine neue Kunst hervoratmen wird. Auch diese schwere Aufgabe wird von den Franzosen gelöst werden, von den Franzosen, diesem leichten, flatterhaften Volke, das wir so gerne mit einem Schmetterling vergleichen. Aber der Schmetterling ist auch ein Sinnbild der Unsterblichkeit der Seele und ihrer ewigen Verjüngung.

Doch auch deutscher Art sucht Heine gerecht zu werden, und als er vor Ary Scheffers Bild von Goethes Gretchen steht, da sinnt auch er nach über das große Rätsel, das man mit dem Worte „deutsches Gemüt" umschreibt, und er ergeht sich in den halb innigen, halb drolligen Worten:

> Mit einem Worte, sie ist ein deutsches Mädchen, und wenn man ihr tief hineinschaut in die melancholischen Veilchen, so denkt man an Deutschland, an duftige Lindenbäume, an Höltys Gedichte, an den steinernen Roland vor dem Rathaus, an den alten Konrektor, an seine rosige Nichte, an das Forsthaus mit den Hirschgeweihen, an schlechten Tabak und gute Gesellen, an Großmutters Kirchhofsgeschichten, an treuherzige Nachtwächter, an Freundschaft, an erste Liebe und allerlei andere süße Schnurrpfeifereien . . .

So handelt die Schrift von sehr vielen Dingen, die mit französischer Malerei wenig oder nichts zu tun haben; aber eben dadurch ist sie so anziehend und bedeutend. Das leichte Spiel von Heines Gedanken bewegt und ergötzt uns auch hier; aber zuweilen wandelt es sich und geht über in bedeutsamen Ernst und erweckt und verbreitet fruchtbringende Erkenntnis.

3. Salon I: „Aus den Memoiren des Herrn von Schnabelewopski"

Eigentlich hat man bis jetzt nie recht gewußt, was man mit dem „Schnabelewopski" anfangen solle, und sich die Frage gestellt, was Heine mit diesem Werk beabsichtigt habe. Gewöhnlich sah man darin ein Hauptbuch des verfänglichen Witzes, um es je nach dem Standpunkt entweder empört abzulehnen oder schmunzelnd zu genießen, oder noch häufiger, es öffentlich abzulehnen und im geheimen zu preisen. In Wirklichkeit ist der „Schnabelewopski" ein Pasquill auf und eine Abrechnung Heines mit Johann Wolfgang von Goethe. Deshalb müssen wir uns erst einmal über Heines Verhältnis zu Goethe im klaren sein, ehe wir das Werk recht würdigen können.

Der junge Heine war stets aufrichtig bemüht, Aufmerksamkeit und Anerkennung des alten Goethe zu gewinnen. Schon Ende 1821 übersandte er ihm seine „Gedichte" und ein gutes Jahr später seine „Tragödien nebst einem lyrischen Intermezzo". Obgleich Goethe den Empfang beider Werke in seiner Büchervermehrungsliste vermerkte, fanden sie jedoch keine weitere Beachtung. Hatte der Verfasser die „Gedichte" mit einer langen, liebevollen und begeisterten Zueignung begleitet, so enthielten die „Tragödien" nur eine kurze und kühle Widmung; zweifellos war er verstimmt, daß man seine beiden Erstlingswerke in Weimar mit keiner Silbe gewürdigt hatte.

Doch schon im Jahre 1823 wurde dem jungen Dichter eine neue Möglichkeit geboten, vor den Altmeister zu treten: Heines Freund Varnhagen von Ense veranstaltete ein großes Sammelwerk zu Ehren Goethes, und auch Heine wurde aufgefordert, einen Beitrag zu liefern. Sein Aufsatz, etwa einen Druckbogen lang, wurde an einem Sonntag niedergeschrieben und an Varnhagen abgeschickt. Diese leider verschollene Schrift konnte aber nicht mehr aufgenommen werden, angeblich weil sie zu spät eintraf, in Wirklichkeit wohl, wie ihr Verfasser selbst vermutete, weil sie dem Herausgeber nicht gefallen hatte. Heine, der einsah, daß er danach seinem Thema nicht gewachsen gewesen war, widmete sich jetzt ganz dem Studium von Goethes Schriften, so daß er noch vor Ablauf des Jahres berichten konnte: „Ich habe jetzt bis auf einige Kleinigkeit den ganzen Goethe gelesen ! ! ! Ich bin jetzt kein blinder Heide mehr, sondern ein sehender. Goethe gefällt mir sehr gut." Bisher war also jeder Versuch, als ein Bewunderer Goethes zu erscheinen und bemerkt zu werden, fehlgeschlagen.

Im Herbst 1824 unternahm Heine eine Fußwanderung durch den Harz; diese Gelegenheit benutzte er, nach Weimar zu pilgern, um die Anerkennung Goethes zu erlangen. In seinem mit Begeisterung und Ergebenheit erfüllten Ersuchen um eine Audienz erinnerte er geschickt an die beiden übersandten Bände seiner Werke und an seine persönlichen Beziehungen zu den beiden Goetheverehrern in Berlin, Varnhagen von Ense und Friedrich August Wolf. Heine, der damals noch in den Flegeljahren steckte, hatte erwartet, daß Goethe, seiner eigenen Sturm- und Drangperiode eingedenk, ihn als seinen jüngeren Kollegen in Apoll empfangen würde. Doch er wurde enttäuscht. Der bejahrte Herr Geheimrat hatte ihm zwar „recht viel Freundliches und Herablassendes gesagt", ihm aber wahrscheinlich auch sein Mißfallen über Heines anmaßendes Auftreten spüren lassen. Hatte Heine doch den Meister herausgefordert mit der Erklärung, auch er schriebe einen Faust. So war für Heine Goethes Auge zwar immer noch „klar und glänzend", doch sein Körper „nur noch das Gebäude, worin einst Herrliches geblüht." Auch über die gemeinsamen Freunde Georg Sartorius in Göttingen sowie Varnhagen und Wolf in Berlin wurden Gedanken ausgetauscht. Wir erfahren von Heine selbst, daß Wolf im April 1824 bei seinem letzten Besuch in Weimar mit Goethe über ihn gesprochen und bei dieser Gelegenheit auch Heines schlechte Gesundheit erwähnt habe, so daß Goethe sich mit „tiefmenschlicher Besorgnis" nach dem Befinden des jungen Dichters erkundigte. Das setzt nicht nur Einblick in Heines persönliches Leben sondern auch Kenntnis seiner Lyrik voraus. Trotzdem war die Audienz zwischen dem „Aristokratenknecht" Goethe und dem Heine der „Flegeljahre" völlig enttäuschend verlaufen. In der „Romantischen Schule" kennzeichnet Heine bald darauf das Motiv, das ihn zu seinen damaligen antigoethischen Äußerungen bewogen hatte: „so will ich jetzt ehrlich gestehen", schreibt er, „es war der Neid. Zu meinem Lobe muß ich jedoch nochmals erwähnen, daß ich in Goethe nie den Dichter angegriffen, sondern nur den Menschen." An seinen besten Berliner Freund Moses Moser richtete Heine über den Besuch in Weimar nur die sarkastischen Worte: „Ich war in Weimar; es gibt dort auch guten Gänsebraten . . . Das Bier in Weimar ist wirklich gut, mündlich mehr darüber." Dem guten Freund und Goetheaner Rudolf Christiani in Lüneburg berichtete er erst sieben Monate später, und auch dann nur auf dessen Drängen, über die tiefe Enttäuschung dieser Audienz. Doch auch diesmal hören wir nur von dem ungünstigen persönlichen Eindruck, den Goethe auf ihn gemacht, und von dem unüberbrückbaren Kontrast in der Lebensauffassung, der die beiden trennte; wir erfahren nichts über Goethes Äußerungen über Heine als Dichter und Mensch. Im Mai 1826 übersandte Heine allerdings „Sr. Exzellenz Herrn Geheimrath v. Goethe" ein Exemplar seiner eben erschienenen „Reisebilder", das auch die „Harzreise" enthielt; doch Goethe war sicherlich nicht wenig verwundert, daß darin Heines Besuch in Weimar völlig totgeschwiegen war, obgleich er zweifellos den Höhepunkt der Reise bedeutete. Goethe bescheinigte auch diesmal nicht den Empfang des Buches, und es war das letzte Mal, daß Heine ihm ein neues Werk zuschickte.

Im Spätsommer 1827 verweilten verschiedene Goetheaner des Varnhagenschen Kreises in Weimar: am 29. und 31. August besuchte Eduard Gans den Altmeister, am Vormittag des 19. September machte Varnhagen von Ense seine Aufwartung, und zwischen dem 12. und 18. Oktober hielten Goethes Freund K. F. Zelter sowie der Philosoph Hegel sich in Weimar auf. Ob Goethe mit Varnhagen über Heine sprach, wissen wir nicht; daß Goethe in einer Diskussion mit Gans „über das neueste deutsche Literaturwesen und Unwesen" Heine erwähnte, ist sehr wahrscheinlich; daß Goethe sich zu Zelter unumwunden über Heine aussprach, ist eine Tatsache. Goethes mißfällige Äußerung, die Zelter nach seiner Rückkehr in Berlin einige Tage später im Varnhagenschen Freundeskreise wiederholte, bezog sich zweifellos auf die schmutzige Platen-Affäre, die gerade im zweiten Bande der „Reisebilder" erschienen war; sie besagte, daß Heine ein Gassenjunge sei. Goethes einzige noch folgende Äußerung über Heine gilt ebenfalls Heine und Platen und stammt aus dem Jahre 1830. Als man Zelter andeutete, daß seine unvorsichtige Wiederholung von Goethes Äußerung leicht zu einer öffentlichen Gegenerklärung führen könne, bereitete er Goethe am 24. Oktober auf die möglichen Folgen seiner Indiskretion vor: „Durch eine mittelbare Indiskretion habe ich mir einen Verdruß zugezogen, der mich einige Tage nach meiner Zurückkunft zuerst unwillig auf mich selber und nachher zu lachen gemacht hat. Davon gelegentlich, weil die Sache noch warm ist; ich will's noch nicht wissen: ob ich recht habe, denn die Geschichte ist etwas dumm." Heine, der damals in Lüneburg weilte, wurde denn auch sofort von seinem Berliner Freunde Moses Moser über Goethes abfällige Äußerung informiert, und schon am 30. Oktober antwortete Heine mit den verächtlichen Worten: „Daß ich dem Aristokratenknechte Goethe mißfalle, ist natürlich. Sein Tadel ist ehrend, seitdem er alles Schwächliche lobt. Er fürchtet die anwachsenden Titanen. Er ist ein schwacher abgelebter Gott, den es verdrießt, daß er nichts mehr schaffen kann. Raumer kann bezeugen, daß ich ihn schon vor drei Jahren [also zur Zeit seines Besuchs in Weimar] nicht mehr geliebt und jetzt nicht durch Deinen letzten Brief bestochen worden." An demselben Tage schreibt Heine auch an Varnhagen von Ense, allerdings in einem versöhnlicheren Ton: „Man will dort [in Berlin] wissen, Wolfgang Goethe spräche mißfällig von mir; das würde Frau von Varnhagen leid tun. — Ich werde es mit dem Aristokraten noch mehr verderben. Wolfgang Goethe mag immerhin das Völkerrecht der Geister verletzen; er kann doch nicht verhindern, daß sein großer Name einst gar oft zusammen genannt wird mit dem Namen H. Heine." In Berlin befürchtete man inzwischen täglich einen Angriff auf den alten Goethe, und so wandte Varnhagen selbst sich an Heine mit der inbrünstigen Bitte, nichts gegen den Altmeister zu unternehmen. Schon am 28. November gibt Heine ihm die beruhigende Versicherung: „Wo denken Sie hin, lieber Varnhagen, ich, ich gegen Goethe schreiben! Wenn die Sterne am Himmel mir feindlich werden, darf ich sie deshalb schon für bloße Irrlichter erklären? Überhaupt ist es Dummheit, gegen Männer zu sprechen, die wirklich groß sind, selbst wenn man Wahres sagen könnte. Der jetzige Gegensatz der Goetheschen Denkweise, nämlich die deutsche Nationalbeschränktheit und der seichte Pietismus, sind mir am fatalsten. Deshalb muß ich bei dem großen Heiden aushalten, quand même . . . Gehöre ich auch zu den Unzufriedenen, so werde ich doch nie zu den Rebellen übergehen." Und Heine fügt die bezeichnenden Worte hinzu: „Und wenn Sie mit Frau von Varnhagen von mir sprechen, so sagen Sie nur Gutes." Es war zweifellos die hohe Achtung vor Rahel

Varnhagen, die Heine davon abhielt, öffentlich gegen Goethe aufzutreten. Zur Beruhigung Varnhagens und Zelters war diese peinliche Angelegenheit noch einmal harmlos verlaufen, und so finden wir sie in Zelters Briefen an Goethe auch nicht weiter erwähnt.

Doch Heine hat nur teilweise Wort gehalten. Zwar erging er sich nicht in einem öffentlichen Angriff auf Goethe, denn er hätte sich dabei wohl mehr geschadet als genützt; aber er verfaßte immerhin zwei verkappte Schriften gegen Goethe, die nur Goethe selbst und Heines Freunde in Berlin verstehen konnten.

Heines Besprechung von Wolfgang Menzels „Die deutsche Literatur" in den „Politischen Annalen" bot die erste gewünschte Gelegenheit, dem Altmeister mit gleicher Münze heimzuzahlen. Am 6. Juni 1828, in einem Brief an Varnhagen, bereitet er seine Berliner Freunde auf die Züchtigung vor, die er für Goethe bereithält: „In einer Rezension der Menzelschen Literatur habe ich so freimütig über Goethe gesprochen, als wenn ich keinen einzigen Goetheaner unter meinen Freunden zählte. Ganz freimütig? Nein! In acht Tagen bekommt Ihr den Aufsatz — laßt Gnade vor Recht ergehen — setzt mich nicht ab." Im letzten Absatz der Rezension rechnet der „Gassenjunge" Heine mit dem „Aristokratenknecht" Goethe ab:

. . . Der Alte! wie zahm und milde ist er geworden! Wie sehr hat er sich gebessert! würde ein Nicolaite sagen, der ihn noch in jenen wilden Jahren kannte, wo er den schwülen ‚Werther’ und den ‚Götz mit der eisernen Hand’ schrieb! Wie hübsch manierlich ist er geworden, wie ist ihm alle Rohheit jetzt fatal, wie unangenehm berührt es ihn, wenn er an die frühere xeniale himmelstürmende Zeit erinnert wird, oder wenn gar andere, in seine alten Fußstapfen tretend, mit demselben Übermute ihre Titanenpflegeljahre austoben! Sehr treffend hat in dieser Hinsicht ein geistreicher Ausländer unseren Goethe mit einem alten Räuberhauptmanne verglichen, der sich vom Handwerk zurückgezogen hat, unter den Honoratioren eines Provinzialstädtchens ein ehrsam bürgerliches Leben führt, bis aufs kleinlichste alle Philistertugenden zu erfüllen strebt und in die peinlichste Verlegenheit gerät, wenn zufällig irgendein wüster Waldgesell aus Kalabrien mit ihm zusammentrifft und alte Kameradschaft nachsuchen möchte.

Nur der alte Goethe und die eingeweihten Kreise in Berlin konnten diese Worte in ihrem wahren Sinne verstehen, und so berichtete Heine auch am 16. Juli 1828 an Wolfgang Menzel: „In Berlin hat man meine Ansichten über Goethe am feinsten verstanden und Zeter geschrien." Mit innerer Genugtuung schrieb Heine am 6. September 1828 an Moses Moser, dem er ja die Mitteilung von Goethes Äußerung verdankte: „Hast Du in den Politischen Annalen meine Rezension über Menzels Werk gelesen? Ich spreche da von Goethe."

Heine plante außerdem ein Pasquill auf Goethe. Hatte dieser ihn als einen Gassenjungen bezeichnet, so wollte Heine nun diese Rüge auf die

Spitze treiben und einen Roman veröffentlichen, worin er die erhabensten Ideen zusammen mit den gemeinsten Zoten eines Gassenjungen in buntem Durcheinander behandelte. Dieses Pasquill auf den alten Goethe ist uns erhalten in dem Roman „Aus den Memoiren des Herrn von Schnabelewopski".

Bis auf die ersten drei Kapitel wurde das Werk zwischen 1827 und 1829 geschrieben, aber sonderbarerweise erst 1834 veröffentlicht. Zweifellos war es Rahel Varnhagen, welche die sofortige Veröffentlichung verhinderte. Heine hatte sie seit seinem Bruch mit Goethe zum ersten Mal Mitte März 1829 in Berlin wiedergesehen, hatte sich bei der Gelegenheit über Goethe unwillig geäußert und wahrscheinlich auch mit der Veröffentlichung des fast druckreifen Pasquills gedroht. Sicherlich war es nun bei dieser Zusammenkunft und nicht in Verbindung mit dem 1823 von Varnhagen unterdrückten Artikel über Goethe, wie eine unsinnige Überlieferung es gern hinstellt, daß Heine der Rahel versprochen hatte, zu ihren und Goethes Lebzeiten nichts gegen den Altmeister in Weimar zu unternehmen. So berichtet Heine schon am 30. Mai 1829 an seine und Rahels gemeinsame Freundin Friederike Robert: „Mein großes humoristisches Werk habe ich wieder beiseite gelegt", und gleichzeitig läßt er an Varnhagen die sarkastische Drohung gelangen, wenn er ihm seine Bitte nicht erfülle, „so rebelliere ich wieder gegen Goethe und schiffe mich gleich ein nach Amerika". Heine hat der Rahel Wort gehalten: am 22. März 1832 starb Goethe und am 7. März 1833 Rahel Varnhagen; doch erst am 18. Juni 1833 bot er seinem Verleger Campe den „Schnabelewopski" an, der dann Anfang 1834 erschien.

Im „Schnabelewopski" haben sich die Beziehungen zu Goethes Äußerung vom „Gassenjungen" in einem Teil der Schilderung Hamburgs, im Vonved-Lied und der Beschreibung Hollands erhalten. In dem Bruchstück über Hamburg finden sich zu Beginn manche Anspielungen auf vergängliche Zustände und Erscheinungen jener Zeit, die dem Leser unserer Tage nur durch gelehrte Erläuterungen näher gerückt werden können und die noch aus der Zeit von 1822 bis 1824 stammen. Doch dann werden wir in eine verrufene Straße, die Drehbahn, geführt und in dem zweideutigen Apollosaal zuerst mit Minka und Heloise, zwei Frauenzimmern aus der damaligen Halbwelt Hamburgs, und darauf mit Frau Schnieper und Frau Pieper, zwei älteren Personen ebenfalls aus den allerniedrigsten gesellschaftlichen Kreisen, bekannt gemacht. Werden wir hier auch gründlich über das Bordellwesen des damaligen Hamburg unterrichtet, so geschieht es durchaus nicht mit einem kitzligen Wohlbehagen, freilich auch nicht mit sittlichem Zorn, sondern vielmehr mit einer gewissen gelassenen satirischen Nichtachtung. Dieses Buch enthält „viele Zoten", so schreibt Heine selbst, „dieses war politische Absicht. Ich wollte der öffentlichen Meinung eine gewisse Wendung geben. Besser, man sagt, ich sei ein Gassenjunge, als daß man mich für einen allzu ernsthaften Vaterlandsretter hält". Diese auf Goethe gemünzten Worte liefern den Schlüssel zu dieser Schrift.

Der Apollosaal ist freilich nicht die einzige Stätte, die uns gezeigt wird; wir hören auch von dem gesitteten Jungfernstieg, und auch von den Schwänen der Alster ist die Rede. „Stundenlang konnte ich sie betrachten, diese holden Geschöpfe mit ihren sanften langen Hälsen, wie sie sich üppig auf den weichen Fluten wiegten, wie sie zuweilen selig untertauchten und wieder auftauchten und übermütig plätscherten, bis der Himmel dunkelte und die goldenen Sterne hervortraten, verlangend, verheißend, wunderbar zärtlich, verklärt." Dann aber heißt es plötzlich: „Ach, das ist nun lange her", und der Dichter fährt fort: „Entsetzlich! in diesem Augenblick durchschauerte mich die schreckliche Bemerkung, daß ein unergründlicher Blödsinn auf allen Gesichtern lag. Ich hatte sie schon vor zwölf Jahren, um dieselbe Stunde, mit denselben Mienen wie die Puppen einer Rathausuhr, in derselben Bewegung gesehen, und sie hatten seitdem ununterbrochen in derselben Weise gerechnet, die Börse besucht, sich einander eingeladen." Er sieht in ihnen nichts als leere Zahlen, die „hastig und hungrig" dahinrollen, „während unfern, längs den Häusern des Jungfernstiegs, noch grauenhafter drollig, ein Leichenzug sich hinbewegte. Ein trübsinniger Mummenschanz!" Diese Zusammenstellung des Hamburger Lebens ist kein Zufall: die bezahlten Weiber des Lasters, die Rechenseelen des Alltags und die lächerlichen bezahlten Diener des Todes, der all das seelenlose Treiben überschattet! Doch auch die stolzen Schwäne der Alster betrachtet der Dichter jetzt mit anderen Augen; sie erscheinen ihm nur noch als verlassene Sinnbilder inmitten dieser Geistesöde Hamburgs: heisere, schnarrende, metallische Töne erklingen aus den Kehlen der armen Geschöpfe, „ein unbeschreibbar eiskalter Schmerzlaut . . . man hatte ihnen die Flügel gebrochen, damit sie im Herbst nicht auswandern konnten nach dem warmen Süden, und jetzt hielt der Norden sie festgebannt in seinen dunklen Eisgruben". Hier empfinden wir die volle Symbolik des Dichters, wir vernehmen die Töne des bangen Wehs, die aus dem Wirrwar des Lasters, der Geistesarmut und der Untergangsgefühle beängstigend hervorklingen. Auch er verstand die Qual der armen Schwäne, er, der Schwan von Hamburg, dem der große Dichter Goethe in Weimar inzwischen ebenfalls die Flügel gebrochen hatte.

Nun aber folgt im Verlaufe der Darstellung ein seltsames Zwischenspiel, bei dessen Deutung sich die Erklärer bisher stets kluges Schweigen auferlegt haben. Im fünften Kapitel teilt Heine den größten Teil eines merkwürdigen, uralten Heldenliedes von Herrn Vonved mit, das Wilhelm Grimm 1811 in seinen „Altdänischen Heldenliedern, Balladen und Märchen" in der Übersetzung bekannt gemacht und das Heine wahrscheinlich im Oktober 1827, als er die Brüder Grimm in Kassel besuchte, dort zufällig gelesen hatte. Wie paßt dieses Gedicht in den „Schnabelewopski" hinein?

Heine sagt, es sei ihm während des Schreibens des vorigen Kapitels immerfort durch den Kopf gesummt, und er will es gar von Claas Hinrichson, einem Jütländer, der bei ihnen als Pferdeknecht gedient, gehört haben: „Ich mag wollen oder nicht, ich muß von jenem Liede sprechen". „Jener Knecht", so heißt es weiter, „sang es noch den Abend vorher, ehe er sich in unserem Stall erhenkte. Bei dem Refrain ‚Schau dich um, Herr Vonved!' lachte er manchmal gar bitterlich; die Pferde wieherten dabei sehr angstvoll, und der Hofhund bellte, als stürbe jemand". Es ist ein Gebilde des sogenannten Märchen-Typus, ein Lied, in dem alle Erscheinungen ins Fratzenhafte verzerrt sind und in dem sich ein an Wiederholungen reicher altertümlicher Stil in altfränkischem Fragespiel von einem fast gespenstischen Kehrreim getragen, mühsam und fast ermüdend zu einem grausamen Ende hinzieht. Herr Vonved gibt auf Rat seiner Mutter, der Königin Adelin, das Harfenspiel auf, das er so herrlich und kunstvoll übte, und er zieht zu heldischen Taten hinaus in die Welt. Er tötet den Herrn Thule Vang und seine zwölf Söhne, dann den Weidmann und schließlich den Hirten. Einem alten Hirten, der auf alle seine schwierigen Rätselfragen kluge Auskunft erteilt, schenkt er einen schweren goldenen Ring. Dieser weist ihn nach einem geheimnisvollen Schlosse, dessen Insassen, Under und Karl, ebenfalls den Streichen des wandernden Helden erliegen. Ein anderer Ritter, der Vonveds Rätsel ebenfalls löst und von ihm zum Lohn das letzte Gold empfängt, weist Vonved nach Holland zum König Vidrich. Auch in dessen Burg, in die er mit Gewalt eindringt, gebärdet er sich als wilder Recke; doch wird er bald als Schwestersohn des Königs erkannt, friedlich begrüßt und zur Mutter, der Königin Adelin, die ihn in die Welt hinausgeschickt hatte, zurückgeleitet. Daheim begegnen ihm zwölf Zauberweiber, die Vonved kurzerhand erschlägt, sowie seine Mutter, die er in fünftausend Stücke haut, weil sie ihn so übel beraten hatte; und endlich zertrümmert er die Harfe, der er einst so herzgewinnende Töne entlockt hatte. Dieses Lied ergriff Heine trotz der kindlichen Übertreibung. „Vielleicht auch gehört es hierher", so schrieb er, „und es drängt sich mit Recht in mein Geschreibsel hinein". Hatte Grimm doch von diesem Gedicht geschrieben: „Es ist die Angst eines Menschen darin ausgedrückt, der die Flügel, die er fühlt, nicht frei bewegen kann, und der, wenn ihn diese Angst peinigt, gegen alles, auch gegen sein Liebstes, wüten muß." Und so folgt dieses Lied nun gleich auf die Erzählung von den Schwänen der Alster, deren Flügel man gebrochen hatte. Der Dichter erkannte hier ein Bild, ein Sinnbild seines eigenen Tuns und Leidens: wie Vonved hatte er der Mutter Lebewohl gesagt, wie Vonved hatte er die Leier niedergelegt, um sich in wilder Heldentat zu üben, wie Vonved war er von solchem Treiben ermüdet: „Ich ziehe mich aus der Politik zurück, das Vaterland mag sich einen anderen Narren suchen", und wie Vonved hatte auch er seine eigene Harfe zerschmettert. In diesem Liede erblickte Heine seinen eigenen Schwanengesang; es ist der herzzerreißende Schmerzensausbruch des ringenden Dichters, dem Goethe nicht nur die Anerkennung versagt, dem er auch alle Hoffnung auf die Zukunft geraubt hatte. Die Politik hatte Heine aufgegeben, die Saiten seiner Leier hatte er zerrissen; so wollte er nun dem alten Herrn in Weimar beweisen, daß er wenigstens ein guter „Gassenjunge" sein konnte.

Heine war ganz zu Ende des Monats 1827 von England nach Holland übergesetzt und blieb dort etwa drei Wochen lang bis nach Mitte August; als er am 20. August wieder in dem geliebten Norderney eingetroffen war, schrieb er nur die wenigen Worte nieder: „Ich habe in Holland viel Spaß gehabt. Doch eile ich sehr, um hierher zu kommen". Das ist alles, was er den Freunden erzählt; aber es wäre ganz gegen seine Gewohnheit gewesen, wenn er über die Erlebnisse jener vergnügten und anregenden Wochen nicht gleich seine ausführlichen Niederschriften gemacht hätte. Sie liegen vor in den ausführlichen Kapiteln 7 bis 14 des Werkes, waren jedoch zunächst noch nicht dafür bestimmt gewesen aus dem einfachen Grunde, weil der Gedanke an den „Schnabelewopski" damals in Heines Geist noch gar nicht aufgetaucht war. Erst zehn Wochen später, am 30. Oktober 1827, als Heine von der abfälligen Bemerkung Goethes erfahren hatte, konnte er die Verarbeitung für das Pasquill vornehmen, so daß bei seinem nächsten Besuch in Berlin im Frühjahr 1829 das Werk bis auf die Abschnitte über Polen druckreif gewesen war.

„Besser, man sagt, ich sei ein Gassenjunge . . ." an diese bedenklichen Worte fühlen wir uns wieder erinnert, wenn wir dem Dichter oder seinem Schnabelewopski nun nach Holland folgen. Von Land und Leuten hören wir hier allerdings ebenso wenig wie später von Land und Leuten in Polen; die Schilderung Hamburgs war etwas reichhaltiger, doch dafür werden wir wohl vertraut mit dem Leben der nicht eben reizvollen Wirtin zur roten Kuh in Leiden. Schnabelewopskis unsaubere Erfahrungen mit ihr sind mit dreister Freimut, aber auch mit großer, fast versöhnender Komik vorgetragen; ungemein belustigend sind auch die biblischen Liebesträume ihres Gatten, der sich mit den Frauen des Alten Testaments in unkeusche Verbindungen einläßt; und die kraftvollen Gestalten der mit echt holländischem Phlegma ausgestatteten Studenten sind in klaren Zügen vortrefflich gezeichnet. Dabei wird das Leben in Holland ohne Haß und Bitterkeit, ganz anders als das Leben in Hamburg, aufgefaßt und beleuchtet. „Ich habe in Holland viel Spaß gehabt", so schreibt er, — und wir merken es seiner Darstellung an.

Auch die Gestalt des kleinen Simson ist mit sicherem Blick erfaßt und herausgearbeitet; er reiht sich würdig in die große Gallerie jüdischer Menschen ein, die Heine mit scharfen Strichen und fast schreienden Farben gemalt hat, und hebt sich deutlich ab von anderen wie Hirsch Hyazinth,

Gumpelino, Moses Lump, Börne, Stern, Leo und wie sie alle heißen. Nicht mit dem Auge der Liebe, aber doch mit den Augen achtungsvollen Mitleids ist dieser Simson gesehen, so sehr auch Heine den Trennungsstrich zwischen ihm und sich selber zu ziehen bemüht ist. Man hat in Börne das Vorbild des kleinen Simson erkennen wollen, vor allem deshalb, weil Simson als der „Champion des Deismus" hingestellt wird. Doch war Börne damals längst christlichen Gedanken zugetan, er verfocht die Lehren Lamennais' mit Begeisterung und hatte eigentlich gar nichts mehr mit dem jüdischen Deismus zu tun. Auch viele andere Züge in dem Charakterbild des kleinen Simson passen nicht zu Börne. Eher scheint schon die Parallele „der ‚kleine' Simson" und „der ‚kleine' Markus" auf letzteren als das Vorbild zu weisen, und vermutlich verbergen sich hinter den Namen Vanpitter und Dricksen zwei weitere Mitglieder des „Vereins für Kultur und Wissenschaft der Juden", die hier ihre philosophisch-religiösen Anschauungen vertreten. Wie dem auch sei, im Zusammenhang unserer Schrift zeigt sich erneut, wie geflissentlich Heine leichtestes Getändel mit ernstesten Lebensfragen verbindet, denn wenn hier im Gottesgespräch dem Deismus Simsons der Pantheismus des langen Vanpitter und Dricksens Lehre von Gott als dem bloßen Prinzip der Weltordnung, dem reinen Handeln, gegenübergestellt wird, so wird das schwierige Problem in schärfster Fassung angesprochen. Und nun das Allerseltsamste: Heine druckt am Schlusse seines Werkes fast ein ganzes Kapitel aus dem Buch der Richter ab, worin die märchenhaft große Geschichte von dem Simson der Bibel erzählt wird. Das ist noch toller, noch viel auffälliger als früher die Mitteilung des Liedes von Vonved! Wozu das alles? Böswillige Leser mögen an Rücksichten auf die damilige Bücherzensur denken: es sei Heines Absicht gewesen, dem Bande eine größere Fülle zu geben, denn wenn man über zwanzig Bogen hinauskam, entging man den Fängen der Zensur. Davon kann in Wahrheit nicht die Rede sein, hier ebensowenig wie oben. Des Dichters Absicht ging viel weiter und in eine ganz andere Richtung. Der kleine Simson war durch den Streit über den Gottesbegriff mit dem starken Dricksen in ein Duell verwickelt worden und hatte einen Stich in die Lunge erhalten, an dem er bald starb. Als er im Wundfieber darniederlag, ließ er, der kleine Simson, der in dem großen Simson der Bibel sein hohes Vorbild verehrte, sich aus dem Buch der Richter der Bibel vorlesen und erschauerte bei der Erzählung vom Leben und ergreifenden Ende des jüdischen Herakles. Von Simson heißt es dort: „Und er faßte die zwei Mittelsäulen, auf welchen das Haus gesetzt war und darauf sich hielt, eine in seine rechte, und die andere in seine linke Hand, und sprach: Meine Seele sterbe mit den Philistern, und neigte sich kräftiglich. Da fiel das Haus auf die Fürsten und auf alles Volk, das drinnen war, daß der Toten mehr waren, die in seinem Tode stürben, denn die bei seinem Leben stürben." Auch hier ist das Sinnbild leicht zu durch-

schauen, die Meinung des kleinen Simson ist diese: wie der Simson der
Bibel das Volk und die Fürsten der Philister, die ihn verfolgten, mit sich
in den Tod hinabzog, so werden auch die Feinde des Deismus, der in dem
Judentum seine stärkste Stütze findet, mit in den Abgrund gezogen werden; nur hier, in dem jüdischen Deismus, ruht, nach Meinung des kleinen
Simson, der Menschheit Segen und Kraft. So ringt sich wieder aus den
leichtfertigen Scherzen ein hoher Ernst empor, und wiederum erzielt des
Dichters unerwartete Stilkunst die Mischung des altertümlich Hoheitsvollen
mit den derben Reizen des Tages.

Aber es wäre verkehrt, Heine selbst für einen Verfechter des Deismus
zu halten; im Gegenteil, er ist in diesen Jahrzehnten dessen entschiedener
Feind. Nach seiner damaligen Überzeugung war der Deismus zerbrochen,
und das Judentum hatte seine weltgeschichtliche Rolle zu Ende gespielt.
Wie schon in der „Stadt Lucca“ und in manchen anderen Schriften, hat er
zwischen sich und dem jüdischen Bekenntnis den Trennungsstrich sehr scharf
gezogen; in der „Geschichte der Religion und Philosophie“, die er damals
gerade zu Ende führte, erweiterte er seine Ausführungen, hob bald darauf
seine Gedanken in dem Buch über Börne zu klassischem Gepräge und hielt
auch im Wintermärchen „Deutschland“ noch an ihnen fest. Schon im
„Schnabelewopski“ behandelt er den großen Gegensatz der Weltanschauungen, die er andern Ortes mit den Schlagwörtern Sensualismus und Spiritualismus bezeichnete. Er verteidigt die Religion der Lebensfreude, und wie er
denn in der Weite seines Geistes eines mit dem andern zu verknüpfen
wußte, so feierte er jetzt in Holland, wo er der bildenden Kunst des Landes mit einem für jene Zeit ungewöhnlichen Verständnis gegenübertrat,
einen der großen Meister als einen Verkünder dieser Lehre: Jan Steen, in
dessen einstigem Wohnhaus er zu leben wähnte. „Auch als religiöser Maler
war Jan Steen“, so schreibt er, „ebenso groß [wie Raffael], und das wird
man einst ganz klar einsehen, wenn die Religion des Schmerzes erloschen
ist und die Religion der Freude den trüben Flor von den Rosenbüschen
dieser Erde fortreißt und die Nachtigallen endlich ihre lang' verheimlichten
Entzückungen hervorjauchzen dürfen. Aber keine Nachtigall wird je so
heiter und jubelnd singen, wie Jan Steen gemalt hat.“ Besonders eindring-
lich schildert er des Malers berühmtes „Bohnenfest“, nach dem Kasseler Gemälde, wobei sich allerdings kleine Gedächtnisfehler einschleichen. Genug,
auch hier erhebt er sich inmitten des leichten Getändels zu des Gedankens
Höhe, und man erkennt, daß Heine, den man wiederholt, wohl nicht ganz
mit Recht, als den Rembrandt der Literatur bezeichnet hat, der Kunst der
Niederländer zweifellos mit feinfühligem Verständnis nahe gekommen ist.

Auch weiterhin hat Heine, tieffühlend und behend, wieder im kleinen
Gebilde die Größe seines verschwenderischen Geistes offenbart. Als echter
Problemdichter erkennt er in allen Erscheinungen die Rätsel der Welt, und

wo die meisten stumm und stumpf vorübergehen, erschrickt er staunend und fragt: „Was ist Traum? Was ist Tod? Ist dieser nur eine Unterbrechung des Lebens? oder gänzliches Aufhören desselben? Ja, für Leute, die nur Vergangenheit und Zukunft kennen und nicht in jedem Momente der Gegenwart eine Ewigkeit leben können, ja für solche muß der Tod schrecklich sein! Wenn ihnen die beiden Krücken, Raum und Zeit, entfallen, dann sinken sie ins ewige Nichts. Und der Traum?" Hier nun stellt Heine, der große Traumdichter, bei dem Traum und Kunst immer wie Geschwister traulich vereint sind, manche recht sinnigen Betrachtungen an über die Bedeutung des Traums bei den Alten, dann bei den Juden, die er schon, in Anschluß an Hegel, das Volk des Geistes nannte, und endlich bei den Menschen der Gegenwart. Es sind freisinnige Erörterungen, und ihr Wert wird nicht wesentlich dadurch gemindert, daß sie sich eng an Stellen in Jan Pauls „Hesperus" anlehnen, denn zweifellos erleuchten sie unseres Dichters eigenes seelisches Schweifen. In einem Traum, durch den er uns etwas seltsam zu der blassen Gestalt der Jadwiga zurückführt, blitzen Worte auf wie folgende: „Welche sonderbare Wesen sind diese Menschen! Wie sonderbar ist ihr Leben! Wie tragisch ihr ganzes Schicksal! Sie lieben sich und dürfen es meistens nicht sagen, und dürfen sie es einmal sagen, so können sie doch einander selten verstehen . . ."

Zu höchster Bedeutung erhebt sich Heine aber in dem Kapitel, das die Sage vom Fliegenden Holländer, zum großen Teil das Werk seines Geistes, in scharfen und eindrucksvollen Worten vorträgt. Es kann uns freilich nach allem, was wir gehört haben, nicht wundernehmen, wenn er auch in diesem Falle Ernst und Spiel, kindische Liebeständelei und tief tragische Lebensauffassung durcheinander wirbelt. Fast sollte man glauben, er wolle die schwachmütigen Leser necken, indem er sein Licht geflissentlich unter den Scheffel stellt: doch das verschlägt nicht; es bleibt uns leicht, das spöttische Schlinggewächs zu entfernen. In Hauptzügen war die Sage vom Fliegenden Holländer allerdings schon seit langer Zeit bekannt, und auch Heine selbst hatte ihrer bereits in der dritten Abteilung der „Nordsee" flüchtig gedacht. Wahrscheinlich ist sie schon im 17. Jahrhundert entstanden, doch erst seit dem Anfang des 19. Jahrhunderts wird sie in Schriften und Dichtungen erwähnt. Heine lernte sie aus einer alten Scharteke kennen, einem Roman von Martin Hieronymus Hudtwalker, betitelt: „Bruchstücke aus Karl Bertholds Tagebuch", der 1826 in Berlin erschienen war. Dort ist der Fliegende Holländer, durch einen Fluch dem Teufel verfallen, ein verschollener Seefahrer, den man nur selten zu sehen bekommt. Wenn man ihn erblickt, so ist das ein Unglückszeichen, und schlimmer noch steht es, wenn er ein Boot aussetzt, um an Land zu fahren: die Briefe, die er überbringt, sind immer an bereits Verstorbene gerichtet. Sie wiegen zentnerschwer und werden täglich schwerer; sie können einem Schiffe, das sie übernimmt, gefährlich werden. Oft auch, nämlich wenn er ein Boot mit einer geraden Zahl von Leuten aussetzt, kommt der Holländer an Land, um neue Helfer zu werben: gehen die Männer, die er wünscht, mit ihm, so sind sie verloren. Diesen Zug läßt Heine fallen; feinsinnig ändert er, die Briefe müßten an den Mastbaum genagelt werden; nur bei ihm muß eine Bibel an Bord sein, wenn die drohende Gefahr vermieden werden soll, und ein Hufeisen muß an den Fockmast befestigt werden. Neu ist bei Heine die Erfindung von der Erlösung des Holländers, den er als den Ahsavar des Meeres bezeichnet, durch die Liebe eines treuen Weibes, und damit hat er der Sage erst seine tiefste Bedeutung gegeben, er hat ihr eine Seele einge-haucht; er hat sie zu dem gemacht, was sie uns jetzt ist, ebenso wie er die Loreleisage erst durch sein Lied zu vollem Leben erschlossen hat. Richard Wagner lehnt sich ganz eng an Heines Darstellung an. Er selber schrieb: „Besonders die von Heine erfundene, echt dramatische Behandlung der Er-lösung dieses Ahasverus des Ozeans gab mir alles an die Hand, diese Sage zu einem Opernsujet zu benutzen." Wagner hat nichts Wesentliches hinzu-getan, und Heine konnte später mit vollem Recht von sich sagen, daß er die Fabel „fast ganz mundgerecht für die Bühne ersonnen" habe.

Gewiß deutet vieles in den Beschreibungen von Land und Leuten in Po-len auf weit zurückliegende Erfahrungen zurück. Wir wissen, daß Heine als junger Student von Berlin aus mit seinem Freunde, dem jungen Grafen Eugen Breza, längere Zeit in dessen Heimat verweilt hat, und seine Ab-handlung „Über Polen" gibt davon reichliche Kunde. Niederschriften aus jener Zeit sind allerdings für den „Schnabelewopski" nicht verwertet; aber die alten Erinnerungen wurden durch allerneuste Eindrücke wieder erweckt, als Heine 1833 in Paris das Werk für den Druck zurecht machte. Hier konnte er dem lieben und liebenswürdigen Eugen Breza aufs neue die Bruderhand schütteln, und hier machte er die Bekanntschaft zweier anderer hochgestellter Herren jenes Landes, zweier Brüder, der Grafen Gurowski, mit denen er sehr nahe befreundet wurde. Der Ton, den diese in ihren Briefen anschlugen, ist äußerst ungebunden und schreckt vor den derbsten Offenheiten nicht zurück.

In ähnlich leichtfertigem Ton sind auch manche Abschnitte unserer Schrift gehalten, wenn auch nicht selten hinter den dreisten Scherzen ganz ernste und wehmütige Gedanken hervorblicken. Die Schilderung von Land und Leuten an der Weichsel ist wenig belangreich; die billigen Spöttereien über die unaussprechlichen polnischen Namen werden bald durch weich-herzige Worte über Schnabelewopskis Eltern und Anverwandte abgelöst, aus denen wir Selbstbekenntnisse des Dichters entnehmen dürfen. Als er sie niederschrieb, gedachte Heine sicherlich des eigenen Vaters mit liebevoller Trauer. Die Schilderung Gnesens und seines Domes mit dem eindrucks-vollen silbernen Standbild des Heiligen Adalbert, ziehen schnell an unserem inneren Auge vorüber, und die Gestalt der schönen Jadwiga zerfließt in romantischem Nebel; wenn ihr dort im Dom die Gefühle der Andacht unter den leidenschaftlichen Regungen der Liebe zerflattern, so werden wir an manche alte Geschichte, die das Gleiche berichten, erinnert. Und altertümlich ist auch der Zug, daß Schnabelewopski bei seinem Scheiden aus der Heimat vom Vater mit Ermahnungen und Segenswünschen entlassen wird. Wer nicht an den mittelalterlichen Ruodlieb denken mag, dem werden doch die Lehren im Ohre klingen, die Polonius im „Hamlet" dem scheidenden Sohn Laertes mit auf den Weg gibt. Es gehört zu Heines Eigenart, das Neue durch solche Verwertung altertümlicher Züge und Stilmittel, sei es im Ernst, sei es in halbem Scherz, oder sei es in spöttischer Absicht, zu beleben und in traumhaftes Zwielicht zu rücken.

Hatte man oft Anstoß daran genommen, daß jene Derbheiten und Zoten in nächster Nachbarschaft zu solch ernsten Betrachtungen standen, so wird man einsehen müssen, daß diese vielen „Zoten . . . politische Absicht" waren und daß in diesem gewagten Nebeneinander Feinheiten zutage treten, die nicht auf Zufall beruhen, sondern rein künstlerischer Absicht entsprechen: hinter den leichtfertigen Worten des Gassenjungen dringt oft ein tiefer Sinn hervor.

Zu den alten Freunden in Berlin hatte Heine 1834 keine engeren Beziehungen mehr, und so findet sich keine Kritik des „Schnabelewopski" aus diesem Kreise. Nur Heines Bruder Maximilian, der im Jahre 1827 in Berlin Medizin studierte, damals im Hause Varnhagens verkehrte und mit Goethes Äußerung vertraut war, machte 1834 einige höchst interssante Bemerkungen über das Werk. Er durchschaute sofort die Absicht des Dichters und schrieb an ihn im Frühjahr 1834: „Die ‚Memoiren des Herrn von Schnabelewopski' habe ich recht gut verstanden. Eigentlich stehst Du doch viel zu hoch, viel zu erhaben, um zu gemeinen Witzen zu greifen. So sagen einige; andere meinen, Du wärest sehr geistreich, griffest aber beständig unter den Unterrock. Was mich betrifft, so ist mir Dein Schwanz doch immer noch lieber, als das Gewäsch aller Dresdner Poeten. Ich habe von mehreren Seiten mit Sicherheit erfahren, daß Du von Goethe sehr hoch geschätzt wurdest. Sein Urteil an Zelter über Dich war folgendes: ‚Wenn Heine erst aufhört ein Gassenjunge zu sein, dann ist er der größte Dichter in Deutschland.' " Ob Goethe recht hatte, als er Heine einen Gassenjungen nannte, überläßt der Bruder jedoch dem Gewissen des Dichters des Schnabelewopski; er fügt nämlich die Bemerkung hinzu: „Wie weit das wahr ist, wirst Du selber wissen."

„Zur Geschichte der Religion und Philosophie in Deutschland"

Heines Schrift „Zur Geschichte der Religion und Philosophie in Deutschland", die in deutscher Sprache zuerst als zweiter Band des „Salons" vor die Öffentlichkeit trat, bildet ein unmittelbares Seitenstück zu seiner „Romantischen Schule"; auch sie war ursprünglich dazu bestimmt, den Franzosen über Bedeutung und Fortschritte des deutschen Geisteslebens Bericht zu erstatten, wuchs aber bald über diese Aufgabe hinaus, erregte durch Kraft und Klarheit der Darstellung Beachtung und Anteil deutscher Kenner und erwies sich als eine der wertvollsten Bekenntnisschriften des Dichters. Das Werk war kein Lehrbuch und sollte es nicht sein, es sollte vielmehr der Verbreitung gewisser Lieblingsideen dienen, zu denen sich Heine durchgerungen hatte und für deren Anerkennung er kämpfte. So kam es ihm ganz besonders darauf an, daß seine Gedanken auch unverändert in ihrer scharfgeprägten Form zur Geltung kämen, und er war sehr ungehalten, als er in dem ersten Drucke allerlei Entstellungen wahrnahm, die er dem Verleger glaubte zuschieben zu müssen; in einer öffentlichen Erklärung lehnte er sie mit aller Bestimmtheit ab.

Er hatte sich gut gerüstet für seine Aufgabe und legte Kenntnisse an den Tag, die ihm sogar viele unter seinen Anhängern und Verehrern nicht zugetraut hätten und viele auch heute noch nicht zutrauen mögen. Dabei fühlte er den Abstand gegenüber der Zunft so stark, daß er ausdrücklich sagte: „Ich bin kein Gelehrter, ich gehöre nicht zu den siebenhundert Weisen Deutschlands"; doch war er sich auch seines Vorsprunges ihnen gegenüber bewußt: „Große deutsche Philosophen, die etwa zufällig einen Blick in diese Blätter werfen, werden vornehm die Achseln zucken über den dürftigen Zuschnitt alles dessen, was ich hier vorbringe. Aber sie mögen gefälligst bedenken, daß das wenige, was ich sage, ganz klar und deutlich ausgedrückt ist, während ihre eigenen Werke zwar sehr gründlich, unermeßlich gründlich, sehr tiefsinnig, aber ebenso unverständlich sind". Es wird wohl mancher erstaunt aufhorchen, wenn er Heine über Gnostiker und Manichäer, über Plato und Augustin, über Herodot und Äschylus reden hört, oder wenn er entlegene Stellen aus Luthers und aus Spinozas Briefen, aus Paracelsus, aus Lessings theologischen Schriften, aus Kants „Kritik der reinen Vernunft", aus den Schriften Herders, Fichtes und vieler anderer angeführt findet, und wenn er sich davon überzeugen muß, daß dieser ungelehrte Schriftsteller sein vielseitiges Wissen gar nicht aus zweiter Hand geschöpft haben kann. Der Schüler Hegels, und das war Heine, brachte schon von der Universität eine gediegene Vorbildung mit; er, der die blühende Sinnenwelt mit allen Fasern seines Herzens erfaßte und sie gleichsam in sich einsog, er hatte doch auch die Kräfte gesammelt, um die Welt des begrifflichen Denkens spielend zu durcheilen, und er hatte alle jene philosophischen Werke gelesen und bewältigt, von denen sich ein späteres weniger geübtes Geschlecht mit Furcht und Grauen abwandte. Er war eben auch ein Sohn des großen Hegelschen Zeitalters, in dem man mit dem Schwersten fertig wurde, und er wußte all seine Kenntnisse geschickt zu verbinden und mit großer Klugheit wirksam zur Schau zu stellen.

Aber das Wichtigste war doch, daß er sich von bedeutenden Leitgedanken bestimmen ließ, die ihn wohl gelegentlich zu einseitiger Auffassung verführten, ihm aber doch erst den weiten Ausblick eröffneten und ihn über das Gestrüpp verworrener Schulmeinungen siegreich hinwegbrachten. Heine huldigt auch in diesem Buche den Gedanken Saint-Simons, ebenso wie in der „Romantischen Schule", und er findet wesentliche Übereinstimmung mit den Lehren des Pantheismus. Das Ziel seiner Darstellung ist, festzustellen, daß der pantheistische Gedanke schon seit langer Zeit in Deutschland zur Herrschaft gekommen und daß keine Annahme verkehrter gewesen sei als die in Frankreich verbreitete, die deutschen Philosophen seien „eine Art frommer Seher gewesen, die nur Gottesfurcht atmeten". Dieses Ziel, den wahren Sinn der deutschen Philosophie aufzudecken, verfolgt Heine mit großer Folgerichtigkeit, und all die zahlreichen Einzelheiten, die er vorführt, sollen nur deutlich machen, auf welchen Wegen und Umwegen man der erlösenden Einsicht näher und näher rückte.

Heine erfaßte die Fragen, mit denen er sich beschäftigt, niemals in ihrer Vereinzelung, sondern immer in ihren weitesten Zusammenhängen; er gibt sich Rechenschaft über alle Beziehungen und Auswirkungen der Gedanken. Es sind die Fragen über die letzten Dinge, religiöse und metaphysische Fragen, die er in den Vordergrund stellt; aber er zieht aus ihnen die sozialen, die sittlichen und auch die politischen Folgerungen; vielleicht geben sogar die politischen Wünsche und Anschauungen den entscheidenden Anstoß zu seiner Gedankenbewegung. Denn als politischer Volksschriftsteller hatte er sich schon seit geraumer Zeit betätigt; in gewissem Sinne bewegte er sich also weiter auf altgewohnter Bahn. Nur daß der Gedanke jetzt an Größe und Weite gewann. Es ist wichtig festzustellen, daß Heine die grundlegende Erkenntnislehre Kants und seiner Nachfolger, die sogenannte Transzendental-Philosophie, in ihrer ganzen Bedeutung erfaßt und auf diese Weise die eigentlichen Voraussetzungen für das Verständnis der deutschen Philosophie der ersten Hälfte des 19. Jahrhunderts vollkommen erfüllt. Er sieht sehr klar, wie sich diese Erkenntnislehre bei Fichte, den er übrigens liebt und bewundert, übersteigert und ins Wesenlose verliert: „Der Fichtesche Idealismus", sagt er, „gehört zu den kolossalsten Irrtümern, die jemals der menschliche Geist ausgeheckt."

Aber Heine verweilt nicht lange bei diesen erkenntnistheoretischen Voraussetzungen der neuen deutschen Philosophie. Ihm ist es um ihre religiöse, ihre soziale und sittliche Bedeutung zu tun. „Gott", so schreibt er, „ist identisch mit der Welt. Er manifestiert sich in den Pflanzen, die ohne Bewußtsein ein kosmisch-magnetisches Leben führen. Er manifestiert sich in den Tieren, die in ihrem sinnlichen Traumleben eine mehr oder weniger stumpfe Existenz empfinden. Aber am herrlichsten manifestiert er sich in dem Menschen, der zugleich fühlt und denkt, der sich selbst individuell zu unterscheiden weiß von der objektiven Natur und schon in seiner Vernunft die Ideen trägt, die sich in der Erscheinungswelt kundgeben". Am wichtigsten ist ihm nun die Erkenntnis, daß sich Gott in Leib und Seele des Menschen gleichmäßig offenbart. Diese Einsicht sei allerdings seit dem Altertum von vielen Denkern geleugnet und bekämpft worden, so schon von den Gnostikern und den Manichäern, vor allem aber vom Christentum, und es sei die große Aufgabe der neuen Zeit, sie wieder zur Geltung zu bringen. Heine sucht die beiden entgegengesetzten Anschauungen mit den Schlagworten „Sensualismus" und „Spiritualismus" zu kennzeichnen, und er bemüht sich, sie gegen Mißverständnisse zu sichern; „ich gebrauche sie vielmehr . . . zur Bezeichnung jener beiden verschiedenen Denkweisen, wovon die eine den Geist dadurch verherrlichen will, daß sie die Materie zu zerstören strebt, während die andere die natürlichen Rechte der Materie gegen die Usurpationen des Geistes zu vindizieren sucht." Heine ist nicht blind gegenüber der Größe der christlichen Lehre: „Ja, es ist eine große, heilige mit unendlicher Seligkeit erfüllte Religion, die dem Geiste auf dieser Erde die unbedingte Herrschaft erobern wollte". Aber die Welt ist krank geworden durch sie; und „die nächste Aufgabe ist, gesund zu werden, denn wir fühlen uns noch sehr schwach in den Gliedern. Die heiligen Vampire des Mittelalters haben uns soviel Lebenslust ausgesaugt. Und dann müssen der Materie noch große Sühneopfer geschlachtet werden, damit sie die alten Beleidigungen verzeihe . . . das Christentum, unfähig, die Materie zu vernichten, hat sie überall fletriert, es hat die edelsten Genüsse herabgewürdigt, und die Sinne mußten heucheln, und es entstand Lüge und Sünde." Jetzt sei es an der Zeit, aus aller Halbheit herauszukommen und sich von diesem Druck der Lüge und Sünde zu befreien. Viel von diesen Forderungen der Zeit hätten die Saint-Simonisten begriffen; aber der sie umgebende Materialismus habe sie niedergedrückt, und der gedeihlichste Boden für die neue Anschauungsweise sei, so meint Heine, in Deutschland.

In einer großzügigen Betrachtung führt uns Heine die Entwicklungsgeschichte dieser Befreiungsgedanken der Menschen vor Augen. Bei den Einzelheiten des mittelalterlichen Volksaberglaubens scheint er fast zu lange zu verweilen, und wenn er seine an sich reizvollen Geschichten aus Dobeneck vorträgt, so fragen wir uns, ob ihm nicht vielleicht der Faden aus den

Fingern entglitten sei, ob er nicht Religion und Philosophie ganz aus dem Auge verloren habe. Aber das trifft nicht zu. Heine will durch alle diese Geschichten zeigen, wie das Christentum die ihm entgegengesetzte heidnisch-pantheistische Anschauungsweise erst mühsam und allmählich niedergerungen habe. Immerhin bleibt manches in diesen Ausführungen anfechtbar. Zu einer beträchtlichen Höhe erhebt sich Heine erst bei der Würdigung Luthers und der Reformation. In Luther erkennt er den Begründer der deutschen Denkfreiheit, die seit seinem Auftreten nicht wieder hat unterdrückt werden können. „In der Tat", schreibt er, „nicht einmal in Griechenland hat der menschliche Geist sich so frei aussprechen können, wie in Deutschland, seit der Mitte des vorigen Jahrhunderts bis zur französischen Invasion. Namentlich in Preußen herrschte eine grenzenlose Gedankenfreiheit. Der Marquis von Brandenburg hatte begriffen, daß er . . . die protestantische Denkfreiheit aufrecht erhalten mußte." Insbesondere aber fand Heine für die Persönlichkeit Luthers Worte verständnisvollster Würdigung. Luther hatte nach Heine „Eigenschaften, die wir selten vereinigt finden, und die wir gewöhnlich sogar als feindliche Gegensätze antreffen. Er war zugleich ein träumerischer Mystiker und ein praktischer Mann in der Tat . . . er war ein kompletter Mensch, ich möchte sagen: ein absoluter Mensch, in welchem Geist und Materie getrennt sind. Ihn einen Spiritualisten nennen, wäre daher ebenso irrig, als nennte man ihn einen Sensualisten. Wie soll ich sagen, er hatte etwas Ursprüngliches, Unbegreifliches, Mirakulöses, wie wir es bei allen providentiellen Männern finden, etwas Schauerlich-Naives, etwas Tölpelhaft-Kluges, etwas Erhaben-Borniertes, etwas Unbezwingbar-Dämonisches." Heine rühmt Luthers Sprache, Luthers Stil, Luthers Lieder, und er erblickt in ihm den mächtigsten Ausdruck deutschen Volkstums.

Auch das zweite Buch enthält eine Reihe ausgezeichneter Schilderungen vom Leben und Wirken der Helden des Gedankens. Descartes und Leibniz werden liebevoll gewürdigt, und die wärmste Anerkennung findet Heine begreiflicherweise für den Pantheismus des Spinoza. „Nur Unverstand und Böswilligkeit konnten dieser Lehre", so versichert er, „das Beiwort ‚atheistisch' beilegen. Keiner hat sich jemals erhabener über die Gottheit ausgesprochen wie Spinoza. Statt zu sagen, er leugne Gott, könnte man sagen, er leugne den Menschen. Alle endlichen Dinge sind ihm nur Modi der unendlichen Substanz. Alle endlichen Dinge sind in Gott enthalten, der menschliche Geist ist nur ein Lichtstrahl des unendlichen Denkens, der menschliche Leib nur ein Atom der unendlichen Ausdehnung: Gott ist die unendliche Ursache beider, der Geister und der Leiber, natura naturans." Am schönsten aber ist in diesem Buch das Charakterbild Lessings gelungen: der unbeugsame Mut, die Streitlust, die Wahrheitsliebe des Mannes — das war alles so recht nach dem Herzen Heines, und so fand er denn auch Worte für Lessing, die uns zu Herzen gehen.

So wertvoll diese Erörterungen sein mögen, sie werden zweifellos dennoch übertroffen von denjenigen des dritten Buches, in denen Kant und Fichte überzeugend hervortreten. Das Charakterbild Kants ist lebensvoll gestaltet, und von den gewaltigen Neuerungen der kritischen Philosophie gibt uns Heine einen guten Begriff. Allerdings läßt er sich durch die Einseitigkeit seines Leitgedankens zu allerlei schiefen Urteilen hinreißen. Heine glaubt, das eigentliche Verdienst der „Kritik der reinen Vernunft" darin erkennen zu dürfen, daß Kant die hergebrachten Gottesbeweise zerstört und dem Deismus den Todesstoß versetzt habe. Damit trifft er sicherlich nicht den Kerngedanken des gewaltigen Werkes. Und doch ist Heine wohl noch unglücklicher in seinen Äußerungen über das nächstfolgende Hauptwerk des Philosophen, die „Kritik der praktischen Vernunft", denn wenn er hier der Meinung Worte verleiht, Kant habe den Gott der Deisten, den er einst selber zum Tempel hinausgejagt habe, nunmehr mit Rücksicht auf die Fassungskraft der Armen im Geiste durch ein Hinterpförtchen wieder eingelassen, so ist das dem Ernst, der Würde und Wahrhaftigkeit von Kants Darstellung nicht angemessen. Hier sieht man deutlich, daß die Hingabe an einen einseitigen Leitgedanken, der uns unter Umständen über Schwierigkeiten hinwegsetzt, auch sehr gefährlich werden kann und selbst einem freien Geiste die Klarheit des Blickes raubt. Weit trefflicher ist Heines Urteil über Johann Gottlieb Fichte, und das warme Lob, mit dem er die eigenartige Willenskraft dieses Philosophen heraushebt, ist wieder für Heine selbst im besten Sinne bezeichnend. Tief bedauern müssen wir es, daß er über Hegel, seinen Lehrer, den er als den ersten der deutschen Philosophen hinstellt und noch höher einschätzt als Kant und Fichte, keine ausgiebige Darstellung beigefügt hat. Über Schelling urteilt Heine mit erbarmungsloser Schärfe.

An mehreren Stellen erblickt Heine in den Heldentaten der deutschen Philosophie ein Seitenstück zu den Heldentaten der französischen Revolution. Er geht sogar so weit, einzelne Männer der beiden Gebiete miteinander zu vergleichen, so etwa Kant mit Robespierre und Fichte mit Napoleon. Das sind wohl geistreiche Halbscherze, die mehr verwirren als aufklären. Sie sind aber doch für Heine bezeichnend, denn er war fest überzeugt, daß den umstürzenden Gedanken auch der Umsturz im Leben folgen werde, so wie dem Blitz der Donner folgt. Man sieht aus solchen Darlegungen, wie eng sich für seine Auffassung die Betrachtung über die Geschichte der Religion und Philosophie mit derjenigen des politischen Lebens verquickte. Zu gleicher Zeit ist aber ein solches Verfahren für seine geistige Einstellung überhaupt beachtenswert, denn alles stand bei ihm mit allem in Beziehung. Wie man sich freuen mag, daß gewisse Hauptgedanken immer wieder — und oft sogar nach einer langen Pause — in derselben Form von Heine zur Geltung gebracht werden, so mag man auch seine überraschenden Geistessprünge und unerwarteten Vorstellungsverbindungen dankbar aufnehmen: es ist dieselbe Fähigkeit, die ihm auch die kühnen Bilder, Gleichnisse, Gegenüberstellungen oder Beiwörter seines Stiles ermöglichte oder die ihn zu seinen glänzenden Witzen anregte.

Eben die Fähigkeit bestimmte ihn aber auch zu mancherlei Abschweifungen des Gedankens, die uns stören würden, wenn nicht die Nebenwege oder Abwege, auf denen sich der Dichter verliert, oft gerade besonders willkommene Ausblicke gewährten. Wenn Heine gelegentlich über Goethes Hinneigung zu Spinoza und über Goethes tiefwurzelnden Pantheismus spricht, so gehört das sicherlich zur Sache. Doch wenn er eine Würdigung von Goethes Liedern gibt, so schweift er ab; wer aber wäre nicht entzückt über die zierlichen Worte, die Heine über diese Schöpfungen des Meisters findet: „Diese goetheschen Lieder haben einen neckischen Zauber, der unbeschreibbar. Die harmonischen Verse umschlingen dein Herz wie eine zärtliche Geliebte; das Wort umarmt dich, während der Gedanke dich küßt". Auch hat es gewiß mit der Geschichte der Religion und Philosophie in Deutschland nicht viel zu tun, daß Heine gelegentlich bei evangelischen Pfarrern eine gastliche Aufnahme gefunden hat. Wer aber möchte die schönen und prächtigen Worte missen, die Heine in diesem Zusammenhang über den stillen Segen des evangelischen Pfarrhauses vorbringt? Wer freute sich nicht einiger prächtiger Wendungen über „das wunderbare Deutschland", die dem Verfasser in die Feder gelaufen sind? Oder der herrlichen Worte über die Ausdruckskraft der deutschen Sprache? Und wer läse nicht mit einer gewissen Bewegung Heines Äußerung über seine rein persönliche Stellung zum Göttlichen? „Gott war immer der Anfang und das Ende aller meiner Gedanken." Es ist ein langes und wichtiges Bekenntnis, das Heine hier gibt, und man sollte nicht leichthin und mit Kopfschütteln darüber hinweggehen. Auch dieses Werk liefert den Beweis, daß der Mann, der hier das Wort führt, nicht als kalter Verstandesmensch und oberflächlich über heilige Dinge redet. Freilich, die Art und Weise, wie er sich die letzten Rätsel des Lebens zurechtlegt, befriedigte ihn selber nach einigen Jahren nicht mehr. Er ist zu dem Deismus, gegen den er sich hier so lebhaft wendet, in den Zeiten der Not zurückgekehrt wie der verlorene Sohn ins Haus des Vaters. Heine hat sich in der Vorrede zur zweiten Auflage des Werkes selber sehr freimütig über diese Dinge ausgesprochen. Allerdings wird es viele geben, die den Widerruf des Dichters nur ungern vernehmen und die das bedenkliche Zwielicht hinwegwünschten, in das er selber durch diese Vorrede sein geistvolles Werk gerückt hat. Diesen Widerruf erließ er im Jahre 1852; noch acht Jahre vorher hatte er in „Briefen über Deutschland", die jedoch erst aus seinem Nachlaß veröffentlicht wurden, mit Stolz sich zu seiner bedeutenden Arbeit bekannt.

5. Die „Romantische Schule"

Mit seiner „Romantischen Schule", einer großen Abrechnung über die deutsche Geistesbewegung der letzten Jahrzehnte, bereitete Heinrich Heine seinen Freunden und Bewunderern keine geringe Überraschung: Obwohl man an vielen Stellen die freisinnige Einsicht des großen Liederdichters wieder heraushörte, obwohl sich der Stilkünstler der „Reisebilder", der witzige Kopf, oder der für alles Schöne begeisterte Schwärmer, oder der Ankläger der Gesellschaft, der politische Neuerer, kurz der ganze Heine, mit all seinen Widersprüchen und oft schwer begreiflichen Eigenschaften, wiedererkennen ließ, so war doch das Ganze dieser Leistung derart, daß man es ihm vielfach nicht zugetraut hätte; nur wenige hätten wohl geglaubt, daß er sich an eine solche Riesenaufgabe heranwagen, noch wenigere, daß er sie geistvoll bewältigen würde.

In der Tat erreichte Heine wohl mehr, als er zu Anfang selber vorgehabt hatte; die Arbeit wuchs ihm unter den Händen, und aus vielen Teilstücken bildete sich allmählich ein Ganzes von unerwarteter Bedeutung. Bald nachdem er seine Zelte in Paris aufgeschlagen hatte, dachte er daran, die Rolle des geistigen Vermittlers zwischen beiden Ländern, Deutschland und Frankreich, zu übernehmen: den Deutschen berichtete er in Aufsätzen für die „Augsburger Allgemeine Zeitung" über die politischen und sozialen Zustände der Franzosen, und diesen gab er Rechenschaft über die deutsche Dichtung und Philosophie, über ernste Dinge und schwere Fragen, mit denen er sich in der Heimat lange und gründlich beschäftigt hatte und die er nun durch eigenartige Auffassung und geschmeidige Wortkunst in neues Licht zu rücken unternahm.

Heines Berichte über die deutsche Dichtung der neuesten Zeit waren für französische Leser bestimmt; aber er schrieb sie deutsch nieder, schon deswegen, weil er der französischen Sprache nicht vollkommen Herr war. Sie erschienen dann aber in französischem Gewande, in den Monaten März, April und Mai 1833, als vielleicht wertvollster Beitrag einer neubegründeten Rundschau, „L'Europe littéraire", die allerdings infolge schlechter Leitung bald wieder einging. Manche Stellen stehen in diesen Aufsätzen, die Heine nie geschrieben haben würde, wenn er nicht stets den ausländischen Leser vor Augen gehabt hätte. Bald aber spürte er, daß seine Darstellung für die Heimat doch noch erheblich größere Bedeutung haben werde als für Frankreich; wirklich verständnisvolle Leser konnte er nur in Deutschland suchen und erwarten. So wandte er seine Aufmerksamkeit viel mehr in diese Richtung, und seine Arbeit erschien ihm nunmehr in anderem Lichte: „Es war nötig", so schrieb er, „nach Goethes Tode dem deutschen Publikum eine literarische Abrechnung zu überschicken." Das Werk sollte nun eine große Kundgebung werden, mit der er in den Gang des literarischen Lebens in Deutschland eingreifen wollte. Das war sein eigentlicher Zweck. Heine ließ es daher auch in deutscher Sprache zunächst unter dem Titel „Zur Geschichte der neueren schönen Literatur in Deutschland" (Paris 1833, 2 Bde.) in die Welt ziehen und gab es zu Ende des Jahres 1835 noch einmal, um einen bedeutenden Schluß-Abschnitt erweitert, bei seinem alten Verleger, Hoffmann und Campe in Hamburg, unter dem jetzigen Titel heraus.

Es war eine Parteischrift und darf nur als solche gewürdigt werden; Heine dachte nicht daran, wie ein kühl abwägender Gelehrter so sachlich wie möglich nur die lauterste Wahrheit über die Dinge, von denen er zu berichten hatte, zu ermitteln und zu verbreiten. Vielmehr sprach und handelte er wie ein Mann, der mitten im Leben und im Kampfe steht, als ein Mann, der bestimmte Lehrsätze und Anschauungen mit aller Entschiedenheit vertreten, die entgegenstehenden niederringen, und der auf diese Weise mutig und stark in die große Bewegung des literarischen Lebens eingreifen will. Eine Abrechnung, nach Goethes Tode! Heine war der Meinung, daß sich im deutschen Geistesleben eine wichtige Wandlung vollziehe, und er hatte sich nicht geirrt. Seine Schrift, die zunächst nur der mangelhaften Kenntnis der Franzosen abhelfen sollte, übernahm eine ganz andere, ungleich bedeutendere Aufgabe: sie wurde der Weckruf eines neuen Dichtergeschlechts.

In Weltanschauung und Kunstübung strebte Heine nach Neuem, wollte er neue Wege weisen, und es liegt nahe zu erkennen, daß beides miteinander zusammenhängt: jede Weltanschauung bildet sich ihren eigenen Stil, und jeder eigenartige Stil ist das Anzeichen einer entschiedenen Einstellung gegenüber den Dingen der Welt. Aber es ist auffallend, wie lange sich Heine bei den Lebensanschauungen der Dichter, über die er zu sprechen hat, aufhält, und wie schnell er über die Grundsätze ihrer Kunstübung hinweggeilt; auch er selbst bindet sich nicht an feststehende Lehrmeinungen und Leitgedanken. Die zu einem großen Teile sehr treffenden, in das Innerste vordringenden Kunsturteile, die wir bei ihm antreffen, entsprangen doch wohl zu einem erheblichen Teile eher rein gefühlsmäßiger Auffassung.

In der französischen Ausgabe bildet Heines Werk über die Romantik einen Teil des Werkes „De l'Allemagne"; das ist derselbe Titel, den Frau von Staël für ihre vielgerühmte Darstellung über das neuere deutsche Geistesleben gewählt hatte. Heine war mit ihr in wesentlichen Punkten nicht einverstanden und wollte sich ihr schon im Titel herausfordernd gegenüberstellen. Frau von Staël war geleitet und in ihrem Urteil sehr abhängig von ihrem Freunde August Wilhelm Schlegel. Gegen ihn war Heines Werk in erster Linie gerichtet, so wie sich etwa Lessings „Dramaturgie" in erster Linie gegen Voltaire wendet. Schlegel, einst Heines vielbewunderter Lehrer, hatte sich am ausführlichsten und geistvollsten in seinen „Vorlesungen über dramatische Kunst und Literatur" über die letzten Fragen der Kunst geäußert, und in ihnen hatte er auch, wie schon andere vor ihm die Weltanschauung der Griechen derjenigen der neuen christlichen Völker gegenübergestellt. Dabei gab er Gedanken wieder, die bei Heine durchaus keinen Beifall fanden:

Bei den Griechen [so schrieb Schlegel] war die menschliche Natur selbstgenügsam, sie ahndete keinen Mangel, und strebte nach keiner andern Vollkommenheit, als die sie wirklich durch ihre eigenen Kräfte erreichen konnte. Eine höhere Weisheit lehrt uns, die Menschheit habe durch eine große Verirrung die ihr ursprünglich bestimmte Stelle eingebüßt, und die ganze Bestimmung ihres irdischen Daseins sei, dahin zurückzustreben, welches sie jedoch, sich selbst überlassen, nicht vermöge. Jene sinnliche Religion wollte nur äußere vergängliche Segnungen erwerben; die Unsterblichkeit, insofern sie geglaubt wurde, stand in dunkler Ferne wie ein Schatten, ein abgeschwächter Traum dieses wachen hellen Lebenstages. In der christlichen Ansicht hat sich alles umgekehrt: die Anschauung des Unendlichen hat das Endliche vernichtet; das Leben ist zur Schattenwelt und zur Nacht geworden, und erst jenseits geht der ewige Tag des wesentlichen Daseins auf.

In solchen und ähnlichen Ausführungen legte Schlegel dar, daß ein tiefer Zwiespalt die Seele des Menschen der neuen Zeit ganz beherrsche, daß aller irdischer Genuß nur eine flüchtige Täuschung sei, daß die Seele hienieden gleichsam nur unter den Trauerweiden der Verbannung ruhe, und daß sie von unabweisbarer Sehnsucht nach der himmlischen Heimat erfüllt bleibe.

Heine griff diesen Gedanken auf, um ihn auf das entschiedenste zu bekämpfen. Zwar versichert er, daß er immer nur den römischen Katholizismus meine, wenn er vom Christentum spreche, aber in Wahrheit will er den „jüdischen Spiritualismus", wie er sich ausdrückt, in allen seinen Erscheinungen treffen:

Ich spreche von jener Religion, in deren ersten Dogmen eine Verdammnis alles Fleisches enthalten ist, und die dem Geiste nicht bloß eine Obermacht über das Fleisch zugesteht, sondern auch dieses abtöten will, um den Geist zu verherrlichen: ich spreche von jener Religion, durch deren unnatürliche Aufgabe ganz eigentlich die Sünde und die Hypokrisie in die Welt gekommen, indem eben durch die Verdammnis des Fleisches die unschuldigsten Sinnenfreuden eine Sünde geworden und durch die Unmöglichkeit, ganz Geist zu sein, die Hypokrisie sich ausbilden mußte; ich spreche von jener Religion, die ebenfalls durch die Lehre von der Verwerflichkeit aller irdischen Güter, von der auferlegten Hundedemut und Engelsgeduld die erprobteste Stütze des Despotismus geworden. Die Menschen haben jetzt das Wesen dieser Religion erkannt, sie lassen sich nicht mehr mit Anweisungen auf den Himmel abspeisen, sie wissen, daß auch die Materie ihr Gutes hat und nicht ganz des Teufels ist, und sie vindizieren jetzt die Genüsse der Erde, dieses schönen Gottesgartens, unseres unveräußerlichen Erbteils. Eben weil wir alle Konsequenzen jenes absoluten Spiritualismus jetzt so ganz begreifen, dürfen wir auch glauben, daß die christlichkatholische Weltansicht ihre Endschaft erreicht. Denn jede Zeit ist eine Sphinx, die sich in den Abgrund stürzt, sobald man ihr Rätsel gelöst hat.

Heine hebt hervor, daß die „christlich katholische Weltansicht" zeitweilig Nutzen gestiftet habe:

Sie war notwendig als eine heilsame Reaktion gegen den grauenhaft kolossalen Materialismus, der sich im römischen Reiche entfesselt hatte und alle geistige Herrlichkeit des Menschen zu vernichten drohte.

Aber er bleibt dennoch ihr grundsätzlicher Gegner, und er gesteht freimütig ein, daß der Standpunkt, von dem aus er selber die Dinge sehe und sehen wolle, derjenige der Saint-Simonistischen Lehre sei. Saint-Simon hatte den irdischen Genuß zu heiligen und möglichst vielen, nicht bloß der Klasse der Privilegierten, zuzuwenden gesucht, und damit Gesinnungen zum Ausdruck gebracht, die denjenigen sehr ähnlich waren, in denen sich Heine schon seit einer Reihe von Jahren befestigt hatte. Und da er in den Kunst- und Dichtwerken der Romantik, sowohl denjenigen der alten wie der neuen Zeit, jenen Geist des „jüdischen Spiritualismus" durchaus vorherrschen sah, ließ er über sein letztes Urteil darüber wirklich keinen Zweifel; mit rücksichtsloser Klarheit hat er sich als ihr Gegner bekannt.

An manchen Stellen hat er auch dargelegt, wie sich die von ihm bekämpfte Weltanschauung im Stil der romantischen Kunst auswirke; so z. B. dort, wo er den Eindruck der gotischen Dome kennzeichnet:

Das Innere des Doms selbst ist ein hohles Kreuz, und wir wandeln da im Werkzeuge des Martyrertums selbst; die bunten Fenster werfen auf uns ihre roten und grünen Lichter wie Blutstropfen und Eiter; Sterbelieder umwimmern uns; unter unseren Füßen Leichensteine und Verwesung, und mit den kolossalen Pfeilern strebt der Geist in die Höhe, sich schmerzlich losreißend von dem Leib, der wie ein müdes Gewand zu Boden sinkt. Wenn man sie von außen erblickt, diese gotischen Dome, diese ungeheuren Bauwerke, die so luftig, so fein, so zierlich, so durchsichtig gearbeitet sind, daß man sie für ausgeschnitzelt, daß man sie für Brabanter Spitzen von Marmor halten sollte: dann fühlt man erst recht die Gewalt jener Zeit, die selbst den Stein so zu bewältigen wußte, daß er fast gespenstisch durchgeistert erscheint, daß sogar diese härteste Materie den christlichen Spiritualismus ausspricht.

Alles in allem verweilt Heine nicht lange bei den Fragen der Formgebung und des Stiles; aber bezeichnend ist es doch, daß er für eine Kunst, wie er sie liebt und billigt, für die Kunst der neuen demokratischen Zeit, auch eine größere Wirklichkeitsnähe fordert, als man in der der christlichen Weltflucht dienenden älteren aristokratischen Kunst antreffen konnte: so rühmt er an E. T. A. Hoffmann, im Gegensatz zu Novalis, daß er „mit allen seinen bizarren Fratzen sich doch immer an der irdischen Realität" festklammere.

Wie aber der Riese Antäus unbezwingbar stark blieb, wenn er mit dem Fuße die Mutter Erde berührte, und seine Kraft verlor, sobald ihn Herkules in die Höhe hob; so ist auch der Dichter stark und gewaltig, solange er den Boden der Wirklichkeit nicht verläßt, und er wird ohnmächtig, sobald er schwärmerisch in der blauen Luft umherschwebt.

Das sind Gedanken, denen wir auch sonst bei Heine begegnen, und denen ja auch seine eigenen Dichtungen entsprechen. Auch noch einige weitere Äußerungen lassen die Grundsätze, die ihn bestimmen, deutlich erkennen, aber zumeist muß man sie aus den Anwendungen erschließen, die er von ihnen bei der Betrachtung der Einzelheiten gemacht hat.

In diesen Einzelheiten liegt letzten Endes Wert und Reiz des eigenartigen Werkes, und wenn sie auch von sehr verschiedenem Wert sind, wird man sie, allgemein gesprochen, umso höher schätzen, je öfter man sie gelesen und je genauer man sie gewürdigt hat. Freilich das meiste von dem, was Heine über die deutsche Dichtung des Mittelalters vorbringt, verrät geringe Kenntnis und ist obendrein aus zweiter Hand entnommen. Namentlich ein Buch von Karl Rosenkranz hat Heine für diese Teile seiner Darstellung weidlich geplündert; daneben klingen einige Erinnerungen an die Vorlesungen an, die er in Bonn, Göttingen und Berlin über die Dichtung des Mittelalters gehört hatte. Am wertvollsten und in ihrer Art schön ist seine Würdigung des „Nibelungenliedes". Auch die Bemerkungen über Lessing und Herder, so freundlich sie gehalten sind, besagen nur wenig, und das große Lob, das dem alten Johann Heinrich Voss gespendet wird, ist nur dann verständlich, wenn wir annehmen, daß Heine von den Werken dieses Dichters herzlich wenig gelesen hatte. Heine und der Dichter der „Luise" oder auch des „Siebzigsten Geburtstags" passen wenig gut zueinander; auch war die Verskunst des Homerübersetzers derjenigen, durch die sich Heine selbst auszeichnete, in ihrem innersten Wesen geradezu entgegengesetzt; nur einige Ausfälle von Voss gegen die Laster und Vorurteile der vornehmen Welt, vor allem aber seine Angriffe auf die katholisch frömmelnde Romantik machten ungemein starken Eindruck auf Heine.

Reizvoll und bedeutend wird Heines Werk erst bei der Darstellung Goethes. Hier sucht er einen ganz großen Maßstab, mächtig hebt er die Gestalt heraus, indem er Goethes Gegner glänzend abfertigt; dankbar jubelt er ihm zu, weil auch er, in seiner Zeitschrift „Kunst und Altertum", mit dem Aufsatz „Über die neudeutsch-religiös-patriotische Kunst" den Romantikern den Fehdehandschuh hingeworfen hatte. Der Aufsatz war zwar von Heinrich Meyer, Goethes Freund, verfaßt worden, aber er hatte des Meisters Billigung erfahren. Heine ist voller Bewunderung für die künstlerische Schönheit der einzelnen Werke Goethes; vieles, was er über ihn sagt, ist sehr fein beobachtet; die Würdigung des „Faust" hat man vielleicht gelegentlich überschätzt; ganz ausgezeichnet aber ist die des „Westöstlichen Divan"; so spricht nur ein Meister über den anderen. Aber in dieser Würdigung Goethes findet sich doch auch ein scharfer Tadel: Goethes Herrschermacht war manchen drückend erschienen, und fast allen wirklich großen und selbständigen Geistern, die neben ihm hervortraten, hat Goethe sich kalt und ablehnend erwiesen; wir brauchen nur an Kleist, Grillparzer, Hölderlin zu erinnern — und an Heines eigenen Besuch in Weimar; das Wort von dem Goetheschen Kaiserreich, das Heine geprägt hat, läßt sich in bezeichnender Weise ausdeuten und erhärten. In diesem Zusammenhang geht Heine auch auf die wichtige Frage nach dem Verhältnis von Kunst und Sittlichkeit ein; er hebt hervor, daß nach Goethe die Kunst von den zeitlichen Ansichten der Menschen unnabhängig bleiben müsse, doch er, Heine, lehnt diese Anschauungsweise ab. Er schreibt:

> Indem die Goetheaner von solcher Ansicht ausgehen, betrachten sie die Kunst als eine unabhängige zweite Welt, die sie so hoch stellen, daß alles Treiben der Menschen, ihre Religion und ihre Moral, wechselnd und wandelbar unter ihr hin sich bewegt. Ich kann aber dieser Ansicht nicht unbedingt huldigen; die Goetheaner ließen sich dadurch verleiten, die Kunst selbst als das Höchste zu proklamieren und von den Ansprüchen jener ersten wirklichen Welt, welcher doch der Vorrang gebührt, sich abzuwenden.

Und ergänzend sagt Heine an einer späteren Stelle:

> Sie [die Goetheschen Meisterwerke] zieren unser teures Vaterland, wie schöne Statuen einen Garten zieren, aber es sind Statuen. Man kann sich darin verlieben, aber sie sind unfruchtbar: die Goeteschen Dichtungen bringen nicht die Tat hervor wie die Schillerschen; die Tat ist das Kind des Wortes, und die Goetheschen schönen Worte sind kinderlos. Das ist der Fluch alles dessen, was bloß durch die Kunst entstanden ist. Die Statue, die der Pygmalion verfertigt, war ein schönes Weib, sogar der Meister verliebte sich darin, sie wurde lebendig unter seinen Küssen, aber soviel wir wissen, hat sie nie Kinder bekommen.

Großen Widerspruch haben Heines Ausführungen über August Wilhelm Schlegel gefunden, seinen einstigen vielbewunderten Lehrer. Aber wenn man auch die erbarmungslose Schärfe von Heines Angriff ablehnen und insbesondere die Erwähnung des häßlichen Klatsches über Schlegels zweite Ehe bedauern mag, so bleibt doch vieles in seinen Worten sehr wahr und zutreffend, und es wirkte befreiend, wenn über den entsetzlich eitlen Mann einmal das rechte Wort gesagt wurde. Schlegel war ein Gelehrter von erstaunlichem Wissen, und seine Übersetzungen hätten ein Wort wärmster Anerkennung verdient. Aber es fehlte ihm an wirklicher Größe; seine innere Hohlheit mußte einmal aufgedeckt werden. Da Heine aber die Kunst- und Lebensanschauung des doch in hohem Ansehen stehenden Gelehrten grundsätzlich ablehnte, so ließ er jede Rücksicht fallen, zumal er sich für unfreundliche Bemerkungen Schlegels rächen wollte. Wer würde ihn jetzt noch deshalb tadeln, daß er dem Bruder August Wilhelms, Friedrich Schlegel, den Vorrang zugestand? Damals wurde diese inzwischen allgemein verbreitete Ansicht nur von wenigen geteilt: die Schärfe von Heines Blick verrät sich gerade in diesen so viel angefochtenen Abschnitten über die Brüder Schlegel auf Schritt und Tritt.

Von der Überlegenheit seines Urteils legt auch die Fortsetzung seiner Erörterungen beredtes Zeugnis ab. Gewiß wird man gelegentlich über die grelle Zeichnung seiner Bilder erstaunt sein; man wird auch auf erhebliche

Lücken seiner Darstellung hinweisen können. Aber sehr vieles darf man mit Dank oder gar Bewunderung aufnehmen. Über Tieck lesen wir kluge Worte; die Zerlegung seines Schaffens in drei Zeitabschnitte ist zweifellos richtig. Einige Bemerkungen über Novalis sind sehr schön gesagt, obwohl freilich die ganze eigenartige Tiefe des Dichters nicht erfaßt ist. Hoffmann wird von Novalis wirksam abgehoben, wenn allerdings auch hier das Letzte wohl nicht erkannt worden ist. Ausgezeichnet ist das Charakterbild Arnims getroffen, und wenn Brentanos abenteuerliche Laune fast zu kräftig betont wird, so ist die „Geschichte vom braven Kasperl" umso glücklicher gekennzeichnet. Höchstes Lob verdient die entzückende Schilderung von des „Knaben Wunderhorn": an jedem Wort merkt man, daß hier ein Dichter spricht, der selbst bis zu den letzten Geheimnissen der Liederkunst vorgedrungen war. In Heines Worten über Fouqué klingt noch etwas von der alten Dankbarkeit und Liebe durch, die er diesem Dichter in seiner Jugend gezollt hat, und das freundliche Urteil über die „Undine" war in der Tat viel berechtigter, als man heutzutage zugeben möchte. Was aber soll man sagen von der recht zweifelhaften Huldigung für Ludwig Uhland? Früher wurden diese Stellen wohl fast als Majestätsbeleidigung angesehen; dennoch verdienen sie, sehr genau gelesen zu werden, und wenn man sie unter die Lupe nimmt, so findet man mehr Wahrheiten darin, als man erwartet; freilich bleibt ein tiefer innerer Gegensatz zwischen den beiden unvereinbaren Naturen unverkennbar. Einfacher bildet sich das Urteil bei den köstlichen Verhöhnungen von Raupach und Charlotte Birch-Pfeiffer: hier hatte Heine alle Lacher auf seiner Seite, wie nicht minder in dem vorzüglichen Anhang über Victor Cousin.

Heines „Romantische Schule" bietet vor allem dem Kenner manche Anregung; auf Schritt und Tritt erfreut man sich der Belehrung eines Betrachters, der alles in scharfe, oft völlig überraschende Beleuchtung zu rücken versteht. Es ist eine Parteischrift, will nichts anderes sein. Aber das darf nicht beirren. Immer wieder staunt man über den weiten Blick des Beurteilers, der überall fest zupackt und eins mit dem andern in Beziehung setzt. Vor allem fesselt uns auch dieses Buch wieder durch die Kraft des zündenden Stiles. Deutlich merkt man es dem Dichter an, daß er wahre Freude daran findet, einen Gedanken oder eine Gedankenfolge geschickt vorzubereiten, zu drehen und zu wenden, bis die wirkliche Hauptsache zur höchsten Geltung gelangt. Im Heraus-Entwickeln, Heraus-Heben, im Ausdruck überhaupt, ist Heine unerreichter Meister. Hinzu tritt die schon früher oft erprobte Kunst der blitzartig beleuchtenden Schlagworte! Kühnheit und Frische belebt das Ganze. Begreiflich, daß das Werk ungeheure Wirkung hatte. Allerdings waren die Besprechungen in den Tageszeitungen entsetzlich schwach und flach. Aber die wirklich regsamen Geister waren hingerissen. Heinrich Laube begrüßte das Buch mit lebhafter Anerkennung; Wienbarg entnahm aus ihm leitende Gedanken für seine vortrefflichen „Aesthetischen Feldzüge"; es wirkte bedeutend nach bei vielen denkenden Köpfen der Folgezeit, und Heine selber war nicht im Unrecht, wenn er es für eins seiner besten Bücher hielt. Leider kam es zunächst nicht zu voller Wirkung, weil die Zensur große Streichungen für nötig gehalten hatte. Inzwischen sind sie ersetzt, der echte Text Heines ist wieder hergestellt, und man kann sich auch an all den kleinen Bosheiten erfreuen, die anfangs der Welt vorenthalten blieben, die aber zu dem Menschlichen-Allzumenschlichen dieses überragenden Kopfes nun einmal hinzugehören.

6. Salon III: „Florentinische Nächte"

Heines „Florentinische Nächte" erschienen zuerst im April und Mai 1836 in einer deutschen Zeitschrift und wurden gleichzeitig in der „Revue des deux mondes" der französischen Leserwelt dargeboten; zu Anfang des Jahres 1837 wurden sie in den dritten Band des „Salons" aufgenommen, der ursprünglich „Das stille Buch" betitelt werden sollte, denn er erschien in einer Zeit, als Heine unter dem Bücherverbot des Bundestages vom 10. Dezember 1835 schwer litt und in der Tat zu einem „stillen Mann" gemacht werden sollte. Dieser Zustände müssen wir gedenken, wenn wir die Entstehung der neuen Schrift würdigen wollen.

Heine ließ sich durch sie nicht etwa in ganz neue Rahmen drängen. Der Gesamtschnitt der „Florentinischen Nächte" ist dem der „Reisebilder" oder dem des „Schnabelewopski" sehr ähnlich. Heine läßt Betrachtungen und Schilderungen seiner Zeit mit kleinen Erzählungen abwechseln, wie er es in den „Bädern von Lucca" oder im „Buch Legrand" getan hat. Immerhin ist die Geschichte von Türlütü und die von Mademoiselle Lawrence etwas breiter ausgearbeitet und fast zur Novelle geworden. Sie erinnert an die von den drei Straßensängern, von denen das 18. Kapitel der „Reise von München nach Genua" berichtet. Allerdings kann sie durch eigene Beobachtungen des Dichters mit angeregt worden sein, denn wer einmal einige Zeit in England zugebracht hat, weiß, daß solche herumfahrenden Gaukler dort auf den Straßen besonders häufig anzutreffen waren. Einem Gedicht seines Jugendfreundes Jean Baptiste Rousseau scheint Heine den Zug entnommen zu haben, daß Lawrence ein ‚Totenkind' gewesen sei, d. h. daß sie geboren worden, nachdem ihre Mutter, die in gesegneten Umständen war, aus dem Scheintode erwacht war. Ein Mädchen von solch seltsamer und zweifelhafter Herkunft in der vornehmen Gesellschaft des damaligen Paris auftreten zu lassen, lag dem Dichter sicherlich nicht fern, war er dort selbst mancher dunklen und fragwürdigen Gestalt begegnet. Warum also sollte nicht auch die schöne Lawrence am Arme ihres Gemahls Eintritt finden? Für den kleinen Türlütü fand Heine bei Béranger und anderen das Vorbild: der gelehrte Hund benimmt sich ähnlich wie der Hund Berganza bei E. T. A. Hoffmann, dem Heine ja in jungen wie in älteren Jahren außerordentlich viele Anregungen verdankte. Auch in der glänzenden Schilderung von Paganinis Spiel ist die Nachwirkung des „Ritters Gluck" und des „Don Juan" zu erkennen, doch liegen in diesem Falle andere Vorbilder noch näher: Heine schloß sich an Schilderungen von Schottky, Ludolf Wienbarg und dem Maler und Schriftsteller Johann Peter Lyser ziemlich eng an, freilich nur, um alle seine Vorgänger tief in den Schatten zu drängen. Die kleine Very scheint ihm, aus seinen eigenen Andeutungen zu schließen, in früheren Jugendjahren in Posen begegnet zu sein, und in dem farblosen Maximilian, den er als Erzähler einführt, wollte er sich selber schildern, gab daher der Gestalt auch anfangs den Namen „Signor Henrico", um ihn erst später durch den seines jüngsten Bruders zu ersetzen. Von der Örtlichkeit Florenz, die Heine gut kannte, entwirft er durchaus kein klares Bild, und der Titel der Schrift hält nicht, was er verspricht. Wir können die Fäden, die Heine für sein kunstvolles Gewebe zusammensuchte, verhältnismäßig leicht unterscheiden und auseinanderhalten. Im letzten Grunde war sein dichterisches Verfahren dasselbe wie in den früheren Werken.

Aber auch die Unterschiede treten deutlich zutage. Die „Florentinischen Nächte" passen in der Tat gut in ein „stilles Buch". Aufregende Gedanken, wie in mehreren Abschnitten der „Reisebilder", treten nicht hervor, weder religiöse noch politische Fragen werden erörtert. Vielmehr liegt das Schwergewicht auf der Schilderung von Zuständen, Sitten und Lebenserscheinungen, deren Reiz durch kunstvolle Gegenüberstellungen noch wesentlich erhöht wird. Dabei kommen die Deutschen ausnahmsweise gut weg; es ist von ihnen nicht viel die Rede. Schlimm aber ergeht es den Engländern. Schon in den „Englischen Fragmenten" der „Reisebilder" hatten sie einige unfreundliche Worte zu hören bekommen; inzwischen aber hat sich des Dichters Meinung sehr zu ihren Ungunsten verändert. Seltsamerweise erscheinen jedoch auch die Franzosen in weniger vorteilhafter Beleuchtung als früher. Heine bewundert zwar noch vieles an ihnen; aber ihr großes geselliges Leben erscheint ihm nun als allzu buntscheckig, und, was das Merkwürdigste ist, Heines Begeisterung für das Kaiserreich und seine untergegangene Herrlichkeit ist unverkennbar ins Wanken geraten. Die Gegenüberstellung von London und Paris ist ohne Frage vortrefflich gelungen. Nur die Frauen der verschiedenen Länder werden ausnahmslos, wenn auch nicht gleichmäßig, mit aller Artigkeit bedacht; auch der Italienerinnen erinnert sich der dankbare Dichter gern; dabei verfällt er in den „Florentinischen Nächten" nicht wieder in so leichtfertigen Ton wie etwa im 8. Kapitel des „Schnabelewopski".

Am glänzendsten sind Heines Schilderungen einzelner Personen, und in erster Linie stehen die Künstlergestalten von Paganini und Franz Liszt. Heine selbst rühmt die Zeichnung Paganinis von Johann Peter Lyser: sie ist uns heute durch Nachbildungen bequem zugänglich, und wir dürfen zweifeln, ob wir Heines Lob unterschreiben sollen. Daran ist er selbst schuld: denn das Bild Paganinis, das er uns mit Worten zeichnet, ist so reich und bezeichnend, daß der Maler demgegenüber nicht zur Geltung kommt. Heines Schilderung ist aber vor allem durch die Deutung von Paganinis Musik berühmt geworden, und hier hat er sich in der Tat selbst übertroffen. Die Schauer des Entzückens, die Wonne und das Leid, die durch Töne erweckt werden können, hat Heine hier mit Hilfe des Wortes ebenso tiefsinnig wie hinreißend gedeutet. Allerdings hat es mit diesem musikalischen „zweiten Gesicht" eine eigene Bewandtnis. Die reine und vorbildliche Auffassung der Musik weiß nichts davon, und es ist vielmehr — vielleicht sogar schätzenswerte — Abart, die in Verschmelzung von Eindrücken der Töne und der Bilder schwelgt. Heine bietet überdies die sogenannte „Synästhesie" nicht in reiner Form; vielmehr ergeht er sich in recht freien Umdichtungen, für die er allerlei fragwürdige Berichte über die Lebensumstände Paganinis verwertet. Die Ausführung aber ist so vortrefflich, daß man sich einer gewissen Künstlichkeit der ganzen Anlage nur wenig bewußt wird. Die Schilderung Paganinis hebt sich umso kräftiger ab, als sie zu der sehr ergötzlichen Darstellung seines harmlosen Landsmannes Bellini in Gegensatz gebracht worden ist; und beide zusammen treten dann wieder der Darstellung über Liszt und Berlioz im zweiten Teil des Werkes gegenüber.

Hinter den Gestalten der großen Welt erscheinen die der kleinen Welt: Türlütü und die Seinen kommen fast noch deutlicher und wirksamer zur Geltung. Auch dieser Gegensatz zwischen dem gottgesandten Künstlertum eines Paganini oder Liszt auf der einen Seite, und dem dumpfen Elend der fahrenden Gaukler auf der andern übt seine Wirkung aus. Allerlei Ähnliches hatte uns Heine schon in seiner italienischen Reise gezeigt, und wir müssen immer aufs neue die Kunst bewundern, mit der er auch diese Nachtseiten des Lebens romantisch beleuchtet. Wenn er in diesem Zusammenhange den Tanz der Mademoiselle Lawrence begeistert rühmt und sie der strengen Regelmäßigkeit des klassischen französischen Tanzes gegenüberstellt, so scheint er mit sinnigem Verständnis die Leistungen einer Isadora Duncan und vieler späterer vorauszuahnen und zu loben.

Im Bau der Handlung sind die beiden Abschnitte der „Florentinischen Nächte" recht ungleich. Die Einkleidung des Ganzen, wonach Maximilian der todkranken Maria alle seine krausen Erlebnisse erzählt, ist gewiß weder geistreich noch geschickt; auch möchte man dem Arzte, der die Leidende so wenig schont, bittere Vorwürfe machen, wenn man sich nicht besänne, daß es auch in anderen Rahmenerzählungen der italienischen oder deutschen

Novellenerzähler nicht immer ganz einwandfrei zugeht. Der Inhalt des ersten Abschnittes des Werkes verdient eigentlich den Namen Handlung überhaupt nicht. Maximilian erzählt von seiner Liebe zu Statuen, Bildnissen und endlich zu einer Toten, um schließlich ausführlich bei den Begegnungen mit Bellini und Paganini zu verweilen. Bezeichnend ist es, daß manche Teile dieser Darstellung in ein gewisses träumerisches Dämmerlicht getaucht sind, das Heine so oft hervorzuzaubern verstanden hat. Bezeichnend auch, daß die Bedeutung des Traumes und seines Lebenswertes besonders betont wird. Diese Stimmungen verfliegen bei der Darstellung des Erlebnisses mit Bellini, aber aus der prosaischen Nüchternheit, in der die Rede zu versanden droht, erhebt sie sich dann noch einmal zu ungeheurem Flug in der grell-großartigen Deutung von Paganinis Spiel. So ist in diesem ersten Abschnitt, wenngleich die geregelte Bewegung einer „Handlung" fehlt, dennoch beachtenswerte und wirksame Steigerung der Eindrücke zu erkennen. Ganz anders der zweite Abschnitt. Er bringt eine regelrechte Handlung mit Anfang, Mitte und Ende. Aber ihr voran geht das ungeheure Vorspiel „England", gleichsam eine Janitscharen-Musik, die das Triangel- und Trommelspiel von Türlütü und der „Mutter" einleitet. Hierauf wird der Eindruck der rätselhaften Erscheinung von Mademoiselle Lawrence geschildert, und in der Sprache von Gustav Freytag könnte man wohl von einem „erregenden Moment", das hier gegeben sei, sprechen; es mangelt im Folgenden nicht an einer „Steigerung", wie sie Freytag verlangt, und bald darauf erklimmt die Handlung auch einen „Höhepunkt": Lawrence und die andern sind aus London verschwunden. Die Spannung steigt. Ein merklicher Einschnitt liegt vor. Und wie die ansteigende Handlung durch ein großes Vorspiel, „England", eingeleitet wurde, so geschieht es nunmehr auch der absteigenden, und dieses zweite Vorspiel bildet ein deutliches Gegenstück zum ersten; es handelt von Paris. Die Entsprechungen erstrecken sich auf viele Einzelheiten, und die Wirkung dieses Verfahrens ist groß. Die absteigende Handlung setzt mit einer starken Überraschung ein: Maximilian findet Lawrence als Gattin eines französischen Generals wieder in einem der vornehmsten Häuser von Paris; das ist eine Wendung, die sich der „Umkehr" oder „Peripetie" bei Freytag vergleichen läßt; und schließlich ist es auch nicht schwer, ein „Moment der letzten Spannung" und eine entscheidende Schlußwendung nach den Regeln der Kunst herauszufinden, wobei man nur die jeweils zu beachtende Vertauschung von Glück und Unglück nicht aus dem Auge verlieren darf, denn der Held unserer Erzählung geht ja nicht zugrunde, sondern er fühlt sich schließlich in den Armen von Lawrence sehr zufrieden. Kurz, der zweite Teil der „Florentinischen Nächte" weist eine regelrechte Handlung auf, und insofern mag in der Schrift eine leichte Wandlung von Heines Kunst erkannt werden. Doch erheblich sind die Unterschiede nicht; der eigentliche Reiz liegt gerade in dem, was die „Florentinischen Nächte" mit früheren Werken Heines gemein haben: in der glänzenden Schilderung und Beurteilung gegebener Lebenserscheinungen.

Seine Meisterschaft des Stils bewährt Heine auch hier; sie tritt auf verschiedene Weise zutage: Zunächst in der prachtvollen Herausarbeitung aller wichtigen Einzelheiten. Viele Nebenvorstellungen, die den Hauptgedanken hervorheben können, werden aufgerufen, um ihn hell und stattlich zu beleuchten. Mit fast altertümlich-formelhaften Worten, wie in einer Volksballade, mit Frage und Antwortspiel, werden von Maximilian und Lawrence nach ihrem Wiedersehen in Paris die Worte getauscht. Zweitens mischt Heine auch hier, wie in manchen anderen Werken, Wirklichkeit und Traum: die Vorstellungen von den „Willis", die Liebe zu Statuen, zur toten Very, die jagenden Gesichte bei Paganinis Spiel wechseln in romantischem Spiel mit allerlei Neckereien des Alltags ab. Drittens wirkt Heines Stil durch die Anordnung der Teile, durch die Gegenüberstellungen und Steigerungen, und viertens durch eine geistreiche Sicherheit der Wortwahl, in der ihm kein anderer gleichkam. So ist es zu verstehen, daß diese Fülle wohlgepflegter Ausdrucksmittel einen seltsamen reizvollen Stimmungsgehalt erzeugt, der Heines Kunst von derjenigen der meisten anderen Dichter abhebt.

7. Salon III: „Elementargeister"

Heines „Elementargeister" sind häufig nicht nach Gebühr eingeschätzt worden; auch solche Beurteiler, die dem Dichter sonst freundlich gegenüberstanden, konnten sich oft mit diesem Werk nicht recht abfinden, sie betrachteten es als ein Erzeugnis der Not, das man entschuldige und in dem man zwar immer noch die gewandte Feder des großen Stilkünstlers erkenne, das aber hinter anderen nicht wenig zurückstehe. Es erschien im dritten Bande des „Salons", in dem sich Heine mit Rücksicht auf die staatliche Zensur große Zurückhaltung auferlegen mußte; auf diesen Umstand führte man seine angeblichen Mängel zurück und man sagte: Weil man dem Dichter einen Maulkorb angelegt hatte, konnte er nicht mehr bellen, wie er es gewohnt war und wie er gewünscht hätte; lahm und zahm klingen seine Worte, und er erscheint nicht mehr als der echte Heine. Von andern wieder wird behauptet: Heine habe eine Arbeit geliefert, die seiner deshalb nicht recht würdig sei, weil es sich nur um eine Nacherzählung von Geschichten handele, die, zu mindest in der Hauptsache, die Brüder Grimm in ihren „Deutschen Sagen" schon recht gut vorgetragen hätten; er wiederhole nur, was sie mit unsäglicher Mühe und bewundernswerter Umschau zusammengetragen hätten; er stutze nur das von ihnen Geleistete ein wenig zurecht, schmücke es mit witzigen Wendungen, und wenn man ihm ein Verdienst zuerkennen wolle, so sei es nur das der geschickten Mache.

Solche Vorwürfe treffen genau neben den Kopf des Nagels. Zunächst ist es nicht richtig, daß sich Heine nur deshalb mit den nächtlichen Gestalten des Volksaberglaubens abgegeben habe, weil man ihm den Kampf mit den grauen Tagesgespenstern der Politik durch das bekannte Bundestagsverbot untersagt hatte — nicht richtig schon deshalb, weil jenes Verbot in den Dezember 1835, die Beschäftigung mit den „Elementargeistern" aber bereits ins Jahr 1834 fällt; nicht richtig auch deshalb, weil diese Schrift in erster Linie für französische und nicht für deutsche Leser bestimmt war. Damit ist zugleich gesagt, in welchen großen Zusammenhang sie sich ursprünglich einordnete. Bald nach seiner Flucht an den gastlichen Herd Frankreichs unternahm es Heine, den Franzosen über die wertvollsten geistigen Schätze der Heimat ausführlich zu berichten; er wollte die gewiß schätzenswerten, aber einseitigen Darstellungen, die Frau von Staël in ihrem Buch „De l'Allemagne" gegeben hatte, fortführen, vertiefen und berichtigen, und in diesem Sinne schrieb er über die deutsche Dichtung, über die deutsche Religion und Philosophie und über die deutschen „Contes populaires", d. h. über den Volksaberglauben, über die Elementargeister, wie er sich ausdrückte; er wollte das Schönste, Eigenartigste und Tiefste der deutschen Seele erschließen, und in diesen großen und bedeutenden Zusammenhang ordnen sich auch die lieblichen Gebilde ein, von denen er in der Schrift erzählt und er tat es in solcher Weise, daß er nicht nur den Franzosen, die er in erster Linie aufklären wollte, sondern auch den Deutschen reiche und wertvolle Anregung bot. Wenn das aber möglich war, so lag der Grund dafür viel tiefer. Man hat gesagt, Heine erläutere in den „Elementargeistern" seine eigenen Gedichte. Nun, das klingt zunächst recht befremdlich, und es wäre auch sehr verkehrt, wenn man das Ziel des Aufsatzes in Heines Absicht finden wollte, „einen Kommentar zu seinen Dichtungen, besonders zu denen seiner Jugend" zu liefern. Dennoch deutet das Wort auf Richtiges hin: die Vorstellungen des Volksaberglaubens, von denen uns Heine so reizvoll und ergiebig Kunde gibt, haben sein dichterisches Schaffen in entscheidender Weise angeregt und belebt, und der Dichter der „Lorelei", der „Prinzessin Ilse", der „Nordseebilder" und vieler anderer Erzeugnisse verwandter Art, brauchte nicht erst zu beweisen, daß er in diesen Dingen mitreden dürfe. Nein, wenn sich je einer in dieses Reich der innigsten dichterischen Gebilde mit ganzer Seele eingelebt hat, so war es Heinrich Heine. In dem Feenreiche Avalun, das er so begeistert schildert, war er selber Fürst und Herr, in jungen wie in alten Tagen, und man darf sich ihm als einem der kundigsten Führer anvertrauen, wenn er die bunte Schar der Elementargeister in langen Reihen an unserm Auge vorüberziehen läßt.

Er unterließ auch nichts, um sich aufs beste für dieses Vorhaben zu rüsten. Gewiß hat er vor allem aus neueren Schriftstellern geschöpft. Die „Deutschen Sagen" der Brüder Grimm, die ihm schon wiederholt zustatten gekommen waren, zog er heran; daneben vor allem Dobeneck, den er schon früher viel benutzt hatte; zu gleicher Zeit vertiefte er sich gern in die ehrwürdigen Folianten aus früheren Jahrhunderten, die in altertümlicher Sprache und mit befangenem Sinn Wahn und Weisheit der Vorfahren verkündeten. Da fand er bei Kornmann, bei Godelmann, bei Horst, bei Johannes Praetorius gar manches krause Geschichtchen, das er auf seine Weise verwerten konnte, und besonders hatte es ihm der alte Theophrastus Paracelsus angetan, der ihm auch die Anweisung gab, die unendliche Fülle der Elementargeister in die vier Gruppen der Erdgeister, der Luftgeister, der Wassergeister oder Nixen, und der Feuergeister oder Salamander fein säuberlich zu trennen.

Gleich zu Anfang hat er den Brüdern Grimm, die er auch persönlich kannte, ein Denkmal seiner Verehrung und Dankbarkeit gesetzt, und es lag ihm fern, sich Verdienste zuzuschreiben, die doch jenen zukommen. Aber er macht sich in der Grundanschauung nicht von ihnen abhängig und bringt mancherlei vor, was weder vor ihren, noch vor den Augen der neueren Wissenschaft Gnade gefunden hätte. Er kommt nämlich öfter auf den Gedanken zurück, daß die Elementargeister eigentlich nur abgesetzte und heruntergekommene Heidengötter seien, Wesen, die einmal hoch geachtet waren und sich nun auf Bergen und in Klüften, in der Erde, im Wasser, im Feuer oder in der Luft herumtreiben müssen, geheimnisvoll und anziehend für die Menschen, zumeist aber dem Seelenheil höchst gefährlich. In Wahrheit aber sind die Geister der Elemente gar keine entthronten Götter, wenigstens in ihrer überwiegenden Mehrheit, und die Kronen, die sie abgelegt haben sollen, sind nirgends zu finden. In dieser Hinsicht hat sich Heine von Irrtümern nicht frei gehalten. Auch die weitverbreitete Meinung neuerer Zeit, daß in den Elementargeistern nur die Geister der Verstorbenen, die Seelendämonen nachwirkten, trifft ebenfalls nicht das Rechte: sie sind weder Götter, die ihrer Herrlichkeit beraubt worden, noch Seelengespenster, die in die Einsamkeit der Natur entflohen sind, sondern gleichsam die Ureinwohner von Erde und Luft, von Wasser und Feuer, Wesen, die der Mensch der Vorzeit an eben den Stätten erblickte, wo sie noch jetzt hausen und wohl noch viele Jahre lang hausen werden. Damit soll nicht geleugnet werden, daß auch manche Geister, die aus anderem Bereiche stammten, sich von Zeit zu Zeit mit ihnen verbunden haben mögen, denn die schweifende Einbildungskraft der Menschen — und sie hat doch all diese holden Gebilde erträumt und erschaffen — läßt sich nicht binden durch Ordnung und Regel und strebt in kühnem Flug zu immer neuen Schöpfungen und Verschmelzungen empor.

Die Hauptsache ist jedoch, daß man wirklich heimisch werde in jener wunderbaren Welt der Geister, und dazu verhilft uns kein Verstand der Verständigen, keine grübelnde und aufklärende Wissenschaft — dazu verhilft uns nur die einfühlende Kraft des Dichters. Gewiß hat sich Heine gelegentlich den klaren dichterischen Sinn durch begriffliches Denken und übernommene Lehren ein wenig verwirren und ablenken lassen; der so oft von ihm erwogene Gegensatz von heidnischer Sinnenfreude und christlicher Entsagung, von „Sensualismus" und „Spiritualismus", spukt auch in den „Elementargeistern" zuweilen herum, und für seine leuchtenden Bilder vom altgermanischen Götterhimmel holt er sich die Farben bei neufranzösischen Philosophen. Indeß tritt das nur in geringen Spuren zutage; die Gegenüberstellung von heidnischer Sinnenlust auf der einen und christlicher Demut auf der andern Seite spielen hier nicht entfernt die Rolle wie in der „Romantischen Schule" und in der „Geschichte der Religion und Philosophie"; sie erscheinen nur gelegentlich im Hintergrund, und der Kenner begrüßt sie als alte Bekannte, ohne lange bei ihnen zu verweilen.

Denn andere Dinge sind es, die unsern Sinn ganz gefangen nehmen und uns schnell über die dumpfen Niederungen zweifelhafter Betrachtungen hinwegleiten; die vollendete Anmut der Rede, über die Heine verfügt — wie kommt sie ihm hier zustatten! Wie weiß er die Elfen, Nixen, Kobolde, die Geister aller vier Elemente uns näher zu rücken, so daß wir sie wirklich sehen und mit ihnen reden können! Es ist immer der Dichter, der die mondbeglänzte Zaubernacht aufsteigen läßt in ihrer alten Pracht, so wie die Romantiker es ersehnt hatten; und gelegentlich wird es ihm unmöglich, in gebundener Rede fortzufahren, und er streut ein Lied ein, das ihm schon früher aus ähnlichen Träumen hervorgegangen war und das er nun für seinen Zusammenhang glücklich verwenden kann: „In dem Wald, im Mondenscheine, Sah ich jüngst die Elfen reuten . . ." Auch fügt er ein altdänisches Heldenlied ein, das schauerliche Lied von Held German und dem Nachtraben, das Wilhelm Grimm verdeutscht hatte; aber Heine, der Dichter, legt ganz leise seine Hand an das Werk des großen Gelehrten; er ebnet und glättet, er läßt verwischte Schönheiten wieder hervortreten und belebt das Ganze mit echt altertümlich dichterischem Hauch — es ist ein Genuß, seine bessernde Arbeit zu verfolgen. Wie gut versteht er es weiterhin, uns die bekannten Schicksale von Herrn Oluf und Erlkönigs (richtiger: Elfenkönigs) Tochter, von Herrn Peter von Staufenberg, von Marsk Stigs Tochter oder die von der schönen Melusine wieder nahezubringen! Und mit welch berückendem Zauber beschreibt er die verhängnisvollen nächtlichen Tänze der weniger bekannten slavischen Vilen oder Wallis! Sein schauender Geist schweift weiter und weiter: Er berührt eine Reihe von Volkssagen, besonders solche des Rheinlandes, er erzählt von Walküren und Schwanenjungfrauen, erneuert das weit zurückdeutende Märchen von den geheimnisvollen drei Spinnerinnen, nach Grimms Märchen, das ihn noch in späten Tagen zu einem beachtenswerten Gedicht anregen sollte, er verweist auf die Nornen, die Parzen des Nordens, und er bietet seinen französischen

Lesern sogar noch in längeren Zusätzen mehrere Abschnitte aus der alten „Edda" in Übersetzung dar: das Lied von Wölund und das zweite Lied von Helgi, dem Hundingstöter. Nur bei den Feuergeistern, den Salamandern, wird es ihm augenscheinlich nicht recht wohl, oder er weiß nichts Rechtes mit ihnen anzufangen; also holt er sich, mit kühnem Gedankensprung, den christlichen Teufel herbei, über den es nun freilich viel zu sagen gibt und den Heine nicht bloß als den Geist der Fleischeslust, sondern auch als den des rücksichtslosen logischen Denkens hinstellt. Wir wollen das an diesen Stellen Geleistete nicht überschätzen; aber eins wird man zugestehen müssen: die rohe Kraft des Teufels, seine klobige Klugheit hebt sich vor dem Hintergrund der vorausgehenden Erzählungen sehr wirksam ab. Die bloße Aufzählung des Gleichen und Verwandten hätte, wie jede Aufzählung, schließlich ermüdend wirken können; es war nicht leicht, in einer solchen Darstellung wie der hier gegebenen, wo die große Schar der Geister heranschwebt, um sich mehr oder minder bestaunen zu lassen, die künstlerische Wirkung eines geschickten Aufbaus zu erzielen: Heine hat auch dies zustande gebracht, und das Schlußbild: wie der Teufel mit dem Kopf auf dem Schoße seiner Großmutter ruht, sich von ihr lausen läßt und schließlich dabei selig einschläft — dieses Schlußbild ist höchst einprägsam und unvergeßlich.

Freilich ist es nur das Schlußbild des ersten Teils, der zuerst allein veröffentlicht wurde. Der zweite führt uns in einen weit abgelegenen Bezirk, wo uns manch seltsamer Zauber umwebt, und wo wir, so schauerlich es hergehen mag, mit atemlosem Staunen verweilen: beraten sowohl von älteren als auch von zeitgenössischen Schriftstellern schildert uns Heine das Fortleben der altrömischen Venus in den sagenhaften Überlieferungen Deutschlands. Freilich bleibt er nicht immer bei der Stange: zu Anfang bringt er vieles von bereits vorher angeklungenen Themen vor: vom Sieg des Christentums über die alten Heidengötter, wobei er insbesondere an die Überwindung der griechisch-römischen Götter denkt. Er tut es in seltsamen und ergötzlichen Einkleidungen, wobei Erinnerungen an die Göttinger Studentenzeit wieder aufleben. Eichendorffs „Marmorbild" und Willibald Alexis' „Venus in Rom" läßt er in scharf umrissenen und äußerst glücklich ausgeführten Nachbildungen wieder aufleben, um hierauf aus dem alten Tannhäuser-Liede und seiner eigenen Umdichtung das Hauptstück zu bilden. Das Lied, das Ludwig Tieck für seine Erzählung von dem „Getreuen Eckart und dem Tannhäuser" noch nicht zu Rate ziehen konnte, war 1806 im „Wunderhorn" neu veröffentlicht worden, außerdem hatte Heine Einblick in die alten Werke von Kornmann und Praetorius, auf die sich die Herausgeber, Arnim und Brentano, berufen. Ihr Druck wurde beachtet und gepriesen, das Lied aber verlor sich in der Fülle des Gebotenen. Erst Heine hat es zu voller Geltung gebracht; er hob es auf den Schild, widmete ihm eine eingehende Betrachtung, und er brachte ihm aus selig-unseligem Erleben ein Verständnis entgegen, wie es keiner der andern, die sich damit beschäftigt hatten, besaß. Daher fühlte er sich zu einer Umdichtung gedrängt, durch die er manches stärker heraushob, manches freilich auch zerstörte. Er war ja ein Freund dieser alten Volkslieder und ein feiner Kenner: das Lied von Vonved, in den „Memoiren des Herrn von Schnabelewopski" hätte so leicht kein anderer aufzunehmen gewagt; Heine rückte es mit kühner Hand in einen fast widerstrebenden Zusammenhang; das Lied von German und dem Nachtraben stutzte er ein wenig zurecht; das Lied von Tannhäuser mußte er ganz neu dichten: es griff ihn zu stark ans Herz. Er legte ein Selbstbekenntnis hinein: der aus dem Venusberg fliehende Tannhäuser war der Dichter selbst, und wie sein Held, kehrte auch er dahin zurück. Es unterliegt keinem Zweifel, daß Richard Wagner Heines Darstellung gekannt hat, und es ist auch wahrscheinlich, daß er von ihm den ersten Anstoß zu seinem unsterblichen Werke erhalten hat; wie er den Stoff zum „Fliegenden Holländer" aus dem ersten Bande des „Salons" schöpfte, so den zum „Tannhäuser" aus dem dritten. Auch in Hinblick auf diese Tatsache erscheint Heines Darstellung geschichtlich bedeutsam. Aber wie er die Erzählung vom fliegenden Holländer durch schnöde Zwischenbemerkungen verzerrt, hat er seinen „Tannhäuser", den er mit hinreißenden Worten aus dem Grabe der Vergessenheit heraufbeschworen hatte, nun mit dem Spott über allerlei Flachheiten und Verkehrtheiten seiner eigenen Zeit betrachtet und es seinen Beurteilern leicht gemacht, ihn deswegen zu tadeln. Heine selbst wußte von der Geschmacklosigkeit seines Vorgehens; wenn er gleichwohl nicht davon absah, so geschah es gewiß nicht aus Unart, sondern mit Absicht: er wollte seinen Lesern am Schlusse doch noch zeigen, daß er in dem harmlosen, zeitabgewandten Spiel mit Geistern und Gespenstern nicht ganz aufging; hatte er sich jenseits von aller Politik und mit nur leichter Berührung religiöser Fragen den romantischen Träumen hingegeben, so wollte er zum Schluß beweisen, daß er auch andere Töne anstimmen könne; daher die Bosheiten über die Bewohner der verschiedenen deutschen Städte, mit dem letzten besonders bezeichnenden Ausklang:

> Zu Hamburg, in der guten Stadt,
> Soll keiner mich wiederschauen!
> Ich bleibe jetzt im Venusberg,
> Bei meiner schönen Frauen.

Daß mit ihr Mathilde gemeint sein sollte, kann keinem Zweifel unterliegen. Welche Absicht den Dichter bestimmt hat, läßt sich also ziemlich leicht erraten. Aber wenn wir die „Elementargeister" als Kunstwerk betrachten, so haben wir Ursache, diese Absicht zu beklagen, denn die künstlerische Einheit der Stimmung wird dadurch nicht unerheblich geschädigt. Es ist beachtenswert, daß Heine in der französischen Ausgabe seines Werkes eine eingreifende Änderung vornahm: er teilte dort nämlich sein eigenes Tannhäuserlied zuerst mit und ließ hierauf das alte Lied folgen, dem er noch Worte einer begeisterten Würdigung widmet. Damit war die peinlich zerstörende Schlußwirkung der Ausführungen vermieden: die zeitgeschichtlichen Witzeleien waren weiter vorn an einen Platz gerückt worden, wo sie weniger Schaden anstiften konnten.

Aber noch eine andere, nicht minder bedeutende Änderung nahm Heine in der französischen Ausgabe vor: er vereinigte den zweiten Teil der „Elementargeister" unmittelbar mit den „Göttern im Exil", die freilich viel später entstanden waren. Es war ein Verfahren, für das sich gute Gründe anführen ließen, wenn es auch von ihm selbst für die deutsche Ausgabe nicht in Betracht gezogen worden ist. Wir kommen darauf zurück.

8. „Über den Denunzianten"

Heines Streitschrift gegen Wolfgang Menzel, die zuerst als besonderes Heft mit dem Titel „Über den Denunzianten" in die Welt zog, aber von vornherein als Vorrede zum dritten Band des „Salon" gedacht war, gehört unter der nicht ganz kleinen Anzahl ähnlicher Arbeiten zu den allervorzüglichsten, die wir ihm verdanken. Sie ist geistvoll und schlagkräftig, von sprühendem Witz durchzogen, befreiend und erheiternd; durch den Hinweis auf wichtige Zeitereignisse öffnet sie einen weiten, freilich auch sehr schmerzlicher Ausblick. Heine verfolgte ein bestimmtes Ziel; er wollte seinen Gegner, in dem er einen ehrlosen Gesellen erblickte, zum Zweikampf zwingen; er wollte ihn derart beleidigen, daß ihm gar nichts anders übrig blieb, als sich zu schlagen. Das ist die herausfordernde Absicht, die dem Dichter Heine in allen Heine-Biographien zugeschrieben wird.

Betrachten wir die Tatsachen jedoch genauer, stellt sich bald heraus, daß Heine durchaus nicht der kampflustige Held war, den man immer aus ihm gemacht hat, und die Situation keineswegs so einfach ist, wie man sie immer dargestellt hat. Heine und Campe wurden von Menzels „Calumnien" gegen das Junge Deutschland gleich stark betroffen, denn jener betrachtete sich als geistiger Führer, dieser als den Verleger der Bewegung. So bereiteten sie gemeinsam eine Strategie des Angriffs vor. Heine wußte, daß Menzel sich grundsätzlich nur auf einen Kampf mit der Feder, nie und nimmer aber mit Degen oder Pistolen einlassen würde. Als Campe die Frage aufwirft: „Wird Menzel Ihre Herausforderung annehmen oder ablehnen?" fügt er bezeichnend für Heine hinzu: „Wie Sie dachten, weiß ich"; doch Campe denkt anders: Menzel „muß losgehen, oder er ist der Infamie verfallen." So erbietet sich Campe, falls es wider Erwarten zu einem Duell kommen sollte, selbst den Strauß für Heine auszutragen, „zumal wenn sie mit dem Messer an einander gingen." So konnte Heine getrost die herabwürdigendsten Beleidigungen gegen Menzel schleudern, ohne ein Duell befürchten zu müssen. Trotzdem lassen Heines Briefe an seinen Verleger um diese Zeit durchblicken, daß ihm bei diesem gefährlichen Bravado-Akt nicht ganz wohl zumute war. Doch er hatte Glück; es blieb bei einem Federkrieg. Menzel jedoch hatte Heines Strategie völlig durchschaut, wie Lewald bezeugt: „Was einige Blätter von einer Annahme der Heineschen Duellforderung erzählen, ist . . . eine Erdichtung". Das erst einmal zu Heines Beruhigung. Dann fährt er fort: „Menzel erklärt sich über das Kindische jener Provokation ausführlich in seiner Widerlegung Heines und weist sogar diesem Feigheit und Renommisterei vor, daß er ihn gefordert, da es doch hinlänglich bekannt sei, daß er sich auf dergleichen nicht einlasse. Die ganze Forderung sei daher bloße renommistische Farce und keineswegs ernst gemeint gewesen." Daß Menzel recht hatte, werden wir sogleich sehen.

Sonderbarerweise stand Heine am 29. April 1837, also genau während der Zeit der Auseinandersetzung mit Menzel in Paris wirklich vor einem Duell. Heines Freund Detmold, der damals in Paris weilte, war Augenzeuge des ganzen Vorganges; über die Ursache des Duells berichtet er: „Daß . . . er mit . . . H. Heine und . . . der reizend schönen Mathilde im ‚Boeuf à la mode' . . . diniert habe. An einem Nebentisch dinierten sechs französische Studenten. Diese verfehlten nun nicht, mit der schönen Nachbarin auf das auffälligste zu kokettieren und anzügliche Reden fallen zu lassen, bis endlich Heine in seiner bekanntlich grenzenlosen Eifersucht plötzlich aufstand und dem nächsten der jungen Herren eine eklatante Ohrfeige gab . . . Karten wurden dann ausgetauscht, und an Heine ging sofort eine Forderung auf Pistolen. Der Beleidigte war ein étudiant de l'école de droit, de L., von altadliger Familie." — Heines Sekundant, G. de Massarellos, berichtet über den Verlauf des Duells: „Heine fand ich sehr aufgeregt, er bat mich, den bösen Handel zu entwirren und ihn zu sekundieren . . . Als zweiten Sekundanten wählten wir den Grafen Gurowski . . . Waren wir auch von Anfang an von der Hoffnung beseelt, die ganze unangenehme Affäre friedlich abmachen zu können, so wurde uns den beiden gegnerischen Sekundanten gegenüber die Ausführung doch sehr schwer. Ich hob besonders die Persönlichkeit Heines als hochstehenden lyrischen Dichter hervor, betonte zumal seine Nervosität und Eifersucht. Provoziert durch die Stichelreden der Studenten, sei Heine höchstgradig aufgeregt und ganz unzurechnungsfähig gewesen. Er bereue jetzt aufs tiefste seine Tat, was er bereit sei, dem Beleidigten gegenüber als Entschuldigung auszusprechen. Nach vielem Hin- und Herreden gaben sich endlich der Beleidigte und seine Sekundanten zufrieden", und auf diese für Heine äußerst demütigende Weise wurden die Differenzen ohne Duell beigelegt. Diese nüchterne Begebenheit wurde in den deutschen Zeitungen völlig verdreht und für den Gaumen des deutschen Lesepublikums schmackhaft angerichtet. Als Detmold, der die ganze Sache miterlebt hatte, die verzerrten Berichte las, schrieb er an Heine: „Über Ihr Duell las ich vor kurzem in der Abendzeitung einen Bericht: Franzosen hätten auf Deutschland geschimpft, Sie hätten dem einen dafür eine Ohrfeige gegeben, dieser Sie gefordert und Sie sich dann geschlagen. Da man beiderseits gefehlt, habe Versöhnung stattgefunden. Diese Version hat durchaus nichts Nachteiliges für Sie, im Gegenteil beschämt sie die Stuttgarter Clique, die Ihnen Mangel an deutschem Patriotismus vorwirft; von allen diesen Leuten würde sich keiner für Deutschland schießen und Sie freilich auch nicht; aber da es überall so erzählt wird, muß es doch wahr sein." Das war nicht die einzige „Zeitungsente", die Heine hat in die Journale setzen lassen, haben wir doch sogar Beispiele, wo er sich hat totmelden lassen, nur um, wie auch hier, die öffentliche Meinung für sich zu stimmen. Detmold durchschaute auch sofort den Zweck des Zeitungsberichts und lieferte den Schlüssel zu Heines patriotischer Handlung. In beiden Fällen dasselbe Bravadostück: In Deutschland ist der edle Held bereit, für die Ehre des Jungen Deutschland sein Leben zu opfern, so wie er es in Frankreich schon für die Ehre seines geliebten Vaterlandes eingesetzt hatte.

Heine und Menzel hatten sich einst mit ganz anderen Gefühlen gegenübergestanden. Sie hatten sich einander freundlich gezeigt und hatten wohl geglaubt, sie könnten ein weiteres Stück des Weges miteinander gehen. Nach einer flüchtigen Begegnung während ihrer Bonner Studentenzeit waren sie jahrelang ohne Berührung geblieben; da machte Börne, mit dem Heine 1827 in Frankfurt zusammentraf, ihn erneut auf Menzel aufmerksam. Börne war mit manchem, was Menzel geleistet hatte, recht zufrieden; insbesondere war ihm Menzels gewisse Abneigung gegen Goethe sehr willkommen, denn er selber steckte ja bis über die Ohren in den gleichen Vorurteilen; er fühlte sich angezogen von Menzels Witz; ja, man konnte dem Manne, der später als Stuttgarter Sittenwart und Glaubensvogt verspottet wurde, sogar eine gewisse „Frivolität" nachrühmen, die nicht ohne Reiz war. Heine, so meinte Börne, sollte in Stuttgart den vielgenannten Herausgeber des „Literaturblattes" besuchen, und Heine tat es. Wenn er sich auch Menzel gegenüber anders als Börne stellte und insbesondere dessen Abneigung gegen Goethe nicht teilte, so fand doch auch er bei ihm vieles, was ihn anzog. Dazu kam, daß die beiden allerlei Vorteile voneinander erwarteten. Menzel, der ein außerordentlich betriebsamer Tagesschriftsteller war, wies in seinem „Literaturblatt" oft lobend auf Heines Werke hin; Heine veröffentlichte in einer Zeitschrift, die er im Cottaschen Verlag herausgab, eine sehr ausführliche und freundliche Besprechung von Menzels zweibändigem Werk „Die deutsche Literatur" und ließ in eben dieser Zeitschrift einen größeren Aufsatz aus Menzels Feder, „Politische Grillen", zum Abdruck bringen. Heine hatte in Stuttgart Menzels Gastfreundschaft genossen, und als er ihm dann von München aus brieflich dafür dankte, bat er zugleich, Menzel möge bald nach München kommen und sein Gast sein. „Wenn einst", so schrieb er, „unsere Nachkommen in einer literarischen Schlacht sich gegenüber treffen, tauschen sie vielleicht die Rüstungen wie Glaucos und Diomedes und ich denke, mein Enkel wird dabei Profit machen." An den „lieben Freund und Zeitgenossen" richtete Heine in der ersten Hälfte des Jahres 1828 fünf Briefe voll Herzlichkeit und Vertrauen. Er machte darin aber kein Hehl daraus, daß ihm Menzel in der Ablehnung Goethes zu weit gehe. Dann stockt der Briefwechsel für längere Zeit. Doch war der Ton in einem Briefe Heines vom 9. Dezember 1830 immerhin noch freundlich, obwohl sich kleine Verstimmungen bereits meldeten; Heine war mit Menzels literarischer Tätigkeit oft nicht einverstanden. Er warf dem Freunde Verblendung vor, „Mißkenntnis der eigenen Interessen", geniale Widersprüche; er tadelte Menzels unfreundliches Urteil über Immermann und sagte schließlich: „Es wird Ihnen nicht so leicht gelingen, die Vorliebe, die ich nun mal für Sie hege, abzutöten. Wenn Sie sich als Philister verkappen, um mir eins ins Moralische zu versetzen, so muß ich lachen." Menzel antwortete darauf begütigend und freundlich: „Wahrlich, niemand kann Ihrem großen Talent und Ihrer politischen Gesinnung aufrichtigere Gerechtigkeit widerfahren lassen als ich." In einem letzen ganz kurzen Schreiben, vom 15. März 1832, empfiehlt Heine einen jungen Schweizer dem Wohlwollen des Stuttgarter Bekannten.

Bei solcher Sachlage hätte man allenfalls vermuten können, die beiden Männer hätten sich im Laufe der Zeit noch weiter als bisher voneinander entfernt; aber daß es zwischen ihnen zu einem Kampf auf Leben und Tod kommen würde, hätte kaum einer erwartet. Wenn es dennoch nach wenigen Jahren eintraf, so lag es an einer Entwicklung, die weit über das Leben und Wirken der beiden hinausging. Die Gedanken und Gesinnungen, für die Heine seit einer Reihe von Jahren eingetreten war, hatten inzwischen auch in den Herzen einiger jüngerer Schriftsteller Wurzel geschlagen, und es war zwischen ihnen und ihm zu einer gewissen Annäherung gekommen. Vor allem waren es Karl Gutzkow, Ludolf Wienbarg, Heinrich Laube und Theodor Mundt, die ihm zustimmten und auch untereinander Verbindung aufgenommen hatten. Es war die frische tatkräftige Jugend, die nach neuen Zielen strebte; und da sie auf die Jugendlichkeit besonderen Wert legten, gab Campe als Verleger dieser freien Gemeinschaft im Gegensatz zu dem alten Deutschland, dem Deutschland Goethes, ihr den Namen „Junges Deutschland". Laube hatte schon 1833 und 1834 diese Benennung übernommen, und Wienbarg brachte sie durch seine „Ästhetischen Feldzüge", die er 1834 dem „Jungen Deutschland" widmete, zu allgemeiner Geltung. Campe, Mundt und Laube hatten zeitweilig erwogen, die Angehörigen der Bewegung zu einem regelrechten Bunde zusammenzuschließen, aber dazu ist es niemals gekommen. Tatsächlich handelte es sich beim Jungen Deutschland nur um eine Gesinnungs-Genossenschaft ohne äußeres Band. Mit dem politischen jungen Deutschland, das sich unter dem Einfluß der Gedanken Mazzinis heranbildete und zu entscheidenden Umwälzungen im Staate hindrängte, hatte die literarische Gesinnungs-Genossenschaft keinerlei Beziehungen, obwohl dergleichen öfter vermutet wurde.

Menzel empfand ein Grauen beim Anwachsen der Bewegung. Laube fühlte schon 1833 die weite Kluft zwischen Menzel und der Jugend, aber er hielt den Gegner für zu „träg und zu indifferent", als daß er ihm einen Angriff zutraute. Gutzkow dagegen schrieb schon im November 1834, als er bereits mit Menzel gebrochen hatte, „seine Wolfsnatur schlägt gewiß einmal, wenn auch erst nach Jahren, hervor." Aber in Wahrheit waren noch keine zehn Monate verstrichen, da hatte Menzel das ganze Lager der jungdeutschen Literatur in Brand und Aufruhr versetzt. Dabei ging er gegen Heine zunächst nicht einmal am schärfsten vor; offenbar konnte er seine hohe Meinung von dessen überragenden Gaben nicht so schnell überwinden. Er hatte in seinem „Literaturblatt" über die letzten Bände der „Reisebilder", über die „Französischen Zustände", über die Vorrede zu Wesselhöfts „Kahldorf über den Adel", über den ersten, ja selbst über den zweiten Band des „Salons" noch viel Gutes zu sagen gehabt; aber das änderte nichts. Menzel erkannte in Heine das geistige Oberhaupt der in derselben gefährlichen Richtung vorgehenden Dichter und Schriftsteller, und so mußte er auch ihn treffen. Zunächst freilich hielt er sich an die kleineren Geister: an Mundt, Wienbarg und vor allem an Gutzkow, in dem er überdies einen Abtrünnigen sah. Gutzkow schien am stärksten belastet: seine Vorrede zur neuen Ausgabe von Schleiermachers „Vertrauten Briefen über Schlegels Lucinde", noch mehr aber sein Roman „Wally, die Zweiflerin" galten Menzel als unverzeihlich. Mit der vernichtenden Besprechung der „Wally" eröffnete er am 11. September 1835 seinen großen Feldzug gegen das Junge Deutschland, den er bis zum Frühjahr 1836 fortsetzte. Gutzkow war aber noch einer anderen Sünde schuldig befunden worden, für die er Strafe verdiente: er war im Begriff, in Gemeinschaft mit Wienbarg, eine großangelegte literarische Wochenschrift in die Welt zu senden, für die er ausgezeichnete Mitarbeiter, darunter eine Anzahl Professoren preußischer Hochschulen, gewonnen hatte; er wollte also in unmittelbaren Wettbewerb mit Menzel und seinem „Literaturblatt" treten. Auch das mußte verhindert werden. Die Männer der neuen Richtung wollten sich ein starkes Schwert schmieden, das mußte man ihnen zerschlagen!

Und Menzel erhob ein geradezu ungestümes Geschrei. In der „Wally" erblickte er „eine potenzierte Nachahmung der neu französischen Frechheit" . . . „Nur im tiefsten Kote der Entsittlichung, nur im Bordell werden solche atheistischen Gesinnungen geboren . . . Herr Gutzkow hat es über sich genommen, die französische Affenschande, die im Arme von Metzen Gott lästert, aufs neue nach Deutschland überzupflanzen . . . Wenn man eine solche Schule der frechsten Unsittlichkeit und raffiniertesten Lüge in Deutschland aufkommen lassen wollte, . . . so würden wir bald schöne Früchte erleben . . . Aber ich will meinen Fuß hineinsetzen in Euren Schlamm . . . Ich will den Kopf der Schlange zertreten, die im Miste der Wollust sich wärmt . . . Über den neuen literarischen Schöppenstuhl, den sie in Frankfurt errichten wollen [Menzel meint die „Deutsche Revue", von der noch kein Blatt erschienen war], tront statt der Gerechtigkeit die Venus vulgivaga . . . Man schließt sich zum Teil an Saint-Simon an, man verkündigt einen noch ausschweifenderen Republikanismus ohne Tugend, eine Hetärenrepublik im größten Stil . . . Mit diesen paar Phantasten dürft ihr wohl fertig zu werden hoffen. Aber sie werden im Schooße des Pöbels Nachahmer von etwas rauherer Natur finden . . . wem schmeicheln diese Lehren, als der Bestialität und Raublust, die in den Höhlen der Verworfenheit, im Schutz und Branntwein der großen Haupt- und Fabrikstädte noch schlummern, aber leicht zu wecken sind?" Menzel, der früher in der württembergischen Kammer für die Befreiung der Juden eingetreten war und ihnen die vollen bürgerlichen Rechte zuerkannt sehen wollte, machte jetzt für den neuen jungdeutschen Geist die Juden besonders verantwortlich, obschon unter den Angegriffenen nur Heine jüdischer Herkunft war. Aber danach fragte er nicht; er schimpfte über „Schmutz und Judenpech dieses literarischen Gesindels" und meinte, Franzosen und Juden schürten an dem unheiligen Feuer, das unsere besten Säfte aufzehren solle. Die letzte Schuld an dem neuen Unwesen schrieb Menzel aber Heine zu: „Er zuerst, von jüdischen Antipathien verlockt, machte die Verspottung des Christentums und der Moral, der deutschen Nationalität und Sitte, die Vorschläge, das Fleisch zu emanzipieren, die liederlichen Prahlereien, die Debauchen des jungen Frankreich, das Kokettieren mit der Republik, die Affektation, an die große Revolution der Zukunft zu appelieren, zu dem furchtbaren Thema, das seitdem die jungen Deutschen in allen Variationen durchgespielt haben."

Menzels leidenschaftliche Kriegserklärung rief alle bösen Geister auf den Plan. Seit dem Hambacher Fest, am 27. Mai 1832, und dem Sturm auf die Frankfurter Wache am 3. April 1833 waren die deutschen Regierungen etwas ängstlich und unruhig geworden; überall waren schon während der letzten Jahre die Unterdrückungsmaßnahmen und Pressevorschriften verschärft worden, und man kann sich denken, welchen Eindruck jetzt Menzels

Geschrei machte. Man nahm sogleich Kenntnis davon, in Berlin, Wien, München, überall. Gutzkow mußte wegen der „Wally" eine zehnwöchige Gefängnisstrafe erdulden; die „Deutsche Revue" wurde verboten, ehe sie erschien. Aber bei solchen Einzelmaßnahmen wollte man nicht stehen bleiben. Auf Anregung Metternichs wurde zuerst in Wien und kurz darauf, am 14. November 1835, da es sich um norddeutsche Schriftsteller handelte, vom Berliner Oberzensurkollegium eine unglaublich scharfe Verfügung gegen das Junge Deutschland erlassen, die selbst damals in weiten Kreisen mit Verblüffung aufgenommen wurde. Sie bezog sich zunächst nur auf die vier Schriftsteller Gutzkow, Laube, Wienbarg und Mundt; Heines Name wurde von Metternich nicht mit einbezogen, weil er wohl annahm, daß von ihm nichts mehr zu befürchten sei, nachdem die französische Regierung ihn durch eine jährliche Pension mundtot gemacht hatte. Doch Preußen war anderer Meinung, eine nachträgliche Ergänzung vom 11. Dezember fügte Heines Namen hinzu wegen dessen Angriffen auf den König von Preußen in der „Vorrede" zu seinen „Französischen Zuständen". Durch diese Verfügung wurden die jungdeutschen Schriftsteller so gut wie mundtot gemacht; selbst ihre künftigen Werke wurden verboten. Aber sie waren in solcher Schärfe einfach nicht haltbar. Der Minister von Rochow, der an ihr keinen Anteil gehabt hatte, bewirkte am 16. Februar 1836 eine wesentliche Milderung: die jungdeutschen Schriftsteller sollten nunmehr in ihrer Tätigkeit nicht mehr behindert werden, wenn sie nur ihre Schriften der preußischen Zensur vorlegten. Das war nichts Neues, und Rochows Nachgiebigkeit wurde von manchem seiner Mitarbeiter mit Kopfschütteln aufgenommen; auch der König war nicht zufrieden. Man betraute wenigstens einen besonderen Zensor mit der Überwachung der gefährlichen Schriftsteller: Ernst Karl Christian John, einen ganz üblen Gesellen, übrigens den ehemaligen Sekretär Goethes! In der Tat braucht man an der rücksichtslosen Entschlossenheit der maßgebenden Berliner Stellen nicht zu zweifeln. Früher war man sogar allgemein der Ansicht, so gut wie alle Unterdrückungen der jungdeutschen Schriftsteller seien an den Ufern der Spree ausgeheckt worden. Heute wissen wir, daß das nicht zutrifft und der entscheidende Anstoß von Wien kam, von Metternich. Er hatte in Berlin einen lieben Freund in dem Minister des Königlichen Hauses, dem Fürsten Wittgenstein, einem wenig bedeutenden Mann, der allen Äußerungen Metternichs andächtig lauschte. An ihn richtete Metternich am 31. Oktober ein dringliches Schreiben, in dem er zum Vorgehen gegen die Jungdeutschen riet, unter besonderem Hinweis auf Gutzkows „Wally". „Ich habe", so schrieb er, „ein Netz ausgespannt, um die möglichste Kenntnis der Sache selbst zu erlangen; ich bitte Sie, hier mein Gehilfe zu sein. Sie haben hierzu alle Mittel, denn die Bagage ist meistens im Norden". Wittgenstein handelte sofort, und zweifellos wird er die Sache umgehend mit dem kenntnisreichsten seiner Mitarbeiter, dem Geheimrat Tschoppe, besprochen haben. Dieser war tonangebend im Oberzensurkollegium, und dieses regte die Verfügung vom 14. November an. So ist Metternichs Anteil an ihr unbestreitbar.

Er konnte aber noch viel unmittelbarer und selbständiger handeln, indem er die Zentralgewalt in Frankfurt, den Bundestag, in Bewegung setzte. Beraten von Karl Ernst Jarcke, seinem vortragenden Rat in der Staatskanzlei, bestimmte er den österreichischen Präsidentialgesandten, den Grafen Münch-Bellinghausen, jene Vorlage einzubringen, die dann zu den berüchtigten Bestimmungen des Bundestags vom 10. Dezember 1835 führte. Metternich hatte es bei seinem Vorgehen nicht viel anders gemeint als die Berliner mit dem ihrigen! Er wollte ein Verbot der jungdeutschen Schriften durchsetzen, und in diesem Sinne war auch Preußens Zustimmung gedacht, die er sich schnell und leicht gesichert hatte. Aber der württembergische Gesandte von Trott, der zugleich auch Bayern vertrat, dachte anders; er erhob Einspruch und bewirkte eine wesentliche Abschwächung, die das Verbot in eine Verwarnung umwandelte; die strengeren Maßnahmen mochten der Polizei der einzelnen Bundesstaaten überlassen bleiben. Nicht Rücksichtnahme auf die betroffenen Schriftsteller war bestimmend, als man viel Wasser in Metternichs Wein goß, vielmehr wollte man die Zentralgewalt des Bundes nicht zu mächtig werden lassen und die Rechte der Länder gewahrt wissen. So war die berüchtigte Bundestagsbestimmung vom 10. Dezember, wenn man sie genau prüfte, gar nicht gefährlich; jedenfalls war sie juristisch sehr anfechtbar. Aber man schwankte in der Auslegung, und dadurch kam die ursprüngliche Absicht des Antragstellers doch wieder zur Geltung: sehr viele glaubten nämlich, daß es sich doch um eine Verurteilung der gemaßregelten Schriftsteller, um ein allgemeines Verbot ihrer Schriften handele. Für uns ist es wichtig zu wissen, daß auch Heine die Sache so aufgefaßt hat. Ursprünglich war die Bestimmung ja auch so gemeint gewesen, und die Regierungen der meisten deutschen Staaten beeilten sich, sie in diesem Sinne auszulegen und anzuwenden. Die Wirkung war fast ebenso stark, als wenn man das Verbot, die Verurteilung durchgesetzt hätte.

All dies Elend verdankte man in erster Linie den schnöden Angriffen Menzels. Überall in den Verfügungen der Regierungen treten seine Gedanken deutlich zutage. So ist es begreiflich, daß sich unter den Betroffenen wilde Empörung gegen ihn Luft machte, und keiner hat diese Empörung tiefer empfunden als Heine. Jetzt erschienen ihm alle Freundlichkeiten, die er früher von Menzel erfahren hatte, als Lug und Trug. Er verachtete den Mann, der sich derart benommen hatte. „Daß man mit Herrn Menzel just zu schaffen hat," so schrieb er an Laube, „ist ekelhaft. Er ist ein schäbiger Bursche, an dem man sich nur besudeln kann. Er ist durch und durch ein heuchlerischer Schurke. Wenn man Stricke schreiben könnte, so hinge er längst. Er ist eine gemeine Natur, ein gemeiner Mensch, dem man Tritte in den Hintern geben sollte, daß ihm unsere Fußspitze zum Halse heraus-käme."

Vor allem fühlte Heine sich an seine jungen Gesinnungsgenossen gebun-den und mit ihnen zu gemeinsamem Handeln verpflichtet; er beschwor Laube, der nicht so schwer betroffen war, unbedingt bei der Stange zu bleiben, was sich bei diesem von selbst verstand; und er selber kannte ge-genüber der Gemeinheit, die er erfahren hatte, nur noch die rücksichtsloseste Gegenwehr. Er nahm die Sache sehr ernst; er ließ die Vorrede, durch einen Freund Campes dem Dr. Menzel in Stuttgart persönlich überreichen, damit dieser nicht die Ausrede gebrauchen könne, sie nicht erhalten und gelesen zu haben; er ließ dem Gegner seine Pariser Anschrift ganz genau mitteilen; er war leicht zu finden; er hatte keinen Tag auf sich warten lassen: Genau betrachtet ist es natürlich sehr naiv zu erwarten, Menzel würde nach Paris kommen, um sich mit Heine zu schlagen. Als Menzel schwieg, versuchte Heine ihn noch durch ein „Eingesandt" in einer Zeitung zu reizen. Er ließ darin mitteilen, Menzel, durch die Angriffe von David Friedrich Strauß und von Heinrich Heine allzu bloßgestellt, werde Stuttgart verlassen müs-sen. Aber auch dieses sonderbare Verfahren half nicht, denn es entsprach nicht den Tatsachen: Cotta erneuerte seinen Kontrakt mit Menzel. Menzel, wie Heine genau wußte, ließ sich auf kein Duell ein.

Man könnte sich wundern, daß Heine so spät mit seiner Schrift hervor-trat. Die Angriffe Menzels erfolgten zu Ende des Jahres 1835, und auch die Verfügungen der Regierungen fallen in dieselbe Zeit; Heines „Vorrede" aber ist erst im Januar 1837 geschrieben. Das erklärt sich durch mancherlei Lebenswirren und eine ernste Erkrankung Heines, sowie durch endlose Zensurschwierigkeiten, denen der dritte Band des „Salons" und die „Vor-rede" insbesondere begegneten, aber auch dadurch, daß Heine wiederholt die Feder ansetzen mußte, bis ihm die Arbeit gelang. Schließlich ist sie ein kleines Meisterstück geworden, überraschend durch Treffsicherheit der Ge-danken und Worte, zugleich fein und kunstvoll im Aufbau, ein kleines gerundetes Gebilde von jener Art, die Heine so vollendet herausarbeitete, ein Prunkstück ganz im Stile des „Salons".

Menzels Bild entschwand nicht so bald seinen Blicken. Im „Schwaben-spiegel" tritt er uns noch einmal entgegen; die Geschichte von der Maul-schelle, die Menzel von dem Stuttgarter Buchhändler eingesteckt haben will, wird in dem Gedicht „Die Audienz" wiederholt, und in dem Gedicht „Testament", in dem Heine seine Gegner liebevoll bedenkt, heißt es von Menzel:

> Und ich vermache dem Sittenwart
> Und Glaubensvogt zu Stuttgart
> Ein Paar Pistolen (doch nicht geladen),
> Kann seiner Frau damit Furcht einjagen.

9. Der „Schwabenspiegel"

Bei der Betrachtung des „Schwabenspiegels" müssen wir uns über zwei Dinge im klaren sein: einerseits, daß Heine seine Kenntnisse der politischen und literarischen Zustände in Deutschland zum großen Teil aus den Briefen seines Verlegers Campe schöpfte, und andererseits, daß Heine keinen anderen deutschen Schriftsteller über oder neben sich duldete. Er war auf jeden literarischen Konkurrenten neidisch. Wir brauchen nur an seine Stellung zu Goethe zu denken, als dieser noch am Leben war; konnte er nicht Goethe, den Dichter angreifen, so lästerte er Goethe, den Menschen. Übrigens läßt sich aus der Korrespondenz mit Campe schließen, daß sich solch persönlicher Neid auch auf Börne und Gutzkow erstreckte. Im Falle Börnes beklagte sich Heine bei Campe, allerdings unberechtigt, dieser habe ein höheres Honorar für seine „Briefe aus Paris" erhalten, als er selbst für seine Werke; und im Falle Gutzkows befürchtete Heine, dessen persönlicher Einfluß in Hamburg könne ihn bei Campe verdrängen. Auch im Falle Uhlands handelt es sich um einen Konkurrenten. Kaum erfuhr Heine von Campe, Uhlands „Gedichte" erfreuten sich größerer Beliebtheit beim Publikum als sein „Buch der Lieder", wurde Uhland sein literarischer Gegner. So schreibt Campe am 12. Juli 1833 an Heine:

Wenn Sie Uhlands Gedichte betrachten und das Renommé worin er sich befindet, religiös und mittelalterlich, so ist es klar, warum er so viele Verehrer findet. Sie behandeln L i e b e und s i c h s e l b s t , und wieder sich selbst; das sehen die Leute als stinkigen Egoismus an, und nehmen das Buch der Lieder mehr zur Komplettierung, als zu anderem Zweck. Gott sei Dank, der Vernünftigen gibt es auch. Aber der Egoismus wird Ihnen so ununterbrochen zur Last gelegt, dann daß Sie der Üppigkeit das Wort reden. Bedarf es noch mehr Gründe, um zu beweisen, warum Uhlands Gedichte populärer sind? Uhlands Gedichte kauft jeder, um ein Geschenk an eine Dame, zum Geburtstage oder sonstigen Zwecken zu machen, und habe ich wöchentlich Gelegenheit, das zu bemerken mehrere Male, daß sie gekauft werden, wo das Buch der Lieder keine Gnade findet; so geht es hier und in allen Städten Deutschlands. Ihr Buch geht nach den Universitäten an junge Männer und dergleichen — die kein Geld haben.

Es ist interessant zu verfolgen, daß 1832 in Heines „Geschichte der neueren schönen Literatur in Deutschland" Uhland überhaupt nicht erwähnt wird; erst 1835 in der „Romantischen Schule" wurde er einer Darstellung gewürdigt.

Den Ausgangspunkt für den Kampf, der weitere Kreise zog, bildete Heines Verhalten gegenüber Ludwig Uhland. Zu diesem hatte er in früheren Jahren mit größter Verehrung emporgeblickt, und er hatte sehr viel von ihm gelernt: als er im Mai 1823 seine „Tragödien nebst einem lyrischen Intermezzo" in die Welt gehen ließ, sandte er auch ein Exemplar an Uhland mit einer warmherzigen Widmung; Uhland scheint allerdings nicht

dafür gedankt zu haben. Jetzt hatte Heine in seiner „Romantischen Schule",
die Ende 1835 erschien, eine Würdigung Uhlands veröffentlicht, die zwar
noch immer die Größe des Dichters anerkannte, aber im ganzen auf einen
ganz anderen Ton gestimmt war. Vor allem gab er dem Bedauern Ausdruck,
daß der Quell von Uhlands Dichtung zu früh versiegt sei, und erklärte dies
damit, daß er als Dichter nicht mit der Zeit gegangen sei:

> . . . da sein Pegasus nur ein Ritterroß war, das gern in die Vergangenheit zu-
> rücktrabte, aber gleich stätig wurde, wenn es vorwärts sollte in das moderne Le-
> ben, da ist der wackere Uhland lächelnd abgestiegen, ließ es ruhig absatteln und
> den unfügsamen Gaul nach dem Stall bringen. Dort befindet es sich noch bis auf
> den heutigen Tag, und wie sein Kollege, das Roß Bayard, hat es alle möglichen
> Tugenden und nur einen einzigen Fehler: er ist tot.

Dies zu beweisen, geht er genauer auf die Stimmungen ein, die das Gedicht „Der Schäfer", „das schönste aller Uhlandschen Lieder" ausstrahlen,
und er vergleicht es mit den Stimmungen der „Liebe", die ihn selbst damals gerade beherrschten: des entnervenden Treibens mit Mathilde von
Herzen überdrüssig, dachte er daran, die schöne, wilde Person abzuschieben
und sich von ihr zu trennen. Der stillen verschämten Treue des sterbenden
Königstöchterleins zu dem vorüberziehenden Schäfer in Uhlands Gedicht
stellt er die Albernheiten und Unverschämtheiten seiner geliebten Grisette
gegenüber:

> . . . schmerzlich ist es, wenn der geliebte Gegenstand Tag und Nacht in unseren
> Armen liegt, aber durch beständigen Widerspruch und blödsinnige Kaprizen uns
> Tag und Nacht verleidet, dergestelt, daß wir das, was unser Herz am meisten
> liebt, von unserem Herzen fortstoßen und wir selber das verflucht geliebte Weib
> nach dem Postwagen bringen und fortschicken müssen; ‚Ade, du Königstöchterlein!'

Eine solche Besudelung seines zarten Gedichtes konnte dem Verfasser nicht
gleichgültig sein, und noch weniger vielleicht seinen vielen Verehrern und
Bewunderern. Als daher zu Anfang des Jahres 1836 bekannt wurde, die
Weidmannsche Buchhandlung in Leipzig würde in ihrem „Deutschen Mu-
senalmanach" des nächsten Jahres außer Gedichten Heines auch sein Bildnis
von Tony Johannot bringen, kündigten die schwäbischen Dichter in einer
gemeinsamen Erklärung ihre Mitarbeit auf; auch Gustav Schwab, einer der
Herausgeber, beteiligte sich, halb wider Willen, doch mit Rücksicht auf
Uhland, an diesem Schritt. Viel tiefer jedoch berührte Heine eine große
Abhandlung von Gustav Pfizer, die zu Ende des Jahres 1837 unter dem
Titel „Heines Schriften und Tendenz" in der von Kölle in Stuttgart
herausgegebenen „Deutschen Vierteljahresschrift" erschien. Diese Abhandlung, die 80 Druckseiten umfaßt, nimmt auf den Vorfall beim „Alma-
nach" nicht Bezug, auch nicht auf Uhland. Sie ist sehr gründlich und ernsthaft, und wer sie kennenlernt, nachdem er bereits Heines Abwehr gelesen
hat, ist überrascht von dem anständigen Ton, den dieser Gegner Heines

anschlägt. Gewiß, die Besprechung ist hart, streng, sie übersieht vieles, was
ein so kluger Mann wie Pfizer nicht übersehen durfte, ist auch von grundsätzlicher Abneigung gegenüber Heines sittlicher Haltung beherrscht; aber
eine Schmähschrift ist sie keineswegs. Heine aber, der keine Kritik an sich
duldete, war empört. In seiner ersten Abfertigung des Gegners, die er im
Frühjahr 1838 in seinem „Schwabenspiegel", einer boshaften aber sehr
witzigen Schrift veröffentlichte, behandelt er ihn von hoch oben herab und
nennt die Schrift Pfizers „geistlos und unbeholfen und miserabel stilisiert."
Im Jahre darauf, während er an seinem Werk über Börne arbeitet, werden
seine Worte erheblich übler. Er berichtet von einem Gespräch, das er mit
einem „ehrlichen Schwaben" gehabt habe, und läßt diesen u. a. sagen:
„ . . . was den Angriff gegen Sie betrifft, so ist das gar nicht so böse gemeint; der G. Pf. war früher der größte Enthusiast für Ihre Schriften, und
wenn er jetzt so glühend gegen die Immoralität derselben eifert, so geschieht das, um sich das Ansehen von strenger Tugend zu geben und sich
gegen den Verdacht der sokratischen Liebe, der auf ihm lastete, etwas zu
decken." Heine hätte sich diese Verdächtigung, nach den Erfahrungen mit
Platen, erst lange überlegen sollen, ehe er sie aller Welt verkündigte; und
da sie ganz in der Luft hing, ist er auch niemals wieder darauf zurückge-
kommen. Obwohl man den oft heftigen, durchschlagenden Witz Heines im
„Schwabenspiegel" nicht verkennen wird, kann man doch seines Verfahrens, wenn man es genauer verfolgt, nicht recht froh werden.

10. „Shakespeares Mädchen und Frauen"

Die Einschätzung von „Shakespeares Mädchen und Frauen" war stets
großen Schwankungen unterworfen. Adolf Strodtmann, Heines erster bedeutender Biograph, widmet diesem Buch nur einige Zeilen und nennt es
„ein oberflächliches Stück Arbeit"; Ernst Elster, der anerkannte Heine-Kenner, widmet in seiner historisch-kritischen Ausgabe von Heines Werken der
Entstehung dieses Werkes zwei Seiten, enthält sich aber jeder persönlichen
Beurteilung und setzt an ihre Stelle eine Besprechung aus dem Jahre 1838.
E. A. Schalles in seiner Studie „Heinrich Heines Verhältnis zu Shakespeare" analysiert Heines Werk: seine Quellen, die Charakterisierung der
weiblichen Personen, Heines Verbesserungen der Übersetzung von Schlegel
und die Entwicklung des Interesses an Shakespeare in England, Deutschland und Frankreich. Schalles stellt fest, daß Heines Schrift künstlerisch
angeordnet, flüssig und gut geschrieben ist und daß es einige ausgezeichnete Charakterisierungen enthält; gleichzeitig konstatiert er, daß der Stil
und die ganze Behandlung des Stoffes sehr ungleichmäßig sind, daß das

Buch von journalistischen Ausdrücken wimmelt, daß der Verfasser zu oft von seinem Thema abschweift, daß das subjektive Element zu stark vorwiegt und daß die langen Zitate aus Guizot und Michelet fehl am Platz und langweilig sind. Eduard Engel, der 1921 eine Einzelausgabe von „Shakespeares Mädchen und Frauen" herausgab, bot zum ersten Mal seit 1838 auch Reproduktionen der Porträts. Seine Würdigung des Werkes ist einseitig, denn ihm kommt es darauf an, ihm einen ehrenvollen Platz in der Shakespeare-Forschung zu sichern. Seine Einführung ist eine wenig sorgfältige und oberflächliche Arbeit und enthält viele Ungenauigkeiten. Schließlich veröffentlichte Max J. Wolff 1922 eine Heine-Biographie. Wolff ist nicht nur ein ausgezeichneter und sachlicher Heine-Kenner, sondern auch bekannt durch seine zwei Bände über Shakespeare; er repräsentiert die glückliche Verbindung eines anerkannten Heine- und Shakespeare-Forschers, der die Beziehungen der beiden Dichter untersucht. Seine Beurteilung von Heines Werk über Shakespeare stimmt mit Heines eigenen Worten überein, daß es „kein Meisterwerk, aber gut genug für den Zweck" sei. Es ist an der Zeit, Heines Äußerungen über den englischen Dramatiker neu einzuschätzen und ein objektives Bild zu geben von Heines Kenntnissen über Shakespeare vor 1838, von Heines Buch „Shakespeares Mädchen und Frauen" und von Heines Wissen über Shakespeare nach 1838.

Es ist immer als selbstverständlich hingestellt worden, daß Heine mit Shakespeare von seiner frühesten Jugend an bekannt gewesen sei. Jedoch gibt es keinen Beweis für diese Behauptung; Heines Erziehung spricht im Gegensatz scharf gegen eine frühe Kenntnis des englischen Dramatikers. Das Lyzeum, das Heine von 1807 bis 1814 in Düsseldorf besuchte, war nach französischen Erziehungsgrundsätzen eingerichtet, und der Unterrichtsplan folgte ganz den Spuren der alten klassischen Überlieferung. Die Poesie wurde nach den starren Gesetzen von Boileaus „Art poétique" interpretiert. Englisch wurde gar nicht gelehrt, und wenn Shakespeare in den Literaturstunden überhaupt erwähnt wurde, dann vermutlich nach Voltaires Urteil als Barbar. Wenn irgend etwas, so trug diese Erziehung dazu bei, von der Beschäftigung mit dem englischen Dramatiker abzuschrecken. Entsprechend bleibt Shakespeares Name auch bis 1820 unerwähnt; Heine war schon vierundzwanzig Jahre alt, als er die erste Äußerung über den englischen Dramatiker tat.

Auf der Universität Bonn hatte er das große Glück, in der philosophischen Fakultät den Shakespeare-Kenner August Wilhelm Schlegel anzutreffen, bei dem er Vorlesungen über die Geschichte der deutschen Sprache und Literatur sowie über Metrik, Prosodik und Deklamation hörte. Es besteht kein Zweifel, daß Schlegel in diesen Vorlesungen von Shakespeare sprach und Heines Interesse für den englischen Dramatiker weckte. Heines erste Bemerkungen über ihn stammen aus dieser Zeit, sind aber sehr allgemein gehalten. Sie verraten einen pedantischen Zug, und zweifellos hat Heine hierbei freien Gebrauch gemacht von den Erkenntnissen, die er in Schlegels Vorlesungen gewonnen hatte. Ein sorgfältiges Studium aller Heineschen Shakespeare-Zitate hinterläßt den endgültigen Eindruck, daß Schlegel „Hamlet" und „Romeo und Julia" als die Musterdramen benutzt hat, mit denen er alle anderen dramatischen Werke verglich. Heine zitiert „Hamlet" und „Romeo und Julia" am häufigsten, und seine Äußerungen über sie zeigen ein tieferes Verständnis und höhere Wertschätzung als für alle anderen Stücke Shakespeares.

Während seiner Studienzeit in Berlin wurde Heine mit Shakespeares Dramen auf der Bühne bekannt. Er besuchte den Kreis um Grabbe, wo Shakespeares Dramen oft mit verteilten Rollen gelesen wurden, er sah die hervorragenden Schauspieler Ludwig Devrient, P. A. Wolff, August Stich-Crelinger und Sophie Müller auf der Bühne, die die bekanntesten Charaktere aus Shakespeares Stücken darstellten, und er wurde ein gern gesehener Gast im Salon von Varnhagen von Ense, wo der Goethe-Kult blühte und auch Shakespeare sehr verehrt wurde. Hier hat Heine Teile aus Franz Horns „Shakespeares Schauspiele erläutert" gelesen, die 1823 erschienen. Er diskutierte darüber mit Varnhagen von Ense, und von jetzt an spricht er oft von Goethe und Shakespeare im gleichen Atemzug. In Berlin besuchte Heine Vorstellungen von „Romeo und Julia", dem „Kaufmann von Venedig", „Richard III.", Heinrich IV." und „Macbeth", letzteres wahrscheinlich in Schillers Übersetzung, und zweifellos auch „Hamlet". Das vollständige Fehlen von Shakespeare-Zitaten während dieser ganzen Zeit verrät jedoch deutlich, daß Heine diese Stücke nicht las, sondern nur auf der Bühne sah. Diese passive Einstellung wird man verstehen wenn man sich klar macht, daß damals Schlegel erst siebzehn Stücke von Shakespeare übersetzt hatte, die aber fast unzugänglich waren, und daß die volkstümliche Übersetzung von Shakespeares Werken durch Tieck und Schlegel erst 1825 zu erscheinen begann.

Von April bis Juli 1827 war Heine in London, wo er fleißig das Drury Lane Theater besuchte, um Shakespeares Stücke und nicht zuletzt den berühmten Kean als Othello, Shylock, Richard III. und Macbeth auf der Bühne zu sehen. Da sich des Schauspielers Shakespeare-Repertoire während dieser drei Monate darin erschöpfte, dürfen wir „Othello" und den „Kaufmann von Venedig" in die Liste der Shakespeare-Stücke einsetzen, die Heine gesehen hat. Auch muß er eine Vorstellung von „Was ihr wollt" (Twelfth Night) besucht haben, wenngleich er den Titel dieses Stückes nie erwähnt, aber eine persönliche und unangenehme Erfahrung in einem Wirtshaus erinnert ihn kurz darauf an den betrunkenen Ritter Toby. Es ist überraschend, daß diese englischen Vorstellungen keine unmittelbaren Nachwirkungen gezeitigt haben.

Die „Romantische Schule" bot Heine eine günstige Gelegenheit, Schlegel den ihm gebührenden Platz in der deutschen Literatur zuzuweisen als Übersetzer von Shakespeares Werken; in Tiecks dramatischen Satiren erkennt er einen erfolgreichen Versuch, Shakespeares Kunst nachzuahmen. Eine Nachprüfung von Heines Beschäftigung mit der Ausgabe von Shakespeares Werken von Samuel Johnson und George Steevens (1773) zeigt, daß er einige der Noten und Kommentare gelesen hat und daß er aus diesen seine Kenntnis über Voltaires Einstellung zu Shakespeare schöpfte und wohl auch die wenigen Tatsachen zu Shakespeares Leben erfuhr.

Wenn wir zusammenrechnen, was Heine im Jahre 1838 tatsächlich wußte, so können wir mit Sicherheit folgendes feststellen: In seiner Jugend hat Heine Shakespeare nicht gekannt. Er wurde in die Kunst und Technik des englischen Dramatikers in Bonn durch Schlegel eingeführt, der wahrscheinlich „Hamlet" und „Romeo und Julia" im Hörsal analysierte. Heine besuchte die ersten Shakespeare-Vorstellungen in Berlin. Wir wissen, daß er „Hamlet", „Romeo und Julia", den „Sommernachtstraum", „König Lear", „Heinrich IV." und einige Sonette gelesen hat, daß er Vorstellungen von „Romeo und Julia", „Hamlet", „Richard III.", dem „Kaufmann von Venedig", „Heinrich IV.", „Macbeth", „Othello" und „Was ihr wollt" sah. Diese zehn Stücke bilden Heines Grundstock für seine Bekanntschaft mit Shakespeares Werken, und auf sie beschränkt er seine Bemerkungen über den englischen Dramatiker. Wir haben keinen Beweis, daß Heine eins der übrigen 27 Stücke Shakespeares kannte. Seine frühen Äußerungen über Shakespeare sind schülerhaft und spiegeln Lehrmeinungen Schlegels wieder, und seine zahlreichen Zitate aus Shakespeare, die er häufig wiederholt, sind, mit Ausnahme von denen aus „Hamlet" und „Romeo und Julia", oberflächlich und abgegriffen und erscheinen oft in einer Heines Zwecken angepaßten Form. Heines Bemerkungen über Shakespeares dramatische Kunst beschränken sich auf Vergleich oder Ähnlichkeit. Shakespeare wird als Muster verwendet, nach dem Heine die dramatischen Versuche seiner Freunde beurteilt, oder er wird zusammen mit den hervorragenden Werken solcher Dichter wie Goethe oder Cervantes hervorgehoben. Die Kommentare über Shakespeare, die Heine kannte, waren einige Kapitel aus Franz Horns „Shakespeares Schauspiele erläutert", die wichtigsten Abhandlungen über Shakespeare von Tieck und Schlegel und die Ausgabe der Stücke von Shakespeare von Johnson und Steevens. Das also war Heines Grundlage für das Buch „Shakespeares Mädchen und Frauen".

Heine schrieb es auf Wunsch des französischen Verlegers Delloye, der eine Sammlung von Kupferstichen weiblicher Charaktere Shakespeares benutzen wollte, die schon in England sowie in zwei Auflagen für das französische Publikum veröffentlicht worden war. Nun plante er eine deutsche Ausgabe, für die er sich einen einführenden und erläuternden Text eines berühmten deutschen Schriftstellers sichern wollte. Er schwankte in seiner Wahl zwischen Tieck und Heine, als letzterer, der sich in Geldschwierigkeiten befand, sein großzügiges Angebot von 4000 Franken annahm.

Alle Heine-Forscher sind sich einig über die Entstehung des Werkes. Sie stimmen darin überein, daß Heine von früher Jugend an mit Shakespeare vertraut gewesen sei, daß er die Aufgabe ohne Schwierigkeit meistern konnte und deshalb im Sommer 1838 Delloyes Angebot ohne Zögern angenommen habe. Je länger er an dem Manuskript arbeitete, desto mehr fand er an seiner Arbeit Interesse. So habe er den ganzen Shakespeare noch einmal gelesen und, je weiter das Werk fortschritt, immer mehr Hochachtung vor Shakespeares Kunst gewonnen, so daß er im September 1838 an Campe schreiben konnte: „Ich habe im Anfang wahrhaftig dem Delloye keine Hoffnungen des großen Absatzes für das Buch zugesichert – ich übernahm es ungern und in kranker Periode und wollte auch nur wenig daran schreiben – aber statt einiger Bogen schrieb ich zehn sehr große, über dreißig Zeilen lange Oktavbogen und finde, daß sie, ein anständiges Ganzes bildend und aus einem schönen Guß bestehend, bei dem Publikum gewiß eine schöne Aufnahme finden können."

Alle Forscher stellten entschuldigend fest, ein ernstes Augenleiden habe den Dichter gezwungen, die ganze Abhandlung zu diktieren, diese Arbeitsweise aber sei er nicht gewöhnt gewesen, auch habe er sie gar nicht geliebt, weil er befürchtete, die „scharfe Präzision und farbige Klarheit seines Stils" würde darunter leiden. Schließlich wird festgestellt, das Buch sei gut aufgenommen worden, der Zensor habe nicht ein einziges Wort beanstandet und darüber sei Heine außerordentlich erfreut gewesen, weil das „Buch viele politische und religiöse Bemerkungen provozierenden Art enthielt".

Nach Analyse der leitenden Gedanken in Heines Buch über Shakespeare und der Interpretation einiger Äußerungen Heines in Verbindung mit dem Werk und der Behandlung übersehenen und neuen Quellenmaterials wird sich manches anders darstellen.

In seinem Werk bietet Heine kaum irgendwelche erklärenden Texte zu den Illustrationen, die, obwohl etwas veraltet, eines Kommentars wert gewesen wären. Dennoch verweilt Heine nicht lange bei ihnen, er zieht es vor, einige Stellen aus dem Text auszuwählen, die nicht immer verständlich sind, wenn der Leser nicht gründlich mit Shakespeares Werken vertraut ist. In den meisten Fällen läßt er seine unmittelbare Aufgabe aus den Augen, wie auch in der Oper der Text häufig nur die Grundlage für die Musik abgibt. Die Porträts, die er erläutern soll, dienen nur als Vorwand für Heines persönliche Bemerkungen, die ihn oft in vollkommen abseits liegende Gedankenkreise führen.

Diese Arbeitsweise bedeutet aber keine willkürliche Abweichung von seinem Zweck, die Anordnung des ganzen Buches ist klar und gut. Das

Werk besteht aus vier Teilen: Kapitel I bietet eine allgemeine Betrachtung über Shakespeares Aufnahme in England und Deutschland und über den Stand der Shakespeare-Forschung; Kapitel II, der Hauptteil des Buches, behandelt die weiblichen Charaktere in Shakespeares Tragödien: Kapitel III die weiblichen Charaktere in den Komödien, und Kapitel IV Shakespeares Stellung in Frankreich.

Mit höchster Achtung und tiefster Bewunderung schaut Heine zu der überwältigenden Größe Shakespeares auf. Ohne Rücksicht auf Einzelheiten und auf die Gesetze der dramatischen Kunst dringt Shakespeare in die eigentliche Natur der Dinge ein. Es ist ungenau zu sagen, Shakespeare halte der Natur einen Spiegel vor, nein:

> In dem Dichtergeiste spiegelt sich nicht die Natur, sondern ein Bild derselben, das dem getreuesten Spiegelbilde ähnlich, ist dem Geiste des Dichters eingeboren; er bringt gleichsam die Welt mit zur Welt, und wenn er, aus dem träumenden Kindesalter erwachend, zum Bewußtsein seiner selbst gelangt, ist ihm jeder Teil der Erscheinungswelt gleich in seinem ganzen Zusammenhang begreifbar; denn er trägt ja ein Gleichbild des Ganzen in seinem Geiste, er kennt die letzten Gründe aller Phänomene, die dem gewöhnlichen Geiste rätselhaft dünken und auf dem Wege der gewöhnlichen Forschung nur mühsam, oder auch gar nicht, begriffen werden . . .

> Aber ein Bruchstück der Erscheinungswelt muß dem Dichter immer von außen geboten werden, ehe jener wunderbare Prozeß der Weltergänzung in ihm stattfinden kann; dieses Wahrnehmen eines Stückes der Erscheinungswelt geschieht durch die Sinne, und ist gleichsam das äußere Ereignis, wovon die inneren Offenbarungen bedingt sind, denen wir die Kunstwerke des Dichters verdanken.

Gleich interessant sind Heines Äußerungen über die Beziehungen des Dichters zur Geschichte. Shakespeare ist für ihn gleichermaßen Dichter und Historiker, und wenn immer er historische Tatsachen berührt, entfaltet er die Fülle seines dichterischen Genius, und wenn er abweicht, ergänzt er die Geschichte, wie es nur ein schöpferischer Geist tun kann:

> Aber Shakespeares divinatorisches Auge sieht oft Dinge, wovon die Chronik nichts meldet, und die dennoch wahr sind. Er kennt sogar die flüchtigen Träume der Vergangenheit, die Klio aufzuzeichnen vergaß.

Auch einige Äußerungen über Shakespeares Stil sind bemerkenswert. Heine unterstreicht die Anlehnung an vorherrschende zeitgenössische Charakterzüge:

> Nur in den Stellen, wo der ganze Genius von Shakespeare hervortritt, wo seine höchsten Offenbarungen laut werden, da streift er auch jene traditionelle Theatersprache von sich ab, und zeigt sich in einer erhaben schönen Nacktheit, in einer Einfachheit, die mit der ungeschminkten Natur wetteifert und uns mit den süßesten Schauern erfüllt.

Dennoch scheint es Heine unverständlich, daß der größte aller dramatischen Dichter auf englischem Boden geboren sei:

Wie es diesem vortrefflichen Sohne Hammonias mit Jesus Christ geht, so geht es mir mit William Shakespeare. Es wird mir flau zu Mute, wenn ich bedenke, daß er am Ende doch ein Engländer ist, und dem widerwärtigsten Volke angehört, das Gott in seinem Zorn erschaffen hat. Welch ein widerwärtiges Volk, welch ein unerquickliches Land! Wie steifleinen, wie hausbacken, wie selbstsüchtig, wie eng, wie englisch! Ein Land, welches längst der Ozean verschluckt hätte, wenn er nicht befürchtete, daß es ihm Übelkeiten im Magen verursachen möcht . . .

Es ist sonderbar, daß die Abhandlung über die reizenden lebensechten weiblichen Charaktere aus Shakespeares Welt Heines kennzeichendste Äußerungen über Judenprobleme enthält, die er immer wieder in den Vordergrund rückt und nun in Verbindung mit Shylock diskutiert. Wir sind überrascht über Heines Worte: „Die Juden sind ein keusches, enthaltsames, ich möchte fast sagen, abstraktes Volk . . ." Aber Heine schreibt die gleichen Charakterzüge auch den Germanen zu, und so drückt er die Ansicht aus, daß eine „innige Wahlverwandtschaft" zwischen den beiden Völkern der Sittlichkeit, den Juden und den Germanen, herrscht:

. . . beide Völker sind sich ursprünglich so ähnlich, daß man das ehemalige Palästina für ein orientalisches Deutschland ansehen könnte, wie man das heutige Deutschland für die Heimat des heiligen Wortes, für den Mutterboden des Prophetentums, für die Burg der reinen Geistheit halten sollte . . .

Die Juden aber, von jeher, hingen nur an dem Gesetz, an dem abstrakten Gedanken, wie unsere neueren kosmopolitischen Republikaner, die weder das Geburtsland noch die Person des Fürsten, sondern die Gesetze als das Höchste achten.

Die Ursache für den Haß gegen die Juden sieht er ausschließlich in ihrem Reichtum und fügt hinzu: „Man zwingt sie reich zu werden und haßt sie dann wegen ihres Reichtums." Shakespeares Darstellung des Shylock nennt Heine eine „Verletzung der Rechte" und als früherer Student der Rechte versucht er, ein Gerichtsverfahren zu Shylocks Verteidigung aufzubauen, wie es davon unabhängig später von dem berühmten Rechtgelehrten Rudolf von Ihering durchgeführt wurde. Die juristische Ungerechtigkeit hindert aber Heine nicht, den rücksichtslosen Geist der Rache an Shylock zu verurteilen: „Sein Witz ist krampfhaft und ätzend, seine Metaphern sucht er unter den widerwärtigsten Gegenständen, und sogar seine Worte sind zusammengequetschte Mißlaute, schrill, zischend und quirrend." Der in Frage stehende Streit ist aber nicht einer zwischen Juden und Christen, sondern eher einer zwischen Unterdrückten und Unterdrückern, wie Antonio, der königliche Kaufmann, sicher nicht als ein Vertreter des Geistes des Christentums angesehen werden kann. Aber auch zum Geiste des Judentums zeigt Heine keine Liebe, im Gegenteil: er erzählt, der Ausdruck in den Gesichtern der Juden am jüdischen Versöhnungstag in Venedig habe ihn an eine unglückliche Gruppe Geisteskranker aus dem Asyl von San Carlo erinnert. Sie schienen alle von derselben fixen Idee besessen und trugen ihr

Martyrertum, weil sie alle ihrem alten Glauben an einen weltlichen Gott des Donners anhingen. Aber schließlich wird der Satan des Pantheismus über alle alten Glaubensbekenntnisse den Sieg davontragen, und dann wird Juda stöhnen, wie Shylock stöhnte, als er im bittersten Seelenkampf ausruft: „Jessika, mein Kind!"

Viele Leser und Kritiker haben sich gewundert über den sonderlichen Traum, den Heine in dem Kapitel „Constanze" berichtet. Er schreibt: „Es war am 29. August des Jahres 1827 nach Christi Geburt, als ich im Theater zu Berlin, bei der ersten Vorstellung einer neuen Tragödie von Herrn Raupach, allmählich einschlief." Dann folgt die Erzählung von der Unterhaltung dreier Mäuse, die der Träumende anhört. Hier, wie später im „Atta Troll", äußert Heine seine eigenen Gedanken in bizarrer Verdrehung durch das Medium der Tiere. Und doch werden Heines Meinungen dadurch nicht unklarer, sondern nur lebendiger.

Im Kapitel „Portia" aus „Julius Cäsar" legt Heine einige politische Bekenntnisse ab. Die republikanische Form der Regierung ist nur ein Abbild des engen puritanischen Geistes früherer Jahrhunderte. Er leugnet, daß Demokratie in einem Königreich nicht gedeihen könne, er behauptet: „Die beste Demokratie wird immer diejenige sein, wo ein Einziger als Inkarnation des Volkswillens an der Spitze des Staates steht, wie Gott an der Spitze der Weltregierung." Auf solche Art berühren Heines Gedanken immer wieder wesentliche Probleme des Lebens, der Geschichte und der Kunst. Er hält die gegebenen Tatsachen nicht fest und zeichnet sie ab, sondern verbindet sie stets mit ihren inneren Werten. Diese Charakteristik herrscht auch vor, wenn er bei Einzelheiten verweilt. So bemerkt er kühn, Kleopatra sei im eigentlichen Sinne des Wortes eine „unterhaltene Königin" gewesen; in „Titus Andronicus" bei Behandlung der Liebe der gotischen Königin Tamora zu dem Mauren Aaron, streift er die Frage, wie eine weiße Frau je einem schwarzen Mann angehören könne, ein Problem, das in „Othello" wieder auftaucht. Wie kann Königin Anna in „Richard III." einen so vollkommenen Gefühlswechsel durchmachen, nachdem der verachtete Usurpator ihr angeboten hat, sie zu heiraten? Oder wie kann Anna Boleyn in „Heinrich VIII." über die Axt scherzen, mit der sie enthauptet werden soll? Heine bleibt nicht bei seinem gegebenen Gegenstand stehen; doch wenn Franz Horn und Tieck den im Grunde reizenden Charakter der Lady Macbeth hervorheben, erhebt er seinen drastischen Einwand.

In diesem Werk erweist sich Heine als Meister der Exposition. Er faßt die aufgegliederte Masse des Materials zu einem organischen Ganzen zusammen, vermeidet langweilige Verknüpfungen und ermüdende Aufzählungen. Seine allgemeinen Bemerkungen und die Entfaltung seiner weltlichen Philosophie vermeiden die Langweiligkeit einer gelehrten Abhandlung über Shakespeare. Im Hauptkapitel, das über die Tragödien handelt, folgt Heine einem wohldurchdachten Plan. Nach „Troilus und Cressida", die den Reigen anführen, folgen die vier römischen Tragödien, dann kommen die lebendigen Bilder aus der englischen Geschichte von „König Johann" bis „Heinrich VIII.", und den Schluß bilden die sechs Meisterwerke aus Shakespeares reifster Zeit: „Macbeth", „Hamlet", „König Lear", „Romeo und Julia", „Othello" und der „Kaufmann von Venedig", den er mit in die Tragödien einreiht. Im nächsten Kapitel, das die Porträts aus den Komödien beleuchtet, enttäuscht Heine, da er keine klare Linie von Kommentaren bietet. Er beschränkt sich auf Zitate aus Shakespeares Werken, die meist gar keinen Zusammenhang mit den Bildern haben. Das erste Kapitel, Shakespeare in England und Deutschland, und das letzte Kapitel, Shakespeare in Frankreich, bilden hingegen eine Einheit, jedoch sind sie aus künstlerischen Erwägungen getrennt, um als Rahmen für das ganze Werk zu dienen.

Das Buch enthält einige schöne und ausgezeichnet formulierte ganz persönliche Aussagen. Wenn Heine das „fröhliche alte England" mit dem prosaischen England seiner eigenen Zeit vergleicht, schreibt er, „Und statt des dicken Biers trank man den leichtsinnigen Wein", und unter Anspielung auf das Zeitalter Cromwells spricht er von dem öden Trübsinn, „der seitdem, entgeistert und entkräftet, zu einem lauwarmen, greinenden, dünnschläfrigen Pietismus sich verwässerte".

Wenn wir Aussagen lesen wie: „ein breitbeschaulicher, langwürdiger Belehrungston", oder: da „wetterleuchtet ein sinnlich wilder, schwefelgelber Witz, der uns mehr erschrickt als ergötzt", oder: „Welche gepanzerte Schmerzen, woran alle Trostworte ohnmächtig abgleiten", und: „Der Schwan von Avon schwieg . . . und wiegte sich sorglos auf den blauen Fluten der Poesie, manchmal hinaufflächelnd zu den Sternen, den goldenen Gedanken des Himmels", so fühlen wir, daß hier Heines dichterischer Genius spricht. Und obwohl wir in Verlegenheit sind, diese Ausdrücke als gelehrte Erläuterung zu würdigen, so müssen wir doch gestehen, daß sie uns entzücken und uns hinwegtragen in ein anderes Reich.

Besonders im Kapitel über „Ophelia" herrscht Heines Subjektivität vor. Hier vergißt er völlig die Ernsthaftigkeit seiner literarischen Erörterungen: „Es war ein blondes schönes Mädchen, und besonders in ihrer Sprache lag ein Zauber, der mir damals das Herz rührte, als ich nach Wittenberg reisen wollte." Ein neues Gefühl durchdringt das Buch, wir fühlen, daß es Heine selber ist, der da spricht. In den schönen Betrachtungen über Ophelia erkennen wir die Gesichtszüge seiner geliebten Kusine Therese, und es wird uns klar, daß er den Abschied von seiner Geliebten beschreibt, als er Hamburg verließ, um auf die Universität Bonn zu gehen. Die guten Lehren, die Polonius dem scheidenden Laertes gibt, erinnern an die Ratschläge, die der Onkel Salomon seinem Neffen gab. Aber wenn Heine zum Schluß ausruft: „Als das liebe Kind, sittsam und anmutig, mit dem Kredenzteller zu mir herantrat und das strahlend große Auge gegen mich aufhob, griff ich in der Zerstreuung zu einem leeren, statt zu einem gefüllten Becher," so schwindet vollkommen jede Verbindung mit Shakespeare. Wir sehen nur Heine vor uns, wir fühlen die symbolische Bedeutung des Wortes von dem leeren statt dem vollen Glas, und Heines Identifizierung mit Hamlet wird immer offensichtlicher. Wittenberg ist das Göttingen des Dichters. Die scholastischen Haarspaltereien der Jurisprudenz sind die verachteten juristischen Vorlesungen, mit denen Heine zu kämpfen hatte. Der Schloßgarten von Helsingör ist kein anderer als der Garten auf dem Gut seines Onkels in Ottensen, und wir hören wieder die Nachtigall, deren Gesang so oft des Dichters Seele gerührt hat.

„Shakespeares Mädchen und Frauen" ist ein typisch Heinesches, ein durch und durch subjektives Buch. Heine benutzte das gegebene Thema Shakespeare nur als Leitmotiv, um über Politik, Religion, sein eigenes Leben und seine persönlichen Erfahrungen zu sprechen. Es ist zwar richtig, daß er interessante Bemerkungen über Shakespeares Kunst und seine Weltanschauung macht, gewöhnlich in ein poetisches Gewand gekleidet, aber im allgemeinen dient Shakespeare nur als ein Mittel, um irgend etwas Interessantes auszudrücken, was ihm gerade in den Sinn kam. Heine schreibt in Wirklichkeit nicht über Shakespeare, sondern um Shakespeare herum. Das erste Kapitel, das Shakespeares Aufnahme in Deutschland schildert, ist zwar interessant, jedoch oberflächlich und in manchen Punkten ungenau; vermutlich stellt es nicht Heines eigene Gedanken dar, sondern spiegelt Schlegels Darstellung in seinen Vorlesungen über die Geschichte der deutschen Literatur wider. Das letzte Kapitel über Shakespeare in Frankreich bringt kaum etwas, was Heine nicht schon früher gesagt hätte. Heine macht sehr wenige objektive Bemerkungen über Shakespeares Kunst und seine weiblichen Charaktere, und als Ergebnis enthält das Buch viel über Heine und wenig über Shakespeare. Wer über Heine Auskunft haben will, dem bietet es zweifellos viel Interessantes, wer aber Shakespeare sucht, für den ist es eine Enttäuschung.

Warum aber bietet Heine so wenig Genaues über Shakespeare und so viele persönliche Bemerkungen, obwohl er doch nach eigener Angabe zur Vorbereitung den ganzen Shakespeare gelesen haben will? Wie schwach Heines Kenntnisse von Shakespeare waren, als er es unternahm, „Shakespeares Mädchen und Frauen" zu schreiben, wurde schon festgestellt. Ein bis jetzt unbekannter Vertrag zwischen dem französischen Verleger Delloye und Heine wirft neues Licht auf die Entstehung von Heines Werk und mehrere grundlegende Fehlauffassungen: Die wichtigsten Punkte in diesem Vertrag sind: 1) Am 24. April 1838 abgeschlossen und unterzeichnet, sah er vor, daß das Manuskript spätestens Ende Juli abgeliefert werden sollte, so daß also Heine für die Niederschrift drei Monate Zeit hatte; 2) Heine erhielt 2000 Franken für die Hergabe seines Namens für die Veröffentlichung, und 3) erhielt er zusätzlich 300 Franken für je 16 Seiten Originaltext, den er selbst schreiben würde, das Gesamthonorar für seine eigenen Beiträge durfte aber 2000 Franken nicht übersteigen, so daß für alles, was über 114 Seiten hinausging, kein Honorar vorgesehen war.

Die drei Monate, die Heine zur Verfügung standen, um „Shakespeares Mädchen und Frauen" zu schreiben, waren eine arbeitsreiche und schwierige Zeit für den Dichter. Seine Augen waren so schlecht, daß er befürchtete blind zu werden. Er zog in eine neue Wohnung um und war mit umfangreichen Vorbereitungen für die Feierlichkeiten zu einer Hochzeit beschäftigt, die in Paris seinen Vetter, den Millionär Karl Heine, mit Cécile Fould, der Tochter eines der reichsten Bankiers von Frankreich, verbinden sollte. Nichtsdestoweniger schrieb Heine an den deutschen Kritiker, Novelisten und Dramatiker Karl Gutzkow, er habe den ganzen Shakespeare gelesen und lese jetzt die Bibel. Diese Angabe ist immer wörtlich genommen und so ausgelegt worden, als bedeute dies eine Vorbereitung zu dem Werk über Shakespeare. Heines Darstellung war jedoch eine bewußte Irreführung. Als Gutzkow Heine warnte, die Veröffentlichung des zweiten Bandes des „Buchs der Lieder" werde wegen der vielen unmoralischen Gedichte den guten Ruf Heines als lyrischer Dichter in Deutschland ruinieren, befolgte Heine wirklich Gutzkows Rat, legte das Manuskript beiseite und veröffentlichte es erst 1844 als „Neue Gedichte". Dennoch war er erbost über Gutzkow und entschlossen, seine Beschuldigung der Immoralität zurückzuweisen. So antwortete er: „Ich bin übrigens gar nicht so sorglos [über meine Zukunft] wie Sie glauben. Ich suche meinen Geist für die Zukunft zu befruchten, unlängst las ich den ganzen Shakespeare, und jetzt, hier am Meere, lese ich die Bibel." Gleichzeitig aber schrieb Heine an seinen deutschen Verleger Campe, er sei fast blind, unfähig zu schreiben, und deshalb gezwungen, sein Buch über Shakespeare zu diktieren. Wenn Heine wegen drohender Blindheit nicht schreiben konnte, so konnte er nicht gut den ganzen Shakespeare gelesen haben, ganz zu schweigen von der Bibel, und es wird klar, daß Heine diese Angabe erfand, um Gutzkows Vorwurf der Immoralität zu entkräften. Doch auch seinem deutschen Verleger gegenüber stellte er die Tatsachen nicht ganz klar dar. Wenn wir den Brief an Campe sorgfältig lesen, finden wir, daß er in Wirklichkeit nur sagte, er „versuche", sein neues Buch zu diktieren, er befürchtete aber, diese ungewohnte Arbeitsweise würde die Geschlossenheit und den Stil des Werkes beeinträchtigen. Absichtlich ließ er die Frage offen, ob er wirklich das Buch diktiert habe oder nicht. Ein späterer noch unveröffentlichter Brief von Heine an J. H. Detmold unterrichtet uns, daß er nach einem Versuch das Diktieren als hoffnungsloses Unterfangen aufgegeben habe. Diejenigen Teile von Heines Manuskript über Shakespeare, die mir zugänglich sind, widerlegen die Richtigkeit von Heines Angaben gegenüber Campe. Sie sind in Heines eigener Handschrift geschrieben und zeigen die sorgfältigen Korrekturen, die wir in allen seinen Manuskripten zu finden gewohnt sind. Dies also ist der schlüssige Beweis, daß Heine weder den ganzen Shakespeare las noch sein Buch über Shakespeare diktierte.

Mit diesen beiden einander widersprechenden und falschen Angaben gegenüber Gutzkow und Campe verfolgte Heine einen bestimmten Zweck. Heine betrachtete sein Buch über Shakespeare als eine wenig sorgfältige Arbeit, auch fürchtete er, es würde keine gute Aufnahme finden. Er witterte also Schwierigkeiten und machte im voraus Campe gegenüber diese entschuldigenden Bemerkungen, um Stil und Inhalt für den Fall eines späteren Angriffes zu rechtfertigen. In diesem Licht müssen wir auch Heines Worte an Campe sehen, daß das „Buch kein Meisterwerk, aber gut genug für den Zweck" sei. Wir werden später sehen, daß Heine allen Grund hatte, ablehnende Kritik zu erwarten.

Zweifellos entstanden die vier Kapitel in folgender Reihenfolge: eins, zwei, vier, drei. Nachdem Heine das einführende Kapitel I, das abschließende Kapitel IV und Kapitel II über die Tragödien geschrieben hatte, bemerkte er, daß er schon sieben Bogen im Originaltext geschrieben hatte, und das war alles, wofür sein Verleger zu zahlen willens und verpflichtet war. Aber Heine hatte noch die Bilder aus den Komödien vor sich liegen, für die ebenfalls ein erklärender Text nötig war. Doch er fand einen Ausweg: er schrieb keinen Originaltext für die Komödien, sondern er entledigte sich der undankbaren Arbeit, indem er schnell nur ein paar Zitate aus den Komödien hinwarf, die in den meisten Fällen nicht einmal den leisesten Bezug mit den Porträts hatten. Es ist erheiternd zu sehen, was die Heine-Kritiker aus diesen willkürlichen Zitaten gemacht haben. Manche behaupten, sie seien das beste des Werkes, weil Heine den einzig richtigen Weg gewählt habe und ließe die Bilder für sich selbst sprechen. Auch Wolff hält es für besser, Heine hätte diese Arbeitsweise durch das ganze Werk angewendet, was beim gegenwärtigen Stand der Untersuchung gleichbedeutend wäre mit der Ansicht, er hätte überhaupt keine Kommentare zu Shakespeares Frauengestalten schreiben sollen. Heine selbst war sich bewußt, daß in seinem Buch eine böse Lücke klaffte, und noch 1854, als er mit Campe über eine Gesamtausgabe seiner Werke verhandelte, plante er, einige ergänzende Kommentare zu seinem Shakespeare-Buch zu schreiben, und zweifellos beabsichtigte er einen Kommentar zu den Komödien.

Noch anderer Schwächen des Buches war Heine sich bewußt. Er wußte genau, daß er seinen Verleger nicht zufriedengestellt hatte, denn der rechnete damit, das Buch an die Töchter des Mittelstandes zu verkaufen, die sich über einige harmlose Erklärungen der Bilder freuen, jedoch gar kein Verständnis und kein Interesse für religiöse und politische Auseinandersetzungen aufbringen würden. Obendrein holte Heine ausgemerzte Stellen aus seinen früheren Werken wieder hervor und benutzte sie zum Ausstopfen.

Wolff ar̲wöhnte dieses Verfahren bereits in bezug auf die juristische Betrachtung des Falles Shylocks sowie auf die langatmigen Diskussionen über Juden und Germanen: er fühlte, daß sie Heines Stellung zum Judentum während seiner Berliner Periode widerspiegeln. Wolffs Annahme ist richttig. Vor einiger Zeit geriet mir zufällig ein Aufsatz von Eduard Gans aus dem Jahre 1827 in die Hände mit dem Titel: „Die juristische Ansicht über Shylock". Gans war Professor der Rechte in Berlin und Begründer der psychologischen Schule der Justiz in Deutschland, aktives Mitglied des „Vereins für Kultur und Wissenschaft der Juden" und ein sehr enger Freund von Heine. Er kannte diesen Aufsatz zweifellos und benutzte ihn in seinem Buch über Shakespeare. Als ich dann diejenigen Teile aus Heines Manuskript über Shakespeare nachprüfte, die sich in meiner Sammlung befinden, entdeckte ich, daß Heine das Verfahren, das Wolf in bezug auf Shylock vermutete, tatsächlich auch im Kapitel über „Constanze" angewendet hat. Die sonderbare Geschichte der drei Mäuse, die absolut nichts mit Shakespeare zu tun hat und in die so viel hineingelesen worden ist, ist die abgewandelte Einführung zu Heines Buch „Zur Geschichte der neueren schönen Literatur in Deutschland" aus dem Jahre 1833. In seinem Manuskript strich Heine den alten Titel „Über Deutschland seit Luther. Erste Abteilung. Einleitung" aus und setzte dafür den neuen Titel ein: „Constanze". Wenn wir den ganzen ersten Entwurf des Manuskriptes prüfen könnten, würde wahrscheinlich zutage treten, daß der lange Aufsatz über den Adel in Verbindung mit „Coriolanus", die Diskussion zwischen Republikanern und dem Adel in „Julius Cäsar" und manche andere als abgeänderte Stellen aus Heines früheren Werken wieder auftauchen, wahrscheinlich aus „Kahldorf über den Adel", „Die Romantische Schule", „Über die französische Bühne" und von seinen Zeitungsartikeln über die „Französischen Zustände". Letztere enthalten wahrscheinlich noch jene journalistischen Ausdrücke, die Schalles verurteilte. Alle diese Werke enthalten, wie wir sahen, irgendwelche Bezüge auf Shakespeare, die später in „Shakespeares Mädchen und Frauen" wieder auftauchten. Als Heine in Verlegenheit geriet, weitere Stellen aus seinem Manuskript zu finden und abzuändern, entschloß er sich, zwei lange Stellen aus Guizot und Michelet einzufügen. Durch dieses Verfahren brachte er schließlich 3574 Zeilen „Originaltext" zusammen, was gleichbedeutend mit 119 Seiten war und etwas mehr als sieben Bogen im „Format des illustrierten Balzac", wofür Delloye zu zahlen hatte. Auf den ersten Blick mag es befremden, daß Heine seine Kommentare nicht gleichmäßig auf die Tragödien und Komödien verteilte, um das Buch mehr auszugleichen. Er erkannte aber zu spät, bevor er zum dritten Kapitel kam, daß er das Zugeständnis seines Verlegers für persönliche Beiträge überschritten hatte. Wichtiger ist zweifellos die Tatsache, daß Heine, der mit Ausnahme von „Sommernachtstraum" und „Was ihr wollt" keine Komödien Shakespeares gelesen oder gesehen hatte, sich nicht die Mühe machte und auch nicht die Zeit und Gesundheit hatte, sie jetzt zu lesen.

Heine kannte diese Schwächen genau und war deshalb sehr daran interessiert, daß sein deutscher Verleger Campe den Vertrieb des Buches in Deutschland übernähme, da er reiche Erfahrung in der Ankündigung und im Vertrieb von Heines Werken hatte. Infolge einer Meinungsverschiedenheit zwischen dem deutschen und dem französischen Verleger aber wurde der Vertrieb schließlich der Firma Brockhaus und Avenarius in Leipzig übergeben. Die Behauptung der Heine-Kritiker, Campe habe sich geweigert, das Buch zu veröffentlichen, und Brockhaus sei am Verlag beteiligt gewesen, ist irrig. Campe war erst gebeten worden, den Vertrieb des Buches in Deutschland zu übernehmen, nachdem es bereits veröffentlicht worden war. Der Name der Firma Brockhaus und Avenarius erschien auf der Titelseite aus dem einzigen Grunde, das Nachdruckrecht in Deutschland zu sichern.

Entgegen Heines Erwartungen wurde das Buch vom Publikum gut aufgenommen, obgleich es in mehreren zeitgenössischen Besprechungen heftig kritisiert wurde. Campe hielt es für einen Verkaufsschlager trotz des außerordentlich hohen Preises von acht Thalern, und obgleich Delloye eine Auflage von 1000 Exemplaren hatte drucken lassen, war es Heine 1854 nicht möglich, in Paris oder Deutschland ein Exemplar aufzutreiben. Der Zensor war sehr nachsichtig und merzte im Text nichts aus; darüber war Heine so erfreut, daß er sich 1840 ernsthaft mit dem Gedanken trug, bei Brockhaus in Leipzig eine Prosaübersetzung der Hauptwerke Shakespeares herauszubringen, wahrscheinlich die Tragödien und die historischen Stücke mit eigener Einleitung und Kommentar, illustriert von dem berühmten Düsseldorfer Künstler Cornelius.

Inzwischen aber hatte der sächsische Zensor den Verkauf von „Shakespeares Mädchen und Frauen" verboten. Das war ein schwerer Schlag für Delloye, doch Brockhaus kam er gelegen, denn er überzeugte ihn davon, daß Heine nicht der geeignete Mann für die Übersetzung sei. Also lehnte er Heines Anerbieten ab mit der Begründung, die Übersetzung von Tieck und Schlegel sei zu gut eingeführt, als daß man die Veröffentlichung, zumal in Prosa, hätte riskieren können. Trotz dieser Absage veröffentlichte Brockhaus etwas später ein ähnliches illustriertes Werk von einem anderen Verfasser und drückte seine Enttäuschung über Heines Text zu „Shakespeares Mädchen und Frauen" aus.

Hätte Heine 1838 tatsächlich als Vorbereitung für sein Buch den ganzen Shakespeare gelesen, wäre anzunehmen, daß seine späteren Werke neue Anspielungen auf den englischen Dramatiker enthielten; aber das ist durchaus nicht der Fall. Sie bieten nichts Neues über Shakespeare und nehmen abgesehen von einer Bemerkung über Snug, den Zimmermann, keinen einzigen Bezug auf die Komödien. Diese Ergebnisse bestätigen in jeder Hinsicht den früheren Schluß, daß Heine 1838 nicht den ganzen Shakespeare las und sich nicht einmal mit den Komödien vertraut machte, und daß er sein Buch über Shakespeare nur aus finanziellen Gründen schrieb. „Shakespeares Mädchen und Frauen" ist eins der schwächsten Werke Heines, und es überrascht deshalb nicht, daß es Shakespeare-Forschern völlig unbekannt ist und sogar die Forscher der deutschen Literatur nicht damit vertraut sind.

Heine war unentschlossen, in welchen Band seiner Gesammelten Werke das Buch „Shakespeares Mädchen und Frauen" aufgenommen werden sollte. 1846 sollte es in seinem andern, dem Theater gewidmeten Buch „Über die französische Bühne" erscheinen. 1848 wollte er es mit den „Englischen Fragmenten", seinem anderen Werk über England zusammenfassen, und 1852, ohne die Zitate aus den Komödien, mit „Atta Troll" im gleichen Band mit den „Vorworten" zum „Wintermärchen" und Weills „Sittengemälde aus dem elsässischen Volksleben". Als Heine älter wurde, erkannte er immer deutlicher die Unvollkommenheiten seines Werkes über Shakespeare und beabsichtigte sogar, die Hälfte des Textes neu zu schreiben. Doch gab er diesen Gedanken bald auf und fügte schließlich das Werk zwischen zwei seiner unwichtigsten Arbeiten ein.

11. Salon IV: „Der Rabbi von Bacherach"

In seinem „Rabbi von Bacherach" beabsichtigte Heine nichts Geringeres, als eine große, zusammenfassende Stellungnahme zur Judenfrage zu veröffentlichen, er wollte ein Bekenntnis ablegen über die innerlichsten Schmerzen seiner Seele, über Schmerzen, die er allerdings mit sehr vielen teilte, die aber dennoch darum nicht weniger seine eigenen waren und die auch sein ganzes Leben in entscheidender Weise beeinflußten. Weil sie aus dem Tiefsten entsprungen waren, gehört diese Dichtung zu den bedeutendsten, die wir Heine verdanken. Auch hat er auf sie einen Fleiß verwendet wie auf wenig andere, und er glaubte etwas Mächtiges und Neues zu bringen, seine ewige Lampe im Dome Gottes anzuzünden. Aber es waltete kein glücklicher Stern über ihr, und äußere Schicksale wie innere Hemmungen und Ablenkungen haben sie nicht so zur Vollendung kommen lassen, wie sie ursprünglich geplant waren. Der größte Teil dessen, was Heine in jungen Jahren von dem Werk niedergeschrieben hatte, und es war weit gediehen, ging nämlich in den dreißiger Jahren bei einer Feuersbrunst in Hamburg zugrunde, und nur eine Reinschrift des ersten Kapitels, die er sich selbst angefertigt hatte, sowie einige Entwürfe und Aufzeichnungen für die Fortsetzung hatte er unter seinen Papieren nach Paris mitgenommen: an sie knüpfte er an, als er im Jahre 1840 aus äußeren Gründen, um Stoff für ein neues Buch zu haben, die Arbeit wieder aufnahm. Die Hauptsache des uns vorliegenden Werkes, das zweite und das dritte Kapitel, schrieb er erst damals neu nieder, und da er inzwischen in seiner Weltanschauung und Lebensstimmung sehr erhebliche Wandlungen erfahren hatte, insbesondere zur Judenfrage eine andere Stellung einnahm als vor fünfzehn Jahren, macht sich zwischen dem ersten Kapitel auf der einen Seite, und dem zweiten und dritten auf der andern ein bedeutender Gegensatz der Auffassung und des Stiles geltend, den man bisher nicht klar erkannt hat, und der sich erst jetzt durch den Einblick in seine Handschrift genau ermitteln und feststellen ließ.

Erst in Berlin, wo er tätiges Mitglied des Vereins für Kultur und Wissenschaft der Juden geworden war, hatte Heine sich für die Sache seiner Glaubensgenossen erwärmt, und jetzt erst wurde er sich der erheblichen Schwierigkeiten bewußt, mit denen man nach außen und nach innen zu kämpfen hatte. Schon seine Schrift „Über Polen" im Herbst 1822 verriet seinen zwiespältigen Anteil; seine Romanze „Donna Clara" im Herbst 1823 bot ein durchsichtiges Selbstbekenntnis, und in seinen Briefen aus dieser Zeit finden sich sehr bittere Worte über das Christentum. Allem Anschein nach wollte sich Heine anfangs ganz im Sinne der Bestrebungen jenes Vereins aussprechen; er verfolgte mit seinem Werk einen bestimmten Zweck: er wollte einerseits das Unrecht geißeln, das man den Juden zu den verschiedensten Zeiten angetan hatte, und andererseits die stille Heimlichkeit und das stimmungsvolle Treiben in ihrem engeren Kreise, besonders bei ihren gottesdienstlichen Handlungen, weiteren nichtjüdischen Kreisen nahe bringen. Hatte er doch selbst noch neuerdings, am 12. und 13. April 1824, während eines Besuchs in Berlin bei der Teilnahme an einer „Seder"-Feier das Reizvolle der jüdischen Religionsbräuche nachgefühlt, wovon die Schilderung des Passahfestes im ersten Kapitel des „Rabbi" deutlich Zeugnis ablegt; und man darf auch auf die Nachwirkungen verweisen, die solche Eindrücke noch in dem „Romanzero"-Gedicht „Prinzessin Sabat" gefunden haben. In eben jenem Frühjahr 1824 scheint dem Dichter der Plan zu seinem Werke aufgestiegen zu sein, und bald machte er gründliche Studien, um seine Kenntnisse zu erweitern und vor allem um für die Handlung die erforderlichen Grundlagen zu gewinnen. Eine der schnödesten Beschuldigungen, die zu den verschiedensten Zeiten gegen die Juden erhoben worden, ganz ähnlich wie gegen die Christen des ersten Jahrhunderts, war, daß sie bei ihren religiösen Verrichtungen des Blutes eines gemordeten Menschen bedürften; nach Meinung ihrer Gegner sollten sich die Juden dessen beim Passahfest bedienen. Diese Beschuldigung war insbesondere gegen rheinische Juden erhoben worden, die einen christlichen

Knaben namens Werner getötet haben sollten: er wurde später von der Kirche heilig gesprochen, und ihm zu Ehren wurden mehrere Kirchen erbaut, darunter auch eine solche zu Bacherach am Rhein. Heine war mit der Sage, auf die er auch im „Rabbi" ausdrücklich hinweist, durch ein „Handbuch für Reisende am Rhein" genauer bekannt geworden, und daher wußte er auch von dem fürchterlichen Blutbad, das unter den rheinischen Juden wegen ihrer angeblichen Untat angerichtet worden war. Auch fand er an verschiedenen Stellen überliefert, daß man den Juden bei ihrer Passahfeier wiederholt den Leichnam eines Kindes unter den Tisch gelegt habe, um sie dann offenkundig ihres angeblichen Verbrechens überführen zu können. So liegen die ersten Anregungen für Heines Erzählung klar zutage: seine rege Beschäftigung mit der Judenfrage und die Bekanntschaft mit der Sage von St. Werner. Aber die Geschichte von dem Ritualmord sollte nur den Ausgangspunkt für die Handlung bilden: der Rabbi Abraham, der den fürchterlichen Anschlag rechtzeitig bemerkt, entflieht mit seiner schönen Frau zunächst nach Frankfurt am Main, und dann — wie eine Andeutung in dem Roman erkennen läßt — auf langen Wanderfahrten durch verschiedene andere Länder, wo ihn neue schwere Leiden erwarten. Zweifellos sollten die Flüchtlinge nach Spanien gelangen, wo sie mit dem großen Rabbi Isaak Abarbanel zusammentrafen. Aber so groß der Einfluß dieses Mannes früher am Hofe des Königs Alfons V. von Aragonien gewesen war: konnte er sich in Kastilien, wohin er geflohen war, kein Ansehen erhalten, und trotz eifriger Bemühungen für seine Glaubensgenossen gelang es ihm im Jahre 1492 nicht, das große Blutbad unter ihnen abzuwenden. Vermutlich sollten der Rabbi und die schöne Sara auch in diesen Strudel mit hineingezogen werden, ohne jedoch in ihm unterzugehen; denn da ihnen nur eine Prüfung von sieben Jahren zugedacht war, ist anzunehmen, daß es im Plane des Dichters lag, sie schließlich in der geliebten Heimat zur Ruhe kommen zu lassen. Das alles aber sind nur Schlußfolgerungen aus den Aufzeichnungen und Entwürfen zum „Rabbi", aus Äußerungen in Heines Briefen und auch aus Andeutungen in der Dichtung selbst. Das eigentliche Leben wird erst während der Ausführung hineingekommen sein, und es unterliegt keinem Zweifel, daß Heine in der Fortsetzung, die uns verloren gegangen ist, das Judentum nicht, wie im ersten Kapitel, nur von seiner vorteilhaften Seite gezeigt hat. Er selbst schreibt in späterer Zeit, es sei vielleicht zu seinem Besten gewesen, daß das Werk im Hause seiner Mutter verbrannt sei; denn „im Verlauf traten die ketzerischsten Ansichten hervor, die sowohl bei den Juden wie Christen viel Zetergeschrei hervorgerufen hätten." Nach alledem kann man sich den ursprünglichen Plan des Werkes, wenn er auch sehr unbestimmt bleibt, wenigstens in den allergröbsten Zügen vergegenwärtigen.

Heine machte gründliche Studien für sein Werk; seine Auszüge haben sich erhalten. Am wichtigsten wurden für ihn das Werk von Jacques Basnage, „Histoire de la réligion des juifs depuis Jésus Christ jusqu'à présent", von dem er Band 11 bis 15 in der Ausgabe von 1716 benutzte, und das Werk „Jüdische Merkwürdigkeiten" von Johann Jakob Schudt (Frankfurt 1814–18, 4 Bde.), worin sich auch eine „vollständige Frankfurter Judenchronik" findet; weiterhin die „Limburger Chronik", für die er sich noch in späteren Jahren, zur Zeit seiner schweren Krankheit begeisterte; und von geringer Bedeutung waren für ihn Batoloccis „Biblioteca magna rabbinica" (Rom 1675–94), sowie Johann Christian Wolfs „Bibliotheca hebraica" (Hamburg 1715–33). Als sehr wertvoll erwies sich die „Vita Abarbanelis", die zuerst Majus in der Übersetzung eines Werkes von Abarbanel weiteren Kreisen zugänglich gemacht hatte. Heines Freunde aus dem Berliner „Verein für Kultur und Wissenschaft der Juden", Moser und vor allem Zunz, der vortreffliche Kenner der semitischen Altertümer, wurden oft von ihm zu Rate gezogen, und wenn die Beamten der Göttinger Bibliothek über Heines Lesehunger auch staunten, es half ihnen nichts: der unwillige Dr. Friedrich Lachmann mußte immer neue Wälzer für den Dichter herbeischaffen. Heiß bewegt war Heines Seele während der Arbeit! Liebe und Haß, die ihn erschütterten, kamen 1824 zum Ausdruck in den Gedichten „Ein Jahrtausend schon und länger / Dulden wir uns brüderlich" und „Brich aus in lauter Klagen, Du düstres Martyrerlied". Die Arbeit rückte jedoch nur langsam vorwärts. Im Juni 1824 meinte Heine, „erst ein Drittel" geschrieben zu haben: doch auch noch am 25. Oktober desselben Jahres schrieb er, daß „kaum ein Drittel" fertig sei. Im März 1825 war es „noch nicht zur Hälfte fertig" und auch in den nächsten Monaten konnte er nicht viel leisten, weil er sich auf die Doktor-Prüfung vorzubereiten hatte. Als er diese am 20. Juli 1825 bestanden hatte, ging er bald wieder an die Arbeit, um freilich schon nach kurzer Zeit wiederum neuen Hemmungen zu erliegen. Gewiß wird es einem jeden — ob Christ oder Jude — befremdlich erscheinen, daß sich Heine in eben diesen Monaten der leidenschaftlichen Beschäftigung mit dem „Rabbi", am 28. Juni 1825, der Taufe unterzog. Dieser scheinbare Widerspruch verschwindet jedoch, wenn wir uns, wie schon im Kapitel über den „Verein für Kultur und Wissenschaft der Juden" angedeutet, darüber im Klaren sind, daß man in religiösen Dingen stets zwischen den Anschauungen des Rationalisten Heine von einer positiven Religion der Gegenwart und denen des Romantikers Heine von der geschichtlich-künstlerischen Religion der Vergangenheit unterscheiden müssen. Heine verabscheute 1825 jede positive Religion, ganz gleich ob sie christlich oder jüdisch war, und die Taufe war für ihn eine reine Formsache. Wenn er den Schritt bald bereute, so nur, weil der für ihn widersinnige und herabwürdigende Schritt nicht die erwarteten Vorteile gebracht hatte. Das historische Märtyrertum der jüdischen Vergangenheit beschäftigte den

Romantiker jedoch sein ganzes Leben lang, noch die kurz vor seinem Tode erschienenen „Geständnisse" legen Zeugnis davon ab. Jedenfalls bleibt die Tatsache bestehen, daß Heines Seele damals von zwiespältigen Regungen zerrissen wurde. Es wäre töricht zu glauben, daß diese inneren Erlebnisse ohne Rückwirkung auf die Dichtung des „Rabbi" hätten bleiben können. Heine stand damals sicherlich den vielfältigen Fragen des Judentums um die Mitte des Jahres 1825 nicht mehr mit denselben Gefühlen gegenüber wie um die Mitte des Jahres 1824. Der „Verein für Kultur und Wissenschaft der Juden" war 1824 aufgelöst worden, die Mitglieder hatten sich in alle Welt zerstreut und sich zum Teil einander entfremdet; die bedeutendsten wie Eduard Gans, und nun auch Harry Heine, hatten sich taufen lassen, was ihnen von denen, die treu zur Sache hielten, natürlich sehr verübelt wurde; der strenggläubige Jude ist gegen nichts empfindlicher als gegen religiöse Untreue. Heine hat das gründlichst erfahren müssen. Von alledem blieben Plan und Ausführung des Romans sicherlich nicht unberührt. Die Frage nach der Judentaufe, die Frage nach der Stellung des getauften Juden gegenüber seinen Stammesgenossen sollte gewiß von Anfang an in dem Werke mit behandelt werden; aber es ist sehr wahrscheinlich, daß sie erst jetzt in ihrer vollwirkenden Lebendigkeit die Herrschaft über Heine gewann und daß er erst jetzt sich entschloß, sie in seinem Roman in den Vordergrund zu rücken. Das dritte Kapitel, in dem der getaufte Jude, Don Isaak, in den Vordergrund tritt, ist zwar nicht damals, sondern erst viel später, erst 1840, geschrieben worden; dennoch ist anzunehmen, daß in dem ursprünglichen Werk, dessen wichtigste Teile verloren gegangen sind, ein Kapitel ähnlichen Inhalts gestanden hat, denn die Frage: „Wie stellt sich der getaufte Jude zu seinem Volkstum" stand für Heine seit 1825 so entschieden im Vordergrund seines Bewußtseins, daß sie mit innerer Notwendigkeit nach Gestaltung drängte. Vor den Mitgliedern des Berliner „Vereins für Kultur und Wissenschaft der Juden" schämte Heine sich jedenfalls seiner Untreue gegenüber dem Judentum. Obgleich er über Quellenangaben in Verbindung mit seinem „Rabbi" mit Moses Moser in ständigem Briefwechsel steht, läßt er seine Taufe zuerst einmal völlig unerwähnt. Erst nach drei Wochen folgt eine Invektive gegen das Christentum, die zu einer Beichte des Dichters führt. Am 8. Oktober 1825 schreibt Heine an Moses Moser:

Da mal die Rede von Büchern ist, so empfehle ich Galownins „Reise nach Japan". Du ersiehst daraus, daß die Japaner das zivilisierteste, urbanste Volk auf der Erde sind. Ja, ich möchte sagen, das christlichste Volk, wenn ich nicht zu meinem Erstaunen gelesen, wie eben dieses Volk nichts so sehr verhaßt und zum Greuel ist als eben das Christentum. Ich will ein Japaner werden. Es ist ihnen nichts so verhaßt als das Kreuz. Ich will ein Japaner werden.

Vielleicht schicke ich Dir noch heute ein Gedicht aus dem „Rabbi", worin ich leider wieder unterbrochen worden. Ich bitte Dich sehr, das Gedicht sowie auch was ich Dir von meinen Privatverhältnissen sage, niemandem mitzuteilen. Ein junger spanischer Jude, von Herzen ein Jude, der sich aber aus Luxus-Übermut taufen läßt, korrespondiert mit dem jungen Jehude Abarbanell und schickt ihm jenes Gedicht, aus dem Maurischen übersetzt. Vielleicht scheut er es doch, eine nicht sehr noble Handlung dem Freunde unumwunden zu schreiben, aber er schickt ihm jenes Gedicht. — Denke nicht darüber nach. —

Hier wird also ausdrücklich bestätigt, daß sich Heine damals in Abschnitten des „Rabbi", die uns verloren gegangen sind, mit Fragen der Judentaufe beschäftigt hat; auch das Gedicht ist uns nicht erhalten geblieben, falls nicht etwa der „Almansor" gemeint ist. Wir dürfen also feststellen, daß Heine im Jahre 1825, ohne den ersten Plan des „Rabbi" im Grunde zu verändern, eine gewisse Verschiebung vorgenommen hat. Während ihm vorher, im Jahre 1824, als er das erste Kapitel schrieb — dieses ist uns in der ursprünglichen Form erhalten geblieben — der Ingrimm über die schnöde Fabel des Ritualmordes die Feder führte, liegt ihm jetzt etwas ganz anderes am Herzen: die qualvolle Frage der Judentaufen. Das bedeutet keinen Widerspruch zu dem Früheren, sondern nur ein Übergang zu einem andern Aspekt des Gegenstandes, entsprechend dem Wandel seiner eigenen inneren Erlebnisse.

Heine war inzwischen mit dem Werk weit fortgeschritten, aber doch noch nicht zum Abschluß gekommen. Am 9. Januar 1826 schrieb er noch: „Wenn ich nur Ruhe gewinne, den ‚Rabbi' ausschreiben zu können!" Er wollte ihn in den zweiten Band der „Reisebilder" aufnehmen; noch im Mai und Juli äußerte er diese Absicht. Als aber der zweite Band der „Reisebilder" zu Ostern 1827 erschien, war kein „Rabbi" darin zu finden. Ohne Zweifel scheute sich Heine, das heikle Werk der Öffentlichkeit zu übergeben, „denn im Verfolg träten die ketzerischsten Ansichten hervor, die sowohl bei Juden wie Christen viel Zetergeschrei hervorgerufen hätten". Letztlich waren es allerdings doch wohl keine äußeren Rücksichten, die ihn zur Zurückhaltung veranlaßten; vielmehr trat bei Heine eine neue innere Wandlung ein: die Judenfrage, die ihn zunächst so leidenschaftlich beschäftigt hatte, verlor für ihn an Bedeutung; und wenn er zu Anfang des Jahres 1826 noch daran gedacht hatte, das Werk schnell zum Abschluß zu bringen, es in verkürzter Form, „sehr beschnitten", erscheinen zu lassen, so zuckte er im letzten Augenblick überhaupt vor dem Handeln zurück, und wir haben alle Ursache, seinen Entschluß zu beklagen, denn nun wurde das meiste, was geschrieben vorlag, ein Raub der Flammen. Als dann Heine nach vielen Jahren die Arbeit dennoch wieder aufnahm, neue Studien anstellte und sich bemühte, das erste Kapitel, das sich außer einigen Bruchstücken allein erhalten hatte, aus dem Gedächtnis durch weitere Ausführungen zu ergänzen, da war er vollends ein anderer geworden: die Gefühle, die ihn einst zum Schaffen gedrängt hatten, waren fast ganz erloschen, und sein Auge für die

Schwächen und Fehler seiner jüdischen Landsleute hatte sich geschärft; das konnte nicht ohne Einfluß auf die neu zu schreibenden Abschnitte im zweiten und dritten Kapitel bleiben.

Auf der Königlichen Bibliothek in Paris, in der Heine viel und gern arbeitete, ließ er sich zunächst, wie seine Auszüge beweisen, die „Vita Abarbanelia" noch einmal aushändigen, und wir können daraus erkennen, daß ihm die spanische Fortsetzung des Romans weiterhin zu denken gab. Vermutlich benutzte er auch noch einmal die „Limburger Chronik". Vor allem aber wurde ein Buch für ihn von sehr großer Bedeutung, das er in Göttingen noch nicht herangezogen hatte, die „Geschichte der Stadt Frankfurt" von Anton Kirchner (Frankfurt am Main 1807, 2 Bde.). Die Darstellung des Frankfurter Lebens, die Heine im zweiten Kapitel seines Romans gibt, lehnt sich in fast allen Einzelheiten an dieses Werk von Kirchner an, teilweise sogar wörtlich. Doch schrieb er sich auch manches auf, was er nicht verwerten konnte, z. B. die Namen der Bürgermeister der Stadt, die unmittelbar vor der Zeit, die Heine schildert, im Amt waren. Über diese Zeit gab er sich klarste Rechenschaft: die Handlung spielt im Jahre 1489. Drei Jahre später folgte dann das große spanische Blutbad. Da Heine ohne allen Zweifel von vornherein daran gedacht hat, entsetzliche Vorgänge mit in den Kreis seiner Darstellungen einzubeziehen, und da er an diesem Plan auch jetzt noch festhielt, wie die Beschäftigung mit der „Vita Abarbanelia" beweist, erkennen wir deutlich, wie weit er den Rahmen zu spannen beabsichtigte. Aber auf Kirchner allein fußt seine Schilderung von Frankfurt nicht; Heine muß auch noch einige ältere Papiere aus seiner Göttinger Zeit in Händen gehabt und verwertet haben. Vor allem aber schöpfte er aus seiner eigenen Kenntnis der Frankfurter Judengasse und eines nicht ganz kleinen Kreises von Frankfurter Bekannten jüdischen Glaubens. Die Namen Ochs, Rindskopf, Flörsheim, Fläsch, Strauß, Reiß, Schnapper, Jäckel, und wie sie alle heißen, waren samt und sonders im Frankfurt von 1840 vertreten, und über die ergötzlichste Gestalt von allen, Herrn Stern, genannt der „Nasenstern", einem Verwandten Rothschilds, hat er sich noch an mehreren anderen Stellen seiner Schriften lustig gemacht. Die Schilderungen, die Heine hier im zweiten Kapitel seines Werkes gibt, berühren sich sehr stark mit denen in seinem gleichzeitig geschriebenen Werk über Börne, und das Urteil über jüdische Verhältnisse und jüdische Menschen ist in beiden Werken genau das gleiche. Dagegen weicht es vollständig ab von dem des ersten Kapitels, in dem noch Liebe und Bewunderung zu Worte kamen. Hier im zweiten häufen sich die versteckten und offenkundigen Boshaftigkeiten, und an einer Stelle verirrt Heine sich sogar in den Ausspruch: „das grinsende, feuchte Volk, das dort herumschachert, wahrlich, es ist Ungeziefer mit Menschenantlitz."

Es kann nicht verwundern, daß Heine bei so vollständiger Umbiegung seiner Lebensanschauungen, insbesondere seiner Urteile über die Juden, auch in der Fortführung der im ersten Kapitel angesponnenen Handlung recht unsicher ist, und daß sich der gepflegte, einschmeichelnde Stil, über den er jetzt verfügt, von der beängstigenden Fülle der Göttinger Anfänge in jeder Hinsicht unterscheidet.

Die vielen Einzelheiten, auf die wir hinweisen können, sind jedoch nur Auswirkungen jener großen, alles umfassenden Wandlung, die Heines inneres Leben im Verlauf der sechzehn Jahre, mit denen wir es hier zu tun haben, erfahren hatte. In seinem Buch über Börne hat er uns dieses Letzte mit einer Deutlichkeit erschlossen, die nichts zu wünschen übrigläßt. Er deckt den Gegensatz zwischen Hellenen und Nazarenern auf, von denen die einen alle Lust dieses irdischen Lebens heiter und dankbar in sich einsaugen, während die andern in trüber Entsagung, unfähig zum Genuß, nur dem Ewigen und Geistigen zugewandt bleiben. Dieser Gegensatz hatte Heine schon in jungen Jahren beunruhigt, schon als er in Göttingen den „Rabbi" entwarf. Damals aber hatte er noch keine entscheidende Bedeutung für sein inneres Leben gefunden, und Heine hatte sich vor allem noch nicht wie jetzt fraglos und bestimmt für das Hellenentum entschieden. Als einen Vertreter dieser Anschauungsweise führt er jetzt den jungen Ritter Don Isaak Abarbanel ein, das unverkennbare Abbild seiner selbst. Das ist nicht mehr derselbe getaufte Jude, wie er dem Dichter ursprünglich, in seiner Göttinger Zeit, vor Augen geschwebt hatte; es ist kein Mensch, der sich seiner Unterwerfung unter den Glauben der herrschenden Klasse im Grunde seiner Seele schämt, kein Mensch, der sich aus „Luxusübermut" hat taufen lassen; sondern er ist ein Mann, der sich aus Überzeugung über den Gegensatz von Christentum und Judentum erhebt. „Ja, ich bin ein Heide", so ruft Don Isaak aus, „und ebenso zuwider wie die dürren, freudlosen Hebräer sind mir die trüben, qualsüchtigen Nazarener". Unter den Hebräern sind natürlich die Juden, und unter den Nazarenern die Christen zu verstehen. Beide werden jetzt von Heine als rückständig abgelehnt; der Gegensatz zwischen beiden, der ihn früher bis ins Innerste der Seele bewegte, ist ihm gleichgültig geworden; er tritt nicht mehr auf als ein leidenschaftlicher Verteidiger der jüdischen Sache. Selbst die religiösen Verrichtungen der Juden werden in bedenkliche Beleuchtung gerückt; der eine hüpft „wie ein Floh bei dem dreimaligen Worte Heilig", oder schlappt verblödet, wie er ist, „ohne ein Wort zu reden, nach einem Winkel hinter dem Tor, beständig Gebete vor sich hinmurmelnd"; ein anderer würde die Geschichte von der Opferung Isaaks, die eben vorgelesen wird, noch einmal anhören, selbst wenn er sie schon dreiunddreißigmal hätte anhören müssen; und in der Frauenschule der Synagoge geht es auch recht sonderbar zu. Wie ganz anders klangen doch die Schilderungen des ersten Kapitels! Auch in dem gewiß sehr ernst gemeinten Lob auf die jüdische Küche wird man kaum eine Schmeichelei erblicken können, die man mit Ernst hinnehmen dürfte.

So ist es dann nur allzu leicht zu verstehen, daß Heine im Jahre 1840 bei dem Versuch einer Erneuerung seines Romans bald erlahmte und stecken blieb; er konnte nicht weiterarbeiten, weil es ihm jetzt durchaus an jener Wärme und Begeisterung fehlte, ohne die der Dichter nicht schaffen kann. Wäre er statt im Jahre 1840 etwa zehn Jahre später an die Aufgabe herangetreten, der er jetzt nicht gewachsen war, so hätte er sie vermutlich ganz anders gelöst; denn er hatte inzwischen abermals eine große Wandlung erfahren: dem todkranken Dichter der elenden Pariser Matratzengruft war das Verständnis für griechische Sinnenfreudigkeit verloren gegangen, und in endlosen bangen Nächten beglückte und begeisterte ihn aufs neue der „Gottgedanke Judäas". Diese Wandlung ist dem „Rabbi" nicht mehr zustatten gekommen.

12. Salon IV: „Über die französische Bühne"

Die alten Erfahrungen, daß die Bücher, gleich den Menschen, vom Schicksal recht ungleich behandelt werden, daß die einen eine lustige Weltfahrt antreten und überall freundliche Aufnahme finden, während die andern, auch wenn sie es nicht verdienen, als Stiefkinder zurückstehen müssen: diese alte Erfahrung bewahrheitet sich auch bei manchen Werken Heinrich Heines. Der vierte Band des „Salons" gehört zu den Stiefkindern des Glücks; er ist besser als sein Ruf; er war, wie Heine selbst sagte, das fromme Lamm, das gleichzeitig mit dem brüllenden Löwen, dem Buch über Börne, im Jahre 1840 erschien und von diesem nicht etwa mit fortgerissen, sondern vollständig überschrien wurde. „Der Rabbi von Bacherach", mit dem es beginnt, ist inzwischen längst in seinem großen Wert erkannt worden; die auf ihn folgende Abteilung von Gedichten wurde bald in eine der lyrischen Sammlungen Heines, in die „Neuen Gedichte", eingereiht, und konnte deshalb an ihrer ursprünglichen Stelle nicht mehr viel Beachtung finden; doch waren prächtige Stücke darunter, z. B. das Lied „Anno 1839", „O Deutschland, meine ferne Liebe", „Die Nixen", „Bertrand de Born" und vor allem „Ritter Olaf". Lange nicht nach Gebühr gewürdigt wurde längere Zeit, fast kann man sagen bis heute, die umfangreichste Schrift des Bandes, „Über die französische Bühne". Sie wurde 1837 von Heine verfaßt und besteht aus zehn Briefen, die er für seinen Freund August Lewald, einen sehr betriebsamen und damals vielgeschätzten Schriftsteller, schrieb und zur Aufnahme in dessen „Allgemeine Theaterrevue" bestimmte. Lewald äußert sich ganz begeistert über die Arbeit, die ihm im September 1837 zugesandt wurde, und auch der Verleger Cotta war „entzückt" darüber.

In der Tat können wir solche Aufnahme im engeren Kreise wohl verstehen, denn es handelt sich um eine der leichtesten und anmutigsten Schriften unseres Dichters. Nur muß man nicht etwa eine gelehrte Untersuchung erwarten, die mit strenger Miene einherschreitet und nach wohlerwogenen Grundsätzen ihr Urteil spricht über die neuere Bühnenkunst der Franzosen; nein, es ist ein Bericht, der sich mit betonter Absicht in schlichtem Plauderton ergeht. Aber hinter dieser leichten Gebärde steckt ein tief und weitdringender Sinn und oft ein sichtlich bewegtes Herz.

Einem schon mehrmals erprobten Verfahren folgend, ordnet Heine das künstlerische Geschehen ein in den großen Zusammenhang des Lebens, in diesem Falle in den großen Zusammenhang der französischen Kultur des ersten Jahrzehntes nach der Juli-Revolution. Zwar hält Heine an dem Gedanken fest, daß die Kunst ein Reich für sich bilde und daß sie vor allem weder politischen noch religiösen Zwecken des Lebens dienstbar gemacht werden solle; doch er weiß, daß die Fäden sich herüber und hinüber spinnen, und daß dieselben Kräfte des Geistes, die das Leben aufbauen, auch im Reiche der Kunst wirksam sein müssen. Von diesem Standpunkt aus würdigt er, ähnlich wie schon ein paar Jahre vorher in den „Französischen Zuständen" und in den „Französischen Malern", das öffentliche und das Familienleben der Franzosen, um ihre Dichtung, insbesondere ihre Bühnendichtung, besser zu verstehen. Dabei äußert er sich wiederholt in so scharfem Ton, daß man Heine, den erklärten Freund der Franzosen, kaum wiedererkennt. Wie erscheinen doch hüben und drüben, bei den Franzosen und den Deutschen, Frauen und Liebe in so ganz abweichenden Gestalten! So schreibt er:

Bei uns in Deutschland wie auch in England und anderen germanischen Ländern gestattet man den Mädchen die größtmögliche Freiheit, verehelichte Frauen hingegen treten in die strengste Abhängigkeit und unter die ängstliche Obhut ihres Gemahls. Hier in Frankreich ist, wie gesagt, das Gegenteil der Fall, junge Mädchen verharren hier so lange in klösterlicher Eingezogenheit, bis sie entweder heiraten oder unter strengster Aufsicht einer Verwandten in die Welt eingeführt werden. In der Welt, d. h. im französischen Salon sitzen sie immer schweigend und wenig beachtet; denn es ist hier weder guter Ton, noch klug, einem unverheirateten Mädchen den Hof zu machen.

Das ist es. Wir Deutsche, wie unsere germanischen Nachbarn, wir huldigen mit unserer Liebe immer nur unverheirateten Mädchen, und nur diese besingen unsere Poeten; bei den Franzosen hingegen ist nur die verheiratete Frau Gegenstand der Liebe, im Leben wie in der Kunst.

Das französische Liebesleben ist von dramatischer Leidenschaft erfüllt, und dementsprechend gestalten sich die Bühnenstücke; von der stillen Heimlichkeit des deutschen Traumlebens haben unsere Nachbarn jenseits der Vogesen keine Ahnung; insbesondere begreifen sie jene Gefühlsweise der Deutschen nicht, die nur ein Gestern und Morgen, aber kein beherztes Heute kennen. In ihrer Dichtung herrscht neben der oft rasenden und tobenden Leidenschaft „jene unklare Empfindsamkeit, welche wir Sentimentalität nennen"; die Verbindung von Materialismus und Sentimentalität ist für sie bezeichnend; in ihrem Liebesleben und in ihren Liebesschauspielen dreht sich alles nur um den Ehebruch. So schreibt Heine:

Täglich steigert sich meine Angst über die Krisen, die dieser soziale Zustand Frankreichs hervorbringen kann; wenn die Franzosen nur im mindesten an die Zukunft dächten, könnten sie auch keinen Augenblick mit Ruhe ihres Daseins froh werden. Und wirklich freuen sie sich dessen nie mit Ruhe. Sie sitzen nicht gemächlich am Bankette des Lebens, sondern sie verschlucken dort eilig die holden Gerichte, stürzen den süßen Trank hastig in den Schlund und können sich dem Genusse nie mit Wohlbehagen hingeben.

An einer Stelle, die Heine allerdings später gestrichen hat, macht er auf die innere Hohlheit des ganzen damaligen öffentlichen Lebens in Frankreich, auf die „ungefirnißte Roheit" der neuen Geldritterschaft in sehr grellen Worten aufmerksam.

Heine gibt eine Übersicht über die Pariser Schauspielhäuser, er verweilt etwas länger bei der Kunst des Théâtre Français, die ihm freilich in mancher Hinsicht veraltet erscheint: Corneille und Racine haben nach seiner Ansicht kein Anrecht mehr auf die Bühne der Gegenwart. Dann wendet er sich einer genaueren Besprechung der Stücke von Victor Hugo und Alexandre Dumas zu, und namentlich seine Worte über Hugo sind feinsinnig und bedeutend. Zwar klingen sie viel günstiger als andere aus etwas späterer Zeit, jedoch ist oft, bei aller Anerkennung, bereits ein geheimer Widerwille gegen den vielgerühmten Meister zu erkennen. Natürlich weiß auch Heine die Kunst Dumas' in gebührendem Abstand von dem viel größeren Zeitgenossen zu halten, aber seinem „Edmond Kean", dem großen Reißer, gewinnt er doch ein wenig Geschmack ab. Einigen Schauspielern spendet Heine Lob; besonders Bocage und Lemaître werden freundlich behandelt, und über die Unterschiede der französischen, englischen und deutschen Deklamation stellt er teils treffende, teils drollige Betrachtungen an, in denen wohl ein gut Stück Wahrheit steckt. Was er über andere französische Bühnendichter, insbesondere über Mallefille, Rougemont und Bouchardy sagt, ist nicht eben erheblich; gerade in zwei Werken des letzteren werde, „wie in allen dionysischen Spielen des Boulevard, die Ehe als Sündenbock geschlachtet."

Wichtig und eindrucksvoll sind dagegen die Ausführungen Heines über die Große Oper in Paris. Über Rossini, dessen süße Melodien es ihm angetan haben, bringt er geistreiche Bemerkungen vor, und seine Kunst, die Leistungen der schöpferischen Geister immer in den großen Zusammenhang der Zeit einzuordnen, bewährt sich auch hier; Rossini ist ihm ein Vertreter des Geistes und der Stimmungen der Restaurationszeit. Ungleich bedeutender sind jedoch seine Ausführungen über Meyerbeer. Über diesen hat er sich oft ausgesprochen, wie er auch im Leben mancherlei Beziehungen zu ihm gehabt hat. Beziehungen, die später sehr getrübt wurden. Auch an anderen Stellen finden sich viele gute und kluge Bemerkungen über den Maestro; nirgends aber ist Heine so gründlich und liebevoll aufs Innerste des Mannes und Künstlers eingegangen wie hier. Er schildert ihn als Deuter der Zeit, als Vertreter des geschichtlichen Gesamtgeistes, der am besten in den mächtigen Harmonien, und weniger als Rossini in Melodien sich auslebt; er schildert ihn fernerhin in vielen Einzelzügen, verweist auf die Lebensumstände Meyerbeers, auf seinen Reichtum, seine bescheidene Lebenshaltung, seine Wohltätigkeit, seine inneren Hemmungen, seine Ängstlichkeit, seine unbedingte Hingabe an die Musik, seine körperlichen Gebrechen usw.; vermutlich wird der derart Beschriebene diese Ausführung nicht mit Behagen gelesen haben, so unbedingte Huldigungen auch Heine den Werken des Meisters entgegenbringt. Dieselbe Kunst der rückhaltlosen Darstellung bekundet Heine auch bei Ausführung des Charakterbildes von Franz Liszt, wenngleich er über diesen Komponisten an anderer Stelle vielleicht noch Geistreicheres gesagt hat. Übrigens war Liszt nicht damit einverstanden, daß sein Inneres derart von einem anderen aufgedeckt werde. Heine hatte auf Liszts Entwicklungsgang aufmerksam gemacht; er hatte Geheimnisse erschlossen, über die Liszt selbst gern mit Schweigen hinweggegangen wäre; so entschloß er sich, gegen Heine eine Erklärung zu veröffentlichen, in der er ihn, kurz gesagt, der Taktlosigkeit bezichtigte. Und doch, welch glänzende Anerkennung brachte Heine dem unvergleichlichen Künstler entgegen! Wie stechen diese Worte ab von denen, die Heine für andere Männer der Kunst und des Bühnengetriebes aufbringt! Man lese nur, was er über Veron und über Duponchel, die Direktoren der Großen Oper schreibt! Da erkennt man so recht die aufgeblasene Geistlosigkeit der Pariser Kunstförderer, jene Geistlosigkeit, unter der wenige Jahre später Richard Wagner so bitter zu leiden hatte und die ihn an den Rand des Abgrunds brachte!

Wohin man blickt: viele wertvolle Beobachtungen und treffende Beurteilungen hat Heine in den Briefen „Über die französische Bühne" zusammengetragen. Dennoch gewinnt man niemals den Eindruck, daß er uns belehren oder aufklären will; vielmehr ergeht er sich in so harmlosem Plauderton, schweift unablässig vom Pfade der schönen Gedankenordnung ab und gibt so viele tolle Geschichten in übermütiger Laune zum besten, daß man zunächst an den Ernst und die Bewußtheit seiner Kunst nicht recht glauben mag. Man mache sich aber einmal die Mühe, diese scheinbar verworrenen Gebilde seines Stils aufzudröseln und zu verstehen, und man wird erstaunt sein, wie viel kluge Absicht in alledem zu erkennen ist. Wenn wir uns lediglich an Heines scharfen Beobachtungen über Völker und Zeiten, über Liebe und gesellschaftliches Leben, über Ziele und Aufgaben der Kunst und ihr Verhältnis zur Zeit, über allgemeine Strömungen des künstlerischen Lebens und einzelne Personen erfreuten, und dies alles dürfen wir ihm nachrühmen — so genossen wir doch immer nur einen Teil der Vorzüge seiner Schrift. Tatsächlich befriedigt sie uns noch durch ganz andere Eigenschaften, die an sich weniger wertvoll sein mögen als die erwähnten, die jedoch in Verbindung mit ihnen Bedeutung gewinnen. Es sind die mannigfaltigen Vorzüge seines Stils sowie sein durchschlagender, launiger Witz. Ein wichtiges Stilmittel sind die unerwarteten, gelegentlich geradezu dreisten Abschweifungen vom Wege. Schon der Anfang ist seltsam: Die Darstellung über die französische Bühne beginnt mit einer Schilderung der Vertreibung des Winters durch die neckischen Kräfte des neuen Frühlings. Alte, viel besungene Freuden des Lebens werden mit köstlicher Frische neu gestaltet! Man nimmt es hin und denkt wohl, vermutlich habe der Dichter dies gerade vor Augen gehabt, als er die Abhandlungen niederschrieb, und so seien ihm seine Schilderungen fast unwillkürlich aus der Feder gelaufen. Doch das trifft nicht zu: Heine hat die Briefe nicht, wie er angibt, „auf einem Dorfe vor Paris" geschrieben, sondern in Granville am Meer; die Schilderung des Lebens auf einem Dorf in der Nähe von Paris hält, wie man bisher immer angenommen hat, Eindrücke fest, die Heine ein volles Jahr früher, von Mai bis Juli 1836, in dem Dorf Coudry bei Le Plessis, an der Straße nach Fontainebleau, gewonnen hatte. Wenn Heine sich den Anschein gibt, an Erlebnisse anzuknüpfen, die er tatsächlich unmittelbar gar nicht erfahren hat, so regt das die Frage an nach dem Warum. Sie ist nicht allzu schwer zu beantworten: die freie unverfälschte Natur soll den Gegensatz bilden zu den mancherlei Verderbnissen und Verbildungen im gesellschaftlichen Leben und in der Kunst der Franzosen. Daher greift Heine auf die Darstellung der bäuerlichen Unbefangenheit auch später noch gelegentlich zurück. Vor allem aber sollen solche Spiele der Gedankenfolge den Eindruck des zwecklosen Schweifens erwecken, das den Gegenteil bildet zu nüchtern strenger Folge. Auch wenn Heine wiederholt darauf hinweist, daß sein Geist traumbefangen und müde sei, so weiß man, was er damit sagen will: Der wache Verstand soll ihm nichts anhaben, soll sein Gemüt nicht einengen! Und nun gibt er wirklich manches von den Träumen wieder, die ihm durch die Seele ziehen, darunter ein ergreifendes Bekenntnis vom verklingenden Schmerz über den Verlust von Therese! Seltsamer ist es schon, wenn ihn die Frage nach dem entlarvten Scharfrichter, der Karl I. köpfte, nicht zur Ruhe kommen läßt; freilich hatten ihn solche Bilder und Vorstellungen schon öfter beschäftigt.

Bei anderen Gelegenheiten ist es wohl bloß die Lust zu fabulieren, die ihn etwas vom Wege lockt: die Geschichte von Raupach und dem Berliner Zahnarzt ist etwas lang ausgesponnen und nicht sehr gewichtig. Aber belustigend ist sie sehr. Höchst erheiternd, zugleich mit dem Vorzug der Kürze, ist eine andere Stelle. Heine hat sich dazu gezwungen, die recht unbedeutenden Stücke der Herren Mallefille, Rougemont und Bouchardy zu besprechen; er hat es getan, weil alle Welt damals davon sprach und weil er unmöglich darüber schweigend hinweggehen konnte. Aber nun fällt ihm ein, daß er ja noch manche andere hätte erwähnen müssen; doch das bringt er nicht übers Herz; so schreibt er:

Auch habe ich nur die Stücke gesehen und gleich vergessen und mich nie danach erkundigt, wie die Autoren hießen. Zum Ersatz aber will ich die Namen der Ennuchen mitteilen, die den König Ahasverus in Susa als Kämmerer dienten; die hießen Mehuman, Bistha, Harbona, Bigtha, Abgatha, Sethar und Charkas.

Wer Witz versteht, lacht auf; und zugleich wundert man sich, was dieser verschmitzte Bibelkenner alles gegenwärtig hat! Den Witz, Fétis den Jüngeren als „Foetus" zu bezeichnen, wird er wohl von anderen übernommen haben, denn er liegt bei französischer Aussprache recht nahe. Die Schilderung des Herrn Duponchel jedoch, den man eher für einen Aufseher des Père Lachaise als für den Direktor der Großen Oper halten würde, wird Heine selbst gefunden haben, und von Duponchels Vorgänger, dem Herrn Veron, heißt es:

Wie er als Apotheker eine vortreffliche Mixtur für den Husten erfunden hat, so erfand er als Operndichter ein Heilmittel gegen die Musik . . . Der große Veron und das große Publikum verstanden sich: jener wußte die Musik unschädlich zu machen und gab unter dem Titel „Oper" nichts als Pracht- und Spektakelstücke; dieses, das Publikum, konnte mit seinen Töchtern und Gattinnen in die Große Oper gehen, wie es gebildeten Ständen ziemt, ohne vor Langerweile zu sterben.

Zu alledem kommt auch in dieser Schrift eine Wortwahl, die immer wieder überrascht, ein geistreiches Spiel der Beseelungen, der Bilder und Vergleiche, der kühnen Gegenüberstellungen, der verblüffenden Beiwörter und kühnen Zusammensetzungen, wie es keiner so versteht wie Heine. Tatsächlich sind auch diese Briefe „Über die französische Bühne" ihres Verfassers würdig; ihre leichte Zierlichkeit verrät viel von der kecken Frische jener Jahre, als sich Heine in ungebundener Lebensfreude erging und sich allmählich dem „Zenith seines Fettes" näherte, jener Jahre, als er nur aus der Ferne das Grollen heranziehender Gewitter vernahm.

Eine bis heute übersehene Beobachtung in Verbindung mit Heines Berichten „Über die französische Bühne" soll nicht unerwähnt bleiben. Detmold war von Oktober 1836 bis Juli 1837 in Paris und fast ständig mit Heine zusammen. Beide hatten verschiedene gemeinsame literarische Pläne im Sinn, die sich allerdings sämtlichst zerschlugen. Außerdem schrieb Detmold für die deutschen Zeitungen nicht nur Berichte über den Pariser „Salon", die er später veröffentlichte, sondern auch Berichte über das Pariser Theater, das er mit Heine zusammen so fleißig besucht hatte. Doch das Honorar, das man Detmold für diese Theater-Berichte bot, war so lächerlich gering, daß Heine ihm das Manuskript aus der Hand nahm mit der Versicherung, daß er ihm dafür ein besseres Honorar verschaffen würde. Als ihm dies nicht gelang und Detmold sich in großer Geldnot befand, überließ er Heine wahrscheinlich das Manuskript für eine angemessene Vergütung. Heine nahm es mit nach Granville und wertete es für sein eigenes Werk „Über die französische Bühne" aus. Detmold, der erwartet hatte, Heine würde die Berichte so, wie er sie ihm übergeben hatte, veröffentlichen, schrieb am 7. Januar 1838, bevor er das gedruckte Werk zu Gesicht bekommen hatte, an Heine: „Mit Sehnsucht sehe ich meinem Aufsatz von Ihnen in der Theater-Revue entgegen." Als er dann aber zwei Monate später, am 9. März 1838, die gedruckten Berichte zu lesen bekam, war er nicht wenig überrascht, eine ganz neue Bearbeitung seines eigenen Manuskripts zu erblicken. Er schrieb an Heine: „An Sie habe ich nun freilich oft und viel gedacht und auch tausendmal mich mit Ihnen im Geiste unterhalten, einmal auch besonders lebendig, als ich in Lewalds Theater-Chronik Ihre Briefe las, in denen Sie unsere unglücklichen Theaterabende so schön exploitiert haben". Diese Beobachtung würde erklären, warum die Berichte in einem Vorort von Paris abgefaßt wurden, was wohl für Detmold, aber nicht für Heine zutraf, ebenso manche Äußerungen, die zu den damaligen Ansichten Heines durchaus nicht paßten, z. B. der recht unfreundliche Ton gegen das öffentliche Familienleben der Franzosen, sowie der Ausfall gegen die „ungefirnißte Roheit" der neuen Geldritterschaft, die von Heine in der Buchausgabe gestrichen wurde. Hier haben wir es wahrscheinlich mehr mit den Anschauungen Detmolds als mit denen Heines zu tun.

13. „Ludwig Börne"

Die äußere Geschichte von Heines Buch über Börne läßt sich leicht überschauen, denn es sind grelle Tatsachen, von denen zu berichten ist, giftige Verleumdungen, böser Klatsch, ein abscheulicher Federkrieg, schließlich ein Kampf mit den Waffen; ein nicht erfreulicher Widerruf Heines in Nebendingen; kein Ausgleich, kein Abschluß, kein Ende. Dieser Federkrieg ist leider stets recht einseitig zugunsten Heines und auf Kosten Börnes bewertet worden.

Die Betrachtung dieses merkwürdigen Buches darf jedoch bei der Ermittlung der äußeren Tatsachen nicht enden, sondern muß versuchen, den Hintergrund des wilden Spieles aufzudecken. Dabei wird man feststellen, daß es sich letztlich um Dinge handelt, die über Börne und seinen ganzen Klüngel weit hinausweisen.

In gewisser Hinsicht läßt sich der neue Kampf mit demjenigen vergleichen, den Heine zehn Jahre zuvor gegen den Grafen Platen ausgefochten hatte. Auch diesmal kam die entscheidende Herausforderung von Seiten des Gegners, und auch diesmal ließ sich Heine in der Hitze des Gefechts zu unbedachten Äußerungen hinreißen, die ihm das Spiel verdarben und seinen Gegnern ein Recht gaben, Zeter und Mordio zu schreien; war es damals der Hinweis auf Platens unnatürliche Neigungen zu Personen seines eigenen Geschlechts, so diesmal der auf das nach Heines Geschmack unbegreifliche Dreiecksverhältnis von Börne, Salomon Strauß und Frau Wohl-Strauß. Noch heute erschrickt man über Heines niederträchtige Angriffe.

Börne und Heine waren sich zuerst im Herbst 1827 in Frankfurt und dann wiederholt in Paris begegnet, wie ja Heine in seinem Buche sehr genau mitteilt. Doch bald trat eine innere Entfremdung der beiden ein, wenngleich die äußeren Beziehungen nicht sofort abgebrochen wurden. Als aber Börne am 25. Februar 1833, im 6. Bande seiner „Briefe aus Paris", seine Besprechung von Heines „Französischen Zuständen" veröffentlichte, zerschnitt er bereits das Tischtuch, und als er im Mai 1835 seine Verurteilung von Heines zweibändigem Werk „De l'Allemagne" folgen ließ, war die tödliche Feindschaft besiegelt. Gleichwohl war alles, was er hier sagte, verhältnismäßig zahm und sachlich, ohne persönliche Gehässigkeit vorgebracht. Der Bruch zwischen zwei der besten Journalisten der Zeit war, wie die „Literarischen Geheimberichte aus dem Vormärz" besagen, am 10. September 1834 schon so weit gediehen, daß Börne jede weitere Berührung mit Heine vermied, so lesen wir: „Börne wollte bei dieser Versammlung nicht erscheinen, da er mit Heine in bitterer literarischer Feindschaft lebt und Heine als unzuverlässig darstellen will." Doch warum wurde Heine von Börne als ,unzuverlässig' bezeichnet, nachdem sie beide in enger Gemeinschaft verschiedene Jahre für dieselbe Sache gewirkt und zugleich gegenseitige innere Achtung voreinander gehabt hatten? Was war geschehen, um diesem persönlichen Verhältnis ein so jähes Ende zu bereiten?

Im Juli 1833 wurde Heine auf Veranlassung der Rothschilds von der französischen Regierung mit einer jährlichen Pension von 4800 Franken bedacht, an der die Bedingung geknüpft war, daß er sich jeder politischen Tätigkeit enthalte. Ganz im Einklang damit berichtet ein anderer Geheimbericht vom 12. April 1834:

Aus guter Quelle weiß ich, daß der bekannte Schriftsteller Heine . . . sich von diesen unsauberen jakobinischen Gesellen losgesagt, und seinen Feunden, die sein Talent einer besseren Anwendung würdig halten, feierlich versprochen hat, sich von der Politik fern zu halten. Wahrscheinlich findet er nicht mehr seinen Vorteil dabei! Die Bekehrung mag nun sein, welche es wolle, so ist doch nicht unwichtig, daß er sich zurückzieht, da er wohl der allertalentvollste Schriftsteller in jener Gattung ist.

Mit den jakobinischen Gesellen sind zweifellos Börne und sein Kreis gemeint. Heines automatische Umstellung und sein Bruch mit der gemeinsamen Sache mußte Börne natürlich auffallen — nicht nur aber diese politische Teilnahmslosigkeit, sondern auch seine persönliche Lebensweise. Der ehemalige Gefährte gab sein Geld viel freier aus, hielt sich eine ständige Maitresse, und ging mehr und mehr im Umgang mit der Demi-Monde auf, was sich an Heines äußerlicher abgelebter Erscheinung deutlich bemerkbar machte. Börne beobachtete Heine zunächst nur, wie er, durch die ihm angetragene Pension bestärkt, den finanziellen Wert seiner Feder erkannte und dies mit überheblichem Benehmen sichtlich zum Ausdruck brachte. Über den von ihm nicht gebilligten Lebenswandel brachte Börne sicherlich seinen Freunden gegenüber Verwunderung, Besorgnis und Befürchtung zum Ausdruck; und Heine erfuhr auf Umwegen, welch schlechte Meinung Börne sich von ihm gebildet hatte. Diesen ganzen politischen und moralischen Entwicklungsgang Heines, über den sich auch andere Zeitgenossen ähnlich geäußert haben, legt er nun in seinen Privatbriefen an Frau Wohl-Strauß nieder, deren Veröffentlichung natürlich nie geplant war. Börne befürchtete mit Recht, Heine habe sich an die französische Regierung verkauft, ohne es jedoch beweisen zu können; Heine wiederum hatte sich dem ehemaligen Freunde zu offen anvertraut, ohne zu wissen, wie umfassend Börne sich einmal über seine leichtsinnige Lebensweise äußern würde. Als dann der dritte Band der „Briefe aus Paris" erschien, waren alle Stellen, die gegen Heine gerichtet waren, sorgfältig entfernt worden; Börne und Frau Wohl-Strauß handelten also höchst ehrenhaft, und man kann sie keiner boshaften Intrigen bezichtigen, wie es die voreingenommenen Heine-Biographen bis jetzt leider stets getan haben. Daß jeder öffentliche Vergleich Börnes mit Heine zu dessen Ungunsten ausgehen mußte, ist selbstverständlich und entsprach vollkommen dem Empfinden und den Anschauungen der Zeit. Ein Angriff Heines auf Börne zu dessen Lebzeiten wäre literarischer Selbstmord gewesen. Doch kaum war Börne im Februar 1837 gestorben, da hieß es drei Monate später in den „Geheimberichten": „Heine findet sich durch Börnes Tod aus seiner seitherigen Lethargie aufgerüttelt", d. h. er spitzte die Feder zur Abrechnung mit Börne.

Heine wußte nicht, welches belastende Material gegen ihn der Frau Wohl-Strauß zur Verfügung stand: Über die französische Pension konnte sie nichts Bestimmtes wissen, allenfalls konnte sie ihm seine leichtsinnige Lebensweise vorwerfen. So ging Heine zum Angriff über. Börne, dem Nazarener, setzte der Hellene Heine nun, und das konnte seine Wirkung nicht verfehlen, die Moral oder besser Unmoral der Frau Wohl-Strauß entgegen, indem er sie in einem Dreiecksverhältnis zu Börne und Strauß öffentlich an den Pranger stellte. Auf diese Weise glaubte Heine, die gefährliche Gegnerin entwaffnet zu haben, denn eine so abgestempelte Frau würde es nie und nimmer wagen, den fragwürdigen Lebenswandel eines anderen anzugreifen. Doch er hatte falsch kalkuliert. Die Gegner waren so empört über Heines Niederträchtigkeit, daß sie sich zu einem großen Schlage hinreißen ließen, der ihnen allerdings schließlich mehr Schaden als Nutzen bringen sollte. Noch im Jahre 1840 gaben sie bei Johann David Sauerländer in Frankfurt eine Schrift heraus unter dem Titel: „Ludwig Börnes Urteil über H. Heine. Ungedruckte Stellen aus den Pariser Briefen". Darin war nun alles restlos wiedergegeben, was Börne jemals in Augenblicken der Erregung über Heine geäußert oder niedergeschrieben hatte; es wimmelte von ehrenrührigen Vorwürfen gegen ihn: er habe keine Seele, nichts sei ihm heilig, er habe keinen Glauben, er sei grenzenlos eitel, gemeinliederlich, ein Spieler; er habe „ganz die jüdische Art zu witzeln" und opfere „einen Witz nicht bloß das Recht und die Wahrheit, sondern auch seine eigene Überzeugung auf"; Börne wirft ihm größte, elendeste Feigheit vor und gibt von seiner nur durch liederliches Leben entstandenen Erschöpfung eine halb lächerliche, halb abschreckende Schilderung. „Er ist so herunter, so morsch, so bettlägerig in seinem ganzen Wesen, daß ich mir immer im Stillen überlege, ob er mehr zu verachten oder mehr zu bedauern sei". Wiederholt erhebt Börne gegen ihn den Vorwurf der Bestechlichkeit. Das Interessanteste an der Sache ist aber dies, daß ihm Heine selbst diese „Tugend" eingestanden haben soll. „Wenn der Heine nur halb ein solcher Schuft ist, als er freiwillig bekennt, dann hat er schon fünf Galgen und zehn Orden verdient. Schon zwanzigmal gestand er mir, und das ganz ohne Not, dem Argwohn zuvorkommend, er ließe sich gewinnen, bestechen, und als ich ihm bemerkte, er würde aber dann seinen Wert als Schriftsteller verlieren, erwiderte er: Keineswegs, denn er würde gegen seine Überzeugung ganz so gut schreiben als mit ihr."

Man hat diese von Heine selbst provozierte Veröffentlichung von Börnes Äußerungen immer als grimmige Bären hingestellt, die der gute Börne sich hat aufbinden lassen. Das aber ist eine gar zu bequeme Erklärung. Verschiedene Berichte von Besuchern Heines besagen Ähnliches, und besonders die „Geheimberichte aus dem Vormärz" stimmen in fast allen Einzelheiten mit Börne überein. Darin wird von Börne stets mit Achtung gesprochen, Heines Charakter dagegen höchst ungünstig geschildert: „Heine schreibt meistens lediglich nur um Geld zu gewinnen", „Heine hält sich ganz zu den französischen Tagesliteratoren, macht ihnen den Hof und nennt Börne und seine Gefährten ‚Falstaff und seine Bande' ", „Heine selbst sehen und sprechen hören, ist unerträglich. Eine unausstehliche Physiognomie, eine plattere gemeinere Konversation ist unmöglich. Sein Körper und seine Rede hinkt". Man wirft ihm immer wieder „Eitelkeit", „Charakterschwäche", „Charakterlosigkeit", „Leichtsinn" und „Geschwätzigkeit„ vor; seine Unterhaltung sei „ohne Geist", er selber „ohne Charakter", „ohne Tatkraft" und sein „Liberalismus nur ein Relief für sein Talent, er kokettierte mit ihm wie mit Napoleon", „Grundsätze habe er nie gehabt". Sogar dafür, daß er sowohl für wie gegen seine Überzeugung gleich gut schreiben könne und würde, findet sich ein Beleg: „Heine hat gar keine Meinung und affektiert im konstitutionellen, so wie er morgen im absolutistischen und übermorgen im radikalen Sinne ebenso gewandt und glänzend verteidigen oder angreifen konnte. Heine ist ein moralisches und politisches Chämaleon." Diese Stellen aus den „Geheimberichten" und die zuerst **unterdrückten** Äußerungen Börnes decken sich völlig, so daß man an ihrer Wahrheit kaum noch zweifeln kann.

Interessant ist Campes Reaktion auf Börnes Äußerungen:

Genug, es ist eine grenzenlose Dummheit des Weibes, diese Briefe drucken zu lassen. Einmal sind Sie jetzt gerechtfertigt, gegen ihn aufzutreten; denn wer so über Sie berichten konnte, der verdient einen Buckel voll. Zweitens scheinen mir diese Briefe nicht echt. Börne schrieb konziser, gedrungener, prägnanter, kompakter. Ich habe noch Briefe von ihm über und gegen Sie liegen, die sind weit besser, schärfer und gewählter. Diese sind garnicht in seiner Weise. Dann werden Sie auf **eine** Weise geschildert, in Manieren und Wesen, wie ich Sie nie fand — und ein Bißchen Beobachtungsgabe habe ich auch. Genug Lüge über Lüge! so scheint es mir. Übrigens gratuliere ich Ihnen deswegen, daß diese Schrift gekommen ist.

Sie werden als ein durch und durch verhurter und in Venerie versunkener Laffe geschildert, der einen Spaßmacher, einen Witzbold vorstellt und am meisten selbst über seine Witze lacht, nur lacht und wieder lacht!

Sie müssen eine ganz andere Haut bekommen haben, eine Umformung Ihres ganzen Wesens müßte vorgegangen sein, die ich nicht kenne, wenn das Ihr Porträt wäre. Bosheit blickt aus allem heraus, das ist wahr, und nur ein gemeines, recht schmieriges, klebriges Weib kann so etwas erfinden; das könnte Börne nicht schreiben! Das ist meine ehrliche offene Ansicht über dieses so ärmliche bettelhafte Büchlein. Ich wiederhole meinen Glückwunsch deswegen.

Doch gegen Campes Äußerung wäre einzuwenden, daß in Heine wirklich eine „Umformung" seines ganzen Wesens vorgegangen war; außerdem waren die Stellen gegen Heine aus ihrem Zusammenhang gerissen und für eine neue Zusammenstellung zurechtgestutzt worden, was natürlich einen gewaltigen Unterschied im Stil zur Folge haben und worunter die für Börne so charakteristisch prägnante Form leiden mußte; und schließlich haben Frau Wohl-Strauß und ihr Freundeskreis es mit der Wiedergabe des Textes wahrscheinlich nicht eben genau genommen.

Im Juli 1840 trat das Buch, das Heine selbst als einen brüllenden Löwen bezeichnete, ans Licht der Öffentlichkeit. Während der Arbeit stand dem Dichter ein Freund beratend zur Seite: Heinrich Laube. Aber auch er erlag bis zu einem gewissen Grade dem Einfluß der Tagesstimmungen, die für Börne sehr günstig, für Heine sehr ungünstig waren, und auch er las vieles mit Kopfschütteln und Entsetzen; er sah klar voraus, daß das Werk einen Sturm der Entrüstung entfesseln werde. Um dem Schlimmsten vorzubeugen, empfal er dem Freunde, in dem Buch noch eine große Auseinandersetzung über die wichtigsten Fragen der Zeit einzurücken, gleichsam einen ‚Berg' anzulegen, der Heines alles überragende Weltanschauung erkennen ließe. Heine fand diesen Vorschlag sehr angemessen und wollte ihn befolgen; und wenn sich die beiden des Abends trafen, sagte Heine wohl: „Ich baue am Berg"; als aber Laube das Wunder besah, war er wenig einverstanden; der Berg bestand aus den Briefen aus Helgoland, die Heine im zweiten Buch eingefügt hat, und dieser Berg erschien ihm viel zu niedrig.

Der Gedankengang des Werkes über Börne, und wir denken dabei an das Ganze, nicht etwa nur an das zweite Buch, ist reich und gewichtig; auch dieses Werk gehört zu den großen Bekenntnisschriften Heines; hier erörtert er Fragen der Weltanschauung so klar wie kaum an einer anderen Stelle; hier werden Bilder und Vorstellungen formuliert, die in den späteren Abschnitten des „Rabbi von Bacherach" nachwirken und den „Atta Troll" in wesentlichen Teilen bestimmen. Und während Heine bisher einzig und allein von dem Gedanken beherrscht schien: „Der Feind steht rechts!" ging ihm jetzt die Ahnung auf, daß er auch wohl links stehen könne: daher die ungeheure Bewegung in seinem eigenen Lager.

Den großen Gegensatz von Weltflucht und Sinnenfreude, von „Spiritualismus" und „Sensualismus", wie er sich ausdrückte, hatte er bereits in seinen Werken über die „Romantische Schule" und „Zur Geschichte der Religion und Philosophie in Deutschland" zu leitenden Gedanken gemacht. Jetzt in dem Börnebuch griff er ihn wieder auf, um ihn noch feiner und besser als bisher zu prägen. Er versuchte, die geistige Eigenart seines Gegners dadurch blitzartig zu beleuchten, daß er ihm „nazarenische Beschränktheit" vorwarf. Das Wort war in der Tat sehr glücklich gewählt.

Ich sage nazarenisch, um mich weder des Ausdrucks ‚jüdisch' noch ‚christlich' zu bedienen, obgleich beide Ausdrücke für mich synonym sind und von mir nicht gebraucht werden, um einen Glauben, sondern um ein Naturell zu bezeichnen. ‚Juden' und ‚Christen' sind für mich ganz sinnverwandte Worte im Gegensatz zu ‚Hellenen', mit welchem Namen ich ebenfalls kein bestimmtes Volk, sondern eine sowohl angeborne als angebildete Geistesrichtung und Anschauungsweise bezeichne. In dieser Beziehung möchte ich sagen: alle Menschen sind entweder Juden oder Hellenen, Menschen mit asketischen, bildfeindlichen, vergeistigungssüchtigen Trieben oder Menschen von lebensheiterem, entfaltungsstolzem und realistischem Wesen.

Der Gedanke, in Börne den Nazarener und in sich selber den Hellenen darzustellen, tritt in dem Buch immer wieder zutage, und dieser Gegensatz zweier Menschentypen bleibt für Heines Denken wirksam bis in die Tage seines schweren Siechtums; noch 1855 kommt er in dem berühmten Gedicht „Für die Mouche" wunderbar und ergreifend zum Ausdruck. Gewiß war der Gedanke nicht eigentlich neu; er spielt schon in Hegels Geschichtsphilosophie eine Rolle, und Heine war Hegels begeisterter Schüler gewesen. Wer aber hatte damals diesen Gedanken der hellenischen Geisteskultur stärker und inniger auf sein Gefühl wirken lassen wie Heine? Wer hatte ihm einen gleich hinreißenden Ausdruck verliehen? Schon in der besonders glücklichen Entwicklung dieses einen fruchtbringenden Lieblingsgedankens von Heine offenbart sich die Bedeutung des Werkes. Der Berg, den Laube nicht zu finden vermochte, hier steht er vor uns; und wer ihn besteigt, wird von ihm aus einen weiten gewaltigen Ausblick genießen. Wer wüßte nicht, daß es Nietzsches Welt ist, in die von hier aus leicht das Auge vordringt.

Hegel hatte die Juden noch nicht wie Heine im Anschluß an bekannte Erscheinungen auf dem Gebiete der Kunst, als „Nazarener", sondern als „das Volk des Geistes" bezeichnet. „Das Volk des Geistes!" Wie vielfach mochte Heine dieses Wort bewegen. Über Judentum und Judenfrage hatte er sich schon in vielen seiner Werke, gründlich ausgesprochen, doch nirgends mit so großer Freiheit wie hier im „Börne". Der innere Gegensatz zwischen jüdischer und christlicher Religion, der ihn früher stark beschäftigte, bedeutet für Heine jetzt so gut wie nichts mehr; er war eben Hellene und stand abseits. Gleichwohl beschäftigte ihn die Gemeinschaft, der er von jung auf angehörte, unablässig, und die Gespräche mit Börne, der sich ebenso wie Heine ohne tieferen inneren Antrieb hatte taufen lassen, drehten sich begreiflicherweise viel um das Los, um die Geschichte und die Eigenart ihrer Stammesgenossen. Da nimmt nun Heine kein Blatt vor den Mund; die getauften und die ungetauften Juden werden gleich wenig geschont; es werden sehr grelle und harte Worte laut; manches wirkt ekelhaft, manches nur lächerlich wie etwa die Schilderung des aus dem „Rabbi" bekannten Herrn Nasenstern, der auf seine „delikate Positiaun" aufmerksam macht und in Todesangst ausruft: „Herr Berne, ich bitte Ihnen, sagen Sie das nicht weiter . . . ich hab' Grind . . . Ich hab' Grind!" Die jüdischen Bräuche, die ihm einst in den Tagen der Kindheit anziehend und beachtenswert erschienen waren, erwähnt er ohne große innere Anteilnahme: auch ihm spielt ein Lächeln um den Mund, wenn er von dem brüllenden Ochsen auf dem alten Frankfurter Judenfriedhof erzählt; die jüdische Sabbatspeise „Schaltet" erweckt ihm freilich recht angenehme Erinnerungen, ebenso wie dem Don Isaak im „Rabbi", und das jüdische Lampenfest, das zur Erinnerung an die Makkabäer gefeiert wird, will er mit Börne zusammen in Frankfurt erlebt haben; doch gibt er hier nur freie Ausschmückung, absichtlich mischt er Dichtung und Wahrheit; schließlich wollte er bei der Wanderung durch das Judenviertel der alten Reichsstadt auch des Würdigen und Schönen gedenken, das sich dem gläubigen Juden dort darbot. Im Gegensatz zu Börne urteilt Heine günstig über die Rothschilds, denen er schließlich tief verpflichtet war; er sucht die geschichtliche Bedeutung ihrer

Geldwirtschaft zu erklären und zu verteidigen. Alles in allem aber schwankt sein Urteil über die Juden hin und her.

In der Tat sind die Juden aus jenem Teige, woraus man Götter knetet; tritt man sie heute mit Füßen, fällt man morgen vor ihnen auf die Knie; während die einen im schäbigsten Kote des Schachers herumwühlen, ersteigen die andern höchsten Gipfel der Menschheit, und Golgotha ist nicht der einzige Berg, wo ein jüdischer Gott für das Heil der Menschheit geblutet. — Merkwürdige Erscheinung der grellsten Extreme! während unter diesen Menschen alle möglichen Fratzenbilder der Gemeinheit gefunden werden, findet man unter ihnen auch die Ideale des reichsten Menschentums.

Über Moses bringt Heine noch keine bedeutenden Betrachtungen vor wie später in seinen „Geständnissen"; der Bibel widmet er auch hier Worte begeisterter Anerkennung, denkt dabei aber fast immer ans Alte Testament und findet Geschmack selbst an recht fragwürdigen Geschichten, wie der von Dina und Sichem. Von Christi Passion spricht er, allerdings sehr kurz, aber mit Wärme; über die Dreieinigkeit äußert er sich mit geschmacklosem Spott; der christliche Himmel scheint ihm verödet, und bei den Worten: „der große Pan ist tot" denkt auch er, wie manche seiner Vorgänger, an den Gott der Christen.

Die Frage nach den Gründen und letzten Zusammenhängen des sittlichen Lebens beschäftigen ihn viel; es liegt ihm fern, die hergebrachten Urteile nachzuschwatzen; er, der Hellene, verlangt vor allem nach Offenheit und Wahrheit; er hat keinen Sinn für den „Reiz des geheimen Unterschleifs, der moralischen Konterbande"; ihm mißfällt die einseitige Betonung der geschlechtlichen Sittlichkeit. Er, dem man so gerne den Charakter absprach, grübelt nach über den letzten Sinn dieses Wortes und kann nicht begreifen, wie man die Begabung des Dichters mit seinem Charakter in Widerspruch setzen könne; denn Charakter ist immer innere Einheit, und er weiß, „daß ohne innere Einheit keine geistige Größe möglich ist, und daß, was eigentlich Charakter genannt werden muß, zu den unerläßlichen Attributen des Dichters gehört". „Kein Talent, doch ein Charakter!" — so spukt es noch belustigend nach im „Atta Troll".

Wahrscheinlich hätte man dem Dichter manche unerwarteten oder gar dreisten Äußerungen über religiöse und sittliche Fragen verziehen, wenn er nur in politischen Dingen eine zuverlässige Haltung eingenommen hätte. Aber in dieser Hinsicht stand es bei ihm besonders schlimm. Mit verblüffender Offenheit wies er auf die Gegensätze im freisinnigen Lager hin, während Börne auch den übelsten Männern sein Haus und sein Herz öffnete, wenn sie nur die eine Bedingung erfüllten, daß sie sich auflehnten gegen die herrschenden Gewalten. So erzählt er:

In der Rue de Provence . . . fand sich in seinem [Börnes] Salon eine Menagerie von Menschen, wie man sie kaum im Jardin des Plantes finden möchte. Im Hintergrunde kauerten einige deutsche Eisbären, welche Tabak rauchten, fast immer schwiegen und nur dann und wann einige vaterländische Donnerworte in tiefstem Brummbaß hervorfluchten. Neben ihnen hockte auch ein polnischer Wolf, welcher eine rote Mütze trug und manchmal die süßlich-fadesten Bemerkungen mit heiserer Kehle heulte. Dann fand ich dort einen französischen Affen, der zu den häßlichsten gehörte, die ich jemals gesehen; er schnitt beständig Gesichter, damit man sich das schönste darunter aussuchen möge. Das unbedeutendste Subjekt in jener Börneschen Menagerie war ein Herr Stern, der Sohn des alten Stern, eines Weinhändlers in Frankfurt am Main, der ihn gewiß in sehr nüchterner Stimmung gezeugt . . . eine lange hagere Gestalt, die wie die Schatten einer Eau de Cologne-Flasche aussah, aber keineswegs wie der Inhalt derselben roch.

Derartige Äußerungen erschienen unverzeihlich. Hier durfte sich der Unwille in die Brust werfen. Heine machte übrigens eine scharfe Unterscheidung zwischen den altdeutschen Freiheitshelden im Stile von Maßmann und Vater Jahn auf der einen Seite, und den neumodischen deutschen Jakobinern französischen Geschmacks auf der andern. Jene, die er dann bald darauf im „Atta Troll" zur Zielscheibe seines boshaften Witzes machen sollte, kommen am schlechtesten bei ihm weg. Die berühmte und verhängnisvolle Feier auf der Wartburg vom Jahre 1817 wird herabgesetzt gegenüber dem Hambacher Fest. Aber auch die neuesten Verkünder des Freiheitsgedankens, die deutschen Jakobiner, sind verdächtig. Gewiß war Heine hingerissen von der großen Bewegung der Juli-Revolution; im zweiten Buche unseres Werkes gibt er seiner flammenden Begeisterung Ausdruck. Aber diese Worte waren 1830 geschrieben worden: 1839 hätten sie sicherlich anders geklungen! Was hatte das Volk denn durch diese Staatsumwälzung erreicht? „Im Juli 1830", schreibt Heine, „erfocht es den Sieg für jene Bourgeoisie, die ebenso wenig taugt wie jene Noblesse, an deren Stelle sie trat, mit demselben Egoismus . . . Armes Volk! Armer Hund!" Und werden etwa andere, die noch weiter links stehen, das heiß ersehnte Heilmittel für den kranken Körper des Volkes finden?

Da kommen zunächst die Radikalen und verschreiben eine Radikalkur, die am Ende doch nur äußerlich wirkt, höchstens den gesellschaftlichen Grind vertreibt, aber nicht die innere Fäulnis. Gelänge es ihnen auch die leidende Menschheit auf kurze Zeit von ihren Qualen zu befreien, so geschähe es doch nur auf Kosten der letzten Spuren der Schönheit, die dem Patienten bis jetzt geblieben sind; häßlich wie ein geheilter Philister wird er aufstehen von seinem Krankenlager und in der häßlichen Spitaltracht, in dem aschgrauen Gleichheitskostüm, wird er sich all sein Lebtag herumschleppen müssen. Alle überlieferte Heiterkeit, alles Süße, aller Blumenduft, alle Poesie wird aus dem Leben herausgepumpt werden.

In unterdrückten Stellen seines Buches geht Heine gegen die „plebejischen Republikaner" noch viel schärfer vor.

Man könnte meinen, ein Mann, der sich in so vielfachem schroffem Gegensatz zu seinen Mitmenschen sah, müsse schließlich auf den Gedanken kommen, sich grollend zurückzuziehen und zu schweigen, zu schweigen wenigstens über das Elend des politischen Alltags. Welch weitere Wege standen ihm denn noch offen! Die Natur hatte ihn vor anderen bevorzugt: sie hatte im Schmerz ihm Melodie und Sprache verliehen, die tiefste Fülle seiner Not zu klagen; er hätte sich im Lied befreien können von Qual und Einsamkeit, und Unzählige hätten dem Dichter zugejubelt, die jetzt den unverständlichen und abtrünnigen Volksbefreier verabscheuten. Aber so zu handeln, war Heine außerstande. Schon einmal in den „Reisebildern" hatte er gesagt, an dem Ruhme des Dichters sei ihm wenig gelegen, jedoch solle man ein Schwert auf sein Grab legen, denn er sei ein braver Soldat gewesen im Freiheitskampf der Menschheit; und nun schrieb er:

Du meinst vielleicht, der höchste Ehrgeiz meines Lebens hätte immer darin bestanden, ein großer Dichter zu werden, etwa gar auf dem Kapitol gekrönt zu werden, wie weiland Messer Francesco Petrarcha . . . Nein, es waren vielmehr die großen Volksredner, die ich immer beneidete, und ich hätte für mein Leben gern auf öffentlichem Markte vor einer bunten Versammlung das große Wort erhoben, welches die Leidenschaften aufwühlt oder besänftigt und immer eine augenblickliche Wirkung hervorbringt.

Es wäre Heine unmöglich gewesen, den Kampfplatz zu verlassen! Nur hier fühlte er sich wohl, der Streit an sich war ihm ein Genuß, und er fühlte, wie durch ihn seine Kräfte sich steigerten. Sein Kämpfen und Dichten hingen aufs engste miteinander zusammen; das erkennt man deutlich, wenn man sich vergegenwärtigt, daß von diesem wildesten Kampfbuche, dem „Börne", eine gerade Linie hinüberführt zu einer seiner schönsten Dichtungen, dem „Atta Troll".

Auch in diesen erbitterten Kämpfen blieb Heine noch immer der Dichter. Er blieb es, insofern er alle die Erscheinungen des Tages, um derentwillen man sich die Köpfe zerschlug, mit einer Tiefe und Wärme erfaßte, von der die anderen zumeist recht weit entfernt waren, und indem er in einer Sprache redete, die sich von der ihrigen in all und jedem unterschied. Gern rückt er die düsteren Erlebnisse in den großen Zusammenhang des Weltgeschehens. Aber er bangt um das Erlahmen seiner Kraft:

Ich fühle eine sonderbare Müdigkeit des Geistes, wenn er auch in der letzten Zeit nicht viel geschaffen, so war er doch immer auf den Beinen. Ob das, was ich überhaupt schuf in diesem Leben, gut oder schlecht war, darüber wollen wir nicht streiten. Genug, es war groß; ich merkte es an der schmerzlichen Erweiterung der Seele, woraus diese Schöpfungen hervorgingen.

An mehreren Stellen des Buches gibt Heine seinem Selbstgefühl einen so verblüffenden Ausdruck, daß man sich nur wundern kann, daß er solchen Widerspruch buchstäblich herausforderte. War er wirklich seiner Kräfte so froh, daß die Ruhmredigkeit mit ihm durchging? Dem widerspricht das eben erwähnte Wort von einer sonderbaren Müdigkeit des Geistes, deren er sich bewußt sei. Es mag sein, daß er nur sich selber und auch andere in Stimmungen und Überzeugungen hineinreden wollte, die er in dieser Weise überhaupt nicht hegte. Als rein schriftstellerische Leistung hebt sich Heines Börnebuch nicht besonders ab. Gewiß ist auch hier der glänzende Stil zu bewundern, wie in fast allen anderen Prosawerken Heines; aber er bringt doch nichts Ungewöhnliches, nichts eigentlich Neues. Am ehesten könnte man, wenn man vergleichen will, mit Bedauern feststellen, daß es den Gestalten, die uns Heine vorführt, an einer gewissen Sauberkeit noch mehr gebricht als manchen andern der früheren Werke. Auch ist die ganze Anlage, der Aufbau der Gedanken nicht besonders kunstvoll. Das erste Buch entwirft freilich ein sehr wirksames Bild von Heines erster Begegnung mit Börne in Frankfurt am Main; mit Vergnügen folgt man den beiden Männern auf ihren Wanderungen durch die Stadt. Es ist der Stil der „Reisebilder", der hier glücklich erneuert wird. Wenn Heine seinen Führer Börne, mit dem er damals noch auf gutem Fuße stand, manche Reden halten läßt, die dieser zweifellos niemals gehalten hat, so nehmen wir ihm das nicht so übel, denn durch dieses Mittel der Darstellung kommen die Gedanken, um die es Heine zu tun war, viel besser zur Geltung, als es durch eine strengere, gleichsam mehr wissenschaftliche Erörterung hätte geschehen können. So ist das erste Buch künstlerisch wirksam, spannend und wohlgelungen. Aber das zweite befremdet uns etwas durch seinen Ton und seine Breite; so prachtvoll die Ergüsse über den beglückenden Zeitgeist von 1830 sind, so gewinnen sie doch keine hinreichende Bedeutung für den Hauptgegenstand des Werkes; sie passen nicht ganz zu dem Vorausgehenden und Folgenden. Im dritten Buch übt die beißende Schärfe, mit der die deutschen Volksbeglücker in Paris geschildert werden, starke Wirkung aus. Doch der Anfang ist das beste, die Darstellung hält sich nicht auf der gleichen Höhe; sie schweift zu unwichtigeren Persönlichkeiten ab, auch solchen, die mit Börne nichts zu tun haben, und versandet allmählich. Sehr auffallend ist, daß Heine im fünften Buche, dem schwächsten, seitenlang eine gegen ihn selbst gerichtete Besprechung Börnes abdruckt, die Besprechung der „Französischen Zustände". Vielleicht ist darin ein zweiter „Berg" zu erblicken: es war die einzige unbezahlte politische Schrift Heines, die bekanntermaßen unterdrückt und von Börne nicht gebührend anerkannt wurde.

Alles in allem ist die künstlerische Form des „Börne" nicht eben von höchstem Wert: vielmehr ist es der aufregende Gehalt, der alles ausmacht. Nur das Mittel des Traumbildes bringt Heine auch hier schön zur Geltung, und es berührt den Leser wohltuend, wenn er Gelegenheit findet, sich in weitschweifenden Träumen mit dem Dichter aus diesem Tal der Not und der Erbärmlichkeiten zu den Höhen des Gedankens zu erheben. Das geschieht besonders zu Anfang und zu Ende des fünften Buches. Aber diese Träume wirken nicht befreiend; sie lassen den Dichter das Elend der Fremde nicht vergessen und sie verscheuchen nicht die Wirren der Zeit. Die griechische Nymphe, die zuletzt noch dem Dichter begegnet, entflieht vor dem katholischen Mettenglöcklein oder vor der blöden Pöbelstimme: „Es lebe die Republik! Es lebe Lamennais!" Sie entflieht waldeinwärts, um schließlich im Nebel zu zerfließen.

Das Buch über Börne erregte ein ungeheures Aufsehen, einen Sturm der Entrüstung. Der einzige, der in öffentlicher Beurteilung ein Wort dafür einzulegen wagte, war Heinrich Laube, und er wurde ausgelacht. Im übrigen hatte Heine recht, wenn er später sagte, er habe nie geglaubt, daß es in Deutschland so viele faule Äpfel gebe, die ihm damals an den Kopf geflogen seien.

Interessant und treffend ist Campes Urteil über Heines „Ludwig Börne":

Ihr Börne ist ein kluges und schönes Buch bis dahin, wo Sie auf Ihre Differenzen kommen, sich mit ihm vergleichen; wozu war es nötig, daß S i e das tun? Hätten Sie das doch der Welt überlassen! die oft genug ungerecht ist, lange ungerecht sein kann; doch der Prozeß ist nicht damit abgetan. Stets nimmt einer die Akten vor, und so kommt die Wahrheit doch zutage, ohne daß der Beteiligte gefragt wird. So wird es zwischen Ihnen und Börne ebenfalls sich gestalten.

Sie waren so schön im Zuge; hätten Sie diesem gefolgt bis zum Schluß, Sie würden überall mit Jubel, ohne Mißton empfangen sein. Toten weihet man einen Kranz so gerne, den man im Leben nie bieten würde. Dem alten Fell, der Wohl, der könnten Sie die Pomade fingerdick aufstreichen; das ist kurzweilig und gebührt diesem weiblichen Harlekin, dieser Narrin in groß Folio. Fast hätte ich Lust, die Variante, die Sie gestrichen, noch als besondere Zugabe für Frankfurt hinzuzufügen; wie es in den Kochbüchern steht: „Dasselbe auf eine andere Art." Das Weib ist mir, solange ich Börne kenne, stets als eine Lüge, als ein weibliches Ungetüm erschienen. Sie will eine Rahel, eine Bettina erscheinen; gebärdet sich dabei so tragi-komisch, daß sie mir wie eine Kommödiantin oder Verrückte vorkam, die eine Rolle oder eine fixe Idee vertritt.

Wir müssen uns hüten, in den Äußerungen rein persönlicher Art etwas Wesentliches oder gar den Kern des Werkes über Börne zu sehen. Vielmehr gilt es, das Vergängliche und das Dauernde darin zu unterscheiden. Indem wir dies tun, gewinnen wir eine ganz andere Einstellung als die Zeitgenossen des Dichters. Wir sehen deutlich: es sind weitausstrahlende Gedanken, die aus diesem Buch emporsteigen, und die Kämpfe jener Tage erscheinen in einer Beleuchtung wie bei keinem der Gegner. Verständlich und wohlüberlegt erscheint uns das Wort von Thomas Mann: „Von seinen Werken liebe ich längst das Buch über Börne am meisten." Und es war vielleicht weder Überheblichkeit noch Verblendung, wenn Heine selbst das Urteil prägte.

Die Klügeren wissen jetzt schon, daß ich in diesem Buche recht habe mit meinen ‚Göttern der Zukunft', welche ich auf meinem Schiffe zu retten hatte, und die anderen werden es später einsehen, falls sie ebenfalls klüger werden.

Heines „Ludwig Börne" sollte noch ein häßliches Nachspiel haben, das im Kapitel „Atta Troll" noch eingehend zu behandeln ist.

DRITTES KAPITEL

DER REAKTIONÄRE UND NEO-ROMANTISCHE HEINE

1. Leben: 1840—1848

Rein äußerlich betrachtet bedeutet die erste Hälfte der Zeit von 1840 bis 1848 eine ununterbrochene Fortsetzung der gewohnten Lebensweise des Dichters: dieselben gesellschaftlichen Beziehungen, dieselben Freunde, dieselben Sommerreisen an die See und dazu noch einige Erholungsreisen in die Pyrenäen. Heine hatte keine Geldsorgen; die Rente von Onkel Salomon traf regelmäßig ein, und die französische Staatspension konnte Heine jeden Monat von der Bank abheben. Dazu kamen noch größere Einnahmen aus neuen Quellen. Nichts hatte sich verändert; die finanzielle Lage war sogar besser geworden.

Als Schriftsteller begann Heine jedoch im Jahre 1840 eine neue Phase seines Lebens. Nach siebenjährigem politischem Schweigen, das ihm die Rothschilds auferlegt hatten, begann er ohne Ankündigung, aus heiterem Himmel, in derselben „Augsburger Allgemeinen Zeitung", in der 1832 seine Berichte über die französischen Zustände unterdrückt wurden, eine lange Serie von neuen Artikeln über die französische Tagespolitik. Wie erklärt sich diese erneute unbehinderte politische Tätigkeit?

Wieder hatten die Rothschilds die Hand im Spiel. Nachdem Thiers im April 1840 von Ludwig Philipp zum Ministerpräsidenten ernannt worden war, verfolgte er eine äußerst aggressive Außenpolitik gegen Österreich, Preußen, England und Rußland, deren gemeinsames Vorgehen Frankreich zuerst im Westen Europas und bald darauf auch im Orient völlig isoliert hatte, so daß der König und die Franzosen sich in ihrer nationalen Ehre tief verletzt fühlten. Thiers wurde besonders gegen Österreich und England der Träger einer sehr gefährlichen Kriegspolitik, was an der Börse zu einem bedenklichen Sturz der Rothschildschen Aktien führte und zu einer Finanzkatastrophe auszuarten drohte. Da Thiers in seinen Zeitungen die Leidenschaft der Bevölkerung schürte, um eine in ihren Folgen unberechenbare Kriegsstimmung hervorzurufen, waren die Rothschilds gezwungen, Gegenmaßnahmen zu ergreifen, um dieser Kriegspropaganda Einhalt zu tun. So wandte sich Salomon Rothschild — James war damals gerade in päpstlichen Angelegenheiten in Rom beschäftigt — an den einflußreichsten Journalisten auf dem Kontinent, an Heinrich Heine, um dieser gefährlichen Kriegshetze in den deutschen Zeitungen entgegenzuwirken. In der Tat beginnen von nun an auch Rothschilds persönliche Subventionen, mit denen Heine bei jeder größeren Anleihe bis an sein Lebensende regelmäßig bedacht wurde.

So nahm Heine nach siebenjährigem Schweigen Anfang 1840 unter dem Schutze der Rothschildschen Geldmacht seine politischen Berichte für die „Augsburger Allgemeine Zeitung" wieder auf, um sie dann später im Jahre 1854, allerdings mit stark verändertem Text, unter dem Titel „Lutetia" in Buchform zu veröffentlichen. Doch zwischen den politischen Berichten von 1832 und denen von 1840 macht sich ein gewaltiger innerer Widerspruch geltend. Bei der kritischen Gegenüberstellung soll der anerkannte und sachliche Heine-Biograph Max J. Wolff das Wort führen:

[Die französischen Zustände] enthalten keine Geschichte, sondern nur Journalistik, aber sie wurden getragen durch die glühende Begeisterung des Verfassers. Er glaubte an den Fortschritt der Menschheit, er war überzeugt, daß sie durch die Juli-Revolution einen großen Schritt nach vorwärts getan habe, er schwärmte für die Freiheit, er vergötterte Paris als die Stätte der großen Weltentscheidung, er sah in den Franzosen die Träger der unsterblichen Revolutionsidee, der Saint-Simonismus bot ihm eine neue Religion, von der er inbrünstig die Einigung und Beglückung der gesamten Völker dieser Erde erwartete, sein Herz weitete sich, wenn der Name Napoleon ausgesprochen wurde. Selbst sein Haß gegen Adel und Klerus war vielleicht etwas unreif, aber doch stark. In den Artikeln von 1832 glühte im Guten wie im Bösen das Feuer der Jugend.

Wolffs Urteil über die „Lutetia" hingegen lautet:

Er beherrscht alle Noten des Journalismus, aber sein Herz ist nicht dabei . . . in der ‚Transaktion', in der Vermittlung zwischen Prinzipien und Parteien erblickt er jetzt die höchste Aufgabe des Staatsmannes . . . Er hat seine einstigen Ideale verloren. Die Völkerversöhnung [hat] herzlich wenig Aussichten . . . der Saint-Simonismus ist ihm jetzt ganz gleichgültig . . . über Napoleon, seinen einstmaligen Abgott, denkt Heine noch kühler . . . Der Dichter will Ruhe haben, Ruhe um jeden Preis, selbst mit Hilfe der Bajonette des Marschalls Soult. Nur keine Veränderungen . . . Er liebte zwar die bestehende Gesellschaft nicht, aber sie hatte den einen Vorzug, sie bestand und schaffte Ordnung. Selbst an der Aristokratie und Geistlichkeit entdeckte er Vorzüge und er tritt jetzt energisch für das einst verhöhnte Bürgerkönigtum ein, ja in dem Streit des Monarchen mit dem Parlament verteidigt Heine die Rechte der Krone und weist die Übergriffe der Kammer zurück . . . In der Regierung Ludwig Phillips sieht er jetzt den letzten Damm gegen die neue anwogende Revolution, Guizot ist in seinen Augen der Minister des „Widerstandes", nicht der „Reaktion". Heine besaß persönliche Beziehungen zu den Rothschilds und hat von ihnen manche Annehmlichkeiten erfahren, aber trotzdem hätte er den ‚Baron James', den der ganze Liberalismus als die Verkörperung der Reaktion haßte, in der ‚Lutetia' sicher nicht so viel Lob gezollt, wenn er nicht die Geldmacht als die beste Stütze des Bestehenden und der Julimonarchie betrachtet hätte. Für den Schergengeist und den Geiz der Juden findet er die schärfsten Worte, aber Rothschild läßt er gelten.

Heine vertrat also in der „Lutetia" genau diejenigen politischen Anschauungen, die er acht Jahre vordem in den „Französischen Zuständen" aufs schärfste befehdet hatte. Er war zum ausgesprochenen Vertreter des Juste-Milieu und zum eifrigen Verfechter der Rothschildschen Geldmacht geworden. Friede um jeden Preis war Rothschilds Motto, wie auch der Geist, der die ganze „Lutetia" durchdringt. So erklärt sich auch Heines feindliche Stellungnahme gegen das kriegseifrige Ministerium Thiers, unter dem die Aktien erheblich gefallen waren. Als Wortführer der Rothschilds brauchte Heine sich durchaus nicht zu scheuen, die schärfsten Worte über die Politik des Königs oder seiner Minister zu fällen, solange er dadurch die „moralischen Interessen" des allmächtigen internationalen Bankhauses Rothschild förderte, so daß die Börsenkurse stiegen. Wolffs richtiger Instinkt hat unbewußt den Grundgedanken der ganzen „Lutetia" erfaßt, wenn er schreibt: „aber Rothschild läßt er gelten." Hier also finden wir die Erklärung, warum Heine gegen den französischen König und seine Minister die Feder hat führen können, ohne dabei die französische Staatspension zu verscherzen, was man bisher immer dahin hat auslegen wollen, Heine habe für den Empfang seiner Rente keine politischen Pflichten einzugehen brauchen. Weiterhin interessant ist, daß Heine gegen Österreich und Metternich nie ein gehässiges Wort geäußert hat.

Noch kurz vor seinem Tode gesteht Heine, daß er für empfangene Subventionen in seinen Schriften die Finanzinteressen der Rothschilds publizistisch vertreten habe, und da kommen nur die politischen Aufsätze der vierziger Jahre in Betracht. Nachdem Heine von James Rothschild in Paris gerade eine größere Summe Geldes empfangen hatte, zögert er einige Tage später nicht, auch Anselm Rothschild, der nach dem Tode seines Vaters Salomon soeben die Leitung des Wiener Bankhauses übernommen hatte, um Vorzugsaktien zu bitten. Er gesteht ganz offen, daß dessen Onkel James in Paris ihm gerade einen ansehnlichen Scheck überwiesen habe, doch fügt er unverblümt hinzu: „ein kluger Esel frißt aus zwei Krippen". Heines Brief beginnt mit den diplomatischen Worten: „Ihr seliger Vater war mein großer Gönner . . . Gibt das mir auch eine Anwartschaft auf die Sympathie des Sohnes?" In der Besorgnis, der Sohn würde die vom Vater gewährten Subventionen nicht fortsetzen, fährt er erklärend fort:

Vielleicht auch wende ich mich vorzugsweise an Sie, weil Sie, Herr Baron [Anselm] Deutschlands neue Zustände genau kennen und daher wohl wissen, daß für die moralischen Interessen Ihres neuen Bankinstituts der Eifer eines Publizisten von viel verzweigtem Einfluß nicht ganz überflüssig ist. Der Himmel weiß, daß ich letztere nie zu meinem Privatnutzen ausgebeutet, sondern nur zum Vorteil der Personen, die mir lieb sind und die ich als meine natürlichen Bundesgenossen betrachte. Ja es ist im Grund wirklich eine Subvention auf die ich bei einer alliierten Macht Anspruch mache.

Heine gibt hier offen zu, daß derselbe Salomon Rothschild, der 1832 seine Berichte über französische Zustände unterdrücken ließ, später sein ,großer

Gönner' wurde und daß er, Heine, ihm dafür publizistisch gedient habe; als ,natürlicher Bundesgenosse' gibt er der Hoffnung Ausdruck, auch weiterhin für das Haus Rothschild wirken zu dürfen, was Anselm billigt, indem er Heine sofort an einer Anleihe beteiligt.

Zwar galt es immer als offenes Geheimnis, daß Heines politische Aufsätze der vierziger Jahre von französischer Seite bezahlt wurden, jedoch vermutete man weder damals noch heute, daß die Rothschilds dabei die führende Rolle spielten, und verdächtigte nur die französische Regierung. So schrieb Campe am 3. Juli 1840:

> Sie sollen sich für 100.000 Franken dem Ministerium verkauft haben? Nun, wenn es 100 Mfr sind, so ist doch eine anständige Summe, die man Ihrem Werte gezollt hat! Ich wünsche Ihnen die Summe!

> Was ist es am Ende, Sie sind Advokat, und könnten für eine solche Summe gerne die Interessen Thiers [sic!] vertreten. Und bei Gott, als Deutscher hätten Sie recht, das Geld zu nehmen, wenn es Ihnen geboten würde; aber ich fürchte, daß dieser Klient nicht so gut honoriert, das ist für mich das Hauptargument, Sie zu verteidigen.

Durch diese Zeilen ermutigt, scheint Heine seinem Verleger sein wahres Finanzverhältnis zur französischen Regierung gebeichtet zu haben, denn als der Absatz von Heines Schriften um fünfzig Prozent zurückging, schrieb Campe ganz offenherzig an Heine: „Denken Sie, wenn die französische Rente um 50 % sänke!"

Auch die Geheimberichte nennen Gutzkow, als er 1846 von Paris nach Frankfurt zurückgekehrt war: „Von Heine glaubt Gutzkow bestätigen zu können, daß dieser 6000 Franken jährlich von Guizot beziehe, um für Frankreich und das jetzige Ministerium zu schreiben." Ebenso berichtet der spätere Diplomat Edouard Grénier, der damals Stellen aus der „Lutetia" übersetzte, daß diese französische Übersetzung nicht, wie Heine vorgab, „für die hübschen Augen der Fürstin [Belgiojoso] waren . . . sondern . . . für diejenigen des Herrn Guizot. Heinrich Heine erhielt jährlich 6000 Franken aus den geheimen Fonds, und er mußte von Zeit zu Zeit dem Minister zeigen, daß er diesen hohen Lohn verdiente. Er ließ mich darum wahrscheinlich die Artikel übersetzen, die besonders günstig für Frankreich lauteten."

Doch welche Verpflichtungen war Heine den Rothschilds gegenüber für die persönlichen Subventionen eingegangen? Selbstverständlich mußte er gegen die gefährliche Kriegspolitik Thiers' ins Feld ziehen; ferner mußte er sich verpflichten, als „natürlicher Bundesgenosse" die „moralischen Interessen" des Bankhauses zu vertreten und nie etwas zu schreiben, was dem guten Namen und den Bankinstituten der Rothschilds schaden könne; und schließlich mußte Heine „versprochenerweise" alle seine publizistischen und literarischen Neuerscheinungen der Baronin Betty Rothschild, der Tochter

Salomons und der Gattin James', unterbreiten, damit diese sie auf die Loyalität Heines prüfen könne. Interessant ist es nun, daß schon die erste so verlegte Schrift, „Ludwig Börne", Heine in „beängstigende" Verlegenheit brachte, denn sie enthielt einige „herbe Stellen über das Haus Rothschild", und diese konnte er nicht mehr „ausmerzen", da das Buch „bereits in der Presse" war. So sandte Heine am 1. Juni 1840, noch vor dem Erscheinen des ganzen Werkes, schon diejenigen Aushängebogen, die das „Corpus delicti" enthielten, „das ihn so ängstigt", an Betty Rothschild in der besorgten Hoffnung, daß diese Stellen in ihren Augen Gnade finden möchten, da er sich „nicht genug Vorwürfe machen" könne, daß er „wo nicht in böswilliger, doch jedenfalls in unziemlicher Weise" von ihrer Familie gesprochen habe. Er schließt den Brief mit den bezeichnenden Worten: „Seien Sie überzeugt, Frau Baronin, das das Interesse, das ich jetzt an Ihrem Hause nehme, nicht von gewöhnlicher Art ist." Mit der Betonung auf ‚jetzt' und ‚gewöhnlicher Art' gelesen, kommt das wahre neue Verhältnis zu Rothschild zum Ausdruck.

Rothschilds Geldmacht siegte schließlich über Thiers Kriegspolitik. Ludwig Philipp, der dem republikanisch gesinnten Thiers stets mißtraute und den Druck der Rothschildschen Geldmacht immer mehr zu spüren bekam, ließ sich bald zu einer friedlicheren Außenpolitik überreden, so daß Thiers, der sich vom König verlassen sah, schon am 21. Oktober 1840 als Ministerpräsident zurücktrat und der konservative Guizot, ganz wie die Rothschilds es geplant hatten, diesen Posten übernahm. Obgleich Heines politische Propaganda somit ihren Zweck erfüllt hatte, setzte er seine Berichte für die „Augsburger Allgemeine Zeitung" noch drei Jahre lang ungehindert und zuerst ganz im Sinne der Rothschildschen Interessen fort.

Doch warum wurden diese Berichte dann 1843 plötzlich eingestellt? Zweifellos war die Ursache der Artikel vom 6. Mai 1843 über das Guizotsche Bestechungssystem, durch welches das Bankhaus Rothschild im innersten Kern getroffen wurde. Als Rothschild erfuhr, daß gerade Heine, der wie wohl kaum ein anderer von diesem Bestechungssystem profitierte, sich schamlos dagegen gerichtet hatte, konnte nur e i n e s geschehen: Rothschild ließ nicht nur alle weiteren politischen Zeitungsartikel Heines unterdrücken, sondern auch die Auszahlung der französischen Staatspension einstellen.

Heine beklagt die auferlegte Beschränkung seiner schriftstellerischen Tätigkeit in einem Brief vom 10. Juli 1843 an Kolb, den Redakteur der „Augsburger Allgemeinen Zeitung": „Es ist mir höchst schmerzlich, daß ich über die wichtigsten Angelegenheiten mich nicht in der Allgemeinen aussprechen kann und ganz neutrale Sujets wählen müßte, um wenigstens den Posten zu behalten." Diese gestörten Verlagsbeziehungen wurden für das Lesepublikum in kurzen Zeitungsnotizen dahingehend bestätigt, daß Heine seine Mitarbeit an der „Augsburger Allgemeinen Zeitung" aufgeben müsse.

Doch nicht nur die politischen Aufsätze Heines wurden unterdrückt, auch die Auszahlung seiner französischen Pension wurde eingestellt: für 1844 ist Heine in der „Revue Rétrospective" nicht als der Empfänger einer Rente verzeichnet. Bezeichnend in diesem Zusammenhang ist es, daß Heine noch 1843 von Hamburg aus seine Frau in Paris anweist, die französische Rente bei Foulds abzuheben, daß er ihr aber unter gleichen Umständen ein Jahr später nicht dieselbe Instruktion erteilt, sondern trotz großer Geldknappheit ihr drei kleinere Schecks durch seinen Onkel Henry in Hamburg ausstellen läßt. Die französische Staatspension war 1844 ausgeblieben.

Auch erwähnt Heine um diese Zeit in einem Brief an Campe, daß er mit James Rothschild auf „sehr gespanntem Fuße stehe" und bei ihm „etwas gut zu machen habe." Rotschild hatte sich mit Heine ernstlich überworfen, denn dieser hatte das Abkommen von 1833 gebrochen und außerdem wieder angefangen, in der „Augsburger Allgemeinen Zeitung" die früheren, ihm wohl besser behagenden radikalen Anschauungen zu vertreten und sogar für die „Deutsch-französischen Jahrbücher" und den ultraradikalen „Vorwärts" zu schreiben. Doch entscheidend für den Bruch war Heines Artikel über das Guizotsche Bestechungssystem, weil er einem persönlichen Angriff Heines auf die Integrität des internationalen Bankhauses Rothschild gleichkam.

Doch der Zufall spielte Heine bald etwas in die Hand, womit er das Wohlwollen des Bankiers erneut in Anspruch nehmen konnte. Während seines Besuchs in Hamburg sah er auf dem Schreibtisch seines Verlegers Campe das Manuskript eines vernichtenden Werkes über das Haus Rothschild. Heine bat Campe, ihm diese Schmähschrift anzuvertrauen, überreichte sie James Rothschild und verhinderte somit die Veröffentlichung. Heine berührt diese Angelegenheit in seinem Brief vom 20. Februar 1844 an Campe:

> In Betreff Rothschilds schreibe ich Ihnen nächste Woche, habe dahin noch nicht gehen können. Unterdessen danke ich Ihnen herzlich, daß Sie mir Gelegenheit geben, mich diesen Leuten verbindlich zu zeigen. Ich zweifle nicht, daß dieses mir nützlich ebenso wie erfreulich sein wird, denn die Influenz dieser Leute auf die deutschen Kanzleien ist sehr groß, und ich habe dieselben vielleicht nötig, wenn ich noch mehrere Gedichte schreibe, wie die einliegenden, was ich aber bleiben lasse.

Heine wußte also genau, daß der Einfluß der Rothschilds auf die deutschen Kanzleien die Unterdrückung seiner politischen Schriften sowie auch die Einstellung seiner Pensionszahlungen in Frankreich herbeigeführt hatte. So bot das Manuskript eine willkommene Gelegenheit, die früheren guten Beziehungen zu dem Bankhaus zu erneuern und die Weiterbezahlung der Pension zu erwirken; von 1845 an bezieht Heine auch wieder regelmäßig seine französische Rente. Außerdem empfing Heine von James Rothschild für seine lobenswerten und erfolgreichen Bemühungen, diese Skandalschrift unterdrückt zu haben, eine persönliche Extra-Anerkennung in Form von Eisenbahnaktien, die innerhalb sehr kurzer Zeit einen Reingewinn von 20.000 Franken abwarfen.

Mit der Februar-Revolution 1848 wurde die Auszahlung aller französischen Renten eingestellt, und damit kam die Geschichte von Heines französischer Staatspension zu ihrem eigentlichen Abschluß. Welche Auswirkungen hatte nun die Pension auf Heines politische Schriftstellerei gehabt? Metternich war wenig an Heines radikal-politischen Berichten über die Zustände in Frankreich interessiert. Diese wurden schon vor Erscheinen von der Zensur ihrer staatsgefährlichen Tendenzen so gründlich entkleidet, daß ihr Inhalt in Deutschland nicht mehr zu fürchten war. Die französische Regierung kümmerte sich ebenso wenig um die in deutscher Sprache in Deutschland erschienenen schon zensierten politischen Berichte über Frankreich, und wenn gelegentlich eine französische Übersetzung, sogar unzensiert, plötzlich in Paris auftauchte, so hatte sie inzwischen jede aktuelle politische Bedeutung für Frankreich verloren. So haben weder Metternich in Österreich noch Ludwig Philipp in Frankreich jemals auf eigenen Antrieb hin Heines politische Schriften unterdrückt, denn sie sahen ihre nationale Sicherheit in keiner Weise gefährdet.

Ganz anders lagen die Verhältnisse beim Bankhaus Rothschild: es operierte auf rein internationaler Grundlage, was von französischer und besonders von englischer Seite oft zu öffentlicher Kritik führte. Da den Rothschilds jedes nationale Bewußtsein abging, konnte Heine auch jede beliebige politische Anschauung verfechten, solange er dabei nicht mit dem guten Ruf und den internationalen Finanzinteressen des Bankhauses in Konflikt geriet. Als Heine 1832 und 1843 diese Spielregeln verletzte, machten die Rothschilds sofort ihre finanzielle Allmacht geltend und bereiteten den Umtrieben Heines durch Unterdrückung seiner Werke ein jähes Ende. Seine politischen Berichte wurden also nicht ein Opfer der reaktionären Politik Metternichs oder Ludwig Philipps, sondern der Geldinteressen des internationalen Bankhauses Rothschild. Für die Berichte der „Lutetia" von 1840 bis Mai 1843 empfing Heine von dort ansehnliche Subsidien. Die Artikel vertreten also nicht Heines eigene politische Anschauungen, sondern die reaktionäre Politik des Bankhauses.

So erklärt sich in den dreißiger und vierziger Jahren auch Heines abweisende Stellungnahme zu dem toten Kaiser Napoleon, wofür man die verschiedensten Erklärungen gesucht und auch gefunden hat. Wenn Heine sich damals sehr zurückhaltend über den Kaiser aussprach und bei dessen Beisetzung in Paris für seinen ehemaligen Liebling nur die mißlaunigen Worte fand, „Ich wollte, der Mann läge schon ruhig unter der Kuppel des Invalidendoms, und wir hätten die Leichenfeier glücklich überstanden", so stand er dabei ganz unter dem Einfluß der Rothschilds, die durch den Fall

Napoleons zur Macht gekommen, damals noch geschworene Feinde des Korsen waren und sich sicherlich jeder Neubelebung des alten Napoleonkults durch Heine widersetzt hätten.

Am 31. August 1841 beging Heine den größten Fehler seines Lebens; er führte Mathilde, mit der er sieben Jahre lang zusammen gelebt hatte, vor den Altar. Dabei gelobte der geborene Jude als getaufter Protestant seine Kinder im katholischen Glauben zu erziehen. Zweifellos besaß Mathilde manche gute Eigenschaften: sie war ein gutmütiges Ding mit einem kindlichen Herzen; ihre strahlende Heiterkeit und ihre große Schönheit, die erst später nach bedeutender Zunahme ihres Körpergewichts dahinschwand, konnte wohl auch ein standhafteres Herz als dasjenige Heines betören. Aber Mathilde war eine Person von ungezügelter Sinnlichkeit und Genußsucht; durch kindliche Freude an gutem Essen und Trinken und vor allem an modischem Putz, übte sie einen verderblichen Einfluß auf Heine aus. Besonders schlimm war für ihn ihre überaus heftige Gemütsart — Heine nannte sie seinen Hausvesuv — mit der sie ihm alle Sammlung und Ruhe raubte, deren er so sehr bedurft hätte. Die kindlichen Balgereien und Zänkereien der beiden, die sich bald in die Haare fuhren, bald wie die Kätzchen ineinander verliebt waren, hatten oft etwas Unwürdiges. Dennoch war Mathilde immer wieder entzückt von den drolligen Witzen ihres Henri, und er immer wieder von ihrer heiter-kindlichen Schönheit. Mathilde besaß nicht die geringsten häuslichen Tugenden; immer und immer wieder klagt Heine darüber, daß sie das Geld vertue und ihn in Verlegenheiten bringe. Vor allem aber war sie so ungebildet, daß wir uns die Leerheit ihres Kopfes kaum vorstellen können; sie verstand kein Wort deutsch, und alle Bemühungen ihres Geliebten, ihr nur einige Brocken beizubringen, blieben erfolglos, offenbar weil ihr Mangel an Wissen zum Teil auf hinreichende viel angeborener Dummheit beruhte. Kurz, sie war das Urbild einer geistlos triebhaften Grisette, vollgestopft mit der Albernheit der Französinnen dieser Schicht und kaum ausgestattet mit der Gemütswärme, die Murger in seinen „Scènes de la vie de Bohème" seinen empfindsamen Dirnen verleiht. Heine glaubte anfangs, diese Verbindung würde nicht von Dauer sein, noch im Oktober 1837 schrieb er in diesem Sinne an seinen Freund August Lewald. Auch sprechen viele Stellen seiner Dichtung und seiner Briefe dafür, daß er sich oft sehr unglücklich fühlte. Aber Schwäche, Gutmütigkeit und Gewohnheit ließen ihn sein Hauskreuz weiter tragen, bis schließlich ein besonderer Anlaß ihn zum Altar führte. Es entspricht völlig der Wahrheit, daß Heine vor seinem Duell mit Strauß sein bisheriges Verhältnis mit Crescenzia Mirat durch die katholische Kirche legitimieren ließ; es gehört aber ins Reich der Fabel, daß er diesen Schritt unternahm, um Mathilde im Falle eines tödlichen Verlaufs gesetzlich zu schützen. Heine hatte niemals die Absicht, sich mit Mathilde zu verehelichen: im Gegenteil, gerade zu dieser Zeit stand er ganz unter dem Einfluß der Prinzessin Belgiojoso und Madame Jaubert und hatte die feste Absicht, mit ihr zu brechen. Die wahren Gründe für die Heirat waren ganz anderer Natur: Heine war stets ein rücksichtsloser Draufgänger, solange er seine Fehden mit der Feder auskämpfen konnte, doch ein zaghafter Schütze, sobald es auf Pistolen ging. Nach dem Erscheinen seines „Börne", worin Heine die moralische Integrität der Frau Wohl-Strauß auf so häßliche Weise angegriffen hatte, wollte man ihn zu einem Duell zwingen. Die erste Herausforderung kam von Strauß selbst, indem dieser in den Zeitungen bekannt machen ließ, er habe Heine in Paris öffentlich geohrfeigt. Heine wußte, daß Strauß es ernst meinte. Fast ganz Deutschland sympathisierte damals mit Börne, dem Abgott der Liberalen. Die Sache stand äußerst schlecht für Heine, und so mußte etwas geschehen, um die öffentliche Meinung zugunsten Heines umzustimmen, die Duellangelegenheit in Vergessenheit und die Öffentlichkeit auf andere Gedanken zu bringen. Nichts erweckt größere Sympathie als der Tod. So beauftragte Heine seinen Freund und Vertrauten, Alexander Weill, der sich gerade in Wiesbaden befand, einen „Canard" in die Zeitungen zu setzen. Weills Antwort enthielt die interessanten Worte: „Daß Sie sich mit Strauß nicht schlagen, haben Sie recht" und „Jenen Canard werde ich nächstens . . . besorgen"; er bestand in der falschen Nachricht, Heine sei plötzlich gestorben. Die Notlüge verschaffte ihm wohl einiges Mitleid im allgemeinen, doch wetterte Strauß ununterbrochen weiter gegen Heine und versuchte immer wieder, ein Duell zu provozieren. Heines Mangel an Mut wurde schließlich so offensichtlich, daß Campe befürchtete, man würde Heine nach der öffentlichen Verurteilung seines Börnebuches nun auch noch den moralischen Todesstoß versetzen. Er trug sich sogar mit dem Gedanken, nach Paris zu kommen, um das Duell für Heine auszutragen. Eine zweite und diesmal direkte Forderung auf Pistolen kam von Dr. Gabriel Rießer. Dieser Hamburger Rechtsanwalt stand mit Heine in gleichem Alter, war Führer der jüdischen Reformbewegung in Hamburg, ein intimer Freund von Börne und Frau Wohl-Strauß und, was sehr verhängnisvoll für Heine war, der Freund, Rechtsberater und Testamentsvollstrecker seines reichen Onkels Salomon Heine. Rießer hatte schon in Hamburg einen vernichtenden Zeitungsartikel gegen Heine vom Stapel gelassen; er wäre noch viel schärfer ausgefallen, wenn nicht Campe und Onkel Henry die Hamburger Zensurbehörden bearbeitet hätten, und wenn zu guter letzt Onkel Salomon nicht noch persönlich eingegriffen hätte. Rießer war kurz danach auf einer Geschäftsreise in England und beschloß auf der Heimfahrt von London nach Hamburg den Umweg über Paris zu nehmen, um Heine dort auf Pistolen zu fordern. Venedey, sowohl Freund Heines wie auch Rießers, der als Vermittler fungierte, machte dem Dichter klar, die Angriffe Rießers in der Presse seien so herabwürdigender Natur und Beleidigungen, daß sie nur durch ein Duell gesühnt werden könnten. So war er nicht wenig überrascht und bestürzt, als Heine das Duell zurückwies. Inzwischen waren die in Frankfurt gut organisierten Angriffe gegen Heine in der Presse immer schärfer und persönlicher geworden, bis man schließlich auf den Gedanken kam, Heines Zusammenleben mit Mathilde zur Zielscheibe des Angriffs zu machen. Um seine Gegner ohne Duell völlig zu entwaffnen, blieb dem Dichter schließlich keine andere Wahl, als Mathilde zu ehelichen. Trotz aller mißlungenen Ausfluchtsversuche kam es schließlich dennoch zum Zweikampf mit Strauß. Das Duell hatte einen symbolischen Ausgang: Heine schoß in die Luft, Strauß gab Heine einen leichten Streifschuß in den Tokus; eine Aussöhnung fand nicht statt. Sicher ist, daß Mathilde Heines größtes Unglück war; sie schloß Heine von jedem engeren Verkehr in der gebildeten Gesellschaft aus und führte ihn in einen niedrigen und muffigen Lebenskreis, der des großen Dichters in hohem Grade unwürdig war.

Zweimal, im Jahre 1843 und dann wieder im Jahre 1844, begab sich Heine zu kurzem Besuch nach Deutschland und insbesondere nach Hamburg, und hier freute er sich von Herzen des Zusammenseins mit Mutter, Schwester und einigen anderen Verwandten und Bekannten, die er zwölf Jahre lang nicht gesehen hatte. Auf der zweiten Reise nahm er Mathilde mit; doch sie fühlte sich in Hamburg nicht wohl, und ungebildet und unlenkbar, wie sie war, entsprach sie recht wenig den Erwartungen der Hamburger Verwandten, so daß Heine es für geraten hielt, ihrem Wunsche, bald wieder nach dem geliebten Paris zurückzukehren, keinen Widerstand entgegenzusetzen. Einige Wochen vor Heine verließ sie Hamburg unter dem Vorwand, ihre Mutter sei schwer erkrankt und bedürfe ihrer Pflege. Heine selbst benutzte diese Zeit, um mit seinem Verleger Campe in Hamburg neue geschäftliche Vereinbarungen zu treffen. Die Veröffentlichungsrechte für die Gesamtausgabe, für die Campe 20.000 Franken bezahlt hatte und die noch bis 1848 in Kraft waren, wurden nun zeitlebens auf Campe übertragen, wofür dieser sich verpflichtete, von 1844 bis zum Ablauf des alten Kontraktes 1848 jährlich 200 Franken zu zahlen. Von 1848 bis zu seinem Tode sollte Heine dann eine jährliche Rente von 2400 Franken und die überlebende Witwe die Hälfte dieser Summe erhalten; so bezog Mathilde, bis zu ihrem Tode 1883, 27 Jahre lang, eine jährliche Rente von 1200 Franken.

Wenige Wochen nach Heines eigener Heimkehr nach Paris starb am 23. Dezember 1844 in Hamburg sein reicher Onkel Salomon, der ihn seit Jahrzehnten kräftig unterstützt und angeblich die Fortsetzung dieses Jahrgeldes fest versprochen hatte. Aber unter den endlosen letztwilligen Verfügungen fand sich nur die Bestimmung, daß Heine wie seinen beiden Brüdern ein Vermächtnis von 8000 Mark Banko zufallen solle. Salomon, der ein Vermögen von dreißig Millionen Mark Banko hinterließ, hatte die jährliche Rente von 4800 Franken, die sein Neffe von ihm bezogen hatte, unerwähnt gelassen. Dieses Testament war am 4. Dezember 1844 unterzeichnet worden, also knapp drei Wochen vor dem Tode des Oheims und sechs Wochen nach des Dichters zweitem Besuch in Hamburg. Warum hatte Onkel Salomon die versprochene oder wenigstens angedeutete Rente von 4800 Franken, die doch nach Heines Meinung lebenslänglich sein sollte, im Testament gestrichen?

Um Salomons testamentarische Verfügung für seinen Neffen Heinrich Heine zu verstehen, müssen wir uns zunächst mit der Vorgeschichte befassen, die zur Bewilligung von Heines festem Jahresgeld führte. 1837 brauchte Heine zur Deckung seiner Schulden viel Geld, und da er mit seinem Onkel Salomon gerade auf sehr schlechtem Fuße stand und auf direktem Wege keine Unterstützung von ihm erwarten konnte, beschloß er, sein Ziel durch Einschüchterung zu erreichen. So hat man denn in Hamburg die Ohren gespitzt, als man in den Zeitungen von der bevorstehenden Veröffentlichung von Heines Memoiren las und in Verbindung damit recht unzweideutig der Name Salomon Heine auftauchte. Wie gewöhnlich in solchen Fällen spielte Heine auch hier das Unschuldslamm und erklärte Campe: „Meine Mutter schreibt mir, ich gebe ein Buch heraus mit einem Motto, worin ich Salomon Heine beleidige"; geschickt weist er eine solche Verdächtigung von sich mit den empörten Worten: „Wer mag denn solche Lügen erfinden? Ich stehe schon schlecht genug mit meinem Onkel, ich sitze bis an den Hals in großen Zahlungsnöten, und er läßt mich in Stich, aber ich bin nicht der Mann, der um dergleichen Misere auch nur in einer Zeile sich rächt. Gottlob, als ich meine Memoiren schrieb, wo er oft besprochen werden mußte, standen wir noch brillant, und ich habe wahrlich ihn con amore gezeichnet." Daß aber Heine diese fiktiven Memoiren zur Einschüchterung des Onkels benutzte, finden wir in anderen Briefen an seinen Bruder Maximilian bestätigt: „Ich schreibe viel. Mein wichtigstes Werk sind meine Memoiren, die aber doch nicht so bald erscheinen werden; am liebsten wäre es mir, wenn sie erst nach meinem Tode gedruckt würden — aber ich brauche das Geld. Und es ist wieder meine Geldnot, die mich in die Notwendigkeit versetzt, die Welt mit einem großen Skandal zu regalisieren. Ich habe sehr vielen ein Messerchen gegeben, manchen auch einen Challef, ein Guillotinenbeil." Heine ersucht nun seinen zur Zeit in Hamburg weilenden Bruder Maximilian, für ihn bei dem Onkel wegen seiner Geldnöte zu vermitteln und die in diesem Briefe angedeutete Drohung dem alten Millionär vorzulesen und recht plausibel zu machen. Harry hätte ein schreckliches Memoir, ein großes Skandalbuch geschrieben. Eigentlich wolle er die Schrift erst nach seinem Tode veröffentlichen, doch — er braucht das Geld schon jetzt! Maximilian hatte den Oheim also von der drohenden Gefahr in Kenntnis gesetzt, doch der Versuch war fehlgeschlagen, und Maximilian

konnte seinem Bruder nur vor weiteren Einschüchterungsversuchen warnen:
„Wenn Du mir Dein freundschaftliches Ohr leihen willst, so glaube ich,
Mißverständnisse, die zwischen Dir und Onkel stattfinden, glücklich lösen
zu können. Ich wohne bei ihm in Ottensen und bin, wie ich das schon seit
vier Jahren bin, sein Liebling. Ich habe Deine Briefe an ihn nicht lesen
wollen, ich weiß gewiß, daß er sich sehr gekränkt gefühlt hat. Du kennst
vielleicht alle Menschen in der Welt, nur diesen nicht. Ich täusche mich
nicht. Onkel Salomon ist der edelste und gefühlvollste Mensch, den ich
kenne. Er will eigentümlich behandelt sein: nicht sonderlich geschmeichelt,
aber auch nicht geprellt werden. Die Furcht vor letzterem kann ihn hart
machen, aber gegen seine Natur. Freiwillig tut er alles, gequetscht garnichts.“ Zu der mißlichen Lage, in die Heine geraten war, kam noch der
Umstand hinzu, daß der alte Salomon sich 1837 aus dem aktiven Geschäfts-
leben zurückgezogen und seinen einzigen Sohn Karl als Associé zum Leiter des Geschäfts ernannt hatte. „Karl zeichnet jetzt Salomon Heine“
schreibt Maximilian an den Dichter, und „dieser engherzige Mensch könnte
sich durch Dich unsterblich machen, und statt dessen, was tut er?“ Hier
wird klar, was geschehen war. Heine sagt es uns später selbst: „Ich kenne
Karl besser, der ist ebenso starrköpfig wie verschlossen. Auf dem Wege
der Ambition kann man ihm nicht beikommen, denn er ist in dieser Beziehung das Gegenteil des Vaters, der der öffentlichen Meinung wie ein
Höfling schmeichelte.“ Heine sieht ein, daß er eine andere Taktik anwenden muß, denn „Karl ist es ganz gleichgültig, was die Leute reden.“ Immerhin, solange der alte Herr noch lebte, konnte eine Drohung mit der Veröffentlichung von Skandalen noch immer ihre Wirkung tun. Jedenfalls
versuchte Heine nun durch den Komponisten Giacomo Meyerbeer, der ein
intimer Freund des Onkels war und sich gerade auf dem Wege nach Hamburg befand, seine Ansprüche auf ein festes Jahrgeld geltend zu machen.
Jedoch kamen damals die Verhandlungen zwischen Salomon und Meyerbeer, wahrscheinlich auf Anraten Karls, zu keinem erfolgreichen Abschluß.
Erst als Salomon Heine im Oktober 1838 ohne Karl in Paris weilte, konnte
Meyerbeer ihn ungehindert bearbeiten. Er überzeugte den Onkel vom
schriftstellerischen Ruhm seines Neffen und überredete ihn zur Gewährung
eines ständigen Jahrgeldes. „Ich hoffe,“ schreibt Meyerbeer an Heine,
„Sie werden mit Ihrem Ambassadeur zufrieden sein. Ich komme von Ihrem
trefflichen Onkel und habe nach pourparlers ‚le fixe‘ erlangt. Die Summe,
wie Sie selbst sie wünschen, d. h. 4000 Franken jährlich, beginnend vom
1. Januar 1839.“ Nach Heines Heirat wurde die Summe auf 4800 Franken
erhöht. Salomon schrieb sofort an seine Tochter Therese, die sich bei ihrem
Vater stets für den Dichter eingesetzt hatte, um ihr umgehend die erfreuliche Nachricht zu bringen. Dabei drückte er seine Freude über den großen
Ruhm seines Neffen aus: „Was für ein Talent! ich fange an zu glauben,

daß er besser ist als ich glaubte"; dennoch kann er nicht umhin, seinen Bedenken Ausdruck zu geben: „Er hat mir versprochen, sich zu bessern, sein Geld besser zu verwenden und fürchte nur, daß er kein Wort hält." Sicherlich hat der diplomatische Meyerbeer bei den Verhandlungen keinen Gebrauch gemacht von des Dichters Hinweis auf seine Memoiren: ich muß „Ihnen schon von vornherein vertrauen, daß alles, was man in Deutschland von Salomon Heines Generositäten . . . zu erzählen . . . pflegt armselig gering [ist], wie Sie einst aus meinen Memoiren auf Heller und Pfennig berechnen können."

Karl, der diese unlauteren Einschüchterungsversuche des Vetters gegenüber seinem Vater miterlebt hatte und ähnliche Versuche vermeiden wollte, kam nun wahrscheinlich auf Anraten des Testamentsvollstreckers, Dr. Gabriel Rießer, einem geschworenen Feinde des Dichters, mit seinem Vater überein, das Jahrgeld im Testament unerwähnt zu lassen und die Form der Weiterbezahlung den Umständen gemäß ganz dem Gutdünken Karls anheimzustellen. Um weiteren Mißverständnissen und Zänkereien in der Familie vorzubeugen, schrieb Karl kurz nach dem Tode seines Vaters an seinen Vetter Harry: Onkel Salomon habe ihm ein Vermächtnis von 8000 Mark Banco hinterlassen. Obgleich im Testament kein Jahrgeld für ihn vorgesehen sei, wäre er aber bereit, die bisherige Jahresrente weiterzuzahlen, wenn der Dichter einen Revers unterzeichne, worin er sich verpflichtet,

1 - Das Testament nicht anzufechten,
2 - Sein so oft erwähntes Memoir über Salomon Heine vor der Veröffentlichung dem Gutachten der Familie zu unterbreiten, und
3 - Nichts gegen die weitere Familie Salomon Heines in Hamburg und deren Anverwandten in Paris, die Familie Fould, zu schreiben.

Das war für beide Parteien eine friedlich-vernünftige und endgültig-legale Lösung dieses immer wieder auftauchenden Zwists in der Familie. Heine sollte sein Jahrgeld bis ans Lebensende ausbezahlt erhalten, und die Familie Heine in Hamburg und die Familie Fould in Paris würden gegen öffentliche Angriffe, Drohungen und Schmähschriften des Dichters geschützt sein. Schließlich durfte man bei jedem anständig denkenden Menschen wohl voraussetzen, daß er keine Bedenken trage, eine solche schriftliche Erklärung abzugeben; nie sollte er die Absicht hegen, seine Gönner, von denen er schon zeitlebens Wohltaten empfangen hatte und von denen er deren Fortsetzung bis ans Lebensende in Anspruch nehmen wollte, jemals dem öffentlichen Spott preiszugeben.

Doch vergegenwärtige man sich andererseits Heines geistige Verfassung, als er Karls Zeilen empfing. Die Rothschilds hatten 1844 gerade seine französische Pension einstellen lassen, was — ungeachtet der häufigen und beträchtlichen Subsidien des Bankhauses — einen empfindlichen Ausfall von

4800 Franken im Jahr bedeutete; und nun erfährt er, daß Onkel Salomon ihm ebenfalls das Jahrgeld gestrichen habe; das war ein weiterer Verlust von 4800 Franken, ein Gesamtverlust von 9600 Franken im Jahr! Wie verständlich, geriet Heine in unbeschreibliche Aufregung, und in seiner Unbesonnenheit schrieb er einen beleidigenden und herausfordernden Brief an Karl. Darin behandelt er ihn „mit hinlänglicher Verachtung und kündigt ihm einen Prozeß an". Außerdem droht er, wenn Karl nicht nachgäbe, ganze „Mistkarren von Dreck heranzufahren", und er ist überzeugt, durch „Einschüchterung in der Presse und die ersten Kotwürfe auf Karl und besonders auf dessen Schwager Adolf Halle, der in Hamburg gerade Senator werden will" und in der Öffentlichkeit sehr verwundbar ist, sein Ziel erreichen zu können. Karl ist wie vor den Kopf geschlagen, entsetzt, sprachlos; und als er mit keinem Wort auf die niederträchtigen Angriffe seines Vetters reagiert, schlägt Detmold, Heines Freund und Rechtsberater in deutschen Angelegenheiten, dem Dichter eine friedliche Lösung vor. Er solle persönlich „an Präsident Halle und Karl schreiben, um durch einen ruhigen und wirksamen Brief das wieder gut zu machen, was er durch einen in der ersten Passion geschriebenen verachtungsvollen Brief verdorben habe". Heine aber kommt, weil Karl nicht sofort auf sein Schreiben reagiert hat, zu der Überzeugung: „Durch Selbstdemütigung mit Karl ist nichts zu erreichen. Aller Rat dahin falsch ... daß man in dieser Welt selten durch Tränen und Flehen, aber durch das Schwert etwas erlangt von den harten Geldmenschen! Mein Schwert ist meine Feder, und dieses Schwert durfte es am Ende wohl aufnehmen mit den Silberbarren und Advokatenkniffen, die meinem Vetter zu Gebote stehen. Dieser beständige Widerspruch, in welchem mein Gemüt und mein Verstand sich in jener Beziehung befanden, hat mich ein ganzes Jahr lang elend und zagend gemacht, und erst jetzt, wo ich einsehe, daß in Karl Heines Brust kein menschliches Herz schlägt, nachdem ich bei ihm gebettelt, statt mein Recht zu verfechten, alles um nicht nötig zu haben das Schwert zu ziehen gegen den Jugendfreund und Bruder, jetzt bleibt mir dennoch nichts übrig als — Ja, ich bin mit einem entsetzlichen Memoir beschäftigt, seit einigen Tagen, wo die Indolenz von Karl Heine dem Fasse den Boden ausgetreten." Doch der entsetzte Karl läßt Heine weiterhin zappeln, und dieser ist zuletzt nur noch an der Auszahlung der Pension interessiert und bereit, jedweden Revers zu unterzeichnen; „Ich bin erbötig zu jeder Erklärung, ja zur Abbitte, um den beleidigten Stolz zu kirren; ich mache mir nichts aus Papier, aus einem gedruckten Pranger: wer viel Ruhm hat, kann ein Bißchen point d'honneur einbüßen. — Aber meine Pension muß ich haben, unverkürzt und irrevokabel, nicht an eine Bedingung geknüpft." Trotz dieser Fede auf Leben und Tod trassierte Heine wie immer regelmäßig und ganz unbefangen auf seine Pension, und Karl zahlte alle auf ihn ausgestellten Wechsel aus.

In seiner Verzweiflung unternahm Heine einen weiteren Schritt: er bat einige der bekanntesten Persönlichkeiten der Zeit, die ihm freundlich gesonnen waren, bei Karl zu seinen Gunsten schriftlich zu intervenieren. Lassalle riet allerdings zur Erpressung; Varnhagen von Ense schlug einen gütlichen Vergleich vor und weigerte sich, mit schmutzigen Mitteln zu helfen; Meyerbeer wollte Heine überreden, Karl einfach Zeit zu lassen, wobei die Sache sich zu beiderseitiger Zufriedenheit auflösen würde, er versprach sogar, für jedes Defizit in Heines Kasse aus eigenen Mitteln aufzukommen; und auch Campe suchte Karls Lage, in die Heine ihn versetzt hatte, zu erklären und den Dichter zu beschwichtigen. „Wenn Karl die Pension bezahlt, so ist das doch etwas, das sich hören läßt, die Form wird sich dann billig finden. Karl ging zu Anfang zu weit, um dem Dinge einen Anstrich zu geben, etwas zu tun, macht er diese Nergeleien. Halten Sie ihm das nicht zu hoch in Ihrer Rechnung, denn Sie teilen gewiß meine Ansicht, daß diese letzte Wand weggeräumt sein wird. Seien Sie größer, quälen Sie sich nicht mit Grillenfangerei deswegen ab. Sie wissen ja doch, daß Sie am Ende Sieger bleiben." Die Antwort, die Karl an den Fürsten Pückler-Muskau schrieb, bestätigt die Richtigkeit von Campes Anschauung. Karls Brief verdient wegen seiner Gelassenheit und Würde unsere Hochachtung:

. . . meine Handlungsweise gegen den Dichter H. Heine hat derselbe sich selbst zuzuschreiben.

Stets Anhänger seines großen Talents und ihn von Jugend auf verteidigend, können Ew. Durchlaucht denken, daß es mir sehr schwer fällt, sein Betragen durchaus tadeln zu müssen; umso fataler ist es mir, wenn dem Anschein nach nur eine Geldverlegenheit als Motiv dient und der Welt gegenüber zu meinem Nachteil entschieden werden mag.

Ich habe leider bittere Klagen gegen H. Heine zu führen und briefliche Beweise in Händen, die mich nötigen, in meiner Handlungsweise zu beharren. Die Pietät, die ich meinem verstorbenen geliebten Vater schuldig bin, gebieten mir selbst, der Bosheit Schranken zu setzen.

Aus meinem eigenen ,Ich', und nicht ohne Widerstreben, bin ich schon hervorgegangen, indem ich ihm unter gewissen Voraussetzungen eine Unterstützung zukommen ließ. Er hatte diese verscherzt, und ich klage mich selbst der Schwäche an, daß ich ihm meine Hand nicht ganz entzogen habe.

Ew. Durchlaucht werden mich entschuldigen, wenn ich nicht weiter auf diese Angelegenheit eingehe, und erlaube ich mir schließlich zu bemerken, daß mein Gewissen frei von aller Schuld ist, und wenn ich weitere Erörterungen Ihnen gegenüber vermeide, es nur geschieht, um dem Charakter des Dichters nicht in Ihrer guten Meinung zu schaden.

Ich bin gewiß nicht hart, auch wegen des Geldpunktes nicht unversöhnlich, aber es gibt Dinge, die erst durch Reue und gutes Betragen ausgemerzt werden müssen.

Schließlich verfiel Heine auf einen genialen Plan, um Karls Wohlwollen zurückzugewinnen; wenn dieser keinen Erfolg brachte, war alles verloren. Heines Leiden, die 1844 begannen, hatten sich inzwischen erheblich verschlimmert. Nun ließ der Dichter sich von seinem Arzt, Dr. Roth, ein Attest über die Schwere seiner Krankheit ausstellen und schickte es seinem Verleger nach Hamburg. Campe aber begriff nicht, was der Dichter damit beabsichtigte, und schrieb an den Arzt zurück: „Mag er [Heine durch das Attest] einen höheren Zweck erreicht haben!" Dieser „höhere Zweck" war es, in Hamburg das offizielle Gerücht in Umlauf zu bringen, Heine sei ernstlich erkrankt. Nach dieser ersten Vorbereitung erschien dann in der „Leipziger Allgemeinen Zeitung" auch bald darauf die Nachricht, Heine sei irrsinnig geworden und befinde sich in einem Irrenhaus in Paris. Die Todesnachricht selbst stammt nicht von Heine. Es ist interessant zu beobachten, wie Heine sich bald bei Campe erkundigte, welche Wirkung die falsche Nachricht von seinem Tode auf Karl ausgeübt habe. „Wie ich höre hat meine Todesnachricht meinen Vetter sehr erschreckt, er hatte wahrscheinlich erschreckende Gründe." Doch diesmal hatte Heine Erfolg. Zweifellos war Karl ebenso bereit, diesem gehässigen Familienzwist ein Ende zu bereiten, und die Todesnachricht bot ihm die willkommene Gelegenheit, ihm versöhnend die Hand zu reichen. So berichtet Heine an Campe: „Die voreilige Nachricht meines Todes hat mir viele Teilnahme gewonnen. Auch Karl Heine schrieb mir den liebenswürdigsten Freundschaftsbrief. Die kleine Trödelei, die lumpige Gelddifferenz, ist ausgeglichen, und dieses tat meinem verletzten Gemüte wahrhaft wohl. Aber das Vertrauen zu meiner Familie ist dahin. Karl Heine, wie reich er auch ist, und wie liebreich er sich mir zuwendet, so wäre er doch der Letzte, an den ich mich in irgend einer Lebensnot wenden würde. Ich habe hartnäckig darauf bestanden, daß er mir bis auf den letzten Schilling ausbezahle, wozu ich mich durch das Wort seines Vaters berechtigt glaubte, ich würde auch keinen Schilling mehr von ihm annehmen. Wir haben beide große Torheiten begangen." Die lumpige Gelddifferenz belief sich auf 800 Franken; Karl wußte scheinbar nicht, daß das Jahrgeld Heines seit seiner Heirat um diese Summe erhöht worden war. Die Behauptung, Karl habe die Summe halbiert, ist eine bewußte Übertreibung Heines; ebenso wie die bombastische Phrase, Karl „wäre der Letzte", an den er sich „in irgendeiner Lebensnot wenden würde," für Heine nur leere Worte waren. Schon zwei Jahre später hielt er bei Karl um eine höhere Jahresrente an; Karl gewährte seine Bitte, und so bezog Heine seit 1848 statt der ehemaligen 4800 jetzt ein Jahrgeld von 7800 Franken, außerdem bezahlte der Vetter Heines Schulden, die sich auf weitere 7000 Franken beliefen. Als dann Heines Bruder Gustav einige Jahre später eine weitere Erhöhung des Jahrgeldes aus Karl „herausquetschen" wollte, konnte er an seinen Bruder in Paris nur berichten: „Bei Karl habe ich Dich gut vertreten. Sei vorsichtig und sparsam, denn mehr gibt er auf keinen Fall . . . Auf eins muß ich Dich aufmerksam machen, weder Karl noch Cäcilie haben Furcht vor der Öffentlichkeit, davon habe ich mich überzeugt." Trotzdem erhöhte Karl des Dichters Jahrgeld im Jahre 1851 auf 9800 und bald darauf auf 10600 Franken. Als Heines Bruder Maximilian im Jahre 1850 eine Kollekte halten wollte, um den Dichter „aus drückenden Geldsorgen zu befreien", konnte Karl mit gutem Gewissen einwenden: „Ich halte dergleichen indes nicht für notwendig; um anständig zu leben, fehlen Deinem Bruder keineswegs die Mittel und ich trage selbst dazu von Zeit zu Zeit bei, um sie ihm zu verschaffen". Doch fügt er bedauernd hinzu: „Ich bin der Meinung, daß er allerdings keineswegs so gut gepflegt wird, wie es geschehen könnte."

Einen großen Dichter derart in fauchender Wut um den Mammon kämpfen zu sehen, berührt uns peinlich, und die Mittel, deren er sich bedient, um zu seinem Ziel zu gelangen, sind und bleiben schmutzig. Auf dem Dichter ruht seit seinem Aufenthalt in Paris ein dreifacher Fluch: die französische Staatspension und die damit verknüpften Verpflichtungen gegenüber den Rothschilds, die finanzielle Abhängigkeit des Dichters von der Familie Salomon Heines und seine herabwürdigende Ehe mit Mathilde.

Die Jahre 1844 bis 1846 waren zweifellos die aufregendsten und ereignisreichsten seines ganzen Lebens. Waren sie auch nicht die Ursachen von Heines bald darauf folgenden Leiden, so haben sie doch bestimmt viel dazu beigetragen, den ersten Krankheitskeimen zum Ausbruch zu verhelfen. 1846 wagte Heine mit Mathilde noch einmal eine längere Sommerreise in die Pyrenäen, doch 1847 mußte er die heißen Sommertage auf den allerdings reizenden Vorort Montmorency beschränken, und im Februar und März 1848, in den Monaten der Revolution, befand er sich mit Mathilde und ihrem Papagei im Maison de Santé Faultrier in Paris. Anschließend mußte er acht Jahre lang bis zu seinem Tode das Bett hüten: es waren die Jahre seiner schrecklichen Matratzengruft.

In dieser schweren Zeit hat Heine drei größere Werke veröffentlicht. 1844 erschienen bei Campe in Hamburg seine „Neuen Gedichte", die aus der Zeit zwischen 1827 und 1843 stammen und von sehr unterschiedlichem Wert sind. In demselben Band, zusammen mit den „Neuen Gedichten", erschien auch sein Epos „Deutschland, ein Wintermärchen", das schon einige Monate vordem im Pariser „Vorwärts" abgedruckt war und worin er seine romantisch-politischen Reiseeindrücke in Deutschland als Dichter mitteilt. In diesen Kreis der Zeitgedichte gehört auch sein satirisches Epos „Atta Troll"", das „letzte Waldlied der Romantik", das zuerst 1843 in Laubes „Zeitung für die elegante Welt" und dann erweitert 1847 von Campe in Buchform veröffentlicht wurde; es ist eine poetische Abrechnung Heines mit den bärenhaft plumpen Kritikern aus seiner alten Heimat, mit den Börneanern, mit den neumodisch modernen politischen Lyrikern, mit den Teutomanen alten Stils: sie alle sind in der Gestalt des Bären Atta Troll erfaßt.

Heines geistige und moralische Verfassung in diesen ersten 17 Jahren seines Pariser Aufenthalts weist manche unerfreuliche Seite auf. Sein oberflächliches Weltleben zieht ihn hernieder; seine zweideutige Haltung gegenüber den herrschenden Staatsgewalten offenbart die Schwäche seines Charakters; in der Regelung seiner Geldangelegenheiten scheut er vor den unsaubersten Mitteln nicht zurück. Der einst so tätige Mann erliegt längere Zeit hindurch einem trägen Schlaraffenleben, aus dem ihn am häufigsten seine zahlreichen literarischen Kämpfe und Krakeelereien herausreißen.

So können wir nicht daran zweifeln, daß ihm die ersten 17 Jahre seines Pariser Aufenthalts nicht zum Segen gereichten. Wohl fehlt es ihm nicht an Kraft und Frische und großem Schwung; es sind die Jahre, in denen er sich eines verhältnismäßig großen Wohlbefindens erfreut. Aber seine persönliche Haltung kann uns ihn nicht näherbringen; seine Weltanschauung, die er in der Feier des sinnlich-freudigen Hellenentums gipfeln läßt, entbehrt nicht eines gewissen Reizes, ist aber von einseitiger Übertreibung nicht frei. Besonders auffällig ist es, wie sehr seine dichterische Schaffenstätigkeit an Wert verliert. Zwar zeigt er sich noch oft genug als Dichter von hohem Rang, oft genug aber auch als abgeirrt und verwahrlost. Reich und unbefangen ist seine Prosaschriftstellerei, ohne daß man jedoch sagen könnte, daß sie in der Hauptsache eine wertvolle Erweiterung seiner schriftstellerischen Eigenart erkennen ließ; immerhin sind hier eine Reihe bemerkenswerter Leistungen zu verzeichnen.

2. „Neue Gedichte"

Der zweite Band von Heines Gedichten erschien erst 1844, obgleich sein Verleger Campe mit Ausnahme einiger erst später hinzugefügten „Zeitgedichte" schon 1838 fast das ganze druckreife Manuskript in Händen hatte. Es ist ein höchst komplizierter Entwicklungsgang, der schließlich zur Veröffentlichung des Werkes „Neue Gedichte" führte.

Schon 1834 hatte Campe darauf hingewiesen, daß die zweitausend Exemplare der ersten Auflage des „Buchs der Lieder" auf die Neige gingen und eine zweite Auflage nötig wurde. Die Ende 1835 erlassenen Bundestagsbeschlüsse gegen das Junge Deutschland machten das Erscheinen einer zweiten Auflage allerdings unmöglich. Als dann 1836 das „Buch der Lieder" wieder zugelassen wurde, forderte Campe den Dichter zur Übersendung des Manuskripts auf. Heine erklärte sich bereit, doch macht er die Bedingung, er werde eine solche Auflage „unterlassen, im Fall eine preußische Zensur sich darein mischen mochte." Doch der Kontrakt von 1837 für eine Gesamtausgabe von Heines Werken führte zu neuen Komplikationen. Campe wußte genau, daß eine solche Gesamtausgabe wegen der bestehenden Zensurverhältnisse in absehbarer Zeit überhaupt nicht in Frage käme; Heine dagegen rechnete mit einer bald erscheinenden Gesamtausgabe, in der die ersten beiden Bände alle seine poetischen Werke enthalten sollten. Zunächst kam man nun einmal überein, eine zweite Auflage des „Buchs der Lieder" separat zu veröffentlichen, wobei die Frage auftauchte, ob das „Buch der Lieder" in der alten Form neu aufgelegt werden oder ob man die seit 1827 in den verschiedenen Zeitschriften erschienenen Gedichte dem „Buch der Lieder" einverleiben solle, wobei man hoffte, durch die Benutzung des alten Titels alle Zensurschwierigkeiten zu umgehen. Schließlich einigte man sich dahin, das „Buch der Lieder", das klassische Werk des Dichters, von allen neuen Zugaben rein zu halten und wieder in seiner ersten Form erscheinen zu lassen. So erschien die zweite Auflage 1837 als genauer Nachdruck der ersten Auflage, ohne die seit 1827 gesammelten neuen Gedichte, allerdings mit einer neuen Vorrede.

Doch rückte Heine seine neuen Gedichte bald wieder in den Vordergrund; am 19. Dezember 1837 schrieb er an seinen Verleger: Ich mache „Ihnen folgenden Vorschlag: Sie geben in einigen Monaten einen Anhang zum ‚Buch der Lieder' ganz besonders heraus, und in diesem Buche gebe ich alle Gedichte, die nicht im ‚Buch der Lieder' enthalten sind und begleite dieselben mit einer Vorrede, so daß das Ganze ein hübsches Büchlein bildet. Ich kann nicht sagen, wie stark die Vorrede, kann auch nichts darüber versprechen; auch verlange ich nichts für diese Zugabe. Ich wünsche dadurch nur Ihr Interesse zu fördern." Campe hieß diesen Vorschlag gut: „Der zweite Teil des Buchs der Lieder kann unbeschadet der Gesamtausgabe erscheinen. In Gottes Namen her damit!" Im März 1838 schlägt Heine als neuen Titel „Nachtrag zum Buch der Lieder" vor, und dieser solle enthalten 1. den Neuen Frühling, 2. die Gedichte des ersten Teils des Salons, 3. dreißig seiner besten Gedichte, 4. den Tannhäuser, 5. den Ratcliff, 6. eine sehr umfangreiche Vorrede [den Schwabenspiegel]. Von der Vorrede verspricht er dem Verleger, sie werde ihm zusagen.

Doch im Laufe der Verhandlungen ist Heine darüber verstimmt, daß Campe in Hamburg Gutzkow über seine poetischen Pläne ins Vertrauen gezogen hatte, und beklagt sich darüber, daß dieser schon in seinem „Telegraphen", den er für Campe herausgab, vorzeitig die Prügel anmeldete, welche die Schwaben zu erwarten hätten. Außerdem hören wir die Klage: „Was soll die törichte Krakeelerei, ich wollte in meiner Sammlung die Gedichte nicht aufnehmen, welche ich in Lewalds ‚Europa' drucken lasse. Man könne glauben, ich sei abhängig von fremdem Ratschluß in der Sammlung meiner Gedichte." Campe beruhigt Heines Mißtrauen mit den Worten:

„Geben Sie . . . den Gedanken auf, daß hier Felonie getrieben wird; es geht hier ehrlich und redlich bei uns zu! Wenn er [Gutzkow] Ihre Lewaldchen Gedichte nicht lobte, andere würden sich härter darüber aussprechen. Das ist Meinungssache, und Sie selbst werden zugeben, daß man von Ihnen Besseres hat und gewohnt ist . . . Sie verkennen Gutzkow, ich sagte ihm, er möge Ihnen doch einige freundliche Zeilen schreiben," was Gutzkow auf Campes Anregung am 6. August 1838 auch wirklich tat. Sein Brief, den man immer als arrogant hingestellt hat, ist durchaus ehrlich und voller Hochachtung für Heine, und man merkt es ihm an, daß er die Zeilen gegen seinen eigenen Willen geschrieben hat und daß sie ihm schwergefallen sind. Er hebt darin hervor: Es würden

„wie die Sachen jetzt stehen, Ihre Verhältnisse zur deutschen Bildung, Nationalität und Literatur wenn nicht volkommen, doch bei weitem übergünstig ausfallen: daß Sie aber, wenn diese Gedichte des beabsichtigten Nachtrags erscheinen, in die Wage Ihrer Beurteilung ein Gewicht legen, welches auf die Schale der gegen Sie erhobenen Beschuldigungen zentnerschwer lasten wird. Alle die Verse, die Pfizer mühsam aus dem Buch der Lieder zusammenlesen mußte, bieten Sie ihm jetzt dutzendweise dar.

Dichter, man hat Dir viele Sünden vergeben, weil es Dornen an Rosen **waren**; aber diese neuen, Heine, die n u r Dornen sind, vergibt man Ihnen nicht.

Béranger scheut nicht von einem nächtlichen Besuch bei einer Grisette zu sprechen, aber sagt er „Ich habe mich wohlbefunden?"

Sie waren schon in Paris, als plötzlich die Anklage der neuen Literatur auf Unsittlichkeit ertönte . . . aber ich fasse mich kurz und sage Ihnen: durch diesen Nachtrag ruinieren Sie Ihre Stellung so, daß selbst Ihre Freunde die Feder niederlegen, sich bescheiden müssen. Geben Sie das Buch auf!"

Gleichzeitig mit Gutzkows Brief erhielt Heine von Campe die Nachricht, daß der Zensor in Grimma das Imprimatur für die Sammlung der neuen Gedichte verweigert habe. Unter diesen Umständen überließ Campe es dem Dichter nun völlig, ob er dem Rat Gutzkows folgen wolle; er selbst würde sich völlig dem Willen Heines fügen. Heine wurde durch das Veröffentlichungsverbot und durch Gutzkows Brief in „außerordentliche Verlegenheit versetzt . . . Die Gedichte darf ich jetzt nicht drucken," so schreibt er an Campe, „wenn ich nicht von vornherein mit Gutzkow in die peinlichsten Mißverständnisse geraten will." So wurde der Druck der neuen Gedichte aufgegeben und nur die Nachrede, der „Schwabenspiegel", in Gutzkows „Jahrbuch der Literatur" veröffentlicht.

Heine muß sich in seiner Lage sehr unsicher gefühlt haben, denn in seiner Antwort an Gutzkow rechtfertigt er den Inhalt seiner Gedichte in einem Vergleich mit Goethes „Elegien" und stellt zu seiner Rechtfertigung die Maxime l'art pour l'art auf, was recht wenig zu den Kunstanschauungen des Jungen Deutschland paßt; außerdem deutet er auf seinen einwandfreien Lebenswandel hin: er habe soeben den ganzen Shakespeare gelesen und sei jetzt dabei, die Bibel zu lesen. Diese Erklärungen und Entschuldigungen sind reine Erfindungen Heines, denn er war damals so augenkrank, daß er weder lesen noch schreiben konnte. Für Campe bedeutete der Ausgang der Verhandlungen eine finanzielle Enttäuschung, doch war er gern bereit, den Verlust zu tragen, solange er damit den guten Namen des Dichters schützen konnte:

> Daß ich den Nachtrag zum Buch der Lieder nicht bringe, ist ein reeller Verlust für mich, denn die Abnehmer der ersten Auflage sind zur Hälfte gewisse Abnehmer der Fortsetzung. Die zweite Auflage ist sehr gut abgegangen und geht fortwährend ganz ansehnlich, so daß vielleicht in anderthalb Jahren eine dritte Auflage folgen kann. Wäre der Nachtrag gekommen, dann hätte dies das Buch noch einmal in Bewegung gesetzt und wahrscheinlich wäre der Rest damit weggerollt worden; also der Schaden, den ich leide, ist doppelt; aber ich mag I h r e n Schaden nicht; für den Preis mache ich keine Ansprüche darauf, sondern verzichte auf dieses günstige Geschäft, um Ihr Renommé ungetrübt zu erhalten.

Doch schon im nächsten Monat glaubte Heine, das Buch veröffentlichen zu können, falls er nur ein Dutzend der schlimmsten Gedichte opferte. Doch er hat sein Selbstvertrauen verloren und bittet Campe, Gutzkows Meinung einzuholen. Diese lautet: „Wollen Sie [Campe] Heine ruinieren, dann lassen Sie das drucken. Seine Akten sind noch rein und seine Sache steht gut; geben Sie diesen Teil, dann besitzen seine Feinde, was sie gegen ihn suchten und ihm gerne aufbürden möchten, aber bis jetzt nicht bringen konnten."

Als Anfang 1839 die dritte Auflage des „Buchs der Lieder" notwendig wird, fragt Campe bei Heine an: „Soll nach Ihrem Wunsch und Willen der ‚Nachtrag' jetzt gedruckt werden, dann ist jetzt die Zeit, wo es passend geschehen kann. Sie verstehen mich; die Zugabe ist jetzt nicht gesucht. Doch rate ich nicht ab nicht zu." Durch den Erfolg des „Buchs der Lieder" angespornt, ist Heine bereit, die neue Gedichtsammlung unter dem Titel „Buch der Lieder, zweiter Band" herauszugeben und die dritte Auflage des „Buchs der Lieder" mit dem Titel „Buch der Lieder, erster Band" in der alten Form neu auflegen zu lassen, und er bemerkt: „Damit das alte Buch der Lieder durch diesen hinzukommenden Band nicht kompromittiert wird, will ich hierin alle Gedichte auswerfen, die nur irgendwie Anstoß erregen könnten, wo alsdann doch gewiß nicht mehr als ein Druckbogen sakrifiziert zu werden braucht. Diese Lakune werde ich durch einen Druckbogen mit neuen vortrefflichen Gedichten zu füllen suchen. Ich habe sie bereits angefertigt. Wenn ich etwa die unglückliche Nachrede von diesem zweiten Band fortlasse, wird das Buch vielleich etwas zu dünn, und in dieser Hinsicht möchte ich die Übersetzung der ersten Szene aus Byrons Manfred hinzufügen." Campe rät jedoch von dem Titel „Buch der Lieder, zweiter Teil" ab und schlägt den Titel „Nachtrag zum Buch der Lieder" vor: „Das

Schicksal des ersten Teils ist gemacht. Stören wir das ja nicht!" Beide kommen außerdem zu der Erkenntnis, daß Gutzkows Besorgnisse um den Ruf des zweiten Gedichtbandes zwar ehrlich, aber übereilt gewesen. So schreibt Campe an Heine: „Ich klage Gutzkow dafür nicht an, er hat es gut gemeint; allein die Reflektion stellte sich auch bei mir ein und da mußte ich mir sagen, daß die Gedichte bereits fast alle gedruckt sind, wer also etwas darüber zu sagen Lust hatte, konnte sie im Salon usw. sich suchen. Hier sind sie nur beisammen und auf einem Platz versammelt. Dadurch mag allerdings eine klarere prägnantere Übersicht gewonnen werden, manches sich schärfer herausstellen, wie am ursprünglichen isolierten Platze. Nun, Sie achten sich ja selbst, und so werden Sie ja Ihre Interessen am besten selbst prüfen und zu wahren wissen." Als 1840 der vierte Band des „Salons" gut aufgenommen wurde, glaubte Campe, man könne nun die neue Gedichtsammlung „ruhig folgen lassen, alle Gutzkow-Wihlschen Rücksichten in den Kehricht werfen und überzeugt sein, daß die Kritik sich nicht an Sie wagt." Doch es sollten noch weitere drei Jahre bis nach Heines Besuch in Hamburg vergehen, bevor Heine Ende Dezember 1843 die Sammlung unter dem Titel „Neue Gedichte" erscheinen ließ. Da das Werk, um zensurfrei zu sein, 21 Bogen betragen mußte, beschloß Heine die Gedichte zuerst mit „Atta Troll" und endgültig schließlich mit „Deutschland, ein Wintermärchen" zusammen in einem Bande herauszubringen, er glaubte, er „sichere dadurch diesem zweiten Bande die ungeheure Voge."

Die „Neuen Gedichte" wurden gut aufgenommen, und Laube schrieb an Heine: „In Deutschland dürfen Sie Ihres Rufs und Ihrer Stellung wegen jetzt ganz unbesorgt sein, beide sind jetzt vortrefflich seit Ihren Neuen Gedichten." Sie waren so erfolgreich, daß noch in demselben Jahre eine zweite Auflage notwendig wurde. Doch der wahre Erfolg des Bandes ist wohl weniger der Sammlung von Gedichten als dem politisch-romantischen Epos „Deutschland, ein Wintermärchen" zuzuschreiben, das mit den Gedichten zusammen in einem Bande erschienen war. 1851 erschien noch eine dritte Auflage der „Neuen Gedichte"; darin war das „Wintermärchen" entfernt und auf Campes Wunsch zur Füllung 30 bis 50 Seiten neues poetisches Material hinzugefügt, damit der Umfang des Werkes auf mindestens 300 Seiten komme, und das Werk zensurfrei bleibe. Dem fielen die „Ollea"-Gedichte sowie Abfälle aus dem „Romanzero" zum Opfer. Heine schrieb ein neues Vorwort, und der endgültige Titel lautete nun: „Neue Gedichte"; in Parenthese auf dem Titelblatt stand: „Zweiter Teil der poetischen Werke."

Die dritte Auflage hat bisher als der Grundtext für die „Neuen Gedichte" gedient. Da jedoch diese Sammlung viele Gedichte enthält, die wegen ihrer Minderwertigkeit weder in das „Buch der Lieder" noch in den „Romanzero" aufgenommen wurden und als Lückenbüßer für die „Neuen

Gedichte" herhalten mußten, vermissen wir jede künstlerische Anordnung, wie im „Buch der Lieder". Bis auf einige verirrte Gedichte hat Heine die Sammlung immerhin nach ihren Untertiteln auf fünf mehr oder weniger chronologische Gruppen verteilt:

1) „Neuer Frühling", vor 1831,
2) „Verschiedene", von 1831 bis 1837,
3) „Romanzen", von 1837 bis 1843,
4) „Zur Ollea", um 1851, und
5) „Zeitgedichte", von 1840 bis 1843.

Die „Neuen Gedichte" nehmen eine Mittelstellung ein zwischen dem früheren „Buch der Lieder" und dem späteren „Romanzero"; an das „Buch der Lieder" erinnern der ‚Neue Frühling' und Teile von ‚Verschiedene', an den „Romanzero" einige der ‚Romanzen'. Neueren Charakters sind die ‚Zeitgedichte'. So finden wir hier eine deutliche Mischung von alt-romantischen und neu-jungdeutschen Tönen; zu letzteren gehören viele Stücke von ‚Verschiedene' und die ‚Zeitgedichte'.

Die „Neuen Gedichte" haben nicht entfernt die Beliebtheit des „Buchs der Lieder" gewonnen, und doch enthält die Sammlung eine Reihe der herrlichsten Stücke, besonders die äußerlich von Therese Heine angeregt wurden sowie von der Gräfin von Bothmer, der Schwägerin des Barons Feodor Iwanowitsch Tjuttschew, den Heine in München kennen gelernt hatte. So findet sich in der ersten Abteilung, in dem ‚Neuen Frühling', das berühmte Lied „Leise zieht durch mein Gemüt liebliches Geläute", ferner das Lied „Gekommen ist der Maie" und die unübertreffliche lyrische Ballade:

> Es war ein alter König,
> Sein Herz war schwer, sein Haupt war grau;
> Der arme alte König,
> Er nahm eine junge Frau.
>
> Es war ein schöner Page,
> Blond war sein Haupt, leicht war sein Sinn;
> Er trug die seidne Schleppe
> Der jungen Königin.
>
> Kennst du das alte Liedchen?
> Es klingt so süß, es klingt so trüb'!
> Sie mußten beide sterben,
> Sie hatten sich viel zu lieb.

Eine tiefe tausendfach gefühlte Wahrheit in diesen drei knappen Strophen, einfach, die Phantasie vieldeutig anregend, in scharf geschliffener unübertrefflicher Form!

Dagegen sind die unter dem Titel ‚Verschiedene' vereinigten Lieder zum größten Teil geistlos und berichten von Liebeserfahrungen, denen die Weihe des Lebens und der Kunst fehlt. Gutzkow hatte durchaus recht, Heine zu warnen, sie nicht zu veröffentlichen. Viel Ergreifendes bringt allerdings die erste Abteilung ‚Seraphine‘, zugleich prächtige Seebilder bietend. Es folgen ‚Angelique‘, ‚Diana‘, ‚Hortense‘, ‚Clarisse‘, ‚Yolante und Marie‘ und andere; dabei finden sich schwer verständliche empfindsame Klagen über Untreue. Der künstlerische Wert dieser Gedichte ist gering; sie schildern die grelle Wirklichkeit. Etwas höher steht ‚Katharina‘ oder Kitty, eine Engländerin, wie man immer angibt, in Wirklichkeit die Tochter des Helgoländers Nikkels, denn die Insel war damals noch in englischem Besitz. Im allgemeinen behandelt Heine in ‚Verschiedene‘ seine reichen Erfahrungen in der Demi-monde von Paris. In diese Gruppe ist eingestreut ‚Friederike‘, die er 1823 im Salon Rahel Varnhagens, ihrer Schwägerin, als Friederike Robert kennen gelernt hatte. Aber auf diesen Nieten folgen wieder herrliche Treffer, vor allem das erste der drei Gedichte, „Tragödie“, das Heine schon 1827 an seine Kusine Therese gerichtet hat: es bedeutet wiederum in seiner unübertrefflichen Abrundung, in der leidenschaftlichen Kraft des Inhalts und in der duftigen Vollendung der Sprache einen Höhepunkt der lyrischen Kunst überhaupt.

Aber auch unter den ‚Romanzen‘ dieser Sammlung sind prachtvolle Stücke, die leider lange nicht nach Gebühr bekannt sind, so ‚Ritter Olaf‘, ‚Die Nixen‘, ‚Bertrand de Born‘ und vor allem ‚Frau Mette‘. Tief ergreifend sind manche Klänge der Sehnsucht nach der deutschen Heimat, so die Lieder „Ich hatte einst ein schönes Vaterland“ oder das unter die ‚Romanzen‘ verirrte Gedicht „Anno 1829“ mit den Worten:

> O Deutschland, meine ferne Liebe,
> Gedenk ich deiner, wein’ ich fast!
> Das muntre Frankreich scheint mir trübe,
> Das leichte Volk wird mir zur Last.
>
> Nur der Verstand, so kalt und trocken,
> Herrscht in dem witzigen Paris —
> O, Narrheitsglöcklein, Glaubensglocken,
> Wie klingelt ihr daheim so süß!
>
> Höfliche Männer! Doch verdrossen
> Geb’ ich den art’gen Gruß zurück. —
> Die Grobheit, die ich einst genossen
> Im Vaterland, das war mein Glück!
>
> Lächelnde Weiber! Plappern immer,
> Wie Mühlenräder stets bewegt!
> Da lob’ ich Deutschlands Frauenzimmer,
> Das schweigend sich zu Bette legt.
>
> Und alles dreht sich hier im Kreise,
> Mit Ungestüm, wie ’n toller Traum!
> Bei uns bleibt alles hübsch im Gleise,
> Wie angenagelt, rührt sich kaum.

Mir ist, als hört' ich fern erklingen
Nachtwächterhörner, sanft und traut;
Nachtwächterlieder hör' ich singen,
Dazwischen Nachtigallenlaut.

Dem Dichter war so wohl daheime,
In Schildas teurem Eichenhain!
Dort wob ich meine zarten Reime
Aus Veilchenduft und Mondenschein.

Doch im Gegensatz zu diesem Gedicht finden sich in „Anno 1829" bittere Anklagen gegen Hamburg.

Die Gedichte der Abteilung ‚Zur Ollea' sind der Sammlung erst 1851 einverleibt worden; sie bestehen aus Abfällen, die für den „Romanzero" nicht gut genug waren. Die Zeit der politischen Lyrik fällt in die Jahre 1840 bis 1844, als Dingelstedts „Lieder eines kosmopolitischen Nachtwächters", Herweghs „Gedichte eines Lebendigen" und Hoffmann von Fallerslebens „Unpolitische Lieder" erschienen. Auch Heine, der damals in engem Verkehr mit Karl Marx stand, schloß sich dieser Richtung mit rücksichtsloser Schärfe an. Er veröffentlichte seine Zeitgedichte zuerst in Börnsteins Pariser „Vorwärts"; die im Ton schärfsten sind im Jahre 1844 entstanden, so sein Angriff gegen Preußen im „Wechselbalg" und sein Angriff gegen König Friedrich Wilhelm IV. von Preußen im „Kaiser von China". Die an Herwegh und Dingelstedt gerichteten Gedichte verraten den treffsicheren, überlegenen Witz des Dichters. Doch diese Spöttereien werden abgelöst von dem abschließenden, schönen und zarten Gedicht „Nachtgedanken", Heines Hohem Lied der Mutterliebe.

3. „Atta Troll"

Zwei Ausgaben von „Atta Troll" erschienen zu Heines Lebzeiten: die erste bei Heinrich Laube, in zehn Lieferungen, in der „Zeitung für die elegante Welt", im Jahre 1843; die zweite bei Julius Campe, in Buchform, im Jahre 1847. Es ist beachtenswert, daß die Originalhandschrift ein Kapitel XIX enthält, das wir in der ersten und zweiten Ausgabe vermissen; als Ersatz wurden vier neue Kapitel VI, VII, VIII und IX eingefügt.

Eine sorgfältige Durchsicht der Originalhandschrift sowie der Briefe zwischen Campe und Heine von 1838 bis 1847 gibt uns Aufschluß über die bisher unbekannte Entstehungsgeschichte und die ursprüngliche Absicht der Dichtung. Dabei stellen wir fest, daß die Nachwirkungen von „Börne" und die Vorgeschichte von „Atta Troll" in dieselbe Zeit fallen und dasselbe Thema behandeln: die Wohl-Strauß-Affäre. Heine hatte in seinem Börne-Buch in sehr gehässiger Weise auf das Dreiecksverhältnis von Ludwig Börne,

Salomon Strauß und Frau Wohl-Strauß hingewiesen, und Strauß ließ darauf in den Zeitungen bekanntmachen, er habe Heine in Paris öffentlich geohrfeigt, wofür drei anwesende Personen zeugen könnten. Das war eine offenkundige Lüge. Heine, der sofort erkannte, daß es um seine Existenz ging, unterbrach seinen Sommeraufenthalt in den Pyrenäen und eilte nach Paris zurück, um für jede Eventualität besser gerüstet zu sein. Dazu schrieb er am 3. Juli 1841 an Gustav Kolb, den Leiter der „Augsburger Allgemeinen Zeitung", er habe soeben in Cauteret aus deutschen Zeitungen von Strauß' niederträchtiger Lüge Kunde erhalten; und der drittletzte Vers im zweiten Kapitel des Originaltextes von „Atta Troll" gibt uns das genaue Datum der Konzipierung zu diesem epischen Gedicht:

> Dies geschah den zweiten Juli
> Achtzehnhundert ein und vierzig,
> Und ein großer deutscher Dichter
> Der dem großen Schauspiel [dem Bärentanz] zusah ...

Die Nachricht von der Ohrfeigengeschichte und die Konzipierung von „Atta Troll" fallen also auf ein und denselben Tag. Kurz darauf, am 7. Juli 1841, berichtete Heine an Campe, „was das abgefeimte Luder von Wohl, die Ex-Maitresse von Börne mit ihrem gehörnten Esel gegen ihn gebraut hat", und in seiner beigelegten „Vorläufigen Erklärung", die sein Verleger veröffentlichen soll, nennt Heine Salomon Strauß einen „Lumpacius". Dieser Ausdruck wird um diese Zeit von Heine nie außer in Verbindung mit Strauß gebraucht. Kapitel XIX im Originaltext von „Atta Troll" behandelt nun die Frage: wer ist der größte Lump in Deutschland? Interessant ist es fernerhin, daß „Atta Troll" zuerst auf 20 Kapitel angelegt war, wovon das letzte als Widmung an Varnhagen von Ense geplant war, so daß das Epos selbst mit Kapitel XIX abschließen sollte. Weiterhin ist zu beachten, daß die Lumpacius-Episode nicht in der Hütte der Hexe, sondern nach dem Tode des Bären stattfindet. Heine versteht die Sprache der Vögel und erfährt, daß Hut-Hut noch immer als Bote zwischen König Salomon und der Königin von Saba wirkt und daß die beiden sich immer noch Rätsel aufgeben. Doch diesmal hat Salomon der Königin eine harte Nuß zugedacht: Wer ist der größte Lump in Deutschland? Die Königin sucht besonders unter den deutschen Journalisten; doch wenn sie einen Lump entdeckt hat, verweist Salomon auf einen noch größeren — bis man schließlich auf den Erzlump kommt, einen gewissen X. Für uns, den damaligen Ereignissen zeitlich zu weit entrückt, hat das Incognito seine Bedeutung verloren; doch so kurz nach der Strauß-Affäre wußte natürlich jeder Zeitgenosse in Deutschland, daß nur Salomon Strauß gemeint sein konnte. Ohne Zweifel war also die Straußsche Ohrfeigengeschichte die Veranlassung zu Heines „Atta Troll" gewesen, und nach Abfertigung der kleinen Lumpen wollte Heine als dramatischen Höhepunkt im 19. Kapitel Strauß als „Erzlumpacius" darstellen.

Was aber war im Jahre 1843 geschehen, ehe Laube den „Atta Troll" in seiner „Zeitung für die elegante Welt" veröffentlichte? Laube erkannte in dieser Episode sofort Heines neue Herausforderung an Salomon Strauß; er wußte, daß Heine sich neue Feinde zuziehen würde, und so schlug er vor, diese Episode zu streichen: „Wobei ich in Parenthese dringend nochmals bitte, diese Lumpenwirtschaft total zu ändern, da das Bißchen Witz darin in zwei Versen zu erledigen ist und es solchergestalt nur Indignation zu Wege bringt . . . das Schimpfen ins Blaue hinein ist ja auch langweilig." Laube wollte also eine neue „allgemeine Entrüstung Deutschlands", wie sie das Börne-Buch verursacht hatte, bei „Atta Troll" unbedingt verhüten. Nach längerer Überlegung tat Heine die ganze Episode mit vier Zeilen ab, doch hüllte er sich dabei in diplomatisches Schweigen; zwar fügte er sich dem Vorschlag Laubes, wies jedoch Laubes Kritik stillschweigend zurück: Für den Dichter war die Episode keineswegs langweilig, sondern der Kern des Epos.

Obgleich es Strauß gelungen war, Heine eine unwürdige Ehe und ein ungewünschtes Duell aufzubürden, war er damit nicht zufrieden. Vielmehr setzte er seine Polemik gegen Heine unermüdlich fort; bis 1844 hatte er 4000 Franken ausgegeben, um Heine in den Zeitungen zu verleumden, im Jahre 1845 bot sich ihm die langersehnte Gelegenheit, dem Gegner den Gnadenstoß zu geben. Im Verlauf des Erbschaftsstreits hatte Gabriel Rießer, der Hausfreund, Rechtsberater und Testamentvollstrecker von Heines reichem Onkel Salomon, von dem peinlichen Familiengeheimnis, von Heines unehelicher Geburt, erfahren, und in Frankfurt nutzte man nun diese Kenntnis aus zum Versuch, den Dichter um seinen Ruf zu bringen. So lesen wir denn in einem Briefe Heines an Karl Grün vom 7. Februar 1846:

Was soll ich über den Wisch aus der Cöllner, den Sie mir schicken, sagen! diese Misere überrascht mich nicht. Der Dr. Wertheim sagte mir vor sechs Wochen, daß Mr. Strauß einen Wisch dieses Inhalts an Gutzkow geschickt, um ihn in dortigen Blättern einzuschmuggeln, was ihm selber nicht gelungen sei. Gott (verzeihen Sie mir den Ausdruck) weiß, wie dergleichen Beschmeißungen mit Dreck mir wenig anhaben können. Ich bin kotfest. Ich werde auch kein Narr sein zu reklamieren, in den Zeitungen drucken zu lassen: daß ich hier zum ersten Male in meinem Leben erführe i c h   h i e ß e   H e r z . . . welche Misère.

Heine war an seiner empfindlichsten Stelle getroffen. Diese peinliche Misère, die er seinen Mitmenschen seit zwanzig Jahren beflissentlich vorenthalten hatte, sollte nun durch die Zeitungen in alle Welt ausposaunt werden; dies mußte im Keim erstickt werden. Selbstverständlich konnte Heine nicht, wie Karl Grün schreibt, in den Zeitungen reklamieren — er hatte ja schon viel mehr getan: er war sofort zu Kreuze gekrochen. Schon am 22.

Dezember 1845 hatte er durch Dr. Wertheim öffentlich in den Zeitungen erklären lassen, daß seine Anklagen gegen Frau Wohl-Strauß „auf ganz irrigen und grundlosen Annahmen beruhten" und daß in den neuen Auflagen seiner Werke „die Stellen, welche Madame Strauß persönlich erwähnen, nicht wieder abgedruckt werden." Diese Überrumpelung durch Strauß hatte Heine völlig außer Fassung gebracht, und als sein Verleger Campe von ihm den Grund für diese Ehrenerklärung wissen wollte, konnte der Dichter am 5. Februar 1846 nur lakonisch erwiedern: „Dieser Tage schreibe ich Ihnen mehr; zu dem Brief an Wertheim komme ich wie die Magd zum Kind". Offenbar scheute Heine keine Opfer und keine Demütigung, um der Öffentlichkeit seinen Geburtsmakel vorzuenthalten. Das bedeutete natürlich, daß jeder Bezug auf die Wohl-Strauß-Affäre auch im „Atta Troll" ausgemerzt werden mußte.

1844 war ein schwarzes Jahr für Heine. Der Erbschaftsstreit mit seinem Vetter Karl, der ganz unter dem Einfluß von Gabriel Rießer stand, hatte allerdings keine Rückwirkung, wie man fälschlich angenommen hat, auf die Auszahlung der Familienrente. Trotz der Angriffe und Drohungen, honorierte Karl weiterhin jeden Wechsel, den Heine regelmäßig jedes Vierteljahr, wie vor dem Streite, ausstellte. Doch schlimm stand es damals mit Heines persönlichen und finanziellen Beziehungen zu den Rothschilds. Wiederum einmal hatte er die Integrität des Bankhauses in Frage gestellt, und daraufhin ließ James Rothschild 1844 nicht nur Heines Zeitungsartikel in der „Augsburger Allgemeinen" unterdrücken, sondern auch die französische Staatspension und seine persönlichen Subventionen einstellen. Zum Glück hatte Heine bei Campe offenes Konto, wovon er nun freien Gebrauch machte, so daß er bei seinem Verleger bald eine ansehnliche Schuldenlast angehäuft hatte und dieser auf einem neuen Werk bestand. Doch Heine hatte nichts Neues bereit, und so suchte er, obwohl er inzwischen daran jedes Interesse verloren hatte, das alte „Atta Troll" Manuskript wieder hervor, um es als Buch zurechtzustutzen. Doch das war gar nicht so leicht, weil damals sämtliche Veröffentlichungen des Campeschen Verlags in Preußen und Österreich verboten waren. So mußte jede antipolitische Tendenz und sogar jede persönliche Anspielung auf Frau Wohl-Strauß entfernt werden, was eine völlige Neubearbeitung des ganzen Werkes erforderte. Dementsprechend schrieb Heine am 5. Juni 1844 an Campe: „Ich ging das Manuskript meines Gedichtes noch einmal gewissenhaft durch, schrieb ganze Kapitel um, änderte, was nur zu ändern möglich war, und noch zum zweiten Mal machte ich Ausmerzungen, deren Spur Ihnen nicht entgehen wird. Aber an dieser Gestalt kann ich nichts mehr ändern und Sie werden durch die Lektüre sich überzeugen, daß das Gedicht jetzt so zahm ist, daß für Sie nichts mehr von oben herab riskiert wird." Trotzdem feilte Heine in den nächsten drei Jahren gelegentlich noch daran herum, bis es endlich im

April 1847 in der uns bekannten Form als Buch erschien. Trotz dieses schwierigen Werdegangs ist „Atta Troll" eines von Heines gelungensten Werken geworden.

Wie es stets Heines Art war, greift er auch im „Atta Troll" mit Nachdruck auf früher Gesagtes zurück; er knüpft an Gedanken des Buches über Börne, das zuletzt erschienen, wieder an; voller Behagen läßt er alte literarische Streitereien, wie die gegen die schwäbischen Dichter, aufleben: und er ist im großen und ganzen der alte geblieben. In mancher Beziehung allerdings ist er über die Methode seines früheren Schaffens hinausgekommen. Keins seiner Werke, abgesehen von den Bühnenstücken, weist eine in sich zusammenhängende und geschlossene Handlung auf. Vielmehr war es Heines Lust, Teilstücke aus dem Geschehen der Welt herauszugreifen und sie anschaulich und mit peinlicher Sorgfalt auszuschmücken; wenig lag ihm daran, eine Geschichte folgerichtig zu erzählen und auf diese Weise den Leser zu befriedigen. Zwar fehlt es nicht an Versuchen dieser Art, jedoch sind sie ihm nicht entfernt so gut gelungen wie andere Genres. Hier aber, im „Atta Troll", verläßt Heine die gewohnten Pfade; er erzählt uns eine Geschichte, die, nach allen Regeln der Kunst gebaut, Anfang, Mitte und Ende aufweist, ja eine Geschichte, an der selbst der selige Gustav Freytag die Vorschriften seiner „Technik des Dramas" hätte bestätigt finden können. Heine hätte freilich nur bitter gelacht, wäre man seiner leichten Traumdichtung mit solchen Maßstäben zuleibe gerückt, wie er denn schon während ihrer Entstehung allerlei ungeschickte Erweiterungsvorschläge seines Freundes Heinrich Laube ablehnte. Für ihn blieb die ‚Handlung' seiner Bärengeschichte Nebensache, obwohl er sich gewiß bewußt war, in wichtigen Grundzügen einer Fabel Gellerts zu folgen, der Fabel „Der Tanzbär", die ihm seit den Tagen seiner Kindheit durch den Kopf gegangen war.

> Ein Bär, der lange Zeit sein Brot ertanzen müssen,
> Entrann und wählte sich den ersten Aufenthalt.
> Die Bären grüßten ihn mit brüderlichen Küssen
> Und brummten freudig durch den Wald,
> Und wo ein Bär den andern sah,
> Da hieß es: „Petz ist wieder da!"
> Der Bär erzählte drauf, was er in fremden Landen
> Für Abenteuer ausgestanden,
> Was er gesehn, gehört, getan,
> Und fing, da er vom Tanze red'te,
> Als ging er noch an seiner Kette,
> Auf polnisch schön zu tanzen an.

Als es ihm aber seine Brüder gleichtun wollten und es nicht konnten, da verdroß seine Kunst den ganzen Haufen, und sie jagten ihn von dannen. Der Erzähler schließt mit der Lehre:

> Wahr ist's, man wird auf kurze Zeit
> Von deinen Künsten rühmlich sprechen;
> Doch traue nicht, bald folgt der Neid
> Und macht aus der Geschicklichkeit
> Ein unvergebliches Verbrechen.

Dieser Schlußgedanke, diese Moral, kommt für den „Atta Troll" nicht in Betracht; der Anfang aber bietet die Grundlage für das Ganze: der gezähmte Tanzbär entrinnt der menschlichen Sklaverei und kehrt in den Wald zu den Seinen zurück. Er trifft sie wieder, die ganze Familie, „Söhne vier und Töchter zwei"; nur Mumma, die Mutter der Kinder, hat er bei den Menschen zurücklassen müssen. Zwar brüstet auch er sich gelegentlich, gleich Gellerts Bär, mit den neuerlernten Kunststücken, in der Hauptsache jedoch ergeht er sich in wilden Schmähungen auf die Menschen und veranlaßt auch seinen Sohn, den Junker Einohr, ihnen ewige Rache zu schwören. Jedoch seine Feinde handeln schneller als er. Laskaro, der schweigsame gespenstische Jäger, rüstet sich, das gefährliche Abenteuer mit dem entlaufenen Bären zu bestehen; in der Hütte seiner Mutter, der unheimlichen Hexe Uraka, gießt er mit ihr die tödliche Kugel, und dann folgen die beiden im Tal Ronceval, wo einst Roland gefallen, der Spur des Bären, die sie bald finden. Sie bedienen sich einer List, die ihnen nur allzu gut und schnell gelingt: Uraka ahmt in der Nähe von Atta Trolls Höhle das Gebrumm eines Bären nach, und der gefürchtete Feind läßt sich wirklich täuschen: er, der im Kreise der Seinen empfindsamen Todesgedanken nachhängt, springt vom Lager auf und ruft

> Freudezitternd, freudebrüllend:
> „Kinder, hört ihr diese Laute?
>
> Ist das nicht die süße Stimme
> Eurer Mutter? O, ich kenne
> Das Gebrumme meiner Mumma!
> Mumma! Meine schwarze Mumma!"
>
> Atta Troll mit diesen Worten
> Stürzte wie'n Verrückter fort
> Aus der Höhle ins Verderben!
> Ach! Er stürzte in sein Unglück!

Laskara lauert vor der Höhle im Hinterhalt mit der Flinte — und trifft mit wohlgezieltem Schuß den Gegner mitten ins Herz. Bald darauf umjubeln die Frauen des benachbarten Pyrenäendorfes den Helden Laskaro, und da er zwei Länder, Spanien und Frankreich, von schlimmer Sorge befreit hat, preist ihn sogar der Maire des Ortes mit großen Worten als „Pyrenäen-Lafayette". Das Fell des Bären wird für 200 Franken verkauft und findet, wohlig wärmend, später Platz vor dem Bett der Juliette, der schönen Geliebten des Dichters. Mumma, bis vor kurzem Atta Trolls treue

Gemahlin, zieht auf der Kunstreise durch die Städte der Menschen und gelangt nach einiger Zeit in den Jardin des Plantes in Paris, wo sie sich ziemlich schamlos des Eheglücks mit einem Eisbären erfreut. Dies also ist die ziemlich belanglose ‚Handlung' des Werkes, mit dem Heine die Überlieferungen des beliebten Tierepos alter Zeiten wieder aufnahm. Näher allerdings lagen ihm die Vorbilder der romantischen Dichter, Tiecks „Gestiefelter Kater", Hoffmanns „Kater Murr" und der „Hund Berganza". Dergleichen beeinflußten ihn Girardins „La vie privée des animaux" und des älteren Dumas „Impressions de voyage", denen er manche Züge für die Gestalten des Leskaro und der Uraka entlehnte. Tiere spielen überhaupt eine große Rolle bei Heine, freilich in der Regel nur als ironische Spiegelbilder der Menschen, und allen voran steht bei ihm begreiflicherweise der Esel. Der Tanzbär, um den es hier geht, ist ihm in Cauterets wirklich in persona begegnet. „Trullo", nicht „Troll", sollte er ursprünglich heißen, und so heißt er auch in der ältesten Handschrift, die uns erhalten ist; „Atta" ist nach dem baskischen „Atabala" gebildet. Jagden auf wilde Tiere fanden in den Pyrenäen oft genug statt, und so mögen bei der List der Uraka dem Dichter Berichte von Landleuten vorgeschwebt haben.

Wohl gelungen ist Heine die Schilderung der Umwelt, in die er uns einführt, und das meiste von dem gebotenen war erlebt und gesehen. Das schöne Pyrenäenbad Cauterets hatte ihm wohltuende Erholung geboten. Sechs Wochen lang weilte er dort im Sommer 1841 mit Mathilde. „Von meinem Fenster", schrieb er, „stürzt sich über Felsblöcke ein wildes Bergwasser, genannt La Gave, dessen beständiges Geräusch alle Gedanken einschläfert und alle sanften Gefühle weckt. Die Natur ist hier wunderschön und erhaben. Die himmelhohen Berge, die mich umgeben, sind so ruhig, so leidenschaftslos, so glücklich! Sie nehmen nicht im mindesten teil an unsern Tagesnöten und Parteikämpfen . . . Das Volk lebt hier ein stilles, umfriedetes Leben . . . In ihren hergebrachten Verhältnissen wurzeln diese Leute so fest, so sicher, wie die Bäume in dem Boden ihrer Berge." Wie ein gutes Musikstück mit einer kräftigen Melodie einsetzt, die dann vorherrscht und immer wiederkehrt, so beginnt Heines Werk mit den Strophen:

> Rings umragt von dunklen Bergen,
> Die sich trotzig übergipfeln,
> Und von wilden Wassergüssen
> Eingelullet, wie ein Traumbild
>
> Liegt im Tal das elegante
> Cauterets. Die weißen Häuschen
> Mit Balkonen; schöne Damen
> Stehn darauf und lachen herzlich.

Auf Ausflügen in die nächste Umgebung, zum Pont d'Espagne und dem Lac de Gaube, werden wir mit höchst reizvollen Landschaften bekannt gemacht, und da sich der Dichter als Teilnehmer an den Vorbereitungen Laskaros zur Bärenjagd einführt, findet er Gelegenheit, im beliebten Reisebilderstil auch hier allerlei kleine Abenteuer einzuflechten und breit zu beschreiben. Da begegnen wir zunächst auf der Brücke, die Frankreich und Spanien voneinander trennt, dem stumpfsinnigen Mandolinenspieler, der ein blödes Lied zum besten gibt, treten abends in die klägliche Herberge ein, die nur dürftige Speisen in schmutzigen Schüsseln bietet und in der nachts im Bett das Ungeziefer den Wanderer quält; am andern Morgen begleiten wir ihn bei schlechtem Wetter auf schwierigen Pfaden und erfreuen uns endlich der Einkehr in der Fischerhütte, wo der gebrechliche Alte eindrucksvolle Geschichten vorträgt von den Kämpfen der Bären und Giganten der Vorzeit und von den Riesen, die schließlich vor den Menschen fliehen mußten, so wie die Menschen einst der Geldmacht der Zwerge erliegen werden. Grell sind die Bilder:

> In dem Polsterstuhle lehnte,
> Krank und grau der alte Fährmann.
> Seine beiden schönen Nichten,
> Gleich zwei Engeln, pflegen seiner.

> Dicke Engel, etwas flämisch,
> Wie entsprungen aus dem Rahmen
> Eines Rubens: goldne Locken,
> Kerngesunde, klare Augen.

> Grübchen in Zinnoberwangen,
> Drin die Schalkheit heimlich kichert,
> Und die Glieder stark und üppig,
> Lust und Furcht zugleich erregend.

Anschaulich und stimmungsvoll schildert der Dichter, wie diese Schönen zu nächtlicher Stunde die Wanderer über den See rudern:

> Nacht und Stille. Ruderschläge.
> Wie ein plätscherndes Geheimnis
> Schwimmt der Kahn. Des Fährmanns Rolle
> Übernahmen seine Nichten.

> Rudern flink und froh. Im Dunkeln
> Leuchten manchmal ihre stämmig
> Nackten Arme, sternbeglänzt,
> Und die großen, blauen Augen.

> Mir zur Seite sitzt Laskaro,
> Wie gewöhnlich blaß und schweigsam.
> Mich durchschauert der Gedanke:
> Ist er wirklich nur ein Toter?

> Bin ich etwa selbst gestorben,
> Und ich schiffe jetzt hinunter
> Mit gespenstischen Gefährten
> In das alte Reich der Schatten?

> Dieser See, ist er des Styxes
> Düstre Flut? Läßt Proserpine,
> In Ermangelung des Charon,
> Mich durch ihre Zofen holen?

Bildhaft und liebevoll ist auch, freilich in ganz anderen Tönen gehalten, die Schilderung der spielenden und tanzenden Kinder in dem verlassenen Pyrenäendorf Girofflino-Girofflette; ernst und schauerlich hingegen die weitere Wanderung durch die öde Gegend, und sich selber scheint der Dichter wie der Wahnsinn, den der leid'ge Tod begleitet. In dem kleinen Ort Bagnères erfährt er von dem kümmerlichen Leben des von den Baskesen mißachteten Völkchens der Cagoten. Beim weiteren Anstieg der beiden durch den schmutzigen Schnee des Hochgebirges schießt Laskaro einen Geier hoch aus der Luft herunter; er rupft ihm eine Feder aus und steckt sie schweigsam wie immer an den Hut:

> Schier unheimlich war der Anblick,
> Wie sein Schatten mit der Feder
> Auf dem weißen Schnee der Koppen
> Schwarz und lang sich hinbewegte.

Endlich erblickt man in einem Tal, gleich einer Gasse, in dem „Geisterhohlweg" an einem Abhang das ‚kecke' Häuschen der Uraka. Diese wird in ihrer Ungestalt anschaulich geschildert:

> Bös und schielend ist der Blick;
> Und es heißt, den armen Kühen,
> Die sie anblickt, trockne plötzlich
> In der Euter alle Milch.

Dann gießt sie mit Laskaro am Kamin hockend jene Schicksalskugel, die den Atta Troll treffen wird:

> Wie die Flammen hastig zuckten
> Über das Gesicht der Hexe.
>
> Sie bewegt die dünnen Lippen
> Unaufhörlich, aber lautlos.
> Murmelt sie den Drudensegen,
> Daß der Kugelguß gedeihe.
>
> Manchmal kichert sie und nickt sie
> Ihrem Sohne. Aber dieser
> Fördert sein Geschäft so ernsthaft
> Und so schweigsam wie der Tod.

Der Dichter aber schaut derweilen ins Tal hinunter, und die Schilderung der Erscheinungen bilden den dichterischen Höhepunkt des Werkes.

Wir haben des öftern gesehen, daß Heine zur Steigerung und Belebung der Bilder, die er entwirft, gern Vorstellungen des Traumes, der Wunder, des Märchens, der Sage, kurz Erscheinungen der „dritten Welt", wie Goethe sie nannte, heranzieht; vor allem verrät sich hier der romantische Grundzug seines Schaffens. Die bloße Wirklichkeit der Dinge genügt ihm selten: es drängt ihn vielmehr, sie zu beleben und zu beseelen, indem er sie im Unwirklichen spiegelt. So auch im „Atta Troll"! Schon die Wanderungen und Begegnungen, die wir miterlebten, führen von der Handlung der Bärengeschichte meistens ab und verraten das Bestreben des Dichters, in stimmungsvoller Malerei das Unheimliche und Beängstigende in den Hintergrund zu drängen. Jetzt rundet und weitet sich die Darstellung, im kühnen Vorstoß dringen wir bei der prachtvollen Schilderung des wilden Heeres vor ins Reich der Träume. Wiederum setzt Heine mit einem vollen Akkord ein, ähnlich wie am Anfang des ganzen Werkes:

> Und es war die Zeit des Vollmonds,
> In der Nacht von Sankt Johannis,
> Wo der Spuk der wilden Jagd
> Umzieht durch den Geisterhohlweg.

Aus dem Buch, dem Heine schon seit langem zu tiefem Dank verpflichtet war, schöpfte er auch jetzt wieder die schönsten Anregungen: „Des deutschen Mittelalters Volksglauben und Heroensagen" von Friedrich Ludwig Ferdinand von Dobeneck, mit einer Vorrede von Jean Paul, 1815 in Berlin in 2 Bändchen erschienen. Hier fand Heine ausführliche Schilderungen vom „wütenden Heer", von der Heidengöttin Diana, von Herodias und anderen, die „mit einer unzähligen Menge von Weibern auf gewissen Tieren reiten und viele Länderflächen im Schweigen der Nacht durchziehen"; hier war von König Artus, von Olgier dem Dänen und anderen die Rede, die Heine erneut fesselten und zu dichterischer Behandlung anregten. Noch nach vielen Jahren hat er in Erinnerung an diese Berichte, ein ganzes Ballett „Die Göttin Diana" verfaßt, das allerdings zu seinen schwächsten Arbeiten gehört. Für den „Atta Troll" also war Dobenecks Werk ein fruchtbarer Anreger des Einfallsreichtums, dem wir ungemein übermütig-reizvolle Ausführungen verdanken:

> Peitschenklang, Hallo und Hussa!
> Roßgewieher, Gebell von Hunden!
> Jagdhorntöne und Gelächter!
> Wie das jauchzend widerhallte!
>
> Jäger aus verschiednen Zonen
> Und aus gar verschiednen Zeiten;
> Neben Nimrod von Assyrien
> Ritt zum Beispiel Karl der Zehnte.

Und auch die Helden des Gedankens, die von Heine als heidnisch angesehen werden, Shakespeare und Goethe, fehlen in diesem Zuge nicht; neben

Shakespeare zockelt auf einem Eselchen einher sein Kommentator, der kümmerliche Berliner Schriftsteller Franz Horn.

> Auch der Damen sah ich viele
> In dem tollen Geisterzuge,
> Ganz besonders schöne Nymphen,
> Schlanke, jugendliche Leiber.
>
> Rittlings saßen sie zu Pferde,
> Mythologisch splitternackt;
> Doch die Haare fielen lockicht
> Lang herab, wie goldne Mäntel.
>
> Trugen Kränze auf den Häuptern,
> Und mit keck zurückgebognen,
> Übermüt'gen Posituren
> Schwangen sie belaubte Stäbe.

Am ausführlichsten und wirksamsten sind drei der schweifenden Gestalten beschrieben: die Göttin Diana, die Fee Abunde und Herodias, die Gattin des Herodes, Königin von Judäa, die des Täufers Haupt begehrt hat. Das Griechentum, die mittelalterliche Romantik und das Judentum werden uns symbolisch durch Vertreterinnen historisch bedeutsamer Geistesrichtungen und Gestalten vor Augen gestellt. Dabei ist dem Dichter das Bild der Göttin Diana wohl am wenigsten gelungen; er hat nicht viel eingefangen von dem Zauber des berühmten griechischen Standbildes, das seit Jahrhunderten im Pariser Louvre die Bewunderung der Welt erregt und auch ihn selbst oft aufs tiefste entzückt hatte. Nur ihre verspätete überheftige Sinnenbrunst wird hervorgehoben. Heines Freund Laube fand diese Darstellung „sehr ordinär" und schrieb dem Dichter: „Vielleicht fällt Ihnen etwas Feineres ein"; aber dem Dichter ist nichts Feineres eingefallen. Dagegen liegt über dem Bilde der Fee Abunde ein wundersamer Zauber:

> Neben ihr ritt eine Schöne,
> Deren Züge nicht so griechisch
> Streng gemessen, doch sie strahlten
> Von des Celtenstammes Anmut.
>
> Dieses war die Fee Abunde,
> Die ich leicht erkennen konnte
> An der Süße ihres Lächelns
> Und am herzlich tollen Lachen!
>
> Ein Gesicht, gesund und rosig,
> Wie gemalt von Meister Greuze,
> Mund in Herzform, stets geöffnet,
> Und entzückend weiße Zähne.

Sie fürchtet sich vor den Nazarenern der neuen Zeit, denen Heine, wie wir wissen, gram ist, und verweilt daher während der Tageszeit im sicheren Avalun.

> Dieses Eiland liegt verborgen
> Ferne, in dem stillen Meere
> Der Romantik, nur erreichbar
> Auf des Fabelrosses Flügeln.
>
> Niemals ankert dort die Sorge,
> Niemals landet dort ein Dampfschiff
> Mit neugierigen Philistern . . .

Wiederum merkt man, daß es immer die Romantik ist, die alle guten Geister in Heines Seele erweckt. Auch die dritte der symbolischen Gestalten, die Heine in dem nächtlichen Zuge erscheinen läßt, lädt uns nicht ein zum Verweilen, so sehr man auch die Macht und Fülle der Schilderung anerkennen mag. Wer will es dem jüdischen Dichter verargen, wenn ihm die jüdische Heldin die liebste ist? Mit wilden Worten ruft er ihr zu:

> Denn ich liebe dich am meisten!
> Mehr als jene Griechengöttin,
> Mehr als jene Fee des Nordens,
> Lieb' ich dich, du tote Jüdin!
>
> Ja, ich liebe dich! Ich merk' es
> An dem Zittern meiner Seele.
> Liebe mich und sei mein Liebchen,
> Schönes Weib, Herodias!

Doch wenn sie bei ihrer nächtlichen Fahrt mit dem wilden Heer in rasender Erregung das blutige Haupt des Johannis bald küßt, bald wie einen Spielball in die Luft wirft und wieder auffängt, so stehen wir vor einer jener unbegreiflichen Härten und Geschmacklosigkeiten, die uns auch in solchen Abschnitten von Heines Dichtungen abstoßen, die uns im übrigen packen und ergreifen. Jedenfalls kann trotz alledem kein Zweifel aufkommen: die Schilderung des wilden Heeres gehört zu dem Schönsten, was der „Atta Troll" uns bietet, ja zu dem Schönsten von Heines gesamter Dichtung. Es verschlägt auch nichts, daß die Darstellung der drei Hauptgestalten auf zwei Abschnitte grundlos verteilt und etwas auseinandergerissen ist. Auch ist es kein schwerwiegender Fehler, daß sie mit der Handlung des Werkes nichts oder fast nichts zu tun hat. Nein, für diese Abschnitte mögen die Worte des Dichters gelten, die für das ganze Werk durchaus nicht unangefochten zutreffen:

> Traum der Sommernacht! Phantastisch
> Zwecklos ist mein Lied. Ja, zwecklos
> Wie die Liebe, wie das Leben,
> Wie der Schöpfer samt der Schöpfung!

Es ist eine alte Forderung der Romantik, besonders Friedrich Schlegels, die Heine hier aufnimmt, und auf die er gegen Ende, in der Widmung an Varnhagen, wieder zurückkommt in den Versen:

> Ja, mein Freund, es sind die Klänge
> Aus der längst verschollnen Traumzeit . . .

Oder wenn er von „Atta Troll" sagt:

> Ach, es ist vielleicht das letzte
> Freie Waldlied der Romantik!

Gewiß, soweit dies Wort richtig ist, wird das Werk in hohem Ansehen bleiben, und deswegen durften wir bei der Würdigung der beschreibenden Zustandsschilderung, bei den Stimmungsbildern und mythologischen Traumbildern genießend verweilen.

Wie aber steht es nun in Wahrheit mit jener Zwecklosigkeit, die Heine so lebhaft für seine Dichtung in Anspruch nimmt, und jener satirischen Tendenz, die doch so aufdringlich als Hauptsache in den Vordergrund tritt? Sind Zwecklosigkeit und Tendenz nicht Gegensätze, die sich durch keine Kunst überbrücken und ausgleichen lassen? Sagen wir es gleich: hier bleibt ein Widerspruch zurück, über den man nicht mit wenigen Worten hinweggehen kann, sondern bei dem man verweilen muß. Es ist nicht nur der Widerspruch zwischen angeblicher Tendenzlosigkeit und deutlicher satirischer Tendenz, sondern auch die Widersprüchlichkeit der einzelnen Kundgebungen der Satire.

In der Vorrede, die Heine vier Jahre nach der ersten Veröffentlichung des „Atta Troll" im Dezember 1846 verfaßte, berichtet er, das Werk sei im Spätherbst 1841 niedergeschrieben worden, „als die große Emeute, wo die verschiedenartigsten Feinde sich gegen mich zusammengerottet, noch nicht ganz ausgelärmt hatte". Wir wundern uns über das Wort Emeute: gemeint ist die große Zahl heftiger Angriffe, die Heine in jener Zeit wegen seiner Schrift über Börne erfahren hatte. Unter diesen Angreifern waren die Juden in Frankfurt und Mainz die aufgeregtesten, und sie, die „Frankfurter Judenclique", hatten wahrlich allen Grund dazu. Man könnte daher auf den Gedanken kommen, Heine sei auch diesmal gegen seine Stammesgenossen losgezogen; aber das trifft nicht zu. Denn wenngleich gegen Ende von Kapitel VI der Bär verlangt:

> Ja, sogar die Juden sollen
> Volles Bürgerrecht genießen
> Und gesetzlich gleichgestellt sein
> Allen andern Säugetieren.
>
> Nur das Tanzen auf den Märkten
> Sei den Juden nicht gestattet;
> Dies Amendement, ich mach' es
> Im Intresse meiner Kunst.
>
> Denn der Sinn für Stil, für strenge
> Plastik der Bewegung, fehlt
> Jener Rasse, sie verdürben
> Den Geschmack des Publikums.

so ist diese Hänselei verhältnismäßig harmlos und wird nicht weitergesponnen. Nach Heines Meinung war es ja nicht ein enger Kreis von Mitbürgern, durch den er sich verletzt fühlte und dem er jetzt heimzahlen wollte; nein, es war ein ganzes Heer, das gegen ihn „gemeutert" hatte. Also müssen wir festzustellen suchen, gegen welche Gruppen und Richtungen er sich wendet und wie er dies im einzelnen zum Ausdruck bringt.

Zunächst lehnt sich der Bär gegen ein Hauptstück der Französischen Revolution auf: die Erklärung der Menschenrechte, von denen die Égalité ihn am meisten in Harnisch bringt: volle Gleichheit ist für Atta Troll erst dann vorhanden, wenn sie sich auch auf die Tiere erstreckt:

> Grundgesetz sei volle Gleichheit
> Aller Gotteskreaturen,
> Ohne Unterschied des Glaubens
> Und des Fells und des Geruchs.
>
> Strenge Gleichheit! Jeder Esel
> Sei befugt zum höchsten Staatsamt,
> Und der Löwe soll dagegen
> Mit dem Sack zur Mühle traben.

Auf diese Ablehnung des kommunistischen Gleichheitsgedankens folgt die zweite, damals noch ziemlich frisch duftende Blüte der sozialistischen Lehren von David Friedrich Strauß, die Heine im Eigentumsbegriff erblickt: „Eigentum ist Diebstahl" lehrten Proudhon und Genossen. Ihre Überzeugungen teilt unser wackerer Bär durchaus:

> Eigentum! Recht des Besitzes!
> O des Diebstahls! O der Lüge!
> Solch Gemisch von List und Unsinn
> Konnte nur der Mensch erfinden.
>
> Keine Eigentümer schuf
> Die Natur . . .

Auch hier erweist sich Heine, indem er seinen tierischen Helden sich lächerlich machen läßt, als Gegner überspitzter Lehren, freilich ohne das Thema, das er berührt, nur im mindesten zu erschöpfen.

Aber bei einer dritten Gedankenreihe, die er anschneidet, entwickelt er Überzeugungen, die zu den bisher besprochenen keineswegs passen wollen: sein Bär ist fromm, ja ein Bekenner des beschränktesten Köhlerglaubens; so jammert er:

> Selbst die Deutschen, einst die Bessern,
> Selbst die Söhne Tuiskions,
> Unsre Vettern aus der Urzeit,
> Diese gleichfalls sind entartet.
>
> Sind jetzt glaubenlos und gottlos,
> Pred'gen gar den Atheismus —
> Kind, mein Kind, nimm dich in acht
> Vor den Feuerbach und Bauer!

Dann preist der Bär — unter Anklang an ein berühmtes Gedicht Gellerts — die Herrlichkeit des Schöpfers und ergeht sich in Schilderungen, die jedem, auch dem ganz Freigesinnten, peinlich erscheinen werden:

> Selbst das kleinste Silberläuschen,
> Das im Bart des greisen Pilgers
> Teilnimmt an der Erdenwallfahrt,
> Singt des Ew'gen Lobgesang!
>
> Droben in dem Sternenzelte,
> Auf dem goldnen Herrscherstuhle,
> Weltregierend, majestätisch,
> Sitzt ein kolossaler Eisbär.
>
> Fleckenlos und schneeweiß glänzend
> Ist sein Pels; es schmückt sein Haupt
> Eine Kron' von Diamanten,
> Die durch alle Himmel leuchtet.

Diese Schilderung wird in ähnlichem Stil noch länger fortgeführt, sicherlich zur geringen Freude der meisten Leser. Aber es ist nicht die bedauerliche Geschmacklosigkeit der Ausführung, an die wir augenblicklich denken wollen, sondern die Tatsache, daß wir den Atta Troll, den wir bisher als den Träger herausfordernder sozialistischer Lehren kennengelernt haben, plötzlich als den Verkünder des blödesten Köhlerglaubens wiedertreffen. Wie in aller Welt können so ganz verschiedene Blüten auf ein und demselben Baume wachsen? Man könnte meinen, die Widersprüche erklärten sich durch verschiedene Entstehungszeit. Heine hat ja die erste Fassung des Werkes vom Jahre 1841 im Jahre 1846, vor der Veröffentlichung der Buchausgabe, einer ziemlich eingreifenden Umarbeitung unterzogen. Aber das hier Erwähnte stammt alles aus der ersten Zeit. Nein, er hat wohl das, woran wir Anstoß nehmen, nicht als widersprechend empfunden. So müssen wir bei ihm selbst eine Erklärung suchen.

Sie findet sich in der Tat in dem letzten großen Werk, das dem „Atta Troll" vorausging, in dem Buch über Börne. Hier berichtet Heine über die zwei Parteien innerhalb des großen Heeres der Freunde der Revolution, und wir erkennen deutlich, daß er in dem einen dieser Lager jene uns unbegreiflich und anstößig erscheinende Verbindung von Kommunismus und Pietismus in der Tat zu beobachten glaubt. Er meint nämlich die sogenannten Altdeutschen, die Burschenschaftler, die Franzosenfresser. Sie hatten sich nicht selten den Umstürzlern zugesellt, hatten gelegentlich, wie Atta Troll, die Forderung nach den Menschenrechten bis ins Sinnlose überspitzt und gleich den radikalen Brüdern Besitz und Eigentum als Diebstahl gebrandmarkt. In Sachen der Religion jedoch gingen sie mit diesen keineswegs Hand in Hand. „Sind diese dunklen Narren, die sogenannten Deutschtümler", so schreibt Heine in seinem Börne-Buch, „ganz vom Schauplatz verschwunden? Nein, sie haben bloß die schwarzen Röcke, die Livree ihres Wahnsinns, abgelegt. Die meisten entledigten sich sogar ihres weinerlich sentimentalen Jargons, und vermummt in den Farben und Redensarten des Liberalismus, waren sie der neuen Opposition desto gefährlicher, während der politischen Sturm- und Drangperiode nach den Tagen des Julius. Ja im Heere der deutschen Revolutionsmänner wimmelte es von ehemaligen Deutschtümlern, die mit sauren Lippen die moderne Parole nachlallten und sogar die Marseillaise sangen . . . sie schnitten dabei die fatalsten Gesichter . . . Jedoch, es galt einen neuen gemeinschaftlichen Kampf für ein gemeinschaftliches Interesse, für die Einheit Deutschlands, der einzigen Fortschrittsidee, die jene frühere Opposition zu Markte gebracht. Unsere Niederlage ist vielleicht ein Glück . . . Man hätte als Waffenbrüder treulich nebeneinander gefochten, man wäre sehr einig gewesen während der Schlacht, sogar noch in der Stunde des Sieges . . . aber den andern Morgen wäre die Differenz zur Sprache gekommen, die unausgleichbar und nur durch die ultima ratio populorum zu schlichten war, nämlich durch die welsche Falle [worunter Heine die Guillotine versteht]. Die Kurzsichtigen freilich unter den deutschen Revolutionären beurteilen alles nach französischen Maßstäben, und sie sondern sich schon in Konstitutionelle und Republikaner, und wiederum in Girondisten und Montagnards, und nach solchen Einleitungen haßten und verleumdeten sie sich schon um die Wette: aber die Wissenden wußten sehr gut, daß es im Heere der deutschen Revolution eigentlich nur zwei grundverschiedene Parteien gab, die keiner Transaktion fähig und heimlich dem blutigsten Hader entgegenzürnten. Welche von beiden schien die überwiegende? Die Wissenden unter den Liberalen verhehlten einander nicht, daß ihre Partei, welche den Grundsätzen der französischen Freiheitslehre huldigte, zwar an Zahl die stärkere, aber an Glaubenseifer und Hilfsmitteln die schwächere sei. In der Tat, jene regenerierten Deutschtümler bildeten zwar die Minorität, aber ihr Fanatismus, mehr religiöser Art, überflügelte leicht einen Fanatismus, den die Vernunft ausgebrütet hat: ferner stehen ihnen jene mächtigen Formeln zu Gebot, womit man den rohen Pöbel beschwört; die Worte ‚Vaterland, Deutschland, Glauben der Väter‘ usw. elektrisieren die unklaren Volksmassen noch immer weit sicherer als die Worte ‚Menschheit, Weltbürgertum, Vernunft der Söhne, Wahrheit...‘ Ich will damit nur andeuten, daß jene Repräsentanten der Nationalität im deutschen Boden weit tiefer wurzeln als die Repräsentanten des Kosmopolitismus“.

Aus diesen Worten geht unzweideutig hervor, welche Gruppe der deutschen Politiker Heine durch die Tendenz seines „Atta Troll“ zu treffen suchte: es sind die Altdeutschen, die ins Lager der eigentlichen Revolutionäre französischen Stils übergegangen waren, dort das Gerede von Freiheit, Gleichheit und Brüderlichkeit mit aufnahmen, sich auch am Kampf gegen das Eigentum beteiligten, dabei jedoch ihren bigotten Glauben bewahrten. Schon zu Heines Zeiten war dies eine nicht gerade häufige Mischung; er mußte sich sogar gegen den Verdacht wehren, er habe mit seinem Spott über die Menschenrechte und die Lehre vom Eigentum tatsächlich die heiligsten Ideen der Revolution verhöhnen wollen, und pathetisch rief er aus: „Aber du lügst, Brutus, du lügst, Cassius, und auch du lügst, Asinius, wenn ihr behauptet, mein Spott träfe jene Ideen, die eine kostbare Errungenschaft der Menschheit sind und für die ich selber so viel gestritten und gelitten habe." Immerhin gab es zu seinen Lebzeiten bereits Kritiker, die das Widerspruchsvolle in der Gestaltung der Tendenz des „Atta Troll" erkannten und erklärten. Heine selbst machte Andeutungen, die auch wohlwollende Beurteiler auf falsche Fährte führen konnten. Er schrieb in der Vorrede vom Dezember 1846: „Damals blühte die sogenannte politische Dichtkunst. Die Opposition verkaufte ihr Leder und ward Poesie. Die Musen bekamen strenge Weisung, sich hinfüro nicht mehr müßig und leichtfertig umherzutreiben, sondern in vaterländischen Dienst zu treten, etwa als Marketenderinnen der Freiheit oder als Wäscherinnen der christlich-germanischen Nationalität". Die Führer der politischen Dichtung, die seit 1840 erblühte, waren Franz Dingelstedt mit seinen „Liedern eines kosmopolitischen Nachtwächters" (1840), Georg Herwegh mit seinen „Gedichten eines Lebendigen" (1841) und Hoffmann von Fallersleben mit seinen „Unpolitischen Liedern" (1840—40); aber keiner von diesen, die bald darauf teils freundlich, teils mit bitterem Hohn von Heine erwähnt werden, spielt in „Atta Troll" eine Rolle, wenngleich man oft, durch jene Bemerkung in der Vorrede verführt, die Tendenz des Werkes auf sie bezogen hat. Tatsächlich aber sind die Worte allgemeiner zu verstehen: Sie wenden sich gegen die bärenhafte Unkunst, die sich zu jener Zeit bei vielen kundgab, in Versen, in denen sich „jener nutzlose Enthusiasmusdunst" offenbarte, der Heines herzhaftes Lachen erregte und mehr brave Gesinnung als Talent verriet. „Kein Talent, doch ein Charakter", das ist die Formel, in der sich Heine gefiel und die dann auch in Atta Trolls Grabschrift leuchtend verewigt wurde. Die leichte, lustige Stimmung, die sich in ausgelassenem Hohn gegen Gott und alle Welt kundgibt, verrät sich auch darin, daß der plumpe Bär besonders über das freche Lachen der Menschen aufgebracht ist: überall fehlt es ihnen an dem gebührenden Ernst, selbst beim Tanze.

Wir haben oben behauptet, in Heines Äußerungen über den „Atta Troll" mache sich ein doppelter Widerspruch geltend; er habe erstens erklärt, er habe der Tendenzdichtung der Zeit eine tendenzlose, eine zwecklose romantische Dichtung gegenüberstellen wollen: das trifft nicht zu, vielmehr gefällt er sich selbst in greller politischer Tendenz. Zweitens habe er innerhalb dieser Tendenz Dinge miteinander vereint, die sich schwer miteinander vereinigen lassen, nämlich kommunistische und pietistische Anschauungen;

wir nehmen seine Erklärung hin: daß solche Vermischung des eigentlich Unvereinbaren bei den damaligen sogenannten „Deutschtümlern" wirklich anzutreffen war. Übrigens scheint sich Heine des ersten dieser Widersprüche selbst bewußt gewesen zu sein, wie folgende Stelle seiner „Vorrede" zeigt: „Was den ästhetischen Wert meines Poems betrifft, so gab ich ihn gern preis, wie ich es auch heute noch tue; ich schrieb dasselbe zu meiner eigenen Lust und Freude, in der grillenhaften Traumweise jener romantischen Schule, wo ich meine angenehmsten Jugendjahre verlebt und zuletzt den Schulmeister [August Wilhelm Schlegel] geprügelt habe. In dieser Hinsicht ist mein Gedicht vielleicht verwerflich". Unmittelbar darauf folgt dann der Anruf an Brutus, Cassius und Asinius. Die Unterscheidung zwischen romantisch zweckloser Dichtung und politischer Tendenz wird also ausdrücklich bestätigt, und Heines Versicherung, daß sein geliebter Pegasus kein Schlachtpferd der Parteiwut sei, das pathetisch stampft und wiehert, fällt in sich zusammen.

Aber nicht nur in politischen, sondern auch in literarischen Dingen verrät sich des Dichters übermütige Laune. Dabei denkt man in erster Linie an die Angriffe gegen Gustav Pfizer, den wir schon im „Schwabenspiegel" kennengelernt haben. Demgegenüber ist die Verspottung, die Pfizer im „Atta Troll" erfährt, ziemlich harmlos. Der verzauberte Mops, der im 22. Kapitel eingeführt wird, kann nur unter zwei Bedingungen von der Verwünschung erlöst werden: erstens nur durch eine reine Jungfrau, und zweitens

> Diese reine Jungfrau muß
> In der Nacht von Sankt Sylvester
> Die Gedichte Gustav Pfizers
> Lesen ohne einzuschlafen.

Der Dichter bedauert, diese beiden Bedingungen seinerseits nicht erfüllen und das Werk der Erlösung vollbringen zu können. Der verzauberte Mops gehört der schwäbischen Schule an, ja man kann sagen, er ist der Vertreter der ganzen Schule, so wie Heine sie auffaßte. Und für diese Auffassung konnte er einen sehr gewichtigen Kronzeugen in Anspruch nehmen: keinen geringeren als den greisen Goethe! Goethe hatte in einem Brief an Zelter vom 4. Oktober 1831 geschrieben: „Von den modernsten deutschen Dichtern kommt mir Wunderliches zu: Gedichte von Gustav Pfizer wurden mir diese Tage zugeschickt, ich las hie und da in dem halbaufgeschnittenen Bändchen. Der Dichter scheint mir ein wirkliches Talent zu haben und auch ein guter Mensch zu sein, aber es ward mir im Lesen gleich so armselig zu Mut und ich legte das Büchlein eilig weg, da man sich beim Eindringen der Cholera vor allen deprimierenden Unpotenzen strengstens hüten soll. Das Werk ist an Uhland dediziert, und aus der Region, worin dieser waltet, möchte wohl nichts Aufregendes, Tüchtiges, das Menschengeschick Bezwingendes hervorgehen . . . Wundersam ist es, wie sich die Herrlein einen gewissen sittig-religiös-poetischen Bettlermantel so geschickt umzuschlagen wissen, daß, wenn auch der Ellenbogen herausguckt, man diesen Mangel für eine poetische Intention halten muß." Diese köstliche Wendung von dem sittig-religiös-poetischen Bettlermantel hat auf Heine offenbar großen Eindruck gemacht; er hat sie des öfteren wiederholt und hier, für den „Atta Troll" auf das wirksamste ausgemünzt. Er läßt näm- lich den unglückseligen Schwabendichter auf seiner Wanderung zur Hexe Uraka gelangen und hier die Verzauberung in die Mopsgestalt erleben.

> Freundlich nahm mich auf Uraka,
> Doch es wuchs, zu meinem Schrecken,
> Diese Freundlichkeit, ausartend,
> Endlich gar in Sinnenglut.
>
> Ja, es flackerte die Unzucht
> Scheußlich auf im welken Busen
> Dieser lasterhaften Vettel,
> Und sie wollte mich verführen.
>
> Doch ich flehte: „Ach, entschuld'gen
> Sie, Madame! bin kein frivoler
> Goetheaner, ich gehöre
> Zu der Dichterschule Schwabens.
>
> Sittlichkeit ist unsre Muse,
> Und sie trägt vom dicksten Leder
> Unterhosen — Ach! Vergreifen
> Sie sich nicht an meiner Tugend!
>
> Andre Dichter haben Geist,
> Andre Phantasie, und andre
> Leidenschaft, jedoch die Tugend
> Haben wir, die Schwabendichter.
>
> Das ist unser einz'ges Gut!
> Rauben Sie mir nicht den sittlich
> Religiösen Bettelmantel,
> Welcher meine Blöße deckt!

Zur Strafe für seine Enthaltsamkeit verwandelt Uraka den schwäbischen Dichter in einen Mops. Man sieht, der Streit mit Gustav Pfizer mündet in eine leichtsinnige, recht witzige literarische Satire, die durch den Bezug auf Goethe an Kraft gewinnt. Das Kapitel XXII gehört zu den beson- ders belustigenden.

Der Spott auf Erscheinungen der Literatur schießt auch sonst im „Atta Troll" üppig ins Kraut, doch unterscheidet er sich nicht wenig von der besprochenen politischen Tendenz. Diese hatte doch immerhin eine bestimmte

Richtung: gewisse Erscheinungen, die Heine zuwider waren, wurden angegriffen. Bei den literarischen Angriffen jedoch ist das anders; hier packt Heine an, was ihm gerade in den Weg läuft; er wählt nicht das Verfahren des Cervantes, der im „Don Quichotte" gegen bestimmte Erscheinungen der Literatur zu Felde zieht und sie auch tatsächlich vernichtet. Das liegt Heine fern. Wenn er z. B. in der Vorrede, im 2., 5., 9. und besonders im 26. Kapitel über Freiligraths Gedicht „Der Morenfürst" seine Satire in breitem Strom ausgießt, so will er zwar dieses eine Gedicht, und zwar mit Recht, lächerlich machen; dennoch hat er „keineswegs eine Mißwürdigung des Dichters bezweckt". Immerhin geht es manchmal etwas toll zu. Bei seinen Ausfällen gegen die Menschenrechte führt der brave Atta Troll manche Tiere an, die für die Kultur nicht weniger geleistet hätten als die dünkelhaften Herren der Schöpfung: den Hund, das Pferd, den Biber, den Storch, den Esel, den Affen, die Meerkatze, und fährt dann fort:

> Singen nicht die Nachtigallen?
> Ist der Freilichgrath kein Dichter? .
> Wer besäng' den Löwen besser
> Als sein Landsmann, das Kamel?

Die Grobheit wird sich einfach daraus erklären, daß er den billigen Witz nicht unterdrücken konnte.

Diese literarischen Anzapfungen sollte man überhaupt nicht allzu ernst nehmen, z. B. Atta Trolls trotzigen Ausruf:

> Ja, ich bin ein Bär, ich bin es,
> Bin es, den ihr Zottelbär,
> Brummbär, Isegrim und Petz
> Und wer weiß wie sonst noch nennet.
>
> Ja, ich bin ein Bär, ich bin es,
> Bin die ungeschlachte Bestie,
> Bin das plumpe Trampeltier
> Eures Hohnes, eures Lächelns!
>
> Bin die Zielscheib' eures Witzes,
> Bin das Ungetüm, womit
> Ihr die Kinder schreckt des Abends
> Die unart'gen Menschenkinder . . .

Diese Worte erinnern unmittelbar an Jaromirs Geständnis gegenüber Bertha in Grillparzers „Ahnfrau":

> Ja, ich bin's, du Unglücksel'ge,
> Ja, ich bin's, den du genannt;
> Bin's, den jene Häscher suchen,
> Bin's dem alle Lippen fluchen . . .

> Bin's, den jene Wälder kennen,
> Bin's, den Mörder Bruder nennen,
> Bin der Räuber Jaromir!

An Schiller erinnern die letzten Worte des Atta Troll: „Mumma war sein letzter Seufzer"; man vergleiche dazu die „Räuber": „Sein letzter Seufzer war Amalia" und Schiller war seinerseits wieder von Lessing abhängig, wenn Claudia in „Emilia Galotti" sagt: „Der Name Marinelli war das letzte Wort des sterbenden Grafen". Und den Schluß von Schillers „Göttern Griechenlands":

> Was unsterblich im Gesang soll leben,
> Muß im Leben untergehn . . .

übernimmt Heine fast wörtlich:

> Was im Lied soll ewig leben,
> Muß im Leben untergehn.

Einmal muß auch Goethe herhalten; die Worte aus „Erwin und Elmire":

> Ein Schauspiel für Götter,
> Zwei Liebende zu sehn!

werden in häßlicher Übertragung auf das Liebesspiel der Mumma mit dem Eisbären aus Sibirien angewendet.

Am berühmtesten aber ist der literarische Spott in Atta Trolls Grabschrift, und da es sich hier um einen König handelt, auf dessen Kosten das Spiel gespielt wird, so ist die Satire sogleich politischen Charakters. König Ludwig I. von Bayern, der kunstsinnige und verdienstvolle Fürst, war auch als lyrischer Dichter, mit geringem Glück, hervorgetreten, und seine merkwürdige Vorliebe für stilistische Sonderbarkeiten, namentlich für ungewöhnliche Partizipial-Konstruktionen, wurde viel belächelt. Diesen Zug griff Heine ergötzlich auf:

> Der Bavarenkönig setzt ihm
> In Walhalla einst ein Denkmal,
> Und darauf, im Wittelsbacher
> Lapidarstil, auch die Inschrift:

> „Atta Troll", Tendenzbär, sittlich
> Religiös; als Gatte brünstig;
> Durch Verführtsein von dem Zeitgeist
> Waldursprünglich Sanskülotte;

> Sehr schlecht tanzend, doch Gesinnung
> Tragend in der zott'gen Hochbrust;
> Manchmal auch gestunken habend;
> Kein Talent, doch ein Charakter".

So schwirren auch die literarischen Anspielungen hin und her, und wenn, nicht selten, vom Dichter ein Witz auf den andern gepfropft wird, so vergeht dem Leser schließlich jede Möglichkeit, gegen manche große Ungehörigkeit, an denen es gewiß nicht fehlt, Einspruch zu erheben und wieder ernste Stimmung herzustellen. Die ausgelassene Frechheit des Atta Troll ist groß und hat dem Werk manchen dankbar erheiterten Leser gewonnen. Vielleicht aber ist es gut, daß die Tendenz nicht in die Tiefe geht und kein ganz klares Ziel verfolgt; sie wird — heute wie damals — nicht ganz leicht verstanden. Im Gegensatz zum Wintermärchen „Deutschland" ist „Atta Troll" ein verhältnismäßig harmloses Werk; seine geistesgeschichtliche Bedeutung ist nicht groß. Aber die geistige Leichtigkeit, die das Ganze durchzieht, der Übermut, der auf ungeschwächte Kraft deutet, und der leuchtende Stil, der die Gegensätze liebt, setzt die Dichtung doch in die vorderste Reihe von Heines Werken. Diese Freude an den Gegensätzen zeigt sich besonders häufig darin, daß der Dichter das Schöne und Häßliche, das Hohe und Niedrige, das Wertvolle und Alltägliche durch nahe beieinander stehende Worte verkoppelt, vor allem darin, daß er das sinnlich Verfängliche am Unort einstreut. Dem Janhagel macht das Spaß. Beispiele hierfür ließen sich häufen. Daß Heine die vierzeilige Strophe mit fallenden Viertaktern, den vierfüßigen Trochäus also, für seine Dichtung verwendet, verdient wärmste Zustimmung; dieses Versmaß ist wie kein anderes dem Gegenstand angemessen. Es zu wählen, lag allerdings sehr nahe! Seit Herders Bearbeitung des „Cid" war es in Deutschland beliebt geworden, namentlich die Romantiker schätzten und pflegten es, und Heine hat es seit den Tagen seiner frühen Jugend bevorzugt. So bot es sich für den nach Spanien führenden Stoff geradezu an, und Heine verwendet es meisterhaft. Jeder gelungene Vers lockert das zugrundeliegende Maß und paßt es in leichter freier Umbildung dem jeweiligen Inhalt an. So werden auch im „Atta Troll" die Hebungen des viertaktigen Verses in der Regel nicht in gleicher Stärke dargeboten, sondern nur dort, wo der Gefühlsgehalt der Verszeile ein gewisses Gewicht hat. Bei gelassener, leichterer Rede werden im Vers stärkere und schwächere Hebungen unterschieden, von denen die stärkere die schwächere unter ihre Herrschaft nimmt; auf diese Weise kommen zwei leichter gebaute Doppeltakte anstelle der vier schwerer gebauten einfachen Takte oder Füße der Vierzeiler zustande. Die Doppeltakte nun können wieder verschieden gelagert sein, und so gibt es im Tonfall der Verse eine große Mannigfaltigkeit, von deren kluge und geschickte Abstufung sehr viel abhängt. Heine läßt sich in diesen Dingen von einem sehr richtigen Gefühl leiten, und der Schönheit seines Versbaus wird man besonders dann inne, wenn man Leistungen seiner Nachahmer mit der seinigen vergleicht.

4. „Deutschland, ein Wintermärchen"

Das Wintermärchen „Deutschland", eine der eindrucksvollsten Dichtungen Heines, ist oft verkannt und selbst von manchen seiner Verehrer gelegentlich mißbilligt und preisgegeben worden: das Krasse und Häßliche, woran es in diesem Werk nicht fehlt, und das sich vor allem in der Darstellung der Erlebnisse bei der Göttin Hammonia findet, ließ, trotz der Anerkennung vieler Einzelheiten, die Einwände nicht zum Schweigen kommen. Von anderen, denen gerade die ungeheure Schärfe der Angriffe besonders willkommen war, wurde diese Dichtung als seine bedeutendste hingestellt. Jedoch waren auch diese Beurteiler oft einseitig und befangen; sie verstanden meist von Kunst nur wenig und ließen sich einzig und allein von ihrer politischen Zustimmung leiten, während es doch immer nur darauf ankommt, ob die positiv gewerteten politischen Anschauungen auch dichterisch erfaßt und dargestellt sind. Heine selbst hob hervor, die Richtung sei politisch-romantisch und werde der prosaisch-bombastischen Tendenzpoesie hoffentlich den Todesstoß versetzen; er also legte, was sich bei ihm von selbst versteht, den Nachdruck auf die dichterische Leistung, und es wird für uns, wenn wir dem Werk gerecht werden wollen, stets notwendig sein, diese Verbindung zwischen Romantischem und Politischem im Auge zu behalten und zu erschließen. Eines hängt am andern: wir werden nicht selten nur dann des Dichters letzte Meinung erkennen können, wenn wir von den dichterisch-romantischen Sinnbildern den duftigen Schleier der Kunst hinwegziehen, und umgekehrt gewinnen die das Ganze beherrschenden Leitgedanken nur dort Schönheit und Wert, wo sie leicht auf Flügeln des Gesanges dahinschweben.

Es ist ein hohes Lied der Freiheit, das hier im Wintermärchen „Deutschland" angestimmt wird:

> Die Jungfrau Europa ist verlobt
> Mit dem schönen Geniusse
> Der Freiheit, sie liegen einander im Arm,
> Sie schwelgen im ersten Kusse.

In einem Brief an Laube vom 7. November 1842 sagt Heine von sich selbst, er sei vielleicht der entschiedenste aller Revolutionäre; an Campe schreibt er, „er wolle die große Gärung unserer deutschen Gegenwart in der kecksten, persönlichsten Weise zum Ausdruck bringen, er wolle insbesondere den Preußen ihre infamen Tücken vergelten". Und den Genossen seiner revolutionären Überzeugungen, den „Mitwölfen", von denen das 12. Kapitel des Wintermärchens handelt, ruft er zur Beruhigung die Worte zu:

> Ich bin kein Schaf, ich bin kein Hund,
> Kein Hofrat und kein Schellfisch —
> Ich bin ein Wolf geblieben, mein Herz
> Und meine Zähne sind wölfisch.

Offenbar war der Dichter von seinen Absichten völlig gepackt, er wollte sich einmal ganz austoben und genugtun, wollte sein Herz erleichtern: waren es doch „Ideen", große Ideen, die er zum Ausdruck bringen wollte; hier gab es kein Maß, kein Einhalten, keine Rücksicht. Und bei alledem war er von e i n e r Liebe durchdrungen: „Eine große Vorliebe für Deutschland grassiert in meinem Herzen, sie ist unheilbar", so schrieb er am 29. Dezember 1843 an Campe.

Was aber bot er Neues und Unerhörtes in diesem Werk? In der Form, in der Einkleidung, der Führung der Handlung — wenn wir von einer solchen überhaupt sprechen dürfen — scheint es seine früheren Leistungen kaum zu übertreffen; dennoch lohnt es sich, für einen Augenblick bei diesen Tatbeständen zu verweilen. Eigentlich waren, was er darbot, nur neue Reisebilder, diesmal in Versen; Heine erging sich also in einer schon glänzend erprobten Darstellungsweise, in der ihm übrigens inzwischen andere gefolgt waren, z. B. Franz Dingelstedt mit seinen „Liedern eines kosmopolitischen Nachtwächters" (1842), die merkwürdigerweise jetzt sogar auf Heines „Wintermärchen" in einigen Zügen zurückwirkten. Schilderungen von Reisen und Wanderungen hatte Heine aber, außer in den „Reisebildern" selbst, auch in seinem Buch über Börne, in den „Französischen Zuständen" und im „Atta Troll" gebracht, und dabei durch sein ansprechendes Verfahren oft schöne Wirkungen erzielt. Um lehrhaft begrifflichen Auseinandersetzungen, die leicht ermüden, aus dem Wege zu gehen, ließ er in leichter zwangloser Unterhaltung des Wanderers unmittelbar und auf Umwegen jene Betrachtungen laut werden, um die es ihm im jeweiligen Zusammenhang zu tun war. Man glaubt, sich einer zwecklos behaglichen Plauderei hinzugeben und bemerkt in der Regel kaum, daß die Erörterungen so planvoll geordnet sind, daß sich die Gedanken klären und die Gefühle sich allmählich steigern oder in reizvollem Wechsel beleben. Zumeist wird dann das Ganze solcher Schilderung von Reiseerlebnissen und Betrachtungen in einem mächtigen Finale zu Ende geführt. Welcher andere Dichter hat diese Kunst des Aufbaus mit solch kluger Berechnung durchgeführt wie Heine?

Von hier aus läßt sich auch eine Tatsache erklären, die man oft erwähnt, aber nie recht gewürdigt hat: Heine hat in der Darstellung des „Wintermärchens" einen ganz anderen Reiseweg geschildert, als er in Wirklichkeit eingeschlagen hatte. Tatsächlich war er von Paris nach Brüssel und Amsterdam gefahren, um von dort zu Schiff nach Bremen und weiter nach Hamburg zu gelangen; in seiner Darstellung hingegen geht die Fahrt über Aachen, Köln, Hagen, Unna, den Teutoburger Wald, Paderborn, Minden, Bückeburg, Hannover und Harburg nach Hamburg; das ist ungefähr die Strecke von Heines Rückfahrt, nur in umgekehrter Reihenfolge. Offenbar hat Heine diese bedeutsame Änderung nur zur Erzielung eines wirksamen

Ortswechsels, an den er seine Betrachtungen anknüpfen konnte, vorgenommen: mit Brüssel, Amsterdam und Bremen konnte er nichts anfangen. Aus eben diesem Grunde hat er sich noch eine weitere kleine Freiheit erlaubt, die wohl nur wenigen Lesern zum Bewußtsein gekommen ist: sein Wagen fährt über Hagen und Unna zum Teutoburger Wald, und von dort nach Paderborn. Ein seltsamer Weg! Eigentlich geht es zuerst nach Paderborn, von dort zum Teutoburger Wald und dann weiter nach Minden! Obwohl Heines Änderung belanglos ist, beruht sie kaum auf einem Irrtum. Worin aber könnte hier wohl Absicht liegen? Zweifellos schwebten dem Dichter, ehe er die Ausführung seines Werkes in Angriff nahm, gewisse Hauptzüge der Darstellung schon deutlich vor Augen: die Eindrücke von Aachen und Köln, die Witze über die Folge der Varusschlacht, die Schilderung des großen Unbehagens in der preußischen Festung Minden, vor allem aber die umfangreiche Barbarossa-Geschichte. Diese ist, im Gegensatz zu den andern, nicht unmittelbar an eine Ortsbeschreibung gebunden und sie ließ sich deshalb an verschiedenen Stellen einfügen. Sie bildet jetzt den Inhalt der Träume, die des Dichters Gemüt nach der Abfahrt von Paderborn bewegen, und ragt so bedeutend empor, daß sich alles andere ihr fügen und anpassen mußte. Unmöglich durften also andere Züge folgen: Varusschlacht (Kaput XI), Rede an die „Mitwölfe" (Kaput XII), Christus-Schicksal (Kaput XIII), auf die Barbarossa-Geschichte; das wäre als peinlicher Abstieg empfunden worden. Also mußten die Stücke von geringerem Wert vorangehen, und es blieb wohl nichts anderes übrig, als Barbarossa erst später erwachen zu lassen!

Doch zurück zu der Frage, ob Heine in Form und Anlage seines Wintermärchens irgend etwas ganz Neues und Unerhörtes bot, wodurch ein wesentlicher Teil der Wirkung sich erklären ließe? Die Antwort kann nur ein klares Nein sein! Die Form der Reisebilder war alt und oft erprobt; jedoch lassen sich ihr gewisse Vorzüge abgewinnen, und Heines Eigenart verrät sich deutlich auch in ihr.

Sehr viel bedeutsamer sind auch in diesem Werk Spiegelung und Ausdruck von Heines Weltanschauung. Als er nach länger als zwölfjähriger Abwesenheit in die Heimat zurückkehrte, war er nicht wenig erstaunt über die ungeheure Wandlung, die gewaltige Gärung, die er beobachtete. Wie brauste und brandete in dem einst so friedfertigen Deutschland der Kampf gegen die hergebrachten Lehren der Religion; wie stark hatten die Gedanken von Ludwig Feuerbach und Bruno Bauer die Gemüter der Besten erschüttert! Das war so recht im Sinne Heines, der schon vor Jahren in der „Stadt Lucca" im vierten Bande der „Reisebilder" mit denselben Waffen ausgerüstet gewesen war, die jetzt von der Wissenschaft aufgegriffen und mit schwerfälligem Ernst gehandhabt wurden. In seiner „Geschichte der Religion und Philosophie" hatte Heine bereits einige Hauptgedanken des

Saint-Simonismus mit lebhaftem Eifer verwertet. Sie klingen uns auch jetzt aus dem Wintermärchen entgegen, gleich aus dem ersten Kaput:

> Es wächst hienieden Brot genug
> Für alle Menschenkinder,
> Auch Rosen und Myrten, Schönheit und Lust
> Und Zuckererbsen nicht minder.

Nicht selten gewinnen aber die religionsfeindlichen Äußerungen jene Schärfe, die der Kommunismus liebt. Hat Heine zu der Zeit, als er das „Wintermärchen" schrieb, dieser Lehre gehuldigt oder nicht? Er selbst geht bei Beantwortung dieser Frage auf den Ursprung der neuen Gedanken zurück und bezeichnet, wie auch bei anderen Gelegenheiten, Hegel als ihren eigentlichen Begründer. Inzwischen, so meint er, pfiffen sie in Deutschland die Spatzen von den Dächern. „Und in welchem phanatischen Ton werden manchmal die antireligiösen Predigten abgehalten. Wir haben jetzt Mönche des Atheismus, die Herrn von Voltaire lebendig braten würden, weil er ein versteckter Deist sei!" Heine trat den Kommunisten gewiß nicht ohne weiteres feindlich oder mit Vorurteil entgegen; vielmehr prüfte er ihre Absichten, und ihre Freude an der unbedingten Verneigung und Zerstörung war auch die seine. Er achtete ihren Zerstörungswillen, verglich ihre leidenschaftliche Hingabe mit dem todtrotzenden Glaubenseifer der ersten Christen; er äußerte sich nicht unfreundlich über einen der führenden Kommunisten des damaligen Frankreich, Pierre Leroux, und er traf in dieser Zeit, 1843 bis 1844, häufig mit Karl Marx zusammen. Aber früh schon klagte er über die „abgedroschendsten, plattesten Gemeinsprüche, welche der Troß der Kommunisten im Munde führte"; und in späteren Jahren wurde er ein entschiedener Gegner der neuen Lehre: Wenngleich er glaubte, daß sie in der Zukunft eine große Rolle spielen werde, erwartete er doch nur Unglück von ihr. Die Lilien und Rosen des Lebens würden ausgerottet werden, der Gesang der Nachtigallen werde verstummen, Schönheit und Freude seien dahin, und aus den Blättern seines armen „Buchs der Lieder" werde man Tüten machen, um Kaffee und Tabak darin zu verpacken. Gewiß war Heine mit dem Verstand gelegentlich für die kommunistische Gleichmacherei; dennoch erschrak sein Herz vor der Öde und dem Stumpfsinn einer solchen Zukunft. Die Abneigung gegen die herrschenden religiösen Bekenntnisse machte ihn also noch lange nicht zum Genossen der Kommunisten. Diese Abneigung ging allerdings weit. Am schärfsten befehdete er den Katholizismus. Die Skelette der heiligen drei Könige in Köln werden bei der nächtlichen Wanderung des Dichters von seinem gespenstischen Begleiter niedergeschlagen und zerschmettert; in dem herrlichen Dom, so heißt es, werde einst „der Zukunft fröhliche Kavallerie" hausen. Auch die Schilderung des Gekreuzigten in Kaput XIII zeugt wahrlich von geringer Ehrfurcht, und bis zu peinlichster Zuspitzung geht eine allerdings später wieder gestrichene Äußerung in den Gesprächen mit der Göttin Hammonia. Wir wundern uns nicht, daß Heine auch für die Protestanten kein Wort der Zuneigung findet, obgleich er Luthers Befereiungstat, wie früher, mit warmen Worten rühmt. Und endlich erscheinen ihm die religiösen Probleme der Juden als wenig belangreich; insbesondere ist ihm die Frage, ob sie ihren Gottesdienst in der Synagoge oder im Tempel abhalten, ob sie also der strengen oder der freisinnigen Richtung angehören, im Grunde höchst gleichgültig.

Ganz gewiß wäre es nicht richtig, in den religiösen Anschauungen des „Wintermärchens" das letzte und endgültige Bekenntnis Heines zu erblicken. Er hat vorher und nachher ganz andere Töne angeschlagen. Denken wir, aus den Tagen seiner Jugend, etwa an Gedichte wie „Belsatzar", „Die Wallfahrt nach Kavelar", „Im Rhein, im schönen Strome" oder auch an das erste Kapitel des „Rabbi von Bacherach"; denken wir, aus Heines späteren Jahren, an das Gedicht „Prinzessin Sabbath", an das „Nachwort zum Romanzero", an die Vorrede zum zweiten Bande des „Salons", so können wir nicht im Zweifel darüber sein, daß Heine, wie wohl viele Menschen, über religiöse Fragen zu verschiedenen Zeiten sehr verschieden geurteilt hat und daß der Standpunkt der unbedingten Verneinung, den er im „Wintermärchen" behauptet, keineswegs immer der seine gewesen ist.

Etwas anders steht es mit seinen Äußerungen über die politischen Verhältnisse in Deutschland; insbesondere sind seine Worte über Preußen von fast erschreckender Bitterkeit. Wenn Heine auch vorübergehend im Jahre 1838 in seinen Briefen an Varnhagen von Ense aus bestimmten Gründen viel Gutes über Preußen vorbringt und seine eigenen Landsleute, die Rheinländer, ungebührlich herabgesetzt hat, so verleugnete er damals seine wirkliche Meinung um sicheres Geleit nach Preußen zu erlangen. Sonst war er sein ganzes Leben lang ein höchst einseitiger Gegner des Preußentums. Auch in Gedichten, die annähernd gleichzeitig mit dem „Wintermärchen" entstanden, wie in dem „Kaiser von China", worin er Friedrich Wilhelm IV. verspottet, und im „Wechselbalg", in dem er das Preußentum als solches angreift, hatte er den Gegner ins Herz zu treffen gesucht. Im „Wintermärchen" weisen die scharfen, freilich sehr witzigen Worte über das preußische Militär, über die „magere Ritterschaft, die bald wieder abziehen müsse, über das Zwitterwesen, das Kamaschen-Rittertum" alle auf dasselbe Ziel hin. Die Worte über den preußischen Adler auf dem Posthausschild in Aachen, diesen häßlichen Vogel, dem er die Federn ausrupfen und die Krallen abhacken möchte, lassen an Deutlichkeit nichts zu wünschen übrig. Auch bei dem beängstigenden Traum in der preußischen Festung Minden verwandelt sich der Betthimmel-Quast in den preußischen Adler, der Heines Leib umklammert und ihm die Leber aus der Brust frißt: fürchtete er doch, nicht ohne Grund, daß ihm während seiner Reise durch Deutschland die preußische Polizei viel würde zu schaffen machen. Kein Wort der Anerkennung findet er für den von Preußen geschaffenen Zollverein, ja er beklagt sogar, daß sich die Bürgerschaft Hamburgs von Preußens Angebot habe betören lassen. Am schärfsten aber wendet sich das leidenschaftliche Schlußwort der Dichtung gegen Friedrich Wilhelm IV.

Die andern deutschen Länder werden schonend behandelt; Bayern wird nicht erwähnt; doch fast gleichzeitig mit dem „Wintermärchen" ließ Heine sein Gedicht auf König Ludwig in die Welt ziehen, in dem er, wie er selbst schrieb, das „Sanglanteste", was er je geschrieben hatte, bot. Der König von Hannover, Ernst August unseligen Angedenkens, wird als ein vertrottelter Greis geschildert, und dergleichen mehr. Während Heine in solcher Art fast überall Worte des Tadels ausgießt, lösen doch in e i n e m Falle Dank, Freundschaft und Anerkennung sein bewegtes Herz: E i n e r deutschen Landschaft hat er aus tiefster Seele seine Liebe erklärt, dem Lande Westfalen:

> Ich habe sie immer so lieb gehabt,
> Die lieben, guten Westfalen,
> Ein Volk, so fest, so sicher, so treu,
> Ganz ohne Gleißen und Prahlen.
>
> Wie standen sie prächtig auf der Mensur
> Mit ihren Löwenherzen!
> Es fielen so grade, so ehrlich gemeint,
> Die Quarten und die Terzen.
>
> Sie fechten gut, sie trinken gut,
> Und wenn sie Hand dir reichen
> Zum Freundschaftsbündnis, dann weinen sie;
> Sind sentimentale Eichen.

Weit wichtiger aber als die Äußerungen über die einzelnen deutschen Staaten und Länder, wichtiger sogar als die bitterbösen Äußerungen über Preußen, sind jene, die sich auf das ganze deutsche Vaterland beziehen. Vor allem finden die damals sehr beliebten Auseinandersetzungen über die Kaiseridee — man gedenke nur der Barbarossa-Feier des Jahres 1840 und der Verse Schenkendorffs — auch hier bedeutenden Widerhall. Gerade in der Verbindung von romantisch-dichterischer Auffassung und politischem Bekenntnis zeigt sich die Eigenart des Werkes. Die Sagen und Märchen des Volkes hatten Heine, wie seine „Elementargeister" und „Götter im Exil" beweisen, immer und immer wieder beschäftigt. Auch die Kyffhäusersage hatte ihn begeistert, und reizvoll hat er den Franzosen, in Zusätzen zu den eben erwähnten „Elementargeistern", größtenteils unter wörtlicher Anlehnung an Grimm, von diesen Überlieferungen erzählt. Zwei Sagen hatten ihm besonders gefallen, „Friedrich Rotbart auf dem Kyffhäuser" und „Der Hirt auf dem Kyffhäuser". Vom Kyffhäuser-Berg selbst sagt er: „Oft bin ich dort gewesen, und in einer schönen Winternacht blieb ich länger als eine Stunde stehen und rief zu wiederholten Malen: ‚Komm, Barbarossa, komm'; und das Herz brannte mir wie Feuer in der Brust und die Tränen liefen mir von den Wangen". In den „Elementargeistern" werden zunächst die bekannten Züge der Sage wiederholt; die Raben fliegen auf und nieder, und seufzend klagt Barbarossa, er müsse noch hundert Jahre schlafen, bis die Stunde der Befreiung komme. Wichtiger erscheint die zweite der erwähnten Sagen; der Kaiser, der auf Bitten eines Schäfers aus dem Berg herausgekommen war, gestattet diesem bald danach den Eintritt in die geheimnisvolle Höhle; und welch ein Anblick bietet sich dar! In einem großen Saal huldigen zahlreiche Herren und Diener dem Kaiser; da gibt es prachtvolle Harnische, Waffen und Schilde; doch einst werde der Kaiser zurückkehren in die Oberwelt, und das heilige Grab zurückerobern. Das aber, meint Heine, könne nur ein Mißverständnis des Schäfers sein: nicht ein kaltes Grab wird der Kaiser erobern, sondern ein herrliches Heim für die Lebenden; er hält das Szepter der Freiheit in Händen und trägt die Krone ohne Kreuz. Ja, Barbarossa gilt hier sogar als Verfasser des berühmten oder auch berüchtigten Buches „De tribus imposteribus", Über die drei großen Betrüger" Moses, Christus und Mohammed, ein Buch aus dem 16. Jahrhundert, das in jüngerer Überlieferung auf den großen Staufer Friedrich II. bezogen wurde! So formte Heine in dieser Darstellung der „Elementargeister" Barbarossa zu einem Freigeist um.

Wichtig ist, daß hier bereits wesentliche Züge des „Wintermärchens" vorgebildet sind; mit dem neuen Schwert des Kaisers werden alle geköpft werden, die etwas Besseres zu sein glauben als die Bauern. Ferner ist schon in den „Elementargeistern" der Zug gegeben, daß Barbarossa nicht nur schlafend im Berge am Steintisch sitzt, sondern daß er sich in lange Gespräche einläßt; erwähnt werden zahlreiche Ergebene und Untertanen, die ihm huldigen, ebenso Waffen und dergleichen mehr. Auch in andern Werken Heines, die dem „Wintermärchen" vorausgehen, im „Börne" und in den „Französischen Zuständen", finden sich Anspielungen auf die Barbarossa-Sage. Diese vorbereitenden Gedanken sind nun im „Wintermärchen" höchst eindrucksvoll verwertet und erweitert. Vier Säle sind es, die geschildert werden, der Kaiser selbst weilt im vierten, seit Jahrhunderten am steinernen Tisch sitzend, scheinbar schlafend. Dann aber erwacht er und erweist sich als Führer durch die Säle, freilich keineswegs als eine ehrfurchtgebietende Gestalt. Er ist ein Gespenst der Vergangenheit, hat vom geistigen Aufschwung seit dem Siebenjährigen Kriege nichts erfahren und ist über die Erfindung der Guillotine empört. Schließlich wird er vom Dichter als altes Fabelwesen zurückgewiesen, und auch seine Farben, die schwarz-rot-goldenen Farben seines Banners, werden verspottet. Schwarz-rot-gold! Wie oft wird dieses Schwarz-Rot-Gold, das Sinnbild der teutschtümlich-burschenschaftlichen Freiheitssehnsucht, von Heine ins Lächerliche gezogen: im „Börne", in den „Französischen Zuständen", in den Gedichten „Vitzliputzli", „Bimini" und anderen Orts.

Was aber bedeutet im „Wintermärchen" der Traum von Barbarossa und dem Kyffhäuser? Die Antwort ist nur allzu klar: Heine lehnt den Kaisergedanken, der damals so hohes Ansehen genoß, mit schmerzlicher Entschiedenheit ab. Dieser Wunsch-Kaiser vieler begeisterter Vaterlandsfreunde war ein schläfrig-verschollenes Unwesen, ein lächerliches Gespenst der Fabel, dem der Dichter die traurigen Abschiedsworte zuruft:

> Das Beste wäre, du bliebest zu Haus,
> Hier in dem alten Kyffhäuser —
> Bedenk' ich die Sache ganz genau,
> So brauchen wir gar keinen Kaiser.

So klingt aus den romantischen Träumen der Vorzeit ein sehr nüchterner Gedanke der Gegenwart heraus: Politik und dichterisches Sinnbild verschmelzen gerade hier zu einer reizvollen Einheit.

Das Gleiche gilt vom Titel des Werkes: „Wintermärchen". Selbstverständlich ist es so nach Shakespeares Stück benannt. Worin aber besteht die Beziehung zu diesem? Während sich der Sinn der Kyffhäuser-Darstellung ohne weiteres und bequem darbietet, ist der des „Wintermärchens" weniger leicht verständlich. Bei Shakespeare ist Hermione unschuldig verdächtigt worden und wird erst nach sechzehn schmerzvollen Jahren der Trennung von ihrem Gemahl, dem König, wieder anerkannt: dem reuigen König Leontes wird sie zuerst als Statue gezeigt (durch Pauline, die Frau des Antigonus), dann aber, wieder belebt, wird sie mit ihm ausgesöhnt und von ihm neuem Glücke entgegengeführt. In Heines Wintermärchen „Deutschland" wird auf eine weitere Geschichte ganz ähnlichen Sinnes angespielt: auf das Märchen von der Gänsemagd, das Heine ebenfalls durch Grimm kennengelernt hat. In diesem Märchen wird von der schönen Königstochter erzählt, die von der bösen Kammerjungfer in Not gebracht, verdächtigt, und vom Königssohn, dem sie bestimmt war, getrennt wird; durch einen Eid zum Schweigen gezwungen, wird sie zur Gänsemagd erniedrigt; schließlich aber wird sie durch einen Zufall befreit! Mit dem Pferde Falada, auf dem sie entflohen, hält sie geheimnisvolle Zwiesprache; die Kammerjungfrau wird entlarvt, und die echte Braut tritt wieder an ihre Stelle. Heine hat einzelne Worte, besonders das Zwiegespräch der Gänsemagd mit dem Pferde, fast wörtlich von Grimm entlehnt.

Diese Geschichte, deren Ähnlichkeit mit der der Hermione in die Augen springt, ist von Heine mit einer weiteren verbunden: ein Mörder wird von dem Rächer der Feme getötet, und dieser Feme-Mord mit derjenigen verglichen, die Barbarossa vollziehen wird an denen, die die „wundersame goldlockige Jungfrau Germania" gemeuchelt haben. Rache für diese Missetat ist das Ziel, Rache! Alle, die an Deutschlands Elend Schuld tragen — Heine wird wohl in erster Linie an das so bitter befehdete Preußen gedacht haben — sollen zur Rechenschaft gezogen werden. Wo aber bleibt die Erlösung, die auf diese Rachetat folgen muß, die Erlösung, die sowohl für Shakespeares Heldin Hermione, wie auch für die Gänsemagd des Märchens als selbstverständlich angesehen wird? Gewiß, auch Heine läßt ein solches Zukunftsbild der Versöhnung erkennen. Im letzten Kaput der Dichtung heißt es:

> Das alte Geschlecht der Heuchelei
> Verschwindet, Gott sei Dank, heut,
> Es sinkt allmählich ins Grab, es stirbt
> An seiner Lügenkrankheit.
>
> Es wächst heran ein neues Geschlecht,
> Ganz ohne Schminke und Sünden,
> Mit freien Gedanken, mit freier Lust —
> Dem werde ich alles verkünden.
>
> Schon knospet die Jugend, welche versteht
> Des Dichters Stolz und Güte,
> Und sich an seinem Herzen wärmt,
> An seinem Sonnengemüte.
>
> Mein Herz ist liebend wie das Licht
> Und rein und keusch wie das Feuer;
> Die edelsten Grazien haben gestimmt
> Die Saiten meiner Leier.

Von denselben Zukunftsfragen und Gedanken ist auch der erste Gesang der Dichtung, namentlich gegen Ende, ganz durchdrungen! Also fehlt der befreiende Ausgang nicht; die Beziehungen zu Shakespeares „Wintermärchen" oder zum Märchen von der Gänsemagd, der endlich wieder befreiten Königstochter, müssen im Auge behalten werden. Das ist nicht immer ganz leicht, ist nicht immer nach Gebühr geschehen, und unter dieser Vernachlässigung hat das Verständnis des Werkes gelitten. Wir aber müssen daran festhalten: im letzten Hintergrund winkt persönlicher Ausgleich, Überwindung aller bitteren Not.

Der Grund des häufigen Mißverstehens von Heines letzten Absichten ist ohne Frage darin zu suchen, daß die Schlußabschnitte des Werkes, Kaput XXIII bis XXVII, in ihrer Aufdringlichkeit gar zu scharf hervortreten und als eigentliche Hauptsache erscheinen, was sie ja nicht sind. Die Göttin Hammonia, die die entscheidende Rolle spielt, wird oft zu hoch eingeschätzt; tatsächlich ist sie ein niedrig-rohes, prosaisches Wesen, aller Romantik fern, wenngleich mit geschichtlichem Weitblick ausgestattet. Sie ist die Schutzgöttin, wird als Tochter Karls des Großen bezeichnet, und diesem wird die Gründung Hamburgs zugeschrieben. Also hat sich die tausendjährige deutsche Kaisergeschichte vor ihren Augen abgespielt. Sie wird mit den sinnenfrohen Frauengestalten von Rubens verglichen; jedoch fehlt ihr jede dionysische Lust, und sie ist im Grunde echt hamburgisch nüchtern. Heine selbst hat es für nötig erachtet, in einer französischen Vorrede darauf aufmerksam zu machen, daß diese Gestalt nichts, gar nichts mit derjenigen der wundersamen goldlockigen Jungfrau Germania gemein habe, also mit der Seeele des deutschen Menschen. Während Germania mit dem Glorienschein der Sage verklärt ist, ist Hammonia eng, irdisch und gemein.

Wie erklärt es sich, daß Heine seine Dichtung schließlich in diesen niederen Bezirk geführt hat? Wir können es aus der Beschaffenheit der Handschrift erschließen: Heine war nach dem 23. Kaput ins Stocken geraten, er wartete neue Einfälle ab, ehe er die Feder neu ansetzte. Auch hat er in seinem Brief an Campe vom 17. April 1844 ausdrücklich bekannt, daß der Schluß — und darunter werden wir die letzten fünf Kapitel zu verstehen haben — erst nachträglich ausgeführt worden sei: „Der Schluß fehlte, und ich habe ihn vielleicht sehr notdürftig ersetzt." In den ersten Abschnitten dieser Ausführungen über die Stadt Hamburg, namentlich im 23. Kaput, war Heine bei der Beschreibung vieler Einzelheiten des Hamburger Lebens im Ton gesunken, fast möchte man sagen: auf den Stil der Bierzeitung abgeglitten. Hier mußte ein neuer Einfall kommen! Schließlich war obendrein am Schluß des Werkes eine starke Wirkung unerläßlich, eine Steigerung, die das Bisherige weit überträfe. Dazu diente ihm eine Anregung aus Aristophanes' „Vögeln", auf die er im letzten Kaput ausdrücklich hinweist.

Heine hat zeitlebens eine sehr hohe Meinung von dem griechischen Komödiendichter gehegt. Das Riesenmaß seiner Ideen, die Freude an der Zerstörung und Zersetzung des Unhaltbaren, die Hingabe an Leben und Treiben der Zeit, wobei die Namen lebender Personen unbekümmert genannt und geschmäht werden durften, der Übermut der Erfindungen, die unbedenkliche Darstellung auch des Schmutzes und der Roheit — dies alles fand Heine an Aristophanes bewundernswert und groß, und selbst über den Gegensatz der politischen Einstellung — Aristophanes war konservativ, Heine aber revolutionär — setzte er sich hinweg. Schon während seiner Göttinger Studienzeit, im Jahre 1824, rühmte er seinem Freunde Eduard Wedekind gegenüber den griechischen Dichter. In einem höchst bedeutsamen Brief an Friederike Robert vom 12. Oktober 1825 gab er eine glänzende Würdigung der „Vögel"; er erkannte „eine ungeheure Weltanschauung, den göttertrotzenden Wahnsinn der Menschen, eine echte Tragödie, umso tragischer, als jener Wahnsinn am Ende siegt und glücklich beharrt in dem Wahne . . . Das Ungeheuerste, das Entsetzlichste, das Schauervollste" können wir „nur in dem buntscheckigen Gewande des Lächerlichen darstellen". Auch im „Buch Legrand" erwähnt Heine die „Vögel", in den „Bädern von Lucca" verspottet er den armen Grafen Platen, der Aristophanischen Witz und Sinn nachahmen wolle, ohne doch irgend etwas von der

Kraft der aristophanischen Seele zu verraten. Glänzend sind Heines Worte über Aristophanes in der „Romantischen Schule". Auch Aristophanes, so klagt er, hat uns in eine Welt versetzt, „wo die Tiere sprechen und handeln und wo Zufall und Willkür an die Stelle der natürlichen Ordnung der Dinge getreten" sind. Aber diese Form habe Aristophanes gewählt, „um uns seine tiefsinnigsten Weltanschauungen zu offenbaren, wie z. B. in den „Vögeln", wo das wahnwitzigste Treiben der Menschen, ihre Sucht, in der leeren Luft die herrlichsten Schlösser zu bauen, ihr Trotz gegen die ewigen Götter und ihre eingebildete Siegesfreude in den possierlichsten Fratzen dargestellt ist. Darum eben ist Aristophanes so groß, weil seine Weltansicht so groß war, weil sie größer, ja tragischer war als die der Tragiker selbst, weil seine Komödien wirklich „scherzende Tragödien" waren; denn z. B. Peisthetairos wird am Ende des Stückes nicht in seiner lächerlichen Nichtigkeit dargestellt, wie etwa ein moderner Dichter es tun würde, sondern er gewinnt die schöne wundermächtige Basilea und steigt mit dieser himmlischen Gemahlin empor in seine Luftstadt; die Götter müssen sich seinem Willen fügen, die Narrheit feiert ihre Vermählung mit der Nacht, und das Stück schließt mit jubelnden Hymenäen. Gibt es etwas grauenhaft Tragischeres als dieser Narrensieg und Narrentriumph!

Immer sind es wieder die „Vögel", auf die Heine zurückkommt, und wenn wir auch wissen oder annehmen dürfen, daß er andere Lustspiele des Aristophanes, wie die „Frösche" und „Wolken" nicht weniger genau gelesen hat, so standen ihm doch die „Vögel" in erster Linie vor Augen, jenes Stück, in dem Aristophanes auf den Zug des Aristides, Nikias und Lamachos nach Sizilien, sowie auf die Verspottung der Mysterien und den Umsturz der Hermen auf dem Markt in Athen Bezug nimmt. Es sind tolle Vorgänge, die wir miterleben: zwei athenische Spießer, Ratefreund und Hoffegut, verlassen die Stadt Athen, wo es nicht mehr auszuhalten ist, und begeben sich ins Reich der Vögel; hier gelangen sie, nach Überwindung anfänglicher Widerstände zu Ansehen, bewirken, daß die Götter ihrer Macht beraubt werden, und schließlich Ratefreund mit der Basileia, der Königstochter vermählt wird. Feierliche Hymenäen beenden das Stück. In Heines Nachahmung dieser Züge entspricht er selbst dem Ratefreund, und an die Stelle der Basileia ist die Hammonia getreten; auch die Hymenäen finden sich in Kaput XXVI, unter angemessener und doch fremdartiger Beziehung auf hamburgische Verhältnisse, in neuer Gestaltung wieder.

Was ist der Sinn dieser Erfindung? Wir wissen: Hammonia ist keine hehre Göttin, gleich der Basileia der Griechen; aber freilich ist der nüchtern-prosaischen, wohlbeleibten Göttin der Weitblick auf die tausendjährige Geschichte des Deutschen Reiches eröffnet. Sie, die den Nachtstuhl ihres Vaters, des Reichsgründers Karls des Großen, geerbt hat, veranlaßt den gefeierten Dichter, der zu ihr kommt, seinen Kopf über die Öffnung des Stuhles zu halten, um den aufsteigenden unbeschreiblichen Gestank zu riechen. Das Ergebnis der deutschen Geschichte der neuesten Zeit wird also als grauenhaft und widerwärtig bezeichnet, und zweifellos will der Dichter damit ausdrücken, daß die Zeit des Umsturzes näher bevorstehe, als man glaube, und daß man bei dieser Gelegenheit die denkbar abscheulichsten Dinge erleben werde. Es ist Hamburg, die von Heine oft wegen ihrer flachen Lebensauffassung verspottete Stadt, in der der Dichter mit einer so zweifelhaften Göttin vermählt wird, und die Behörden eilen herbei, um vor dem Paar die seltsamsten Hochzeitsgebräuche zu üben. Wenn wir an Heines Worte über die „Vögel" denken, so unterliegt es keinem Zweifel, daß er diese Verbindung als aufreizend, widersinnig und lächerlich darstellen wollte; es darf keinesfalls als Heines letzte Meinung angesehen werden, in dieser Kundgebung der Hammonia offenbare sich Deutschlands Zukunft. Nein, nur fratzenhafte Zerrbilder des beim kommenden Umsturz zu Erwartenden sind entworfen — in einem Augenblick übertreibender Erregung und verkündet durch den Mund einer prosaischen Ungestalt. Wohl mag der Gedanke, am Schluß noch eine alles übertrumpfende Steigerung bieten zu müssen, den Dichter mitbestimmt haben. Dabei war seine Erfindung so geschmacklos, daß sie fast alles Vorausgehende erdrückt und totschlägt. So ist der Dichter nicht ganz schuldlos daran, daß oberflächliche Leser den letzten Sinn des „Wintermärchens" im Erlebnis bei der Göttin Hammonia erblicken.

Zurück zu unserer Frage: Wie dachte Heine, der den Machthabern der deutschen Länder so bittere Wahrheiten gesagt hatte; was hielt er in dieser Zeit von den Fähigkeiten, der Berufung und den Aufgaben des deutschen Volkes in seiner Gesamtheit? In dieser Zeit der vaterländischen Bewegung, in der Hoffmann von Fallersleben, Heines freiheitlicher Gesinnungsgenosse, das Deutschlandlied verfaßte? Heines Ablehnung der Kaiseridee und der Barbarossa-Träume besagt in dieser Hinsicht nicht viel. Und eins muß festgestellt werden: Heines letzte Meinung von Deutschlands Kraft und Zukunft stand in völligem Widerspruch zu dem, was die Hammonia-Darstellung dem oberflächlichen Leser zu besagen schien. Dafür gibt es viele Zeugnisse. Man denke etwa an das Gedicht „Deutschland", das Heine im Sommer 1840 verfaßte, als der Ausbruch eines Krieges mit Frankreich herandrohte:

> Deutschland ist noch ein kleines Kind,
> Doch die Sonne ist seine Amme,
> Sie säugt es nicht mit stiller Milch,
> Sie säugt es mit wilder Flamme.

> Bei solcher Nahrung wächst man schnell
> Und kocht das Blut in den Adern.
> Ihr Nachbarskinder hütet euch
> Mit dem jungen Burschen zu hadern.

Im nächsten Jahre, im Februar 1841, schrieb er die Worte: „ . . . dem deutschen Volk gehört die Zukunft, und zwar eine sehr lange, bedeutende Zukunft." Im Dezember des nächsten Jahres erklärt er: „ . . . zweitens ist Deutschland trotz seiner Zerstückelung die gewaltigste Macht der Welt, und diese Macht ist in wunderbarstem Wachstum. Ja, Deutschland wird täglich stärker, der Nationalsinn verleiht ihm eine innere Einheit, die unverwüstlich ist"; und schon vorher vernahmen wir die schönen Worte aus dem „Wintermärchen" selbst, das Wort von der wundersamen goldlockigen Jungfrau Germania. Das allein sind Äußerungen von großem Gewicht. Dennoch unterscheidet sich Heines Vaterlandsliebe nicht unerheblich von der seiner teutschtümelnden und burschenschaftlichen Zeitgenossen und Nachfolger. Die Art und Weise, wie er im elften Kapitel über Hermann, den Befreier, spricht, auch die Art und Weise, wie Barbarossa behandelt wird, läßt seine Abneigung gegen das hergebrachte vaterländische Geschrei deutlich erkennen. Insbesondere aber sah Heine in den Franzosen durchaus keine Feinde, war vielmehr zweifellos der Meinung, daß vielleicht in einer sehr fernen Zukunft eine Verständigung und Annäherung der beiden Völker eintreten müsse. Auch im „Wintermärchen" heißt es:

> Ich habe sie immer so lieb gehabt,
> Die lieben kleinen Französchen . . .

Allerdings liegt in der Bezeichnung „Französchen" eine nicht ganz bedeutungslose Verkleinerung; Deutschland wurde dagegen „ein täppisches Rieselein" genannt. Im achten Kaput heißt es sogar, vielleicht werde die Freiheit Bonaparte, den Toten, aus dem Grabe holen, womit gewiß angedeutet wird, daß Frankreich vielleicht an der Befreiung Deutschlands entscheidenden Anteil haben werde. Auch ist aus der Schilderung der Überführung der Leiche Napoleons nach Paris, im achten Kaput, die alte Liebe und Bewunderung zu erkennen. Doch sind leicht auch Stellen zu finden, in denen von Frankreichs drohendem Abstieg die Rede ist.

Wenn andererseits bei Heine viele Äußerungen innigster Zuneigung zu Deutschland, nicht nur Worte der Bewunderung seiner Kraft, zu finden sind, so haben diese doch fast durchweg den besonderen Charakter der Heimatliebe. Man denke etwa an die berühmten Verse der „Nachtgedanken":

> Denk' ich an Deutschland in der Nacht,
> Dann bin ich um den Schlaf gebracht;
> Ich kann nicht mehr die Augen schließen,
> Und meine heißen Tränen fließen.
> . . .
>
> Deutschland hat ewigen Bestand,
> Es ist ein kerngesundes Land;
> Mit seinen Eichen, seinen Linden
> Werd' ich es immer wiederfinden.

Auch in dem ergreifenden Gedicht, „Ich hatte einst ein schönes Vaterland", ist es nur innig-wehmütige Heimatliebe, die zum Ausdruck kommt; ebenso klingt im „Wintermärchen" dieses heiße Verlangen nach deutschem Land und deutschen Menschen, nach den Verwandten und Freunden; man denke insbesondere an die Schilderung in Kaput XXIV, worin aus innerster Seele ein tiefes, keusches Gefühl emporsteigt, das sich von dem unzarten Geprahle teutschtümelnder Narren vorteilhaft unterscheidet. Wir hörten schon, was Heine unmittelbar nach der Rückkehr an Campe schrieb: „Wie ungern ich von Hamburg diesmal abreiste, davon haben Sie keinen Begriff! Eine große Vorliebe für Deutschland grassiert in meinem Herzen, sie ist unheilbar". Im „Wintermärchen" selbst heißt es am Schluß des ersten Kaput:

> Seit ich auf deutsche Erde trat,
> Durchströmen mich Zauberkräfte —
> Der Riese hat wieder die Mutter berührt,
> Und es wuchsen ihm neu die Kräfte.

Zu höchster Entfaltung aber wird diese Liebe zum Vaterland erst dann gelangen, wenn Deutschland das Land der Freiheit geworden sein wird; davon handeln die eindrucksvollsten Stellen der Vorrede, und die letzte Erfüllung seiner Sehnsucht sieht Heine deutlich voraus; bald wird sie eintreten:

> Es wächst heran ein neues Geschlecht,
> Ganz ohne Schminke und Sünden,
> Mit freien Gedanken, mit freier Lust —
> Dem werde ich alles verkünden.

Heines Heimatliebe ist wohl anders als die Vaterlandsliebe sehr vieler anderer: sie ist gepaart mit bereitwilliger Anerkennung des von anderen Völkern Geleisteten, aber darum nicht weniger echt; und sie hat des Dichters Herz nicht selten mit inniger Wärme erfüllt.

Heine war sich bewußt, im „Wintermärchen" ein Werk von starker dichterischer Kraft geschaffen zu haben. Romantisch sollte es sein und politisch zu gleicher Zeit. Er wollte seine eigenen politischen „Stänkerreime" aus den letzten Jahren übertreffen, und das hat er getan. Er wollte der prosaisch-bombastischen Tendenzpoesie der anderen den Todesstoß versetzen, und wahrlich, das ist ihm gelungen. Man stelle die Verse von Herwegh, Hoffmann von Fallersleben, Dingelstedt, Freiligrath und andren seiner Dichtung gegenüber, um den Unterschied ohne weiteres zu erkennen: jene verloren sich in rednerischer Breite und gaben oft statt eigentlicher Dichtung nur gereimte Leitartikel, Begriffe und Gedanken; Heine dagegen gelingt es, alles, was ihm das Herz bewegt, in Bilder umzusetzen, um es uns auf diese Weise wirklich nahe zu bringen. Gewiß, auch er verkörpert Gedanken, Gedanken von ungeheurem Gewicht und weitausschauender geschichtlicher Bedeutung; sei es im Scherz, sei es im Ernst, sei es in spielerischen Darstellungen über Hermann den Cherusker, oder über Karl den Großen, den Begründer Hamburgs, oder über Barbarossa, der in seltsamer Befangenheit bei der Anschauungsweise des Siebenjährigen Krieges stehen geblieben ist und von den Umwälzungen der Revolutionszeit nichts weiß — immer pflegt er Ideendichtung in dem Sinne, wie er es von Jugend an getan hatte, entsprechend den Lehren seines großen Meisters Hegel; doch Bild und Idee sollen eins werden und sich vermählen.

Ein Beispiel mag dies erläutern! Oft hat Heine davon gesprochen, daß Gedanke und Tat zueinander gehören, daß die Tat dem Gedanken folge wie der Donner dem Blitz. Mit welcher Kraft hat er eben diese Überlegung im sechsten und siebenten Kaput des „Wintermärchens" erneut gestaltet, wo er die Tat verkörpert in jenem vermummten Gast, der den Dichter schweigsam durch die nächtlichen Gassen von Köln führt, und der schließlich im Dom die Gespenster der heiligen drei Könige mit furchtbarem Schlage zerschmettert. Wir sehen: hier ist nur der alte Gedanke wiederholt, der Gedanke, daß jede keimkräftige Idee im Reiche der Wirklichkeit fortwirken wird, und doch — wie erscheint das alles neu! Denn hier ist alles Gestalt und Leben geworden, und der dürftig nackte Begriff, die kalte verstandesmäßige Überlegung ist hingeschwunden vor dem Glanz des dichterischen Bildes. Diese Darstellung findet sich in zwei Kapiteln, die Heine erst nachträglich in sein Werk eingefügt hat; offenbar fühlte er, wie glänzend sie ihm gelungen waren. Ähnlich steht es auch in anderer Hinsicht: Wie elend und ärmlich käme es uns vor, wenn Heine in seinem Werk die vielerörterte Kaiseridee nur nochmals in üblicher Weise begrifflich und mit tönendem Eifer behandelt hätte! Statt dessen gibt er eine Barbarossa-Darstellung, die zu dem Eindrucksvollsten des „Wintermärchens" gehört. Auch hier weben sich Traum und Wirklichkeit, wie in Heines gesamtem Schaffen, reizvoll ineinander.

Zu alledem kommt der bereits gewürdigte geschickte Aufbau, die ansprechende Folge der Begebenheiten. Von der Wanderung durch Köln bis zu den Traumgesichten des Barbarossa, und von diesen wiederum bis zu den Hammonia-Abschnitten ist deutlich eine steigende Linie zu erkennen. Entscheidend aber ist schließlich die Frische und Lebhaftigkeit der Seelenbewegung und die Kraft der Gefühle, die das ganze Werk beherrschen. Hierauf beruht die großartige, durchschlagende Gewalt des Sprachstils. Wo der Inhalt sich hebt, da hebt sich auch die beseelte Anschaulichkeit der Worte. Welche Bilder weckt die nächtliche Wanderung durch Köln! Wie blitzen im Barbarossa-Spiel die geheimnisvollen Lichter des Märchens auf! Wie altertümlich wirksam ist das Zwiegespräch des Dichters mit der Mutter beim Wiedersehen nach dreizehnjähriger Trennung:

> Und als ich zu meiner Frau Mutter kam,
> Erschrak sie fast vor Freude;
> Sie rief: „Mein liebes Kind!" und schlug
> Zusammen die Hände beide.

Wie wechseln feierliche Leidenschaft, etwa am Schluß, bei dem Mahnruf an
Friedrich Wilhelm; übermütige Laune, etwa bei den Ausblicken auf den Sieg
Hermanns, des Cheruskers; innere Rührung, etwa in den Ausbrüchen der
Heimatliebe belebend und anregend miteinander ab! Aber wenn auch in
dieser Dichtung Traum und Wirklichkeit reizvoll verschmelzen, so schwindet der Zauber eines magischen Jenseits der Kunst hier doch öfter als in
den zierlichen Gebilden des „Atta Troll".

Erst durch die Eigenarten des Versbaus findet der leuchtende Stil des
„Wintermärchens" Abschluß und Vollendung. Und fast möchte man darüber
staunen, denn das Versmaß, dessen sich Heine bedient, ist das einfachste von
der Welt. Schon von anderen vor ihm in unzähligen Fällen angewendet,
erschien es fast als abgenutzt; leicht verführt es zu geistlos handwerksmäßi-
gem Klingklang, und wenn uns beim Lesen solcher Verse der Leierkasten
— um an Arno Holz und seine Befürchtungen zu erinnern — hier bei Heine
durchaus nicht in den Sinn kommt, so ist das wiederum ein Beweis für des
Dichters Kunst. Die Strophe besteht aus vier Versen, von denen der erste
und dritte vierhebig stumpf, der zweite und vierte dreihebig klingend sind,
und nur diese klingenden Verse, zwei und vier, sind mit dem Schmuck des
Reimes versehen. Die Mannigfaltigkeit, Schönheit und Ausdrucksfülle der
Verse entsteht durch reizvolle Mischung verschiedenartiger Hebungen und
Senkungen, und das Entscheidende für das Urteil wird immer in der richtigen Anpassung der jeweils gewählten Versbewegung an die im Inhalt
sich kundgebende seelische Bewegung zu suchen sein. So gibt es Hebungen
von dreifacher Stärke: erstens gewöhnliche oder mittelstarke, zweitens ge-
steigerte, und drittens geschwächte oder verminderte. Wenn z. B. im „Wintermärchen" der Vers I, 10, 3:

> Verschlémmen soll nícht der faúle Baúch

vier starke oder wenigstens mittelstarke Hebungen aufweist, so wird der
Nachdruck der Aussage hierdurch angemessen hervorgehoben. Kräftig wirkt
auch noch die Verbindung von drei starken neben einer geschwächten Hebung, wie etwa im Vers XXII, 1, 3:

> Sie gehn so betrübt und gebróchen herúm

wobei das Wort „herum" natürlich nur noch als geschwächte Hebung erscheint. Sehr wirksam können Verse sein, in denen zwei Silben überstark,
eine stark und eine nur schwach zur Geltung kommen, wie etwa in den
ausdrucksvollen Worten (I, 9, 1):

> Ein neúes Liéd, ein bésseres Lied

wobei das Wort „Lied" bei der Wiederholung am Ende des Verses nur schwach betont wird, weil der Begriff ja schon in unserem Bewußtsein haftet. Entsprechend steht es mit den Hebungen der dreihebigen Verse.

Weit bedeutsamer als die Gestaltung der Hebungen ist für die Gefälligkeit des Verses die jeweils angemessene Füllung der Senkungen. Man hat Heine gelegentlich wegen seiner Vorliebe für zweisilbige Senkungen getadelt; aber gerade die hierdurch entstehende unruhige Bewegung der Worte ist für den Inhalt seiner Verse bezeichnend. Einfach ist bei ihm die Behandlung des Versanfangs; nicht eben häufig fehlt der Auftakt, wie etwa in folgenden Versen:

> Während die Kleìne von Hìmmelslùst (II, 1, 1)
> Kíndisch gewòrden die meísten (XXII, 2, 4)
> Bůcher und Ménschen verschlúngen (IV, 8, 2)

Auch der zweisilbige Auftakt begegnet uns am „Wintermärchen" nicht sehr häufig; wir finden ihn z. B. in Versen wie:

> Und am Énde der Táge kommt Chrístus heràb (XXVII, 19, 1)
> Von der Kőnigstòchter erzählte (XIV, 8, 2)
> Wenn die Álte érnster und leíser (XIV, 13, 2)

und dergleichen mehr. Ganz überwiegend steht vielmehr vor der ersten Hebung der bescheidene einsilbige Auftakt.

Einsilbigkeit der Senkung in ganzen Versen oder gar Versfolgen ist offenbar dem Charakter unserer Dichtung wenig gemäß und daher nicht oft anzutreffen; sie macht den Vers schwer und wuchtig und begegnet uns daher nur dort, wo im Ernst oder im Scherz eine nachdrückliche Betonung willkommen erscheint:

> Der Schneiderkönig saß darin
> Mit seinen beiden Räten (IV, 23, 1)

> Das ist ja meine Heimatluft (VIII, 3, 1)

> Der König und die Königin!
> Geschnallt! an einem Brette! (XVI, 17, 1)

Umgekehrt tritt eine unruhige Bewegung dann ein, wenn sich die zweisilbigen Senkungen häufen und etwa an allen drei Stellen des vierhebigen Verses erscheinen:

> Der Riese hat wieder die Mutter berührt (I, 19, 3)
> Sie reiten hinaus in die klirrende Welt (XIV, 26, 3)
> Ich kenne die Weise, ich kenne den Text (I, 8, 1)
> Das haben die Rächer der Feme getan (XIV, 4, 3)

Und auch dann ist der Vers noch hurtig und leicht, wenn die zweisilbige senkung nur zweimal auftritt, wie etwa in Versen gleich diesen:

Auch Rosen und Myrten, Schönheit und Lust (I, 8. 1)
Der Pöbel bekäm' die Erlaubnis bald (XXVII, 13, 1)
Beleid'ge lebendige Dichter nicht (XXVII, 15, 1)

Man stelle nur einmal seine Aufmerksamkeit auf diese Dinge ein, und man
wird bemerken, wie die fast immer sehr angemessene Bewegungsform den
Sinn und die Kraft der Verse belebt und fördert.

Bedenklich wird es nur, wenn die zweisilbigen Senkungen nicht, wie es
die Regel ist, mit leichten, sondern mit schweren Silben belastet sind. So
wird man etwa in dem Vers:

Und diéser Lándstraßenkòt, er íst (VIII, 3, 3)

die Silben „straßen" in die Senkung befördern müssen, und das klingt nicht
gut: die Lösung „Landstráßenkot" wäre noch übler. Ähnlich steht es mit
den Silben: „Sáaltrepp hinauf" in dem Verse:

Wié ich die énge Saaltrépp hinaúf (XXIV, 1, 1)

Und besonders schwer belastet ist der Vers in Kaput XXIV, 16, 2:

Der aúfstieg aus deútschen Schornsteínen

Hier aber verrät sich eine andere Härte, vor der Heine nicht zurück-
schreckt: er ändert nämlich die Betonung der Worte, wenn sie ohne eine
kleine Vergewaltigung nicht recht in den Vers hineinpassen — ein Verfahren, das freilich auch sein als Verskünstler viel gerühmter Gegner Graf
Platen, unter Nachahmung der Antike, bis zum Überdruß anwendet. So finden wir bei Heine die Betonungen: „anzüglich" (XXII, 12, 4), „auf-
schlúg" (XXVI, 16, 1), „Schnupftüchern" (II, 2, 2), „Mistküchlein" (VII,
4, 3) usw. Allerdings sind solche Freiheiten in zahllosen Dichtungen, besonders auch im Volkslied, zu finden.

Ganz anders steht es mit seinen scherzhaften Reimkünsten, durch die
Heine so ungeheure Wirkungen erzielte und häufig auch von anderen mit
mehr oder minder gutem Erfolg nachgeahmt worden sind. Oft sind diese
Reimungeheuer, die sich nicht willig verbinden, sondern sich gegeneinander
anschreien, gleichzeitig Spaltreime, d. h. Reime, die sich auf zwei Worte
erstrecken und die den Leser stutzig machen müssen. Ist der Reim „Holz
ist" auf „Stolz ist" (XV, 8, 2:4) noch brav und annehmbar, so horchen wir
bei „Schloß saß" auf „Barbarossas" (XIV, 29, 2:4) doch etwas erstaunt auf,
und bei Bindungen wie „Konflikt um" auf „pictum" (XI, 11, 2:4) oder
„Punsch ein" auf „Monschein" (X, 2, 2:4), „versteht sich" auf „wiedersetzig"
(XVII, 1, 2:4), „Gott sei Dank heut" auf „Lügenkrankheit" (XXVII, 2),
„Strohwisch" auf „philosophisch" (VI, 13) — bei solchen übermütigen Reim-
spielen lachen wir laut auf und fühlen, daß sie die tolle Wirkung des Inhalts erheblich steigern. Heine war sich dessen sehr wohl bewußt, und in

einer französischen Vorrede zu seinem Werke bedauert er, daß alle Kunst der Übersetzung bei den grotesken Reimen zu Falle komme, dergestalt, daß Kraft und Sinn der Verse darüber in die Binsen gingen.

So wachsen Gehalt und Gestalt in dieser bedeutenden Dichtung eindrucksvoll zusammen zu einer Einheit, die nicht immer leicht zu erkennen ist. Hinter den leichten Scherzen, hinter den kühnen Angriffen waltet schwerer Ernst, ähnlich wie in den Komödien des Aristophanes, die Heine eben wegen dieses Vorzuges aus tiefster Seele bewundert. Ein solcher Gegensatz der Gefühle ist aber nicht leicht zu erfassen und anderen nicht leicht verständlich zu machen. So erklärt es sich, daß das Wintermärchen „Deutschland" bis auf unsere Tage vielen Lesern bedrückend und gar abstoßend erscheint; doch sollte man endlich aufhören, in dem Nachtstuhl der Hammonia das eigentlich bezeichnende Sinnbild und den Schlüssel des Werkes zu erblicken.

VIERTES KAPITEL

DER KRANKE HEINE (1848—1856)

1. Leben: 1848—1856

Heines letzte acht Lebensjahre waren gezeichnet von schweren körperlichen Leiden. Eine schleichende Krankheit, die seit langem an seinem Mark gezehrt hatte, kam zu heftigem Ausbruch und bereitete ihm unsagbare Qualen. Er, der schon von Jugend an die zarteste Empfindlichkeit der Nerven verraten hatte, verlor allmählich die Herrschaft über seine Glieder. Schon früh hatte er Störungen und Erkrankungen der Augen erfahren, die darauf hindeuteten, daß er die steuernden Muskeln nicht beherrschte. Bald traten Lähmungen im Arme ein, dann solche im Gesicht, und endlich seit dem Jahre 1848 versagten die Beine ihren Dienst, so daß er dauernd ans Lager gefesselt war. Die Beine starben fast ab, und der ganze Körper schrumpfte zusammen wie der eines Kindes. Es war ein Zustand, wie er schlimmer kaum gedacht werden kann. Ungebrochen aber wie in den Tagen seines höchsten Glücks blieben die geistigen Kräfte des Dichters: zu keiner Zeit kann uns Heine so große Achtung abtrotzen wie jetzt, wo er mit zäher Willenskraft, wahrhaft höllischen Leiden trotzend, studierte und dichtete und dabei zu einer Konzentration des Geistes gelangt, die wir nicht immer bei ihm antreffen. Auch die äußeren Bedingungen seines Lebens müssen wir uns sehr kläglich und bedrückend vorstellen: an der Seite einer geistlosen Frau, für deren Treue er wohl kaum einen Schwur geleistet haben würde, in unbehaglichen Pariser Wohnungen, vier oder fünf Stock hoch, innerlich verlassen, fern von der Heimat — führt er ein schauerliches Leben, das tiefe Wirkung auf ihn ausübt. Mit großer Entschiedenheit wandte sich Heine von seiner bisherigen Weltanschauung ab, kehrte dem Saint-Simonismus den Rücken und hörte auf, ein Gottesleugner zu sein. Er suchte einen persönlichen Gott, dem er sich ganz anvertrauen konnte, wenn menschliche Ohren taub blieben; von ihm erwartete er Hilfe — und gewann. Heine wurde fromm, nicht als sei er zu einem bestimmten Bekenntnis zurückgekehrt, nicht als wäre es ihm fortan unmöglich gewesen, auch über heilige Dinge seinen Spott zu ergießen; jedoch steht fest, daß er den Glauben an einen außerweltlichen persönlichen Gott zurückgewann und daß er in langen schlaflosen Nächten, in der grenzenlosen Öde seiner letzten Pariser Jahre, seiner Matratzengruft, in religiös-ekstatischen Zuständen zeitweilig

innere Erlösung von seinem Elend fand. An der Wahrhaftigkeit der mannigfaltigen Äußerungen, die Heine in solcher Richtung gemacht hat, ist nicht
zu zweifeln: sind doch diese Regungen bei ihm, im Hinblick auf seine
Situation verständlich; zudem hat er sich schon in seiner Jugend oft in
religiöse Andacht versenkt — und auch jetzt ist nur von Stimmungen die
Rede, die ihm halfen und die sein himmlisches Heimweh stillten.

Trotz dieser religiösen Rückbesinnung, die ihn in schmerzensreichen
Nächten zu seinem persönlichen Gott Jehova und der eindrucksvollen Persönlichkeit des Moses zurückführten, diente Heine in seinen besseren Stunden dem falschen Gott Mammon und dem goldenen Kalb des Aaron. Er
hatte ein gesichertes Einkommen, das ausreichend war, um ihm ein sorgenfreies Leben zu garantieren; geriet er wegen der großen Ausgaben, die
seine Krankheit verursachte, in finanzielle Schwierigkeiten, so bezahlte sein
Vetter Karl in Hamburg periodisch des Dichters Schulden. Doch die über-
mäßigen Ansprüche Mathildens und wohl auch eine ängstliche Besorgnis,
seine Frau könne ihn in seinem hilflosen Zustande verlassen, wenn er sich
nicht all ihren Launen und Grillen fügte, führten schließlich zu unersättlicher
Geldgier. Zwischen 1848 und 1856 machte Heine drei verschiedene Versuche, eine neue französische Staatspension zu erlangen; er wandte die un-
redlichsten Mittel an, um aus seinem Verleger lukrativere Honorare heraus-
zuquetschen; er drohte den reichsten jüdischen Bankiers, sie dem öffentlichen
Spott preiszugeben, wenn sie ihm nicht ansehnliche Subventionen zur Verfügung stellten; und er empfand keine Skrupel, seine ehemaligen Freunde
und Gönner gelegentlich schwer bluten zu lassen. Sogar sein eigener Vetter
Karl war nicht sicher vor seinen Intrigen.

Man sollte annehmen, Heine habe nach seiner Bloßstellung in der
„Revue Rétrospective" jeden Gedanken an eine weitere französische Pension aufgegeben. Doch keineswegs! Kaum war seine „Erklärung" in der
„Augsburger Allgemeinen Zeitung" erschienen, da unternahm er schon
Schritte, auch von der Provisorischen Regierung des Jahres 1848 eine französische Staatspension zu erlangen, obgleich er diese republikanische Partei
noch wenige Jahre vordem bekämpft und mit ihren Anhängern, seinen
ehemaligen Freunden Louis Blanc, Jakob Venedey und Alexander Weill, gebrochen hatte. Schon im Juni bat Heine seine Freundin Caroline Jaubert
um einen Besuch; der Zweck war die Erlangung einer neuen französischen
Staatspension. Zum Verständnis ihres Briefes vom 31. August 1848 sei
vorausgeschickt: der Graf d'Alton Shée de Ligniares war der Bruder Caroline Jauberts, Bastide war Außenminister und Hetzel Kabinettchef des
Ministers und Generalsekretär des Generals Cavaignac: „Mein Bruder ist
zweimal dort gewesen, ohne Bastide anzutreffen — aber alles ist dem Generalsekretär von Herrn Hetzel der Sache gemäß erklärt worden; er ist ein
verständiger Mensch und kennt alle Ihre Ansprüche an seinen Finger-

spitzen — wenn es von ihm abhinge, wäre die Sache erledigt — jedenfalls hat er seine Mithilfe versprochen, so daß d'Alton nur ein Wort zu Bastide zu sagen braucht, und die Antwort liegt bereit. Ich bin nicht vergeßlich und werde Sie über die Entwicklung der Dinge im Laufenden halten." Doch so hoffnungsvoll dieser erste Bescheid lautete, so entmutigend war schon wenige Tager später der Inhalt der folgenden Zeilen Caroline Jauberts: „Mein lieber Heine, ich hätte Ihnen beiliegendes Blatt schon eher schicken können, aber icht tat es nicht, weil ich eine andere Antwort erwartet hatte. Mein Bruder war noch einmal dort und da hat man die Antwort mit folgender Erklärung ergänzt: Wir haben kein Geld in der Kasse — wir wissen nicht, wie wir unsere Agenten im Auslande bezahlen sollen, wie können wir da an irgend welche Pensionen denken." Die beiliegende Notiz von J. Hetzel an den Grafen d'Alton Shée de Ligniares lautete: „Mein lieber d'Alton, zu meinem großen Bedauern ist die Sache H. H. mißglückt, völlig mißglückt — dem Anschein nach jedenfalls. Ich werde bei Gelegenheit noch einmal darauf zurückkommen. Ihr Hetzel."

Damit erscheint nun auch Heines Brief an den Marquis de Lagrange vom 20. Juni 1848 in seinem wahren Licht. Lamartine hatte nicht Heines langjährige Pension unterdrückt, vielmehr dessen Gesuch um eine neue Pension von der Provisorischen Regierung abgelehnt, da die Gelder dazu fehlten und er außerdem Heines jährliches Einkommen auf 25.000 Franken einschätzte.

Interessant ist die Auswirkung, welche die Abweisung dieses Pensionsgesuchs auf Heines Stellung zur Provisorischen Regierung ausübte. Dieselben politischen Dinge, die Heine vor dem Pensionsgesuch verherrlicht hatte, übergoß er nach dessen Abweisung mit beißendem Spott. Die folgenden Parallelstellen müssen genügen:

Vor dem Pensionsgesuch:

Die Heldentaten, die sie in jenen Februartagen verrichteten, erfüllten uns ebenfalls mit Erstaunen.

Welch ein Prachtstück ist . . . jenes Manifest des Herrn de Lamartine! Welch ein heiliger und versöhnender Ernst weht in seinen Worten, die Wunden der Gegenwart kühlend und das Grauen vor der Zukunft verbannend! Dieser Mann ist ein wahrer Prophet, er hat die Sprache und den Blick.

Nach Abweisung des Pensionsgesuches:

Die Sieger, das glorreiche Lumpengesindel jener Februartage, brauchte wahrhaftig keinen Aufwand von Heldenmut zu machen, und sie können sich kaum rühmen, ihrer Feinde ansichtig geworden zu sein.

In den Kanzleien des Nordens erschrak wirklich niemand beim Empfang der melodischen Manifeste des neuen französischen ministre des affaires étrangères, den man mit Recht einen ministre étranger aux affaires nannte, und seine diplomatischen Meditationen und Harmonien belustigen sehr die Fürsten der absoluten Prosa.

Das Volk, das große Waisenkind	Nie hat das Volk, das große Waisen-
hat dieses Mal sehr gute Nummern	kind, aus dem Glückstopf der
aus dem Glückstopfe gezogen. Lauter	Revolution miserablere Nieten ge-
Treffer!	zogen, als die Personen waren, welche
	jene provisorische Regierung bildeten.

Unwillkürlich denkt man dabei an eine der „Ungedruckten Stellen aus den Pariser Briefen Börnes", die Frau Wohl-Strauß 1840 veröffentlichte: „Schon zwanzigmal gestand er mir, und das ganz ohne Not, dem Argwohn zuvorkommend, er ließe sich gewinnen, bestechen, und als ich bemerkte, er würde dann seinen Wert als Schriftsteller verlieren, erwiederte er: Keineswegs, denn er würde gegen seine Überzeugung ganz so gut schreiben als mit ihr."

Sobald die kurzlebige Provisorische Regierung zu Ende war und Louis Napoleon, der Neffe des großen Kaisers, am 10. Dezember 1848 zum Präsidenten der Republik erwählt wurde, versuchte Heine sein Glück auch bei ihm. Obgleich er im Jahre 1840 dessen Landung in Boulogne als „den Akt des Wahnsinns eines erlauchten Abenteurers" bezeichnet hatte, dachte er nach dem Regierungsantritt sofort an eine neue französische Pension. Diesmal sollte die Fürstin Belgiojoso die Vermittlung übernehmen, wie wir ihrem Briefe vom 30. Dezember 1848 an Heine entnehmen: „Es ist durchaus nicht vergessen, noch ist es Vernachlässigung, die mich von Ihnen fern hält. Vielmehr ein schlimmer Husten, der einen Aderlaß benötigte und mich sehr geschwächt hat . . . Verlassen Sie sich außerdem darauf, daß ich Sie bei dem mächtigen Präsidenten nicht vergessen werde." Doch ist der Plan nicht zur Ausführung gelangt oder fehlgeschlagen. Das sehr gute Verhältnis der Fürstin Belgiojoso zu dem neuen Regenten zerschlug sich bald wegen dessen Politik gegenüber Italien; auch hätte Louis Napoleon sicherlich eingesehen, daß ein todkranker Dichter ihm politisch wenig nützen könne; und schließlich hätte zu dieser Zeit eine Verbindung zwischen Louis Napoleon und dem Dichter wohl auch erneuten Bruch mit den Rothschilds und damit zum Ausfall ihrer persönlichen Subventionen zur Folge gehabt.

Interessant ist Heines persönliche Einstellung zu Louis Napoleon. In einem Brief vom 21. April 1851 an seinen Freund Gustav Kolb, den Redakteur der „Augsburger Allgemeinen Zeitung", schreibt er, die Wahl eines Bonapartisten zum Präsidenten bereite ihm innere Genugtuung: „Für den Präsidenten bin ich mit Leib und Seele, aber nicht bloß weil er der Neffe des Kaisers, sondern auch weil er ein wackerer Mensch ist und durch die Autorität seines Namens größerem Unheil entgegenwirkt; wie Ludwig Phillipp es war, so ist auch Ludwig Bonaparte ein Mirakel zu Gunsten der Franzosen. Ob er sich halten wird, ist eine andere Frage, denn diese Menschen fürchten nichts und haben nur die Stunde im Auge. — Sie sehen, ich bin ein armer gelähmter

Deutscher, der den gestrigen Tag nicht vergessen kann und der den kommenden Tag nur mit Scheu begrüßt. — Ich denke oft mit Kummer daran, daß Lindner und Lebret das Wiederaufstrahlen des Imperialismus durch Ludwig Napoleon nicht mehr erlebt haben."

Ein Jahr später, am 13. Februar 1852, äußert Heine erhebliche Bedenken über die politischen Folgen des Staatsstreiches vom 21. Dezmber 1851 für Frankreich: „Wie ich über den Präsidenten hier schon seit Jahr und Tag denke, wissen Sie, und ich habe auch mit Ihrem Kollegen Peschel bei seiner Anwesenheit hierselbst wegen der Kapazität des Präsidenten eine Lanze gebrochen. Jetzt sieht jeder, daß ich ihn richtig beurteilt, und daß auch er sich verstellt hat, nur in ganz umgekehrter Weise wie wir. Er war wirklich der Löwe in der Eselshaut, die er eines frühen Morgens von sich abstreifte, zum Entsetzen der ganzen Kammermenagerie. Wie weit sein Coup d'état durch die Provokation jener Kammer justifiziert werden kann, ist schwer zu bestimmen. Diese Dummköpfe, diese Kollegen des Herrn Savoye, stachelten und närgelten beständig den Helden, der das blanke Schwert der exekutiven Gewalt in Händen hatte, während sie nur die legale Scheide besaßen. Die Verblendung war unbegreiflich, und ich wundere mich nicht über das, was geschah. Aber mein Herz blutete dennoch, und mein alter Bonapartismus hält nicht Stich gegen den Kummer, der mich überwältigte, als ich die Folgen jener Ereignisse übersah. Die schönen Ideale von politischer Sittlichkeit, Gesetzlichkeit, Bürgertugend, Freiheit und Gleichheit, die rosigen Morgenträume des achtzehnten Jahrhunderts, für die unsere Väter so heldenmütig in den Tod gegangen, und die wir ihnen nicht minder martyrertumsüchtig nachträumten — da liegen sie nun zu unseren Füßen, zertrümmert, zerschlagen, wie die Scherben von Porzellankannen, wie erschossene Schneider — doch ich will schweigen, und Sie wissen warum."

Paradox erscheint es, daß Heine, zu der Zeit, als er den neuen Präsidenten mit offenen Armen willkommen hieß, auf ihn ein Spottgedicht „König Langohr I." verfaßte; und während er nach dem Staatsstreich im Präsidenten einen Reaktionär erblickte, er ihn gleichzeitig in seinem „Waterloo-Fragment" verherrlichte. Die Erklärung dafür, die uns zum dritten Pensionsgesuch führt, werden wir im Kapitel „Geständnisse" finden.

Zwischen 1848 und 1856 wurden die Beziehungen zwischen Dichter und Verleger durch verschiedene Auseinandersetzungen getrübt und die Veröffentlichung des „Romanzero" und der „Vermischten Schriften" verzögert. 1844 hatten Dichter und Verleger einen neuen Vertrag geschlossen. Darin erklärte sich Heine bereit, sofort mit der Durchsicht seiner Werke für die Veröffentlichung der Gesamtausgabe zu beginnen. Als 1846 eine Falschmeldung über seinen Tod in Umlauf kam, war Campe beunruhigt und fragte bei ihm an, wie weit die Gesamtausgabe fortgeschritten sei. Auf diese Anfrage antwortete Heine mit der Bitte um Übersendung von Abdrucken seiner Werke. Campe, über diese Bitte bestürzt, schrieb am 26. Oktober 1846: „Behufs der Gesamtausgabe lieferte ich Ihnen schon drei-, ich glaube viermal Ihre sämtlichen Produktionen, sogar die bei Dümmler erschienenen Tragödien zweimal; und jetzt sagen Sie: daß ich für d i e s e n Zweck sie Ihnen noch einmal senden soll! Darf ich glauben, daß Sie dieser Arbeit noch gar nicht gedacht haben sollten? Das beunruhigt mich bei dem Stande Ihrer Gesundheit, w i e S i e sie mir schildern. Allerdings ziehe ich davon, wie diese stehen soll einen tüchtigen Rabatt von nur 80 % ab, dann werden wir mal das richtige Maß treffen; aber immerhin ist ein solcher Zustand bedenklich genung zu bitten, die w i c h t i g s t e A n g e l e g e n h e i t zwischen uns, die Gesamtausgabe Ihrer Werke, mit mehr Ernst und Sorgfalt zu behandeln, wie Sie mir durch jene Insinuation zugängig gemacht haben."

Heine erwiderte mit der Übersendung eines Entwurfs für die Gestaltung seiner Werke in 19 Bänden und erklärte, er habe für den Fall seines Todes schon Detmold und Laube als Verwalter seines literarischen Nachlasses bestimmt; damit ließ er Campe in dem Glauben, daß die Gesamtausgabe gut voranginge. Endlich, im März 1848, war der große Tag gekommen: „Die Presse ist seit dem 8. d. hier frei und wird es auch soweit die deutsche Zunge reicht . . . kurz wir haben es und das ist es, worauf ich für die unverstümmelte Herausgabe Ihrer Werke gewartet und gezögert habe . . . Anzeigen wollte ich Ihnen nur, daß ich zum Beginn der Werke gerüstet bin und beginnen werde, wie ich von I h r e r Seite mich dazu ausgerüstet sehe, worüber ich Ihrer Mitteilung gewärtig bin." Als Heine auf diesen wichtigen Brief nach fünf Wochen noch nicht geantwortet hatte, wurde Campe unruhig und bat Heines Mutter, ihm einen Brief zu schreiben und ihn an seine Verpflichtung zu erinnern. Heine aber schob alle Verantwortung auf Campe. „Warum haben Sie also gewartet, warum hatte ich also keine Antwort voriges Jahr, als ich Ihnen meinen Prospekt zur Gesamtausgabe schickte? Damals war ich noch imstande zu arbeiten . . . Ich hoffe, dieser Tage imstande zu sein, Ihnen in Bezug auf Ihr vorletztes Schreiben mehr zu sagen. Schicken Sie mir jedenfalls gleich Abschrift des obenerwähnten Prospektus, und Ihre Wünsche in Betreff der Reihenfolge der Schriften sollen bei der Gesamtausgabe beachtet werden; hinzuschreiben kann ich jetzt leider nichts mehr — warum warteten Sie?"

Campe mußte einsehen, daß Heine ihn vier Jahre lang zum Narren gehalten hatte, obwohl er für die Vorbereitung der Gesamtausgabe 20.000 Franken bezahlt und bereitwillig ihm und seiner Witwe ein jährliches Einkommen von 1200 Mark auf Lebenszeit gewährt hatte. So lehnte er es ab, noch weiter mit Heine zu verhandeln, und ließ mehr als drei Jahre lang seine Briefe unbeantwortet. Damals begann Heines Zeit der schrecklichen Matratzengruft. Campe wußte von seiner Krankheit, hielt sie aber niemals für ernsthaft, weil Heine sein ganzes Leben gekränkelt hatte. Als ihn aber einige gemeinsame Freunde davon überzeugten, daß Heine das Bett niemals wieder verlassen würde, entschloß er sich zu einer Reise nach Paris; und dort söhnten sich beide 1851 vollkommen aus. Das Ergebnis dieses Besuches war der Ankauf des „Romanzero" für 6000 Mark.

Die Veröffentlichung der „Vermischten Schriften" war von einem höchst unerfreulichen Auftakt begleitet. Als Gustav Heine seinen Bruder 1851 in Paris besuchte, heckten sie einen Plan aus, um Campe zu zwingen, die Bedingungen des Dichters anzunehmen. Nach dem Kontrakt von 1844 besaß Campe die Prioritätsrechte auf Heines neue Veröffentlichungen, vorausgesetzt, daß er mit den Preisangeboten von Konkurrenten Schritt hielt. Als Gustav mit Campe in Hamburg zusammentraf, teilte er ihm mit, daß eine literarische Gesellschaft in Wien einen gewissen Bacher dazu bestimmt hätte, Heines „Vermischte Schriften" zu erwerben und sie zu veröffentlichen. Bacher bot 6000 Mark. Wenn Campe seine Prioritätsrechte aufrechterhalten wollte, mußte er das gleiche Angebot machen. Gustav benahm sich bei seinen Verhandlungen sehr unangenehm, und Campe durchschaute die „Machenschaften". Als Gustav schließlich gar unverschämt wurde und äußerte, ein Vertrag sei wie eine Krawatte, die man nach Gutdünken um- oder abbinden könnte, wurde Campe so erbost, daß er ihm die Tür wies. Heines jüngster Bruder Maximilian, der gerade in Hamburg war, machte seinem Bruder Gustav heftige Vorwürfe und ließ nichts unversucht, die Differenzen mit Campe beizulegen. Im festen Glauben, Heine dächte im Ernst daran, die „Vermischten Schriften" von Gustav veröffentlichen zu lassen, schrieb er nach Paris: „Da Du diesen klugen Bruder [Gustav] im vorigen Sommer persönlich wiederzusehen das Vergnügen hattest (was nach 22 Jahren noch heute für mich zu viel war), so mußt Du mehr als krank sein, wenn Du mit diesem Schwindler, dessen lügenhaftes Wort auch den ersten Himmels-Engel kompromittieren muß, Kompagnie machen willst. Da schlage ich Dir lieber das Feuilleton des Beobachters an der Spree, oder des Hamburger Erzählers für Deine Arbeiten vor; wenigstens bist Du gegen die Lächerlichkeit geschützt. Jetzt mache was Du willst, ich habe ohne Scheu, aus zu großer Liebe für Dich die ganze rücksichtslose Wahrheit ausgesprochen, der Name Heinrich Heine gilt mir so viel als selbst mein Gewissen. Als Lohn für alle meine Selbstverleugnung bitte ich, daß in Zukunft nie mein Name in einer Angelegenheit eingemischt werde, die mit Gustav in Verbindung steht . . . Er [Campe] gibt tausend Thaler. Das ist sehr wenig; aber mein Rat geht dahin, und das sage ich als S c h l u ß - w o r t in dieser Sache, lieber 1000 Thaler mit Ruhe, Ehrlichkeit und Anstand von Campe, als 2000 von Gustav. Seit 30 Jahren verhandelt Ihr gegenseitig, und in 31 Jahren werdet Ihr Euch auch schon verständigen, und am besten ohne Vermittlung. Ich habe jetzt die Überzeugung gewonnen, daß Campe mehr Liebe und Sorgen für Dich hegt, als oft sehr Nahestehende,

Alexandre Dumas

George Sand
(Stahlstich nach dem Gemälde von Charpentier)

und Campe ist ein gebildeter Mann, der Heinrich Heine immer zu achten versteht. Nochmals verständige Dich direkt mit ihm, und wolle in Deinen kranken Tagen nicht klüger sein, als in Deinen gesunden."

Dieser Streit führte zum endgültigen Bruch zwischen Gustav und Maximilian, den nicht einmal Heines Mutter zu schlichten vermochte. Dies unangenehme Vorspiel verzögerte die Veröffentlichung der „Vermischten Schriften" bis 1854, als Heine seinem Verleger das Werk abermals für 6000 Mark anbot. Obwohl Campe zunächst darauf bestand, den Betrag in zwei Raten zu zahlen, 4000 Mark für die erste Auflage und 2000 für die zweite, und obwohl Heine sehr aufgebracht war, weil Campe nicht sofort den Empfang des Manuskripts bestätigt hatte, willigte Campe schließlich doch ein, Heines Forderungen voll anzuerkennen; er fügte sogar noch 2000 Mark für die zweite Auflage hinzu, die Heine allerdings nicht mehr erlebte.

Campes letzte geschäftliche Transaktion mit Heine stand in Verbindung mit einer unbefugten Gesamtausgabe, die in Philadelphia erscheinen sollte und für die Heine um ein Vorwort gebeten wurde. In der Befürchtung, Heine könnte ein solches amerikanisches Angebot annehmen und damit den Vertrag von 1844 brechen, besonders in Erinnerung an die Krawattenepisode mit Gustav, machte sich Campe 1855 zu einem unerwarteten Besuch nach Paris auf. Die herabwürdigende Art und Weise, wie Heine seinen Verleger dort während seines achttägigen Aufenthalts behandelte, spottet jeder Beschreibung: Sieben Tage lang verwies er Campe zur Besprechung der geschäftlichen Dinge an seinen Sekretär Richard Reinhard, und dieser wiederum erschien oft nicht zu den vereinbarten Zusammenkünften. Erst nachdem Heine sein Spiel auf die Spitze getrieben hatte und Campe drohte abzureisen, kam schließlich ein geschäftliches Zusammentreffen in Heines Wohnung zustande. Dabei zog Heine Vorteile aus Campes Verlegenheit und sicherte sich zusätzliche Garantien für die Versorgung seiner Witwe als Gegenleistung für sein Versprechen, er werde den Vertrag von 1844 bis zum letzten Buchstaben erfüllen. Beide Männer hielten sich an dieses Übereinkommen: Heine, der ein Jahr später starb, schrieb keine Zeile in deutscher Sprache für einen anderen Verleger, und der Campe-Verlag erfüllte treu seine Verpflichtungen gegenüber Heine und — nach des Dichters Tod — noch 27 Jahre lang auch seiner Witwe. Mathilde aber unterließ es — auf verderbliches Anraten ihres Freundes und Rechtsberaters Henri Julia — sowohl die letzten Wünsche ihres verstorbenen Gatten zu achten, wie auch ihre Verpflichtungen gegenüber dem Verleger einzuhalten; sie enthielt dem Campe-Verlag die meisten seiner verbrieften Rechte vor. In Verbindung mit der amerikanischen Gesamtausgabe ist dreierlei interessant: 1. Die erste Gesamtausgabe von Heines Werken, in fünf Bänden, erschien nicht in Deutschland, sondern 1855 in Amerika im Verlag von

John Weik in Philadelphia. 2. Diese Ausgabe enthält einige politische Gedichte, die in Deutschland nicht die Zensur bestehen konnten und die Heine wahrscheinlich für gutes Geld an den amerikanischen Verleger bei dessen Besuch in Paris veräußert hatte, 3. Adolf Strodtmann, der damals in Amerika weilte und zu der amerikanischen Gesamtausgabe Beziehungen hatte, wurde von Campe herangezogen, um die erste rechtmäßige Originalausgabe, die Anfang der sechziger Jahre bei Hoffmann und Campe in Hamburg erschien, zu bearbeiten.

Genau so wie man über Heines französische Pension und die Hamburger Jahresrente die unglaublichsten Märchen erfunden hat, hat man auch die finanziellen Beziehungen des Dichters zu den reichen jüdischen Bankiers sowie seinen Freunden völlig verzerrt. Der Heine-Biograph Max Wolff vertritt den noch heute vorwaltenden, aber irrigen Standpunkt: „In seiner Not dachte er daran, seine Beziehungen zu den Rothschilds und Foulds, den reichen jüdischen Bankhäusern . . . zu Gewinn bringenden Spekulationen auszunutzen. Er brandmarkte zwar den ‚Papierschacher als das nichtswürdigste Geschäft', aber die moralische Empörung verhindert ihn nicht, sich daran zu beteiligen, und er scheint zeitweilig mit gutem Erfolg operiert zu haben, bis er später in die Hände zweifelhafter Spekulanten, besonders in die von Lassalles sauberem Schwager Ferdinand Friedland fiel, durch die er nicht nur sein bescheidenes Guthaben, sondern noch darüber hinaus verlor."

Aufschlußreich ist die Beobachtung, wie Heine es angestellt hat, „seine Beziehungen zu den . . . reichen jüdischen Bankhäusern . . . zu gewinnbringenden Spekulationen auszunutzen" und wes Geistes Kind dieser Ferdinand Friedland war. Bei den Rothschilds war die Situation sehr einfach. Sie waren Heines Schuldner, sie benutzten seine Feder für ihre Zwecke und beteiligten ihn für seine Dienste an jeder neuen Anleihe. Heines Name stand auf der Liste der bevorzugten Klienten, und die Art der Auszahlung war durchaus vornehm und voller Anerkennung. So schreibt Anselm Rothschild aus Wien am 3. Januar 1856 an Heine: „Mit kaufmännischer Pünktlichkeit entspreche ich dem . . . ausgesprochenen Wunsche, indem ich am heutigen Tage die Ihnen zugeteilten Aktien realisierte. Das Reinerträgnis dieser glücklich vollführten kleinen Operation empfangen Sie in dem drinliegenden Wechsel von fr. 4000 . . . Dergleichen Geldremissen in papierner Form sind selbst dem feinsten Hirnschädel nicht gefährlich, und so hoffe ich, . . . daß Sie die gegenwärtige als eine freundschaftliche Erinnerung meiner betrachten und genehmigen wollen . . ." Heine spekulierte zuerst nur bei James Rothschild in Paris; später machte er gleichzeitige Spekulationen auch bei Anselm Rothschild in Wien. Sein verdoppeltes Geschäftsinteresse rechtfertigt er mit der Erklärung: „Ein kluger Esel frißt aus zwei Krippen."

Spekulationen derselben Art versuchte Heine nun auch bei den Neo-Millionären zu machen, die unter Napoleon III. zu enormem Reichtum gelangt waren. Der wohlhabendste unter ihnen war Émile Péreire, ein Finanzier portugiesischer Abkunft. Anfangs ein kleiner Makler, wurde er von James Rothschild gefördert und durch den Bau der Eisenbahn von Saint-Germain nach Paris berühmt. 1852 gründete er zusammen mit den Foulds, den französischen Verwandten Karl Heines, den Crédit mobilier, außerdem stand er an der Spitze vieler Eisenbahn- und anderer Finanzunternehmungen und wurde schließlich der gefürchtetste Konkurrent der Rothschilds. Früher waren Heine und Péreire einmal gute Freunde und begeisterte Anhänger des Saint-Simonismus gewesen. Natürlich empfand der Neo-Millionär jede Rückerinnerung an diese radikale Jugendsünde als äußerst peinlich, auch unterhielt er schon längst keine Beziehungen mehr zu Heine. Unter Verwendung des Saint-Simonismus als willkommenen Anknüpfungspunkt richtete Heine am 19. Mai 1852 einen Bettelbrief an Péreire. Darin erinnert er ihn an ihre frühere gemeinsame Saint-Simonistische Begeisterung und erwähnt, er sei gerade dabei, diese Periode in seinen Memoiren zu schildern. Péreire durchschaute sofort Heines versteckte Drohung und war so angewidert, daß er den Brief unbeachtet ließ. Am 27. November aber richtet Heine einen zweiten Brief an ihn; darin heißt es: „Einige unserer gemeinsamen intimen Freunde (doch vielleicht sind zu dieser Zeit keine mehr Freunde oder intim) haben mich veranlaßt, an Sie zu schreiben und Sie zu bitten, daß Sie bei den großen industriellen und finanziellen Unternehmungen, die Sie leiten, auch mich nicht ganz vergessen sollten. Ich hatte Sie gebeten, mir bei der Ausgabe der Eisenbahnaktien Bordeaux-Cette einige Aktien zum Parpreise zu überlassen, ich habe aber keine Antwort erhalten. Ich erfahre nun heute, daß Sie an der Spitze stehen, oder besser gesagt, der leitende Kopf einer Diskonto-Bank sind, eines Instituts, das etwa einem Pfandhaus für reiche Leute entspricht, welches, wenn ich nicht irre, den Namen Société mobilier hat, und ich denke, Sie könnten mir doch einmal unter die Arme greifen, was mir sehr not tut, indem Sie mir zum Parpreise einige dieser Aktien zur Verfügung stellten... Ich bitte um baldige Antwort, da ich gern feststellen möchte, was ich von Ihnen zu halten habe ... Ich gestehe Ihnen, daß ich neugierig bin zu wissen, ob die heutigen Neo-Millionäre noch aufgeklärter und freigiebiger sind als die reichen Kauzen der alten Schule [die Rothschilds], die ja im Aussterben ist." Péreire, der es unter seiner Würde hielt, auf diesen herausfordernden Brief persönlich zu antworten, beauftragte seinen Sekretär, Heine auf einem vorgedruckten Formular zu benachrichtigen, für ihn liegen auf dem Bureau der Gesellschaft zehn Aktien bereit, er könne sie zum Parpreis von 200 Franken per Aktie in Empfang nehmen. Heine war über diese verächtliche Behandlung innerlich empört und besonders darüber verärgert, daß er zum Ankauf dieser zehn Aktien andere seiner Papiere zu Geld machen mußte. Am 10. Februar 1853 ließ Heine diese zehn Aktien von seinem Pariser Makler J. Homberg zum Kurspreis von 1080 Franken je Aktie verkaufen. Trotz des Reingewinns von 8800 Franken klagte Heine gegenüber Rothschild, daß Péreire „das Geben noch nicht gelernt habe."

Diese Quelle für Spekulationsgewinne durfte Heine selbstverständlich nicht versiegen lassen, und so brachte er sich Ende 1854 bei Péreire erneut in Erinnerung, ohne Antwort auf sein Schreiben zu erhalten. Am 9. Januar 1855 legt er die Karten offen auf den Tisch: Er verlangt „zum Parpreise 100 Aktien der anglo-französischen Gesellschaft, die zum Betrieb der Eisenbahnen und Bergwerke in Österreich gegründet wurde, wovon Sie, wie man mir sagt, einer der leitenden Direktoren sind." Und er erklärt ganz ungeniert: „Falls Ihre Sympathien für mich nicht stark genug sind, so reichen Sie bitte mein Ersuch an unseren gemeinsamen Freund, Herrn Eichthal, weiter, der auch schwer an dem Unternehmen beteiligt sein soll." Gustav Freiherr von Eichthal, von Beruf Ethnologe und Orientalist, ebenfalls ehemaliger Saint-Simonist, war inzwischen reicher Bankier in Paris. Auch diesmal läßt Péreire sich zu keiner persönlichen Antwort herbei, jedoch erhält Heine von der Gesellschaft ein vorgedrucktes Formular mit der Nachricht, daß zwanzig Aktien für ihn bereit lägen. Durch diese Nichtachtung und die kleine Anzahl der Aktien tief gedemütigt, zieht Heine einen weiteren ehemaligen Saint-Simonisten, den Staatsökonomen Michel Chevalier, hinzu, der ihn sogar in seiner Wohnung aufsucht und sich bereit erklärt, bei Péreire um eine größere Anzahl Aktien zu vermitteln. Heine schlägt allerlei Wege vor, wie Péreire, ohne seinem Stolz etwas zu vergeben, sich dennoch zur Überlassung von weiteren hundert Aktien entschließen könne. Und er ergänzt die persönliche Besprechung am 24. Februar 1855 durch einen Brief: „Wenn Sie noch die Absicht haben . . . wollen Sie sich noch bei ihm erkundigen, ob er meinen letzten Brief empfangen hat, den ich vor sieben Wochen geschrieben habe, worin ich ihm gestand, daß um den täglichen Sorgen zu entgehen, ich mich in die Notwendigkeit versetzt sehe, meine ganzen Kräfte sterilen Arbeiten zu widmen, während ich die wenigen noch übrigen Tage meines Lebens besser benützen könnte, meine Memoiren zu schreiben, wovon ich schon einen Anfang gemacht habe, die aber erst nach meinem Tode veröffentlicht werden sollen, so daß ich zu meinen Lebzeiten keinen Nutzen mehr daraus ziehen kann. Ich bitte daher Herrn Péreire, mir die Geldmittel zu verschaffen, die mir auf ein Jahr die Muße gestatten würden, die ich für meine Arbeit nötig habe, in welcher er außerdem die persönliche Genugtuung finden wird, daß die Interessen, die auch die seinen sind, dort auf eine brilliante und ruhmvolle Weise behandelt werden, zu dem großen Verdruß unserer gemeinsamen Feinde. Ja, nur darum, weil wir gemeinsame Feinde haben, kämpfe ich für unsere gemeinsame Sache, während Péreire nur an seine Eisenbahnen denkt, aus diesem Grunde glaube ich mich berechtigt, auf seine Unterstützung Anspruch zu haben, die er mir leisten kann, ohne auch nur seine Börse zu öffnen. Außerdem hat er mir, indem er Rothschild entthront hat, der Einkünfte beraubt, mit denen dieser mich stets bei jedem Unternehmen regelmäßig bedachte." Doch nichts half, es blieb bei zwanzig Aktien, die Heine einen Reingewinn von 9600 Franken einbrachten.

Heines Reaktion war ungemein gehässig. Am 20. Juli 1855 schreibt er an Betty Rothschild über Péreire: „Ich weiß nicht . . . ob Sie die Vorrede zur neuen Ausgabe meines Buches De l'Allemagne gelesen haben; in Bezug auf die Parvenus des Saint-Simonismus, jene ehemaligen va-nu-pieds, die jetzt Neumillionäre sind und sich vor Hochmut nicht zu lassen wissen, habe ich dort manches Erbauliche gesagt," und weiterhin am 10. Dezember 1855: „die Neomillionäre, die mir früher hold waren, als sie noch keine Stiefel hatten, bekümmern sich nicht um mich. Ich weiß es dem Herrn Baron [James] wenig Dank, daß er, wie ich in meinem Buch Lutetia gesagt, den großen Péreire entdeckt hat, letzterer, mit welchem ich oft die Ehre hatte, bei dem Herrn Baron James zu antichambrieren, und mit welchem ich mich freundlich unterhielt, ich auch in früherer Zeit viel fraternisierte, dieser ehemalige Confrère aus der Saint-Simonistischen Zeit antwortete mir nicht einmal auf Briefe, die ich ihm geschrieben. Wie ich höre soll auch Herr Baron späterhin von seiner Entdeckung des großen Péreire keine große Freude erlebt und sagt man, daß dieser Saint-Simonist-Columbus sehr schlecht dafür gedankt habe, daß er ihn aus dem Meere der Dunkelheit hervorgezogen, daß er ihn entdeckt hat!" So verliefen Heines Geldspekulationen, bei denen er „seine Beziehungen zu den jüdischen Bankiers" so geschickt „auszunutzen" wußte.

Wer war nun dieser Ferdinand Friedland, der Heine um seine Ersparnisse betrogen haben soll? Er war ein Weltkind, jüdisch und elegant, ein halber Diplomat und Finanzier zugleich, ein Mann mit Plänen und Spekulationen. Heine, seit Mitte der dreißiger Jahre eng mit ihm befreundet, nannte ihn Calmonius, nach dem Hofjuden Friedrichs des Großen. Friedland war ein Mensch, der Heine helfen wollte, es rechtschaffen und gut mit ihm meinte und ihn bei seinen Spekulationen beriet. Doch Heine war ein schwieriger Klient, der Gewinne freudig einstrich, für seine Verluste jedoch den Makler verantwortlich machte.

Mitte der vierziger Jahre gründete Friedland zusammen mit dem Bankier Lämel die Prager Gas Aktiengesellschaft Iris. Friedland, der selbst 40.000 Franken in das Unternehmen gesteckt hatte, überredete Heine, das von seinem Onkel geerbte Geld in Iris-Aktien anzulegen. Als die Gesellschaft dann 1848 immer noch keine Dividende zahlte, wurde Heine besorgt und äußerte seine erste Drohung gegen den Freund: „Wehe Friedland, wenn ich mein Geld durch ihn verliere! Ein Pfiff von mir und Friedland kann sich in Deutschland nicht mehr sehen lassen. Ich nehme die Feder zur Hand und schreibe; und . . . ich habe eine spitze Feder." Als dann Heines Bruder Gustav 1851 auf Besuch in Paris war, bat er ihn, auf der Rückreise nach Wien in Prag abzusteigen und von Friedland durch Drohung eine Entschädigung für seine fast wertlosen 25 Aktien Iris zu erzwingen. Er meinte: „Ist der Kerl wirklich zu einigen Kräften gekommen und sieht, daß ich literarisch tätig bin, so dürfte ihm am Ende doch die Furcht zu einem Accommodement antreiben." Auch instruiert er den Bruder, wie er Friedland zu bearbeiten habe. „Übrigens habe ich die Erfahrung im Leben gemacht, daß ich durch die Furcht vor meiner Feder mehr ausrichten kann, als durch die Feder selbst, und diese Furcht gehörig auszubeuten in meinem Interesse, ist die große Aufgabe. Zumal ist dies der Fall bei Menschen, von denen wir etwas verlangen, denn so lange sie noch etwas von uns zu fürchten haben durch öffentliche Manifestationen, lassen sie sich etwas abgewinnen, sobald aber letzteres geschehen ist, hat auch alle ihre Furcht und alle Aussicht auf Vermittlung ein Ende." Gustav folgt diesen Anweisungen aufs Wort, und obgleich er dabei auf unerwartete Schwierigkeiten stößt, kann er am 21. September über den erfolgreichen Abschluß der Verhandlungen berichten: Du siehst, „daß ich Dir zuliebe in Prag blieb, bis ich Deine Sache mit Friedland in Ordnung gebracht hatte. Auch hier hast Du mich getäuscht und nicht weniger als die Wahrheit gesagt. Ich muß mich hier selber loben, daß nur mein kluges Handeln gesiegt hat. Meine gute, praktische Taktik, die Leute ruhig lange anzuhören und so lange sprechen zu lassen, bis sie nicht weiter können, hat sich hier abermals bewährt. Mein ganzes Auftreten mußte sich schnell ändern, denn sonst wäre ich gescheitert. Dieser Mensch erzählte mir wieder Sachen, wovon ich kein Wort wußte, und der Dich mehr blamieren kann als Du ihn. Ich war daher Tartüffe und sagte: Zwei Menschen, die so gute Freunde waren, sollten durch mich nicht getrennt werden. Ich will lieber Geld verlieren, und ihr müßt euch ausgleichen und wieder die alten Freunde werden. Hierauf unterhandelte ich mit ihm und, wenn er Wort hält, habe ich ein gutes Geschäft gemacht. Während der Unterhandlung habe ich ihm allerlei kleine Anspielungen fallen lassen, kurz, ich war prächtig." Der Vergleich lautete: Heine erhielt für seine 25 Aktien Iris, für die er 12.500 Franken bezahlt hatte, von Lämel nach dem damals gültigen Kurs 2000 Franken; außerdem zahlte Friedland ihm aus eigener Tasche 5000 Franken, so daß Heine 7000 Franken zurückerhielt. Dabei betonte Friedland ausdrücklich, daß er Heine gegenüber keine Verpflichtungen habe und daß der zurückerstattete „Betrag . . . nur aus Rücksicht der Freundschaft und Hochachtung für Herrn Heine ausbezahlt wurde".

Drei Jahre nach dieser Beilegung, die natürlich endgültig sein sollte, erfährt Heine von Meißner, Friedland sei wieder zu Geld gekommen, und so schreibt er am 20. Juli 1854 an Gustav: Ich habe gehört, „daß Friedland in Prag mit der Gasbeleuchtung ganz außerordentlich gute Geschäfte mache und daß es eine Dummheit von mir wäre, ihm nicht mein ganzes Geld nebst den Interessen abzudrängen . . . Sobald ich ein Bißchen Luft habe, fasse ich den Kerl wieder an der Kehle, halte ihm vor, daß er meinen armen zartfühlenden Bruder getäuscht durch erlogenes Vorgehen, als müsse ich ihn schonen, und jetzt sage ich, habe ich lange genug gewartet und muß mein Geld haben. Du wirst sehen, ich zapple wieder etwas heraus . . .“ Doch Meißner muß Heine bald eingestehen, daß seine „Überzeugung vom Wohlstande und der Zahlungsfähigkeit des Herrn Friedland auf einer Illusion beruhe. Eben wird er, Herr Friedland, im Auftrage des Bankiers Lämel exekutorisch angegangen, und es wird wohl zum Verkauf seiner Gasapparate kommen.“ Sogar Heines Mutter rät am 1. September 1854 von neuem Vorgehen gegen Friedland ab: „Gustav war hier . . . und hat mir aufgetragen, Dir zu sagen, daß Du die Geschichte mit Friedland aufgeben solltest, indem dabei nichts als Verdruß zu erhalten sei.“ So scheint Heine auch wirklich die Hoffnungslosigkeit weiterer Verhandlungen eingesehen zu haben, als völlig unerwartet ein Brief Friedlands vom 14. November 1854 eintraf: „Als ich vor vier Jahren mit Ihrem Herrn Bruder ein Arrangement in Betreff Ihrer Ansprüche, die Sie zu haben glaubten, machte, sagte ich ihm, daß im Falle ich mit den Aktien etwas bei Iris gewinne, ich Ihnen Ihren Schaden, den Sie durch das Geschäft erlitten, ersetzen werde. Dies ist nun leider nicht geschehen; im Gegenteil, ich habe meine 80 Stück Aktien, wofür 40.000 Franken bar eingezahlt wurden, gänzlich verloren und keinen Sou gerettet. Nichtsdestoweniger habe ich durch den Kauf des Anteils der Iris in Prag ein gutes Geschäft gemacht . . . Mein Kopfzerbrechen, mein Mühen, meine kummervollen Tage und Nächte, die ich seit 1847 durchgemacht, sind unbeschreiblich und ich bin nur ein Schatten von dem, was ich war.“ Dazu gesellten sich noch seit 18 Monaten furchtbare Schmerzen der Gicht, „ . . . und häufig kommen Sie mir dann in mein Gedächtnis, und ich denke an Ihre Schmerzen und alles, was wir erlebt und durchgemacht haben. In solchen Momenten denke ich dann auch an Ihre Lage, und wenn ich mir dann alles überlege und an die Zeiten mich erinnere, wie wir täglich herumflanierten, wie Sie mich in den nächsten Kreis Ihrer Familie zogen . . . alles dieses regt dann mein Herz auf und es kommt mir dann unser — Ihr — Verlust, den Sie eigentlich durch mich erlitten, in den Sinn und da habe ich mir denn die Sache zu Herzen genommen und komme, Ihnen folgenden Vorschlag zu machen. Sie haben durch das Geschäft noch 4–5000 Franken verloren, und ich proponiere Ihnen, wenn Sie es wollen, so sende ich Ihnen Wechsel, die jährlich 400 Florin sind und zahle in fünf Jahren den verlorenen Betrag . . . Der liebe

Gott hat mich gesegnet, ich habe ein schönes Einkommen, meine Familie ist so ziemlich versorgt, und gar zu gern hätte ich es, wenn Sie keinen Groll gegen mich hätten, und unser altes freundliches Verhältnis wieder hergestellt würde."

Zehn Tage später nimmt Heine dieses Angebot an, doch klagt er, dabei bringe er große Opfer, indem er auf die Zinsen verzichten und zu lange auf die Rückzahlung des vollen Betrags warten müsse. Er schließt mit der Versicherung: „Sie können alsdann auf Freundschaftsdienste von meiner Seite rechnen, wie Sie derselben trotz Ihrer glänzenden äußeren Stellung vielleicht nötig haben." So zahlte Friedland, dieser Mensch „von zweifelhafter Ehrlichkeit", aus eigenem Antriebe und aus eigener Tasche seinem leidenden Freunde Heine jeden Pfennig zurück, den dieser durch die unglückliche Spekulation verloren hatte.

Die lange Krankheit verbot Heine jede persönliche Berührung mit der Umwelt, und so haben seine letzten Werke notgedrungen retrospektiven und introvertierten Charakter. Er nahm die alten politischen Berichte aus den vierziger Jahren wieder hervor, paßte sie dem damals waltenden Zeitgeiste an und veröffentlichte sie als „Lutetia"; er blickte zurück auf seine Beziehungen zum Hause Napoleon im „Waterloo-Fragment"; er beschreibt und erklärt seine Rückkehr zu Gott in den „Geständnissen"; er schildert in herzzerreißenden Tönen seine körperlichen Leiden sowie seine Auseinandersetzung mit Gott im „Romanzero"; und schließlich denkt er noch einmal mit Freunden zurück an die sorgenfreien Jahre seiner Kindheit und Jugend, und er durchlebt diese ungetrübten Tage noch einmal in seinen „Memoiren". In allen Fällen handelt es sich um persönliche Lebenserfahrungen und -wandlungen, die er ohne lange Vorstudien sich von der Seele schreiben konnte.

In den acht Jahren seiner schweren Krankheit vereinsamte Heine mehr und mehr. Mathilde liebte seine deutschen Besucher nicht, und sie selbst führte einen so schlechten Haushalt, daß die französischen Zeitgenossen den Weg zu Heines Wohnung scheuten. Nur deutsche Bewunderer, die eine Reise nach Paris gemacht hatten, brachten ihm ihre Huldigungen dar und langweilten ihn oft mit nichtssagendem Geschwätz. Manche von ihnen mußte er wider Willen aufnehmen, denn sie brachten Empfehlungen von alten Freunden aus der Heimat. Unter den Franzosen erweisen sich Béranger, Jules Janin, Alexandre Dumas, Theophil Gautier und besonders Gérard de Nerval, Vertreter deutsch-französisch literarischer Beziehungen und Übersetzer von Goethes „Faust", sowie seine lebenslange Freundin Madame Caroline Jaubert, als vertraute Freunde des Dichters. Unter den in Paris lebenden Deutschen sind Bamberg, Heinrich Seuffert und besonders Alexander Weill, viele Jahre lang sein Factotum, seine häufigen Besucher. Dazu kommen die Besuche von Deutschen, die nur kurze Zeit in Paris verweilten, wie Heinrich Laube, Adolf Stahr, Fanny Lewald, Friedrich Hiller, Elise von Hohenhausen, Anastasius Grün, K. M. Kertbeny, Moritz Saphir, Eduard von Bauernfeld, Lewin Schücking und Hans Christian Andersen. Auch sein Verleger Campe suchte ihn 1851 und 1855 in Paris auf, und Heines Geschwister kamen an des Dichters Krankenlager: 1851 Gustav, 1852 Maximilian, 1854 hielt sich Heines Nichte Marie Embden, die Tochter seiner Schwester, längere Zeit bei ihm auf, und Ende 1855, als Gustav die Weltausstellung in Paris besuchte, führte er auch seine Schwester Charlotte ans Krankenbett des Bruders. Doch besonders erfreuten Heine die drei Besuche des jungen Prager Dichters Alfred Meißner in den Jahren 1847, 1849 und 1854, und die daraus sich entwickelnde Bekanntschaft mit der „Mouche" in den letzten Monaten seines Lebens. Die sonderbare Verkettung der Beziehungen zwischen der mysteriösen Mouche und Alfred Meißner einerseits, und ihr und Heine andererseits, führt uns auf neue und interessante Spuren.

2. Das Dreigestirn Meißner-Mouche-Heine

Nur ein Erlebnis warf in dieser Zeit ein wehmütig bezauberndes Licht in die Stube des Leidenden: die Liebe eines ihm wahlverwandten deutschen Mädchens, der Mouche, wie Heine sie nannte. Sie hieß Elise Krinitz und ist erst 1896 gestorben. Unter dem Namen Camille Selden hat sie Erinnerungen an den Dichter hinterlassen. Die Lieder und Briefe, die Heine an sie richtete, sind einzig in der deutschen Literatur: solch leidenschaftliche Liebes- und Lebenslust inmitten des jammervollen Elends, solch zärtliche Teilnahme und Hingebung am Rande des Grabes zeugt von seltener Kraft des Geistes und Gefühls.

Die romantisch-sentimentale Erscheinung der Mouche, die durch ihre treue Anhänglichkeit in Heines letzte Lebensmonate etwas von jener Liebe brachte, die er sein Leben lang vergebens gesucht hatte, war wie das Mädchen aus der Fremde, von der Schiller spricht:

> Man wußte nicht, woher sie kam,
> Und schnell war ihre Spur verloren,
> Sobald das Mädchen Abschied nahm.
>
> Beseligend war ihre Nähe,
> Und alle Herzen wurden weit,
> Doch eine Würde, eine Höhe,
> Entfernte die Vertraulichkeit.

Ihr beglückendes Bild wurde gezeigt in den „Erinnerungen", die Alfred Meißner dem toten Dichter wenige Monate nach dessen Ableben gewidmet hat; so kam sie in alle Heine-Biographien und fand 1876 sogar Aufnahme in ein Buch „Berühmte Liebespaare" von Elise von Hohenhausen. Doch kannte man auch spätere Mitteilungen desselben Alfred Meißner, in denen er mit geschwätziger Indiskretion, wenig galant und ritterlich, ohne besondere Skrupel, von einem eigenen Flirt mit der Mouche erzählte, die er auf romantische Weise, viele Jahre vor ihrem Auftauchen bei Heine, kennengelernt hatte. Und gewiß dachte man auch an die Geschichte ihrer angeblich unglücklichen Ehe mit einem Mann, der sie in England in eine Irrenanstalt sperren ließ, eine Geschichte, die Heines Nichte, die Principessa della Rocca, in ihren 1882 erschienenen „Skizzen über Heinrich Heine" ihren Lesern aufgetischt hat. Diese so kompromittierte Dame veröffentlichte nun nach Mathildens Tode 1884 ihre „Letzten Tage Heinrich Heines", worin sie sich zum ersten Male als Heines Mouche zu erkennen gab. Durch den Erfolg dieses Büchleins angeregt, veröffentlichte sie ein Jahr später auch ihre eigenen „Lebenserinnerungen". Dennoch spielte sie weiterhin Versteck mit ihrer Geburt, ihrer Herkunft und ihrem wahren Namen. Ein halbes Dutzend Städte sind seitdem als ihr Geburtsort bezeichnet worden; das Jahr ihrer Geburt gibt sie mit 1833 an, obgleich wir wissen, daß sie drei oder vier Jahre älter war; und sie schreibt unter dem Namen Camille Selden, obgleich sie unter dem Namen Elise Krinitz, Margareth van Belgern und Sarah Dennisen bekannt ist, wozu noch der Name Abel de Gérard sowie die Initiale M. B. und CVB hinzuzufügen sind. Ihre Lebenserinnerungen sind sehr diskret gehalten, enthalten allerdings mehr Dichtung als Wahrheit. Wer war nun diese mysteriöse Mouche, Heines letzte Liebe; was läßt sich Sicheres über sie feststellen?

Als Fritz Mauthner 1884 die Mouche in Rouen aufsuchte, um mit ihr über den Verlag ihrer Lebensgeschichte zu verhandeln, las sie ihm einige Kapitel aus dem Manuskript vor. In der nebelhaften Schilderung ihrer Heimatstadt erkannte Mauthner sofort Prag, seine eigene Heimat, und als sie eine knappe Schilderung ihres Geburtshauses gab, rief Mauthner ganz aufgeregt: „Aber das ist ja das ... sche Palais in der Spornergasse!" Er hatte also nicht nur die Stadt, sondern sogar das Haus ihrer Geburt wiedererkannt und streifte somit das Geheimnis ihrer Geburt, die sie immer und erfolgreich zu verschleiern bemüht war. Diese Stelle wurde später im Druck bis zur Unkenntlichkeit abgeändert, und Mauthner hat ihren Wunsch erfüllt und das Geheimnis zu ihren Lebzeiten nie preisgegeben. Aus verschiedenen Andeutungen geht nun hervor, daß sie als natürliche Tochter einer Gouvernante in jenem Palast geboren war, und nach Äußerungen einer intimen Freundin in Rouen war der Vater eine hochgestellte österreichische Persönlichkeit, die aus politischen Gründen vom Wiener Hof entfernt worden war. Die Mutter soll bei ihrer Geburt gestorben sein, und ihr wirklicher Name ist unbekannt. Nach den Schulakten in Rouen, wo sie später als Lehrerin an dem Mädchen-Lycée tätig war, wurde sie 1833 in

Prag geboren. In Wirklichkeit war sie einige Jahre älter, hat wahrscheinlich 1829 das Licht der Welt erblickt und wurde bald nach ihrer Geburt von einem aus Preußen oder Sachsen stammenden Ehepaar, wohl Verwandten der Mutter in Torgau, adoptiert und hieß seitdem Elise Krinitz. Irgendwo liegt noch ein Dokument vor, wonach sie 1829 von Herrn und Frau Krinitz als das Kind armer unbekannter Fischersleute aus der Nachbarschaft adoptiert worden sei; zweifellos handelt es sich hier um den Versuch, den Makel ihrer Geburt zu verdecken.

Als einziges Kind der Pflegeeltern wurde das Mädchen zum Mittelpunkt der Familie, somit frühreif und von starker, meist überstarker Sensibilität. Der Vater war selten zu Hause, seine Bankgeschäfte hielten ihn meist fern in Amerika. Umstände, die mit diesen Lebensverhältnissen zusammenhängen, ließen es Frau Krinitz bald als geraten erscheinen, mit der Tochter nach Paris überzusiedeln. Dort wohnte sie in der Nähe der Madeleine-Kirche in Wohlstand und Behaglichkeit. Das Kind besuchte die Schule, behielt aber ihre deutsche Eigenart bei und schloß sich den französischen Kindern nicht an. So vertraute die Mutter ihre Erziehung einem jungen Theologen an, und als auch das nicht einschlug, tat sie das Mädchen auf ein Jahr in ein kleines Pensionat. Ganz zufällig fand sie dort unter einer Truhe die berüchtigten „Memoiren des Grafen von Gramont". Diese Schilderungen des Lebens und der Liebesabenteuer an den Höfen Louis XVI. von Frankreich und Karl II. von England verschlang sie; und das Bild dieses Höflings, eines vornehmen Taugenichts, dem Gesittung und Ehre wenig galten, die Schilderung eines liederlichen Hofes, für die der Erzähler in seiner spöttischen Laune niemals ein Wort der Entrüstung findet, verfolgten sie — wie sie vierzig Jahre später gestand — Tag und Nacht und zeigten ihr das Vergnügen als Hauptzweck des Lebens. Diese Menschen, die auf jede Moral verzichten, das Leben von der leichten und heiteren Seite nehmen und oberflächlichem Lebensgenuß huldigen, flößten ihr Bewunderung ein. Dies erklärt wohl auch ihre spätere begeisterte Bewunderung für die schwülstigen Gefühlsausbrüche in der Lyrik Meißners und für die leidenschaftliche Poesie Heines. Im nächsten Winter traf plötzlich die Nachricht ein, daß sie ihr ganzes Vermögen verloren hätten, und Frau Krinitz nahm gern die Einladung einer treugebliebenen Freundin zu dauerndem Aufenthalt auf dem Lande in der Nähe von Paris an. Hier verlobte Elise sich blutjung mit dem Sohn ihrer Gönnerin. Diese Verlobung wurde jedoch bald wieder gelöst, denn der Verlobte entpuppte sich als ein beschränkter Sittenprediger, der sie öffentlich demütigte und dessen herabwürdigende Beaufsichtigung so weit ging, daß er ihr ihre Lektüre vorschrieb und verbot, alle von ihm unterstrichenen Stellen zu lesen. Damit endete ihre Jugend, und Elise stand vor der größen Frage: Ist das, was man Tugend und Pflicht nennt, wirklich nur eitler Schein, fromme Illusion?

Im August 1847 begleitete Margot ihren Vater nach Le Havre, von wo aus dieser eine Geschäftsreise über See nach Amerika unternahm. Sie war damals ein junges Ding von zwanzig Jahren, lebhaft, intelligent und unabhängig, zugleich ein romantischer Brausekopf, vollgestopft mit Illusionen jugendlicher Lebensfreude; und sie unterstand keiner Aufsicht und konnte ihre Freiheit ungehindert genießen. Hier machte sie nun am Strande — und nicht in der Eisenbahn, wo ihr erstes Zusammentreffen so harmlos geschildert wird — die Bekanntschaft des jungen deutschen Dichters Alfred Meißner. Für das Mädchen war es Liebe auf den ersten Blick, und in ihrer jugendlichen Begeisterung überließ sie sich ganz seinem Willen. Er war ein ernster junger Mann, ein politischer Flüchtling, der in ihr traute Erinnerungen an die in Deutschland verlebte Kindheit zurückrief, und er war, wie auch sie, heimatlos und ebenfalls in Prag gebürtig. Kein Wunder, daß sie sich weigerte, ihm ihren wahren Namen zu nennen. Diese flüchtige Bekanntschaft entwickelte sich bei Margot zu wahrer Liebe, während sie für Meißner nie mehr als ein Flirt war und blieb. Sie mußten sich bald trennen: Margot kehrte nach Paris zurück, Meißner einige Tage später nach Prag. Als Liebespfand gab sie ihm einen Ring von ihrem Finger.

Anderthalb Jahre später, Anfang 1849, erfährt Margot von ihrem deutschen Buchhändler, daß sich der Dichter Meißner in Paris aufhalte. Sofort sucht sie ihn im Hotel Britannique auf und fällt ihm begeistert um den Hals; doch bemerkt sie enttäuscht, daß er ihren Ring nicht trägt. Die beiden erneuern ihr inniges Verhältnis, doch sie sind inzwischen reifer geworden. Meißner hat die Revolution von 1848 mitgemacht, und sie betrachtet ihn nicht mehr als den verbannten Flüchtling, sondern bewundert in ihm den Freiheitsdichter Deutschlands und ist glücklich, „an seiner Dichterbrust" zu ruhen. In diesen Monaten erzählt Meißner ihr viel von seinem Freunde Heinrich Heine und macht sie mit dessen Werken und Anschauungen bekannt.

War das erste Zusammentreffen 1847 rein leidenschaftlicher Natur, so galt das zweite im Jahre 1849 schon mehr der Bewunderung Meißners als Dichter. Für Meißner aber war und blieb das Mädchen, das ihm ihren wirklichen Namen und Wohnort noch immer vorenthielt, ein Rätsel; er betrachtete sie als eine Tochter aus guter Familie, die einen Gatten oder Verlobten hinterging, um von Zeit zu Zeit das romantisch-sorglose Leben einer Grisette auszukosten. Diese Befürchtungen sollten auch bald zur Gewißheit werden. Ende 1849 heiratete Margot einen wohlhabenden Geschäftsmann in England, wo sie nun fünf Jahre lang lebte.

Der sonderbare Zufall will es, daß Meißner im Juli 1850 in der Regent Street in London seiner Margot begegnet, als sie, höchst elegant gekleidet, in der Begleitung einer älteren Dame aus einer Equipage steigt. Er eilt auf sie zu und spricht sie an; doch sie weigert sich, ihn wiederzuerkennen. Wie leicht verständlich, hat Meißner sie für den Rest seines Lebens als Abenteurerin abgetan.

Doch diese Heirat geht schon 1853 in die Brüche, und Margot kehrt nach Paris ins Haus ihrer Mutter zurück. Bei Durchsicht ihrer Papiere stößt sie auf Briefe und ihr gewidmete Gedichte von Meißner. Noch einmal durchlebt sie die ihr so teuren Tage der Vergangenheit und richtet am 3. August 1853 einen Brief, einen verzweifelten Ausbruch ihrer innersten Gefühle, an Meißner, wiederum jedoch ohne ihm ihren wahren Namen und ihre Adresse zu sagen:

Lieber Freund! Ich muß fürchten, daß wenn Du den Namen erblickst, welcher diesen Brief beendigt, Du ihn unwillig aus der Hand legst — doch ich nehme die freundliche Muttersprache zur Hülfe um Dich zu bitten, *innig zu bitten,* ihn ruhig auszulesen. Daß ich es wage zu Dir, dem Dichter, in meinem mir fremdgewordenen Deutsch, in meiner, seit meiner Kindheit ungeübt gebliebenen Schrift zu reden, daran ist meine entfernte Hoffnung Schuld, welche ich Dir gestehen will. Zuweilen kömmt mir der Gedanke, daß die kindischen Schriftzüge den ernsten Ausdruck Deines Gesichtes in ein Lächeln verwandeln — Vielleicht daß bittere Rückerinnerungen, lange Jahre des Mißtrauens dann von Deiner Seele schwinden und ich noch einmal vor Dir stehe, eine flüchtige sonderbare Erscheinung in Deinem Leben — wie damals (den 15ten dieses Monats werden es just 6 Jahre sein) als ich so weit von der Heimat, am Ufer des Meeres, Dich, dem gleich mir Heimatlosen, begegnete. Wie schlug mein Herz, als ich trotz der fremden Sprache an dem Klang Deiner Stimme den Deutschen gleich erkannte — Was war es denn, das mich gleich so innig an Dich zog, und das es machte, hätte es sich auch nur im geringsten geschickt, ich Dich hätte bitten können mir einen freundlichen lieben Kuß gleich einem Kuß aus dem Vaterlande mir auf die Stirne zu drücken. War es eine flüchtige Rückerinnerung an die Jahre meiner Kindheit, welche der Schall Deiner Worte mir ins Herz zurückrief und es neu belebte — war es noch etwas Besseres? Ich weiß es nicht — Aber denke ich mir Dich noch wie damals vor mir stehend — so regen sich auch die Gefühle jenes Augenblickes von neuem in mir; weinen möchte ich — aber vor Seligkeit — ich möchte auf Deine Knie mich setzen, die liebe treue Hand an mich drücken, und Dir danken für die Liebe welche Du einst für mich hattest.

Ach, und den Kuß der Versöhnung, der Verzeihung für die bitteren Empfindungen, welche, ohne es zu wollen ich vielleicht schuld war — Du würdest ihn mir gewiß nicht versagen, lieber, lieber Meißner — gegenwärtigen Gefühlen würde er ja auch nicht den leisesten Eintrag tun — Nur einen Hauch der Vergangenheit würde er uns zurückbringen — und ich könnte eine Stunde mich ausweinen an Deiner Dichterbrust.

Es sollte ja nicht sein —

Gestern kamen Verse von Dir für mich geschrieben und einer Deiner Briefe mir unter die Hände — ich konnte nicht umhin sie wieder zu lesen, und sie taten mir wohl und weh zu gleicher Zeit — jedes Deiner Worte brannte mir im Herzen so lebhaft und heiter wie die Gegenwart, und doch war die Vergangenheit zwischen Dir und mir — kaum konnte ich diesen Gedanken fassen — mir war, als lebten die Worte noch — als seien es nicht tote Buchstaben, denen die Zeit ihren Sinn mit fortgeweht — Deine Stimme, Deine liebe Stimme klang mir dabei so freund-

lich in der Seele — ach nicht wahr — es gibt leere Ahnungen welche nicht trü-
gen — und mein langes, unerklärbares Stillschweigen hast Du mir vergeben.

Nicht will ich Dir erzählen, warum ich schwieg. Warum traurige Zeiten zurückrufen . . .

Ich lebe fern von allen — aber meine jugendlichen Erinnerungen sind an einem
Strande gescheitert wo ich wenigstens Ruhe gefunden habe — Mein Herz zehrt an
der Vergangenheit — ein ganzes Leben habe ich damit auszufüllen . . .

Ein Jahr später, am 29. Oktober 1854, schreibt sie ihm noch einmal:
„Hier bin ich nun nach fünf Jahren Abwesenheit, Krankheit und vielerlei
Qualen wieder in dem lieben Paris, wo ich Sie kennen gelernt habe und Sie
nicht vergessen kann . . . sechs lange Jahre sind es her, welch eine Ewigkeit!" Sie hofft, Meißner möge verstehen, was sie in der Zeit gelitten, und
sie hat nur einen Wunsch, daß er ihr verziehen habe. Sie beide haben in
ihrem Leben Fehler gemacht, und so schüttet sie ihm ihr Herz aus; sie
bittet ihn, ihr zu schreiben:

Ich glaube, daß Sie mich mit Ihrem H e r z e n geliebt hätten, wenn Sie mich
länger gekannt hätten . . . Wenn Sie mich verstehen wollen, d. h. wenn Sie noch
den Wunsch haben, mich wirklich kennen zu lernen, so sagen Sie es mir! Doch
müssen Sie mir versprechen, auch nicht die leiseste Andeutung zu machen auf die
Vergangenheit, die ich nicht erklären will und kann — Sie werden alles verstehen
und erraten, was mir selbst peinlich wäre, es Ihnen zu sagen. Sollten Sie aber dagegen der Ansicht sein, es wäre besser, wenn wir uns nicht wiedersehen, würde ich
es durchaus nicht als eine Kränkung auffassen. Ich bin eine Dame der Welt und
verstehe vieles, ohne daß man es mir zu sagen braucht. Doch um eins bitte ich Sie,
sagen Sie mir, daß Sie mich achten und schätzen. Nein, sagen Sie mir lieber, daß
Sie mich nur ein Bißchen geliebt haben. Das wäre ja doch dasselbe.

Obgleich sie diesmal ihre Adresse beilegte, MVG, poste restante à Paris,
ließ Meißner den Brief unbeantwortet. Als nach einem weiteren Jahr keine
Nachricht von Meißner eintraf und sie nicht wußte, ob ihre zwei Briefe verloren gegangen oder unbeachtet geblieben waren, erinnerte sie sich der
freundschaftlichen Beziehungen zwischen Heine und Meißner. So verfiel sie
auf den absonderlichen Gedanken, sich mit Heine anzufreunden, um dann
durch ihn, den gemeinsamen Freund, wieder mit Meißner zusammenzutref-
fen. Am 16. Juni 1855 richtet sie einen Brief an Heine:

Es erfordert ein gutes Stück Mut, den man gewissermaßen nur den Männern zuschreibt, wenn eine Frau es wagt, sich den Epigrammen eines schonungslosen Spöt-
ters preiszugeben. Mich aber erschrecken Ihre Sarkasmen nicht; ich bin mit ihnen
so vertraut, daß sie mich eher entzückten, wenn Sie mich zur Zielscheibe Ihres
Spottes machten.

Schon seit Jahren, mein Herr, seit dem Tage, an dem ich zum ersten Mal in
Ihren Werken las, hatte ich das Empfinden, daß wir früher oder später einmal
Freunde werden würden. Von diesem Augenblicke an habe ich Ihnen eine innige
Zuneigung bewahrt, welche nur mit meinem Leben aufhören wird, wovon ich Ihnen,

wenn es Ihnen Freude macht, und Sie es wünschen, gern einmal Zeugnis ablegen will.

Sie lachen vielleicht über mich — und das allein wäre für mich schon eine süße Belohnung — aber bestimmt werden Sie sich nicht über mich lustig machen. Wäre ich ein ‚Gefühlsphenomän‘, würde ich mich veranlaßt fühlen, Ihnen, um Sie zu meinen Gunsten zu stimmen, in mehr oder weniger leeren Worten zu beweisen, daß ‚meine Seele‘ die Ihrige versteht. Da ich aber die Schwäche habe, zu glauben, daß alle wahre Poesie am besten von einfachen Herzen verstanden wird, will ich Ihnen ohne weiteren Umschweif den Zweck meines Schreibens sagen.

Nein, mein Herr, so lebhaft auch der Wunsch sein mag, Ihnen die Hand zu drücken, den Klang Ihrer Stimme zu hören, den lebendigen Ausdruck Ihrer Züge zu erfassen, die so oft meine Phantasie angeregt haben; ich würde lieber darauf verzichten, als ihre Erfüllung mit einem Preis zu erkaufen.

Wenn aber mein Anliegen nichts Verletzendes für Sie enthält, und wenn Sie meine Vertraulichkeit als die Begeisterung meines Herzens auffassen, vielleicht gewähren Sie mir dann meine Bitte, vielleicht erlauben Sie, daß ich Sie besuchen darf.

Jedenfalls sollte mein Anspruch als Landsmännin sowie das Gefühl, das meine Bitte diktiert, mich — so hoffe ich — von jeder Indiskretion freisprechen, der ich mich vielleicht schuldig gemacht habe.

Adieu, mein Herr — adieu — lieber Dichter!

Falls Sie mir die Gunst erweisen, um die ich bitte, dann richten Sie zwischen heute und nächsten Mittwoch eine Zeile an mich, an M.-B. poste restante. Wenn nicht, schreiben Sie mir trotzdem, damit ich wenigstens ein Andenken empfange aus der Hand, die ich so gerne ergreifen möchte.

Paris Sonnabend   Margareth

Der Brief gefiel Heine: sie hatte Glück und wurde zugelassen. In ihren Memoiren berichtet sie allerdings, daß sie mit Heine bekannt wurde, als sie ihm aus Wien einige Vertonungen seiner Lieder von Vasque von Püttlingen in Paris persönlich überbrachte; in Wirklichkeit waren diese Kompositionen schon seit 1851 in Heines Besitz.

Heine muß sofort auf ihren Brief geantwortet haben; schon zwei oder drei Tage später besuchte sie ihn. Doch war diese erste Begegnung für die Mouche eine Enttäuschung, denn Heine konnte ihr wegen Unwohlseins nur sehr wenig Zeit widmen. Der erste Eindruck aber, den Margot erweckte, war gut, und schon in einem Brief vom 20. Juni bat Heine sie recht bald wiederzukommen. Er schließt mit den Worten: „Ich weiß nicht, warum Ihre liebevolle Sympathie mir so wohl tut: ich abergläubisches Wesen bilde mir doch ein, mich habe eine gute Fee in der Stunde der Trübsal besucht. Nein, war die Fee gut, so war auch die Stunde eine Stunde des Glücks. Oder waren Sie eine böse Fee? Ich muß das bald wissen."

Doch diese ersten freundschaftlichen Beziehungen sollten schon eine Woche später unterbrochen werden, denn die Mouche, wie Heine sie nach dem Emblem ihres Siegelrings von erster Stunde an nannte, ging gesundheitshalber auf sechs Wochen zur Kur nach Wildbad im Schwarzwald. Sie versprach Heine, sich vor ihrer Abreise nach Deutschland noch persönlich von ihm zu verabschieden, und übergab ihm bei dieser Gelegenheit eine von ihr selbst gefertigte französische Übersetzung einiger seiner Gedichte in Verwahrung. Heine, der sofort ihre literarische Begabung erkannte, schrieb ihr, während sie noch in Deutschland war: „Die Übersetzung der Gedichte ist sehr schön, und ich wiederhole, was ich Ihnen vor Ihrer Abreise darüber gesagt hatte . . . Auch ich freue mich, Sie bald wiederzusehen und auf das liebe Schwabengesicht poser une emprunte vivante zu können. Ach, dieser Satz würde eine weniger platonische Bedeutung gewinnen, wenn ich noch ein Mann wäre! Aber ich bin nur noch ein Geist; das mag Ihnen schon ganz recht sein, mir aber behagt es nur so so."

Die Mouche ist ihrerseits äußerst zurückhaltend; sie will dem Dichter in seinem kranken Zustande nicht zur Last fallen und besucht ihn erst wieder, nachdem er ihr Vorwürfe macht, weil sie nicht sofort nach ihrer Rückkehr zu ihm gekommen sei. Erst ganz allmählich reift ein inniges Verhältnis heran. Heine hat die Mouche nicht vom ersten Tage an geduzt, wie sie uns weismachen will. Erst nach viermonatiger Bekanntschaft kam der Übergang vom ‚Sie' aufs ‚Du' zustande, auf ganz sonderbare Weise. Am 6. Oktober nämlich wurde Heine von einer Sängergruppe aus Köln mit Liedern von Mendelssohn unterhalten. Eins davon hatte den Refrain „Komm du bald"; ein Brief Heines an die Mouche vom 12. Oktober veranschaulicht nun den Übergang vom ‚Sie' aufs ‚Du'. Er schreibt: „Liebste zierliche Katze! Ich will Sie morgen nicht sehen . . .Von Freitag ab sollen mir alle Tage recht sein und je öfter Sie kommen desto besser für mich . . . Ich kenne ein Lied von Mendelssohn mit dem Refrain ‚Komm bald'. Diese Melodie klingt mir fortwährend durch den Kopf: ‚Komm bald'." Damit setzt anfangs zögernd, dann ganz offen das familiäre ‚Du' ein. Für Heine wird die Mouche unentbehrlich, denn im Mai hatte er seinen Sekretär Richard Reinhardt entlassen und keinen passenden Ersatz gefunden. Die Mouche, der deutschen und französischen Sprache gleich kundig, übernimmt mit Begeisterung das Amt als Sekretärin, Vorleserin und Übersetzerin; in den freien Stunden besprechen sie ihre literarischen Versuche und Arbeiten und kommen einander immer näher. Hier hat Heine endlich das Verständnis und die Hingabe gefunden, von der er sein Leben lang geträumt hatte. Wie ein Jüngling verliebt er sich in das junge Mädchen und überschüttet sie mit leidenschaftlichen Worten und Liebkosungen. Doch empfindet Heine die ganze Trostlosigkeit der Lage und äußert sie in dem Gedicht:

> Worte! Worte! Keine Taten!
> Niemals Fleisch, geliebte Puppe,
> Immer Geist und keinen Braten,
> Keine Knödel in der Suppe!

Doch vielleicht ist dir zuträglich
Nicht die wilde Lendenkraft,
Welche galoppieret täglich
Auf dem Roß der Leidenschaft.

Ja, ich fürchte fast, es riebe
Zartes Kind, dich endlich auf
Jede wilde Jagd der Liebe,
Amors Steeple-chase-Wettlauf.

Viel gesünder, glaub' ich schier,
Ist für dich ein kranker Mann
Als Liebhaber, der gleich mir
Kaum ein Glied bewegen kann.

Deshalb unsrem Herzensbund,
Liebste, widme deine Triebe,
Solches ist dir sehr gesund,
Eine Art Gesundheitsliebe.

Heines Leidenschaft nimmt mit jedem Tage ungestümere Formen an. Die
Mouche berichtet selbst: „Er hatte mich so lieb, er spielte mit mir wie mit
einer Puppe." Wenn man immer auf die zwangsläufig platonische Liebe
zwischen der Mouche und Heine hingewiesen hat, weil Heine seine Frau
gar nicht betrügen konnte, so gilt das nur im eingeschränktesten Sinne des
Wortes. Tatsächlich „spielte er mit ihr wie mit einer Puppe", was in einer
Anzahl von Gedichten an die Mouche auch unverhüllt zum Ausdruck
kommt. Diese noch unbekannten Gedichte waren Mitte der dreißiger Jahre
noch im Besitz von Dr. Löwenthal in Berlin, der sie mir damals zu lesen
gab. Mit seinem Tode sind die Gedichte verschwunden. Sie waren so stark
erotischer Natur, daß sie wegen ihrer „Anzüglichkeiten", wie die Mouche
sich Meißner gegenüber ausdrückte, nie veröffentlicht werden könnten. Für
Heine bedeutete diese letzte Liebe ein letztes Aufflammen seiner sinnlichen
Leidenschaft und das Zusammenarbeiten mit einer wahlverwandten Ge-
fährtin, wie er sie leider zu spät in seinem Leben gefunden hatte. Die Mouche ihrerseits fühlte sich durch die Huldigungen des Dichters geschmeichelt
und war besonders glücklich, bei Heine die Anerkennung und Hochschät-
zung gefunden zu haben, die sie bei Meißner vergebens gesucht hatte.

Doch wie stellte sich Mathilde zu den fast täglichen Besuchen der Mouche? Für ihren beschränkten Geist konnte Ehebruch wahrscheinlich nur auf
geschlechtlichem Wege stattfinden, und sie wußte, daß dies bei ihrem Henri
schon seit vierzehn Jahren nicht mehr in Frage kam. Heines Schwester
Charlotte, welche die Mouche in ihres Bruders Wohnung kennengelernt hatte, betrachtete sie als des Dichters Sekretärin, und Mathilde selbst war
wohl derselben Meinung. Was hinter den Kulissen vorging, wußte sie allerdings nicht, denn glücklicherweise verstand sie kein Wort deutsch, und
außerdem war sie tagsüber zu sehr von Bummelfahrten durch den Bois de

Boulogne und Einkäufen in Anspruch genommen. Allerdings hatte sie manchmal die naive Befürchtung, die Mouche könne eine verkappte preußische Spionin sein. Doch deutete die Mouche selbst es als einen Anflug von Eifersucht, als Mathilde ihr den Wunsch versagte, am Sterbebette Heines für eine Stunde die Totenwache übernehmen zu dürfen.

Heines Tod hinterließ die Mouche in einem völligen Vakuum. In ihrer Vereinsamung und Verzweiflung suchte sie schon zwei Wochen später, am 2. März 1856, um Trost an ihren immer gegenwärtigen Freund Alfred Meißner. Ihm schrieb sie:

Recht sehr wirst Du Dich wundern, mein lieber Meißner, einen Brief von mir, der wahrscheinlich längst Vergessenen, zu empfangen. Auch hätte ich, da der voriges Jahr an Dich gerichtete, ohne Antwort geblieben, wahrscheinlich keinen mehr an Dich gerichtet, fühlte ich nicht in diesem Augenblick, wo mich ein entsetzlicher Verlust betroffen, das innere Bedürfnis mit Dir, der ihn auch geliebt, mit Dir, einem der wenigen Menschen, die ihn wahrhaft gekannt und gewußt, welch ein Göttersohn in der ganzen Bedeutung des Wortes Er war, mich einige Augenblicke zu unterhalten.

O Meißner! nicht drei Wochen sind es her, daß wir zusammen von Dir sprachen! Immer dachte ich, das Schicksal würde uns noch einmal an seinem Bette zusammenführen! Mittwoch vor acht Tagen haben wir ihn nach Montmartre, zu seiner kühlen Ruhestätte begleitet, und jetzt kann ich Dir nur noch über seinem Grab die Hand reichen. Ach, mehr als mein Leben liebte ich diesen Sterblichen! Ich war ihm nah — wie der Schmerz dem Tode nahe ist! Trostlos hat mich der seinige gelassen! . . .

Nun ist es aus — doch ich fühle mich überwältigt von Kummer — fast täglich sah ich ihn in den letzten Zeiten seines Lebens. Er hatte mich so lieb — er spielte mit mir wie mit einer Puppe — Er wallt nicht mehr auf Erden, der geliebte Geist! — Seine arme Frau hat er verlassen — auch mich — dessen einziges Glück es war zu seinen Füßen zu sitzen und mir einzubilden, ich sei seine Sklavin. — Ach, lieber Meißner, es gibt gewisse Menschen die nur zu Sklaven geboren sind. Es sind vielleicht d i e , welche imstande sind, jede Größe zu verstehen — und ich bin eine solche Natur!

So viele Dinge sind unterdessen in meinem Leben geschehen, daß ich heute nicht imstande bin, Dir von mir zu erzählen — Auch habe ich noch keinen anderen Gedanken als den Tod — dann weiß ich ja nicht einmal, ob Dir noch daran liegt, etwas über d i e zu hören, welche Du eine kurze Zeit Deine Margot nanntest? Ach Meißner — was vorbei ist — das Vergangene können wir nicht mehr zurückrufen — doch warum solltest Du mir Deine Freundschaft jetzt verweigern? Bei dem heiligen Andenken unseres Freundes schwöre ich, daß ich der Deinigen nicht unwert bin. Ach schreibe mir — und solltest Du nach Paris kommen, so besuche mich. So viel, so sehr viel möchte ich Dir noch von ihm erzählen, der Dich auch so lieb hatte, der Deinen Wert zu erkennen wußte! Ich lebe jetzt mit meiner Mutter hier in Paris. Mein Leben fließt dahin, still und eingezogen — und könnte ich lachen, so würde ich lachen über die tollen Stürme der Vergangenheit, die sich nun auf ewig in meinem Herzen gelegt und ausgetobt . . .

Schreib mir auch, daß jede bittere Rückerinnerung an mich aus Deinem Herzen gewichen. Hast Du unser Begegnen am Ufer des Meeres, hast Du die Ecke der rue de Provence, an welcher wir schieden, hast Du alles vergessen?

Worte habe ich noch von Dir! Soll ich sie zu Asche machen? Sind es tote Worte? Ach Tod! das ist ein bitteres Wort. Ich gebe Dir hier die Adresse, unter welcher ich Dich bitte, mir zu schreiben. Nur um diesen Gefallen muß ich Dich bitten, erwähne diese Adresse gegen niemand — es könnte mir Unangenehmes zuziehen. Ich erkläre Dir alles später. Ach — kämest Du!

Doch genug! was darf *ich* noch hoffen — um nicht von Dir verkannt, zu sterben . . .

Meißner, der auf Anregung Campes schon längere Zeit mit seinen „Erinnerungen an Heinrich Heine" beschäftigt war, erkannte eine willkommene Gelegenheit, die Mouche für seine Zwecke auszunutzen. Er ging nach Paris, und die beiden arbeiten fleißig zusammen; die Mouche lieferte ihm viel neues Material, schlug in seinem Buch Änderungen, Kürzungen und Auslassungen vor; auch erklärte sie sich bereit, Meißners Heine-Buch ins Französische zu übersetzen.

Im August kehrt Meißner nach Prag zurück. Die neun erhaltenen Briefe der Mouche an Meißner zwischen August 1856 und März 1857 befassen sich fast ausschließlich mit der Heine-Biographie. Zwar machte die Mouche noch einige verzweifelte Versuche, Meißner zurückzugewinnen, doch alle ihre Herzensergießungen treffen auf taube Ohren. Erst als Meißner es nicht einmal für wert hält, ihr zum Jahreswechsel einen Glückwunsch zu senden, sieht sie die Hoffnungslosigkeit des Verhältnisses ein. Sie schreibt ihm: „Ich muß Dir gestehen, daß ich gehofft hatte, von Dir einige Zeilen zum Neuen Jahre zu empfangen. Das hätte mich tief berührt — doch ich verstehe, Deine Geschäfte und Vergnügungen beanspruchen Deine ganze Zeit und Du hast keine Minute übrig, an die in der Ferne zu denken. Das, lieber Meißner, ist weit davon entfernt ein Vorwurf zu sein. Ich selbst bin schon zufrieden, wenn ich Dich nur glücklich weiß, und ich wünsche Dir für das eben begonnene Jahr nur das Beste." Im Sommer 1860 war die Mouche mit ihrer Mutter auf kurze Zeit zu Besuch in ihrer Geburtsstadt Prag, doch sie verpaßte ihren Freund Meißner. Anscheinend hat er sie bewußt gemieden; und so richtet sie von Wien aus am 16. Juli 1860 ihren letzten Brief an ihn: „Ich will unser gemeinsames Vaterland nicht verlassen, ohne Dir in Ermangelung eines Besseren wenigstens meine Visitenkarte zurückzulassen . . . wie gerne hätte ich nicht ein Weilchen, lieber Meißner, mit Dir geplaudert. Doch es sollte nicht sein, und ich muß daraus meine Schlüsse ziehen. In einigen Tagen werde ich Dir ein kleines Andenken zusenden, hoffentlich nimmt die Post es an." So enden die persönlichen Beziehungen zwischen der Mouche und Meißner. Meißner hat später in seiner „Geschichte meines Lebens" die Mouche recht unschön als eine Abenteurerin dargestellt; die Mouche dagegen, die Meißner um acht Jahre überlebte, hat diese Demütigung stillschweigend hingenommen und sich stets sehr großmütig und vornehm über ihn geäußert.

Heine-Verehrer haben der Mouche vorgeworfen, sie habe durch ständigen Namenswechsel eine sehr fragwürdige Vergangenheit vertuscht. Tatsächlich hat die Mouche zu Lebzeiten nie unter falschem Namen gelebt. Den Namen ihres Vaters und ihrer Mutter kennen wir nicht. Ihr Adoptivname war Elise Krinitz, doch ließ sie sich von Kindheit an gern Margot nennen. Ihr Name als Ehefrau war Margot Bellgier; ihn hat Meißner im ersten Briefe nach Heines Tode als Absender auf dem Briefumschlag vorgefunden und auch einmal in seinen Schriften erwähnt. Heines Nichte, die Principessa della Rocca, legt den Namen so aus, daß sie einen Mann belgischer Nationalität, einen Belgier, geheiratet habe, der sie später nach London brachte und in ein Irrenhaus sperren ließ. Dieser Name auf dem Briefumschlag, Margot Bellgier, der von ihr in ungeübter deutscher Schrift geschrieben war, wurde von Nicht-Deutschen, die der deutschen Schrift unkundig waren, als Sarah Denningsen gelesen. In ihrem Einführungsschreiben an Heine gibt sie ihre Adresse als „M.-B., poste restante" an, also als Margot Bellgier. Somit führte sie 1855 noch ihren ehelichen Namen. Da sie die Blaustrümpfe haßte, entschloß sie sich als Schriftstellerin, nur unter einem männlichen Decknamen zu schreiben. In ihrer frühen Jugend benutzte sie den Namen Abel de Gérard. Die Initialen MVG, die sie Meißner 1854 als Anschrift nannte, entsprechen dem Pseudonym Margot von Gérard. Später als Verfasserin von acht Romanen und Biographien sowie verschiedenen Novellen, zur Zeit ihrer Freundschaft mit dem französischen Kritiker und Historiker Taine, wählte sie einen neuen Schriftstellernamen, dessen Vorname sowohl einen Mann wie auch eine Frau benennen konnte: Camille Selden, und unter diesem starb sie 1896 in Rouen. Die Bezeichnung Mouche war ein Kosename, den Heine ihr gegeben hatte.

Wahrscheinlich hat Heine von den früheren intimen Beziehungen der Mouche zu seinem jungen Freund Meißner nie etwas gewußt, und Meißner erfuhr von dem sehr innigen Verhältnis der Mouche zu Heine erst nach des Dichters Tode, als die Mouche ihn die erotischen Gedichte lesen ließ, die Heine auf dem Krankenlager an sie gerichtet hatte. In seiner „Geschichte meines Lebens" berichtet Meißner seine sonderbaren Gefühle bei der Lektüre dieser Gedichte: „Ich sah die Blätter an, dann wieder die vor mir Sitzende, mir ward eigen zumute . . . und wieder sah ich mir Margot an, die gealterte Margot. Wir haben sie beide geliebt, sagte ich mir; ich in sonnigen Tagen mit Gelächter und Leichtsinn, er in Leid, Gram und Verzweiflung. Welche Wandlungen, welche Diabolen des Lebens."

Nach mehrjähriger Unterbrechung der freundschaftlichen und geschäftlichen Beziehungen zwischen Campe und Heine und nach den ersten Jahren des Krankenlagers, wovon Freunde dem Verleger die beunruhigendsten Berichte hinterbrachten, entschloß sich Campe im Juli 1851 zu einer Reise nach Paris, um sich persönlich von dem trostlosen Zustande des todkranken Dichters zu überzeugen. Das Ergebnis dieses Besuches war eine völlige Aussöhnung und die Veröffentlichung des „Romanzero".

Heine wollte diese Gedichte erst nach seinem Tode veröffentlichen; doch Campe überredete ihn, sie schon zu Lebzeiten erscheinen zu lassen. Nach der überwiegenden Anzahl der Romanzen schlug Campe den glücklich gewählten Titel „Romanzero" vor; und Heine, der stets große Sorgfalt auf die Form und Anordnung seiner Gedichte verwandte, fand bald die Einteilung in die drei Gruppen: „Historien", „Lamentationen" und „Hebräische Melodien". So kam 1851 die dritte Sammlung von Heines Gedichten, der „Romanzero" zustande. Er unterschied sich von den beiden früheren dadurch, daß das „Buch der Lieder" (1827) und die „Neuen Gedichte" (1844) eine Sammlung von Gedichten darstellen, die früher schon bei anderen Gelegenheiten im Druck erschienen waren, während es sich bei dem „Romanzero" hauptsächlich um neue, noch unveröffentlichte Gedichte handelt, die mit wenigen Ausnahmen aus der Zeit der Krankheit stammen.

Nach der Veröffentlichung des „Romanzero" im Jahre 1851 setzte der Dichter sein lyrisches Schaffen fort. Die „Vermischten Schriften" des Jahres 1854 enthalten eine neue poetische Sammlung, betitelt „Gedichte 1853 und 1854", und 1869 veröffentlichte Strodtmann eine letzte Gruppe unveröffentlichter Gedichte aus Heines Nachlaß als „Letzte Gedichte und Gedanken". Diese drei Gruppen bilden Heines Lyrik aus der Zeit der „Matratzengruft". Die zweite und dritte Gruppe wird heute in den Ausgaben von Heines Werken als „Nachlese zum Romanzero" dem ursprünglichen „Romanzero" von 1851 angereiht.

Zuerst sollte der „Romanzero" mit dem „Doktor Faust" zusammen in einem Band erscheinen; doch dieser Plan wurde bald aufgegeben, denn „den Druck betreffend", so äußert sich Campe, „liegt es klar zutage, daß er uns beim Romanzero [wegen des unsittlichen Inhalts] hinderlich würde." Doch ohne den „Doktor Faust" waren nicht genug Gedichte zur Füllung von 20 Bogen vorhanden, um das Werk zensurfrei zu machen. Campe wollte daher zuerst nur vier statt der vorgesehenen fünf Verse auf der Seite drucken, doch Heine wies den zum Teil schon ausgeführten Vorschlag zurück, da der so sichtlich gedehnte Druck das Ansehen des Buches „schimpfieren" würde. Als letzten Ausweg erbot sich Heine, eine sehr lang Vorrede sowie Texterklärungen als Lückenbüßer zu liefern. Obgleich er darauf bedacht war, keine schwachen Gedichte aufzunehmen und sogar einige schon an Campe abgelieferte vom Druck zurückzog, sind manche minderwertige Verse unterlaufen. Campe entdeckte sie sofort, und Heine rechtfertigte ihre Aufnahme mit der Bemerkung, daß „neben Blumen auch Salat" wachse.

Der Druck von Heines „Romanzero" wurde durch verschiedene Umstände hingehalten und verwirrt, was auch das Vorhandensein einiger versprengter, schwacher Gedichte erklärt. Heine hatte 1851 keinen ständigen Sekretär, und Campe konnte sich durch die fehlerhaften und unüberschaubaren Abschriften verschiedenster Hand und die persönlichen Korrekturen Heines nur mit großer Mühe zurechtfinden. Um sich und den kranken Dichter die Arbeit zu erleichtern und schneller vorwärts zu kommen, schlug Campe vor, Heine solle ihm sein Originalmanuskript direkt nach Hamburg senden. Da aber von den meisten Gedichten keine Abschrift vorhanden war und Heine der Post und den Regierungen nicht traute, beauftragte er seinen Bruder Gustav, der gerade in Paris weilte und in wenigen Tagen nach Hamburg abreisen wollte, das Originalmanuskript persönlich an Campe abzuliefern. Doch Gustav erledigte diesen Auftrag so leichtfertig, daß das Manuskript erst nach unverantwortlicher Verzögerung in Campes Besitz kam. Die Unzuverlässigkeit Gustavs in dieser wichtigen Angelegenheit war einer der Hauptgründe, warum Heine ihm entgegen seinem Versprechen 1851 in Paris, nicht zu seinem literarischen Testamentsvollstrecker ernannte.

In allen Heine-Biographien kann man lesen, Campe habe innerhalb von zwei Monaten vier Auflagen des „Romanzero" drucken lassen und darunter keine unter 5—6000 Exemplaren. Tatsache ist, daß Campe die erste und zweite Auflage zusammen in Höhe von insgesamt 5000 Exemplaren drucken ließ; eine eigentliche zweite Auflage des „Romanzero" gibt es überhaupt nicht. Bald folgte eine dritte (Miniatur-)Auflage von 2000 und schließlich eine vierte von 1500 Exemplaren. Im ganzen wurden 8500 Exemplare gedruckt. Auch hat man Campes Klage, er sei beim „Romanzero" kaum auf seine Kosten gekommen, als lächerlich hingestellt. Dabei hat Campe mit dem „Romanzero" geschäftlich in der Tat sehr schlecht abgeschnitten; er selbst schildert dem Dichter die Mucken des Schicksals, die den freien Vertrieb des Werkes hinderten:

Sie sind der Meinung, daß ich mit dem Romanzero ein sehr glänzendes Geschäft gemacht habe. Allerdings hatte es das Aussehen. Aber wie dem Landmann eine schön stehende Saat verhageln kann, so geht es dem Verleger ebenfalls durch Verbote und Mißfallen des Publikums.

Vor dem Erscheinen des Romanzero ventilierte ich denselben in der Presse und darauf sprach ich zum Buchhandel: man verlangt von diesem Werk so unsinnig viel, daß ich dieses ungewöhnliche Werk ebenfalls ungewöhnlich behandeln muß, um nicht in das Bodenlose zu geraten: daher gebe ich jeder Handlung so viel in Kommission als sie Exemplare fest bestellt. Hierauf liefen so viele Aufträge ein, daß ich mit à condition verheißenen Exemplaren nicht auskam, ich mußte eine zweite Auflage drucken, ehe die erste halb fertig war, und dieser zweiten ging es ebenso, daß ich, als der Druck fertig und die Ausgabe erfolgen sollte, kaum 1000 bis 1500 Exemplare mir zur Verfügung blieben und hundert und so viele Handlungen hatten noch nichts begehrt! — Wenn das Buch vor der Ausgabe ein solches Glück machte, mußte ich nicht annehmen, daß dieser Vorrat in einigen Wochen zersplittert sein würde? — So ließ ich eine dritte Auflage diesen beiden als Reserve folgen. In den ersten 14 Tagen waren beide Auflagen aufgerollt und recht hatte ich getan, die dritte zu drucken. Da kam das österreichische, das preußische, bayrische, württembergische und andere Verbote und — die häßliche Kritik. Die Buchhändler, die fest verlangt hatten, versteckten sich hinter das Verbot; sie gaben das fest Gekaufte und à condition Erhaltene zurück, um es wie sie sagten – vor der Konfiskation zu retten. Wollte ich mich mit meinen Kunden nicht überwerfen, im gehörigen Verkehr bleiben, so mußte ich alles fest und à condition Verlangte zurücknehmen. So sitze ich in einem kolossalen Vorrate und Sie wissen: Bücher sind kein Geld! Sehen Sie, lieber Heine, so steht die Sache.

Als Grund für das Damnatur zitiert Campe aus einer amtlichen Erklärung: „Der Romanzero und Faust von Heinrich Heine sind nicht ihrer politischen Tendenzen wegen verboten, sondern weil sie wegen ihres in sittlicher und religiöser Beziehung skandalösen Inhalts zur Verbreitung nicht geeignet erscheinen." In Berlin und Stettin wurde der „Romanzero" öffentlich verbrannt.

Der „Romanzero" soll bei seinem Erscheinen großes Aufsehen erregt haben; doch war die Aufnahme nicht, wie man immer lesen kann, begeistert, sondern allgemein ablehnend. Gewiß bekam Heine anerkennende Briefe von Freunden und Verehrern, doch in den Zeitschriften sucht man vergebens nach einer wirklich verständnisvollen Würdigung des Werkes. Die noch jungen Bewunderer G. Spiller von Hauenschild und Rudolph Gottschall, die Campe schon bei der Vor-Anzeige des „Romanzero" zur Seite gestanden hatten, halfen auch weiterhin durch günstige Besprechungen; auch der bekannte Schriftsteller Adolph Stahr brachte Worte hoher Anerkennung. Doch als Campe bei ihm anfragt, ob er nicht gegen die „häßliche Kritik . . . gegen die empörenden Vorwürfe in die Arena treten will", antwortet er mit Bedauern: „Er scheut ein solches Gefecht; durch Gegenrede würde eine neue Gegenrede geweckt, wobei wir schlecht fahren würden." Also sogar Stahrs Besprechung war nur ein Freundschaftsdienst gegen seine eigene innere Überzeugung. So war der „Romanzero" bei seinem ersten Erscheinen durchaus nicht der große Erfolg, literarisch für den Dichter und finanziell für den Verleger, wie man stets behauptet hat.

Um Heines Gedichte besser würdigen zu können, müssen wir versuchen, uns seine damalige Stellung zu Gott zu vergegenwärtigen. Seit mehreren Jahren war Heine ans Krankenbett gefesselt; er hatte jede direkte Berührung mit der Außenwelt verloren und seit dem „Wintermärchen" und

„Atta Troll" kein größeres Werk mehr veröffentlicht. In dieser geistigen Vereinsamung richtete er seine Blicke nach innen. Da ihm bei seinen körperlichen Leiden die nahe Liebe der Mutter fehlte und statt des besänftigenden Trostes einer verständnisvollen Frau nur die praktische Hilfe einer bezahlten Wärterin zur Seite stand, wandte er sich in seiner Verzweiflung zu Gott, zu einem persönlichen Gott mit menschlichen Attributen, der „zu helfen vermag". So schreibt er an Campe: „Ich liege in großen Schmerzen und fange wieder an zu beten, was ein schlechtes Zeichen ist." Dies war nicht, wie uns Heine selbst gern glauben machen will, eine psychologische Wandlung, sondern eine pathologische Stimmung der Verzweiflung, die ihn bei seiner körperlichen Hilflosigkeit und seelischen Verlassenheit auf dem Krankenlager zu Gott führte. Als geborener Jude wandte er sich zu dem Gott seiner Kindheit, zu Jehova, dem Gott des Alten Testaments, und vertraute sich ihm in den schmerzensreichen Stunden der Bedrängnis an. Doch dieser Jehova ist nicht der christliche Gott der Liebe und Versöhnung, sondern der jüdische Gott der Rache und Vergeltung:

> Unser Gott ist nicht die Liebe,
> Schnäbeln ist nicht seine Sache,
> Denn er ist ein Donnergott
> Und er ist ein Gott der Rache.
>
> Seines Zornes Blitze treffen
> Unerbittlich jeden Sünder,
> Und des Vaters Schulden büßen
> Oft die späten Enkelkinder.

In gesunden Stunden, wenn der Verstand wieder seine Rechte fordert, wird sich Heine bewußt, daß dieser anthropomorphische Gott nicht die absolute Vollkommenheit ist; er verkörpert auch alle menschlichen Schwächen. Seine Rache ist mächtiger als seine Gnade, sein Zorn rascher als seine Milde; er ist oft ohne Güte, ein tückischer Gott der Leidenschaft. Heine kommt zu der Erkenntnis, daß man wohl mit ihm rechten und hadern, sogar auf ihn schimpfen, sich jedoch nicht gegen ihn auflehnen kann; wenn man nicht elendiglich leiden will, muß man sich seiner Willkür fügen. In einem Briefe an seinen Bruder Maximilian erkennt er die unbeschränkte Hoheit Jehovas an: „Der Gott unserer Väter erhalte Dich! Unsere Väter waren wackere Leute: sie demütigten sich vor Gott und waren deshalb so störrig und trotzig den Menschen, den irdischen Mächten gegenüber; ich dagegen, ich bot dem Himmel frech die Stirne und war demütig und kriechend vor den Menschen — und liege jetzt am Boden wie ein zertretener Wurm. Ruhm und Ehre dem Gott der Höhe!" So findet Heine wohl eine Erklärung für die ihm auferlegten Gottesstrafen; andererseits erkennt er die Unmöglichkeit, auf der Grundlage des Anthropomorphismus die Welt und den Zweck des Lebens zu erklären. Die tragische Einsicht des Menschen, daß er in einer unerklärlichen Welt lebt und nur die unabwendbare Absolutheit des Todes vor sich sieht, überzeugt ihn von dem grenzenlosen Widersinn des Lebens, und grauenhafter Daseinsekel ergreift ihn. Diesem Leben in einer „Welt ohne Sinn", diesem zwecklosen Tatendrang einen Willen entgegenzusetzen und sich zur Individualität durchzuringen, um dieses Nichts ertragbar zu machen, hat er nicht die Kraft. Dieses Daseinsgefühl gräßlicher Ohnmacht bringt der Dichter im „Romanzero" mit oft schauererregender Schonungslosigkeit zum Ausdruck.

Der „Romanzero" besteht aus drei Gedichtgruppen: aus „Historien", die erzählende Gedichte, Romanzen und Balladen umfassen; aus „Lamentationen", die zumeist einen persönlichen lyrischen Ton anschlagen; und aus „Hebräischen Melodien", die Betrachtungen über das jüdische Leben der Gegenwart und Vergangenheit wiedergeben. Die meisten dieser Schöpfungen, auf dem Krankenbett entstanden, sind Ausdruck einer düsteren lebensverneinenden Weltanschauung, die freilich oft durch die Blitze geistreicher Einfälle erhellt wird. Der Stoff wendet sich nicht an das ästhetische Gefühl, sondern an das Interesse des Lesers, und manches kommt dabei nicht zu künstlerischer Vollendung und bleibt Erzählung. An Stelle der gedrungenen Knappheit früherer Zeit treten jetzt meist ziemlich breit ausgeführte Bilder, die dafür aber einen grellen Farbenglanz ausstrahlen, über den Heine in solchem Maße früher nicht verfügte; er glaubt, durch anziehendes Kolorit beim Leser „einen Succès und nachhaltige Popularität" erzielen zu können.

In den „Romanzen" reiht sich ein bedeutendes Stück ans andere. Noch aus vergangenen alten Zeiten ungebrochener Kraft stammen „Der Schelm von Bergen" und „Der Asra"; ersteres in hinreißender Frische eine rheinische Sage gestaltend, letzteres ganz in wohl von keinem anderen Dichter erreichter knapper, ausdrucksvoller Darstellung. Die „Historien" bieten keine eigentliche Geschichte; Heine schildert nur geschichtliche Persönlichkeiten in ihrer menschlichen Verkommenheit. Diese Stimmung findet in den „Historien" objektive, in den „Lamentationen" subjektive Gestaltung. Das Leben ist eine göttliche Komödie mit sinnlosen Grausamkeiten, närrischen Zufällen und zwecklosen Kämpfen. Mit fiebernder Phantasie erzählt Heine in seiner Krankenstube sich selbst Geschichten: in „Rhampsenit" von einem ägyptischen Meisterdieb, der für seine fragwürdigen Künste zum König erhoben wird; vom englischen König Harold, der, obgleich der bessere Mann, in der „Schlacht bei Hastings" unterliegt und dessen Leiche nur die Liebe der Edith Schwanenhals unter den Tausenden von Gefallenen auf dem Schlachtfeld zu finden vermag; vom in der Bibel so hochgepriesenen „König David", der sich in der Wirklichkeit als ein rücksichtsloser Despot entpuppt; vom persischen „Dichter Firdusi", der, vom Schach Mohamed um seinen versprochenen und verdienten Lohn geprellt, nach seinem Tode umso mehr gefeiert wird; in den „Spanischen Atriden" von einem mit unmenschlicher Grausamkeit ausgekämpften Bruderzwist, in dem der Schlechtere gewinnt; und in „Vitzliputzli" von dem hundertjährigen kahlköpfigen Priester der Azteken in Tenochtitlan, der — wie der glaubenseifrige und goldgierige Held Fernando Cortez aus der Ferne selbst sehen und hören kann — den spanischen Kriegsgefangenen, darunter Cortez' eigenem Sohn, auf der hohen Zinne des Tempels das noch zuckende Herz aus der Brust reißt, um es dem blutdürstigen Gotte Vitzliputzli als Dank für den Sieg zu opfern. Auch mit der Liebe ist es nicht viel besser bestellt: Harmlos ist noch der Spott gegen die schöne Gräfin Kalergis im „Weißen Elefant", ebenso die Liebe von „Geoffrey und Melisande", die sich nie gesehen und doch geliebt haben; doch Grausen erweckt die Erzählung der „Pfalzgräfin Jutta" mit den sieben von ihr ertränkten Liebhabern, die sie nun wie Furien ständig verfolgen. Am besten schließt die Königin „Pomare" ab; sie hat das Leben und die Liebe in vollen Zügen genossen, geht allerdings am Ende an der Syphilis elendiglich zugrunde. Ein Sinnbild der entarteten Kultur stellt das eigenartige Gedicht „Der Apollogott" dar; das Sinnenglück der griechischen Kunst ist aus Griechenland verbannt, aus Apollo ist ein jüdischer Bänkelsänger und aus den griechischen Musen sind neun fragwürdige Dirnen geworden, die mit ihm umherziehen. In dem Gedicht „Nächtliche Fahrt" stößt der besorgte Begleiter im Kahn die Schöne, um deren Heil er bangt, hinab in die Flut, um sie vor den Widerlichkeiten dieses Lebens zu bewahren.

Für das Thema Politik, das uns zu den „Lamentationen" führt, hat Heine jedes Interesse verloren, denn alles im Leben ist zwecklos und dem blinden Zufall unterworfen. Alle weiteren Bestrebungen der Freiheitskämpfer aus früherer Zeit, wie Herwegh und Dingelstedt, werden in den wenigen Zeitgedichten dieser Gruppe als unsinnig abgelehnt, denn am Ende fallen sie ja doch „in das Joch von Wölfen, Schweinen und gemeinen Hunden." Der einst für die Freiheit Polens so begeisterte Dichter verweist die blöden „Zwei Ritter" Crapülinski und Waschlapski mit vernichtendem Witz in ihre Schranken; im „Ex-Nachtwächter" hält Heine noch einmal Abrechnung mit den ihm so verhaßten Geistern aus dem pfäffischen München; und im Gedicht „Im Oktober 1849" äußert er sich in bitteren Worten über den Zusammenbruch der Revolution von 1848, besonders über das tragische Ende in Ungarn. Die Weltgeschichte wurde in einem Irrenhaus geboren, in dem die Helden der Vergangenheit, wie in den Tuilerien „Maria Antoinette" mit ihren Hofdamen, noch heute als kopflose Gespenster spuken.

Am meisten ergreift in den „Lamentationen" die Abteilung „Lazarus", in der Heine dem Leser einen tiefen Einblick gewährt in die dunkle Nacht seiner Leiden. In all diesen gedankenreichen und in greller Farbgebung oft überraschenden Gedichten tritt eine düster-verbitterte Lebensanschauung hervor: das Schlechte herrscht auf der Erde und schwelgt in schnödem Triumph über das Gute und Große; der Rechtschaffene trägt keuchend das Kreuz durchs Leben und darbt an der Tafel dieser schönen Gotteswelt; bis zu wilder Anklage des Weltenschöpfers, der solches Unrecht zuläßt, versteigt sich der leidende Dichter, dessen Lieder und Bilder zuweilen die Fieberschauer der Krankheit verraten. Aber auch in diesen schauervollen Gesängen seiner letzten Zeit packt Heine uns durch die Kraft des Gefühls und durch die grausame Wahrheit vieler Bekenntnisse. Solche Töne waren in der deutschen Dichtung noch nie vernommen worden, sie werden uns — wenn wir auch die mangelhafte Abtönung beklagen müssen, wenn auch gelegentlich grelle Mißklänge das Ohr zerreißen — in innerster Seele erschüttern, und den hohen Ruhm unbedingter Eigenart hat sich Heine auch hier gesichert. Wie immer man auch über den Mann Heine denken möge, kein Mitfühlender wird die zugleich erschreckenden und schönen Erzeugnisse des Krankenlagers vernehmen können, ohne dem großen Dulder und seinem zerrissenen Herzen Mitleid und Bewunderung zu gönnen. Diese Gedichte sind nicht das Erfreulichste, gehören aber zum Eigenartigsten, was der reiche Geist Heines geschaffen hat.

Mehr Lebensbejahung bekennen die „Hebräischen Melodien", so benannt nach Byrons „Hebrew Melodies". Sie sind ein Rückblick auf den religiösen Glauben seiner Kindheit und auf die Begeisterung für das jüdische Volkstum, die der „Verein für Kultur und Wissenschaft der Juden" in ihm geweckt hatte.

In der „Prinzessin Sabbath" schildert Heine mit innigster Teilnahme die weihevolle Feier des Sabbath, wie er sie noch aus seiner Kindheit im Gedächtnis hat; doch der würdevollen Verklärung bei der Verrichtung des Gottesdienstes hält er den filzigen jüdischen Schachergeist des Alltags entgegen. In „Jehuda ben Halevy" verklärt er die große Zeit der jüdischen Renaissance in Spanien durch den jüdischen Dichter Halevy und dessen himmlische Liebe zu Jerusalem, die dieser mit dem Leben bezahlte; doch solch selbstlosem Idealismus stellt Heine die krasse Geldsucht der Gegenwart entgegen, die er durch seine eigene Frau Mathilde veranschaulicht. Diesen geschmacklosen Gedanken hat Heine allerdings nur angedeutet und wohl bewußt nie zu Ende geführt. Er selbst macht Campes ständiges Drängen zum Druck für die Unzulänglichkeiten dieses Gedichtes verantwortlich, wenn er schreibt: „Das vorhergehende [Gedicht Jehuda ben Halevy] ist eigentlich nur ein Fragment — es fehlt mir die Muße zu Feile und Ergänzung — doch die Mängel, welche einem Buche durch solche Eilfertigkeit anhaften, bemerkt nicht die große Menge, aber sie sind darum nicht minder vorhanden und quälen manchmal das Gewissen des Autors." Das ungemein lange Gedicht war wahrscheinlich ein willkommener Lückenbüßer, den Heine nicht entfernen konnte, ohne die sowieso schon unzureichende Seitenzahl zur Füllung von 20 Bogen weiterhin empfindlich herabzusetzen. In der „Disputation" stellt Heine die Frage, ob im Judentum oder im Christentum der wahre Glaube verkörpert sei, doch nur um feststellen zu müssen, daß in beiden Religionen die ethischen Ideale verschwunden seien und der Unterschied zwischen ihnen nur noch in theologischer Rabulisterei bestehe.

Die Form dieser Gedichte ist schwach, der Inhalt unnötig ausgesponnen und die Darstellung ermüdend. Ideal und Wirklichkeit stehen sich schroff gegenüber, und die zwiespältige Einstellung des Dichters macht aus der geplanten Lobeshymne auf das Judentum ein Zeitgedicht gegen die Juden.

Die „Nachlese" ist eine bloße Fortsetzung des „Romanzero" von 1851, getragen von demselben Pessimismus: das Leben könnte wohl schön sein, doch die Schlechten schwelgen darin im Luxus, und die Guten darben im Elend; alles hängt vom Zufall ab, und in diesem Lotteriespiel des Lebens hat Heine lauter Nieten gezogen. Dafür fordert er vom Schicksal eine Erklärung:

> Laß die heil'gen Parabolen,
> Laß die frommen Hypothesen —
> Suche die verdammten Fragen
> Ohne Umschweif uns zu lösen.
>
> Warum schleppt sich blutend, elend,
> Unter Kreuzlast der Gerechte,
> Während glücklich als ein Sieger
> Trabt auf hohem Roß der Schlechte?
>
> Woran liegt die Schuld? Ist etwa
> Unser Gott nicht ganz allmächtig?
> Oder treibt er selbst den Unfug?
> Ach, das wäre niederträchtig.
>
> Also fragen wir beständig,
> Bis man uns mit einer Handvoll
> Erde endlich stopft die Mäuler —
> Aber ist das eine Antwort?

Neu in der „Nachlese" sind die Fabeln, in denen es dem Dichter weniger auf die Moral ankommt, als zu zeigen, daß es im Tierreich genau so traurig aussieht wie bei den Menschen, daß auch dort der Löwe den Sack zur Mühle trägt und der Esel regiert. Löwe, Pferd und Esel spielen auch sonst in den politischen „Zeitgedichten", wie „Welsche Sage", „Der neue Alexander" und „König Langohr", in denen besonders Friedrich Wilhelm IV. und Napoleon III. herhalten müssen, eine wichtige Rolle. Recht schwankend ist Heines Einstellung zum Proletariat. Unter dem Einfluß von Karl Marx verteidigt er 1844 in dem erschütternden Gedicht „Die schlesischen Weber" die Menschenrechte der hungrigen Streikenden gegen die Habsucht der Fabrikbesitzer; doch ein Jahrzehnt später auf dem Krankenbett empfindet er in dem packenden Gedicht „Die Wanderratten" würgendes Unbehagen beim grauenvollen Gedanken an das unausbleibliche Heraufkommen eines gottlosen kommunistischen Proletariats. Wenig angenehm wirken Heines häßliche persönliche Angriffe gegen ehemalige Freunde wie Meyerbeer, Liszt, Wagner, Herwegh und Venedey.

Auch die alte Liebe zu Therese flackert nach ihrem Besuch am Krankenbett des Dichters noch einmal kurz auf, besonders in dem folgenden Gedicht, das wohl zu den vollkommensten und ergreifendsten der deutschen Lyrik gehört:

> Ein Wetterstrahl, beleuchtend plötzlich
> Des Abgrunds Nacht, war mir dein Brief;
> Er zeigte blendend hell, wie tief
> Mein Unglück ist, wie tief entsetzlich.
>
> Selbst dich ergriff ein Mitgefühl
> Dich, die in meines Lebens Wildnis
> So schweigsam standest, wie ein Bildnis,
> Das marmorschön und marmorkühl.
>
> O Gott, wie muß ich elend sein!
> Denn sie sogar beginnt zu sprechen,
> Aus ihrem Auge Tränen brechen,
> Der Stein sogar erbarmt sich mein!
>
> Erschüttert hat mich, was ich sah!
> Auch du erbarm' dich mein und spende
> Die Ruhe mir, o Gott, und ende
> Die schreckliche Tragödia.

Mit fauchender Wut macht Heine seinem Haß gegen die andern Hamburger „Magen und Sippen" in dem Gedicht „Affrontenburg" Luft; in den Liedern „Zum Lazarus" läßt er seinem Verfolgungswahn, an dem er sein ganzes Leben lang litt, schonungslos die Zügel schießen. Seine Verwandten sollen der ewigen Vergessenheit anheimfallen, und mit derselben Vergeltung, die Jehova an dem Dichter verübt, vermacht er seinen Feinden noch im „Vermächtnis" alle seine eigenen körperlichen Leiden und Gebrechen.

Unter den wenigen erzählenden Gedichten aus letzter Zeit ist „Das Sklavenschiff" wohl das Trostloseste, was Heine je geschrieben hat. In kunstvoller Vollendung schildert er in einigen Zustandbildern, bildlich klar, die bestialischen Unmenschlichkeiten der geldgierigen Menschenhändler. Einen Gegensatz dazu bildet das Gedicht vom Wunderland „Bimini". Bei Washington Irving hatte Heine gelesen, daß Ponce de Leon, der einst jugendliche Geck und heldenmütige Begleiter des Columbus, im hohen Alter als zahnloser, kahlköpfiger und zusammengeschrumpfter Greis noch einmal eine Reise ins ferne Florida unternahm, um dort an der Quelle der ewigen Verjüngung die Frische der Jugend zurückzugewinnen. In Ponce de Leons Leidensgang erblickt Heine eine Spiegelung seines eigenen Schicksals:

auch er möchte noch einmal gesunden und die Freude der Frauenliebe genießen. Doch der Versuch scheitert:

> Ach, anstatt von altem Siechtum
> Zu genesen, ward der Ärmste
> Heimgesucht von vielen neuen
> Leibesübeln und Gebresten.
>
> Während er die Jugend suchte,
> Ward er täglich noch viel älter,
> Und verrunzelt, abgemergelt
> Kam er endlich in das Land.
>
> In das stille Land, wo schaurig
> Unter schattigen Zypressen
> Fließt ein Flüßlein, dessen Wasser
> Gleichfalls wundertätig, heilsam —
>
> Lethe heißt das gute Wasser.
> Trink daraus, und du vergißt
> All dein Leiden — ja, vergessen
> wirst du, was du je gelitten —
>
> Gutes Wasser, gutes Land!
> Wer dort angelangt, verläßt es
> Nimmermehr — denn dieses Land
> Ist das wahre Bimini.

Das Vorwort, das schließlich als „Nachwort zum Romanzero" erschien und heute als ein wichtiges biographisches Dokument des Dichters anerkannt wird, wurde damals von Campe als bloßer Lückenbüßer betrachtet. Er schreibt am 26. September 1851 an Heine: „Was hilft's, das Maulspitzen nutzt nichts, es muß gepfiffen sein! Pfeifen Sie! Pfeifen Sie noch 20 bis 30 Seiten . . . Ernsthaft gesprochen: Geben Sie die Nachrede oder was Sie sonst wollen." Einige Tage später schickt Heine ihm das „Nachwort", doch mit der bezeichnenden Bemerkung: „Mein Abschied vom Publikum in der Nachrede ist bedeutsamer als Sie glauben." Das öffentliche Bekenntnis darin zu einem persönlichen theistischen Gott scheint Heine als recht peinlich empfunden zu haben; jedenfalls schreibt er an Campe: „Es wäre nicht übel, wenn von dem Romanzero-Exemplar, welches meine alte Mutter bekommt, die Nachrede ausgeschnitten würde." Sie hätte, wie der Sohn genau wußte, seine neuen religiösen Anschauungen nicht gebilligt, wie auch viele seiner fortschrittlichen Verehrer seine Rückkehr zu Gott — worunter viele eine Rückkehr zu einer positiven Religion, zur Kirche, verstanden — ihm nie verziehen haben.

4. Vermischte Schriften

A) „Geständnisse"

Die „Geständnisse" Heinrich Heines haben seit ihrem Erscheinen bis auf die neueste Zeit in weiten Kreisen große Beachtung gefunden, und es gibt keine Darstellung des Dichters, die bei Schilderung seiner letzten Lebensjahre nicht besonders auf diese Schrift einginge. Entgegen früherer Annahme ist sie nicht erst in den ersten Monaten des Jahres 1854 entstanden, sondern schon um die Wende 1851/52. Heine nahm während der Arbeit zahlreiche Änderungen, Besserungen, Streichungen und Erweiterungen vor, und seine Niederschriften, die in ungewöhnlich reicher Fülle erhalten sind, geben exakt die komplizierten Gedankenabläufe wieder. Die Arbeit wuchs ihm unter den Händen, und sie wurde schließlich etwas anderes, als er ursprünglich geplant hatte. Zuerst sollte es nur eine Entstehungsgeschichte seines Buches „De l'Allemagne" werden; „Genèse de mon livre de l'Allemagne" lautete der französische Titel; aber dieser Titel ließ sich weder in der deutschen, noch in der französischen Ausgabe festhalten. Dort wurden die „Aveux de l'auteur" wenigstens noch als Teil von „De l'Allemagne" aufgenommen, als Zehnter und letzter Abschnitt in dem zweiten Band des Werkes, der 1855 gleichsam als Nachwort erschienen war; in der deutschen Ausgabe aber machte sich die Schrift ganz selbständig und löste sich vollkommen von ihrem ursprünglichen Zweck: sie bildete den ersten Abschnitt der „Vermischten Schriften", die im Oktober 1854 erschienen waren und die gar nichts mehr mit dem Werk „De l'Allemagne" gemein hatten und mit der „Lutetia", die den zweiten und dritten Band der „Vermischten Schriften" füllte, sogar vieles enthielten, was sich mit dem Inhalt der „Geständnisse" durchaus nicht in Einklang bringen ließ.

In der Tat hatten sich die Anschauungen des Dichters seit den Tagen, als jene Aufsätze der „Lutetia" entstanden waren, erheblich geändert; über viele der wichtigsten Lebensfragen urteilte er jetzt anders als damals. Seine Anschauungen decken sich nun in vieler Hinsicht mit denjenigen im ‚Nachwort' seines „Romanzero" und mit denen im ‚Vorwort' zur zweiten Auflage des „Salons", während sie zu den älteren in auffallendem Gegensatz stehen. Die Erfahrungen seiner schweren Krankheit, die Gewöhnung an das häusliche Leben in der Fremde, die Gewißheit seines baldigen Todes und der Umschwung der politischen Zustände in Frankreich — die Entstehung eines neuen Kaiserreiches unter dem Neffen Napoleons — dies alles blieb nicht ohne Einfluß auf Heines Lebensgefühl und Weltanschauung. Ihn selbst schauderte beim Lesen der eigenen Bekenntnisse aus früherer Zeit, und in den „Geständnissen" klingt uns an mehr als einer Stelle leidenschaftlicher Widerruf entgegen.

Dieser Widerruf erscheint umso mächtiger, als Heine in einer Hinsicht dennoch der alte geblieben war: Seine Worte verraten denselben heißen Atem wie diejenigen der früheren Zeit, die in andere Richtung gewandt waren; sie sind erregt und lyrisch bewegt, streben nicht nach schlichter Ruhe, sondern bleiben sich ihrer Parteilichkeit voll bewußt; auf Schritt und Tritt zeugen sie von Liebe und Haß. Zugleich aber erkennt Heine die tiefe Unfreiheit seines inneren Lebens, die Abhängigkeit von Umwelt, Schicksal und Zufall, und er mußte sich „zuweilen gestehen, wie es oft von den kleinsten Zufälligkeiten abhing, daß wir dieser statt jener Partei zufielen und uns jetzt in einem ganz entgegengesetzten Feldlager befinden". Das sind Worte, die auf eine merkwürdige Unsicherheit oder gar Zersetzung von Gefühl und Willen hindeuten und später erklärt werden sollen. Doch ist davon in Heines Schrift nichts zu spüren: der Nachdruck seiner Rede hat nicht gelitten, er ist so groß und mächtig wie nur je.

Heine hat in den Tagen seiner blühenden Kraft die bezeichnendsten Züge seiner Lebensanschauung gern aus dem Gegensatz von Weltflucht und Weltfreude zu erschließen versucht, und besonders in seinem Buch über Börne hat er das Wesen zweier Menschenarten, der Nazarener und der Hellenen, voneinander abgehoben; in Börne erblickt er den beschränkten Nazarener, während er selber als Hellene in dionysischer Freude dahinlebte. Jetzt ist das völlig anders geworden; unter dem Einfluß seiner furchtbaren Krankheit hat sich seine Seele gebeugt vor Gott. Er weist es ab, ein Geistesverwandter Voltaires zu sein, und vor allem will er jetzt nichts mehr wissen, von dem Mann, in dessen Schule ihm doch erst der Sinn für die letzten Rätsel des Lebens geweckt und gebildet worden war: von seinem großen Lehrer Hegel. In der Tat war es sehr auffällig gewesen, daß er in seiner „Geschichte der Religion und Philosophie" über Hegels Lehre sich nicht ausgiebig geäußert, sich vielmehr damit begnügt hatte ihn mit Ausdrücken der Bewunderung zu rühmen und sogar noch weit über Kant zu erheben. Jetzt sucht er das Versäumte nachzuholen, freilich nur, um zugleich seinen Abfall kundzugeben. Heine sah in Hegel den großen Zerstörer und Empörer; sowohl die Gottesgedanken, als auch die Gedanken, die den Bau der sittlichen und bürgerlichen Ordnung oder auch nur des Herkommens zusammenhalten, waren zerschlagen worden von Männern, die zu Hegels Füßen gesessen hatten oder von seinen Werken entscheidend bestimmt worden waren. Heine war zu der Überzeugung gekommen, daß ihn Hegels Gedanken damals zu schauerlicher Überheblichkeit verleitet hatten. Die göttliche Satzung hatte er mißachtet und verkannt, das Sittengesetz zurückgewiesen und sich selbst in eitlem Wahn zum Urquell aller Göttlichkeit und Sittlichkeit hinaufgeträumt. Jetzt zwang ihn ein wilder Schrecken zur Umkehr und Einkehr; im schlichten Wort der Bibel fand er Kraft und Trost, und ihn beglückte und befreite jene ganz einfältige, kindliche Frömmigkeit, wie sie die amerikanische Schriftstellerin Harriet Beecher-Stowe in ihrem bekannten rührseligen Roman „Onkel Toms Hütte" so eindrucksvoll geschildert hatte. Am schlimmsten fand er es, daß man in Deutschland die Gottesleugnung unbehindert auf offenem Markte ausschrie. „Wir haben jetzt", so schrieb er, „fanatische Mönche des Atheismus, Großinquisitoren des Unglaubens, die den Herrn Voltaire verbrennen lassen würden, weil er doch im Herzen ein verstockter Deist gewesen . . . Als der Atheismus anfing, sehr stark nach Käse, Branntwein und Tabak zu stinken, da gingen mir plötzlich die Augen auf". Die Verbindung des Atheismus „mit dem schauderhaft nacktesten, ganz feigenblattlosen, kommunen Kommunismus" war ihm das Gräßlichste von allem. Gegen den Kommunismus wendet er sich mit den schärfsten Worten, ganz so wie auch in seinem Gedicht „Die Wanderratten". Nicht aus Sorge um Handel und Wandel, selbst nicht aus Sorge um Kunst und Wissenschaft, die der Kommunismus zerstören würde, lehnt er diese Lehre ab, sondern aus tiefstem Ekel und Widerwillen gegen die Masse, den Pöbel. Das aristokratische Gefühl der Vornehmheit scheidet ihn von jenen Kreisen. Und geradezu köstlich ist das Bild, das er von einem von ihnen, dem Schriftsteller und Schneidergesellen Weitling entwirft.

Der Rationalist Heine wendet sich ab von dieser verworrenen Welt der Gegenwart, und der Romantiker Heine sucht und findet Trost in der geschichtlich-künstlerischen Religion der Vergangenheit, in dem Buch der Bücher. Heine war mit der Bibel, allerdings ganz überwiegend mit den Schriften des Alten Testaments, so gründlich vertraut, wie wenige andere deutsche Dichter. Über die Herrlichkeit der Bibel hatte er sich auch früher, in den Tagen seiner hellenischen Weltfreude, immer mit liebender Bewunderung geäußert. Jetzt schöpfte er aus ihr, „dem schönen heiligen Erziehungsbuche für kleine und große Kinder", eine religiöse Wiedergeburt, „und diese Wiedergeburt des religiösen Gefühls genügte dem Dichter, der vielleicht weit leichter als andere Sterbliche der positiven Glaubensdogmen entbehren kann." In der schauerlichen Einsamkeit seines Pariser Elends wandte sich der Dichter in heftig erregtem Gebet zu Gott. „Ich bin nur ein armer Mensch, der obendrein nicht mehr ganz gesund und sogar sehr krank ist. In diesem Zustand ist es eine wahre Wohltat für mich, daß es jemand im Himmel gibt, dem ich beständig die Litanei meiner Leiden vorwimmern kann, besonders nach Mitternacht, wenn Mathilde sich zur Ruhe begeben, die sie oft so sehr nötig hat, Gottlob! in solchen Stunden bin ich nicht allein und ich kann beten und flennen so viel ich will und ohne mich zu genieren, und ich kann ganz mein Herz ausschütten vor dem Allerhöchsten und ihm manches vertrauen, was wir sogar unserer eigenen Frau zu verschweigen pflegen."

Bei längerer Beschäftigung mit der biblischen Urgeschichte erschien ihm der Begründer des alten Bundes in viel hellerem Lichte als früher. Im

Jahre 1830 hatte Heine über Christi Heilstat noch geäußert: „Welche süße Gestalt dieser Gottmensch! Wie borniert erscheint in Vergleichung mit ihm der Heros des Alten Testaments!" Jetzt hat Heine seine Ansicht geändert: Nun ist Moses der Mann der Tat, der „Menschenpyramiden" baute: „Er nahm einen armen Hirtenstamm und schuf daraus ein Volk, das ebenfalls den Jahrhunderten trotzen sollte, ein großes, ewiges, heiliges Volk, ein Volk Gottes, das allen anderen Völkern als Muster, ja, der ganzen Menschheit als Prototyp dienen konnte". So gelangt Heine, von Moses ausgehend, zu einer Verherrlichung des jüdischen Volkes, der wir bei ihm kaum eine zweite gleichen Nachdrucks an die Seite stellen können, während andererseits die „Bäder von Lucca", der „Börne", die späteren Abschnitte des „Rabbi", auch die „Lutetia" sehr harte Äußerungen über Juden und Judentum enthalten. In seiner Vorliebe für Moses geht Heine jetzt sogar so weit, daß er das mosaische Jubeljahr preist und ihm das Eigentumsrecht des „Corpus juris", dieser „Bibel des Teufels", tadelnd gegenüberstellt. Während Heine sonst gern über seine jüdische Herkunft mit Schweigen hinweggeht, gelegentlich gar sein christliches Bekenntnis sehr geflissentlich hervorhebt, weist er jetzt nachdrücklich auf seine Abstammung hin.

Gleichwohl denkt er nicht daran, zu dem Bekenntnis und den Bräuchen seiner Jugend zurückzukehren; er zieht einen eindeutigen Strich zwischen seinen eigenen Anschauungen und den Lehren der herrschenden Glaubensgemeinschaften. Der Dichter, so sagt er, „hat die Gnade, und seinem Geist erschließt sich die Symbolik des Himmels und der Erde; er bedarf dazu keines Kirchenschlüssels". Vom Protestantismus spricht er mit einer gewissen Lauheit; noch sieht er in ihm den Erwecker der Geistesfreiheit der neuen Zeit, und Luther, „der gewaltige Mann mit der Axt", bleibt ihm eine verehrungswürdige Gestalt. Das Hauptverdienst der Protestanten jedoch erblickt er darin, daß sie die hebräische Bibel wiedergefunden und neu verbreitet haben. Im übrigen rühmt Heine an dieser Konfession, daß sie ihn nie behindert habe; deshalb konnte er sich dieses „sehr aufgeklärte und von jedem Aberglauben filtrierte Christentum gefallen lassen"; recht erwärmt aber hat es ihn augenscheinlich nie. Es fällt auf, daß er jetzt gegenüber der katholischen Kirche, der er früher oft mit höchstem Ingrimm entgegengetreten war, eine sehr viel freundlichere Haltung einnimmt! Er erinnert an katholische Anwandlungen seiner frühen Jugend und an die Einflüsse des Unterrichts und der Erziehung, die er auf dem katholischen Lyzeum seiner Vaterstadt erfahren hatte. Ja, es macht ihm Spaß, mit drolliger Feierlichkeit auszumalen, wie er, dem katholischen Glauben gewonnen, hätte Geistlicher werden, sich als vornehmer römischer Abbate gewiß sehr wohl fühlen und vielleicht gar zu höchsten kirchlichen Würden emporsteigen können. Auch mit den Jesuiten findet er sich jetzt ab, und er meint, sie seien allzu lange „der Popanz und der Sündenbock der liberalen Partei" gewesen.

Immerhin war Heine von einem Bekenntnis zur katholischen Kirche weit entfernt. Er blieb dabei und lehnte jede der herrschenden Glaubensgemeinschaften für sich ab, wie er ja auch ohne den Segen des Priesters zur letzten Ruhe bestattet zu werden wünschte:

> Keine Messe wird man singen,
> Keinen Kodosch wird man sagen,
> Nichts gesagt und nichts gesungen
> Wird an meinen Sterbetagen.

Heines rühmende Worte über die Juden gelten daher nicht ihrem Glauben und ihren Bräuchen, sondern ihrem Volkstum, ihrer Rasse, ihrem Blut. Es ist auffällig, daß Heine, bei dem das Rassegefühl immer nur eine geringe Rolle gespielt hat und der alles Gerede über Abstammung ablehnt und verspottet, hier in den „Bekenntnissen" auf eine „sehr große Wahlverwandtschaft" des jüdischen Volkes „mit dem Charakter der germanischen und einigermaßen auch der celtischen Rasse" aufmerksam macht. Zum Beweis deutet er auf bemerkenswerte Züge alttestamentlichen Lebens in den evangelischen Gemeinden Schottlands, Amerikas und anderer germanischer Länder hin.

Heines „Geständnisse" bedeuten also nicht seine Rückkehr zum orthodoxen Judentum, sie sind sein persönliches Bekenntnis zu Gott, als bewußte Reaktion auf die atheistisch-kommunistische Tendenz der Zeit. Beim Lesen des alten Testaments wurde Heine tief ergriffen von der Monumentalität der jüdischen Geschichte, die er in der imposanten Gestalt des Moses verkörpert sieht; die süße leidende Gestalt Christi hingegen verblaßt ihm gegenüber dieser tatkräftigen, überwältigenden Persönlichkeit, und er ist jetzt stolz darauf, daß seine Ahnen diesem Volke Gottes angehört haben. Der Romantiker würdigt hier aus geschichtlich-künstlerischen Gründen die Religion der Vergangenheit; der Rationalist Heine aber weist weiterhin jede positive Religion der Gegenwart zurück, sei sie jüdisch oder christlich; typischen Ausdruck findet dies im gleichzeitig entstandenen Gedicht „Disputation", das mit den bezeichneten Worten schließt:

> Welche [Religion] recht hat, weiß ich nicht —
> Doch es will mich schier bedünken,
> Daß der Rabbi wie der Mönch,
> Daß sie alle beide stinken."

Im Mittelpunkt von Heines Schrift steht sonderbarerweise seine Befehdung der Frau von Staël und ihres berühmten Buches „De l'Allemagne". Über sie hatte er bereits früher, vor allem in der „Romantischen Schule", abfällig geurteilt; jetzt aber geht er weit schärfer vor. Bezeichnenderweise findet sich in der Handschrift der „Geständnisse" dort, wo er über Frau von Staël schreibt, eine Einlage aus, wie die Schriftzüge beweisen, viel früherer Zeit. Damals war Heine wohl der Meinung gewesen, er müsse seine Vorwürfe gegen Frau von Staël doch ein wenig zurückhalten; jetzt hingegen kamen ihm die alten Blätter gerade recht, und er schaltete sie in seine Handschrift ein. Allerdings lag noch ein besonderer Grund vor, der seine heftige Abneigung gegen die berühmte Schriftstellerin ins Maßlose steigerte. Frau von Staël war bekanntlich eine entschiedene Gegnerin Napoleons; sie hatte ihn mit den scharfen Waffen ihres reichen Geistes bekämpft, seinem Ansehen erfolgreich Abbruch getan und dafür bitter leiden müssen — denn sie wurde aus Frankreich verbannt. Heines Verehrung für Napoleon war in den dreißiger Jahren, als er sich zuerst über Frau von Staël vernehmen ließ, ganz erheblich abgekühlt gewesen, weil er sich der Rothschildschen Politik fügen mußte. Jetzt aber waren die Wogen seiner Napoleon-Verehrung wieder mächtig gestiegen, und so nahm er in Frau von Staël fast nur die Gegnerin des Kaisers aufs Korn. Ihren Haß auf Napoleon erklärt er aus verschmähter Liebe: Nachdem Napoleon ihre aufdringlichen Annäherungsversuche höhnisch zurückgewiesen, habe sie planmäßig in weiten Kreisen den geistigen Feldzug gegen ihn angeregt. Damit überschätzt Heine wohl den Einfluß der klugen Frau; zumindest stehen ihr etliche der Männer, die er mit ihr in Beziehung bringt, tatsächlich völlig fern: Heine führt uns nämlich eine sehr sonderbare Gesellschaft von Deutschen vor, die nach dem Sturze des Kaisers in Paris eingezogen seien und als Vertreter der heimischen deutschen Art hätten gelten wollen: Blücher, Jahn und Arndt. Immerhin könnte man sie gelten lassen; und auch A. W. Schlegel als Freund und Berater der Staël wäre zu verstehen. Doch wenn er Zacharias Werner oder gar den nur wenig bekannten Baron Eckstein, dem Heine ganz besonders grollte, in unmittelbarer Folge nennt, so fühlt man allzu deutlich die parteiische Absicht. In der Erregung rennt der Stürmende übers Ziel hinaus. Und wenn er gar noch das französische Gefolge der großen Frau namhaft macht, so geschieht es wohl auch nur, um einigen von ihnen, insbesondere dem Viscomte Chateaubriand einen Denkzettel zu geben. In diesem Zusammenhange spricht Heine auch von seinem ersten Eintreffen in Paris, von den bunten Erlebnissen dieser Zeit, und man möchte erstaunt fragen: wo stecken denn in diesen Schilderungen eigentlich Geständnisse? Oder, wenn wir uns an den ursprünglichen Titel der Schrift halten: Was hat das alles zu tun mit der „Genèse de mon livre de l'Allemagne"?

Handeln die religiösen Geständnisse Heines von seiner Rückkehr zu Gott, so die politischen Abschnitte über Frau von Staël und das „Waterloo-Fragment" von Heines Rückkehr zu Napoleon. War es bei Frau von Staël zuerst Heines frühere Verehrung für Napoleon I., so führt letzten Endes die weite Gedankenfahrt über Frau von Staël und die Provisorische Regierung von 1848 zu Napoleon III., zu dem der Dichter nun mit hemmungsloser Begeisterung aufschaut. Dies beweist vor allem das im letzten Augenblick zurückgehaltene und erst 1869 von Strodtmann in den „Letzten Gedichten und Gedanken" unter wenig glücklichem Titel veröffentlichte „Waterloo-Fragment". Auch darin geht Heine nicht gleich auf die Hauptsache los, sondern gibt zunächst eine sehr belustigende Schilderung der politischen Entwicklung in Frankreich seit den Tagen der Februar-Revolution. Diese selbst, ihr Hauptheld Lamartine und der kleine Louis Blanc, ihr sozialistischer Wortführer, werden außerordentlich geschickt gezeichnet, freilich nicht mit sehr schmeichelhaften Worten. Man erstaunt nicht wenig, wenn man mit diesen Urteilen diejenigen vergleicht, die Heine unmittelbar nach den großen Ereignissen, noch im März 1848, für die „Augsburger Allgemeine Zeitung" zu Papier gebracht hatte. Damals schien er die Republik als eine Tatsache hinzunehmen; jetzt kann er sich wieder an der Kaiserlegende berauschen; der Name Napoleon hat noch einmal gesiegt.

Die Handschrift der „Geständnisse", mit ihren zahlreichen später unveröffentlicht gebliebenen Stellen, beweist noch viel deutlicher als das von Strodtmann gedruckte Bruchstück, daß es Heine darum zu tun war, den neuen Gewalthaber zu umschmeicheln, und sich durch Verherrlichung des Oheims die Gunst des Neffen zu erringen. Aus diesem Grunde weist er darauf hin, daß keiner so früh und so leidenschaftlich wie er die Napoleon-Verehrung in gewissen Kreisen Deutschlands gepflegt habe; er bezeichnet Napoleon III., in äußerst kühner und anfechtbarer Gedankenführung, als seinen „legitimen Souverän"; er stellt ihn neben seinen großen Onkel wie Augustus neben Cäsar gestanden habe. Nirgends hat sich Heine so unzweideutig wie hier, wenigstens im politischen Sinne, von seinem deutschen Heimatvolke losgesagt. Allerdings rücken die „Bekenntnisse" in ein noch merkwürdigeres Licht, wenn wir erfahren, daß Heine kurze Zeit vorher, jedenfalls nicht lange vor der Vermählung Napoleons III., am 29. Januar 1853, noch das Spottgedicht „König Langohr I." gedichtet hatte, in welchem der neue Herr wirklich nicht wie ein Augustus auftritt. Offenbar also hat Heine in seinem Verhalten gegenüber dem neuen Kaiser eine Wandlung erfahren: Noch etwa ein Jahr vor Abfassung der „Geständnisse" dachte er anders als jetzt. Das ist sehr auffallend, bis jetzt sind bedenkliche Unklarheiten geblieben. In Inhalt und Anlage der Schrift wirkt manches fragwürdig und problematisch; und viele soeben entwickelte Bedenken wollen dem deutschen Leser nicht einleuchten. Zur Lösung dieser Widersprüchlichkeit wollen wir einige Jahre zurückgreifen und die politische Entwicklung in Frankreich seit der Provisorischen Regierung sowie die Stellungnahme der Rothschilds zu Louis Napoleon näher betrachten.

Das Bankhaus Rothschild verfolgte gerade damals, Ende 1848, die politische Machtentfaltung des neugewählten Präsidenten mit großer Besorgnis und nahm zunächst eine sehr zurückhaltende Haltung zu ihm ein; insgeheim arbeitete es sogar gegen ihn, hoffend, Louis Napoleon und das durch ihn zur Macht gekommene Bankhaus Fould und Oppenheimer würden bald stürzen, so daß Rothschilds frühere Finanzmacht wiederhergestellt würde. Doch der Staatsstreich vom 2. Dezember 1851 erbrachte den offensichtlichen Beweis, daß Louis Napoleon festen Fuß gefaßt hatte und er in Frankreich bald als Kaiser regieren würde. James Rothschild machte daher gute Miene zum bösen Spiel und suchte und fand bald Gelegenheit, sich in die Gunst des Herrschers einzuschmeicheln. Da es Louis Napoleon nicht gelungen war, eine Prinzessin aus souveräner Familie zu ehelichen, schenkte er all seine Aufmerksamkeit der wenig bemittelten spanischen Gräfin Eugénie de Montijo. Sofort bildeten sich zwei Parteien, die eine für, die andere gegen die Heirat. James Rothschild bekannte sich dafür. Er lud die Gräfin häufig als Gast auf seine Schlösser, beriet sie bei ihren großen Ausgaben in finanziellen Angelegenheiten, und kam auf diese Weise mit dem Präsidenten in enge Berührung. James Rothschild bekannte sich öffentlich zu Louis Napoleon, und von diesem Augenblicke an konnte auch Heine wieder seinem ehemaligen Napoleonkult freien Lauf lassen.

Es ist hier wohl der Hinweis am Platze, daß Heine Anfang der fünfziger Jahre eine vernichtende Schrift gegen Louis Napoleon verfaßt haben soll. Nun ist es durchaus denkbar, daß er um 1850 auf Rothschilds Veranlassung eine solche Schmähschrift im Sinne hatte, die Ausführung aber im Keim erstickte, als kurz darauf eine Versöhnung der Rothschilds mit Louis Napoleon sich anbahnte. In der Annahme, daß es sich um einen Teil von Heines „Memoiren" handle, und Heines Witwe Mathilde habe sie durch ihren Freund Ferdinand Friedland dem Kaiser Napoleon III. verkauft, hat man auch in den Archiven nachgeforscht, aber nichts finden können. Das lange Gedicht „König Langohr I." ist die einzige Schmähschrift gegen Ludwig Napoleon, die sich aus jener Zeit erhalten hat.

Auch hier stellt man völligen Gleichklang zwischen Rothschilds Politik und Heines politischer Schriftstellertätigkeit fest: Während Heine in den dreißiger und vierziger Jahren dem Napoleonkult gleichgültig, ja abweisend gegenüberstand, schrieb er um die Wende 1851/1852 plötzlich sein „Waterloo-Fragment". Diese Schrift ist eine Verherrlichung Napoleons III. und verfolgt einen doppelten Zweck: Heine wünscht vom neuen Kaiser eine französische Pension zu empfangen und in den Adelstand erhoben zu werden.

Das Streben nach Adel ist bei weitem nicht so phantastisch, wie es auf den ersten Blick erscheinen mag. Die ganze Familie Heine war damals von auffälliger Titelsucht befallen. Heines jüngster Bruder Maximilian in St. Petersburg zeichnete stets als „de" Heine; Heines jüngerer Bruder Gustav in Wien, der es durch Heirat zum Millionär gebracht hatte, wurde der Baron von Heine-Geldern, und von seinen Töchtern wurde eine die Gräfin Mathilde Friese und eine andere die Gräfin Sizzo-Noris; Heines Schwester Charlotte heiratete den Hamburger Kaufmann Embden, ihr Sohn wurde der Baron von Embden, und eine Tochter die Principessa della Rocca; Heines hochbetagte Mutter, eine geborene van Geldern, setzte seit 1850, auch in Briefen an ihren Sohn Harry, nach ihrer Namensunterschrift noch „geb. von Geldern" oder sogar „geb. de Geldern". Die französischen Nichten Heines hatten es sogar noch viel weiter gebracht: die Adoptivtochter des Hamburg-Pariser Zweiges, die Enkelin Salomon Heines, wurde in erster Ehe die Herzogin von Elchingen und in zweiter die Fürstin von Eßling und Herzogin von Rivoli: die Tochter des deutsch-französisch-amerikanischen Zweiges, die Enkelin Isaak Heines in Bordeaux, wurde in erster Ehe die Herzogin von Richelieu und in zweiter die Fürstin von Monaco. Der Dichter Heine war also das einzige Familienmitglied, das nicht in den Adelsstand erhoben war. Erwähnenswert ist obendrein, daß Heines Bruder Gustav sich an vier deutschen Universitäten (Heidelberg, Göttingen, Jena und Tübingen) erfolglos um den Titel eines Ehrendoktors bewarb.

Das „Waterloo-Fragment" wurde nicht im Winter 1854 verfaßt, sondern schon Ende 1851, wie aus einer unveröffentlichten, später zitierten Stelle hervorgeht. Bezeichnend ist die Tatsache, daß Campe im Jahre 1854 das „Waterloo-Fragment" in seiner ursprünglichen Fassung empört zurückwies:

Waterloo machen mir, Ihretwegen, große Sorgen . . . Mit geballter Faust schlagen Sie der ganzen deutschen Bevölkerung ins Angesicht, und zwar auf Unkosten der Franzosen. Waterloo schmeichelt den Franzosen und besonders Napoleon III. Als Sie im ,Buch Legrand' Napoleon I. feierten: damals standen die Dinge anders wie heute. Für Napoleon I. befanden sich Bewunderer in Menge unter uns, und der denkende Teil der Deutschen erkannte sein Streben und waren Napoleonisten, also seine Freunde. Ihre Anklänge waren enthusiastisch, jugendlich und glühend, *ohne Nebenzweck und Nebengedanken* — mit diesen Gefühlen konnten Sie nichts *Vorteilhaftes erzielen wollen*, es galt für *reine Liebe* und Bewunderung des Genies und fand daher keine Rüge. Heute gebe ich Ihnen gerne zu, daß die Welt Napoleon III. nicht entbehren kann, er gehört in das Konzert der Staaten wie in die Uhr die ,Unruhe', sonst bleibt sie stehen. Diese Anerkennung, so wichtig sie sein mag, gibt Ihnen noch nicht (auch seinen Franzosen nicht) die Befugnis, auf Kosten der Deutschen so hochgehoben zu werden, wie Sie es getan. — Ich garantiere Ihnen, daß diese beiden Sachen Sie um den Rest Ihrer Popularität unter den Deutschen bringen, bei denen Sie weit schlechter angeschrieben stehen, als Sie vermuten! Daher bitte ich um eine Revision und ernste Ausmerzung alles Verletzenden für das ,deutsche Gefühl', um courfähig zu bleiben, Einlaß zu behalten, daß man die Türe nicht vor Ihren Produkten verschließt.

Campe durchschaute sofort Heines Zweck und die von ihm unterstrichenen (hier kursiven) Wörter lassen das Werk in seinem wahren Lichte als berechnende Tendenzschrift erkennen, die der Belohnung durch Napoleon III. harrte. Heine hat daraufhin dieses ursprüngliche „Waterloo-Fragment" gemäßigter formuliert, es aber zu guter letzt doch für das beste gehalten, auch diese Fassung zurückzubehalten und zu den Akten zu legen. Die zweite gemäßigtere Fassung ist es, die Campes Sohn aus dem Nachlaß er-

warb und die Strodtmann 1869 in Heines „Letzte Gedichte und Gedanken"
veröffentlichte. Aus der ursprünglichen, noch unveröffentlichten Fassung,
die mir vorliegt, müssen einige Stellen genügen, um Heines berechnende
Tendenz zu veranschaulichen:

Ich habe eben erwähnt, daß während ich mit dem außerordentlichsten Erfolg die
Rehabilitierung und Verherrlichung des Namens Napoleon in Deutschland bewirkte,
dennoch meine Person von den Wirren der Regierungen und den freiwilligen Lakaien derselben, welche sich als Patrioten gebärdeten, in der verbissendsten Weise
gefährdet ward. Ich kontrahierte Feindschaften, die mich seitdem nie verließen;
diese Feinde blieben mir treu bis zu dieser Stunde . . .

Ich habe hier bloß auf meine Antezedenzien aufmerksam machen wollen, um von
vornherein mich vor der Zumutung zu schützen, als könnte ich über die politischen Vorgänge des verflossenen Monats, über den großen Coup d'état des zweiten
Dezembers und ihren Urhebern mich mit gehöriger Unparteilichkeit aussprechen.
Ich, der ich so lange ein stummer Höfling des Kaisers war, und den derselbe in
Anerkennung seiner dichterischen Talente gewiß zum Herzoge gemacht hätte, wie
den Pierre Corneille, der nur durch ein chronologisches Mißgeschick, ebenso wie
ich einer solchen Standeserhöhung nicht teilhaftig ward, indem er viel zu früh
und ich viel zu spät zur Welt kam — ich bin deshalb aus Dankbarkeit nicht imstande,
ein strenges Urteil zu fällen über den Prinzen Louis Napoleon Bonaparte, den
Neffen des Kaisers, den Sohn der schönen Königin Hortense, dem Intestalerben
aller imperialen Sympathien . . .

Wahrlich die Nachwelt wird seinem Genie und Heroismus nicht ihre Bewunderung versagen, der Geschichtsschreiber wird den Neffen ebenso groß darstellen wie
den glorreichen Oheim, und diesmal wird Augustus nicht von Caesar überstrahlt
werden.

Heine beansprucht also, durch seinen literarischen Napoleonkult die Bewunderung für Napoleon wach erhalten und den Kaiser wieder zu Ehren
gebracht zu haben, und zwar unter großen persönlichen Opfern, indem er
sich bis zu dieser Stunde Feinde zugezogen habe. Der Geschichtsschreiber,
selbstredend Heine, wird Napoleon III. ebenso groß, ja noch größer als
Napoleon I. darstellen. Pierre Corneille konnte von diesem nicht mehr
belohnt und in den Adelstand erhoben werden, weil jener zu früh geboren; ebenso konnte der große Korse den Dichter Heinrich Heine nicht
gebührend belohnen und in den Adelstand erheben, weil dieser zu spät
das Licht der Welt erblickt hatte. Doch Napoleon III. stehen solche chronologischen Hindernisse nicht im Wege bei der Anerkennung der von Heine
schon geleisteten und noch zu leistenden Dienste. Dank dem energischen
Eingreifen seines deutschen Verlegers Campe wurde die Veröffentlichung
dieses Fragments zu Heines Lebzeiten verhindert.

Aus diesen Ausführungen geht klar hervor, daß es sich in Heines Werk
nicht um e i n Geständnis, sondern um z w e i Geständnisse handelt: sein
politisches Bekenntnis zu Napoleon und sein religiöses Bekenntnis zu Gott.
Man hat bisher, wohl zu sehr von dem irreführenden Titel beeinflußt, nur

die religiöse Seite beachtet und nie recht gewußt, was man mit dem verworrenen politischen Material anfangen soll, das Heine auf Veranlassung Campes so verstümmelt hatte, daß es in das ganze Gewebe nicht mehr hineinzupassen schien. Der ursprüngliche französische Titel „Genèse de mon livre de l'Allemagne" hätte jedoch zu der Erkenntnis führen müssen, daß die „Geständnisse" zuerst als eine politische Schrift, als ein erneutes und begeistertes Bekenntnis zu Napoleon gedacht war, wobei Heines Krankheit und Bekenntnis zu Gott die psychologisch berechnete Rolle zufiel, dem Ganzen als Einkleidung zu dienen und beim Leser Mitleid zu erwecken. Von diesem Standpunkt aus betrachtet, sind Heines „Geständnisse" sogar sehr kunstgerecht aufgebaut. Seine schrecklichen körperlichen Leiden und sein religiöses Bekenntnis zu Gott bilden den Rahmen des Ganzen. Am Anfang wie am Schluß des Werkes erweckt der Dichter durch Sprachkunst und meisterhaften Stil im Leser ein Gefühl des Mitleids für seine Leiden, die ihm Teilnahme sichert. Den Kern des Werkes bildet jedoch sein leidenschaftlicher Napoleonkult, und es ist Napoleon III., dessen Beachtung und Mitleid er auf sich lenken will. Die erste Hälfte des politischen Teils ist nur eine Aufzählung seiner schon vollbrachten Taten für das Haus Napoleon. Er berichtet von seiner jugendlichen Begeisterung für den großen Korsen in Deutschland, er bezeichnet ihn als seinen „legitimen Souverän", er betont seine französischen Beziehungen seit seiner Übersiedlung nach Paris sowie sein Eintreten gegen die Napoleon-feindlichen Intrigen der Frau von Staël; er lehnt den Kommunismus und die nur kurze Zeit während Provisorische Regierung ab und bekennt sich damit zur Bourgeoisie und dem Kaiser selbst. Solche politischen Dienste hatte Heine schon geleistet. Die zweite Hälfte des politischen Teils führt uns aus der Vergangenheit und Gegenwart in die Zukunft. Um den geringen Preis einer französischen Staatspension und die Erhebung in den Adelsstand bietet Heine seine weiteren Dienste an, und als Geschichtsschreiber würde er den Neffen noch viel höher zu rühmen wissen als Napoleon I. Damit hat der politische Teil seinen Zweck erfüllt, und so besänftigt und befriedigt Heine den Leser wieder durch die ergreifende Kunst seiner Schlußdarstellung; sie bildet den abschließenden Rahmen: Die Schilderung seines körperlichen Elends und die Zwiesprache mit dem himmlischen Aristophanes, der die Lauge der Verhöhnung über ihn, den kleinen irdischen Aristophanes, ausgießt, und der den schauerlichen Spaß fast zu weit treibt, ist grauenhaft, erschütternd und mächtig. Nicht geringer wirkt der Vergleich mit dem armen Klerikus der „Limburger Chronik", der selbst an der Misselsucht erkrankt ist und die Menschen, die sich ihm nähern, mit der Lazarus-Klapper von sich scheucht, während draußen in der Welt überall die Lieder erklingen, die er, Heine, angestimmt hat in den Tagen seines Glücks, die Lieder von Lenz und Liebe. So ruht auch der Dichter der Matratzengruft in der fernen, lieblosen Stadt, hilflos und innerlich vereinsamt. Welcher Herrscher könnte einem so tapferen Kämpen für die gute Sache Napoleons bei so schrecklichen körperlichen Leiden den verdienten Lohn noch vorenthalten?

Jeder einzelne Punkt in den „Geständnissen" wird jetzt klar, sogar Heines Äußerung, er müsse sich „zuweilen gestehen, wie oft es von den kleinsten Zufällen abhing, daß wir dieser statt jener Partei zufielen und uns jetzt in einem ganz entgegengesetzten Feldlager befinden." In dieser Äußerung kommt der Kerngedanke der „Geständnisse" zum Ausdruck. Zwanzig Jahre lang mußte Heine sich in seiner Abhängigkeit von den Rothschilds jeder Napoleonbegeisterung enthalten. Doch aus dieser tiefen Unfreiheit seines inneren Lebens und Schaffens hat das Schicksal, der Zufall, die Umstellung der Rothschilds zu Napoleon III. ihn wieder zu seinem Kaiser zurückgeführt. Das sind die wahren Geständnisse Heines; die religiösen, die wahr und überzeugend klingen und durchaus nicht in Frage gestellt werden sollen, sind hier nur als Mittel zum Zweck geschickt als Hintergrund verwertet, um das gewünschte Mitleid zu erregen.

Doch wie kommt es, daß man den wahren Zweck der „Geständnisse" bis auf den heutigen Tag so mißverstanden hat? Wahrscheinlich weil das „Waterloo-Fragment" als ein Teil der „Geständnisse" nicht mit diesem zusammen, sondern gewöhnlich abgesondert als Anhang abgedruckt und oft unbeachtet geblieben ist; außerdem ist die wirklich wahrheitsgetreue erste Fassung, die den Schlüssel zur richtigen Interpretation liefert, auf Kosten der Wahrheit unterdrückt worden.

Als interessanter Abschluß wäre noch zu erwähnen, daß aus dem Jahr 1854, als Kaiser Napoleon III. sich bei der österreichischen Regierung für die Fürstin Belgiojoso einsetzte, um die Rückgabe ihrer konfiszierten Güter in Nord-Italien zu erlangen, sich ein Dokument vom Oktober über diese Verhandlungen erhalten hat mit dem interessanten Postskript: „Auch ihre Bitte für Heinrich Heine ist gewährt". Es hat also ganz den Anschein als habe Heine zu guter letzt durch die erneuten Bemühungen der Fürstin Belgiojoso bei Napoleon III. auch ohne das „Waterloo-Fragment" sein Ziel erreicht, allerdings zu spät, um die Vorteile noch genießen zu können.

Vermischte Schriften

B) „Lutetia"

Die „Lutetia" umfaßt die beiden letzten der drei Bände der „Vermischten Schriften" und ist eine Neubearbeitung der Berichte aus Paris, die Heine 1840 bis 1843 für die „Augsburger Allgemeine Zeitung" geschrieben hatte. Heine versuchte einerseits, die ehemaligen von der Zensur verstümmelten

Aufsätze in ihrem Originaltext wiederherzustellen und anderseits, den neuen Inhalt mit den damaligen politischen Anschauungen Napoleon III. in Einklang zu bringen. Diese Berichte gehören zeitlich und inhaltlich in die erste Hälfte der vierziger Jahre und sind in dem Kapitel „1840—1848" gebührend besprochen worden.

Vermischte Schriften
C) „Götter im Exil"

Heines „Götter im Exil" ordnen sich in einen größeren Zusammenhang seiner dichterischen Arbeiten ein; sie berühren sich mit Darstellungen im zweiten Bande des „Salons", i. e. „Zur Geschichte der Religion und Philosophie in Deutschland", mit dem „Doktor Faust", der „Göttin Diana", mit zahlreichen einzelnen Dichtungen und vor allem mit den „Elementargeistern" im dritten Bande des „Salons". Ja, die Beziehungen dazu sind so eng, daß Heine den zweiten Teil von ihnen einfach zu den „Göttern im Exil" oder den „Göttern im Elend", wie sie zuerst benannt werden sollten, hinüberziehen konnte, trotz des nicht unerheblichen Zeitabstands der Entstehung; der zweite Teil der „Elementargeister" wurde 1836 niedergeschrieben, während die „Götter im Exil" erst zur Zeit des schweren Krankenlagers, 1853, entstanden. Immerhin war eine wesentliche Verbindungslinie zwischen beiden sofort zu erkennen: denn den abgesetzten, ihrer Macht entkleideten Göttergestalten von Rom und Hellas begegnen wir hier wie dort; und wenn Heine schon vor Jahren, in einer vielbeachteten Schilderung der „Stadt Lucca" im vierten Bande der „Reisebilder" Christus im Olymp hat erscheinen lassen, so hebt er auch hier wieder, in den „Göttern im Exil", den Gegensatz zwischen den alten Göttern und der neuen siegreichen Religion des Kreuzes grell hervor. Max Klinger hat aus diesen Darstellungen sicherlich die Anregung zu seinem bekannten Gemälde „Christus im Olymp" geschöpft, wenngleich er sich der Auffassung Heines nicht unbedingt anschloß. So sind die Beziehungen zwischen den beiden Aufsätzen einleuchtend, und das meiste, was in den einleitenden Bemerkungen zu den „Elementargeistern" gesagt worden ist, gilt auch für die weiteren Zusammenhänge der „Götter im Exil".

Gleichwohl sind die Unterschiede recht erheblich. Man könnte vermuten, daß die spätere Arbeit, die unter den Nöten des entsetzlichen jahrelangen Krankenlagers zustande kam, an Wert und Bedeutung hinter der anderen, aus Heines bester Zeit, zurückstand; aber das trifft nicht zu. Heine offenbart in den „Göttern im Exil" eine noch größere Selbständigkeit als zuvor, und die Kunst seiner Darstellung hat sich nicht verringert, sondern erhöht.

Richtig ausgeführt hat er nur die drei Erzählungen von Bacchus, von Hermes und von Jupiter mit dem Adler, und in zwei von ihnen können wir sein schriftstellerisches Verfahren sehr genau verfolgen: er hat sie nämlich an knappe Berichte in Jakob Grimms „Deutscher Mythologie" angelehnt, und da ist es in der Tat ein Genuß zu sehen, was er als Dichter aus der dürftigen Überlieferung herauszuholen vermocht hat. Zweifellos leistet er in dieser Hinsicht jetzt mehr als früher: wenn er sich in den „Elementargeistern" nur wenig von dem entfernte, was ihm seine Vorlagen geboten hatten, so läßt er jetzt alle Künste seines erfinderischen Geistes und seiner das letzte ausschöpfenden Darstellung spielen. Am besten gelungen ist wohl die erste Erzählung, die des Bacchanals. In ihr ist ihm obendrein seine Kenntnis altgriechischer Bildwerke sowie manche Einzelheit aus einem berühmten Werk von Friedrich Creuzer, „Symbolik und Mythologie der alten Völker" zustatten gekommen. Auch die zweite Erzählung, die von Hermes, dem Seelenführer, hat Heine nach einem Bericht Jakob Grimms geformt, und mit welchem Gelingen es geschehen ist, läßt sich gut an einem kleinen Zug zeigen: Grimm erzählt, daß der geheimnisvolle Ferge jeden Einzelnen aus der großen Schar der Mitfahrenden nach seinem Vaterland und seinem Namen gefragt habe. „Schiffen Frauen über", so fährt er fort, „so geben diese ihrer Gatten Namen an". Heine hält an diesem Zuge fest, aber er weiß ihn geschickt zu beleben:

Als einen besonderen Umstand bemerkte einst der Schiffer, daß der unsichtbare Kontrolleur im Ablesen des Namensverzeichnisses plötzlich innehielt und ausrief: „Wo ist aber Pitter Jansen? Das ist nicht Pitter Jansen". Worauf ein feines, wimmerndes Stimmchen antwortet: „Ik bin Pitter Jansens Mieke un häb mi op mines Manns Noame inscreberen laten".

Nichts Sicheres können wir sagen über Heines Anregungen für die dritte Erzählung vom auf die Kanincheninsel niedergestiegenen Zeus. Doch nachdem die anderen Göttergeschichten seiner Erfindungskraft den Weg gewiesen hatten, konnte er wohl alles, was er seinen Niels Andersen vorbringen läßt, aus Eigenem bestreiten. Die betenden Walfische hat er vielleicht dem unerschöpflichen Praetorius zu verdanken, wenn auch die peinlichen Ratten in ihrem Fett seine eigene freigebige Zutat sein mögen. Wieder einmal hat er, wie an so manchen andern Stellen des Aufsatzes, bewiesen, daß der Weg vom Erhabenen zum Lächerlichen mit einem einzigen Schritt zurückgelegt werden kann, und die Ratten im Walfischfett bereiten uns ein nicht geringes Unbehagen. Das darf uns aber nicht hindern, die scharfen Umrisse und die leuchtenden Farben auch dieser kleinen Arbeit zu bewundern.

D) „Göttin Diana"

„Göttin Diana" ist eine bescheidene Gelegenheitsdichtung, zu der Heine von einem rührigen Bühnenleiter angeregt worden war, ein Stegreifspiel, das alle Spuren der eiligen Entstehung, aber gleichwohl die reiche Geistesfülle seines Urhebers verrät und uns viele der lieblichsten Gebilde seiner Kunst wieder in Erinnerung ruft. Jener Bühnenleiter war ein gewisser Benjamin Lumley in London, der sich der Gunst der jungen Königin Victoria erfreute, in der englischen Hauptstadt viel Beifall fand und im Wettbewerb mit einer anderen Truppe siegreich den Platz behauptete. Eine italienische Oper kam gegen Lumley nicht auf; zwar machte sie ihm wohl einige gute Kräfte abspenstig, jedoch wußte er stets noch bessere zu verpflichten, und er verstand es, in Paris und in Italien ein Personal zu werben, „wie es" nach Heines eigener Aussage, „noch nie in der Welt seines gleichen gehabt". Lumley legte Wert auf die Ausstattung, und im Tanzspiel leistete er Großes. So bereitete es ihm große Genugtuung, als er sich in Gesprächen mit Heine, den er im Winter 1845/46 in Paris kennenlernte, von dessen Bereitwilligkeit zu dichterischer Unterstützung und Erhöhung seiner Unternehmungen überzeugen konnte. Schon etwa ein Jahr vor Abfassung des „Tanzpoems" vom „Doktor Faust" entwarf Heine für Lumley das Spiel von der „Göttin Diana", in den ersten Monaten des Jahres 1846, das noch im selben Jahr aufgeführt werden sollte, tatsächlich aber leider nie über die Bretter gegangen ist.

Heine selbst erwähnt in einem kleinen Aufsatz, der für die „Allgemeine Augsburger Zeitung" bestimmt war, das Ballett „von Heinrich Heine, dem großen Meister in phantastischen Konzeptionen"; so sonderbar auch dieses Selbstlob erscheinen mag, unrichtig war es nicht; kein anderer hätte solche Erfindungen bieten können. Der Dichter der lieblichen „Elementargeister" rief viele der Gestalten, die er schon einmal beschworen hatte, aufs neue herbei und ließ sie in bunter Reihe über die Bühne ziehen. Vor einigen Jahren hatte er, im dritten Bande seines „Salons", unter Anlehnung an frühere Darstellungen einige packende Spukgeschichten zum besten gegeben, die er jetzt erneuerte und durch das bewegte Spiel auf der Bühne wirkungsvoller zu machen suchte. Es waren Geschichten von jugendlichen Rittern, die durch geheimnisvollen Liebesbund mit den wieder erstandenen Göttinnen der Heidenwelt in Not und Verderben geraten. Dem einen hatte sich das Marmorbild der Göttin belebt, und er hatte in ihrer prächtigen Villa ein spukhaft berauschendes Herzensglück erfahren; der andere hatte seinen Ring der steinernen Göttin an den Finger gesteckt; doch der Finger hatte sich gebogen und den Ring festgehalten. Dadurch war der Ritter in den

Bann der Göttin geraten und wurde, als er sich vermählt hatte, durch ihren Zauber der Kraft und des Liebesglückes beraubt, bis ihn der Priester Palumnus durch einen Gegenzauber befreite. Nach diesen Motiven formte Heine sein neues Tanzspiel von der Göttin Diana: Auch hier wird der christliche deutsche Ritter vom Zauber der heidnischen Göttin betört, und er bleibt mit ihr trotz mannigfacher Hemmungen schließlich im Venusberg in ewigem Sinnesrausch vereint. Wir finden harte Übergänge in der Handlung. Besonders die Tötung des Ritters durch den treuen Eckart und seine schließliche Wiederbelebung durch den Zauber der heidnischen Götter ist wenig gelungen. Auch wirkt die Fülle der Geschehnisse etwas drückend. Weniger wäre mehr gewesen. Um wieviles stärker wirkt da die wilde Jagd im „Atta Troll"! Wie anders die Liebe von Tannhäuser und Venus in Heines Gedicht! Wie verwirrend erscheinen die Elementargeister, die Undinen, Sylven, Gnomen und Salamander, hier in dem dritten „Tableau"! Unverkennbar ist es freilich, daß Heine aus dem Vollen schöpft wie kein zweiter; aber seine Größe besteht sonst darin, daß er alles, was in den Dingen liegt, voll entwickelt. Dies ist hier nicht geschehen, und es war wohl auch kaum möglich, wenn nicht manches von vornherein ausgeschieden bleiben sollte. Heine selbst war freilich mit der Arbeit zufrieden. „Mein Ballett", so schrieb er an Lassalle, „ . . . ist mir vorzüglich gelungen." Dennoch gesteht er ein, daß er es „in zwei Morgenstunden" geschrieben habe. Dementsprechend will es beurteilt sein.

Vermischte Schriften

E) „Ludwig Markus"

Heines Aufsatz über Ludwig Markus, den bescheidenen, charakterfesten jüdischen Gelehrten, mit dem er in jungen und späteren Jahren zusammengetroffen war, gehört zu den besten Arbeiten dieser Art, die er geschrieben hat. Vielseitige Beobachtungen und Erfahrungen sind darin niedergelegt, und manches bedeutsame Bekenntnis wird laut. Die Gestalt des Helden tritt uns mit überraschender Deutlichkeit vor Augen. Achtung und Liebe führen dem Verfasser die Feder; auch dort, wo er über den kleinen Mann, den „König von Abyssinien", wie er ihn genannt hatte, spottet, tut er es doch so harmlos und liebenswürdig, wie wir es bei Heine gewiß nicht häufig erleben. Und wenn er über die unfruchtbare und tote Gelehrsamkeit des Verstorbenen den Kopf schüttelt, so geben wir ihm recht.

Die Schrift gibt uns ferner Aufschlüsse über wichtige Erlebnisse aus Heines Studentenzeit, über seine Beteiligung am Berliner „Verein für Kultur und Wissenschaft der Juden", Aufschlüsse, wie wir sie an keiner anderen Stelle seiner Werke finden. Mit wehmütigem Lächeln blickt der Dichter auf jene Tage zurück, in denen sich wackere Männer eifrig um eine längst verlorene Sache bemühten. Und nun tauchen die geliebten Schatten alle wieder vor seinen Blicken auf: er widmet — wie auch sonst in Briefen und Werken — dem damals noch lebenden Zunz Worte höchster Anerkennung. In Gedanken begrüßt er den strengen Kantianer Bendavid, den gütigen und aufgeklärten Denker, und widmet vor allem dem nächsten Freunde seiner Berliner Zeit, dem gelehrten und zugleich praktischen Moses Moser, der schon vor Jahren gestorben war, Worte wärmster Anerkennung und Liebe. Nur gegen Eduard Gans, den einstigen Vorsitzenden des Vereins, wendet er sich mit bitteren Worten und macht dem berühmten ebenfalls verstorbenen Gelehrten, den Vorwurf der „Felonie".

Das gläubige Judentum war Heine in dieser Zeit fremd geworden; er sah in den Juden die eifrigsten Vorkämpfer des Deismus, den er in diesen Jahren vollkommen verwarf. Von der Taufe der Juden will er aber nichts wissen. Seine pantheistischen Überzeugungen führen zu einem Standpunkt, der sich über beide Religionen, die christliche wie die jüdische, erhebt. In Ausführungen, die er später für die Öffentlichkeit wieder gestrichen hat, nimmt er Stellung zu der Frage, ob denn die deutsche „Nationalität" nicht Schaden leide durch die Verschmelzung mit den Juden, und er weist, wie schon in anderen Werken, z. B. in der Schrift „Über Shakespeares Mädchen und Frauen" auf verwandte Züge bei Germanen und Juden hin. Auch Erörterungen über die allgemeine Völkerverbrüderung, die infolge der überall gleichmäßig laut werdenden Forderungen der Arbeiterschaft, durch die Macht des Proletariats, zustande kommen und die Trennung der Länder vermindern werde, finden sich nur in der Handschrift, nicht im gedruckten Text! Es ist uns dabei zumute, als vernähmen wir Stimmen aus neuester Zeit, und die Erklärung dafür liegt sicherlich in der Tatsache, daß sich Heine damals ziemlich stark von den Gedanken seines Freundes Karl Marx beeinflussen ließ, also von Gedanken, die für die Entwicklung der gesamten Arbeiterbewegung entscheidend wurden.

So bietet auch der Inhalt dieser kleinen Arbeit Anregungen mannigfaltigster Art und auch die Form ist sehr gelungen. Heine war sich dessen wohl bewußt; in drolliger Übertreibung schreibt er an Campe: „Wenn Sie diese Denkrede lesen, so lassen Sie sich von Ihrer Frau ein Kissen geben und lesen Sie das Werk knieend, denn Sie werden nicht alle Tage Gelegenheit finden, einen so guten Stil anzubeten. Ich überzeuge mich mit Freuden, daß fast der ganze zweite Teil anbetungswürdig ist in stilistischer Beziehung.

5. „Der Doktor Faust. Ein Tanzpoem"

Als Heine 1846 das Manuskript seiner „Göttin Diana" an Benjamin Lumley, den Direktor von Her Majesty's Theatre in London, ablieferte, bot er ihm gleichzeitig ein zweites Tanzpoem an, den „Doktor Faust". Lumley, der die unerschöpfliche Phantasie des Dichters zu würdigen wußte, nahm das Angebot an zu denselben Bedingungen, die für die „Göttin Diana" vereinbart waren, nämlich 2000 Franken für das Manuskript und weitere 2000 Franken für die Erstaufführung. Als Heine ein Jahr später das fünfaktige Tanzpoem, allerdings noch ohne „Erläuterungen", an Lumley übersandte, prophezeite er seiner Dichtung unbedingten Erfolg und drängte auf sofortige Aufführung. Das übertriebene Eigenlob des Dichters sowie die schmeichelhafte Betonung der Fähigkeiten Lumleys als Direktor verfolgten den Zweck, von diesem nicht nur die vereinbarten 2000 Franken für das noch nicht abgeschlossene Manuskript, sondern außerdem noch einen Vorschuß von 4000 Franken für die noch zu erwartenden Erstaufführungen der „Göttin Diana" und des „Doktor Faust" zu erlangen. Der großzügige Direktor gewährte dem Dichter sofort „den Vorschuß von 6000 Franken"; es ist irrig, diese Summe als das Honorar für den „Doktor Faust" hinzustellen. Das Tanzpoem ist in London nie zur Aufführung gelangt, denn der dortige Ballettmeister betrachtete die Tänze und Pantomimen als obszön und befürchtete, daß bei der sittenstrengen Königin Victoria die Aufführung Anstoß erregen und sie dem Theater ihre Protektion entziehen könne, was zu lebhaften Auseinandersetzungen zwischen Theaterdirektor und Ballettmeister führte. Lumley glaubte zuerst, solche Befürchtungen entkräften zu können, indem er von Heine verlangte — und auf diese Forderung kommt er immer wieder zurück — er solle für jeden Auftritt des Tanzpoems in „Erläuterungen" den einwandfreien Beweis erbringen, daß sein Faust die zuverlässig wahrheitsgetreue Behandlung des historisch-mythologischen Stoffes darstelle. Heine glaubte, dies am besten dadurch erreichen zu können, daß er in einer betont kritischen Besprechung von Goethes „Faust", dem Prüfstein für alle Faustfragen, seine eigene streng historisch-mythologische Behandlung dem ungeschichtlichen Erlösungsgeschehen des 2. Teils entgegenhielt. So sammelte Heine aus alten Scharteken, mit denen er sein Leben lang vertraut war, und aus Scheibles „Kloster" für seine geforderten Beweise allerlei neue Unterlagen und verfiel dabei auf immer neue und gewagtere Tanzideen, von denen er einige noch nachträglich in sein Poem einschieben wollte. An Lumley schrieb er: „Erklären Sie beiläufig dem Ballettmeister, was ich in meinem Briefe [den späteren Erläuterungen] über das Thema ‚Hexensabbath' geschrieben und fragen Sie ihn, ob es nicht möglich ist . . . die Herzogin ein fürchterlich grotesques Pas de deux tanzen zu lassen . . . jedoch glaube ich nicht, daß man in einem so fashionablen

Theater wie dem Ihrigen wagen darf, so weit zu gehen." Anstatt sich zu mäßigen, schlug Heine einen immer herausfordernderen Ton an, obgleich er sich der damit verknüpften Gefahren für den Ruf des Theaters bewußt war. Endlich ließ sich Lumley, vielleicht gar durch Heines eigene Bedenken, zu dem Standpunkt seines Ballettmeisters bekehren! Er gab die Aufführung auf und vertröstete den Dichter auf die nächste Saison unter dem Vorwand, er benötige die Zwischenzeit, um dem Werk auf der Bühne volle Gerechtigkeit angedeihen – in Wirklichkeit aber, um das Tanzpoem und den Verlust von 8000 Franken der Vergessenheit anheimfallen zu lassen. Da Lumley sich in Frankreich und England vor Nachdruck geschützt hatte, versuchte Heine nun, wenigstens in Deutschland aus dem Tanzpoem noch etwas Geld zu schlagen. Er schickte das Manuskript zunächst an seinen alten Freund Heinrich Laube mit der Bitte, es in Wien noch vor der Uraufführung in London auf die Bühne zu bringen. Doch Laube warnte vor rechtlichen Komplikationen und entmutigte ihn außerdem noch mit dem Bemerken, in Deutschland sei für die Aufführung von Tänzen und Pantomimen keine Tantieme vorgesehen. Darauf wandte sich Heine an seinen Verleger und bot ihm für 1000 Mark das unbeschränkte Eigentumsrecht des „Doktor Faust" an; doch Campe ließ das Angebot unbeachtet. Inzwischen hatte Lumley jeden Gedanken an eine Aufführung in London aufgegeben, und wie es scheint, die von Heine erworbenen und jetzt nutzlosen Verlagsrechte an den Dichter zurückgegeben. Noch einmal wandte sich Heine 1850 an Laube wegen Unterbringung seines Tanzpoems mit der ausdrücklichen Erklärung, „ich kann jetzt gänzlich darüber verfügen." Doch Laube war damals zu sehr mit dem Burgtheater beschäftigt und hatte keine Zeit für solchen Firlefanz. Andere Aufführungsversuche in Wien und Berlin durch die Vermittlung von Bacher und von Vesque von Püttlingen schlugen ebenfalls fehl. Erst als Campe den Dichter 1851 in Paris besuchte, kam „Der Doktor Faust" wieder zur Sprache. Er sollte zuerst bei der Veröffentlichung des „Romanzero" als Lückenbüßer zur Füllung von 20 Bogen herhalten; doch dieser Plan wurde bald aufgegeben, denn Campe wollte Heines Lyrik von Unsittlichkeiten rein halten, weil man diese Gedichte sonst „keinem Frauenzimmer geben" dürfe. So erschien der anstößige „Doktor Faust" schließlich als separate Broschüre. Der Geschäftssinn Heines spürte in dieser Handhabung sofort die Möglichkeit, Campe zu einer besonderen Vergütung zu bewegen. Er wendet sich an seinen Verleger mit den diplomatischen Worten: „Ich habe die Freude, Ihnen ein hübsches Büchlein gegeben zu haben, ohne Extra-Honorardepensen verursacht zu haben, es sei denn, daß Ihre Generosität sich zu einer besonderen Gratifikation entschlösse." Als Campe darauf nicht reagierte, bringt Heine sich fünf Wochen später noch einmal in Erinnerung, indem er ihm eine Aufstellung der Unkosten von 550 Franken vorlegt, die das Tanzpoem ihm verursacht habe.

Obgleich in dem Honorar von 6000 Mark für den „Romanzero" auch „Der Doktor Faust" einbegriffen war, gewährte Campe dem Dichter noch weitere 1000 Mark für den Separatdruck des Tanzpoems. Das Büchlein fand günstige Aufnahme, und Campe berichtete erfreut: „Ihr Dr. Faust wird tausendmal mehr gelesen als Düntzer und Reichlin Meldegg." Diese gute Nachricht leitet Heine sofort nach London weiter mit der Bemerkung, in Deutschland wundere man sich darüber, daß Lumley bis jetzt die Aufführung verzögert habe; Heine selbst äußert den Wunsch, dieser möge das Tanzpoem recht bald in London auf die Bühne bringen. Begreiflicherweise hat Lumley diesen Brief nie beantwortet. Im Jahre 1854 tauchte das Tanzpoem zum letzten Male auf. Zur selben Zeit, als Heine den „Doktor Faust" zu Aufführungszwecken nach Berlin eingeschickt hatte, wurde dort unter der Regie von Meyerbeers Ballettmeister Taglionis „Satanella" aufgeführt; Heine glaubte, es handele sich um ein Plagiat seines Tanzpoems und wollte seine Eigentumsrechte geltend machen. Meyerbeer, der damals mit Heine auf sehr gespanntem Fuße stand, war, nach Adolph Stahrs Äußerungen, der Meinung, daß „Satanella" und „Faust" identisch seien; doch der Maestro weigerte sich, etwas in der Sache zu tun, solange Heine sich nicht persönlich an ihn wende, was der Dichter aber unterließ. Fürst Pückler-Muskau, ein begeisterter Verehrer Heines, war jedoch anderer Ansicht: „Satanella", so belehrt er den Dichter, „die ich in Berlin gesehen, hat nichts damit gemein, als daß der Teufel als verführerisches Weib erscheint, was ja auch schon Cazotte in seiner Biondetta und Lewis in seinem Mönch mit viel Erfolg versucht haben."

Diese wechselnden Schicksale von Heines „Doktor Faust" enthalten und erklären zugleich alles, was über diese Schrift zu sagen ist. Es ist eine Gelegenheitsdichtung ohne wissenschaftlichen oder literarischen Wert. Die „einführenden Bemerkungen" und die „Erläuterungen" entspringen ausschließlich der praktischen Erwägung, für Lumley den Beweis für die historisch treue Wiedergabe des gewagten Themas zu erbringen. Die Handlung ist ohne Tiefe, Heine paßt sich ganz den überlieferten Ideen in Scheibles „Kloster" an, und Faust verfällt am Ende dem Teufel. Heines „Doktor Faust" ist nicht mehr als eine Spielerei des Dichters, die sich ihm allerdings als eine neue und verheißungsvolle Geldquelle zu erschließen schien und die er nicht ohne weiteres versiegen lassen wollte. Das Schicksal dieser Schrift, die zu guter Letzt als Lückenbüßer herhalten sollte und sogar für diesen Zweck nicht zu verwenden war, kennzeichnet ihren wahren Wert.

6. Tod und Bestattung

Anfang 1856 verschlimmerte sich Heines Zustand. Am 13. Februar besuchte ihn noch seine treue Freundin Caroline Jaubert, und am 14. sah die Mouche ihn zum letzten Mal. In der darauffolgenden Nacht setzten Krämpfe, Erbrechen und Schwächeanfälle ein, die drei Tage und Nächte anhielten. Der Zustand wurde so schlimm, daß keine Besucher, nicht einmal die Mouche, zugelassen wurden. Der einzige zuverlässige Bericht über Heines letzte Tage und seinen Tod stammt von seiner Krankenwärterin Catharine Bourlois; sie hat ihn auf Ersuchen von Heines Schwester nach Hamburg gesandt: „Am Tage vor seinem Tode sagte mein armer Herr: Ich bin zufrieden, daß meine Familie gekommen ist, denn ich werde sie nie wiedersehen; er bedauerte sehr, am Mittwoch nicht mehr geschrieben zu haben. Letzte Nacht wiederholte er wie am Mittwoch, mit mir geht es zu Ende. In der verhängnisvollen Nacht hatte ich noch eine andere Krankenschwester bei mir, und ich ließ Fräulein Pauline rufen, als ich das Ende nahen sah. Ich hätte auch Madame [Heine] gerufen, aber die geringste Aufregung hätte seine letzten Augenblicke bedrücken können, und außerdem fürchtete ich den Eindruck, den das Dahinscheiden des Gatten auf seine Frau machen könnte. Doch kurz vor dem Tode eilte Fräulein Pauline zu Madame und ich konnte dieser, als sie über die Schwelle trat, nur noch sagen: Es ist alles vorbei . . . Noch eine Viertelstunde vor dem Ende war Herr Heine bei voller Besinnung . . . aber er sah ein, wie auch wir, daß die Medikamente keine Erleichterung mehr verschafften . . . Am Sonnabend zwischen 4 und 5 Uhr abends ließ Herr Heine mich dreimal rufen und er bat mich zu schreiben, aber ich konnte den Sinn seiner Worte nicht verstehen. Und da ich nicht wollte, daß er sie wiederhole, antwortete ich immer ja-ja. Später sagte ich: Wenn das Erbrechen aufhört, können Sie ja selbst schreiben. Doch er antwortete: ich sterbe." Und Heines Arzt und treuer Freund, Dr. Gruby, schrieb an Heines Bruder, den Mediziner Dr. Maximilian Heine: „Mit tiefstem Bedauern zeige ich Ihnen den Tod Ihres Bruders an, der heute um fünf Uhr morgens seinen Geist aushauchte, infolge großer Schwäche und starken Erbrechens." Die Anekdoten, von denen Meißner berichtet, sind nicht nur unwahrscheinlich, sondern geradezu unmöglich.

Man hat viel über Heines Krankheit spekuliert. Seine eigenen Ärzte haben sie als Rückenmarkserweichung bezeichnet, was Syphillis voraussetzt. Nach den neuesten medizinischen Anschauungen hat Heine wahrscheinlich nicht an Rückenmarksschwindsucht gelitten; vielmehr scheint er das unglückliche Opfer einer Vererbung gewesen zu sein; die letzten Jahre seines Vaters waren durch ähnliche Symptome getrübt.

Wie Heine es gewünscht hatte, wurde er prunklos, ohne religiöse Zeremonie auf dem Kirchhof Montmartre beigesetzt. Die Mouche sandte am 7.

August 1856 einen Bericht über die Beerdigung an Meißner, welcher ihn für seine Heine-Biographie verwerten wollte. Dieser Bericht ist wahr und schmucklos: „Drei Tage später [nach seinem Tode] ging ich zum letzten Male zur Avenue Matignon. Vor dem Hause unter den Bäumen schritten Gruppen von Menschen einher, eine große Ansammlung der verschiedenartigsten Menschentypen. Manche folgten dem Leichenwagen zu Fuß, andere im Wagen. Wir [meine Mutter und ich] verließen am Kirchhofsgitter den Wagen, um von dort dem Leichenzug zu Fuß zu folgen. Es ist Sitte, wenn man einen Toten bringt, am Eingang zum Kirchhof zu halten, um vor dem Standbild der Jungfrau Maria ein stummes Gebet zu sagen. Auch unser Leichenzug hielt. In diesem Augenblick wandte sich ein junger Mensch jüdischen Typs, von angenehmer und intelligenter Physiognomie, vielleicht ein wenig skeptisch, zu den übrigen Menschen im Leichenzuge mit einem kaum wahrnehmbaren Achselzucken. Ich weiß nicht, welchen Gedanken dieser junge Mensch hatte, aber es war wirklich ein sonderbarer Anblick, als Heine, dessen letzter Besuch als Lebender bei der Venus von Milo war, hier als Toter einen letzten Halt machte vor der trauten und schönen Reinheit der Jungfrau Maria. Wir mußten lange Gänge durchqueren, bis der Leichenzug schließlich vor der offenen Gruft Halt machte. Hinter einer Reihe von Männern machte ich keinen Versuch die letzten Vorbereitungen zur Grablegung zu sehen. Aber ich hörte das Knirschen der Stricke, als der Sarg in die Gruft gesenkt wurde und hatte dabei das Empfinden, daß die Seile mein Herz abschnüren wollten. Kein Laut war zu vernehmen, kein Mund öffnete sich und ich unterdrückte meine Seufzer. Dann zerstreute sich die Menge . . ." Die meisten Leidtragenden waren Deutsche; unter den Franzosen gaben ihm Alexander Dumas, Theophile Gautier und der Historiker Mignet das letzte Geleit.

Wir verdanken es Caroline Jaubert, daß wir heute die wunderbare Totenmaske des Dichters besitzen; sie ist das Werk des Künstlers Joseph Fontana von der École des Beaux Arts, der sie gleich nach Heines Dahinscheiden abgenommen hat. Das Stück, das dem Liebhaber von unvergleichlichem Wert sein muß, ist nur einmal in zehn Exemplaren nachgebildet worden, von denen meines Wissens nur noch drei erhalten sind. Der Ausdruck dieser Totenmaske läßt sich schwer beschreiben. Das Gesicht des Dichters ist klein, die Stirn nicht hoch und sehr regelmäßig, das Haar voll, der Mund fein, die Nase etwas gebogen, alles jedoch die jüdische Abstammung nur wenig verratend. Beim Betrachten dieses Antlitzes drängt sich unwillkürlich das Wort des Faust auf die Lippen, „Der Menschheit ganzer Jammer faßt mich an!" Der Schmerz, der sich in den zahllosen Falten des Gesichts ausprägt, wirkt herzzerreißend: ein abgrundtiefes Weh, mit letzter müder Anstrengung kaum noch ertragen. Das Ganze wirkt wie eine das Tiefste fühlende, erschütternde Erläuterung zu den Gedichten Heines aus letzter

Zeit. Der Schmerz seiner Worte erscheint wie der seines Antlitzes zu übermenschlicher Größe gesteigert.

Heines Tod blieb in der Öffentlichkeit fast unbeachtet; er kam nach dem acht Jahre währenden Krankenlager nicht unerwartet. Auch hatte der Dichter in den letzten zwei Jahren nichts Neues veröffentlicht, die „Vermischten Schriften" boten nur einen Rückblick in die Vergangenheit; Heine hatte keinen Kontakt mehr mit der Gegenwart, und so war er schon vor seinem Lebensende der Vergessenheit anheimgefallen. Die Zeitungen meldeten wohl seinen Tod, und die Tagesredakteure widmeten ihm einen Nachruf, doch es fehlte ein Nekrolog, der des großen Dichters würdig gewesen wäre. Sogar seine ehemaligen Freunde und Mitarbeiter, die inzwischen andere Wege gegangen waren und nur noch lose Beziehungen zu ihm gehabt hatten, blieben stumm. So wie Heine auf dem Montmartre ohne Zeremonie und wortlos von seinen Freunden Abschied nahm, genau so wortlos und ohne Zeremonie verabschiedeten sich Heines Freunde und Zeitgenossen von dem Dichter.

Schwankend ist noch immer das Urteil über den Dichter, und daß sich jemand zu der Gesamtheit seines Schaffens und Denkens bekennen könnte, ist wenig wahrscheinlich. Seine oft widersprüchlichen Anschauungen, sein lockerer Lebenswandel, die häufigen Entgleisungen seines Witzes und eine kräftige Menge Schmutz können uns den geistigen Verkehr mit Heine gelegentlich erschweren und verbittern. Auch streift die Reizbarkeit seines Gemüts gelegentlich die Grenzen des Erträglichen. Aber die grellen, schneidenden Gegensätze seines Innern müssen als Anzeichen eines von allen Erscheinungen des Lebens aufs tiefste berührten Empfindungsvermögens, eines reichen ausgereiften Geistes gedeutet werden, und in der ungehemmten Äußerung von tausend Gefühlen, die bei andern in dämmernder Halbheit verharren, liegt etwas Anfeuerndes und Aufregendes; es bleiben keine Rückstände in seiner Seele, auch das Häßlichste und Gemeinste kommt wie das Edelste und Lieblichste restlos zum Ausdruck. Vor allem aber tränkt er jeden Gedanken mit der ganzen Leidenschaft seines überempfindlichen Herzens, und hierin, in der unerschöpflichen Fülle seines Gefühls, liegt seine unvergängliche Größe als lyrischer Dichter. Auch in der Prosa entfaltet Heine große Begabung. In ihr kommt der zündende Witz und die verblüffende Rücksichtslosigkeit seines fast immer persönlichen Spottes zur Geltung; doch ist hier für den modernen Leser vieles veraltet. In seinen Werken erreicht er sehr häufig eine Intensität des Ausdrucks, über die nur wenige andere verfügen und die ihm — darüber kann kein Parteigezänk hinwegtäuschen — einen Ehrenplatz in der deutschen Literatur für alle Zeiten sichert. In der Prosa wie in der Dichtung ist Heine ein Stilkünstler, der mit überlegener Sicherheit alle Ausdrucksmittel spielend meistert, der die Kraft der Sprache wesentlich bereichert hat und das Vorbild für unendlich viele Nachahmer geworden ist. Und so gilt auch von ihm selber das Wort, das er über den hebräischen Dichter Don Jehuda ben Halevi gesagt hat:

> Ja, er ward ein großer Dichter,
> Stern und Fackel seiner Zeit,
> Seines Volkes Licht und Leuchte,
> Eine wunderbare, große
> Feuersäule des Gesangs.
>
> Ja, er ward ein großer Dichter,
> Absoluter Traumweltherrscher,
> Mit der Geisterkönigskrone,
> Ein Poet von Gottes Gnaden.

FÜNFTES KAPITEL

DER TOTE HEINE

1. „Memoiren"

Die Literaturgeschichte hat schwerlich etwas aufzuweisen, das sich mit Entwicklung und Schicksal von Heines „Memoiren" vergleichen läßt. Zum ersten Male erwähnt der Dichter seine „Memoiren" im Jahre 1822, als er erst 24 Jahre alt war. Sie beschäftigen ihn dann mehr oder weniger stark in verschiedenen Zeitabschnitten seines Lebens. Heine berichtet einmal, er habe vier Bände „Memoiren" vollendet, sie stellten die Krone seines Schaffens dar und enthielten beißende Satiren und scharfe Angriffe gegen Zeitgenossen und Familienmitglieder in Hamburg. Doch erst 28 Jahre nach seinem Tode und kurz nach dem Ableben seiner Witwe Mathilde erschien im Jahre 1884 das sogenannte „Memoirenfragment", das sich zu allgemeiner Enttäuschung als ein harmloses Werkchen über Heines Jugendzeit entpuppte. Man hat seitdem viel über das Schicksal der übrigen Memoiren spekuliert, ohne jedoch eine einwandfreie Aufklärung über den Verbleib finden zu können.

Eduard Engel, der im Auftrage der „Gartenlaube" und der Verlagsfirma Hoffmann und Campe das posthume Manuskript von dem Pariser Rechtsanwalt Henri Julia für den hohen Preis von 16.000 Goldfranken erstand, schrieb zu den 115 Seiten Text des „Memoirenfragments" eine 79 Seiten lange Einleitung, worin er die Entwicklungsgeschichte der Heineschen „Memoiren" darzulegen versucht. Diese Abhandlung war damals die einzige Schrift, die wir über das Schicksal der Memoiren besitzen; sie wurde als abschließend betrachtet, und auf ihr fußen die späteren Besprechungen von Hirth, Karpeles, Franzos, Proelß und Löwenthal. Leider brachte Engel seine Einleitung in wenigen Wochen zu Papier, wobei ihm noch recht beschränktes Quellenmaterial zur Verfügung stand; außerdem gefiel sich Engel in recht einseitiger Bewunderung Heines, was das Ganze in ein schiefes Bild setzt; und schließlich bietet Engel eigentlich nur eine chronologische Aufzählung von Heines Äußerungen über die Memoiren; seine Schlußfolgerungen sind oft übereilt, vorurteilsvoll und unlogisch. Engel ist überzeugt davon, daß die wahren und von Heine hochgepriesenen „Memoiren" einst in irgend einem Archiv auftauchen werden; diese Ansicht äußerten auch Ernst Elster, Max J. Wolff und Erich Löwenthal.

Doch wenn wir die längst bekannten und bisher unbekannten Äußerungen Heines zusammentragen und sachlich im Zusammenhang prüfen, erscheinen die anscheinend unerklärlichen Widersprüche in einem ganz neuen Licht und bieten kaum noch ein Problem. Heine hat sich mit den „Memoiren in drei zusammenhängenden Zeitabschnitten beschäftigt. Aus praktischen Gründen wollen wir die Memoiren der ersten Periode von 1822 bis 1827 als „Jugendmemoiren", die der zweiten Periode von 1836 bis 1854 als „Memoiren", und die der dritten Periode von 1854 bis 1856 als „Memoirenfragment" bezeichnen.

Die „Jugendmemoiren" aus der Zeit von 1822 bis 1827 sind stets sehr stiefmütterlich behandelt worden. Engel begnügt sich damit, fünf Zitate aus dieser Zeit anzuführen; aber wir vermissen jede Erklärung über Inhalt, Form und Verbleib der von Heine erwähnten „Jugendmemoiren". Es wäre an der Zeit einmal festzustellen, was Heine veranlaßte, Memoiren zu schreiben, was er sich unter dem Wort „Memoiren" vorstellte, in welcher Form er sie niederschrieb, was die „Jugendmemoiren" beabsichtigten und was aus ihnen geworden ist; und schließlich noch, in welcher Beziehung die „Jugendmemoiren" zu Heines späteren „Memoiren" und dem posthumen „Memoirenfragment" stehen.

Im Jahre 1822 erhielten Heines Zukunftspläne einen schweren Schlag. Die preußische Regierung hatte durch Rücknahme des Edikts Napoleons von 1812 durchgesetzt, daß kein Jude mehr in Preußen ein Staatsamt bekleiden durfte. Dadurch wurden Heines Pläne, sich eine Professur zu verschaffen, zunichte. Heine nimmt hierauf am 14. April 1822 in einem Brief an seinen Freund Sethe Bezug:

Ich habe mir diese Nacht, als ich nicht schlafen konnte, recht vieles überlegt, und hab mir alles aufgezählt, was ich liebe; und das ist:

Nr. 1. ein weiblicher Schatten [Amalie Heine], der jetzt nur noch in meinen Gedanken lebt,
Nr. 2. eine köstliche Idee, die in dem Polen [Eugen von Breza] steckt,
Nr. 3. einen Menschen, den ich mir bisher in D i r gedacht,
Nr. 4. meine neue Tragödie [William Ratcliff],
Nr. 5. eine olla Potrida von: Familie, Wahrheit, französischer Revolution, Menschenrecht, Lessing, Herder, Schiller etc. etc.

Diese interessante Aufzählung enthält schon das Programm für die nächsten Werke Heines; und der Ausdruck ‚olla Potrida' ist hier ganz im Sinne von Memoiren aufzufassen. Wie es scheint, ist Heine zum Schreiben seiner eigenen Lebensgeschichte durch die Lektüre der „Flegeljahre" Jean Pauls bestimmt worden, die teilweise eine Parallele zu Heines eigenem Leben darstellen. Die Behandlung der Erbschaft, der Liebe zu Wina und des verhaßten juristischen Studiums erinnert Heine an seine eigene Lage, an seine finanzielle Abhängigkeit von seinem Onkel Salomon, seine Liebe zu Amalie und seine juristischen Studien. Im Helden des Werkes sieht er eine völlige Spiegelung seines eigenen Ichs, wenn Jean Paul schreibt:

Ob er gleich ein juristischer Kandidat ist, so ist er doch kindlich, ohne falsch, rein, naiv, und zart, ordentlich ein frommer Jüngling aus der alten Väterzeit und hat dreißigmal mehr Kopf, als er denkt. Nur hat er das Böse, daß er erstlich ein elastischer Poet ist, und daß er zweitens, wie viele Staaten von meiner Bekanntschaft, bei Sittenanstalten gern das Pulver auf die Kugel lädt, auch am Stundenzeiger schiebt, um den Minutenzeiger zu drehen. Es ist nicht glaublich, daß er ja eine Studentenmausfalle aufstellen lernt; und wie gewiß ihm ein Reisekoffer, den man ihm abgeschnitten, auf ewig aus den Händen wäre, erhellet daraus, daß er durchaus nicht zu spezifizieren wüßte, was drin gewesen und wie er ausgesehen.

Heine will ebenso wie Jean Paul seine eigenen Flegeljahre beschreiben, und die aufgezählten fünf Punkte sollen den Kern seines nächsten Werkes bilden.

Doch zunächst handelt es sich nur um Ideen zu Memoiren, und noch im darauffolgenden Jahre 1823 können wir feststellen, daß Heine sich nur in Gedanken damit beschäftigt. Die zwei Briefe aus dem Jahre 1823 gewähren jedoch schon einen Einblick in das, was Heine mit seinen „Jugendmemoiren" beabsichtigte. So schreibt er am 1. April 1823 an seinen Freund Immanuel Wohlwill [Wolf], den er im „Verein für Kultur und Wissenschaft der Juden" in Berlin kennengelernt hatte und der inzwischen als Lehrer der jüdischen Gemeindeschule nach Hamburg übergesiedelt war:

Es freut mich, daß es Dir in den Armen der aimablen Hammonia zu behagen beginnt; mir ist die Schöne zuwider. Mich täuscht nicht der goldgestickte Rock, ich weiß, sie trägt ein schmutziges Hemd auf dem gelben Leibe, und mit den schmelzenden Liebesseufzern: „Rindfleisch! Banko!" sinkt sie an die Brust des Meistbietenden . . . Vielleicht tue ich aber der guten Stadt Hamburg unrecht; die Stimmung, die mich beherrschte, als ich dort einige Zeit lebte, war nicht dazu geeignet, mich zu einem unbefangenen Beurteiler zu machen; mein inneres Leben war brütendes Versinken in den düstern, nur von phantastischen Lichtern durchblitzten Schacht der Traumwelt, mein äußeres Leben war toll, wüst, cynisch, abstoßend; mit einem Worte, ich machte es zum schneidenden Gegensatze meines inneren Lebens, damit mich dieses nicht durch sein Übergewicht zerstöre. Ja, amice, es war ein großes Glück für mich, daß ich just aus dem Philosophie-Auditorium kam, als ich in den Circus des Welttreibens trat, mein eigenes Leben philosophisch konstruieren konnte und objektiv anschauen, wenn mir auch jene höhere Ruhe und Besonnenheit fehlte, die zur klaren Anschauung eines großen Lebensschauplatzes nötig ist. Ich weiß nicht, ob Du mich verstanden hast; wenn Du einst meine Memoiren liest und einen Hamburger Menschentroß geschildert findest, worin ich einige liebe, mehrere hasse und die meisten verachte, so wirst Du mich besser verstehen . . .

Ähnliches lesen wir am 27. November 1823 an Ludwig Robert:

Es ist wirklich eine düstre Stimmung, in der ich seit zwei Monaten hinbrüte; ich sehe nichts als offene Gräber, Dummköpfe und wandelnde Rechenexempel. Selten fällt mir ein Sonnenstrahl ins Herz, ein Sonnenstrahl wie der freundliche Gruß der schönen Schwäbin . . . und wie die Nachricht, daß auch Ludwig Robert meiner nicht vergessen hat. Ich habe demselben noch nachträglich zu danken für die wohlwollenden Äußerungen im M[orgen]blatte. Diese waren mir doppelt lieb, da ich daraus ersah, daß ich mich nicht in Ihnen geirrt habe, und daß Sie nicht kleinlich sind wie die übrigen. Nicht kleinlich sein, das ist etwas, was mir mehr gefällt, als all die andern Seeleneigenschaften, die von unseren Moralkompendien so viel gepriesen werden. Glauben Sie aber auch nicht, daß ich es sei, wenn ich es auch zuweilen scheinen mag. Vielleicht erleben Sie es noch, meine Bekenntnisse zu lesen und zu sehen, wie ich meine Zeit und Zeitgenossen betrachtet, und wie mein ganzes trübes, drangvolles Leben in das Uneigennützigste, in die Idee übergeht.

Wir werden später sehen, daß verschiedene dieser Motive auch in Heines Werken der gleichen Zeit erscheinen, was auf schon angefangene „Jugendmemoiren" schließen läßt. Aus dem Jahre 1824 jedenfalls besitzen wir zwei Zeugnisse, daß Heine seine „Jugendmemoiren" wirklich niederzuschreiben begonnen hatte. So erzählt sein Studienfreund aus Göttingen, Eduard Wedekind, Heine habe während einer Diskussion über die persönliche Satire am 16. Juni 1824 geäußert: „Ich habe schon einen Anfang dazu gemacht, indem ich Memoiren schreibe, die schon ziemlich angewachsen sind. Jetzt bleiben sie indessen liegen, weil ich andres zu tun habe; ich werde sie aber fortsetzen, und sie sollen entweder nach meinem Tode herausgegeben werden oder noch bei meinem Leben, wenn ich so alt werde wie der alte Herr [Goethe]"; doch, berichtet Heine schon am 25. Oktober 1824 seinem Berliner Freund Moses Moser, war es „blutwenig", was er „diesen Sommer geschrieben. Ein paar Bogen an den Memoiren. Verse gar keine. Am Rabbi wenig . . ."

Wenn Heine von seinen Memoiren spricht, so darf man sich darunter nicht die Geschichte seines Werdens oder seiner Zeit vorstellen. Heine hatte seine „Jugendmemoiren" vielmehr in Tagebuchform niedergeschrieben; jedoch nicht im Sinne von Goethes Tagebüchern. Vielmehr handelt es sich um die Niederschrift gewisser interessanter Erlebnisse und anregender Gedanken, die später einmal als Episoden und Ideen ausgearbeitet werden sollten. Solche ausgearbeiteten Episoden lassen sich in Heines „Italienischer Reise", im „Börne" und im „Schnabelewopski" wiedererkennen. Außerdem ist beachtenswert, daß Heine manchmal nicht von Memoiren, sondern nur von einem ‚Memoir', also einem Teilstück für seine später als Ganzes gedachten Erinnerungen spricht. Erst wenn wir diesen Umstand im Auge behalten, werden wir die beiden folgenden Briefstellen richtig verstehen. So schreibt Heine am 11. Januar 1825 an Moses Moser: „Nur dann und wann kann ich ein Stückchen meiner Memoiren schreiben, die einst zusammengeflickt werden. O Flickwerk!" Einige Monate später, am 26. Mai 1825, berichtet er Rudolf Christiani ganz in demselben Sinne von der „Ausarbeitung einer Memoirenpartie, Anfang eines Romans . . ." Um diese Zeit beschäftigte er sich auch mit der Lektüre von Goethes „Dichtung und Wahrheit", und er vergleicht Goethes Auffassung über das Leben mit seiner eigenen „für und in der Idee". Doch bedauert Heine, daß er wegen andauernder Kopfschmerzen, „seit einem Jahre wenig Bedeutendes schreiben konnte . . . bloß an einer Art ‚Dichtung und Wahrheit', die nur in sehr späteren Zeiten erscheinen darf." Überhaupt erklärt er mit Verdruß: „Im Grunde ist mir die ganze jetzige Literatur zuwider, und darum schleppe ich mich auch mehr mit Ideen zu Büchern, die für die Folge berechnet sind, als mit solchen, die für die Gegenwart passen, z. B. einen angefangenen Faust, meine Memoiren und dergleichen." Viel ist also nach Heines eigenen Worten zwischen 1824 und 1825 nicht zustande gekommen. Daß es Heine damals mit seiner Biographie ernst war, geht aus der Tatsache hervor, daß sein Hamburger Freund Friedrich Merckel eine Sammlung sämtlicher Zeitungsartikel und Aufsätze über den Dichter anlegte, und daß Heines Verleger Julius Campe diese Sammlung von Dokumenten als grundlegend für Heines spätere Lebensgeschichte betrachtete. Nach einer soeben von Reclam in Leipzig gegründeten Leseanstalt, dem „Museum", wo die besten Zeitschriften für die Lektüre auslagen, nannte Campe Merckels Unternehmen das „Merckelsche Museum".

Was ist nun aus diesen Jugendmemoiren geworden? Sein Leben lang war Heine in Geldnöten; und so hat er diese ersten ausgearbeiteten Memoirenpartien benutzt, um sie in seine damaligen Werke einzuschalten und zu Geld zu machen. Die eben von ihm zitierten Worte, „Ausarbeitung einer Memoirenpartie. Anfang eines Romans", hätten ebenso gut heißen können „Ausarbeitung einer Memoirenpartie für den Anfang eines Romans". In diesem Sinn schreibt er auch am 14. Oktober 1826 an Moses Moser: „Auch den rein freien Humor habe ich in einem selbstbiographischen Fragment versucht", und zehn Tage später heißt es nochmals an Varnhagen von Ense, der zweite Teil der „Reisebilder" werde „ein Fragment aus meinem Leben, im kecksten Humor geschrieben, welches Ihnen gefallen soll" enthalten. Heine hatte also gewisse Memoirenpartien ausgearbeitet und für das „Buch Legrand" verwertet, wie allgemein bekannt ist.

Auch der Roman „Aus den Memoiren des Herrn von Schnabelewopski" besteht zum großen Teil aus solchen ausgearbeiteten Memoirenpartien der Jahre 1822 bis 1827. Schon 1822 hatte Heine das Programm für den Roman entworfen; er will über einen „weiblichen Schatten", „eine köstliche Idee, die in dem Polen steckt", und eine „olla Potrida" schreiben; alle diese Elemente sind im „Schnabelewopski" vorhanden. Lesen wir außerdem den Briefwechsel aus dem Jahre 1823 zwischen Heine und den Mitgliedern des „Vereins für Kultur und Wissenschaft der Juden" Gans, Markus, Moser und Wohlwill, so werden wir viele Motive dieser Korrespondenz im „Schnabelewopski" fast wörtlich wiederfinden. Der Roman wurde schon 1822 angefangen, blieb dann liegen und wurde erst nach dem Tode Goethes und Rahel Varnhagens im Jahre 1834 veröffentlicht, allerdings in stark veränderter Form.

Was ist nun aus diesen Tagebüchern geworden? Heine berichtet, sie seien 1833 bei einem Brand im Hause seiner Mutter zerstört worden; sie selbst bestätigt in einem unveröffentlichten Briefe an den Sohn, alle bei ihr aufbewahrten Manuskripte seien verbrannt. Trotzdem kann es sich nicht um alle Tagebücher gehandelt haben, denn im Jahre 1840 bearbeitete Heine seine Tagebuchberichte aus Helgoland über die französische Juli-Revolution von 1830 für das zweite Kapitel seines Buches über Börne. Auch gehen gewisse biographische Stellen in den „Geständnissen", die Parallelen zu denen im „Buch Legrand" und in „Schnabelewopski" bieten, zweifellos auf diese ersten „Memoirentagebücher" zurück. Wenn wir diese Tagebücher nicht mehr besitzen, so liegt das wahrscheinlich daran, daß sie nicht in Tagebuch-, sondern schon in Episodenform niedergeschrieben waren und hier und da in spätere Werke eingeschaltet wurden, ohne als Memoirenpartien erkannt worden zu sein. Doch mit dem Jahre 1827 endet Heines eigentliche Beschäftigung mit diesen „Jugendmemoiren"; er erwähnt seine „Memoiren" dann elf Jahre lang fast mit keinem Wort, bis sie 1837 ganz plötzlich wieder auftauchen.

1836 war für Heine ein schweres Jahr. Er hatte sich mit seinem reichen Onkel Salomon überworfen, die Bundestagsbeschlüsse gegen das Junge Deutschland hatten seine schriftstellerische Tätigkeit nutzlos gemacht, und außerdem hatte Heine eine Privatschuld von 20.000 Franken auf sich gehäuft. Er brauchte viel Geld, und zwar sofort, und so faßte er drei Pläne ins Auge, um größere Summen zu erwerben: er wollte eine deutsche Zeitschrift gründen, eine Gesamtausgabe seiner Werke veranstalten und außerdem seine Memoiren schreiben und herausgeben. Der Plan einer deutschen Zeitschrift in Paris mußte bald aufgegeben werden, da die meisten Leser in Preußen ansässig waren, und dieser Staat den Vertrieb untersagte.

Ohne Zweifel trug sich Heine seit den Bundestagsbeschlüssen mit Plänen über die Abfassung von Memoiren, wahrscheinlich hatte er sogar schon einige Bogen niedergeschrieben, äußerstenfalls aber sehr wenige. Mit der Herausgabe seiner „Memoiren" verfolgte Heine einen dreifachen Zweck: er wollte sie als Köder dafür benutzen, daß Campe ihm den Preis für die Gesamtausgabe bezahlte, was ihm auch gelungen ist; er hoffte, mit Campe einen günstigen Vertrag über die „Memoiren" unter Vorauszahlung des ganzen Honorars abschließen zu können; und er wollte mit der Drohung des Erscheinens eines solchen Werkes, das Salomon Heine bloßstellte, den ihm nicht freundlich gesonnenen Onkel einschüchtern und zur Auszahlung einer festen Jahresrente veranlassen.

Während der Verhandlung über die Gesamtausgabe stellt Heine deshalb seine „Memoiren" ständig in den Vordergrund und wendet sein ganzes Verhandlungsgeschick an, um Campe vom inneren Wert des Werkes zu überzeugen, denn es handelte sich um ein großes Buch, vielleicht mehrere Bände, welche den Schluß der Gesamtausgabe bilden sollen und die ganze Zeitgeschichte, die ich in ihren größten Momenten mitgelebt, umfassen samt den markantesten Personen meiner Zeit, ganz Europa, das ganze moderne Leben deutscher Zustände bis zur Juliusrevolution, die Resultate meines Aufenthaltes im Foyer der politischen und sozialen Revolution, das Resultat meiner kostspieligsten und schmerzlichsten Studien, das Buch, das man ganz eigens von mir erwartet . . . Ich habe nämlich wirklich schon begonnen, mein Leben zu schreiben, nur der Zeitumstände wegen zögere ich gern mit dieser Publikation, ich wollte ihr auch den höchsten Glanz verleihen und lange daran schreiben . . .

Auch lesen wir bald darauf, daß Heine beabsichtigte, auf Grund einiger Briefe der Rahel Varnhagen über den Saint-Simonismus, „die das Bedeutendste sind, was je aus ihrer Feder geflossen", für seine „Lebensbeschreibung davon Gebrauch zu machen, wo er überhaupt dieses merkwürdige Weib plastisch darstelle." Doch für Heine ist die Inhaltsangabe immer nur der vorgehaltene Köder; Hauptsache ist ihm augenblicklich, einen Vorschuß auf dieses Werk, die Krone seines Lebens, zu erlangen, und in diesem Sinne sind die nicht unklaren Worte zu verstehen:

. . . und für dieses Buch würde ich ein ganz außerordentliches Honorar per Druckbogen und einen unbestimmten Lieferungstermin verlangen . . . aber gern kontrahiere ich schon jetzt mit Ihnen über dieses Werk, wie ich es immer lange vorher mit meinen Büchern zu machen pflegte, und ich glaube. wenn es einst den Schluß der Gesamtausgabe bildet, ist der Wert derselben unberechenbar zu Ihrem Vorteil erhöht.

Doch Campe hatte mit Heine betreffs der Gesamtausgabe zu schlechte Erfahrungen gemacht, und so geht er mit keinem Wort auf das neue Angebot der „Memoiren" ein. Heine, der die Verstimmung seines Verlegers kennt, wendet gute zwei Wochen später, am 17. März 1837, noch einmal seine ganze Beredtsamkeit auf, um Campe zu begeistern:

Tag und Nacht beschäftige ich mich mit meinem großen Buche, dem Romane meines Lebens, und jetzt erst fühle ich den ganzen Wert dessen, was ich durch den Brand im Hause meiner Mutter an Papieren verloren habe. Ich hatte die Absicht, dieses Buch erst in späteren Zeiten herauszugeben, aber angeregt durch die Idee der Gesamtausgabe meiner Werke, soll es das Nächste sein, was das Publikum von mir erhält; nichts soll früher von mir herauskommen. Ich habe Ihnen in meinem letzten Briefe bereits gesagt, daß ich mich freue, ein solches Buch Ihnen anbieten zu können. Die Verstimmung, die ich vielleicht, durch Geldnot, unverschuldete Geldnot gedrängt, bei Ihnen erregt, als ich Ihnen zur ungelegenen Zeit den Verlag der Gesamtausgabe auflud, diese Verstimmung, wenn sie nicht etwa schon ganz verflogen ist, werde ich durch jenes Buch, welches alle früheren an Interesse überbietet, ganz in Vergessenheit bringen. Sie wissen, ich prahle nicht, und ich kann schon jetzt das Außerordentlichste prophezeien, da ich das Publikum kenne und genau weiß, über welche Personen, Zustände und Ereignisse es belehrt und unterhalten sein will. Ich habe Ihnen ebenfalls gesagt, daß Sie bereits jetzt mit mir über dieses Werk kontrahieren können, und ich nur in Betreff der Lieferungszeit und des Volumens nichts Genaueres sagen kann; unter der Hand nämlich dehnt sich mir der Stoff, und was ich heute auf zwei Bände schätze, könnte späterhin über drei hinauslaufen. Sagen Sie mir als ehrlicher Mann: wieviel können Sie mir per Druckbogen . . . geben . . . ?

Doch die erwartete Reaktion des verärgerten Verlegers tritt auch diesmal nicht ein. Somit erinnert Heine nur noch kurz und knapp daran: am 13. April 1837, daß er jetzt sein „Leben selbst im großen herausgebe und solches" sein „nächstes Buch sein wird"; und am 18. Juli 1837, daß er an seinem „Leben . . . weitergeschrieben" habe.

Wie wir schon bei der Besprechung von Heines Jahrgeld feststellen konnten, benutzte er 1837 bis 1838 diese fiktiven Memoiren, um von seinem Onkel Salomon zuerst auf eigene Faust und dann durch die Vermittlung Meyerbeers eine jährliche Rente von 4000 Franken zu erlangen.

Was hat Heine nun wirklich um diese Zeit an den „Memoiren" geschrieben? Zweifellos hat er sich 1837 mit Memoiren beschäftigt, doch kam diese Beschäftigung schon im Dezember 1837 zum endgültigen Abschluß; der Dichter berichtet selbst: „Meine große Arbeit [Memoiren] habe ich unterbrochen und bin an ein hübsches Zwischenbüchlein [Börne] gegangen." Trotzdem nimmt Eduard Engel an, daß es sich damals um zwei oder drei Bände gehandelt habe; er übersieht dabei ganz, daß es bei Heine nie heißt, „ich habe geschrieben", sondern stets „ich schreibe"; Heine berichtet nie, wieviel von der Arbeit fertig ist, er berechnet immer nur das mögliche Endprodukt.

Die Briefe von Johann Hermann Detmold an Heine geben Auskunft über den Umfang und den Inhalt der 1837 abgefaßten „Memoiren". Detmold war Heines Freund, war als Rechtsanwalt Heines deutscher Rechtsberater, besonders in Verlags- und später auch in Erbschaftsangelegenheiten. Dieser Freund, der sich 1837 in Paris aufhielt, war mit Heines Pensionsverhältnissen und den „Memoiren" innigst vertraut, und seine Äußerungen können wir als absolut zuverlässig hinnehmen. So fragt Detmold am 7. Januar 1838 bei Heine an: „Was macht Ihr Leben, d. h. das geschriebene und noch zu schreibende?" Heines Antwort auf diese direkte Frage ist leider verloren gegangen; doch besitzen wir Detmolds enttäuschte Äußerungen auf Heines verlorenen Brief; er schreibt am 9. März 1838:

Geben Sie Ihr Leben . . . Gehen Sie bald daran, hätten Sie im vergangenen Sommer Ihren Plan verfolgt, so wäre der erste Teil schon fertig. Schreiben Sie daran, bedenken Sie nur, welche Waffen gegen Ihre Feinde Sie darin handhaben können . . . Menzel, dem Sie in Bonn mit 8 Th[alern] (mehr darfs nicht sein) aushelfen, die nach dem Sie mir früher davon erzählt, finster durchblickenden Anklagen gegen das Christentum und Ihren Onkel . . .

Am 22. Oktober 1838 hören wir nochmals von Detmold: „Und Ihre Memoiren? Unverantwortlich, daß Sie so faul sind . . . Wie stehen Sie mit Ihrem Onkel?" Bezeichnend ist es, daß, wenn später von Memoiren berichtet wird, ganz im Einklang mit Detmolds Äußerung immer nur von diesen beiden Kapiteln gesprochen wird, nämlich von dem Memoir gegen das Christentum und von dem Memoir gegen die Hamburger Familie des Onkels. Auch ist es bezeichnend, daß, als Campe den Dichter am 21. Juni 1838 auffordert, wenigstens eine Probe seiner Memoiren als Beweis seiner Kunst zu veröffentlichen, um damit seinen ständig sinkenden Ruhm in Deutschland aufzufrischen, dieser mit keiner Silbe reagiert. Campe schrieb damals:

Die Kleffer machen sich mausig und durch eine gelungene Arbeit legen Sie allen einen Maulkorb an und die alten Freunde freuen sich . . . Also heraus mit den Memoiren! Geben Sie die kleinen Rücksichten auf! — In Leipzig sprach ich mit den Herausgebern der Halleschen Jahrbücher, die wie Sie wissen einen langen Artikel über Sie gegeben haben. Sie meinten ‚mit Heine sei es alle!' Was konnte ich vor diesen Leuten und den übrigen Gegenwärtigen tun: Lügenstrafen, die Bursche hunzen, wie der Anstand es erforderte, aber genug geschah. Ich sprach von Ihren Memoiren, als hätte ich sie schon zehnmal gelesen; behauptete keck, es sei das Beste, was ich je von Ihnen gesehen und — log, daß sie Respekt kriegten. So ist der allgemeine Refrain in der Literatur; dem Zustande müssen Sie ein Ende machen.

Am 26. August wiederholt Campe: „Wie steht es denn mit Ihren Memoiren? Sie schweigen ganz darüber! Was ist das?" Daß Heine schwieg, hatte seinen guten Grund: Es war nichts Druckfertiges vorhanden! Sein Buch über Börne sollte demnächst veröffentlicht werden, und der gerade in Paris weilende Heinrich Laube warnte Heine außerdem, die neue Schrift nicht ohne einen Berg erscheinen zu lassen, auf den er sich retten könne. Und so erinnerte sich Heine des gutgemeinten Rates Campes, einen Teil seiner „Memoiren" zu veröffentlichen. Er wählte dazu die Tagebücher aus Helgoland, welche die Enthusiasmusperiode der Julirevolution darstellten, und er schaltete sie ein als das zweite Kapitel in seinem „Börne". Heine berichtet darüber selbst am 18. Februar 1840 an Campe:

Die Spannung und die Neugier, womit mein ‚Börne' bereits erwartet wird, ängstigte mich ein wenig, da lange kein Buch von mir erschienen. Ich habe mich daher entschlossen, ein ganz besonderes Opfer zu bringen, und aus den Tagebüchern, welche ein integrierender Teil meiner Memoiren, detachierte ich eine schöne Partie, welche die Enthusiasmusperiode von 1830 schildert und in meinem „Börne" zwischen dem ersten und zweiten Buche vortrefflich eingeschachtelt werden könnte; was dem Ganzen, wie Sie sehen werden, ein gesteigertes Interesse verleiht. Jetzt bin ich ganz ruhig, und ich glaube, mein ‚Börne' wird als das beste Werk, das ich geschrieben, anerkannt werden.

Man stelle sich Heines Enttäuschung vor, als er, anstatt der erwarteten Lobesbezeugungen, von seinem Verleger niederschmetternde Worte über die Aufnahme dieses Werkes in Deutschland erntete:

Sie sind den Deutschen und Deutschland entfremdet, kennen die Gesinnungen nicht mehr, kennen die Launen Michels nicht! Hüten Sie sich! Sonst ist Ihre Popularität ganz zum Teufel. Sie haben die Menschen auf dem empfindlichsten Fleck tief verletzt, nämlich an ihrer unschuldigen Meinung! Jeder erblickt in Börne nicht mehr den Schriftsteller, sondern einen Blutzeugen für die deutsche Freiheit; und so hat e r die Anwartschaft einst zu einem Kalender-Heiligen erhoben zu werden, zum Trotze Ihres Tambour-Maîtres: der Ihnen die ganze Wut des deutschen Zornes auf den Nacken wirft. Sogar die ehemaligen politischen Feinde Börnes sind zu ihm desertiert; sie achten und respektieren ihn (mit britischer Noblesse) als einen ehrlichen, redlichen und unwandelbaren Charakter. Ich selbst tue es, so jeder — jeder! Er ist ganz national geworden und durch Sie wird er es noch mehr. Das Buch hat eine entgegengesetzte Wirkung erzeugt! . . .

Als ein reuiger Büßer können Sie nicht erscheinen: das schickt sich nicht, wäre am unrechten Platze und würde eine verfehlte Wirkung hervorrufen. Das Einzige, was alles vergessen macht oder zurückdrängen könnte, ist eine glänzende Publikation, etwa ein Roman, der die Scharte auswetzte, die aber rasch folgen müßte.

Heine hatte einen Teil seiner „Memoiren" geopfert, um den „Kleffern einen Maulkorb anzulegen", wie Campe es von ihm gefordert hatte; jetzt verlangte derselbe Campe einen Roman zu seiner weiteren Rehabilitierung. In tiefer Empörung weist Heine alle Vorwürfe seines Verlegers zurück:

Ich gestehe Ihnen, nur wenig und kaum bis zur Haut, werde ich berührt von den Schändlichkeiten, die der große Intrigant [Gutzkow] in Verbindung mit dem Frankfurter Pack gegen mich ausgesponnen; mein inneres Gemüt bleibt froh und ruhig. Denn an Schimpfen bin ich gewöhnt und ich weiß, die Zukunft gehört mir. Selbst wenn ich heute stürbe, so bleiben doch schon vier Bände Lebensbeschreibung oder Memoiren von mir übrig, die mein Sinnen und Wollen vertreten und schon ihres historischen Stoffes wegen, der treuen Darstellung der mysteriösesten Übergangskrise, auf die Nachwelt kommen. Das neue Geschlecht wird auch die beschissenen Windeln sehen wollen, die seine erste Hülle waren.

Heine hatte, wie wir gesehen haben, noch nicht einmal den ersten Band seiner „Memoiren" fertig, geschweige denn vier Bände. Er hat sein Selbstbewußtsein verloren und will hier seine Niederlage beschönigen, indem er von seinem Meisterwerk, von vier Bänden „Memoiren" spricht, welche nie existiert haben.

Mit den „Memoiren" hat es nun volle fünf Jahre Ruhe, von 1840 bis 1844. Erst auf die Nachricht vom Tode Salomon Heines, der den Neffen in seinem Testament mit einer einmaligen Zahlung von 8000 Mark Banko abgefunden und die Fortsetzung einer regelmäßigen jährlichen Rente mit keinem Wort erwähnt hatte, erscheinen die „Memoiren" auch sofort wieder in Verbindung mit dem Oheim. Jedenfalls ist Heines damalige Äußerung aufschlußreich: „Dieser Mann s o l l unvergeßlich geschildert werden!" Danach hatte Heine also überhaupt noch keine Memoiren über den Onkel geschrieben, und so bleiben von den 1837 erwähnten „Memoiren" nur noch der Angriff auf das Christentum übrig. Doch diese nicht existierenden Memoiren gegen Salomon Heine sollten, wie wir ja schon in Verbindung mit dem Erbschaftsstreit gesehen haben, noch eine große Rolle spielen. Nach der Beilegung aller Differenzen besuchte Karl schon Anfang 1847 den kranken

Vetter in Paris und söhnte sich mit Harry persönlich aus. Doch mußte Heine teuer bezahlen! Irgendwelche Memoiren gegen die Familie in Hamburg, soweit solche überhaupt existierten, mußten vernichtet und sogar alle Korrespondenz über den Erbschaftsstreit verbrannt werden. So sind auch Heines Zeilen vom 19. April 1847 an seine Mutter zu verstehen:

Ich bin in diesem Augenblick, wo ich mich schon zum Hinausziehen aufs Land vorbereite, mit der Ordnung meiner Papiere beschäftigt. Diesmal gehe ich alle meine Briefe wieder durch, und verbrenne alle, worin nur das geringste Verfängliche, besonders in Familienbeziehung, steht. — So hab ich leider von Dir einen Teil Briefe, und von Lottchen fast alle dem Feuer übergeben müssen, was mir sehr weh tat, denn ich liebe Euch mehr als sechs Katzen!

Doch die erträglichen Beziehungen zwischen den beiden Vettern — Karl zahlte sogar Harrys Schulden — wurden im Jahre 1851 getrübt durch die Stupidität und Borniertheit seines Bruders Gustav. Dieser, der es inzwischen ebenfalls zum Millionär gebracht hatte, es aber trotzdem nie für notwendig erachtete, den Dichter auch nur mit einem Heller aus eigener Tasche zu unterstützen, unternahm es nun mit einem gewissen Gusto, für Harry bei Karl zu vermitteln. Gustavs Brief vom 6. Januar 1851 zeigt die protzige Art des Auftretens und seine Aufgeblasenheit:

In Betreff Hamburg sei unbesorgt. Ich stehe mit diesen Leutchen jetzt auf gleichem Fuß. Sie suchen meine Freundschaft, und nehmen sie an. Ich will Ruhe und Frieden haben, darum w i l l ich vergessen, obschon es in meinem tiefsten Innern kocht. Hamburg wird Dich n i e mehr kränken, und sollte man es wagen, dann schreibe nur mir. Damit Du aber weißt, was ich hier mit Hermann gesprochen habe, so sind dies die wenigen Worte: Wenn Karl auch jährlich 20.000 Francs gibt, so ist dieses bei seinem Vermögen gar nichts, und nur so kann er sich selbst ein Denkmal setzen, daß er Deutschlands größtem Dichter, der krank und gefesselt auf dem Krankenlager liegt dadurch seine schreckliche Lage mildert, daß er ihm wenigstens die pekuniären Sorgen abnimmt.

Zweifellos hatte Gustav dem gemeinsamen Vetter Hermann Heine gegenüber, der Karls rechte Hand war und gerade in Wien weilte, die Tatsache hervorgehoben, daß der Dichter immer noch im Besitz von Memoiren sei. Es handelt sich hier um das Manuskript der erst 1854 veröffentlichten „Geständnisse". Die Rückwirkung war auch augenblicklich, denn schon im nächsten Monat konnte Heine an Gustav berichten: „Ich habe nämlich von Karl einen Brief erhalten, der für meine Finanzen äußerst günstig ist, einesteils die Termine der Auszahlung rapprochiert, andernteils weil er mir von vorn herein für dieses Jahr eine Summe aussetzt, die zwar nicht viel größer ist, als diejenige, welche ich jede der letzteren Jahre von ihm erhielt, nur daß ich diesmal keine langen Quälereien dabei hatte." Doch muß Karl damals sonderbare Empfindungen gehabt haben, als er auf Umwegen erfuhr, daß noch Memoiren vorhanden waren. Heine hatte also doch nicht, wie im

Revers vorgesehen war, alles Material über die Hamburger Familie vernichtet. So werden die alten Bedingungen wiederholt und beim nächsten Besuch in Paris alle noch vorhandenen Schriften gegen die Familie restlos verbrannt! Heine forderte sogar die bei Campe seit 1845 liegenden Dokumente über den Erbschaftsstreit zurück, um auch sie dem Feuer zu übergeben. Ende Mai und Anfang Juni verbrennt der Dichter ebenfalls alle Familienbriefe:

> Ich habe mich, liebe Mutter, in den letzten 14 Tagen mehr mit Dir beschäftigt, als Du ahnen möchtest; ich habe nämlich eine General-Revision meiner Papiere unternommen, habe alle Deine und Lottchens Briefe wieder durchgesehen, und um sicher zu sein, daß einst kein Mißbrauch durch zufällige Veruntreuung damit gemacht werden könne, habe ich, wie wehe es mir auch tat, alle diese Briefe dem Feuer übergeben. Ich hoffe gewiß, daß Du dieses Verfahren billigst, liebe Mutter, da ich Dich um keinen Preis der Welt der rohen Neugier fremder Menschen einer späteren Generation aussetzen möchte.

Eebenso berichtet Heine seinem Bruder Gustav, daß er sich im Jahre 1851 „zu vorschnell mit dem Verbrennen des größten Teils" seiner „Papiere vergallopiert habe." Daß es diesmal wirklich ernst war, geht schon daraus hervor, daß sich im Nachlaß bis 1851 keine Briefe von Mutter oder Schwester erhalten haben. So völlig hat Heine Anfang Juni 1851 die letzten Schriftstücke über die Familie Karl Heines zerstören müssen; wir können gewiß sein, daß dieses zweite Autodafé gewissenhaft, wenn nicht gar von Karl selbst, ausgeführt wurde. Von nun an belächelt Karl jede Drohung mit Veröffentlichung von Memoiren.

Doch Detmold erwähnte im Jahre 1838 außer dem Memoir gegen Salomon Heine noch ein weiteres gegen das Christentum. Salomon und Karl waren daran nicht interessiert, und so hatte dieser Teil der Memoiren eine ganz unabhängige Geschichte. Heine schreibt am 25. Januar 1850 an Laube:

> Hegel ist bei mir sehr heruntergekommen, und der alte Moses steht in floribus . . . Die Verstimmung [über Campes Stillschweigen] . . ., vereinigt mit dem Wiederaufflickern meines religiösen Gefühls, haben mich unlängst zu einer Tat getrieben, über die Du sehr ungehalten sein wirst, wenn ich sie einst in ihrem Detail gestehe . . . Ich habe ein schreckliches Autodafé gehalten, woran ich noch jetzt nicht ohne Erschütterung denken kann. Doch ich will später darüber expektorieren . . . Mit meinem Vetter Karl stehe ich leider noch immer auf schlechtem Fuße, was mich sehr bekümmert, da ich ihn von Kind auf so sehr geliebt habe und eine Innige Freundschaft uns früher verband. In finanzieller Beziehung kann ich nicht über ihn klagen.

Auch an Campe heißt es ähnlich am 1. Juni 1850:

> Da ich die Gründe Ihres langjährigen Zögerns in Beantwortung der wichtigsten Anfragen durchaus nicht kenne, so darf ich dieselben nicht von vornherein allzu herbe verdammen, aber so viel weiß ich, daß Sie durch Ihre Zögernis meinen literarischen Interessen großen Schaden zugefügt und vielleicht unverantwortliche

und unwiderbringbare Zerstörnisse verursacht haben. In einer Zeit, wo in der Außenwelt die größten Revolutionen vorfielen und auch in meiner inneren Geisteswelt bedeutende Umwälzungen stattfanden, hätte schnell ins Publikum gefördert werden müssen, was geschrieben vorhanden lag, nicht weil es sonst für das Publikum minder kostbar gewesen wäre, sondern weil ich es jetzt nicht mehr herausgeben dürfte aus freiem Willen, wenn ich nicht eine Sünde gegen den heiligen Geist, einen Verrat an meinen eigenen Überzeugungen, jedenfalls eine zweideutige Handlung begehen wollte. Ich bin kein Frömmler geworden, aber ich will darum doch nicht mit dem lieben Gott spielen, wie gegen die Menschen, will ich auch gegen Gott ehrlich verfahren und alles, was aus der früheren blasphematorischen Periode noch vorhanden war, die schönsten Giftblumen hab ich mit entschlossener Hand ausgerissen und bei meiner physischen Blindheit vielleicht zugleich manches unschuldige Nachbargewächs in den Kamin geworfen. Wenn das in den Flammen knisterte, ward mir, ich gestehe es, gar wunderlich zumute; ich wußte nicht recht mehr, ob ich ein Heros oder ein Wahnsinniger sei, und neben mir hörte ich die ironisch tröstende Stimme eines Mephistopheles, welche mir zuflüsterte: der liebe Gott wird dir alles weit besser honorieren als Campe, und du brauchst jetzt nicht mit dem Druck dich abzuquälen oder noch gar vor dem Drucke mit Campe zu handeln wie um ein Paar alte Hosen. Ach liebster Campe, ich wünsche manchmal, Sie glaubten an Gott, und wär es nur auf einen Tag; es würde Ihnen dann aufs Gewissen fallen, mit welchem Undank Sie mich behandeln zu einer Zeit, wo ein so grauenhaftes und unerhörtes Unglück auf mir lastet.

Doch genauer betrachtet, hatte Heine nur die halbe Wahrheit gesagt. Er hatte nur diejenigen Teile vernichtet, die nicht mehr mit seinen gegenwärtigen religiösen Anschauungen im Einklang standen, und sich alsbald daran gemacht, die durch die Zerstörung entstandenen Lücken zu füllen. Alfred Meißner unterrichtet uns im Mai 1850 in seiner „Geschichte meines Lebens", daß Heine „mit der Komposition seiner Memoiren" beschäftigt sei, und daß Heine selber davon sagte:

Ich arbeite seit Jahren daran. Das Buch wird drei Bände haben, mindestens drei Bände. Einzelne Partien sind ganz fertig, auf's sorgsamste ausgearbeitet. Eine solche Partie will ich demnächst veröffentlichen, vermutlich unter dem Titel „Bekenntnisse". Doch zuerst in französischer Übersetzung. Gérard de Nerval hilft dabei mit. Eben bin ich wieder mit der Ausfüllung von Lücken beschäftigt. Es schwindet eine nach der andern. O, ich bin fleißiger, als Sie denken ...

Es wird somit klar, daß die Schrift, die Heine unter dem Titel „Bekenntnisse" erwähnt, mit den „Geständnissen" identisch ist. Dieses jüdisch-deistische Glaubensbekenntnis ist also des Dichters Neubearbeitung der größtenteils verbrannten Memoiren gegen das Christentum, gegen die blasphemische Periode. Die Umarbeitung wurde 1848 begonnen und im Sommer 1850 beendet, aber erst 1854 veröffentlicht. Als Heine die „Geständnisse" als unerwartete Zugabe in die „Vermischten Schriften" einreihte, erklärt er Campe:

Der erste Teil enthält:

1) „Geständnisse"; etwa acht bis zehn Bogen betragend, eine Schrift, die Ihnen sehr

zusagen wird, weil sie gleichsam den Vorläufer zu meinen „Memoiren" bildet, die freilich in einem populäreren Stil geschrieben werden.

Heine will damit einfach sagen: die „Geständnisse" sind eine überarbeitete Partie meiner alten „Memoiren", wovon ich jetzt eine ganz neue Bearbeitung vorgenommen habe.

Interessant ist es zu sehen, wie man sich in Hamburg zu diesen „Memoiren" stellte. Heine selbst und seine eigene Familie in Hamburg betrachteten die „Geständnisse" jedenfalls als einen Teil seiner gefürchteten „Memoiren", deren Erscheinen Heine zur Genüge in den Zeitungen hatte ankündigen lassen; und allgemein erwartete man einen öffentlichen Skandal. Auch Heines Schwester schreibt am 18. März 1854 an den Bruder: „In allen Zeitungen steht, daß Deine Memoiren bald herauskommen . . . Tante Jette zittert, Du könntest sie lächerlich machen in Deinen Memoiren . . . Komme ich in Deinen Memoiren vor, so rate ich Dir, mich nur sehr brillant vorzuführen", und nochmals am 4. April 1854: „Ich hörte vor ein paar Tagen, Du würdest bald Deine Memoiren herausgeben, ich vermeide Campe zu sehen, will nichts gefragt sein; doch um eins bitte ich Dich, lieber Harry, schone die Familie, laß Karl keine Ausreden haben, so klug wirst Du wohl sein und denke, daß alles auf meinen Kopf kommt, beruhige mich darüber." Heine adressierte die Manuskripte diesmal auch nicht, wie sonst in den letzten Jahren, an seine Schwester, sondern direkt an Campe, „um der weiblichen Neugier keine Gelegenheit zur Sünde zu geben". Inhaltlich muß das Werk für Charlotte einerseits eine Enttäuschung, andererseits aber eine große Beruhigung gewesen sein. Bezeichnend ist es aber, daß der Dichter das erste aus der Presse kommende Exemplar der „Geständnisse" durch Campe an Karl schicken ließ, um diesen und sich slbst zu beruhigen; daß er aber verbot, den ersten der drei Bände der „Vermischten Schriften", der die „Geständnisse" enthielt, die Mutter lesen zu lassen, da sie die Rückkehr zum orthodoxen Judentum nicht gebilligt hätte.

Warum nun begann Heine im Jahre 1854, kurz vor seinem Tode, den er jede Stunde erwarten mußte, eine völlig neue Fassung seiner letzten Memoiren, die wir das „Memoirenfragment" nennen wollen? Von diesen neuen „Memoiren" berichtet Heine zum ersten Male am 7. März 1854 an Campe:

Herr Trittau wird Ihnen gewiß die Mitteilung gemacht haben, daß ich mich mit Heroismus einer ganz neuen Abfassung meiner ‚Memoiren' unterziehe, und ich hoffe, daß dieses die Krone meiner Schriften sein wird. Aber Heroismus war es, statt zu flicken, gleich wieder Neues zu geben, und ich hoffe, wenn ich ohne Störung bleibe, schon in diesem Jahre eine große Portion fertig zu machen und unverzüglich zu publizieren. Da ich jetzt weiß, was ich nicht sagen darf, so schreibe ich mit großer Sicherheit, und nichts hindert mich mehr, das Geschriebene schon bei Lebzeiten von Stapel zulassen.

Und am 21. April 1854 schreibt er in demselben Sinne an seinen Verleger:

„Ich glaube jetzt, wo mein Buch fertig ist, mit Seelenruhe die Frühlingskur, die ich so lange erwartete, anfangen und mich dem lustigen Memoirenschreiben, das für mich keine Arbeit, sondern eine Erquickung, ergeben zu können." Die neue Abfassung begann Heine nur auf das ständige Drängen seiner Frau, denn er berichtet: „Meine Frau hat mich an meine Memoiren gespannt, wie einen schweren Hamburger Ochsen an den Pflug." Sie sollten zweifellos als Drohung gegen Karl Heine benutzt werden, falls dieser sich weigerte, nach des Dichters Tod die Pension an die Witwe weiterzuzahlen.

Daß Heine mit diesen neuen „Memoiren" ein größeres Werk im Sinne hatte, geht aus verschiedenen Briefen und Äußerungen hervor. Wir wissen aus dem erst 1884 veröffentlichten „Memoirenfragment", daß diese letzten Memoiren mit Anekdoten aus des Dichters frühester Jugend beginnen und daß Heine, indem er chronologisch weiter vorrückte, zuerst alte Freunde in Deutschland und dann auch die großen Persönlichkeiten der Julirevolution um Auskunft bat. So schreibt er am 5. Oktober 1854 an seinen ehemaligen Berliner Freund Joseph Lehmann, Mitglied des „Vereins für Kultur und Wissenschaft der Juden":

> . . . wäre es mir sehr lieb, wenn Sie mir häufiger schrieben; sicherlich kann mich nichts verletzen, und manches kann mich sogar amüsieren. Dann auch, da ich, sobald ich wieder zur Ruhe komme, mich ganz in meine Memoiren versenken werde, kann irgend eine Mitteilung über Schicksale und Transformationen landsmännischer alter Freunde für mich von einigem Nutzen sein. Manchen glaube ich lebend, der längst tot ist, und manchen glaube ich tot, der unterdessen bloß dumm geworden ist oder schlecht.

Im Sommer 1855 wendet sich Heine auch an die großen Politiker der Julirevolution, um mit ihnen wichtige Begebenheiten unter der Regierung des Königs Ludwig Philipp zu besprechen. Heine hatte ein weitgehendes Programm ausgearbeitet. Diese letzten Memoiren sollten die ganze deutsche und die ganze französische Periode umfassen, und in ihnen wollte er seine Gönner loben und seinen Gegnern ein Messerchen geben. Heine selbst äußert sich über diese letzten Memoiren in der ‚Vorrede' zur französischen Ausgabe seines Buches „De l'Allemagne":

> In einem anderen Werke, das ich noch zu vollenden hoffe, werde ich die Gelegenheit haben, ausführlich von vielen deutschen Schriftstellern zu reden, die meine Zeitgenossen gewesen sind. Ich werde dann reichlich die Lücken dieses Werkes ausfüllen, und ich stehe dafür ein, daß weder das Publikum, noch die Schriftsteller, mit welchen ich mich jetzt nicht habe beschäftigen können, etwas dabei verloren haben sollen, daß sie gewartet.

Auch in den „Geständnissen" heißt es: „An einem andern Orte, in meinen Memoiren, erzähle ich weitläufiger, als es bis hier geschehen durfte, wie ich nach der Julirevolution nach Paris übersiedelte, wo ich seitdem ruhig und zufrieden lebe."

Wie erklärt es sich nun aber, daß Heine in seinem erst 1884 veröffentlichten „Memoirenfragment" nur seine ersten achtzehn Lebensjahre schildert? Ist er nicht weitergekommen, da der Tod ihn ereilte? Hat sein Bruder Maximilian im Jahre 1867, als er des Dichters Witwe in Paris besuchte, nicht nur einige Blätter vom Anfang des „Memoirenfragments", wie wir wissen, sondern auch noch einen großen Teil am Ende vernichtet, und wenn dem so ist, wie viele Seiten und welchen Inhalts? Oder was ist mit den übrigen Teilen geschehen? Über diese wichtigen Fragen sind bis heute nur Vermutungen geäußert worden. Der Zufall will es, daß sich ein Brief des Sekretärs Richard Reinhard an Heine vom 27. Mai 1855 und dessen Reinschrift des „Vorworts" zum „Memoirenfragment" erhalten haben; beide berechtigen zu sicheren Schlußfolgerungen. Heine hat nie ein Werk eher von seinem Sekretär ins Reine schreiben lassen, bis nicht ein abgeschlossener Band im Manuskript vorlag. Wir werden sehen, daß dies auch beim „Memoirenfragment" der Fall war.

Reinhard war in den letzten Jahren Heines Sekretär, Übersetzer und Vertrauter gewesen; er hatte während Heines letzter Krankheit sogar auf eigene Faust Heines Korrespondenz mit Campe geführt und die Verhandlungen über den letzten Kontrakt zwischen dem Dichter und dem Verleger übernommen. Reinhard richtete nun am 27. Mai 1855, als er eben angefangen hatte, das „Memoirenfragment" ins Reine zu schreiben, an den Dichter einen langen Brief, worin er unter anderem für die treu geleisteten Dienste forderte, daß Heine ihn zum Herausgeber seiner posthumen Memoiren mache. In Reinhards eigenen Worten heißt es: „Das uns beiderseits passendste und zweckmäßigste Mittel in diesem Betracht scheint mir nun folgendes zu sein: nämlich, daß Sie mir für später die Veröffentlichung Ihrer Memoiren pp. nach Ihrem Tode übertrügen, mit der Berechtigung, mich s. Z. einesteils dem deutschen Publikum gegenüber als Herausgeber Ihrer Nachlässe zu nennen, und andernteils dem französischen Publikum gegenüber als deren Übersetzer." Heine berichtete schon am 30. Mai über sein Zerwürfnis mit seinem Sekretär, ohne daß Campe die Mystifikation versteht:

Zwischen mir und Herrn Reinhard, meinem ehemaligen Sekretär, steht es anders; obgleich er meine Interessen, materielle wie moralische, sehr warm vertritt, so fehlt doch jene Gefühlstoleranz, die ich in so hohem Grade besitze und wodurch es mir möglich ist, in Fällen, wo nur mein Geldinteresse oder meine Eitelkeit im Spiel ist, 5 eine gerade Zahl sein zu lassen und trotz aller Widderbellerei den Ehefrieden aufrecht zu erhalten — Gestern habe ich die Gemütsverschiedenheit, die zwischen mir und meinem ehemaligen Sekretär besteht, ganz einsehen müssen und das Beiwort e h e m a l i g sagt Ihnen, daß wir uns trennen mußten. Nächstens sage ich Ihnen, was er von mir verlangt, was ich nur versprechen sollte für den Fall meines Todes, und was ich dennoch bestimmt versagte.

Aus Reinhards Brief geht nun hervor, daß diese letzten Memoiren als ein posthumes Werk gedacht waren und daß dieser Brief dadurch veranlaßt wurde, daß Heine ihm den ersten vollständigen Teil des „Memoirenfragments" zur Abschrift vorgelegt hatte. Ganz im Einklang damit hatte ja Heine am 1. Februar 1854 Campe von Dr. Trittau berichten lassen, „er habe schon angefangen, diese Memoiren in reicher Weise umzuarbeiten und so viel beschafft, daß er nach einem Jahre ein Bändchen erscheinen lassen könne." Das Zerwürfnis mit Reinhard fand am 27. Mai 1855 statt, also knapp 16 Monate später. Offenbar schloß dieser erste fertige Band mit seiner Auswanderung nach Paris, denn im Sommer richtete Heine Briefe an verschiedene französische Diplomaten, die zur Zeit der Julirevolution eine wichtige Rolle gespielt hatten und mit denen Heine die historischen Ereignisse unter der Regierung Ludwig Philipps besprechen wollte. Heine hatte also im Herbst 1855 an der französischen Periode seiner Memoiren weitergearbeitet und, wie die Mouche berichtet, manchem seiner Zeitgenossen mit der größten Schadenfreude ein Messerchen gegeben. Folglich muß nach Heines Tod, als Alfred Meißner die sechshundert Seiten sah, nicht nur das Manuskript des ersten Bandes, das die Periode in Deutschland behandelte, sondern auch schon ein Teil des zweiten Bandes, der die Anfänge seines Pariser Aufenthalts schildert, vorgelegen haben. Heine schrieb damals mit Bleistift auf übergroße Folioseiten. Wenn Meißner 1856 sechshundert Bogen gesehen haben will, so wird das durchaus den Tatsachen entsprechen, wie auch aus folgender Berechnung hervorgeht: Das uns erhaltene „Memoirenfragment" war auf 147 Folioseiten niedergeschrieben, so daß es ein Viertel des von Meißner gesehenen Manuskriptmaterials darstellt. Alle Bände von Heines Werken umfassen nun mindestens 21 Bogen oder 336 Druckseiten. Das erhaltene „Memoirenfragment" umfaßt 114 Druckseiten. Der erste Band bis zur Abreise nach Frankreich würde danach das Dreifache, also rund 450 Seiten Manuskript darstellen. Das würde für die französische Periode 150 handschriftliche Blätter oder ein weiteres Drittel eines zweiten Bandes ausgemacht haben, was auch nach den obigen Besprechungen ganz in die für Heine zur Verfügung stehende Zeit von sieben Monaten paßt. Wir können also mit Sicherheit annehmen, daß Maximilian im Jahre 1867, als er Mathilde in Paris besuchte, nicht nur, wie wir wissen, die ersten Seiten verbrannt hat, sondern außerdem noch alle Aufzeichnungen seit des Dichters achtzehntem Lebensjahre bis in die ersten Jahre seines Aufenthalts in Paris, zwischen 400 und 450 Seiten Manuskript. Wenn Meißner schon 1850 und 1854 sechshundert Seiten „Memoiren" gesehen hat, so ist das auch sehr leicht erklärlich: Er sah die „Geständnisse", die Heine ja selbst als „Memoiren" bezeichnet hatte. Ich besitze 310 Doppelblätter der „Geständnisse", und das ganze Manuskriptmaterial bestand damals sicherlich aus 600 Doppelblättern. So sah Meißner in den Jahren 1850 und 1854 gegen 600 Doppelseiten „Geständnisse" und im Jahre 1856 gegen 600 Doppelseiten des „Memoirenfragments".

Es wird auch einmal behauptet, der fehlende Teil der letzten Fassung sei von Mathilde an Karl Heine in Hamburg verkauft und von diesem vernichtet worden. Alexander Weill behauptet sogar in seinen „Souvenirs intimes de Henri Heine", dies habe ihm Mathilde berichtet; doch dem stehen zwei Überlegungen entgegen: Karl hätte sicherlich nicht nur einen Teil, sondern das ganze Manuskript des „Memoirenfragments" verlangt; und angenommen, er hätte Mathilde diesen harmlosen Teil überlassen, so wäre im Jahre 1869, da man den nichtigen Inhalt in Hamburg gekannt haben müßte, kein Grund vorhanden gewesen, den Verkauf dieses „Memoirenfragments" an Campe für den Druck durch Karls Rechtsanwalt Mosengel zu untersagen. Dieses Verbot hatte damals zur Folge, daß unter den posthumen Werken, die als „Letzte Gedichte und Gedanken" erschienen, das „Memoirenfragment" nicht aufgenommen werden konnte. Im Jahr 1869 jedenfalls bestanden die letzten Memoiren nur noch aus dem uns heute bekannten und damals in der Verwahrung Mathildes befindlichen Fragment. Heines Neffe, Ludwig von Embden, der einen Einblick in das Manuskript getan hatte, urteilte damals, das „Memoirenfragment" sei unwichtig und könne nicht separat verkauft werden; die wenigen Bogen der Memoiren zusammen mit den übrigen posthumen Werken würden gerade ein Bändchen füllen. Unverständlich ist es aber, daß der Sohn Julius Campes, der demnach schon 1869 Wert und Umfang des „Memoirenfragments„ genau gekannt haben müßte, sich fünfzehn Jahre später durch seinen Vertreter Eduard Engel von dem Pariser Rechtsanwalt Henri Julia um 16.000 Goldfranken hat prellen lassen. So endete die wechselvolle Geschichte von Heines „Memoiren". Da wir so mit dem Schicksal jedes bekannten und unbekannten Teiles des Werkes vertraut sind, wissen wir genau, daß die Nachwelt keine Memoiren von Heinrich Heine mehr zu erwarten hat.

Dieses letzte „Memoirenfragment" unterscheidet sich zweifellos in Inhalt und Stil von den alten Memoiren. Nach dem erhaltenen Bruchstück zu schließen, kam es Heine jetzt nicht mehr wie früher darauf an, zu zeigen, wie sein „trübes, drangvolles Leben in das Uneigennützigste, in die Idee" überging. Die Darstellung der wesentlichen Leitgedanken des Lebens, in das er mitten hineingestellt war, ließ er beiseite, heftige Angriffe auf Personen mied er; der Denker ruhte aus von schwerer Geistesarbeit, und der Kämpfer legte sein Schwert nieder. Dennoch wurde es ihm wohl bei der Arbeit; er versichert wiederholt, daß sie ihm leicht werde und ihm die trüben Tage erheitere. Er erging sich z. T. in Schilderungen, die an die „Elementargeister", die „Götter im Exil", den „Faust" und die „Göttin Diana" erinnern. Erneut blätterte er in den einst mit Gewinn gelesenen Büchern des Volksaberglaubens, oder er stützte sich bei Schilderungen des Scharfrichterlebens an Erinnerungen an Brentanos „Geschichte vom braven Casperl". Auch erinnert er selbst an das Vorbild von Goethes „Dichtung und Wahrheit", und wenn er die Bilder der Eltern und Ahnen entwirft, so wird ihm Goethes Darstellungsweise lebendig. Ja, es mag sein, daß ihm Goethes Erzählung von dem Frankfurter Gretchen und seiner ersten noch halb knabenhaften, unreifen Liebe vor Augen geschwebt hat, als er von der zwar ganz andersartigen, aber auch knabenhaft unreifen Liebe zu Josefa erzählte. Den Hauptinhalt boten freilich die eigenen Lebenserinnerungen selbst, die Schattenbilder einer glücklichen Kindheit und Jugend, die sich leicht und willig darstellen. Wie scharf umrissen sind diese Gestalten! Die ehrgeizige Mutter; der lebenslustige, weich-unmännliche Vater, mit seiner etwas kindlichen Würde, seiner beweglichen Beschränktheit; unter der älteren Verwandschaft der Oheim Simon van Geldern, der vielgereiste Abenteurer; dann die rote Josefa, die Scharfrichterstochter, der die ersten kindlichen Liebesgefühle des Dichters gelten, und ihr Anhang, die Familie des Scharfrichters: die Zippel, die Göchin und all die köstlich geschauten Gestalten des Düsseldorfer Volkslebens von der alten Flader und dem Jupp bis zum Dreckmichel mit seinem stichelnden Ausruf „Haarüh" womit man in der Schule den armen Harry Heine ärgerte.

In all diesen Schilderungen verrät sich eine „Lust zu fabulieren", wie wir sie bei Heine sonst nur selten antreffen. Der Stil der „Memoiren" bietet an Anschaulichkeit und saftiger Lebensfülle wohl das Beste, was uns Heine, der doch immer und überall als großer Stilkünstler erscheint, geleistet hat. Auch in den Gedichten aus seinen letzten zwei bis drei Jahren, die uns in den posthumen „Letzte Gedichte und Gedanken" erhalten sind, scheint Heine an manchen Stellen noch über die Stilvollendung des „Romanzero" hinausgekommen zu sein. All den fürchterlichen Leiden zum Trotz entwickelt der Dichter eine künstlerische Gestaltungskraft, die ihm den Ruhm eines meisterhaften Stilisten deutscher Sprache sichert.

2. Nachwort

Geschichte des Heine-Nachlasses

Keine Heine-Biographie wäre vollständig ohne einen Blick auf die Geschichte des Heine-Nachlasses; sie zieht sich ein halbes Jahrhundert lang nach des Dichters Tode hin und ist in jeder Hinsicht vom ersten Anfang bis zum letzten Ende mit dem Namen Henri Julia verknüpft.

Heine hatte Ende 1851 Julias Aufsatz „Freunde Voltaires" gelesen und war so beeindruckt, daß er den noch jungen Verfasser, einen Rechtsanwalt, zu einem Besuch einlud, den dieser auch abstattete. Das war das einzige Zusammentreffen zwischen Heine und Julia. Der Name Julia wird auch nirgends in Heines Werken, seinem Briefwechsel oder von seinen Freunden erwähnt. Julias Behauptung in seinen Zeitungsartikeln aus dem Jahre 1884, betitelt „Heinrich Heine. Erinnerungen von Henri Julia", daß er ein langjähriger Freund und Vertrauter Heines gewesen sei und daß dieser ihn zu seinem literarischen Testamentsvollstrecker ernannt habe, ist eine berechnende Fälschung.

Julia muß bei seinem damaligen Besuch einen guten Eindruck auf Mathilde gemacht haben und beide müssen sich bald näher gekommen sein. Richard Reinhardt, der bis Mai 1855 Heines jahrelanger und treuer Sekretär gewesen war, wußte natürlich genau, was im Hause und hinter dem Rücken Heines vorging, und hatte auch Kenntnis von dieser Liebschaft; ebenso wußten Herr und Frau Jaubert, welch letztere in Herzensangelegenheiten stets gut unterrichtet war, von diesem fragwürdigen Verhältnis; und sogar Campe erwähnte dieses „Staatsgeheimnis" gegenüber Alfred Meißner, der es unter dem Siegel tiefster Verschwiegenheit zu wahren versprach. Julia und Mathilde müssen zu Heines Lebzeiten schon sorgfältig ihre Pläne geschmiedet haben, wie sie nach des Dichters Tode, der jeden Tag zu erwarten war, dessen testamentarische Bestimmungen umstoßen könnten; anstatt den Nachlaß an Heines Neffen, Ludwig von Embden, und den Verleger, Julius Campe, auszuliefern, wollten sie die vorhandenen Manuskripte an sich bringen und für sich selbst zu Geld machen. Die Ausführung dieser Pläne, natürlich alle von Julia geschmiedet, begannen schon am Beerdigungstage, noch vor der Beisetzung des Dichters.

In Frankreich ist es Sitte, daß die Witwe der Beisetzung ihres Gatten fernbleibt. Ganz im Einklang damit berichten die Mouche sowie die Krankenwärterin Heines, Mathilde habe das Trauerhaus schon anderthalb Stunden vor den letzten Feierlichkeiten verlassen; doch sie empfanden es als sonderbar, daß Mathilde nie wieder in ihre alte Wohnung zurückkehrte, daß sie ihre neue Adresse verheimlichte und daß Fräulein Pauline, ihre Wirtschafterin, jeden Tag zur alten Wohnung kam, um von dem Concierge die eingelaufene Post in Empfang zu nehmen. Zwei Personen, die am Beerdigungstage Mathilde scharf im Auge behielten, machten eine weitere Feststellung: Heines ehemaliger Sekretär Richard Reinhardt erkannte den Herrn wieder, der sie vom Sterbehause abgeholt hatte. Kein Geringerer als Karl Marx berichtet darüber an Friedrich Engels: „Über Heine habe ich allerlei Details erhalten, die Reinhardt meiner Frau in Paris erzählte. Darüber ausführlich ein andermal. Nur das für jetzt, daß das ‚Sie aber schon um achte / Trank roten Wein und lachte' buchstäblich bei ihm eingetroffen. Seine Leiche stand noch im Sterbehause — am Tage des Begräbnisses — als der Maquereau der Mathilde mit ihrer Engelsmilde schon vor der Tür stand und sie in der Tat abholte." Dieser Maquereau war kein anderer als Henri Julia. Auch dem Testamentvollstrecker Heines, Maxime Jaubert, war diese Beobachtung nicht entgangen. Er befürchtete, daß die beschränkte Mathilde in die Hände eines skrupellosen Glücksjägers gefallen sei, und richtete noch am Beerdigungstage einen dringenden Brief an sie: „Madame, obgleich es Sitte ist, daß die Witwe in den ersten Tagen ihres Witwenstandes nicht ihr Haus verläßt, ist es von großer Wichtigkeit und in Ihrem Interesse, daß ich umgehend mit Ihnen über Ihre Angelegenheiten spreche. Ich schlage also vor, daß Sie mich morgen oder übermorgen zwischen 9 und 12 vormittags mit Herrn Heines Testament in meinem Sprechzimmer aufsuchen. Die heutige Zeremonie ist gut verlaufen bei guter Beteiligung und mit viel Anstand. Die Instruktionen Heines sind gewissenhaft ausgeführt worden." Als Mathilde auf diesen Brief in keiner Weise reagiert, richtet Frau Jaubert zwei Tage später ebenfalls einen Brief an Mathilde: „Glauben Sie mir, Madame, wenn es sich nicht um Ihre eigensten Interessen handelte, hätte Herr Jaubert Sie nicht ersucht, ihn aufzusuchen — es handelt sich für Ihre Interessen um eine Entscheidung von der größten Wichtigkeit, und in einigen Tagen könnte es vielleicht schon zu spät sein. Wie kann man Sie treffen? Man sagte Herrn Jaubert, daß Sie Ihre Wohnung auf einige Tage verlassen hätten. Machen Sie jeden Versuch, morgen Sonnabend oder Sonntag bis Mittag zu kommen. Es wird sonst niemand bei Herrn Jaubert zugegen sein." Der Testamentvollstrecker hatte alles getan, um Mathilde vor Betrug zu schützen; doch sie ließ beide Aufforderungen unbeachtet, das Testament war in ihrem Besitz, und so blieb dem Testamentvollstrecker keine andere Wahl, als sich von diesem Fall zurückzuziehen. Julia hatte also sein erstes Ziel erreicht: Mathilde war beiseitegeschoben, der Nachlaß und das Testament waren in Julias Besitz, und der Testamentvollstrecker war ausgeschaltet. Julia berichtet später selbst, daß Heines literarischer Nachlaß „seit 1856 in seiner Verwahrung war", daß er ihn später, als er berufshalber Paris verlassen mußte, wieder an Mathilde zurückgegeben habe; gleichzeitig hören wir von ihm, daß Mathilde „sich nicht nur auf das gewissenhafteste den ihr von mir gegebenen Anschauungen anbequemte, sondern mir auch jederzeit völlige Freiheit ließ zu handeln, wie es mir gut dünkte."

Die zweite Frage war nun, wie man das Mandat im dritten Paragraphen des Testaments, das sich mit Heines Nachlaß befaßte, gesetzlich umstoßen könnte. Da kam Mathilde und Julia das Glück zu Hilfe. Einen guten Monat nach Heines Tode, am 21. März 1856, schreibt Heines Neffe, Ludwig von Embden, an seine Tante: „ . . . ich bitte Sie, mich über Folgendes aufzuklären. Ich weiß, es war der letzte Wunsch meines Onkels, daß ich über Ihre persönlichen Interessen wache, indem ich darauf achte, daß man Ihnen kein Unrecht zufüge, welcher Art es auch sei. Ich danke ihm für das Vertrauen, das er mir geschenkt hat, die Interessen einer Person, die mir so lieb und teuer ist wie Sie, zu schützen, und ich hoffe, daß Sie davon ganz ungeniert vollen Gebrauch machen werden. Leider bin ich hier durch meine Geschäfte festgenagelt, sonst hätte ich Sie schon längst in Paris umarmt; ich weiß, das wäre für Sie ein Trost, doch ist das im Augenblick unmöglich. Aber ich glaube, daß ich Ihnen auch von hier aus behilflich sein kann. Ich habe das Testament meines Onkels gelesen, worin der dritte Paragraph folgendermaßen lautet: ,Ich wünsche, daß nach meinem Ableben alle meine Manuskripte und alle meine Briefe sorgfältig zusammengepackt und meinem Neffen Ludwig von Embden zur Verfügung gestellt werden, dem ich meine letzten Anweisungen geben werde über den Gebrauch, den er unbeschadet der Eigentumsrechte meiner Universalerbin davon machen soll.' Meine liebe Tante, haben Sie den Wunsch meines Onkels auch in jeder Einzelheit befolgt, denn Ihr ganzer Reichtum und Ihre ganze Erbschaft besteht in diesen Manuskripten, und es ist nun meine Pflicht, Ihnen dafür das möglichst höchste Honorar zu verschaffen. Bis jetzt habe ich aber weder die Manuskripte noch die Instruktionen von Herrn Jaubert empfangen, und ich bitte Sie, mir sobald wie möglich die Papiere und die Instruktionen meines Onkels zuzuschicken, und seien Sie vorsichtig, damit nicht das kleinste Stück verloren geht."

In diesem offenen und ehrlichen Brief erkennt der Rechtsanwalt Julia nun sofort die verwundbare Stelle, an der man nun auch Ludwig von Embden als literarischen Testamentvollstrecker ausschalten kann. Er schickt ihm eine Antwort, die nur Mathildens Unterschrift trägt: „In Erwiderung auf Ihren Brief scheinen Sie verwundert darüber, daß Herr Jaubert nicht an Sie geschrieben hat, und daß ich selbst Ihnen nicht die Manuskripte geschickt habe, sowie die wenigen Briefe, die mein Gatte noch aufbewahrt hatte. Darf ich Sie darauf aufmerksam machen, daß der geschätzte Herr Jaubert Ihnen nichts zu schicken hatte; er brauchte Ihnen nur, wenn Sie es von ihm forderten, eine Abschrift des Testaments zu senden, und das hat er ja auch getan. Er wartete darauf, daß Sie an ihn oder an mich die Instruktionen schicken würden, die mein Gatte Ihnen hat zuschicken wollen, als er sein Testament diktierte. Ohne diese Instruktionen ist die Ausführung des Mandats unmöglich und Paragraph 3 des Testaments null und nichtig. Es geht aus Ihrem Briefe hervor, daß Sie keine solche Instruktionen besitzen. Sie ersuchen mich, Ihnen solche zuzuschicken, in der falschen Annahme, daß ich sie habe. Ich habe sie aber auch nicht, und habe sie auch niemals gehabt und ich kann auch solche unter seinen Papieren nicht finden, obgleich ich sie Stück für Stück durchgegangen bin. Es befindet sich darunter nichts, was einer solchen Instruktion auch nur ähneln könnte. Das überrascht mich aber keineswegs. Ich weiß, daß mein Gatte nach der Abfassung dieses Testaments seine Absicht geändert hat; besonders seit letztem Sommer hat er sich entschieden, mir über die Disposition der Manuskripte volle Freiheit zu lassen. Er hat mir das wiederholt gesagt, und außerdem ergibt sich das aus seinem neuen Testament, das er noch wenige Tage vor seinem Dahinscheiden angefangen, das aber leider der Tod unterbrochen hat." Diese Angabe ist eine infame Lüge. Heine hatte zwei Monate vor seinem Tode die testamentarischen Angelegenheiten noch persönlich mit seiner Schwester in Paris besprochen und ihr mitgeteilt, daß er ihren Sohn Ludwig zum literarischen Testamentvollstrecker bestimmt habe. Heine hätte seine Papiere und Manuskripte natürlich nie und nimmer weder seiner Witwe noch dem französischen Rechtsanwalt Henri Julia anvertraut; beide verstanden kein Wort deutsch, und Mathilde konnte ihre eigene Muttersprache kaum lesen und schreiben, und ihr fehlte jeder Verantwortungs- und Geschäftssinn. Ludwig von Embden „war voll Unmut und verletzt" über die herben Worte seiner Tante, und so schickte er ihr am 6. April 1856 ein Ultimatum: „Eben habe ich Ihren lieben Brief erhalten, aber ich bin damit garnicht zufrieden, denn Sie behandeln mich wie ein Kind . . . ich glaube, daß hier Personen ihre Hand im Spiele haben, die Sie um das wenige, das mein Onkel Ihnen hinterlassen hat, betrügen wollen. Sie legen einen gewissen Trotz an den Tag und das hat mich in innerster Seele ver- wundet . . . Ich biete Ihnen heute und zum letzten Male meine Dienste an und Sie tun gut, sie anzunehmen, denn keiner von allen Ihren Verwandten und Freunden kann eine größere Verehrung für Sie haben als ich." Das er- ledigte den zweiten Punkt: Ludwig von Embden war auf legalem Wege als literarischer Testamentvollstrecker ausgeschaltet, und alle Verhandlun- gen über den Nachlaß mußten nun den Weg über Julia nehmen.

Doch dieser offenkundige Betrug sollte Julia bald in große Verlegenheit bringen, wie aus einem Brief an Ferdinand Friedland vom 3. März 1856, also schon zwei Wochen nach Heines Beerdigung, hervorgeht: „Da ich von einem der wichtigsten Pariser Journale beauftragt worden bin, einige Ar- tikel über den gefeierten deutschen Dichter [Heine] abzufassen, hat sie [Mathilde] mich veranlaßt, mich an Sie zu wenden, in der Annahme, daß Sie es nicht abschlagen werden, mir umgehend Ihnen zur Verfügung stehen- de Auskunft zu erteilen über das Privatleben, den Charakter, die Gewohn- heiten des berühmten Dichters, in einem Wort, was Sie über seine Person wissen und noch im Gedächtnis haben." Also dieser Julia, der beanspruchte, in den letzten fünf Jahren der intime Freund und innige Vertraute Heines gewesen zu sein, muß sich bis nach Prag an Friedland wenden, um über das „Privatleben, den Charakter und die Gewohnheiten" Heines Auskunft einzuholen. Damit liefert Julia den einwandfreien Beweis, daß er mit Heine überhaupt nicht näher bekannt und ein Betrüger war.

Doch wie sah es nach Heines Tode bei seinem Verleger Campe in Ham- burg aus, bevor es zur ersten Annäherung zwischen ihm und Mathilde— Julia kam? Zunächst erwartete Campe einen großen Nekrolog; als kein solcher erschien, tröstete er sich: „Detmold ist zu faul, Dr. Christiani eben- falls — andere sind tot. Laube, dem es vor zehn Jahren bei Heines Todes- nachricht in den Fingern kribbelte, ist Theaterdirektor in Wien." So spornte er zunächst einmal Alfred Meißner an, sein in Vorbereitung befindliches Buch über Heine, eine Art ‚Eckermanns Gespräche' als zeitgemäß auf dem schnellsten Wege druckreif zu machen. Doch zu Campes nicht geringer Verwunderung unterbreitete Friedrich Steinmann, den er schon seit Jahren als skrupellosen Charakter und Betrüger kannte, ihm ein Manuskript: „H. Heine. Denkwürdigkeiten und Erlebnisse aus meinem Zusammenleben mit ihm." Heine und Steinmann hatten zwar zusammen in Bonn studiert und sich angefreundet, doch hatten sie seit 1825, wie Heine selbst 1843 öffentlich betonte, keinen Verkehr mehr gehabt. Außerdem hatte Campe in demselben Jahre Steinmann als einen Plagiator entlarvt, als er ihm ein Manuskript „Rothschild und sein Zeitalter" anbot, wovon Campe durch Zufall das Original besaß, von dem Steinmann abgeschrieben und sogar eine im Original fehlende Seite in sein Manuskript eingeklebt hatte. Campe kaufte damals beide Exemplare auf Heines Ersuchen, und dieser überreichte dann diese boshafte Schrift seinem Gönner James Rothschild und verhinderte somit die Veröffentlichung. Man stelle sich vor, wie verdutzt Campe gewesen sein muß, als er diese unmögliche Schrift aus der Feder des Betrügers empfing. Doch diesmal wollte er dem Plagiator „mit Rothschildschen Zinsen" heimzahlen.

Campe begann das Spiel damit, daß er Steinmann schmeichelte, „Wer ist von den Zeitgenossen noch vorhanden, der Ihnen Konkurrenz machen könnte? Ich glaube, Sie finden keinen, der wie Sie in ‚freier' Stellung sich befindet oder eine so lange Bekanntschaft gepflogen." Aber schon am nächsten Tag schleuderte er ihm die entehrende Entgegnung ins Gesicht: „Sie sagen . . . nur, was jeder aus Heines Schriften exerpieren kann, durchaus nichts dessen, was außer Heines eigenen Äußerungen liegt." Dann ließ Campe Steinmann monatelang im Ungewissen über die Annahme seines Manuskripts, bis er am 8. Dezember 1856 die Veröffentlichung mit der sarkastischen Bemerkung ablehnte, „daß dieses Werk . . . so wie es angelegt sei, schwerlich seine Mission erfüllen würde." Um seine Verachtung für Steinmann zum vollen Ausdruck zu bringen, schickte er nicht nur das abgelehnte Manuskript zurück, sondern legte auch als „blinden Passagier" Meißners „Erinnerungen" bei, die er ohne Steinmanns Wissen während der Verhandlungen veröffentlicht hatte, und außerdem noch das plagiierte Rothschild Manuskript mit der Anfrage, ob es noch Wert für ihn habe. Steinmann wahrte den schlechten Ruf, den er erworben hatte, nahm einige Änderungen vor, indem er viele Angaben über Rothschild auf Äußerungen seines Freundes Heine zurückführte, und veröffentlichte einige Monate später die verstümmelte Originalversion unter seinem eigenen Namen als „Das Haus Rothschild", durchgesehen und erweitert in zwei Bänden bei Kober in Prag. Wir werden sehen, wie Steinmann sich einige Jahre später an Campe rächte.

In verschiedenen Briefen an Steinmann, in denen Campe die Hinhaltung der Veröffentlichung des Heine-Buches rechtfertigt, wird dieser in alle Einzelheiten, die den Nachlaß Heines betreffen, eingeweiht, wie auch wir durch einen solchen Brief vom 2. April 1856 über Campes Lage unterrichtet werden: „Bis heute habe ich von der Witwe Heines, auch von dem Executor Testamentari noch keine einzige Zeile empfangen. Am 21. April, nachdem ich einen ganzen Monat verstreichen ließ, nach dem Tode ihres Mannes, trug ich zwei Freunden in Paris auf A) dem Herrn August Gathy, zu der ihm wohlbekannten Witwe zu gehen und ihr mein Beileid und sonstige Aufträge zu bestellen . . . B) meinem Vetter [Vieweg] . . . sich an Herrn Jaubert den Executor Testamentari zu wenden, um das Testament und vorzüglich die Disposition für die Anordnung der Gesamtausgabe zu erhalten. — Am 25. antwortete mir derselbe: Gathy habe Madame nicht auffinden können. Sie hat ihre Étage verlassen, wo sie ihren Aufenthalt genommen, ist unbekannt . . . Vieweg berichtet, Jaubert sei ihm und allen seinen Bekannten eine ‚unbekannte Größe' . . . Das Testament ist in französischer Sprache und mit überraschender Klugheit geschrieben. Seine Frau ist Universalerbin (ohne irgendwelche Legate). Sein literarischer Nachlaß, kurz alle Briefe und Papiere sollen sorgfältig gesammelt und gut bewahrt an L. Embden hierher gesandt werden. Die Herausgabe der Werke soll Dr. Christiani besorgen und überwachen, daß nichts Fremdartiges sich einschleicht. Man soll mir keine Schwierigkeiten bereiten, wenn ich aus buchhändlerischen Rücksichten eine Abänderung beanspruche. Das Testament ist vom November 1851. Herr Embden hat bis diesen Augenblick keine Zeile, weder von der Madame, noch Avis oder irgend etwas empfangen. Er steht also mit leeren Händen wie ich . . ." Auch macht Vieweg Campe gegenüber die Äußerung, „daß Madame Heine mit dem Fremdenblatt-Bruder Gustav schlecht steht, ist gut für Dich."

Diese Äußerung bezieht sich auf eine große Spannung, die sich alsbald nach des Dichters Tode zwischen Mathilde und Heines Wiener Bruder Gustav ergab. Gustav hatte es nicht für nötig erachtet, auf die Todesnachricht seines Bruders auch nur eine Zeile der Teilnahme an die Witwe zu richten. Er ließ aber, ohne seine Schwägerin zu befragen, in den Zeitungen die protzige Anzeige erscheinen, daß er für seinen berühmten Bruder ein Grabdenkmal setzten lassen würde, das zehntausend Franken koste. Das führte zu einem häßlichen Familienstreit in den Zeitungen, wobei Mathilde von Julia beraten wurde. So folgte auf den Bruch mit dem Neffen Ludwig nun der mit dem Schwager Gustav.

Campe nutzte die für ihn günstige Lage und richtete am 10. April 1856 seinen ersten Brief an Mathilde, obgleich er von ihr noch ohne Nachricht war: „Soeben empfange ich ein Schreiben von Herrn August Gathy, den 7. d. M. datiert, worin er mir darlegt, daß Sie überrascht sind, daß ich bis jetzt noch nicht an Sie geschrieben habe. Ich bitte Sie zu beachten, Madame, daß es für mich notwendig war, eine Kommunikation über den Tod Ihres Gatten von Ihnen oder dem Testamentvollstrecker zu empfangen, denn ohne eine solche taste ich betreffs der veränderten Umstände im Dunkeln herum . . . am 17. nach Ablauf eines Monats wagte ich es, mich durch Herrn Gathy an Sie zu wenden, ich wollte Ihre Trauerzeit nicht unterbrechen . . . Sie besitzen, wie Herr Gathy mir mitteilt zwei Manuskripte, die für den Druck bereit sind. Ich würde gern den Umfang und den Wert des Inhalts abschätzen. Sie wissen genau, daß mein verstorbener Freund mir stets dieses Vertrauen geschenkt hat, dessen ich mich würdig erachte. Nachdem ich sie gelesen habe, können wir über die Akquisition dieses Werkes verhandeln, oder Sie können mir mitteilen, was Sie dafür verlangen, und ich werde Ihr Verlangen erfüllen, wenn es mir irgendwie möglich ist. Diese Werke einer anderen Person zum Druck zu übergeben, wäre gegen den Wunsch des Verstorbenen, und das darf nicht geschehen, denn dann würde der Literatur sein letztes Geschenk vorenthalten und verstückelt überliefert werden. Ich gebe Ihnen mein Ehrenwort, daß dieses Erbe nicht in fremde Hände gelangen wird und daß ich es wie den Apfel meines Auges betreuen werde. Seit einer Reihe von Jahren habe ich keine Beziehungen mehr zur Familie Embden, auch nicht zu Karl oder Gustav. Dem letzteren hatte ich die Ehre die Tür zu weisen, weil er sich unverschämt gegen mich benommen hatte. Meißner wird nach Paris kommen. Ich schrieb ihm am 7., daß ich noch nichts von Ihnen gehört habe und gestand ihm, von welchem Standpunkt ich die ganze Sache betrachte, und nur das kann zu Ihrer Behandlung gegen mich zurückzuführen sein. Lassen Sie sich von ihm unterrichten und Sie werden einsehen, daß ich alles richtig beurteilt habe."

Meißner ging im Auftrage Campes nach Paris, wo wir ihn schon in Verbindung mit der Mouche angetroffen haben. Der Bericht seines ersten Besuchs bei Mathilde am 8. Mai 1856 lautet optimistisch: „ . . . Ich fuhr nach Asnières, um Frau Heine klar und offen und ohne jede Rücksicht ihre Lage auseinanderzusetzten, ihr zu zeigen, wie viel Bedeutung ein rasches und gutes Einvernehmen mit Julius Campe für sie habe und wie wenig jenes mit Herrn Julia . . . ich lasse Ihre Ansicht über Julias Verhältnis zu Frau Heine dahingestellt sein . . . Frau Heine leitet sicher kein Mißtrauen gegen Sie, keine Entfremdung, am wenigsten übler Wille, sondern eine ihrem Naturell eigene Apathie und Sorglosigkeit . . ." Doch schon einige Tage später schwenkt Meißner vollständig um: „ . . . Die Dinge haben sich wieder anders gewendet. Als ich in meinem vorgestrigen Briefe die feste Zuversicht aussprach, daß Madame Heine heute das vollständige Manuskript der Gedichte an Sie absenden würde, glaube ich nicht, daß es nach meiner Unterredung mit Herrn Julia noch möglich sein wird, die Dinge anders zu biegen. Unser Wiedersehen war ein frostiges. ‚Mein Herr', begann er, ‚Sie

Heinrich Heine im Jahre 1851
(Zeichnung von Kietz)

Heine-Denkmal in Korfu

wollten Madame Heine zwingen, dieses Manuskript ungesäumt an Herrn Campe zu senden, ja Sie schlugen ihr sogar vor, unter Ihrem Dictée an ihn zu schreiben. Mme Heine hat wohlgetan, diese Absendung zu verweigern.' Julia bestand nun auf Abschrift der Manuskripte, was Meißner als ein zeitraubendes Unternehmen darstellte, wozu außerdem niemand in ganz Frankreich fähig sei; nur durch Campe wäre das möglich. Dann setzte Meißner seine Unterrichtung fort: „Nun ich habe Ihnen meine Meinung gesagt. Meine Mission ist zu Ende. Aber noch eins: die Memoiren? Herr Campe dringt darauf, sie zu haben." Darauf folgte das Hin und Her: ,So will ich Ihnen denn sagen, was ich bisher verschwieg. Es liegt von Heine die Bestimmung da, die Memoiren sollen erst nach Madame Heines Tode ans Licht treten' — ,Diese Bestimmung sollte meiner Meinung nach im Testament erwähnt sein' — ,Sie ist ebenfalls gültig da, wo sie sich befindet' — ,Nochmals, ich habe gehandelt und gesprochen, wie ich es im Interesse Heines und seiner Frau zu handeln für meine Pflicht hielt'. Es war nichts Weiteres über die Sachlage möglich; alles liegt in Herrn Julias Hand. Madame Heine hat ihn schon gegenüber Gustav Heine und der Familie Embden nötig gehabt, sie muß ihm nachgeben, weil er sonst, zornig, ihr alles vor die Füße werfen würde."

Nach drei Monaten ist die Sichtung und Ordnung der Manuskripte abgeschlossen, und am 17. August 1856 fordert Mathilde Campe auf, in Paris einen Bevollmächtigten zu ernennen, der die Übersendung der Papiere übernehmen soll und mit dem sie einen Kontrakt abschließen kann. Doch Campe — tief verletzt, daß Mathilde ihm nicht volles Vertrauen geschenkt hat — läßt ihre Zeilen unbeantwortet. Weitere fünf Monate später wiederholt Mathilde ihr Ersuchen, doch Campe läßt sich auch jetzt zu keiner Antwort herbei. Unter dem Vorwand, sie wisse wegen der Form der Auszahlung von Campes Pension nicht Bescheid, wendet sie sich nun an ihren Neffen und ersucht ihn, die Pensionsangelegenheit mit Campe zu regeln und gleichzeitig neue Verhandlungen über den Verkauf der Gedichte anzuknüpfen. Ludwig Embden setzt sich wirklich für seine Tante ein und berichtet am 13. Februar 1857 über den Verlauf der Verhandlungen: „Ich habe mit Campe gesprochen, daß Sie den Wunsch haben einen Band Gedichte von meinem Onkel zu veröffentlichen, und er hat mir geantwortet, daß sein Vertreter Herr Gathy in Paris sei und daß Sie direkt mit ihm verhandeln könnten. Wenn Sie es vorziehen, daß i c h mit Campe verhandle, so muß ich ihm das Manuskript vorlegen, denn er kauft nichts ohne es gesehen zu haben. Er sagte mir, daß es wahrscheinlich schon veröffentlichte Gedichte sind oder etwas von nicht großem Wert, denn Frau Heine hat Meißner das Manuskript gezeigt mit den Worten ,Mein Mann hat sich viel damit beschäftigt, doch ich glaube nicht, daß es sich um etwas Besonderes handelt, denn er war nie zufrieden damit.' . . . die Hauptsache für Campe ist augenblicklich die Gesamtausgabe der Werke, wovon man unter den Papieren meines Onkels die Vorschläge gefunden hat." Bei diesen Verhandlungen kommt nun die Frage auf, ob Campe, nach dem Vertrag von 1844, Eigentümer nur der bis dahin erschienenen Werke oder auch der für die Gesamtausgabe noch erscheinenden sei. Jedenfalls warnt Ludwig seine Tante Mathilde: „Seien Sie vorsichtig, was Sie mit Herrn Gathy sprechen und verhandeln Sie mit ihm über nichts ohne den Rat Ihres ‚Curateurs'", womit doch nur Julia gemeint sein kann. Der einfältige Ludwig traut also dem Betrüger Julia mehr als dem ehrlichen Verleger Campe! Vier Jahre lang, bis Dezember 1860, fehlt nun jede Korrespondenz. Campe fühlte sich durch das herausfordernde Mißtrauen Mathildes in seiner Ehre tief gekränkt, und außerdem ist er mit der Gesamtausgabe zu beschäftigt, um sich noch weiter mit Mathilde herumzuzanken.

Da Heines Witwe ihrem Verleger Campe zuerst den Nachlaß des Dichters vorenthielt und Steinmann 1856 von Campe genau über den Stand der Dinge unterrichtet war, unternahm er es nun, noch unveröffentlichte Arbeiten und Briefe von Heine herauszugeben, um dadurch zu beweisen, daß er als Heines lebenslanger Freund freieren Zugang zu Heines Nachlaß habe als sein eigener Verleger Campe. Im Jahre 1861 erschienen im Binger-Verlag zu Amsterdam „Nachträge zu H. Heines Werken", die zwei Bände Briefe und drei Bände Gedichte umfaßten. Als Heines Bruder Gustav die Echtheit dieser Veröffentlichungen in Frage stellte, die Originale zu sehen wünschte und die Zeitungen die Kompilationen als Fälschungen ablehnten, griff Steinmann zur Herausgabe des schimpflichen „Froschmäusekrieges wider H. Heines Dichtungen", Amsterdam 1861, und versuchte damit seine Gegner lächerlich zu machen, stempelte tatsächlich aber sich selbst zum gewissenlosen Betrüger.

Steinmanns Fälschungen schlugen bei Gustav und Campe natürlich wie eine Bombe ein. Die Frage wurde laut: Existieren wirklich noch irgendwo unveröffentlichte Heinemanuskripte, oder hat Mathilde solche vielleicht sogar an Steinmann verkauft? So taten sich nun die geschworenen Feinde Gustav und Campe im Interesse der Familie und des Verlages zusammen, um eine Wiederholung einer ähnlichen Situation zu verhüten. Die beste Lösung war natürlich, alles Manuskriptmaterial in Mathildes Besitz käuflich zu erwerben. So verspricht Gustav am 29. Mai 1861 Campe, seine Schwägerin Mathilde zu bewegen, den Nachlaß seines Bruders Heinrich Heine dem Verleger Campe gegen ‚billige Anforderungen' zu überlassen. Nun finden von Gustavs Seite neue Verhandlungen für Campe statt. Ein Brief Gustavs an Henri Julia vom 11. Januar 1862 berichtet, „daß mit Campe gar nichts anzufangen sei. Ich ging so weit, daß ich ihm den Nachlaß um 8000 Franken antrug, er aber blieb steif und fest bei seinem Gebot von 4000 Franken. Daraus werden Sie ersehen, daß ich, ohne zu einem

Resultat zu kommen, die Forderung der Witwe eigenmächtig herabgesetzt habe. Einen Prozeß mit Campe anzufangen — dessen Ende würden wir alle nicht erleben. Das Einzige, was ich bei verschiedenen Advokaten erfahren habe, ist Folgendes: Im Kontrakt steht ‚Julius Campe und seine Erben', jedoch bei Heinrich Heine ist das ‚und seine Erben' ausgelassen, weshalb die Herren Advokaten glauben, es wäre möglich, daß die Witwe berechtigt sei, die Werke Heinrich Heines herauszugeben und alsdann den Nachlaß beizufügen. Wenn sich auch dieses bestätigt, wer würde ein solches Unternehmen wagen, da Campe augenblicklich eine Gesamtausgabe von Heines Werken in einer Auflage von 30.000 Exemplaren drucken läßt, wovon die ersten sechs Bände bereits erschienen sind. Hätte Madame Heine mir die Sache gleich aufgetragen, dann wären wir Campe zuvorgekommen und er hätte den kleinen Nachlaß, der wirklich sehr unbedeutend ist, kaufen müssen. Ich ersuche Sie daher, meine Schwägerin, Madame Heine, von allem in Kenntnis zu setzen und mir gefälligst zu antworten, was nun zu tun ist, denn ich habe bereits alles ohne Erfolg aufgeboten." Doch bei diesen Verhandlungen, wobei Heines Wünsche und Bestimmungen völlig außer acht gelassen wurden und einer hinter dem Rücken des andern operierte, kam es wiederum zu keinem Abschluß. Offenbar wurde Ludwig von Embden von diesen Verhandlungen ausgeschaltet, denn Gustav führte jetzt das große Wort und behauptete schon im „Froschmäusekrieg", sein Bruder Heinrich habe ihn 1850 schriftlich zum Herausgeber seines literarischen Nachlasses ernannt. Das war 1850 zwar wirklich der Fall, jedoch gab Heine diesen Gedanken bald wieder auf, weil er einsah, daß Gustav wegen seiner herausfordernden Manieren und seiner reaktionären politischen Ansichten nicht dazu geeignet war. Er ist in keinem der erhaltenen Testamente erwähnt.

Nun hatte der Nachlaßstreit wieder volle zwei Jahre Ruhe. Erst als der geschäftstüchtige Finanzier und Politiker Ferdinand Friedland, der zu Heines Lebzeiten dessen treuer Berater in Finanzsachen gewesen war, 1864 als der Ritter von Friedland Mathilde in Paris besuchte, kamen beide auf den Gedanken, den Nachlaß Heines wegen seines staatsgefährdenden Inhalts, den man darin vermutete, an Napoleon III. für einen guten Preis abzusetzen. Friedland, als Österreicher, versicherte sich zuerst einmal der Protektion des Erzherzogs von Rainer, der damals an der Spitze der Staatsgeschäfte stand, und operierte nun mit Hilfe des Grafen de Gramont, des französischen Botschafters in Wien, und des Fürsten Richard Metternich, des österreichischen Botschafters in Paris. Dieser hielt Rücksprache mit Mathilde und sandte einen Vertreter in ihre Wohnung, um den Nachlaß zu ordnen und nach Wien zu schicken, damit dort Sachkundige feststellten, was man dafür bieten solle. Der Graf de Gramont berichtet persönlich an Napoleon III.: „Das Paket enthält ein Manuskript ‚Napoleon III.', das in einem schlechten Geiste verfaßt zu sein scheint." Zweifellos handelt es sich um das „Waterloo-Fragment", das allerdings ganz im Widerspruch zu dieser Annahme eine Verherrlichung des Kaisers enthält. So ist es leicht verständlich, daß die französische Regierung den Ankauf der Papiere ablehnte. Mathilde findet sich mit den Worten ab: „Ich habe in meinem Leben schon so manche Enttäuschung erfahren"; doch erkennt sie Friedlands Bemühungen an: „in meiner ganzen Familie würde ich nie einen Freund gefunden haben wie Sie." Vier Jahre später versuchte Friedland noch einmal sein Glück bei der preußischen Regierung; doch der preußische Gesandte Werther in Paris antwortete nur lakonisch, daß seine Regierung „auf die Akquisition des ungedruckten schriftlichen Nachlasses des verstorbenen Dichters Heine verzichte."

In den nächsten Jahren war Julia nicht in Paris. Sein Name erscheint nicht mehr im Briefwechsel, und Mathildes Briefe aus dieser Zeit zeigen ihre eigene Handschrift, so daß Ludwig sie bitten muß, mehr auf Leserlichkeit zu achten, da er ihre Kritzelei kaum entziffern kann. 1864 wendet sie sich wegen eines Streites mit ihrem französischen Verleger Levy über die Verlagsrechte der französischen Ausgabe auch nicht an Julia, sondern an Ludwig von Embden. Ihr stets hilfsbereiter Neffe unternimmt sofort eine Reise nach Paris, verhandelt mit Levy über ihre Rechte und schlägt für sie eine Entschädigung in Höhe von 17.500 Franken heraus. Mathilde benutzt die Anwesenheit ihres Neffen, um durch ihn mit Campe neue Beziehungen über den Verkauf der Gedichte aus dem Nachlaß anzuknüpfen. Ludwigs Brief vom 15. Juli 1864 gibt Einblick in die Verhandlungen: „Ich bin seit einer Woche zurück in Hamburg und sehr beschäftigt. Ich hoffe, das Herr Levy die 17.500 Franken bezahlt hat und diese Angelegenheit geregelt ist . . . Ich war Dienstag bei Campe, was für ein Lump! Ich überreichte ihm ihre Note. Er antwortete, ich lasse mich mit Madame Heine in keine Geschäfte mehr ein, sie hat sich zu übel gegen mich benommen . . . Er sagte mir, der Band Gedichte, den ich in Hamburg hatte, ist wertlos und ich biete ihr nicht einmal 3000 Franken dafür, denn außer zwei oder drei sind die Sachen unvollständig oder schon bekannt . . . Wenn sie mir nichts anderes bieten kann, kann sie sich zum Teufel scheren. Ich antwortete ihm, daß Sie noch andere Sachen hätten, daß ich aber nur berechtigt sei, über das Buch zu verhandeln, das er im Hause gehabt hätte." Ludwig von Embden fügt Mathilde das Gutachten hiesiger Rechtsanwälte hinzu: „Wenn Sie die posthumen Werke meines Onkels auf eigene Faust verlegen wollen, hat Campe nicht das Recht, dagegen etwas einzuwenden". Auch diesmal kam kein Abkommen zustande.

1869 war Ludwig von Embden wiederum in Paris. Doch inzwischen hatten sich die Verhältnisse in Hamburg geändert: der alte Campe war 1867 gestorben, und sein Sohn Julius Heinrich Wilhem Campe Jr. hatte den Verlag übernommen; auch Karl Heine war 1865 verschieden, und so standen der

Veröffentlichung der Memoiren offenbar keine Schwierigkeiten mehr im Wege. Mathilde beauftragte ihren Neffen, die Verhandlungen über den Verkauf des Nachlasses an Campe neu einzuleiten. Am 22. Mai 1869 berichtete Ludwig von Embden: „Ich lege § 12 des Testaments von Karl Heine bei. Es steht darin nichts über die Memoiren und Sie können diese veröffentlichen, ohne zu befürchten, daß Sie Ihre Rente verscherzen. Ich war bei Campe und ich finde, daß er viel angenehmer und höflicher ist als sein verstorbener Vater. Ich habe ihn gefragt, ob er die posthumen Werke meines Onkels kaufen wolle, und er gab mir eine bejahende Antwort. Ich habe ihm angeboten: 1 - das Manuskript der Gedichte, 2 - die Mappe mit den kleinen Papierschnitzeln, 3 - 21 Briefe, die bei Levy erschienen sind. Alles zusammen für die Summe von 20.000 Franken, 4 - Ein Fragment der Memoiren, für die Sie noch nicht den Preis festgesetzt haben. Er hat mir geantwortet, daß er, ehe er kaufe, die Sachen sehen wolle und daß Sie ihm die in Frage kommenden Manuskripte und Papiere zuschicken sollten." Doch schon zwei Wochen später muß alles abgeblasen werden: „Ich glaube, es ist zu gefährlich, die Memoiren an Campe zu verkaufen. Ich habe mit Herrn Mosengel, dem Testamentvollstrecker Karl Heines gesprochen; er hat mir gesagt: ‚wenn Frau Heine sich nicht ruhig verhält und die geringste Kleinigkeit über die Familie veröffentlicht, kann sie riskieren, daß man ihr die Rente entzieht.' Ohne die Memoiren würde der Nachlaß aber kaum ein kleines Bändchen füllen." Außerdem macht Ludwig von Embden die enttäuschende Feststellung, „Aus allen diesen Papieren kann man sehr wenig herausholen, die Hauptsache ist das Manuskript der Gedichte und es fehlen da sehr viele . . . man muß sich mit Campe verständigen, denn ein anderer würde das nicht kaufen. Seien Sie aber versichert, daß ich den höchsten Preis herausschlagen werde", denn, so führt er einige Tage später aus, „Campe ist begierig zu kaufen, aber er ist Geschäftsmann und versucht es billig zu erwerben . . . wir wollen die Sache nicht zu sehr pressieren . . . Ich habe Campe gesagt, daß ich es gern sähe, wenn er die Papiere kaufte; doch wenn er mir ein zu niedriges Angebot macht, ich die Anweisung hätte, sie Brockhaus (einem großen Verleger in Leipzig) anzubieten. Ihr Preis wäre 20.000 Franken, daß Sie vielleicht willig wären, 2000 Franken davon abzulassen, aber nicht mehr." Doch die Durchsicht der bald darauf eingetroffenen fehlenden Papiere bringt neue Enttäuschungen: „Das Resultat ist nicht günstig für Sie, denn 1 - Die Manuskripte der Gedichte enthalten 62 Seiten, die schon in der Gesamtausgabe gedruckt sind, und von den 102 noch nicht im Druck erschienenen Seiten, befinden sich Gedichte, die nicht veröffentlicht werden können, ohne dem guten Ruf des Dichters zu schaden, 2 - die kleinen Papierfetzen sind Brouillons, kleine Gedankensplitter, aber der größte Teil dieser Papiere hat keinen Wert, man kann sie im Buch schlecht unterbringen, 3 - die 21 Briefe sind sehr nett, aber ohne besonderes Interesse für das Publikum." Statt der geforderten 20.000 Franken bietet Campe die Hälfte und verlangt Entscheidung innerhalb sechs Tagen. Am 16. August 1869 erwirbt Campe endlich diesen Teil des Nachlasses von Mathilde für 10.000 Franken, und noch in demselben Jahre gibt Strodtmann ihn bei Hoffmann und Campe in Hamburg als „Letzte Gedichte und Gedanken von Heinrich Heine" heraus.

Nun hatte der Heine-Nachlaß eine Weile Ruhe. Das Schicksal der Memoiren, die Heines Bruder Maximilian 1867 bei einem Besuch bei Mathilde in Paris zum größten Teil vernichtet hatte, ist schon (oben S. 406 ff.) dargestellt worden. Die verwandschaftlichen Beziehungen zwischen Mathilde und ihren deutschen Verwandten wurden weiterhin aufrecht erhalten durch Familiennachrichten, die von der Familie Embden und Maximilian Heine regelmäßig jedes Jahr mit einem Weihnachts- und Neujahrswunsch eintrafen, dazu kamen Verlobungs-, Heirats- und Todesanzeigen. Die Principessa della Rocca, die in Neapel lebende Schwester Ludwigs, machte Mathilde 1876 einen Besuch in Paris mit der Absicht, sie zu überreden, ihr die Memoiren ihres Onkels anzuvertrauen, damit sie sie der Mitwelt in vier Sprachen zugänglich mache. Auch Ludwig von Embden machte der Tante verschiedene Besuche, zuletzt 1880, und stets hatte er dabei die Akquisiton der Memoiren im Sinn. Sehr aufschlußreich ist sein Brief vom 28. März 1882: „Seit meinem letzten Besuch in Longjuneau bin ich, meine liebe Tante, ganz ohne Nachricht von Ihnen und in Ungewißheit, ob Sie Ihr Wort gehalten und ein Testament zu meinen Gunsten gemacht haben. Ohne Testament ist Ihr nächster Erbe der Baron Gustav und in seinem Todesfalle sind es seine Kinder, die in demselben Verwandtschaftsverhältnis zu Ihnen stehen wie ich . . . Wenn Sie das Testament noch nicht gemacht haben, so fordert der posthume Ruhm meines Onkels, daß Sie diese Angelegenheit in Ordnung bringen; Sie können das ohne einer Person unrecht zu tun, indem Sie einfach § 3 seines Testaments Folge leisten." Als Ludwig keine Antwort auf seinen Brief erhält und Campe sich darüber wundert, daß Mathilde ihre halbjährliche Rente nicht gezogen hat, richtet der Neffe einige Zeilen an Mathlides Gesellschafterin, Mademoiselle Pauline, und erfährt, daß Mathilde sehr leidend sei. Sie starb einige Monate später, am 18. Februar 1883, und wurde am 20. Februar — genau 27 Jahre nach dem Beerdigungstage ihres Gatten — auf dem Montmartre neben dem Dichter beigesetzt.

Nun beginnt zwischen Julia und Ludwig Embden der Kampf um den Besitz der Memoiren. Ludwig von Embden wußte nicht, ob seine Tante das von ihm geforderte Testament gemacht hatte oder nicht. Da es ihm selbst unmöglich war, aus Hamburg freizukommen, beauftragte er seine Schwester in Neapel, die Principessa della Rocca, mit ihrem Sohn nach Paris zu gehen und den Nachlaß in Besitz zu nehmen. Doch Julia hatte wieder einmal allen

Eventualitäten vorgebeugt. Er bewirkte, daß Ludwig erst acht Tage nach der Bestattung Mathildens von Pauline benachrichtigt wurde, was ihm genug Zeit ließ, den Nachlaß Mathildens in Sicherheit zu bringen. Die Principessa della Rocca schrieb am 22. März 1883 von Paris an Julia: „Würden Sie die Güte haben, mir zu sagen, zu welcher Zeit ich Sie antreffe; ich möchte mit Ihnen im Namen meines Bruders, Herrn Embden, des Neffen von Heinrich Heine, sprechen und bitte Sie, mir mitzuteilen, was aus den Manuskripten und Briefen geworden ist." Ihre Verhandlungen aber schlugen fehl, und so schrieb Ludwig von Embden am 7. Juni 1883 an Julia: „Ich fordere Sie hiermit auf, die Papiere und Briefe meines Onkels Heinrich Heine, die Sie in der Hinterlassenschaft von Frau Heine gefunden haben, die ich in ihrer Verwahrung gelassen habe und über welche sie nach § 3 des Testaments von Heinrich Heine keine Verfügungsrechte hat, an mich nach Hamburg zu schicken. Da Sie diese Papiere zugunsten der Erben von Frau Heine zum Verkauf angeboten haben, verbiete ich einen solchen Verkauf und mache Sie verantwortlich für jede Handlung, die Sie gegen meinen Wunsch unternehmen." Und seine Antwort vom 19. Juni 1883 auf Julias Erwiderung vom 11., die nicht mehr vorliegt, lautet: „Indem Sie den Empfang meines Briefes vom 7. d. M. bestätigen, möchte ich darauf hindeuten, daß meine Ansprüche auf die Papiere und Briefe Heinrich Heines, die Madame Heine bis zu ihrem Tode bei sich für mich aufbewahrt hatte, sich hauptsächlich auf § 3 des Testaments meines Onkels stützen. Ihre Auslegung von § 3 ist genau so falsch, wie die welche Sie in Ihrem Briefe erwähnen, wovon ich eine Abschrift behalten habe und die sich auf die Zusammenkunft mit Madame Heine 1867 bezieht, daß sie mich zu ihrem Erben mache, und da bis zum 18. Juli 1880 bei meinem letzten Besuch in Longjumeau kein Testament gemacht worden war, erinnerte ich sie an ihr Versprechen. Madame Heine hat meine Rechte nach § 3 bestätigt, indem sie mir die Päckchen mit den Briefen und Schriften Heinrich Heines zuschickte, die ich später an Herrn Campe verkaufte, und indem sie mich beauftragte, einen Vergleich mit Herrn Levy in Paris herbeizuführen. Da Madame Heine ohne ein Testament zu hinterlassen gestorben ist, gründen sich die Rechte ihrer Miterben also auch auf das Testament von Heinrich Heine, aber Ihre Auslegung des Testaments, daß Sie den Verkauf der Briefe und Papiere zu deren Gunsten vornehmen können, widerspricht den Absichten des Erblassers in Paragraph 3. Dieser Paragraph ist von meinem Onkel wahrlich nicht zum Vergnügen gemacht worden, sondern hat den besonderen Zweck zu verhindern, daß seine Papiere und Briefe nach seinem Tode in fremde Hände fallen und zu unwürdigen Geldspekulationen ausgenutzt werden. Meine noch lebende Mutter war einige Monate vor seinem Tode bei ihrem Bruder in Paris und hat mir mündlich seine Dispositionen von seinem Krankenbett überbracht. Meine Schwester hat mir aus Paris berichtet, daß eine friedliche Beilegung mit Ihnen unmöglich sei, und infolge Ihres willkürlichen Urteils, worin Sie die Gültigkeit von Paragraph 3 des Testaments von Heinrich Heine in Abrede stellen, halte ich meinen Protest vom 7. d. M. aufrecht." Eine Nachschrift bringt noch die interessante und widerspruchsvolle Nachricht: „Pauline hat mir den Tod von Madame Heine bis acht Tage nach dem Begräbnis verschwiegen und sie erklärte meinem Neffen [dem Sohn der Principessa della Rocca] den ich nach der rue de Passy geschickt hatte, um die Papiere H. Heines in Empfang zu nehmen, daß alles versiegelt wäre und daß Madame Heine ein Testament hinterlassen hätte, das bei ihrem Notar niedergelegt sei, und ich bitte Sie, mich darüber aufzuklären." Einen kurzen Monat später, am 11. Juli 1883, folgt ein weiterer Brief aus Hamburg: „In Erwiderung auf Ihren Brief vom 5. d. M. mache ich Sie darauf aufmerksam, daß es gegen meine Pflicht und die Disposition meines verstorbenen Onkels ist zu erlauben, daß seine Briefe und Papiere in die Hände einer fremden Person gelangen, die sie zur Ausbeutung benutzt. Nach Ihrer Heirat und Abreise von Paris hat meine Tante mich beauftragt, ihre Interessen zu vertreten und hat mir die posthumen Manuskripte Heinrich Heines geschickt. Alles war in schlimmster Unordnung, und es ist wirklich ein köstlicher Scherz, daß Sie die Papiere geordnet haben wollen, ohne auch nur ein Wort deutsch zu verstehen, denn diese Arbeit ist von Herrn Strodtmann, dem Biographen H. Heines, vorgenommen worden. Die boshafte und rechthaberische Wortklauberei in Ihren Briefen gegen die bestehenden Tatsachen ermüdet mich, und ich wiederhole zum dritten und letzten Male, im Einklang mit Paragraph 3 von H. Heines Testament, mir seine Briefe und Papiere zur Verfügung zu stellen, oder ich werde drastische Wege einschlagen müssen." Mitte Juli 1883 geht nun Ludwig von Embden selbst nach Paris, und in der einen Woche seines Aufenthalts richtet er vier kurze Schreiben an Julia, aus denen hervorgeht, daß dieser den Nachlaß bei Frau Wwe Fauvet, einer Schwester Mathildes, die in Dijon einen Fabrikarbeiter geheiratet hatte, in Sicherheit gebracht hatte. Dieser sich dort befindliche Nachlaß schloß nicht die Memoiren ein; es handelte sich vielmehr um noch andere Papiere, die nach damaliger Ansicht wertlos waren und auf die wir noch zurückkommen müssen. Da Ludwig und Julia zu keiner Verständigung kamen, schrieb er an Frau Fauvet: „Als Erbe meiner Tante wende ich mich direkt an Sie, denn Herr Julia,, Ihr Vertreter, hat sich geweigert, meine rechtmäßigen Ansprüche auf die Papiere und Briefe Heinrich Heines anzuerkennen, über die ich, sein Neffe, die Verfügungsrechte besitze. Der Rest dieser Papiere ist nur von geringem Wert, denn die Hauptsache, die posthumen Manuskripte, sind schon von mir verkauft worden. Da es mir wenig daran liegt, wegen einer Bagatelle einen Prozeß anzufangen und es gleichzeitig meine Pflicht ist zu verhüten, daß die Briefe und Papiere in die Hände fremder Personen fallen, bitte ich einen Preis festzusetzen, für welchen Sie Ihr vorgebliches Erbschaftsrecht auf die Papiere und Briefe Heinrich Heines aufgeben würden, und Herrn Julia zu beauftragen, diese Angelegenheit mit mir in Ordnung zu bringen." Am 24. Juli verläßt Ludwig von Embden Paris unverrichteter Dinge.

Kurze Zeit nach Rückkehr Ludwig von Embdens nach Hamburg wurden die Memoiren — wie es scheint, ohne sein Wissen — gemeinsam vom Verleger der illustrierten Wochenschrift „Die Gartenlaube" und dem Verlag Hoffmann und Campe für 16.000 Franken erstanden. Zuerst wurden die Memoiren 1884, mit einer Einleitung des Vermittlers Eduard Engel, in der „Gartenlaube" in mehreren Fortsetzungen veröffentlicht und noch in demselben Jahre bei Hoffmann und Campe in Buchform herausgegeben. Interessant ist Engels Einleitung in der „Gartenlaube", wo er von Julias Wohnung berichtet: „Es war im Salon des Zwischengeschosses des Hauses No. 50 der rue de Passy, der letzten Wohnung der Witwe Heinrich Heines, in welcher jetzt Herr Julia, der Erbe oder jedenfalls der Besitzer der Memoiren Heines wohnt. Die Möbel, die Bilder an den Wänden, die Bibliothek im Nebenzimmer — alles hatte einst Mathilde Heine, vieles davon Heinrich Heine angehört." Eine recht interessante Situation: Julia hatte sich also gleich nach Mathildes Tode in ihrer Wohnung mit allem Zubehör häuslich niedergelassen! Jedenfalls aber spürte Julia Gewissensbisse, und um allen Eventualitäten vorzubeugen, die seinen Besitz von Heines Nachlaß in Frage stellen könnten, veröffentlichte er im Juli 1884 in der „Deutschen Revue" einen Aufsatz „Heinrich Heine. Erinnerungen von Henri Julia", ein offenkundig schamloser Versuch, seine intime Freundschaft mit Heine zu beweisen und die daraus hergeleitete Beauftragung als des Dichters literarischer Testamentvollstrecker zu rechtfertigen. Er schreibt: „[Heines] Blicke richteten sich nach und nach auf mich. Er hatte seine Vorsichtsmaßregeln getroffen und sich nach mir erkundigt; stand ihm doch eine kleine Polizei zu Gebote, die er benutzte, sobald es notwendig erschien; dazu kamen seine eigenen Studien und Beobachtungen. Als er seiner Sache sicher zu sein glaubte, schenkte er mir sein Vertrauen. Er war glücklich darüber, und ich wage es zu behaupten, daß dieses Gefühl und die Hoffnung, die er auf mich setzte, ihm das Bitterste seiner letzten Stunden milderten. Seine Frau ohne Stütze, ohne Hilfe, ohne Ratgeber zu lassen, war ihm unmöglich. So viel Liebe, so viel Zuneigung er auch für Mathilde empfand, so konnte er sich doch nicht verhehlen, daß sie nicht imstande sei, die literarischen Schätze, die er ihr hinterließ, zu würdigen. Diese Reichtümer konnten weder seinem geliebten Weibe, noch seinem eigenen Ruhm dienen, wenn er ihr nicht von vornherein einen Freund, dem sein letzter Wille die Vollmacht verlieh, zur Seite stellte; auch waren viele wichtige Papiere in ihren Händen ernsthaften Gefahren ausgesetzt gewesen. Er wußte das und traf seine Vorsichtsmaßregeln, damit solches Unheil noch nach seinem Tode ihn verschone . . . Das Testament vom Jahre 1851 sollte, was Artikel 3 anbetrifft, nicht ausgeführt werden: seine Papiere sollten nach seinem Tode in meine Verwahrung kommen. So geschah es." Nur Julia weiß, was aus den 16.000 Franken geworden ist, die er für die „Memoiren" empfangen hat.

Doch auch jetzt war der Nachlaß noch nicht erschöpft. Im Sommer 1900 erschien im „Börsenblatt der deutschen Buchhändler" eine Anzeige, die den Rest von Heines Nachlaß zum Verkauf anbot. Es handelte sich um die Papiere, die Julia 1884 in Dijon im Hause von Mathildens Schwester, der Witwe Fauvet, in Sicherheit gebracht hatte. Wir besitzen über den Ankauf dieser Papiere nur den Bericht Elsters, der die Erwerbung dieser Heineana für den Geographen Hans Meyer besorgte. Die betagte Witwe Julias entpuppte sich bei diesen Verhandlungen bald als die Nutznießerin. Vier Reisen nach Paris und fast hundert Briefe waren zu der Transaktion notwendig. Nach der zweiten Reise glaubte man, den Nachlaß endgültig in Händen zu haben; doch dann stellte es sich heraus, daß die geschäftstüchtige Witwe Julias nur die Hälfte des Nachlasses an Elster abgegeben hatte, und so begann das Feilschen von neuem, bis schließlich im Jahre 1905 der noch übrige Teil, darunter die Bibliothek und Totenmaske des Dichters, erworben wurden. Nach dem Ersten Weltkrieg ging dieser Nachlaß in den Besitz des Bankiers Albert Strauß über, dem wir es zu verdanken haben, daß die Sammlung als Einheit bewahrt wurde; im Jahre der hundertjährigen Todesfeier des Dichters erwarb seine Geburtsstadt Düsseldorf die „Heine-Sammlung Strauß". So endete die Jagd nach dem Heine-Nachlaß.

BIBLIOGRAPHISCHE BEMERKUNGEN

Ein vollständiger wissenschaftlich-bibliographischer Apparat zu dieser Biographie wäre das Ideal, doch ist er aus praktischen Gründen unausführbar und nutzlos: Einmal würde eine vollständige Bibliographie der benutzten Werke mehr Raum beanspruchen als die Biographie selbst, was das Buch zu kostspielig gestalten würde; dann würden die angegebenen Belege sich oft in seltenen oder verschollenen Zeitschriften befinden, die nur vereinzelt und zerstreut in wenigen Bibliotheken vorliegen; und schließlich könnten die Zitate aus noch unveröffentlichten Manuskripten und Briefen einesteils nur in den Originaltexten in Düsseldorf oder in den Photokopien davon in Weimar, und andernteils nur in den allergrößten Bibliotheken Europas und Amerikas oder in Privatsammlungen eingesehen werden, was mit großen Schwierigkeiten und Unkosten verbunden wäre. Die bibliographischen Bemerkungen müssen sich also notgedrungen darauf beschränken, die schon veröffentlichten und noch unveröffentlichten Heineana, d. h. die für die Biographie benutzten Berichte, Notizen und Aufsätze in Zeitungen und Zeitschriften, Broschüren und Dissertationen, die Bücher von und über Heine, sowie die Manuskripte und den Briefwechsel des Dichters nach Umfang und Inhalt kurz zu charakterisieren.

Die gedruckten Heineana umfassen fast 1500 Titel; über 1000 davon wurden zwischen 1905 und 1931 von Elster gesammelt und gingen 1935 in meinen Besitz über; diese Heine-Bibliothek umfaßt:

1) Alle Erstdrucke von Heines Werken, die zu des Dichters Lebzeiten in Zeitungen, Zeitschriften oder in Buchform erschienen, sowie spätere Auflagen, für die Heine textliche Änderungen vornahm. Sie bilden die Grundlagen zur Textkritik.

2) Alle Gesamtausgaben des Dichters in deutscher und französischer Sprache. Die beiden besten Ausgaben sind die von Elster und Walzel; jene enthält alle Varianten und diese ein gutes Personen- und Sachregister.

3) Alle wichtigen Einzelausgaben sowie Neudrucke von Erstdrucken von Heines Werken.

4) Alle Werke mit Äußerungen über den Dichter von Zeitgenossen, die Heine persönlich kannten oder die sich eingehend mit seinem Leben und seinen Schriften befaßten.

5) Alle Biographien über den Dichter in deutscher, französischer und englischer Sprache. Die 2. Auflage von Strodtmanns Biographie ist auch heute noch grundlegend; von ihr sind fast alle späteren Biographien ab-

hängig. Im allgemeinen vertreten die neuen Biographien einen schon vorgefaßten Standpunkt; nur Max J. Wolff versucht, Heine in seiner Ganzheit zu erfassen. Die beste Einzelstudie ist die des Franzosen Jules Legras über Heine als Dichter.

6) Alle Dissertationen über und in Verbindung mit Heine.

7) Gegen 600 Anzeigen, Berichte, Besprechungen und Aufsätze über Heine und seine Werke in Zeitungen und Zeitschriften. Diese Sammlung erstreckt sich auf die Zeit von 1827 bis 1931 und enthält einerseits wichtige Zeugnisse über das Leben und anregende Besprechungen von Werken des Dichters, andererseits aber auch viele kindische Anekdoten und unbegründete Behauptungen, die einen Einblick gewähren in die vorurteilsvolle Einstellung für oder gegen den Dichter.

8) Eine Liste der 227 Buchtitel in Heines Hausbibliothek. Diese Bücher stammen aus der Pariser Zeit; sie sind nur wichtig als Quellen für Heines spätere Werke, doch ohne Einfluß auf den literarischen Entwicklungsgang des Dichters.

9) Bücher, die Heine nachweislich gelesen hat.

Außer dieser Privatsammlung wurden viele Werke aus öffentlichen Bibliotheken zu Rate gezogen; es handelt sich besonders um:

1) Bücher über oder in Verbindung mit Heine, die in Elsters Sammlung fehlten, die aber in amerikanischen Bibliotheken vorliegen, darunter vorwiegend solche, die erst nach 1931 erschienen. Interessant in Verbindung mit Heine, leider aber oft sehr tendenziöser Natur, sind die Judaica in der Bibliothek der Stadt New York.

2) Biographien oder biographische Auskünfte über alle Personen, mit denen Heine im Briefwechsel stand oder zu denen er persönliche Beziehungen hatte. Der geschulte und umsichtige Heine-Forscher findet hier gelegentlich überraschende Auskunft über umstrittene oder mißverstandene Heine-Probleme.

Drei besonders wichtige Manuskriptsammlungen wurden für dieses Buch benutzt. Die größte hat Elster geordnet und in seinem Buch „Die Heine-Sammlung Strauß" beschrieben und zugänglich gemacht; sie ist 1929 durch Erwerb des „Kleinen Heine-Nachlasses Meyer" bedeutend erweitert worden. Ihr Inhalt, sowie der der „Heine-Sammlung Benjamin" ist meines Wissens nie bekannt gemacht worden.

Die Manuskripte zu Heines Werken in der Sammlung Strauß bestehen aus rund 3700 Bogen; davon sind 1780 Manuskripte in eigener Handschrift; weitere 1446 von Schreiberhand und 476 gedruckt, beide mit Heines eigenen Korrekturen und Änderungen. Es handelt sich vorwiegend um die ersten Niederschriften aus der Pariser Zeit. Sie enthalten weit mehr Streichungen als Text und zeigen die müh- und sorgsame Arbeitsweise des Dichters; Heine müht sich oft seitenlang ab, um schließlich in einigen treffenden Worten den passenden Ausdruck zu finden. Ebenso ist es interessant zu beobachten, wie Heine oft aus der ersten ausführlichen Niederschrift in Prosa nach unzähligen Streichungen und Änderungen schließlich ein lyrisches Meisterwerk gestaltet. Die ausgestrichenen Stellen verraten oft die Namen der betroffenen Personen und berichten in krasser Prosa, wen und was der Dichter im Sinne hatte; gelegentlich bilden sie gewissermaßen einen Kommentar zu dem eigentlichen Text. Gedichte aus dem „Buch der Lieder" und den „Neuen Gedichten" sind nur spärlich vertreten und meistens nur in französischer Übersetzung; sie dient als Druckvorlage für die französische Ausgabe bei Levy. Gedichte zum „Romanzero" dagegen füllen 226 Seiten. Die wichtigsten Brouillons führen die Titel: „Atta Troll", „Lutetia", „Geständnisse", „Waterloo", „Die romantische Schule", „Zur Religion und Philosophie in Deutschland", „Ludwig Markus", „Die Götter im Exil" und „Der Doktor Faust".

„Der kleine Heine-Nachlaß Meyer" ist besonders dadurch wertvoll, daß alle Manuskripte von Heines Werken in des Dichters eigener Handschrift abgefaßt sind. Sie enthält die folgenden Prosawerke: Die vollständige Handschrift des „Wintermärchens" und des „Tannhäuser", einen Entwurf zum Anfang der „Götter im Exil", sowie 10 Seiten aus dem ersten und 7 aus dem dritten Buch von „Religion und Philosophie in Deutschland", zwei Abschnitte von je 35 und 21 Seiten aus dem 3. Buch der „Romantischen Schule", 19 Seiten aus dem ersten und 8 aus dem zweiten Teil der „Lutetia" und 13 Seiten „Geständnisse", dann vier wichtige Dokumente des Dichters, den Verlobungskontrakt Samson Heines und Betty van Gelderns vom 31. Januar 1797, den Testierbogen des Studenten Heine vom Wintersemester 1819–1820, Heines Testament vom 10. Juni 1848 und den Kontrakt für den „Romanzero" zwischen Heine und Campe vom 24. Juli 1851. Die poetischen Werke sind durch die Handschriften von 29 Gedichten vertreten: davon gehören elf zum „Buch der Lieder", zwölf zu den „Neuen Gedichten" und sechs zum „Romanzero". Besonders wichtig ist die erste Fassung des Gedichtes „Im Schloß zu Düsseldorf am Rhein". Viele Verse aus diesen Handschriften sind noch unbekannt.

Von der Sammlung Eric Benjamin habe ich selbst nach dem Tode des Besitzers auf Wunsch der Witwe 1945 eine Aufstellung gemacht. Als Andenken an ihren verstorbenen Gatten schenkte sie mir Photokopien und Abschriften der Sammlung. Sie umfaßt rund 1000 Seiten Manuskript, 700 in Heines eigener Handschrift und 300 in der Handschrift des Sekretärs mit Heines eigenen Korrekturen und Änderungen. Die Sammlung besteht aus den ersten Niederschriften von 73 Gedichten; davon gehören 12 zum „Buch der Lieder", 20 zu den „Neuen Gedichten", 7 zum „Romanzero", 15 zu den Gedichten „1852–54" und 18 zu den posthumen Gedichten in den „Letzten Gedichten und Gedanken". Sie weichen oft wesentlich von dem gedruckten Text ab und enthalten unbekannte Verse. Unter den Prosawerken sind besonders stark vertreten: Die „Reisebilder" mit 237 Seiten Manuskript, „Ludwig Börne" mit 165, „Die romantische Schule" mit 69 und „Lutetia" mit 21. Auch enthält die Sammlung das vollständige Manuskript zum „Atta Troll" für Laubes „Zeitung für die elegante Welt", die deutschen Niederschriften der „Vorreden" zur ersten Auflage der französischen Übersetzung der „Reisebilder" aus dem Jahre 1834, zur französischen Übersetzung des „Neuen Frühlings" und zur letzten französischen Ausgabe der „Reisebilder" sowie die „Vorrede" zu den „Neuen Gedichten" aus dem Jahre 1844, dann Heines Schriften „Offenes Sendschreiben an Venedy", „Die Götter im Exil", zwei Niederschriften eines Testaments, Angaben über die Anordnung der französischen Ausgabe, Heines Kontrakt mit Campe aus dem Jahre 1844, einen Vorschlag für die Anordnung der deutschen Gesamtausgabe und schließlich einzelne verirrte Seiten Manuskript. Auch befindet sich in der Sammlung das Exemplar der 1. Auflage des ersten Bandes der „Reisebilder" mit Heines textlichen Korrekturen und Änderungen, das als Manuskript für die zweite Auflage diente, sowie die beiden Bände der „Neueren schönen Literatur in Deutschland", ebenfalls mit Heines eigenen Korrekturen und Änderungen, die als Manuskript für Teil I und II der „Romantischen Schule" benutzt wurden.

In New York stellte mir die John Pierpont Morgan Library Photokopien von Heines Niederschrift der „Romantischen Schule" zur Verfügung, und in der Harvard Universität hatte ich Gelegenheit, einige unwesentliche Heineana einzusehen.

Nicht unerwähnt lassen möchte ich, daß ein Antiquarist in Los Angeles mir Ende der dreißiger Jahre für eine Erstausgabe von Heines „Buch der Lieder" ein sehr preiswertes Angebot machte mit dem Hinweis darauf, daß der Besitzer Friedrich Merckel in das Buch leider viele Einträge gemacht habe. Unglücklicherweise war mir Merckels Mitarbeit am „Buch der Lieder" damals noch unbekannt, und so ließ ich mir dieses vielleicht wichtigste Exemplar aller Erstdrucke Heines entgehen.

Die wichtigste Quelle für eine Heine-Biographie ist natürlich der Briefwechsel des Dichters mit seinem Verleger, seinen Verwandten, Freunden und Zeitgenossen. Ungefähr 1400 Briefe von Heine haben sich erhalten und sind veröffentlicht; doch existiert außerdem noch eine fast gleiche Anzahl Briefe an den Dichter, die größtenteils noch unveröffentlicht sind und die im Falle Heines eine besonders wichtige Rolle spielen. Es handelt sich dabei um rund

1. 225 Briefe des Verlegers Campe an Heine,
2. 1100 Briefe von der Familie und von Zeitgenossen an Heine,
3. 110 Briefe an die Witwe Mathilde Heine, und
4. 13 Briefe der Mouche an Alfred Meißner.

Bis vor kurzem waren wir ganz auf den dreibändigen Briefwechsel Heines von Friedrich Hirth angewiesen. Hirth war zweifellos ein eifriger Sammler von Heinebriefen, wofür er hohe Anerkennung verdient; doch leider hat seine flüchtige und unwissenschaftliche Arbeitsmethode die Heine-Forschung manchmal mehr gehindert als gefördert und auf falsche Wege geführt. Erst Eisner ist es gelungen, hier wieder Ordnung zu schaffen und die Briefe endlich mit einem Kommentar zu versehen.

Besonders der Briefwechsel zwischen Heine und Campe bietet ein sehr verzwicktes Problem. Campe und Heine wechselten mindestens 452 Briefe, von denen Heine 238 an Campe, und Campe 214 an Heine richtete; aus der Korrespondenz fehlen 42 Briefe und 184 sind noch unveröffentlicht. Von den 226 Briefen, die Hirth veröffentlicht hat, fallen nur vier der 209 Briefe von Heine an Campe in die Zeit von 1826 bis 1835, und von Campes 17 Briefen an Heine ist nur einer vor 1848 datiert. So ergibt sich also, daß wir so gut wie keine Korrespondenz zwischen Campe und Heine aus dem ersten Jahrzehnt ihrer Beziehungen besitzen. Der zugängliche briefliche Verkehr beginnt erst 1835 und stammt so gut wie ganz aus Heines Feder, so daß wir für die beiden letzten Jahrzehnte ihrer Beziehungen fast ganz auf Heines Äußerungen angewiesen sind. Diese lückenhafte und einseitige Korrespondenz hat zu unbeschreiblichen und bedauernswerten Fehlurteilen geführt. Da von den mir zugänglichen 184 Briefen 57 in die Zeit von 1826 bis 1835 fallen, besitzen wir zum ersten Mal einen festen Anhalt für diese Periode, während die übrigen Briefe Campes an Heine seit 1835 eine willkommene Ergänzung zu den bekannten Briefen Heines an Campe bilden. Sie gestatten endlich ein sachliches Urteil über die persönlichen und geschäftlichen Beziehungen zwischen Dichter und Verleger, sie gewähren einen tiefen Einblick in die niederdrückenden Zensurverhältnisse der Zeit, sie machen uns bekannt mit dem wahren Umfang der Auflagen von Heines Werken, sie klären Campes und Heines Stellung zum Jungen Deutschland, sie illustrieren Heines Abhängigkeit von Campes Urteil über die zeitgenössischen Dichter in Deutschland, sie enthalten interessante Enthüllungen über Heines Beziehungen zu Salomon und Karl Heine, und sie nehmen gelegentlich Bezug auf den Erbschaftsstreit, auf Heines Krankheit und auf des Dichters politische und religiöse Wandlungen, — kurzum, diese Briefe sind unentbehrlich für ein wahres Verständnis von Heines Leben und Schaffen.

Die Briefe von Zeitgenossen an Heine, die hauptsächlich aus der Sammlung Strauß stammen, umfassen rund 1100 Briefe von 237 verschiedenen Personen. Sie ergänzen viele Lücken in Heines eigenen Briefen und enthüllen manchmal ihren wahren Sinn und Zweck, bringen die Fälschungen der Familie ans Licht, ermöglichen in fragwürdigen Fällen die richtige Datierung von Heines eigenen Briefen und führen uns gelegentlich auf ganz unerwartete Spuren. Die Namen der wichtigsten Korrespondenten sind: die Verleger Brockhaus, Brodhag, Cotta, Frankh, Levy, Renduel, Savoye, Schad, Scheible und Weidmann; die literarischen Persönlichkeiten Andersen, Sara Austin, Bauernfeld, Creizenach, Dumas, Willibald Alexis, Gaudy, Hackländer, Kertbeny, Elise von Hohenhausen, Immermann, Köchy, Lewald, Kunzel, Meißner, Menzel, Müllner, Mundt, Pückler-Muskau, Schlesier, Schiff, Stahr, Varnhagen und Wihl; die Journalisten Kobbe, Kühne, Kolb, Ruge und Runkel; die Politiker Bornstedt, Detmold, Karl Grün, Lindner, Mittermaier, Seuffert, Spazier, Venedey und Weerth; die Freunde Dingelstedt, Hillebrand, Lehmann, Merckel, Meyerbeer, Moser, Moscheles, Weill und Zunz; sämtliche Mitglieder der Familie Heine und schließlich noch die Fürstin Belgiojoso, Madame Jaubert, die Mouche und die Mitglieder der Bankhäuser Rothschild, Fould und Pereire. Die weitaus meisten Briefe stammen natürlich von Freunden, mit denen Heine im Briefverkehr stand und von der engeren Familie in Hamburg. Doch gerade hier sind die wichtigsten von der Mutter und Schwester, die sich mit den Hamburger Familienangelegenheiten befaßten, verschollen; Heine mußte sie 1846 und 1851 vernichten, bevor sein Vetter Karl das Jahrgeld an ihn weiterbezahlte. So haben sich in diesem Falle nur die Familienbriefe an Heine seit 1851 erhalten. Bemerkenswert ist es, daß auch die finanziellen Abrechnungen von Heines Makler J. Homburg erst 1851 beginnen; sie gewähren zum ersten Mal einen Einblick in Heines Finanzen und Spekulationen an der Börse.

„Der kleine Heine-Nachlaß Meyer" umfaßt 81 Briefe: 17 von Heine stammen bis auf einen aus der Zeit der Matratzengruft und sind geschäftlichen Inhalts; 55 an Heine sind von 14 verschiedenen Personen, besonders von Brockhaus, Cotta, Dingelstedt, Ferdinand Hiller, Meyerbeer, Pückler-Muskau und der Weidmannschen Buchhandlung und erstrecken sich alle, bis auf einen von Cotta aus dem Jahre 1829, auf die Jahre in Paris; 7 Briefe enthalten Auskunft über den Dichter.

Auch die Sammlung Benjamin enthält 116 Briefe: 53 von Heine sind an 17 verschiedene Personen gerichtet, davon 8 an Campe und 17 an Laube; von den 48 an Heine fallen 46 auf Laube und je einer auf Robert Schumann und Varnhagen von Ense; von den 15 in Verbindung mit Heine sind 13 noch unbekannte Briefe von der Mouche an Meißner aus der Zeit von 1853 bis 1860. Diese Briefe, sowie ein noch unbekanntes Einführungsschreiben der Mouche an Heine klären uns endlich auf über die mysteriöse Persönlichkeit der Mouche, sowie über ihre Beziehungen zu Meißner und Heine.

Von 150 amerikanischen Bibliotheken, an die ich mich wandte, besitzen einige Heine-Briefe: in der Harvard-Universität finden sich die französischen Originale der Briefe Heines an seine Frau Mathilde während des Dichters Besuch in Hamburg 1843 und 1844; sonst haben sich nur 25 vereinzelte Briefe in sieben Bibliotheken vorgefunden.

In amerikanischem Privatbesitz finden sich dagegen die Manuskripte, die Heines Bruder Gustav, der Baron von Heine-Geldern, zusammen mit Karpeles unter dem Titel „Heine-Reliquien" veröffentlichte. Diese Heineana wurden von der Heinefamilie in Wien nach dem zweiten Weltkriege an Herrn Roth nach Amerika verkauft. Bei einem Besuch in seiner Wohnung in der Park Avenue in New York wurde mir Einsicht in die Manuskripte gestattet und eine Photokopie davon versprochen; doch es wurde nie etwas daraus, da ich mich nicht zu einer „blinden" Bewunderung des Dichters bequemen wollte. Immerhin hatte ich die Möglichkeit feststellen zu können, daß die Manuskripte Stellen enthielten, die in den „Reliquien" ausgelassen oder geändert waren. Diese also wie die übrigen Familienmitglieder waren bestrebt, durch Vernichtung aller peinlichen Dokumente und auf Kosten der Wahrheit den Dichter zu idealisieren.

Es existieren 110 Briefe in Verbindung mit Mathilde Heine, der Witwe des Dichters. Die meisten sind noch unveröffentlicht. Nur elf Briefe sind von Mathilde und tragen gewöhnlich nur ihre Namensunterschrift; 67 sind an Mathilde gerichtet und bestehen aus Familiennachrichten von Heines Schwester Charlotte und ihren Töchtern. Die von Ludwig von Embden, sowie weitere 22 in Verbindung mit Mathilde, befassen sich hauptsächlich mit dem literarischen Nachlaß des Dichters; sie bilden die Quelle für das Nachwort dieses Buches.

Eine Schlußbemerkung — gewissermaßen eine Warnung für künftige Heineforscher — kann ich nicht unterlassen. Sie beruht auf Feststellungen, die ich in meiner jahrzehntelangen Beschäftigung mit dem Dichter immer wieder machen mußte:

1. Heine ist ein Künstler in der Verdrehung von Tatsachen; in eine peinliche Lage versetzt, sagt er bewußt nur die halbe Wahrheit, denn einerseits bietet sie ihm die Möglichkeit, sich auf Grund der wahrheitsgemäßen Äußerungen zu rechtfertigen, während andererseits die damit verbundenen unwahren Angaben den Leser irreführen.

2. Heine nimmt es mit der Wahrheit nicht zu genau, wenn es sich darum handelt, einen guten Witz anzubringen.

3. Heine widerspricht sich oft in seinen Anschauungen, und der Leser, wie Heine es beabsichtigt, ist geneigt, diejenige anzuerkennen, die ihm am meisten zusagt. Wenn Heine eine Anschauung ändert, so liegt gewöhnlich für ihn ein materieller Vorteil zugrunde.

4. Heine litt sein Leben lang an Verfolgungswahn; er erhebt gegen andere oft unberechtigte Anklagen, denen man nie blindlings glauben darf, ohne sie auf ihre Berechtigung sorgfältig geprüft zu haben.

Vor allem aber muß man einsehen lernen, daß Heine kein Gott, sondern im Gegenteil ein sehr gebrechlicher Mensch war — nur dann kann man die Widersprüche zwischen seinen menschlichen Schwächen und seiner dichterischen Größe richtig würdigen.

ANHANG

ZEITTAFEL

1797	10. Januar: Annette von Droste-Hülshoff geboren.
	27. März: Alfred de Vigny geboren.
	9. Juli: Edmund Burke gestorben.
	4. Oktober: Jeremias Gotthelf geboren.
	17. Oktober: Friede von Campoformio zwischen Frankreich und Österreich. Belgien und das linke Rheinufer gehen an Frankreich, Österreich erhält Venedig.
	16. November: Friedrich Wilhelm II. gestorben. Sein Sohn Friedrich Wilhelm III. besteigt den preußischen Königsthron.
	13. Dezember: Harry Heine als ältester Sohn des Kaufmanns Samson Heine und der Elisabeth (»Betty«) van Geldern in Düsseldorf, der Hauptstadt des Herzogtums Berg, geboren.
1797—1799	Kongreß zu Rastatt.
1798/99	Ägypten-Feldzug Napoleons.
1798	*6. Januar: Die Eltern Heines heiraten.*
1799—1802	Zweiter Koalitionskrieg gegen Frankreich.
1799	20. Mai: Honoré Balzac geboren.
	9. November: Staatsstreich Napoleons.
	Dezember: Napoleon wird Erster Konsul auf zehn Jahre.
1800	*18. Oktober: Heines Schwester Charlotte geboren (1899 gestorben).*
1801	9. Februar: Friede von Lunéville zwischen Frankreich und Österreich. Frankreich behält das linke Rheinufer.
	23. März: Zar Paul II. ermordet. Alexander I. wird sein Nachfolger.
	25. März: Novalis gestorben.
	7. Dezember: Johann Nestroy geboren.
	11. Dezember: Christian Dietrich Grabbe geboren.
1802	26. Februar: Victor Hugo geboren.
	27. März: Friede von Amiens zwischen Frankreich und England.
	24. Juli: Alexandre Dumas d. Ä. geboren.
	13. August: Nikolaus Lenau geboren.
	August: Napoleon wird Konsul auf Lebenszeit.
1803	25. Februar: Reichsdeputationshauptschluß. Ende des alten deutschen Reiches.
	14. März: Friedrich Klopstock gestorben.
	13. September: Arnold Ruge geboren.
	18. Dezember: Johann Gottfried von Herder gestorben.

1804	12. Februar: Immanuel Kant gestorben. 1. Juli: George Sand geboren. 8. September: Eduard Mörike geboren. 2. Dezember: Kaiserkrönung Napoleons.
1805	*Heines Bruder Gustav geboren (1886 gestorben).* Dritter Koalitionskrieg gegen Frankreich. 9. Mai: Friedrich von Schiller gestorben. Oktober: Französische Truppen besetzen Wien. 21. Oktober: Admiral Nelson besiegt bei Trafalgar die französisch-spanischen Seestreitkräfte und fällt im Gefecht. 23. Oktober: Adalbert Stifter geboren. 2. Dezember: Napoleon siegt in der Dreikaiserschlacht bei Austerlitz über die russischen und österreichischen Truppen. 15. Dezember: Vertrag zu Schönbrunn zwischen Preußen und Frankreich. Schutzbündnisse. 26. Dezember: Friede von Preßburg. Gebietsverluste für Österreich. Bayern und Württemberg werden Königreiche.
1806/07	Krieg Frankreichs gegen Preußen und Rußland.
1806	Vierter Koalitionskrieg gegen Frankreich. 12. Juli: Rheinbund unter französischer Führung gegründet. 6. August: Franz II. dankt als römisch-deutscher Kaiser ab (seit 1804 als Franz I. Kaiser von Österreich). Ende des Heiligen Römischen Reiches Deutscher Nation. 18. September: Heinrich Laube geboren. 14. Oktober: Schlacht von Jena und Auerstedt. Frankreich siegt über die preußischen Armeen. November: Kontinentalsperre gegen England.
1807—1814	*Heine besucht das Katholische Lyzeum im Düsseldorfer Franziskanerkloster.*
1807	*Heines Bruder Maximilian geboren (1879 gestorben).* 7.—9. Juli: Friede von Tilsit. Das Königreich Westfalen und das Großherzogtum Warschau entstehen, Danzig wird Freie Stadt, Rußland erhält ostpreußische Gebiete.
1808—1814	Krieg Napoleons gegen Spanien und Portugal.
1808	27. Januar: David Friedrich Strauß geboren. Murat erobert Madrid. Oktober: Fürstentag zu Erfurt. Joseph Bonaparte wird König von Spanien. Gérard de Nerval geboren.
1809	Krieg zwischen Österreich und Frankreich. Tiroler Aufstand unter Andreas Hofer. 3. Februar: Felix Mendelssohn-Bartholdy geboren. Mai: Napoleon unterliegt in der Schlacht von Aspern.

31. Mai: Joseph Haydn gestorben.
Juni: Annektion des Kirchenstaates durch Frankreich.
5./6. Juli: Schlacht bei Wagram. Napoleon besiegt die österreichischen Truppen.
14. Oktober: Friede von Schönbrunn. Österreich muß Gebiete abtreten.

1810   20. Februar: Andreas Hofer in Mantua hingerichtet.
1. März: Frédéric Chopin geboren.
27. März: Kaiser Napoleon heiratet Marie-Louise, die Tochter des österreichischen Kaisers Franz I.
8. Juni: Robert Schumann geboren.
17. Juni: Ferdinand Freiligrath geboren.
11. Dezember: Alfred de Musset geboren.

1811   *Heine sieht Napoleon in Düsseldorf.*
17. März: Karl Ferdinand Gutzkow geboren.
21. November: Heinrich von Kleist gestorben.

1812   14. März: Französisch-österreichische Allianz.
Mai: Fürstentag zu Erfurt.
24. Juni: Napoleons Rußlandfeldzug beginnt.
15.—20. September: Brand von Moskau.
Oktober/November: Rückzug der »Großen Armee«.

1813/14   Deutsche Befreiungskriege.

1813   20. Januar: Christoph Martin Wieland gestorben.
16. März: Preußen erklärt Frankreich den Krieg.
18. März: Friedrich Hebbel geboren.
22. Mai: Richard Wagner geboren.
11. August: Österreich erklärt Frankreich den Krieg und schließt sich damit der Allianz Rußland—Preußen—England an.
16.—19. Oktober: Völkerschlacht von Leipzig. Napoleon unterliegt den Alliierten.
17. Oktober: Georg Büchner geboren.
31. Oktober: Der Rheinbund wird aufgelöst.

1814   29. Januar: Johann Gottlieb Fichte gestorben.
6. April: Napoleon dankt ab und geht nach Elba in die Verbannung. Ludwig XVIII. wird König von Frankreich.
30. Mai: Erster Friede von Paris.
Herbst: Harry Heine verläßt das Gymnasium ohne Abitur. Er lernt in Düsseldorf seine Kusine Amalie Heine kennen.
November: Eröffnung des Wiener Kongresses.
Stephenson baut die erste Dampflokomotive.

1815   21. Januar: Matthias Claudius gestorben.
Frühjahr: Harry Heine zu Besuch bei seinem Onkel Salomon Heine in Hamburg.

1. März: Napoleon landet in Frankreich. Die »Herrschaft der Hundert Tage« beginnt.

1. April: Bismarck geboren.

9. Juni: Mit der Wiener Kongreßakte wird das Gleichgewicht der fünf europäischen Großmächte wieder hergestellt. Unter anderem geht Düsseldorf in der Folge an Preußen.

10. Juni: Bundesakte. Gründung des Deutschen Bundes.

18. Juni: Schlacht von Waterloo. Blücher und Wellington siegen über Napoleon.

22. Juni: Napoleon dankt erneut ab. Verbannung nach Sankt Helena.

26. September: Heilige Allianz zwischen Zar Alexander I., Kaiser Franz I. von Österreich und König Friedrich Wilhelm III. von Preußen.

20. November: Zweiter Friede von Paris zwischen Frankreich und den Alliierten. Frankreich muß Gebiete abtreten und Reparationen zahlen.

Heine tritt eine Lehrstelle bei Bankier Rindskopf in Frankfurt an.

1816   *Frühjahr: Heine bei seinem Onkel Salomon in Hamburg.*

1817   *Heine nimmt eine Stelle im Bankhaus Heckscher & Co. an, das seinem Onkel Salomon Heine gehört. Erste Liebe zur Kusine Amalie.*

31. Mai: Georg Herwegh geboren.

14. September: Theodor Storm geboren.

18. Oktober: Wartburgfest der Burschenschaftler.

Der badische Forstmeister Karl Freiherr von Drais erfindet eine Laufmaschine.

1818   *Mit Hilfe Salomon Heines kann Harry Heine das Manufakturwaren-Geschäft Harry Heine & Co. einrichten. Das Unternehmen endet nach einem Jahr mit Bankrott.*

5. Mai: Karl Marx geboren.

Herbst: Kongreß von Aachen. Die Besatzungstruppen werden vorzeitig aus Frankreich abgezogen.

1819   *Frühjahr: Heine verläßt Hamburg.*

Sommer: Er kehrt nach Düsseldorf zurück und holt das Abitur nach.

Heine studiert mit Unterstützung seines Onkels Jura, zunächst zwei Semester an der neugegründeten Universität Bonn. Dort beeindruckt ihn vor allem August Wilhelm von Schlegel.

23. März: Der Student Karl Ludwig Sand ermordet August von Kotzebue.

19. Juli: Gottfried Keller geboren.

1. August: Teplitzer Punktation. Begründung des Restaurationssystems in Deutschland. Es folgen die Karlsbader Be-

schlüsse: Zensur, Überwachung der Universitäten, Verbot der Burschenschaften.

18. Oktober: Heine nimmt an der Erinnerungsfeier für die Völkerschlacht Leipzig auf dem Kreuzberg bei Bonn teil.

30. Dezember: Theodor Fontane geboren.

1820   Ausbruch der Revolution in Spanien und Portugal.

29. Januar: Georg III. von England gestorben. Sein Sohn Georg IV. wird englischer König.

15. Mai: Wiener Schlußakte.

Heines Vater macht Konkurs und muß Düsseldorf verlassen. Salomon Heine übernimmt die Tilgung der Schulden. Heine wechselt zum Wintersemester an die Universität Göttingen über.

7. November: Er bietet dem Verlag Brockhaus in Leipzig vergeblich seine Gedichte an.

1821—1829 Griechischer Unabhängigkeitskrieg.

1821   *23. Januar: Heine muß mit dem Consilium abeundi sein Studium abbrechen.*

6. Februar: Er verläßt Göttingen.

4. April: Immatrikulation in Berlin. Heine verkehrt in den Salons von Rahel Levin und Elisabeth von Hohenhausen. Heines Kusine Amalie heiratet den ostpreußischen Gutsherrn Friedländer.

5. Mai: Napoleon auf Sankt Helena gestorben.

Heines »Gedichte« werden von der Maurerschen Buchhandlung in Berlin veröffentlicht.

»Almansor« beendet.

1822   6. Januar: Heinrich Schliemann geboren.

Sommer: Die Emanzipationsgesetze für Juden aus dem Jahre 1812 werden zurückgenommen.

10. Juni: Heine veröffentlicht »Die Wallfahrt nach Kevlaar« im »Gesellschafter«.

26. Juni: E. T. A. Hoffmann gestorben.

Spätsommer: Reise nach Posen und Gnesen.

26. November: Freiherr Karl August von Hardenberg gestorben.

Vorstudien zu den »Reisebildern«.

»William Ratcliff«; »Lyrisches Intermezzo«.

Heine tritt dem »Verein für Kultur und Wissenschaft der Juden« bei.

1823   *April: »Tragödien nebst einem lyrischen Intermezzo« in Berlin veröffentlicht (2. Aufl. 1857).*

12. Mai: Beendigung des Studiums in Berlin. Heine reist zu seinen Eltern nach Lüneburg.

Juni: Die Schwester Charlotte heiratet den Kaufmann Moritz Embden.
2. Dezember: Monroe-Doktrin. Prinzip der Nichteinmischung europäischer Mächte in Angelegenheiten der USA.
Heine lernt seine Kusine Therese Heine in Hamburg kennen.
»Heimkehr« (Lieder).

1824   *30. Januar: Heine geht wieder an die Universität Göttingen.*
Ostern: Reise nach Berlin.
19. April: Lord Byron gestorben.
4. September: Anton Bruckner geboren.
16. September: Ludwig XVIII. gestorben. Karl X. wird König von Frankreich.
September: Heine trifft Goethe.
Oktober/November: Harz-Wanderung nach Thüringen. Die »Harzreise« entsteht.

1825   11. April: Ferdinand Lassalle geboren.
19. Mai: Claude Henri de Saint-Simon gestorben.
28. Juni: Heine konvertiert in Heiligenstadt zum Protestantismus und nennt sich jetzt »Heinrich«.
20. Juli: Beendigung des Studiums mit dem juristischen Examen. Promotion bei Professor Hugo in Göttingen.
August/September: Badereise nach Norderney. Anschließend bereitet er sich in Hamburg auf seine Tätigkeit als Rechtsanwalt vor.
Ab November: Heine lebt als freier Schriftsteller in Hamburg.
14. November: Jean Paul gestorben.
1. Dezember: Zar Alexander I. gestorben. Sein Bruder Nikolaus I. wird Nachfolger.

1826—1831 *»Reisebilder«, 4 Bände (2. Aufl. 1830—1834).*

1826   *Sommer: Aufenthalt in Norderney und bei den Eltern in Lüneburg.*
Beginn der sechsjährigen Zusammenarbeit zwischen Heine, Friedrich Merckel und dem Verleger Julius Campe (»Triumvirat«).

1827   *»Buch der Lieder« (2. Aufl. 1837, 4. Aufl. 1841; insgesamt 13 Auflagen zu Heines Lebzeiten).*
17. Februar: Johann Heinrich Pestalozzi gestorben.
26. März: Ludwig van Beethoven gestorben.
April—September: England-Aufenthalt Heines.
September: Rückkehr nach Hamburg.
Heine trifft mit Jacob und Wilhelm Grimm zusammen.
November: Umzug nach München.
Vorübergehend Mitarbeit an den »Neuen Allgemeinen Politischen Annalen«.

1828/29	Russisch-Türkischer Krieg.
1828	*Ab Juli: Italien-Reise.*
	Der Versuch, eine Professur in München zu erhalten, scheitert.
	19. November: Franz Schubert gestorben.
	2. Dezember: Heines Vater in Hamburg gestorben.
1829	12. Januar: Friedrich von Schlegel gestorben.
	Frühjahr: Aufenthalt Heines in Berlin.
	August/September: Reise nach Helgoland.
	14. September: Friede von Adrianopel zwischen Rußland und der Türkei.
1830/31	Polnische Revolution.
1830	*Aufenthalt in Hamburg.*
	Februar: Bluthusten. Erholung in Wandsbeck.
	Sommer: Erneuter Besuch in Helgoland.
	25. Juni: Georg IV. von England gestorben. Sein Bruder Wilhelm IV. wird Nachfolger.
	26. Juli: Juli-Revolution in Frankreich. Karl X. dankt ab und flieht nach England. Louis Philippe wird »König der Franzosen«.
	August: Revolution in Brüssel.
	18. November: Belgien erklärt seine Unabhängigkeit.
1831	*»Kahldorf über den Adel«.*
	20. Januar: Londoner Konferenz. Bestätigung der belgischen Unabhängigkeit und Neutralität.
	21. Januar: Achim von Arnim gestorben.
	Heine bewirbt sich vergeblich um die Stelle eines Ratssyndikus in Hamburg.
	Mai: Er übersiedelt nach Paris und wird Mitarbeiter der Augsburger »Allgemeinen Zeitung« und mehrerer französischer Journale.
	Verbindung mit Rossini, Chopin, Meyerbeer und Alexander von Humboldt.
	29. Juni: Reichsfreiherr Karl vom und zum Stein gestorben.
	8. September: Wilhelm Raabe geboren.
	14. November: Georg Wilhelm Friedrich Hegel gestorben.
1832	*Februar: Cholera in Paris. Heine pflegt seinen erkrankten Vetter Karl Heine.*
	22. März: Johann Wolfgang von Goethe gestorben.
	27. Mai: Hambacher Fest.
	21. September: Sir Walter Scott gestorben.
1833	*»De la France« in Paris erschienen.*
	»Zur Geschichte der Literatur in Deutschland«, 2 Bände.
	»Œuvres« (6 Bände) in Paris veröffentlicht.

Ab März: Heine verkehrt im Salon der Principessa Belgiojoso di Trivulzio.
7. März: Rahel Varnhagen von Ense gestorben.
3. April: Sturm auf die Konstablerwache in Frankfurt/Main.
7. Mai: Johannes Brahms geboren.
Heine wird eine französische Staatspension bewilligt.
Herbst: »Entente cordiale« zwischen Frankreich und England.
Oktober: Beistandspakt Rußland—Österreich—Preußen.
Gründung des Deutschen Zollvereins.

1834—1839 Karlistenkriege in Spanien.

1834—1840 *Der »Salon« (4 Bände) in Hamburg erschienen.*

1834 *Heine lernt Creszenzia Eugénie Mirat (»Mathilde«) kennen.*
12. Februar: Friedrich Schleiermacher gestorben.
April: Quadrupelallianz zwischen England, Frankreich, Spanien und Portugal.

1835 2. März: Kaiser Franz I. von Österreich gestorben. Ferdinand I. wird Nachfolger.
8. April: Wilhelm von Humboldt gestorben.
7. Dezember: Die erste deutsche Eisenbahn verkehrt zwischen Nürnberg und Fürth.
10. Dezember: Heines Bücher werden mit den Schriften des Jungen Deutschland vom deutschen Bundestag verboten.

1836 *»Die romantische Schule«.*
Januar: Heine zieht mit Mathilde in die Rue de Bergère 3.
Putschversuch Louis Napoleons in Straßburg.
5. September: Ferdinand Raimund gestorben.
12. September: Christian Dietrich Grabbe gestorben.
5. Dezember: Graf August von Platen gestorben.

1837 *»Über den Denunzianten«. Vorrede zu Cervantes' »Don Quixote«.*
Verhandlungen um eine Gesamtausgabe.
Pläne zur Gründung einer deutschsprachigen politischen Zeitung in Paris.
Heine durch eine mißlungene Aktienspekulation stark verschuldet.
12. Februar: Ludwig Börne gestorben.
19. Februar: Georg Büchner gestorben.
20. Juni: Wilhelm IV. von England gestorben. Königin Victoria besteigt den englischen Thron.
Daguerre erfindet sein fotografisches Verfahren, Morse den Schreibtelegrafen.

1838 21. August: Adelbert von Chamisso gestorben.

1839—1841 Orientalische Krise.

1839	»Shakespeares Mädchen und Frauen«.

1840   »Heinrich Heine über Ludwig Börne«.
       7. Januar: König Friedrich Wilhelm III. von Preußen gestor-
       ben. Sein Sohn Friedrich Wilhelm IV. wird Nachfolger.
       2. April: Emile Zola geboren.
       April: Adolph Thiers zum französischen Ministerpräsidenten
       ernannt.
       25. August: Karl Immermann gestorben.
       21. Oktober: Rücktritt Thiers.
       Erneuter Putschversuch Louis Napoleons.

1841   *31. August: Heine heiratet »Mathilde« in Saint Sulpice.*
       Duell mit Salomon Strauß.
       Sommer: Erholungsaufenthalt in Cauterets/Pyrenäen.

1842   18. März: Stéphane Mallarmé geboren.
       23. März: Stendhal gestorben.
       28. Juli: Clemens Brentano gestorben.

1843   *Mai: Ein Großteil der Hamburger Innenstadt durch eine*
       Brandkatastrophe zerstört. Auch das Wohnhaus von Heines
       Mutter brennt ab.
       7. Juni: Friedrich Hölderlin gestorben.
       Herbst: Heine reist erstmals seit 1831 wieder durch Deutsch-
       land und lernt Hebbel und Marx kennen.
       Dezember: Rückkehr nach Paris.
       Englisch-französische Allianz. Queen Victoria besucht Frank-
       reich.

1844   *»Neue Gedichte« (2 Auflagen).*
       »Deutschland. Ein Wintermärchen«.
       Nekrolog »Ludwig Markus«.
       Sommer: Heine mit seiner Frau zu Besuch in Hamburg. Letzter
       Aufenthalt in Deutschland.
       15. Oktober: Friedrich Nietzsche geboren.
       23. Dezember: Onkel Salomon Heine gestorben. Streit um die
       Erbschaft.
       Weberaufstand in Schlesien.

1845   12. Mai: August Wilhelm von Schlegel gestorben.

1846   *Lähmungserscheinungen. Augenleiden.*
       Erstes Testament Heines.
       8. Juli: König Christian VIII. von Dänemark beansprucht
       Schleswig als dänischen Besitz. Beginn des dänisch-deutschen
       Konflikts.

1847   *»Atta Troll. Ein Sommernachtstraum«.*
       Sonderbundskrieg in der Schweiz.
       4. November: Felix Mendelssohn-Bartholdy gestorben.

1848	»*Politisches Glaubensbekenntnis*«.

Heines Erkrankung fesselt ihn ans Bett, seine »Matratzengruft«.
Februar: Kommunistisches Manifest von Karl Marx und Friedrich Engels.
22.—24. Februar: Februarrevolution in Frankreich. Der Bürgerkönig dankt ab. Ausrufung der Republik.
27. Februar: Offenburger Programmpunkte. Erste Ansätze zu einer Revolution in Deutschland.
März—Mai: Aufstände in Wien, Berlin und München.
20. März: König Ludwig I. von Bayern dankt zugunsten seines Sohnes Maximilian II. ab.
18. Mai: Deutsche Nationalversammlung in der Frankfurter Paulskirche eröffnet.
24. Mai: Annette von Droste-Hülshoff gestorben.
23.—26. Juni: Pariser Juniaufstand der Arbeiter.
4. November: Die Nationalversammlung beschließt eine neue Verfassung.
2. Dezember: Der österreichische Kaiser Ferdinand I. dankt ab. Franz Joseph I. besteigt den Thron.
5. Dezember: König Friedrich Wilhelm IV. löst die preußische Nationalversammlung auf und oktroyiert eine Verfassung.
10. Dezember: Louis Napoleon zum Präsidenten der französischen Republik gewählt.
Heine bemüht sich vergeblich um die neuerliche Bewilligung einer Staatspension.

1849   28. März: Deutsche Reichsverfassung in Frankfurt angenommen. Friedrich Wilhelm IV. von Preußen zum deutschen Kaiser gewählt.
28. April: Der preußische König lehnt die Kaiserwürde ab.
Mai: Aufstand in Dresden. Unruhen in der Pfalz und in Baden.
17. Oktober: Frédéric Chopin gestorben.

1850   31. Januar: In Preußen tritt die Verfassung in Kraft.
März/April: Erfurter Parlament.
2. Juli: Friede von Berlin zwischen Preußen und Dänemark.
5. August: Guy de Maupassant geboren.
18. August: Honoré de Balzac gestorben.
22. August: Nikolaus Lenau gestorben.
1. September: Der Bundestag in Frankfurt tritt erneut zusammen.
30. November: Vertrag von Olmütz zwischen Preußen und Österreich. Wiederherstellung des Deutschen Bundes.

1851—1857   »*Gedichte*«, *4 Bände.*

1851   »*Der Doktor Faust*«.
»*Romanzero*«.
Heine verfaßt sein zweites Testament.

Julius Campe, Heines Verleger, besucht Heinrich Heine in Paris.
2. Dezember: Staatsstreich Louis Napoleons.
Erste Weltausstellung in London.

1852   8. Mai: Londoner Protokoll. Endgültige Bereinigung der Schleswig-Holsteinischen Frage. Regelung der dänischen Erbfolge.
2. Dezember: Thronbesteigung Kaiser Napoleons III.

1853—1856 Krimkrieg zwischen Rußland und der Türkei.

1853   *»Die Harzreise«.*
28. April: Ludwig Tieck gestorben.

1854   *»Vermischte Schriften«, 3 Bände.*
20. August: Friedrich von Schelling gestorben.
22. Oktober: Jeremias Gotthelf gestorben.
Heinrich Goebel erfindet die elektrische Glühbirne.

1855—1858 *»Sämtliche Werke« in 20 Bänden als Raubdruck in Amsterdam erschienen.*

1855—1861 *»Sämtliche Werke« in 7 Bänden in Philadelphia erschienen (Raubdruck).*

1855   *»De l'Allemagne«, 2 Bände.*
2. März: Nikolaus I. von Rußland gestorben. Sein Sohn Alexander II. wird Zar.
Sommer: Freundschaft Heines mit »Mouche«, eigentlich Elise Margot Krinitz, verh. van Bellgier, später als Schriftstellerin »Camille Selden« und »Abel de Gérard«.
Selbstmord Gérard de Nervals.
Weltausstellung in Paris.

1856   *13. Februar: Caroline Jaubert besucht Heine zum letzten Mal.*
14. Februar: Letzter Besuch von »Mouche«.
17. Februar: Heinrich Heine stirbt in Paris.
20. Februar: Begräbnis auf dem Friedhof Montmartre.
30. März: Friede von Paris. Ende des Krimkriegs.
6. Mai: Sigmund Freud geboren.
29. Juli: Robert Schumann gestorben.

BIBLIOGRAPHIE

Diese Bibliographie bringt eine begrenzte Auswahl der seit 1960 erschienenen oder wieder aufgelegten Heine-Literatur. Bei Werkausgaben und Dokumentensammlungen wurden auch die wichtigen früheren Veröffentlichungen mit erfaßt.

Ausführlich informieren über die große Fülle der Heine-Literatur:

— *Wilhelm, G. / Galley, E.*, Heine Bibliographie. 2 Bde. (= Bibliographien, Kataloge und Bestandsverzeichnisse. 2, 1.2). Weimar 1960;
— *Seifert, S.*, Heine-Bibliographie 1954—1964. (= Bibliographien, Kataloge und Bestandsverzeichnisse). Berlin/Weimar 1968.

Wichtige Literatur-Übersichten geben vor allem:

— *Galley, E.*, Heinrich Heine. (= Sammlung Metzler. 30). Stuttgart ³1971;
— *Marcuse, L.*, Heinrich Heine in Selbstzeugnissen und Bilddokumenten. (= Rowohlts Monographien. 41). Reinbek 1960;

sowie die Kommentarbände der neuesten Heine-Gesamtausgabe von K. Briegleb und zahlreiche der hier angeführten Werke über Heine.

Weiteres bibliographisches Schrifttum:

Arnold, A., Heine in England and America. A Bibliographical Check-List. Introd. by W. Rose. London 1959.
Becker, E. D., Heinrich Heine. Ein Forschungsbericht 1945—1965. In: Der Deutschunterricht 18 (1966), Beil. z. H. 4, S. 1—18.
Berendsohn, W. A., Eine erfreuliche Wendung in der Heine-Forschung. (= Moderna språk monographs. Literature. 2). Saltsjö-Duvnäs 1972.
Birr, E. / Weise, H., Heinrich Heine. (= Bibliographische Kalenderblätter. Sonderbl. 36). Berlin 1972.
Galley, E., Heine und sein Werk in Deutschland nach 1945. In: Düsseldorfer Jahrbuch 50 (1960), S. 151—162.
Glauert, B., Heinrich Heine und Deutschland. Ein bio-bibliographischer Rückblick. In: Börsenblatt (Frankfurt a. Main), Beil. 29 (1973).
Görsch, E., Ein Überblick über die Veröffentlichungen zum Heine-Jahr 1956. In: Der Deutschunterricht 1957.
Gottschalk, A., Heinrich Heine. Der Doktor Faust. Ein Tanzpoem. Eine Bibliographie. Berlin 1914.
Hermand, J., Streitobjekt Heine. Ein Forschungsbericht. 1945—1975. Frankfurt a. M. 1975.
Owen, C. R., Heine im spanischen Sprachgebiet. Eine kritische Bibliographie. (= Spanische Forschungen der Görresgesellschaft. II, 12). Münster i. W. 1968.
Reiss, H. S., The Criticism of Heine since the War. In: German Life and Letters 9 (1956), S. 210—219.
Rose, W., Studies of Heine since the War. In: Orbis litterarum 11 (1956), S. 166—174.

Die laufenden Neuerscheinungen verzeichnen jährlich:

— Heine Jahrbuch. Hg. v. Heine-Archiv. Düsseldorf 1962 ff.;
— *Eppelsheimer, H. W.* (Hg.), Bibliographie der deutschen Literaturwissenschaft. Frankfurt a. M. 1957 ff.

1. Werkausgaben

Beyer, P. / Quenzel, K. / Wegener, K. H. (Hg.), Heinrich Heine. Ausgewählte Werke in 7 Teilen. (= Parnaß-Klassiker). Leipzig 1926.

Bogeng, G. A. E. (Hg.), Heinrich Heine. Werke in Einzelausgaben. 8 Bde. Hamburg 1921—1924.

Born, S. (Hg.), Heinrich Heine. Sämtliche Werke. Kritische Gesamtausgabe. 12 Bde. (= Classiker der Weltliteratur). Stuttgart 1887.

Briegleb, K. (Hg.), Heinrich Heine. Sämtliche Schriften. 7 Bde. München 1968—1976. Seitengleiche Taschenbuchausg. 12 Bde. (= Reihe Hanser Werkausgabe. 220). München 1976.

Elster, E. (Hg.), Heinrich Heine. Sämtliche Werke. 7 Bde. Leipzig 1887—1890. Nachdr. 1893. Neuaufl. 1924 ff.

Friedemann, H. u. H. u. a. (Hg.), Heinrich Heine. Werke. 15 Bde. Berlin 1907.

Jess, H. (Hg.), Heinrich Heine. Ausgewählte Werke in 6 Bänden. (= Helios-Klassiker). Leipzig 1930.

Karpeles, G. (Hg.), Heinrich Heine. Gesammelte Werke. 9 Bde. Berlin 1887.

Kaufmann, H. (Hg.), Heinrich Heine. Sämtliche Werke. 14 Bde. (= Kindler-Taschenbücher). München 1964—1965.

Stapf, P. (Hg.), Heinrich Heine. Werke. In einem Bande. (= Tempel-Klassiker). Darmstadt 1957.

Strodtmann, A. (Hg.), Heinrich Heine. Sämtliche Werke. Rechtmäßige Original-Ausgabe. 21 Bde. Hamburg 1861—1869. [2]1876 (22 Bde.).

Walzel, O. (Hg.), Heinrich Heine. Sämtliche Werke. 10 Bde. u. Reg. Bd. Leipzig 1910—1920.

2. Einzelausgaben, Briefe, Selbstzeugnisse, Dokumente und Erinnerungen

Altenhofer, N. (Hg.), Heinrich Heine. (= Dichter über ihre Dichtungen. 8). München 1971.

Bieber, H. (Hg.), Heinrich Heine. Gespräche, Briefe, Tagebücher, Berichte seiner Zeitgenossen. Berlin 1926.

—, Heines Briefe. (Ausw.) Berlin 1914.

—, Heine Confessio judaica. Berlin 1925. U. d. T. Heinrich Heine. Jüdisches Manifest. Eine Auswahl aus seinen Werken, Briefen und Gesprächen. New York [2]1946.

Embden-Heine, M. (Principessa della Rocca), Erinnerungen an Heinrich Heine. Hamburg 1881.

Heine, M., Erinnerungen an Heinrich Heine und seine Familie. Berlin 1868.

Heine-Geldern, M. v. / Karpeles, G. (Hg.), Heine-Reliquien. Neue Briefe und Aufsätze Heinrich Heines. Berlin 1911.

Hirth, F. (Hg.), Heinrich Heine. Briefe. Erste Gesamtausgabe. 6 Bde. Mainz 1948—53.

—, Heinrich Heine. Briefwechsel (Gesamtausgabe). 3 Bde. München 1914—1920.

Houben, H. H. (Hg.), Gespräche mit Heine. Frankfurt a. M. 1926. Potsdam [2]1948.

Jaubert, C. C., Heinrich Heine. Erinnerungen aus den letzten Tagen seines Lebens. Paris 1884.

Karpeles, G., Heines Autobiographie. Nach seinen Werken, Briefen und Gesprächen. Berlin 1888.

Mann, M. (Hg.), Heinrich Heine. Zeitungsberichte über Musik und Malerei. Frankfurt a. M. 1964.

Meissner, A., Heinrich Heine. Erinnerungen. Hamburg 1856. Neuausg. Stuttgart 1921 u. d. T. Die Matratzengruft. Erinnerungen an Heinrich Heine. Baden-Baden [2]1947.

—, Ich traf auch Heine in Paris. Unter Künstlern und Revolutionären in den Metropolen Europas. Hg. v. R. Weber. Berlin 1973.

Mende, F. (Hg.), Heines Briefe. (= Bibliothek deutscher Klassiker). Berlin/Weimar 1969.

Reinhold, C. F. (Hg.), Heinrich Heine. Sein Leben in Selbstzeugnissen, Briefen und Berichten. Berlin 1920. ²1947.

Selden, C. (d. i. Krinitzer, E.), Heinrich Heine's letzte Tage. Erinnerungen. Jena 1884.

Steinmann, F., H. Heine. Denkwürdigkeiten und Erlebnisse aus meinem Zusammenleben mit ihm. Prag/Leipzig 1857.

Stössinger, F. (Hg.), Heine. Mein wertvollstes Vermächtnis. Religion, Leben, Dichtung. (= Manesse-Bibliothek). Zürich 1950.

Vontin, W. (Hg.), Heinrich Heine. Schöne Wiege meiner Leiden. Hamburgische Miniaturen. Hamburg 1956.

—, Heinrich Heine. Reisebilder. Hamburg 1966.

Werner, M. (Hg.), Begegnungen mit Heine. Berichte der Zeitgenossen. 2 Bde. Hamburg 1973.

3. Literatur

Altenhofer, N., Harzreise in die Zeit. Zum Funktionszusammenhang von Traum, Witz und Zensur in Heines früher Prosa. (= Schriften der Heinrich-Heine-Gesellschaft Düsseldorf. 5). Düsseldorf 1972.

—, Heinrich Heine. München 1971.

Bartelt, F., Entstehung und zeitgenössische Aufnahme des »Romanzero« von Heinrich Heine. Studien im Zusammenhang einer historisch-kritischen Edition. Diss. Kiel 1974.

Berendsohn, W. A., Die künstlerische Entwicklung Heines im Buch der Lieder. Struktur- und Stilstudien. (= Stockholmer germanistische Forschungen. 7). Stockholm 1970.

—, Das Wort als geistige Waffe. Heines politische Dichtung »Deutschland ein Wintermärchen«. (= Dortmunder Vorträge. 37). Dortmund 1960.

Bernhard, M. A., Welterlebnis und gestaltete Wirklichkeit in Heines Prosaschriften. Diss. München 1962.

Betz, A., Ästhetik und Politik. Heinrich Heines Prosa. (= Literatur als Kunst. 6). München 1971.

Bodi, L., Der internationale Heine-Kongreß in Düsseldorf. In: Jahrbuch für Internationale Germanistik 4 (1973).

Boeck, O., Heines Nachwirkung und Heine-Parallelen in der französischen Dichtung. (= Göppinger Arbeiten zur Germanistik. 52). Göppingen 1972.

Borries, M., Ein Angriff auf Heinrich Heine. Kritische Betrachtungen zu Karl Kraus. (= Studien zur Poetik und Geschichte der Literatur. 13). Stuttgart 1971.

Braun, V., Politik und Poesie. In: Weimarer Beiträge 18 (1972).

Briegleb, K., Heine. Die romantische Schule. In: Clausen, B. u. L., Spektrum der Literatur. Gütersloh 1975.

—, Schriftstellernöte und literarische Produktivität. Zum Exempel Heinrich Heine. In: Kolbe, J. (Hg.), Neue Ansichten einer künftigen Germanistik. München 1973, S. 121 ff.

Brinitzer, C., Heine. Roman seines Lebens. Hamburg 1960.

Brokerhoff, K. H., Über die Ironie bei Heinrich Heine. (= Schriften der Heinrich-Heine-Gesellschaft Düsseldorf. 1). Düsseldorf 1964.

Brüggemann, H., Hegels Satz vom Ende der Kunst und Heines Kritik der Kunstperiode als »Urgeschichte der Moderne«. Die Auflösung des klassisch-romantischen Kunstbegriffs durch die Fundierung der Kunst auf Wissenschaft und Politik. In: H. B., Literarische Technik und soziale Revolution. Versuche über das Verhältnis von

Kunstproduktion, Marxismus und literarischer Tradition in den theoretischen Schriften Bertolt Brechts. Hamburg 1973, S. 43 ff.

Brummack, J., Heines Entwicklung zum satirischen Dichter. In: Deutsche Vierteljahrsschrift 41 (1967).

Cheval, R., Heinrich Heine zwischen Deutschland und Frankreich. (= Schriften der Heinrich-Heine-Gesellschaft Düsseldorf. 4). Düsseldorf 1969.

Cornu, A., Marx und Heine. In: Karl Marx und Friedrich Engels. Leben und Werke. II. Berlin 1962, S. 40 ff.

Deblüe, V., Anima naturaliter ironica. Die Ironie im Wesen und Werk Heinrich Heines. (= Europäische Hochschulschriften. I, 26). Bern 1970.

Demetz, P., Marx, Engels und die Dichter. Ein Kapitel deutscher Literaturgeschichte. (= Ullstein-Bücher. 4021/4022). Frankfurt a. M./Berlin 1969.

Eggert, J., Mit lachender Träne. In memoriam Heinrich Heine. (= Schriften der Heinrich-Heine-Gesellschaft Düsseldorf. 2). Düsseldorf 1965.

Fairley, B., Heinrich Heine. Stuttgart 1965. (Engl. Ausg. 1954).

Fingerhut, K.-H., Standortbestimmungen. Vier Untersuchungen zu Heine. Heidenheim 1971.

Fränkel, J., Heinrich Heine. Ein Vortrag. Biel 1960.

Fuhrmann, A., Recht und Staat bei Heinrich Heine. (= Schriften zur Rechtslehre und Politik. 33). Bonn 1961.

Galley, E., Heinrich Heine. (= Sammlung Metzler. 30). Stuttgart [2]1967, [3]1971.

—, Heinrich Heine. Lebensbericht mit Bildern und Dokumenten. Kassel 1973.

—, Heinrich Heine im Widerstreit der Meinungen, 1825—1965. (= Schriften der Heinrich-Heine-Gesellschaft Düsseldorf. 3). Düsseldorf 1967.

Geldrich, H., Heine und der spanisch-amerikanische Modernismo. (= German Studies in America. 7). Bern/Frankfurt a. M. 1971.

Gößmann, W., Geständnisse. Heine im Bewußtsein heutiger Autoren. Düsseldorf 1972.

Gössmann, W. / Woesler, W., Politische Dichtung im Unterricht. Deutschland. Ein Wintermärchen von Heinrich Heine. Text — Kommentare — Unterrichtsweise — Materialien. Düsseldorf 1974.

—, Heine in Deutschland. Dokumente seiner Rezeption 1833—1956. (= Deutsche Texte. 36). Tübingen 1976.

Grandjonc, J., Marx et les communistes allemands à Paris 1844. (= Bibliothèque socialiste. 26). Paris 1974. Dt. Ausg. u. d. T. »Vorwärts!« 1844. Marx und die deutschen Kommunisten in Paris. (= Internationale Bibliothek. 71). Berlin/Bad Godesberg 1974.

Großklaus, G., Textstruktur und Textgeschichte. Die »Reisebilder« Heinrich Heines. Frankfurt a. M. 1973.

Grubačić, S., Heines Erzählprosa. Versuch einer Analyse. (= Studien zur Poetik und Geschichte der Literatur. 40). Stuttgart 1975.

Hahn, K. H., Aus der Werkstatt deutscher Dichter. Goethe, Schiller, Heine. (= Beiträge zur Gegenwartsliteratur. 25). Halle a. d. S. 1963.

Hamburger, M., Heinrich Heine zwischen Revolutionären und Reaktionären. In: Tribüne 11 (1972).

Heinrich Heine. (= Text und Kritik. 18/19). Stuttgart 1968, [2]1971.

Heinrich Heine. (= Zeitschrift für deutsche Philologie. Sonderheft 1972).

Heinrich Heine. Streitbarer Humanist und volksverbundener Dichter. Internationale Wissenschaftliche Konferenz, Weimar 1972. Weimar 1974.

Heine-Jahrbuch. Hg. vom Heine-Archiv. Düsseldorf 1962 ff.

Internationaler Heine-Kongreß, Düsseldorf 1972. Referate und Diskussionen. (= Heine-Studien). Hamburg 1973.

Heinemann, G., Die Beziehungen des jungen Heine zu Zeitschriften im Rheinland und in Westfalen. (= Veröffentlichungen der Historischen Kommission Westfalens. XXXIV, 1). Münster 1974.

Heißenbüttel, H., Was ist das Konkrete an einem Gedicht? Zwei Ansätze. Itzehoe 1969.

—, Zur Tradition der Moderne. Neuwied/Berlin 1972.

Hengst, H., Idee und Ideologieverdacht. Revolutionäre Implikationen des deutschen Idealismus im Kontext der zeitkritischen Prosa Heinrich Heines. München 1973.

Hermand, J., Der frühe Heine. Ein Kommentar zu den Reisebildern. München 1976.

Hermand, J. / Windfuhr, M. (Hg.), Zur Literatur der Restaurationsepoche 1815—1848. Forschungsreferate und Aufsätze. Festschrift F. Sengle. Stuttgart 1970.

Hofrichter, L., Heinrich Heine. Biographie seiner Dichtung. (= Kleine Vandenhoeck-Reihe. 230). Göttingen 1966.

Hohendahl, P. U., Geschichte und Modernität. Heines Kritik an der Romantik. In: Schiller-Jahrbuch 17 (1973).

Hotz, K. (Hg.), Heinrich Heine: Wirkungsgeschichte als Wirkungskritik. Materialien zur Rezeptions- und Wirkungsgeschichte Heines. Stuttgart 1975.

Hultberg, H., Heine. Leben, Ansichten, Bücher. (= Kopenhagener germanistische Studien. 4). Kopenhagen 1974 (dän. Ausg. 1969).

Jauß, H. R., Das Ende der Kunstperiode — Aspekte der literarischen Revolution bei Heine, Hugo und Stendhal. In: H. R. Jauß, Literaturgeschichte als Provokation. Frankfurt a. M. 1970.

Johnston, O. v., The Mythopoeic Process and Heine's Image of Napoleon. Diss. Ann Arbor, Mich. 1974.

Kanowsky, W., Vernunft und Geschichte. Heinrich Heines Studien als Grundlegung seiner Welt- und Kunstanschauung. (= Abhandlungen zur Kunst-, Musik- und Literaturwissenschaft. 150). Bonn 1975.

Kaufmann, H., Analysen, Argumente, Anregungen. Berlin 1973.

—, Zum Empfindungsgehalt bei Heine. In: Sinn und Form 15 (1965), S. 914—935.

—, Heinrich Heine. Geistige Entwicklung und künstlerisches Werk. Berlin/Weimar 1967.

Kesten, H., Heine im Exil. (= Schriftenreihe der Kölner Gesellschaft für Christlich-Jüdische Zusammenarbeit. 16). Köln 1972.

Kiba, H., Das Problem des Judentums bei Heinrich Heine. Über den »Verein für Kultur und Wissenschaft der Juden«. In: Festschrift für Kokyo Osaka. 1973.

Kircher, H., Heinrich Heine und das Judentum. (= Literatur und Wirklichkeit. 11). Bonn 1973.

Kofta, M., Heine und die polnische Frage. In: Weimarer Beiträge 6 (1960), S. 506 bis 531.

Kohlschmidt, W., Geschichte der deutschen Literatur vom Jungen Deutschland bis zum Naturalismus. (= Geschichte der deutschen Literatur von den Anfängen bis zur Gegenwart. Bd. 4. Reclams Universalbibliothek. 10252). Stuttgart 1975.

Koopmann, H. (Hg.), Heinrich Heine. (= Wege der Forschung. 289). Darmstadt 1975.

Koopmann, H., Heinrich Heine in Deutschland. Aspekte seiner Wirkung im 19. Jahrhundert. In: Wiese, B. v. / Heuß, R. (Hg.), Nationalismus in Germanistik und Dichtung. Dokumentation des Germanistentages in München vom 17.—22. Oktober 1966. Berlin 1967.

Kreutzer, L., Heine und der Kommunismus. (= Kleine Vandenhoeck-Reihe. 322). Göttingen 1970.

Kruse, J. A., Heines Hamburger Zeit. (= Heine-Studien. 2). Hamburg 1972.

Kurz, P. K., Künstler, Tribun, Apostel. Heinrich Heines Auffassungen vom Beruf des Dichters. München 1967.

Kuttenkeuler, W., Heinrich Heine. Theorie und Kritik der Literatur. (= Sprache und Literatur. 72). Stuttgart 1972.

Lefebvre, J. P., Marx und Heine. (= Schriften aus dem Karl-Marx-Haus. 7). Trier 1972.

Leonhardt, W. (Hg.), Heinrich Heine. 1797—1856. (= Inter Nationes). Hamburg 1972.

Lévy, M., Victoire du poète. Essai sur Henri Heine. Paris/Genève 1960.

Link, M., Der Reisebericht als literarische Kunstform von Goethe bis Heine. Diss. Köln 1963.

Loeb, E., Heinrich Heine. Weltbild und geistige Gestalt. (= Studien zur Germanistik, Anglistik und Komparatistik. 31). Bonn 1975.

Loewenthal, E., Studien zu Heines »Reisebildern«. (= Palaestra. 138). Berlin/Leipzig 1922. Nachdr. New York/London 1967.

Lohausen, H., Heinrich Heine. Seine Abstammung aus der Hoffaktoren-Nobilität. In: Mitteilungen der Westdeutschen Gesellschaft für Familienkunde. 60 (1972).

—, Heinrich Heine. Ein deutscher Adeliger jüdischer Herkunft. Eine sozialgenetische Studie. (= Schriftenreihe zur Familien- und Sippenkunde. 8). Düsseldorf 1972.

Maier, W., Leben, Tat und Reflexion. Untersuchungen zu Heinrich Heines Ästhetik. (= Literatur und Wirklichkeit. 5). Bonn 1969.

Maione, I., Heinrich Heine cent'anni dalla morte. Loreley. Lutezia. In: I. M., Scrittori tedeschi dal classicismo al decadentismo. Napoli 1961, S. 124 ff.

Mandelkow, K. R., Heinrich Heine und die deutsche Klassik. In: K. R. M., Orpheus und Maschine. Acht literargeschichtliche Arbeiten. Heidelberg 1976.

Mann, M., Heinrich Heines Musikkritiken. Hamburg 1971. (Diss. New York 1961).

Marcuse, L., Heine. Melancholiker, Streiter in Marx, Epikureer. Rothenburg o. d. T. 1970.

—, Heinrich Heine in Selbstzeugnissen und Bilddokumenten. (= Rowohlts Monographien. 41). Reinbek 1960.

Mayer, H., Heinrich Heine. German Ideology and German Ideologists. In: New German Critique 1 (1973).

Mende, F., Heine Chronik. Daten zu Leben und Werk. (= Reihe Hanser. 197). München/Wien 1975.

—, Heinrich Heine. Chronik seines Lebens und Werkes. Berlin 1970.

—, Heine und die Deutschen. In: Etudes germaniques 17 (1962).

—, Heinrich Heine und die Folgen der Julirevolution. In: Goethe-Almanach auf das Jahr 1968. Berlin/Weimar 1967.

—, Heinrich Heine im Literaturunterricht. Berlin 1965.

—, Heine und Robespierre. In: Etudes germaniques 20 (1965).

—, Heine und Ruge. Ein Kapitel Heine-Rezeption in der Zeit des Vormärz. In: Weimarer Beiträge. 14 (1968).

—, Heinrich Heine und die Volkwerdung der Freiheit. In: Forschen und Bilden 2 (1966).

—, Heines »Französische Zustände« im Urteil der Zeit. (Eine wirkungsgeschichtliche Studie zur Heine-Rezeption in Deutschland und Frankreich). In: Philologica Pragensia. 11 (1968).

—, Zu Heinrich Heines Goethe-Bild. In: Etudes Germaniques. 23 (1968).

Möller, D., Heinrich Heine. Episodik und Werkeinheit. Wiesbaden 1973.

Müller, J., Heines Prosakunst. (= Abhandlungen der Sächsischen Akademie der Wissenschaften. Phil.-hist. Kl. 65, 2). Berlin 1975.

—, Von Schiller bis Heine. Halle 1972.

Na'aman, S., Heine und Lassalle. Ihre Beziehungen im Zeichen der Dämonie des Geldes. In: Archiv für Sozialgeschichte. 4 (1964), S. 45—86.

Netter, L., Un campagne de presse contra Heine. In: Etudes germaniques 27 (1972).

Noethlich, W., Heines letzte Gedichte. Vorarbeiten zu einer historisch-kritischen Ausgabe. Diss. Düsseldorf 1963.

Oesterle, G., Integration und Konflikt. Die Prosa Heinrich Heines im Kontext oppositioneller Literatur der Restaurationsepoche. Stuttgart 1972.

Owen, C., Heines Kenntnis der Weltliteratur. Diss. Edmonton 1961.

Paucker, H. R., Heinrich Heine. Mensch und Dichter zwischen Deutschland und Frankreich. (= Europäische Hochschulschriften. I, 4). Bern 1967.

Prawer, S. S., Heine, the Tragic Satirist. A Study of the Later Poetry. Cambridge 1961.

—, Heines »Buch der Lieder«. (= Studies in German Literature. 1). London 1960.

Preisendanz, W., Heinrich Heine. Werkstrukturen und Epochenbezüge. (= Uni-Taschenbücher. 206). München 1973.

Reeves, N., Heinrich Heine. Poetry and Politics. London 1974.

Ros, G., Heinrich Heine und die »Pariser Zeitung« von 1838. In: Publizistik 15 (1970).

Rosenthal, L., Heinrich Heine als Jude. Frankfurt a. M. 1973.

Sammons, J. L., Heinrich Heine, the Elusive Poet. (= Yale Germanic Studies. 3). New Haven/London 1969.

—, Heine's Rabbi von Bacherach. The Unresolved Tensions. In: German Quarterly 37 (1964), S. 26—38.

Sandor, A. J., The Exile of Gods. Interpretation of a Theme, a Theory and a Technique in the Work of Heinrich Heine. (= Anglica Germanica. 9). The Hague/Paris 1967.

Schaub, U. I., Poesie als Kritik. Zum Stil der Versdichtung von Heinrich Heine. 1971.

Schiller, D., Heine heute. Bericht über die wissenschaftliche Heine-Konferenz vom 6.—9. 12. 1972 in Weimar. In: Weimarer Beiträge 19 (1973).

Schmid, C., Tätiger Geist. Gestalten aus Geschichte und Politik. Hannover 1964.

Schönfeldt, O. (Hg.), Bürgerinitiative Heinrich-Heine-Universität Düsseldorf 1968 bis 1972: Und alle lieben Heinrich Heine . . . Köln 1972.

Schweickert, A., Heinrich Heines Einflüsse auf die deutsche Lyrik, 1830—1900. (= Abhandlungen zur Kunst-, Musik- und Literaturwissenschaft. 57). Bonn 1968.

Sengle, F., Biedermeierzeit. Deutsche Literatur im Spannungsfeld zwischen Restauration und Revolution 1815—1848. Bd. 1. Allgemeine Voraussetzungen, Richtungen, Darstellungsmittel. Bd. 2. Die Formenwelt. Stuttgart 1971/72. Bd. 3 in Bearb.

Simon, E., Heine und die Romantik. In: E. S., Brücken. Gesammelte Aufsätze. Heidelberg 1965, S. 135—156.

Söhn, G., Heinrich Heine in seiner Vaterstadt Düsseldorf. Düsseldorf 1966.

Sourian, E., Madame de Staël et Henri Heine, les deux Allemagnes. (= Essais et critiques. 18). Paris 1974.

Spann, M., Heine. (= Studies in Modern European Literature and Thought). New York 1966.

Stahl, K. H., Heinrich Heine als politischer Schriftsteller. Revolutionäre Lebenspraxis als Kunstprinzip. In: Tribüne 11 (1972).

Sternberger, D., Heinrich Heine und die Abschaffung der Sünde. Hamburg/Düsseldorf 1972.

Storz, G., Heinrich Heines lyrische Dichtung. Stuttgart 1971.

Teichgräber, S., Bild und Komposition in Heines »Buch der Lieder«. Diss. München 1964.

Tischer, H., Ironie und Resignation in der Lyrik Heinrich Heines. (= Analysen und Reflexionen. 1). Hollfeld 1973.

Tonelli, G., Heine e la Germania. (= Quaderni di critica storica e letteraria. 2). Palermo 1963.

—, Heinrich Heines politische Philosophie (1830—1845). Hildesheim/New York 1975.

Veit, P., Heine's Imperfect Muses in Atta Troll. In: Germanic Review 39 (1964), S. 262—280.

Vincenti, L., La poesie satirice di Heine. In: Studi germanici 1963, S. 3—16.

Vordtriede, W., Heine-Kommentar. München 1970.

Walwei-Wiegelmann, H. (Hg.), Gesellschaftskritik im Werk Heinrich Heines. Ein Heine-Lesebuch. Paderborn 1974.

Weidl, E., Heinrich Heines Arbeitsweise. Kreativität der Veränderung. (= Heine-Studien. 5). Hamburg 1974.

Werner, H. G., Zur Wirkung von Heines literarischem Werk. In: Weimarer Beiträge 19 (1973).

Werner, M. (Hg.), Cahiers Heine. (= Publications du Centre d'histoire et d'analyse des manuscrits modernes). Paris 1975.

Wieland, W., Heinrich Heine und die Philosophie. In: Deutsche Vierteljahrsschrift 37 (1963), S. 232—248.

Wikoff, J., Heinrich Heine. A Study of »Neue Gedichte«. (= Stanford German Studies. 7). Bern/Frankfurt 1975.

Windfuhr, M., Heinrich Heine zwischen den progressiven Gruppen seiner Zeit. Von den Altliberalen zu den Kommunisten. In: Zeitschrift für deutsche Philologie 91 (1972), Sonderheft.

—, Heine und der Petrarkismus. In: Jahrbuch der Deutschen Schiller-Gesellschaft 10 (1966), S. 266—285.

—, Heinrich Heine. Revolution und Reflexion. Stuttgart 1969, [2]1976.

Windfuhr, M. (Hg.), Internationale Heine-Konferenz 1972. (= Heine-Studien. 3). Hamburg 1973.

Zinke, J., Autortext und Fremdeingriff. Die Schreibkonventionen der Heine-Zeit und die Textgeschichte des »Buches der Lieder«. (= Heine-Studien. 4). Hamburg 1973.

SACH- UND WERKREGISTER

PERSONENREGISTER

HEYNE GESCHICHTE

Die Reihe »Heyne Geschichte« hat die Aufgabe, sowohl die großen Epochen als auch wesentliche Marksteine bis hin zu entscheidenden Tagesereignissen in der Geschichte aller Völker und Zeiten im Taschenbuch darzustellen.

Wilhelm Heyne Verlag München

HEYNE BIOGRAPHIEN

*Die Taschenbuchreihe mit den bedeutenden Biographien
der Großen aus Kunst, Kultur und Politik.*

64 / DM 8,80

65 / DM 10,80

66 / DM 7,80

67 / DM 8,80

68 / DM 8,80

69 / DM 7,80

70 / DM 12,80

71 / DM 7,80

72 / DM 12,80

Wilhelm Heyne Verlag München

HEYNE ■ STILKUNDE

Diese beispiellose Taschenbuch-Reihe ist eine enzyklopädisch ange-
legte, vielbändige Edition, die in übersichtlicher und gut verständlicher
Weise Epochenstile, Künstlerstile und Werkstile der verschiedensten
Kunstgattungen erläutert. In reich bebilderten Einzeldarstellungen
schreiben anerkannte Kunsthistoriker nach dem neuesten Stand der
Wissenschaft Originalausgaben.

Oswald Hederer
Klassizismus
Heyne Stilkunde 1 / DM 6,80

Rudolf Bachleitner
Die Nazarener
Heyne Stilkunde 2 / DM 7,80

Reinhard Müller-Mehlis
Die Kunst im Dritten Reich
Heyne Stilkunde 3 / DM 8,80

Hartmut Biermann
Renaissance
Heyne Stilkunde 5 / DM 8,80

Günter Drebusch
Industriearchitektur
Heyne Stilkunde 6 / DM 7,80

Christian-Adolf Isermeyer
Empire
Heyne Stilkunde 7 / DM 8,80

Richard Zürcher
Rokoko-Schlösser
Heyne Stilkunde 8 / DM 8,80

Hartmut Schäfer
Byzantinische Architektur
Heyne Stilkunde 9 / DM 9,80

Rolf Linnenkamp
**Die Schlösser und Projekte
Ludwigs II.**
Heyne Stilkunde 10 / DM 8,80

Heinz E. R. Martin
Die Kunst Tibets
Heyne Stilkunde 11 / DM 9,80

Wilhelm Schlink
Die Kathedralen Frankreichs
Heyne Stilkunde 12 / DM 9,80

Alfred Kamphausen
Backsteingotik
Heyne Stilkunde 13 / DM 9,80

Hugo Brandenburg
Roms frühchristliche Basiliken
Heyne Stilkunde 14 / DM 12,80

Geerd Westrum
Altdeutsche Malerei
Heyne Stilkunde 15 / DM 12,80

Christian Baur
**Landschaftsmalerei
der Romantik**
Heyne Stilkunde 17 / DM 10,80

Klaus Wessel
Byzanz
Heyne Stilkunde 18 / DM 12,80

Heinz E. R. Martin
Chinesische Malerei
Heyne Stilkunde 19 / DM 12,80

Hermann Bauer
**Holländische Malerei
des 17. Jahrhunderts**
Heyne Stilkunde 20 / DM 14,80

Thomas Zaunschirm
Die 50er Jahre
Heyne Stilkunde 21 / DM 14,80

Adrian von Buttlar
Der Landschaftsgarten
Heyne Stilkunde 22 / DM 14,80

Wilhelm Heyne Verlag München

DAS BESONDERE TASCHENBUCH

Die Heyne-Taschenbuchreihe für Leser,
die das Besondere suchen.

Wilhelm Heyne Verlag München